SHANGHAI

上海出版年刊

PUBLISHING

2020

《上海出版年刊（2020）》编委会 编

ANNUAL

上海科学技术文献出版社
Shanghai Scientific and Technological Literature Press

图书在版编目（CIP）数据

上海出版年刊．2020/《上海出版年刊（2020）》编委会编．—上海：上海科学技术文献出版社，2021
ISBN 978-7-5439-8299-4

Ⅰ．①上…　Ⅱ．①上…　Ⅲ．①出版事业—上海—2020—年刊　Ⅳ．①G239.275.1-54

中国版本图书馆CIP数据核字(2021)第049478号

责任编辑：李　莺
封面设计：海未来

上海出版年刊．2020
SHANGHAI CHUBAN NIANKAN 2020
《上海出版年刊（2020）》编委会　编
出版发行：上海科学技术文献出版社
地　　址：上海市长乐路746号
邮政编码：200040
经　　销：全国新华书店
印　　刷：上海新开宝商务有限公司
开　　本：889mm×1194mm　1/16
印　　张：34
字　　数：891 000
版　　次：2021年7月第1版　2021年7月第1次印刷
书　　号：ISBN 978-7-5439-8299-4
定　　价：298.00元
http://www.sstlp.com

《上海出版年刊(2020)》编委会名单

《上海出版年刊》编辑部

《上海出版年刊(2020)》提供资料人员名单

（以姓氏笔画为序）

丁兆芸	丁　峰	丁梦汐	马　加	马嘉远	王一行	王卫东	王　文
王为松	王立翔	王　建	王　胜	王爱琍	王　婧	王　焰	计　斌
尹利欣	邓　凌	石洪颍	石　赟	叶　楠	史领空	冯丽珍	冯　杰
冯　洁	毕　胜	朱丹濛	朱文秋	华春荣	庄际虹	刘么瑀	刘　畅
刘　莹	刘瑞刚	汤苑青	许伟国	孙　瑜	纪轶倍	李　旦	李　欢
李佳斌	李善亮	杨　勇	吴　坚	吴瑾君	吴蕙静	邱孟瑜	何　旋
佘　凌	余　岚	沈冰玉	沈　骁	张文禄	张向阳	张　岚	张　宏
张莉琴	张　悦	张家珍	张　辉	张　翼	陈　屹	陈　刚	陈春娜
陈　珂	陈思微	陈勇良	陈超峰	陈慕群	罗　红	金　立	金福林
周　丹	周伯军	周建华	周俪琳	周　圆	周　瑾	郑诗茗	郑　健
孟　玫	赵国祥	胡清涛	胡　毅	查芳红	姜海涛	姜逸青	费维耀
姚丹红	秦志华	袁林新	袁　锋	莫淑江	贾立群	顾月明	顾学文
顾　斌	倪　骏	倪　颖	高云松	高克勤	唐丽芳	唐　兵	黄　庆
黄　韬	董龙凯	蒋惠雍	傅　勇	温泽远	温富城	谢重澄	靳　琼
鲍佳毅	窦瀚修	蔡志文	蔡维隆	蔡黎文	臧传军	缪宏才	薛雅倞
戴骏豪							

序

《上海出版年刊(2020)》和读者见面了。它是2019年度上海出版、印刷、发行、数字出版、阅读推广活动的记录，具体翔实地描绘了上海出版创新突破、转型发展的努力和探索，是今天的上海出版人为未来留下的一个足印、一道车辙。《上海出版年刊(2020)》的出版，对上海出版界、文化界都是一件值得祝贺的事情。

习近平总书记指出："文化是一个国家、一个民族的灵魂。文化兴国运兴，文化强民族强。没有高度的文化自信，没有文化的繁荣兴盛，就没有中华民族伟大复兴。"满足群众文化需求、增强人民精神力量，出版行业承担着文化积累、文明传承的重要使命，在国家软实力提升中具有重要作用。《上海出版年刊(2020)》和此后将逐年推出的《上海出版年刊》，应当成为蕴含丰富、查询便捷的文化信息库，为行业发展、领导决策、教育科研提供多方位的服务；应当为传播出版故事、展现文化追求、激励行业创新提供好的素材；也应当成为向世界展示上海出版业变化演进的窗口，逐年发布有关上海出版的各类信息，让世界了解上海，为上海建设具有世界影响力的社会主义现代化国际大都市提供助力。

《上海出版年刊(2020)》的编辑出版是一项系统工程，它融汇了方方面面的辛勤劳动，获得了各个系统单位的大力支持。感谢各方采珠撷英，去芜存菁，努力为人们提供可信、可用的一手资料。希望《上海出版年刊(2020)》问世后，社会各界能关心它、用好它；也希望编纂人员能不断开拓创新、锐意进取，特别是充分应用信息技术手段，把《上海出版年刊》越办越好。

目　　录

总 论

2019 年适逢新中国成立 70 周年，上海新闻出版业聚焦打响“上海文化”品牌，加快国际文化大都市建设，加强导向管理、推动主题出版、抓好原创精品，维护意识形态安全和文化安全。

在深入推进出版创新驱动、转型发展中，上海新闻出版业保持快速发展势头，传统出版产业规模继续增长，持续出版精品好书；数字出版产业快速增长，继续处于全国领先地位；印刷出版产业稳步发展，绿色化、数字化、智能化、融合化的“四化”发展成果显著；出版物发行网点逐年递增，出版物进口增长很快；版权产业稳步发展，探索“放管服”先行先试政策；上海市民的年平均阅读量为 6.10 本，高于全国平均水平。

一、传统出版产业持续增长

2019 年，上海新闻出版业保持快速发展势头，传统出版全年实现营业收入 94.73 亿元。

上海 40 家图书出版社（不含世界图书出版上海有限公司）营业收入 62.56 亿元、利润总额 4.57 亿元，均比上年有所增长，保持稳健发展态势。与全国图书出版业相比，上海在营业收入、定价总金额、重版、重印、总印数、总印张等指标的增长速度方面均表现突出，显示上海图书出版业强劲的发展势头。就单体而论，营业收入超过 5 亿元的出版社有 3 家，分别是中国中福会出版社、华东师范大学出版社、上海外语教育出版社；利润总额超过亿元的有 2 家，分别是上海外语教育出版社、华东师范大学出版社，显示教育类、少儿类出版社有较强的盈利能力。

上海 28 家音像电子出版社营业收入 1.86 亿元，比 2018 年略有增长；利润总额、出版品种、出版数量、发行额均有不同程度下跌，其中发行额比上年下跌 59.26%。受到新技术、新内容传播形态、内容盗版的多重打击，光盘等载体面临消亡，在新兴媒介及新型阅读方式的普及的进一步冲击下，上海音像电子出版业市场大幅萎缩。

上海 632 种期刊营业收入 11.64 亿元、期刊广告收入总额 3.21 亿元、利润总额 1.65 亿元，比 2018 年略有下降，印数、发行数下滑超过 10%，显示上海市期刊业处于多重压力叠加、负重前行的关键期，由高速增长转向高质量发展。就单体而论，总印数突破千万的期刊有 1 家：《故事会》；营业收入超过亿元有 1 家：《东方航空》；广告收入超过 5 000 万元的期刊有 2 家：《东方航空》《世界时装之苑》；利润超过 5 000 万元的有 1 家：《东方航空》。

上海 97 种报纸营业收入 18.67 亿元、报纸广告收入 10.61 亿元、利润总额 2.05 亿元，与 2018 年相比有不同幅度的下跌，发行数下滑接近 20%，显示传统报纸对受众的吸引力减弱。就单体而言，营业收入超过亿元的报纸有 4 家：《上海证券报》《解放日报》《新民晚报》《新闻晨报》；广告收入、利润总额超过亿元的有 1 家：《上海证券报》。《上海证券报》的广告收入占据行业总收入的 65.91%，可见产业内部发展较不均衡。

二、继续做好主题出版工作

2019 年，上海出版工作紧紧围绕深入学习宣传贯彻习近平新时代中国特色社会主义思想这个首要政治任务，紧紧围绕庆祝新中国成立70周年这条主线，切实按照习总书记致《大辞海》《辞海》贺信、致中国外文局成立70周年贺信、考察调研读者出版集团时的讲话等一系列重要指示要求，全力做好主题出版工作，精心策划、出版了一批祝贺书籍、精品主题出版物。

围绕中华人民共和国成立70周年和上海解放70周年，出版《战上海》《可爱的共和国人》《中国交响乐70年》《中国寻路者》《上海相册：70年70个瞬间》《1949：上海解放日志》《日月新天：上海解放亲历者说》《光荣与梦想：庆祝新中国成立70周年连环画专辑》《五月的鲜花：庆祝上海解放70周年连环画专辑》和“中国系列丛书”等主题出版物，展示中华人民共和国成立70年来的光辉历程、伟大成就、宝贵经验，突出展示党的十八大以来党和国家事业取得的历史性成就，发生的历史性改革。

学林出版社《细节的力量：新中国的伟大实践》和上海科学技术文献出版社《70年邮票看中国》入选中宣部2019年主题出版重点出版物，上海人民出版社、学林出版社《战上海》获第十五届精神文明建设“五个一工程”特别奖。

由中国出版工作者协会主办第七届中华优秀出版物奖2019年11月27日评选揭晓，上海有25种出版物和论文获奖。其中，《大战略：论中国的和平崛起与两岸关系》、《新常态时期的粮食安全战略》、《1917—1919：马克思主义经济学在中国的传播启蒙》(3册)、《肩水金关汉简(壹—伍)》(15册)、《上海城市地图集成》(上下册)、《新疆图志(附索引)》(5册)、《章太炎全集》(20册)、《中国现代设计观念史》、“华乐大典”系列(第一期，6卷18册)、《火星科学概论》、《中国能源新战略：页岩气出版工程》(15册)等11种获图书奖；《中国经济发展史(1840—1949)》(3卷)、《财政制度国际比较》、《藏族服饰研究》(2册)、《中国古代玻璃技术发展史》、《三磅宇宙与神奇心智》、“生物力学研究前沿系列”(10册)、“精准医学出版工程・精准医学基础系列”(10册)、《中国工程师史》、《梦想是生命里的光》等9种获图书提名奖；《中国乐器》获音像电子游戏出版物奖；《古韵——中国古琴名家珍品》《中央乐团四十年(1956—1996)代表录音作品集(古典音乐部分＋中国音乐部分)》《中国民族民间舞传习》等3种获音像电子游戏出版物提名奖；同济大学王颖吉《电子阅读的文化忧思：技术现象学视角》获出版科研论文奖。

《70年邮票看中国》《细节的力量：新中国的伟大实践》《中国古代纪时考》入选2019年度“中国好书”，“中国好书”评选活动是由中国图书评论学会主办的。

上海教育出版社《自然趣玩屋》动手做类科普丛书获2019年度上海市科学技术奖科学技术普及奖二等奖，这一奖项由上海市人民政府设立。

2019年，上海有28家出版社的53个项目获2019年度国家出版基金资助，全国占比为7.1％。上海8家出版社的25个项目获2019年度国家古籍整理出版专项经费资助，全国占比为28.74％。上海入选“十三五”国家出版规划第三次增补项目15个，上海总入选数达338个，占全国入选项目的9.89％。

由此可见，上海出版业始终将社会效益放在首位，持续推动精品好书出版，出版了一批代表国家水平，具有较强原创性、思想性、学术性的出版物。

三、多种学术期刊影响因子及学科排名大幅提升

上海加快报刊转型升级。上海报业集团布局以人工智能、大数据为代表的“智媒体”矩阵，以技术创新为引领推进媒体融合向纵深发展。上报智媒体技术转移孵化基地在上海自贸试验区临港新

片区落户。

上海期刊产业发展优化布局，聚焦上海优势领域和重点领域，围绕集成电路、人工智能、生物医药等国家重大需求和科技发展战略必争领域，进行发展布局。加快建设有竞争力的本土化学术评价体系，建立、健全“期刊＋互联网＋服务”融合发展模式，以全方位、立体化的传播不断扩大期刊影响力，将建成中国期刊高质量发展的“上海样本”，为上海建设具有全球影响力的科创中心助力。

实施了“上海高水平高校学术期刊支持”计划，遴选56个项目，资助金额700万元，有力推动了学术期刊影响力。22种期刊进入SCI，占全国的8%；其中上海交通大学2种期刊的影响因子超过5分，占全国总数的9%。多种学术期刊影响因子及学科排名有大幅提升。根据国际权威机构科睿唯安发布的2019年度《期刊引证报告》，我国自主创办的上海科技期刊《细胞研究》影响因子首次超越20，在本学科领域期刊中排名世界第七、亚太第一。此外，上海还有多种期刊已跻身本学科领域世界顶尖行列，如《纳微快报》《分子植物》《运动与健康科学》《光子学研究》等。

上海社科期刊中有27种期刊获得国家级荣誉41个，31种期刊获得省市区级荣誉55个。上海科技学术期刊中有5种期刊入选“百种中国杰出学术期刊”，9种期刊入选“中国最具国际影响力学术期刊”，8种期刊入选“中国国际影响力优秀学术期刊”，4种期刊入选“庆祝中华人民共和国成立70周年精品期刊展”。

四、推进“全球电竞之都”建设

2019年，上海数字出版产业实现营业收入1 237.5亿元，较上年增长13.9%，产业收入快速增长。其中，网络游戏产业营业收入800亿元，增长12.3%；网络文学产业营业收入83.5亿元，增长77.7%；张江国家数字出版基地营业收入605亿元，增长8%；国家数字出版基地虹口园区营业收入149亿元，增长4.9%。

在“加快全球电竞之都建设”政策的推动下，上海的游戏产业呈现持续发展的态势。上海获批的网络游戏总数为368款，占全国获批游戏的23.5%，其中移动游戏占据了九成以上份额。游戏企业方面，进入中国游戏收入TOP50的企业数量达到13家，上市游戏企业数量达到22家，新三板挂牌游戏企业数量达到20家。上海聚集了全国10.7%的上市游戏企业，近年来，上海新增的上市游戏企业数量虽然不多，但质量普遍较高，例如哔哩哔哩、心动网络等，均具备差异化的竞争优势。上海通过持续扶持中小型游戏企业的发展，倡导优秀原创网络游戏创作，从而增强游戏产业的整体活力。

完善上海网络游戏出版管理申报服务平台功能，向全市所有网络游戏出版单位开放。举办第十七届中国国际数码互动娱乐展览会（2019 ChinaJoy）、首届中国原创艺术精品游戏大赛、第四届现实主义网络文学征文大赛、第六届网络文学会客厅活动等。发布《2018上海游戏出版产业评估分析报告》等行业报告。实施《关于促进上海电子竞技产业健康发展的若干意见》（“上海电竞20条”），召开2019全球电竞大会，举办首届上海电竞周，扶持浦东新区、静安区、徐汇区、杨浦区、闵行区等重点电子竞技产业集聚区发展。

推动传统出版单位建设优秀数字出版项目，4个数字出版项目入围首届国家数字出版精品遴选推荐计划。上海张江国家数字出版基地有10家数字出版企业参展第十五届中国（深圳）国际文化产业博览交易会，获组委会颁发的“优秀组织奖”和“优秀展示奖”。

网络文学产业保持发展优势，反映时代精神的现实题材创作成为中国网络文学主流化的风向标。继续开展现实主义网络文学征文大赛，培育优秀网络文学作品，上海31部网络文学作品获国家新闻出版署、中国作协等部门推荐和扶持。其中，《写给鼹鼠先生的情书》在2019年入选2018年度“中国好书”榜单，是网络文学作品首次入围该榜单；《大国重工》等7部网络文学作品入选国家新闻出版署、中国作协联合推介的“庆祝新中国成立70周年暨2019年优秀网络文学原创作品”。就单体而论，阅文集团表现优秀，实现总收入83.5亿元，同比增长65.7%，高于市场预期。

网络文学对外输出规模持续扩大。输出方式从出版授权到建立线上互动阅读平台，再到开启海外原创，完成了从文本输出到模式输出、文化输出的转变，传播区域也从以东南亚、北美为核心地区向北美、欧洲、日韩、东南亚、非洲等全球各地扩展。阅文集团在海外上线的“起点国际”，累计访问用户超过4 000万次。

政府加强网络出版内容管理，做好网络游戏版号申报与内容审核，强化了属地网络文学网站监管。

五、印刷产业加快绿色化、数字化、智能化、融合化发展

2019年，上海2 623家印刷企业工业总产值为814.22亿元、销售收入为921.72亿元，比上年略有下降；利润总额为76.62亿元，比上年增长24.46%，企业盈利能力大幅度提高；对外加工贸易额为101.53亿元，比上年增长12.99%，上海服务国际生产的能力进一步得到凸显。人均创造利润6.73万元，比上年增长27.70%，说明行业的生产能力和财富创造能力持续提升。

年工业总产值1亿元规模以上的重点印刷企业共141家，占上海全部2 623家印刷企业的5.38%，是工业总产值贡献、利润创造、吸纳就业的主力，在整个行业处于龙头地位，是行业的标杆。

出版物印刷企业发展平稳，生产与需求达到了阶段性平衡；塑料类软包装印刷仍然表现突出，盈利能力更强。

政府支持企业绿色化、智能化、数字化转型升级等重大项目。上海有两个项目入选国家新闻出版署印刷业绿色化发展重点项目，上海数字印刷企业在奥运会及世博会规划与场馆建设、上海中心等重大建设中提供了专业化的数字印刷一站式服务，龙利得包装科技(上海)有限公司建成我国首家包装印刷智能工厂，成为国内外工业4.0的典范，即印(上海)印刷科技有限公司采用数码印刷代替凹版印刷彩色箱包，实现个性化定制，该项目入选中国印刷业创新大会创新路演项目等，显示上海市印刷业绿色化、数字化、智能化、融合化的“四化”发展成果显著。

六、扶持实体书店发展

2019年，上海市持有《出版物经营许可证》的发行单位2 422家，共有发行网点3 757个。有实体门店且出版物经营占60%以上的书店约400家，出版物发行单位数量呈逐渐递增趋势。

出版物发行年度销售总额144.1亿元，上海主要出版物发行企业所占份额如下：新华传媒连锁占比7%；上海世纪出版集团占比15%；20家高校出版社和社科文出版社自办发行占比19%；上海外文图书、上海图书、上海香港三联书店、中图进出口上海公司和中国国际图书贸易上海分公司占比7.9%；中国邮政上海分公司占比6.4%；书刊交易市场占比1%；其余批发、零售企业及个体民营企业等占比43.7%。由此可见，国有企业占比56.3%，仍是出版物发行市场的主力；非国有书店占比43.7%，成长性非常好，市场占有率增长很快。本市出版社发行中，自办发行占比34%，是一

支不容小觑的力量。本市出版物发行市场呈现统一开放、竞争有序、健康繁荣的面貌。

政府继续扶持实体书店发展，推进高校校园实体书店建设。上海市新闻出版专项资金并入上海市促进文化创意产业发展财政扶持资金，制定《2019 上海市促进文化创意产业发展财政扶持资金成果资助类项目评审标准及实施细则(新闻出版—发行渠道)》，实施新一轮实体书店扶持政策。发行渠道 19 个项目获 550 万元资助。新开西西弗书店·上海华润时代广场定制店、上海体育学院绿瓦体育书店、中版书房长宁店、“知先堂”24 小时阅读空间、朵云书院旗舰店等实体书店近 30 家，这些书店采用融合式复合经营，体现高体验感、高附加值。

七、推进全民阅读活动

继续推进全民阅读活动，营造满城书香氛围，引领社会阅读风尚，擦亮“书香上海”品牌，助力上海文化大发展，为建设书香社会做出积极的贡献。全年举办 2019 上海书展暨“书香中国”上海周、2019 中国上海国际童书展(CCBF)，开展“庆祝新中国成立 70 周年 2019 年主题出版物联合展销”、各大书店春节大联展、“4·23 世界读书日”等图书展示展销和文化阅读活动；“解放书单”“市民修身书单”“静安读书周”“思南读书会”“绿色悦读”“悦读青春”“陆家嘴读书会”等品牌活动影响力提升；持续推进农家书屋工程、农村阅读文化建设。

2019 上海书展暨“书香中国”上海周聚集了 16 万余种图书、500 多种首发新书、1 270 余场阅读文化活动、近 1 000 位中外文化嘉宾，7 天实现销售 6 127.40 万元，其中主会场 4 529.69 万元，本市分会场 946.04 万元，外埠分会场 651.67 万元。书展入场观众数再创新高，约 151.2 万市民读者共赴书展现场(其中主会场 39.1 万人次，本市分会场 60.2 万人次，外埠分会场 51.9 万人次)，尽享书香之夏；上海书展微信小程序访问量超过 2 123 万次，上海书展云会场总使用次数超过 35 万次，阅文集团网络荐书专区点击量超 4 万次。

2019 上海书展暨“书香中国”上海周在上海市 16 个区设立 100 家分会场，首次在江苏、浙江、安徽、北京、天津、河北等 26 个省市设立 50 家分会场。本市 100 家分会场纳入遍布全市的图书馆、实体书店、社区文化服务中心、农家书屋等公共阅读文化空间，推动“一区一特色”全民阅读活动示范品牌进一步成熟、定型。通过农家书屋分会场，首次举办农家书屋重点出版物样书展和农民自主选书活动，让农民成为农家书屋出版物补充更新的主角，在探索全国农家书屋“百姓点单”服务模式方面具有示范意义。50 家外埠分会场借力钟书阁、西西弗书店、上海三联书店、百新书局、晓风书屋在全国的连锁书店，走出上海，将上海书展“我爱读书，我爱生活”的理念传达到全国，分享给各地读者。

2019 中国上海国际童书展参展中外最新童书超过 6 万种，其中外版童书约 2 万种，各类阅读推广和专业交流活动 345 场，覆盖除主会场外的学校、图书馆、书店等 30 多个儿童出版阅读文化空间。展会三天的参观总数达到 40 978 人次。据现场初步统计，达成中外版权贸易协议约 1 500 项。童书展是开展童书版权推介交易、与海内外同行拓展业务合作交流的盛会，是中国出版业展示形象、塑造口碑品牌的重要平台，更是推动童书“走出去”、展示新时代新气象的重要窗口。

2019 春节期间，上海市书刊发行行业协会在全市主要实体书店开展了“2019 上海图书销售行业春节特色文化营销活动”，丰富节日市场；4 月 17 日—5 月 5 日，上海市书刊发行行业协会开展了“2019.4.23 书香上海·书香满城文化导读活动”，上海主要实体书店、出版社参加，推出了一系列阅读推广活动；9 月 20 日—10 月 10 日，上海市书刊发行行业协会组织全市 16 个区 30 家实体书店举行了“庆祝新中国成立70周年2019年主题出版物联合展销”活动，集中展示展销新闻出版署确定的90种重点主题出版物、50种上海出版的重点主题出版物。

发布解放书单，至2019年底已推出16期。解放书单是全国首个以党政机关领导干部为目标受众的读书专刊，每期精选10本图书，由上海一批出版界、理论界、文艺界专家和资深媒体人士秉持“价值、高度、前沿”的取向，从近期国内出版的优秀图书中精选，涉及政治、经济、历史、人文等领域。

每季度发布一次上海市民修身书单，向市民推荐发布了20本经典读物，全年发布4期。上海市民修身书单是由上海市委宣传部、市文明办、市新闻出版局、新民晚报社共同发起“市民修身”生活读本推荐活动。

举办思南读书会，2019年底已举办330余期，邀请了近千位作家、学者和文化人士举办讲座并与市民互动，充分借力持续多年的上海书展和上海国际文学周的成熟文化品牌效应，在继承中开拓创新，受到广大市民的欢迎。

目前，上海已有静安读书周、绿色悦读、悦读青春、全国新书发布厅、思南读书会、陆家嘴读书会、学习读书会等100多个阅读品牌，分布在全市，弘扬阅读文化，营造书香上海，成为推广阅读的力量。

八、推动中华文化“走出去”

2019年，上海5家出版物进出口企业实现进出口7 979.69万美元，比上年增长27%。其中，进口7 549.83万美元，同比增长29.69%，增幅明显高于全国水平；出口429.86万美元，同比下降4.40%。全年进出口金额贸易逆差仍在上升，其中，期刊出口金额跌幅高达32.45%，出版物进出口贸易结构仍有待进一步优化。

网络游戏海外销售收入约18.9亿美元，同比增长率达到26%。上海的莉莉丝、心动网络、游族网络均是国内游戏出海的代表性游戏企业，2019年海外游戏收入均超过10亿元。

开展涉及2 500种图书的涉外版权贸易活动。其中，引进图书1 671种，与上年基本持平；输出图书829种，比上年增长122.85%。上海图书版权引进和输出为2.02∶1，逆差较上年明显缩小。从版权引进地看，美国、英国、日本位居前三名。从版权输出地看，中国香港地区占年度输出总量的26.78%，向美国输出占比22.68%。

实施上海翻译出版促进计划，推动文化“走出去”。《繁花》法语版、《男生贾里全传》保加利亚语版、《丰子恺漫画古诗词》韩语版、《中华文化之旅》哈萨克语版4种外文版图书入选2019年上海翻译出版促进计划，获得翻译资助。30余家出版单位参加2019北京国际图书博览会(BIBF)，与外方达成版权贸易意向209项；组团参加第二届江苏(南京)版权博览会，展出原创展品近千件，促进上海版权企业的国际国内交流与合作。

上海新闻出版发展有限公司承担的“阅读中国”外语版中国图书全球春节联展在德国、捷克、波兰、罗马尼亚、保加利亚、澳大利亚、新西兰、法国和美国等国家的数百余家知名品牌书店举办，推广中华文化图书。

市版权局办理作品登记291 803件，比上年增长11.53%。登记量居前三的作品类别是美术作品、摄影作品和录音制品；登记量较多的区为浦东新区、青浦区和普陀区。备案各类著作权合同467份，比上年下降6.6%。

市版权局修订并发布《上海版权示范园区(基地)、示范单位认定办法》,版权示范创建纳入市营商环境测评指标,形成版权示范创建市、区两级联动机制。认定上海东方广播有限公司等11家单位为上海版权示范单位,上海创智天地园区为上海版权示范园区(基地)。启动新一轮上海版权工作站申报认定。至年底,全市建有版权工作站19个,其中5个为新建立的工作站,首次实现16个区版权工作站全覆盖。

开展长三角版权合作,《长三角地区共同营造版权产业高质量发展市场环境合作协议》签署,联合执法办案、区域内版权纠纷调解等联动工作机制建立,版权贸易基地联盟建成。

强化版权管理,探索"放管服"先行先试政策,首个自贸区国家级功能平台——中国(上海)自由贸易试验区版权服务中心启动运行。成立上海市影视版权服务中心,为上海乃至长三角影视企业提供专业精细化服务。

九、上海市民年平均阅读量高于全国

《2019年上海市民阅读状况调查报告》显示,上海市民读书的主要目的是"增加知识""满足兴趣需求""工作、研究或学习需要""提高修养",连续八年稳定地保持在提高自身内在需求,增强内在素养的层面上;"传统(纸质)阅读"是八年来市民在阅读方式上的首选;获取阅读资源的主要途径为"网上购买"和"实体书店购买"。

上海市民喜爱的图书种类是"文学""历史""日常生活""心理"和"经济管理",喜好的期刊种类是"文学艺术""新闻时政""人文/史地""旅游休闲",喜好的数字阅读是"时事新闻""生活信息""评论或杂文",可见内容的时效性、实用性是数字阅读的重点。

纸质阅读仍然是上海市民阅读首选方式,"纸质阅读>数字阅读"选项的调查比例为44.18%,但近三年两者差距明显缩小,说明数字阅读人数正在上升。

每天阅读纸质图书的时间连续七年的排序是:"15~30分钟""0.5~1小时";每天阅读纸质报纸的时间近四年的排序是:"基本不阅读""15~30分钟""15分钟以内""0.5~1小时""1小时以上";每周阅读期刊的时间近四年的排序是:"基本不阅读""0.5~1小时""30分钟以内""2小时以上""1~2小时";每天使用电子终端的阅读时间连续五年的排序是:"15~30分钟""0.5~1小时""1~2小时"。

自费购买纸质图书的支出排在前四位的选项分别为:"101~200元""51~100元""50元以下""201~500元",从数据来看,纸质图书的消费意愿还是比较稳固的。

上海市民的年平均阅读量为6.10本,比上年有所降低,仍高于全国平均水平。

十、坚决打通"扫黄打非"最后一公里

2019年,上海"扫黄打非"坚持专项治理与综合治理相结合、集中行动与日常监管相结合、网下清查与网上净化相结合,扎实开展"净网""护苗""秋风"专项行动,全年收缴各类违法违禁出版物76.3万件,关闭非法和传播有害信息网站2 600多个,查处各类"扫黄打非"案件750起,其中9起被全国"扫黄打非"办公室挂牌督办,有力打击了各类非法有害出版活动。

上海市"扫黄打非"工作小组办公室坚持把"扫黄打非"进基层贯穿在日常工作之中,坚决打通"扫黄打非"最后一公里。为进一步深化"扫黄打非"进基层工作,市"扫黄打非"办和市文明办联合

发文，将“扫黄打非”进基层工作全面纳入新时代文明实践中心建设和精神文明创建工作，明确了工作要求、组织保障和考核监督。

大力开展“扫黄打非”宣传，坚持“边打边喊”，充分运用新闻宣传手段，提升“扫黄打非”社会影响力。组织上海主要媒体对“净网”“护苗”“秋风”三大专项行动、“绿书签”集中行动宣传周、“净网2019”专项行动进行了三次大规模的宣传报道，组织护苗2019“绿书签行动”公益广告片4月20至26日在公交、地铁、楼宇上循环播放，受众达数千万人次，取得了很好的宣传效果。

2019年“扫黄打非”工作取得了一系列的突破，在全国“扫黄打非”工作考察中进入前十，出版物市场面貌有了很大的改观。在全国“扫黄打非”进基层示范点评选工作中，金山工业区、浦东新区曹路镇、普陀区M50创意园、闵行区七宝镇静安二居委入选全国“扫黄打非”进基层示范点；金山工业区入围全国“扫黄打非”进基层师范标兵。截至2019年底，上海有全国“扫黄打非”进基层示范点21个，示范标兵2个，覆盖全市15个区。

2019年，上海新闻出版业坚持正确导向，直面新技术引发的阅读方式与商业模式变革，加快传统产业转型、融合发展之路，不断提升出版“走出去”的质量和效益，进一步提高新闻出版产业国内和国际竞争力，从而推动整个产业高质量可持续发展。

大事记

1月8日　中国书刊发行行业协会等联合主办的“年度最美书店”揭晓。全国共有16家书店入选，上海朵云书院广富林店、光的空间·新华书店和钟书阁徐汇店入选。

1月10日　上海出版界携开年新书、重点书5 000余种整体亮相2019北京图书订货会，覆盖重大主题出版、优秀传统文化、人文社会科学、文学艺术鉴赏、科学科普传播等多个门类，展示“上海出版”成果。

1月15日　阿里巴巴发布《2018年中国人读书报告》。数据显示，上海读书人口总数在全国各城市中排名第一，也是“二手书”流出最多的省市。

1月24日　上海市新闻出版局指导，阅文集团主办的第三届现实主义网络文学征文大赛颁奖典礼举行，14部作品从11 800部参赛作品中脱颖而出。大地风车半自传式的个人奋斗史《上海繁华》荣膺特等奖。

1月　《第一财经周刊》改名《第一财经》(*Yi Magazine*)出版(月刊)。

2月13日　2019“世界最美的书”评选在德国莱比锡揭晓，上海市新闻出版局、“最美的书”评委会选送的《江苏老行当百业写真》荣获“世界最美的书”荣誉奖。

2月15日　上海韬奋纪念馆编、中华书局出版的《生活书店会议记录1933—1937》出版座谈会举行。《生活书店会议记录1933—1937》呈现了早期生活书店内部的管理运营机制，成为研究近代文化史、社会史及出版史的重要史料。

2月　中国科学院上海光学精密机械研究所主办，《中国激光》杂志社和国际光学工程学会(SPIE)联合出版的《先进光子学》(英文)出版(双月刊)。

3月12—14日　上海世纪出版集团与伦敦书展组委会合力打造的特色书展品牌项目“上海时间”国际出版主题日系列活动亮相2019伦敦书展。

3月19日　上海市期刊协会主办、《学术月刊》杂志社承办的“从事期刊出版工作30年”座谈会在上海市社联召开。

3月27日　上海市委宣传部召开2019上海网络出版管理工作会议。会议明确上海将推出一批原创网络文学和网络游戏精品，加快全球电竞之都建设，进一步完善前置审批标准，探索和建立事中事后监管模式。

同日　上海辞书出版社出版的《汉语大词典》(第二版)第1册出版座谈会在上海锦江小礼堂召开。《汉语大词典》第二版修订词条80%以上，新增内容将达20%，2019年将出版第2、3、4册。

3月28日　上海三联书店READWAY新天地广场店开业，这是READWAY继宁波、北京、西安之后的第四家门店。

3月29日　上海网络文学职称颁证仪式在上海市作家协会大厅举行。刘炜(血红)、蔡骏、王小磊(骷髅精灵)、张书玉(府天)、王旻昇(君天)、李健(寒烈)、俞莹(九尾窈窕)、戎骋(再次等候)、丁凌滔(忘语)、唐华英(君枫苑)等10人成为首批获得上海文学创作系列网络文学专业中级职称的网络作家。

同日　西北民族大学格萨尔研究院主持编纂的国家“十三五”重点出版规划项目、国家出版基金项目——全三十册《格萨尔文库》出版发布及捐赠仪式在北京举行。《格萨尔文库》由上海古籍出版社出版。

3月　上海社会科学院信息研究所主办的《国外社会科学文摘》和《国外社会科学前沿》合二为一，统一为《国外社会科学前沿》，改为月刊。

同月　上海大学主办的《应用数学与计算数学学报》(英文)出版(季刊)。

同月　上海人民出版社主办的《世界历史评论》出版(季刊)。

同月　上海人民美术出版社主办的《艺术管理(中英文)》出版(季刊)。

同月　字节跳动收购上海墨鹍数码科技有限公司，为其控股公司。

4月4日　华东师范大学出版社出版的《大夏光华：小绿天楼藏华东师大校史文献丛刊》(42册)首发。该丛刊收录了大夏大学、光华大学等大量第一手珍稀文献，共计77种文献24 000页。

4月17日　上海市委宣传部指导支持，青浦区委宣传部、青浦区文化和旅游局、朱家角镇人民政府、上海世纪出版集团共同承办的“书香上海”之“文进万家　书香青浦”阅读服务项目在朱家角古镇尚都里启动。项目由系列名家讲座组成，覆盖青浦11个街镇。“长三角一体化阅读联盟”同时宣布成立。

4月21日　上海市版权局发布2018年度上海十大版权典型案件。

4月23日　思南读书会举行五周年特别活动，复旦大学中文系教授陈引驰、傅杰为读者讲述“今天为什么需要读古典”。

同日　上海市书刊发行行业协会开展“2019.4.23书香上海·书香满城文化导读活动”，上海主要实体书店、出版社参加，推出了一系列阅读推广活动。

5月7日　上海25个项目获得2019年度国家古籍整理出版专项经费资助，其中有上海古籍出版社出版的《楚辞要籍丛刊(第四辑)》《潜徽录》《新定杜工部草堂诗笺斠证》《张元幹诗文集笺注》《周必大全集》《汪世清辑录明清珍稀艺术史料汇编》《晋会要》《善斋全集》《中国社会科学院历史所藏甲骨墨拓珍本丛编(第二辑)》《法国国家图书馆藏敦煌藏文文献(24、25、26)》《蜀中广记》《俄藏黑水城文献·西夏文佛教部分(28、29)》，上海书店出版社出版的《宋文遗录》，上海人民出版社出版的《陈继儒全集》《珍本〈玉篇〉音义集成》《碑传集三编》，中西书局出版的《甲骨文字新编》《清华大学藏战国竹简(玖)》《长沙五一广场东汉简牍(叁、肆)》《出土数字卦文献辑释》，上海辞书出版社出版的《东亚千字文汇编》《岳麓书院藏秦简(陆)》，上海书画出版社出版的《大观录》，上海科学技术文献出版社、国家图书馆出版社出版的《中国书院文献丛刊(第二辑)》，复旦大学出版社出版的《近代针灸名著校注丛刊(第一辑)》。

5月8日　上海交通大学出版社、上海科学技术出版社、上海人民美术出版社的3个项目入选国家出版基金资助项目2018年特别优秀项目，另有6个项目获评优秀项目。上海市新闻出版局入选全国20个“认真履职的省级新闻出版行政管理部门”。

5月18日　上海韬奋纪念馆修缮后重新对公众开放，还原了韬奋故居的原貌，新增了互动室和资料室。

5月22日　上海市新闻出版局和上海世纪出版集团召开上海出版工作专题会暨出版界庆祝上

海解放70周年座谈会，近期出版的《战上海》《五月黎明》《1949：上海解放日志》《五月的鲜花》《日月新天：上海解放亲历者说》《上海相册：70年70个瞬间》等一批纪念上海解放70周年的主题新书集中亮相。

6月1日　上海市文明办、上海市文联主办，上海市儿童文学研究推广学会与普陀区图书馆承办第六届"上海好童书"评选揭晓，30种童书获得第六届"上海好童书"称号。

6月13日　学习出版社、人民出版社联合出版的《习近平新时代中国特色社会主义思想学习纲要》上海首发暨赠书仪式在中共一大会址纪念馆举行。

6月27日　上海市新闻出版局指导，上海市出版协会主办，伽马数据和华东师范大学出版社联合承办的"上海游戏精英峰会暨上海游戏出版产业报告发布会"举行。

7月2日　华东师范大学、上海人民出版社主办，华东师范大学马克思主义学院承办的《李君如著作集》出版座谈会举行。中共上海市委常委、宣传部部长周慧琳出席。《李君如著作集》共18册、600余万字由上海人民出版社出版。

7月12日　上海文艺出版社主办、上海图书馆承办的《草婴译著全集》新书发布会暨座谈会举行。《草婴译著全集》共计22卷、约1 000万字，由上海文艺出版社出版。

7月18日　2019年华东地区期刊协会联盟年会暨华东地区期刊出版专业优秀论文评审会在上海召开。会议对各省市入选的优秀论文进行了审议，决定出版《华东地区期刊出版研究论文集》。

7月22日　上海市书刊发行行业协会在上海交通大学出版社张元济讲堂举办2019年(夏季)上海新书发布会，"书香满城——2019上海书展推荐100种上海精品图书书目"与读者见面。上海书展首次设立外埠分会场，利用各地实体书店联动扩大书展效应。

7月24日　上海新华传媒旗下新华书店新开文旅类实体书店"南村映雪"在松江区泗泾镇的明清建筑管氏宅亮相。

7月26日　上海市期刊协会与东方网签署战略合作协议，共同努力促成优质内容和优质平台的优质合作。

8月2日　国家新闻出版署等十二个政府部门指导，上海市新闻出版局等联合主办，上海市浦东新区人民政府协办的第十七届中国国际数码互动娱乐展览会(2019 ChinaJoy)在上海新国际博览中心开幕，展期四天，首届"上海电竞周"活动同期举办。

同日　伽马数据、《证券时报》联合举行2019中国游戏资本峰会，发布了"2019中国上市/准上市游戏企业竞争力调查报告"，游戏行业上市及准上市企业代表、游戏开发商、证券分析师、投资机构代表等参加。

8月3日　中国音像与数字出版协会、上海市新闻出版局、中央广播电视总台上海总站联合指导，上海市出版协会、顺网集团上海汉威信恒展览有限公司联合主办的2019全球电竞大会举行。大会以"竞道非凡"为主题，旨在推动上海电竞产业有序健康发展，助力推进上海"全球电竞之都"建设。

8月5日　国家"十三五"出版规划项目《中国馆藏国家珍宝——中国陶瓷大系》(15卷)由上海人民美术出版社出版。

8月6日　上海旧志整理系列——《民国上海市通志稿》由上海古籍出版社出版。原稿前三编在民国时期已经完成排版审校，上海市地方志办公室和上海市历史博物馆据此整理汇编为《民国上海市通志稿(第一册)》，并于2013年率先出版。民国时期尚未整理出版的稿件内容，最终汇编入此次出版的《民国上海市通志稿》第二、三、四册，总计约730万字。

8月12日　朵云书院旗舰店开业，位于上海中心52层，为上海最高书店。陈列有中文图书15 000多种、外文书籍1 150多种。书店设置了伦敦书评书店合作专区，介绍来自伦敦的精选英文好书。

8月14日　国家新闻出版署指导，上海市人民政府主办，中共上海市委宣传部(上海市新闻出版局)承办的2019上海书展暨“书香中国”上海周在上海展览中心开幕，为期七天。16万余种图书、500多种首发新书参展，举办1 270余场阅读文化活动，近1 000位中外文化嘉宾到场，并设置100个本市分会场、50个外埠分会场，约151.2万市民读者共赴书展现场(其中主会场39.1万人次，本市分会场60.2万人次，外埠分会场51.9万人次)，尽享书香之夏。四川成为上海书展主宾省，四川代表团从近两年出版的5 000余种新书中精选2 468种图书展示展销。

8月17日　复旦大学和上海人民出版社在上海书展举办“习近平新时代中国特色社会主义思想研究工程”和“当代中国马克思主义研究工程”丛书首批新书出版发布会。新书包括《新时代的历史大视野》《中国共产党与中国理论》《中国共产党与中国文化》《中华文明的鼎新——新时代中国特色社会主义思想文化体系研究》和《新时代中国特色社会主义生态文明体系研究》，由上海人民出版社出版。

8月19日　第十五届精神文明建设“五个一工程”评选在北京揭晓，上海6部作品榜上有名。上海人民出版社出版的《战上海》获特别奖。

8月20日　上海市委宣传部副部长、市新闻出版局局长徐炯宣布，中国近现代新闻出版博物馆落户杨浦，预计于2021年建成。建成后的中国近现代新闻出版博物馆将成为杨浦滨江段的文化地标和亮点，成为全国出版展示、文献研究、公众教育的重要基地。

同日　中国期刊协会在北京召开“迎接新中国成立70周年期刊出版座谈会”，《科学》《小朋友》《中国海员》《生理学报》《科学画报》《复旦学报(社会科学版)》《天风》《电世界》《化学世界》《大众医学》和《中国造船》等12种上海期刊入选“致敬创刊70年期刊”。

同月　由复旦大学、中国地理学会主办的《历史地理》改名《历史地理研究》出版(季刊)。

9月12日　中国出版集团在上海举行科创产业决策者论坛。中国出版集团以传统出版而驰名，面临融合、科创的新机遇，进行多维度发展，融合包括但不限于“出版＋科技”“出版＋金融”，也包括从出版图书到“出版”数据和服务。

9月19日　上海大学、上海市出版协会、上海市期刊协会主办的第八届上海期刊论坛举行，论坛以“不忘初心，牢记使命，推进一流学术期刊建设”为主题。

10月17日　思南读书会首次亮相法兰克福书展，成为登陆国际主流书展的第一个中国本土读书会品牌。德国歌德学院(中国)原院长米歇尔·康·阿克曼和思南读书会策划团队成员李伟长共同主持。本场主题为“从上海到法兰克福——全球视野下的文学交流与阅读推广”，通过现场致辞、讲述、对谈的方式，围绕“当代中国文学创作、出版与阅读推广的现状”，“中国文学‘走出去’及与世界文学的借鉴、融合”，“上海城市文化景观：新型阅读文化空间与读书会”和“上海网络文学创作、阅读的活力与海外影响”等相关话题展开讨论。

11 月 11 日　2019 年度“最美的书”(原“中国最美的书”)评选结果揭晓,同济大学出版社《陈从周造园三章》《三分院》,上海人民美术出版社《11×16 XXL Studio》《上海图话——百年插画艺术档案》《欧阳春:凡夫俗子》《许茂和他的女儿们》,上海古籍出版社《观照——栖居的哲学》《梦影红楼》等 25 种图书从来自全国各地 106 家出版社的 342 份参赛作品中胜出,荣获年度“最美的书”称号,并代表中国参加在德国莱比锡举行的 2020 年度“世界最美的书”评选。

11 月 15 日　上海市新闻出版局、中国教育出版传媒集团有限公司、环球新闻出版发展有限公司共同主办的 2019 中国上海国际童书展开幕,为期三天。来自 30 多个国家和地区的 400 多家出版、发行、文创、教育等行业的展商,带来 6 万多种中外儿童图书。

同日　上海市新闻出版局、上海市宝山区人民政府和陈伯吹儿童文学基金专业委员会主办的 2019 陈伯吹国际儿童文学奖颁出,《耗子大爷起晚了》《有鸽子的夏天》《焰火》《追寻》《野蜂飞舞》获年度图书(文字)奖,《一颗子弹的飞行》、《别让太阳掉下来》、The Great Battle(《伟大的战役》,意大利)、Heads and Tails: Insects(《头部与尾部:昆虫》,澳大利亚)、Enreduana(《安海度亚娜》,巴西)获年度图书(绘本)奖,《鞋尖朝外》《百万个明天》《大山里来的孩子》《只是一篇作文》获年度单篇作品奖,中国儿童文学翻译家、作家、出版人任溶溶,美国童书历史学家及评论家伦纳德·S. 马库斯获特殊贡献奖。

11 月 21 日　由上海、江苏、浙江、安徽党委宣传部主办的第二届长三角文博会开幕,为期四天。本届长三角文博会进一步突出“国际化、市场化、专业化”的办展定位,打造一个立足长三角、辐射全中国、面向全世界,吸引国内外优秀文化产业资源集聚、合作和交易的重大战略平台。期间共有 15 场主题论坛,主题涵盖文化产业的各方面,如教育、旅游、展览、演艺、科技、金融、动漫影视、版权服务等。

11 月 28 日　2019 年“上海翻译出版促进计划”入选书目公布,《繁花》法语版、《男生贾里全传》保加利亚语版、《丰子恺漫画古诗词》韩语版、《中华文化之旅》哈萨克语版等四种图书获得翻译资助。

11 月 30 日　由天府书展组委会与《中国出版传媒商报》共同发起,新华文轩出版传媒股份有限公司协办的“2019 年度全国阅读推广特别贡献人物”推展活动揭晓,上海市委宣传部副部长、市新闻出版局局长徐炯获评“全国阅读推广特别贡献人物”。

12 月 3 日　经上海市期刊协会推荐,上海大学期刊社、上海中医药大学杂志社、《大飞机》杂志社、上海体育学院杂志社、华东师范大学学报期刊社、上海《电世界》杂志有限公司、《学术月刊》杂志社、《建筑钢结构进展》杂志社 8 家期刊单位新增为第六届中国期刊协会常务理事和理事单位。

12 月 6 日　2019 年度上海市出版系列高级专业技术职务任职资格评审揭晓,13 位同志获得编审、37 位同志获得副编审任职资格。

12 月 10 日　上海市编辑学会第二届上海优秀编辑评选结果公示,共有 10 位编辑当选。

12 月 12 日　上海版权产业报告(2017)发布,上海版权产业的产业增加值为 3 426.35 亿元人民币(系乘以版权因子后的数值),比 2016 年增加 272.60 亿元人民币,占当年上海 GDP11.19%。

同日　心动网络登陆港交所,首日挂牌开涨约 8%。2019 年在港上市的中小游戏企业包括玩友时代、指尖悦动、第七大道、创梦天地、禅游科技、家乡互动等多家。

12 月 13 日　第七届中华优秀出版物奖名单公示,上海有 11 种作品入选图书奖名单,9 种作品入选图书奖提名名单,1 种作品入选音像电子游戏出版物名单,3 种作品入选音像电子游戏出版物提名名单，1篇作品入选全国优秀出版科研论文名单。

12月25日　上海文学艺术翻译奖开始启动，由上海市委宣传部指导，市文联、市作协、上海翻译家协会联合主办，将对标国际最高水平，打造高规格、高品质、高影响力的文学艺术翻译奖项，计划每三年评选一届。

12月25日　华东师范大学出版社社长王焰获评第十三届韬奋出版奖。

12月28日　思南书局·诗歌店开业。这是世纪朵云旗下第四家实体书店，书店业态以阅读购书、艺术展览、品牌文创、沙龙活动为主，是一个集阅读分享、讲座培训、社交休闲等多功能于一体的公共文化空间。

12月30日　中宣部组织实施的2019年“优秀青少年读物出版工程”，上海入选的3种分别为上海人民出版社的《成语里的中国通史》、上海文化出版社的《汉字的味道》、少年儿童出版社的《飞越喜马拉雅》。

12月　上海大学主办的《电影理论研究(中英文)》出版(季刊)。

第一篇

年度报告

第一章　2019 年上海新闻出版产业报告

第一节　综　　述

2019 年是新中国成立 70 周年，是决胜全面建成小康社会、实施“十三五”规划的冲刺之年，也是落实习近平总书记交给上海的三项新的重大任务的关键之年。上海出版工作按照中央总体部署，围绕国家战略和上海发展实际，继续深入落实党的十九大精神以及市委、市政府《关于加快本市文化创意产业创新发展的若干意见》(“上海文创 50 条”)，全面贯彻新发展理念，落实高质量发展要求，加强导向管理、推动主题出版、抓好原创精品，深入推进出版创新驱动、转型发展，为全面打响“上海文化”品牌、加快建设国际文化大都市提供坚实基础和有力保障。上海新闻出版业保持快速发展势头，传统出版全年实现营业收入 94.73 亿元。

一、新闻出版产业规模继续增长

2019 年，上海 40 家图书出版社(不含世界图书出版上海有限公司)资产合计同比增长 6.75%。营业收入同比增长 6.20%。利润总额同比增加增长 1.99%。

上海 632 种期刊资产合计同比下降 1.49%。营业收入同比下降 0.39%。利润总额同比下降 1.84%。

上海 97 种报纸资产合计同比增长 0.92%。营业收入同比下降 1.52%。报纸广告收入总额同比下降 5.81%。利润总额同比下降 8.05%。

上海 28 家音像电子出版社资产合计同比下降 0.99%。营业收入同比增长 2.07%。利润总额同比下降 8.19%。

二、数字出版继续处于全国领先地位

2019 年，上海数字出版快速增长，实现营业收入同比增长 13.9%。其中，网络游戏产业营业收入同比增长 12.3%；网络文学产业营业收入同比增长 77.7%；张江国家数字出版基地营业收入同比增长 8%；国家数字出版基地虹口园区营业收入同比增长 4.9%。上海市网络出版服务机构 90 家，网络游戏出版机构 62 家，均与 2018 年持平。

三、印刷发行产业稳步发展

上海印刷企业总资产同比增长 6.11%，净资产同比增长 10.44%；本年度全行业工业总产值同比下降 2.23%，销售收入同比下降 1.98%；利润总额同比增长 24.46%；对外加工贸易额同比增长 12.99%。

上海市出版物发行年度销售实洋总额中，发行单位销售总额占比 66.03%，上海本地出版社自办发行销售总额占比 33.97%。其中，新华传媒连锁占比 7.05%；上海世纪出版集团占比 14.98%；

20家高校出版社和社科文出版社自办发行占比18.99%;上海外文图书、上海图书、上海香港三联书店、中图进出口上海公司和中国国际图书贸易上海分公司占比7.91%;中国邮政上海分公司占比6.43%;书刊交易市场占比0.98%;其余批发、零售企业及个体民营单位等占比43.66%。

第二节　上海图书出版业发展情况

一、总体情况

2019年,在"从出版大国向出版强国跨越"的发展目标与《图书出版单位社会效益评价考核试行办法》《关于加强和改进出版工作的意见》《关于促进上海出版产业发展的实施办法》等文件指导下,上海图书出版业聚焦打响出版"文化品牌",着力推出精品力作,不断向高质量方向迈进,控制品种数量、优化图书结构取得一定实效。

(一) 经营情况

上海40家图书出版社资产合计增长6.75%。存货合计增长12.37%。所有者权益合计同比增长3.23%。营业收入同比增长6.20%。利润总额同比增长1.99%。

图书定价总金额同比增长17.25%。本版图书种数30 876种,同比增加867种,增长2.89%,其中:新出14 017种,同比减少210种,下降1.48%;重版、重印16 859种,同比增加1 077种,增长16.05%;重版、重印率54.60%。图书总印数53 268.46万册,同比增加5 214.06万册,增长10.85%。图书总印张5 181 277.90千印张,同比增加691 224.21千印张,增长15.39%。

从总体情况来看,上海图书出版业呈现出以下特点:1. 资产规模不断扩大,利润持续增长,保持稳健发展态势;2. 出版物库存量虽略有增加,大体仍维持在合理水平;3. 定价保持上升趋势,这是由于消费者的文化内容消费需求逐渐转向品质化以及成本上升因素的影响;4. 新版图书品种规模进一步收缩,与全行业重视高质量发展,以及书号的发放审核趋严有一定关系;5. 重印图书品种继续增加,持续攀升的再版率体现出上海图书出版业的精品意识不断强化,精品生产比重不断加大,产品结构得到进一步优化;6. 本版图书品种增加的同时,加速增长的总印数和总印张彰显了全民阅读推广的作用,并在一定程度上显示了书业对选题的深化和图书单品、单册受众收益的增多,以及上海图书出版业供给侧结构性改革的成果;7. 行业整合加速,集中度提升。

2019年,营业收入排行前10位的出版社占上海图书出版业总额的55.91%,提高8.43个百分点;本版图书种数排行前10位的出版社占上海图书出版业总额的61.98%,提高1.46个百分点;总印数排行前10位的出版社占上海图书出版业总额的79.87%,提高1.84个百分点。从表1-1-1中还可以看出,总印数集中度明显高于本版图书种数集中度,表明规模更大的出版社在同等品种资源条件下,拥有更强大的市场占有能力。

表1-1-1　上海图书出版业各类排行前10位出版社的市场集中度对比情况

年　　份	集中度		
	营业收入(%)	本版图书种数(%)	总印数(%)
2019	55.91	61.98	79.87
2017	47.48	60.52	78.03

与全国图书出版业相比，上海图书出版业营业收入、定价总金额、重版、重印、总印数、总印张等指标的增长速度均表现突出，体现出上海图书出版业强劲的发展势头。但利润总额的增长速度较全国水平偏低，且低于营业收入增长率，表明上海图书出版业的盈利能力还有待提升。

表 1－1－2　上海与全国图书出版业总体情况对比

类　别	上海/全国	较 2018 年增减(%)
营业收入(万元)	上海	6.20
	全国	5.59
利润总额(万元)	上海	1.99
	全国	11.15
定价总金额(万元)	上海	17.25
	全国	8.79
新出图书(种数)	上海	−1.48
	全国	−9.04
重版、重印(种数)	上海	16.05
	全国	3.33
总印数(万册)	上海	10.85
	全国	5.87
总印张(千印张)	上海	15.39
	全国	6.29

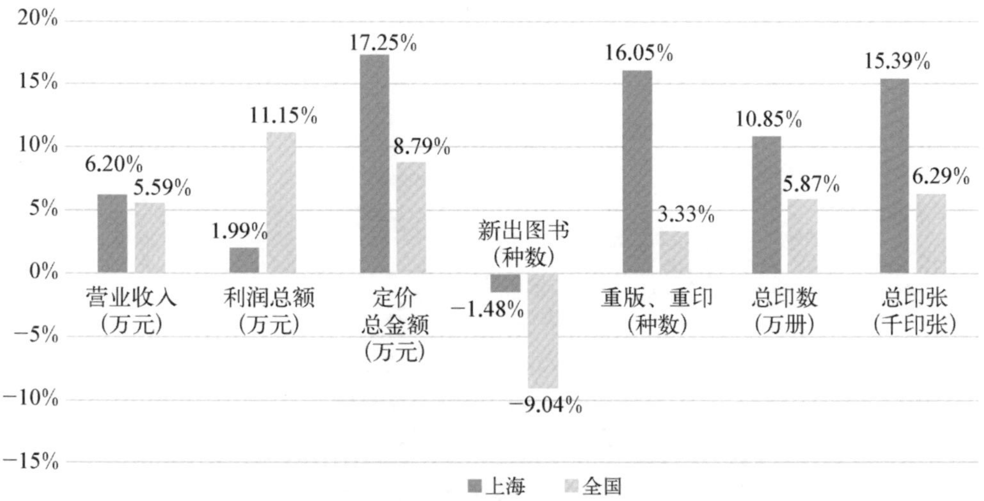

图 1－1－1　上海与全国图书出版业各类指标增长速度对比

与 2017 年相比，上海图书出版业营业收入超过 5 亿元的出版社由 1 家增至 3 家。排名首位的中国中福会出版社通过积极打造专注幼儿早教细分市场的巧虎品牌，并借助一系列丰富的周边产品(玩具、光碟、APP 应用)提升图书产品附加值，创造了高额的营业收入，常年占据榜首。

华东师范大学出版社、上海外语教育出版社首次跻身营业收入超过 5 亿元的出版社行列，两者的利润总额也均已突破亿元,高于行业平均水平,体现出教育类出版社较强的盈利能力。作为专业类出版社,上海音乐出版社坚持"专、精、特、新"的发展战略,利用60余年积累的独家优质音乐内容资源,不断创新出版模式,提高出版质量,丰富载体内容,占据了音乐出版的高地。

从图书出版的总印数、总印张来看,教育类出版社的生产能力与生产规模依然占据领先地位。

(二) 重要出版情况

上海有28家出版社的54个项目获2019年度国家出版基金资助,全国占比为7.1%。上海8家出版社的25个项目获2019年度国家古籍整理出版专项经费资助,全国占比为28.74%。上海入选"十三五"国家出版规划第三次增补项目15个,上海总入选数达338个,占全国入选项目的9.89%。从单体出版社来看,上海科学技术出版社入选数量位居全国第二,上海古籍出版社位居全国第四。

2019年,上海出版界策划、出版了一批祝贺书籍、精品主题出版物,如《战上海》《细节的力量:新中国的伟大实践》《70年邮票看中国》(以上两种入选中宣部2019年重点主题出版物)、《革命者》《可爱的共和国人》、"中国系列丛书"、《中国交响乐70年》《光荣与梦想:庆祝新中国成立70周年连环画专辑》《中国寻路者》《上海相册:70年70个瞬间》《1949:上海解放日志》《日月新天:上海解放亲历者说》《五月的鲜花:庆祝上海解放70周年连环画专辑》等,其中《战上海》获得了第十五届"五个一工程"特别奖。

二、结构分析

(一) 隶属结构

按隶属结构分为上海世纪出版集团、大学图书出版单位、社会图书出版单位、中央在沪图书单位四大板块。

2019年,上海市图书出版营业收入总额较2018年增长6.20%。其中,上海世纪出版集团营业收入占营业收入总额54.54%,较2018年增长0.56个百分点;大学图书出版单位营业收入占比31.54%,减少0.06个百分点;社会图书出版单位营业收入占比12.37%,减少0.49个百分点;中央在沪图书单位营业收入占比1.55%,与2018年基本持平。

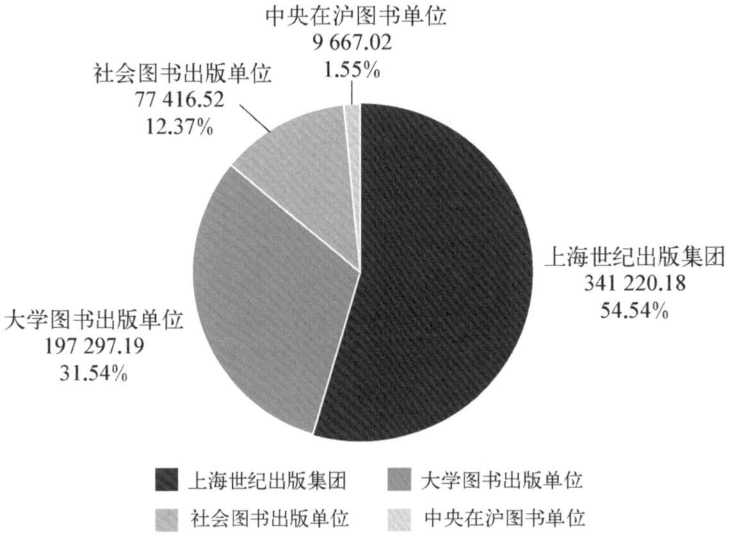

图1-1-2 四大板块营业收入构成

上海市图书出版利润总额相较于 2018 年增长 1.99%。其中,上海世纪出版集团利润总额相较于 2018 年减少 29.35%;大学图书出版单位增加 21.99%;社会图书出版单位增加 15.43%;中央在沪图书单位利润总额增加 5.12%。

上海市图书定价总金额相较于 2018 年增长 17.25%。其中,上海世纪出版集团定价总金额占图书定价总金额 32.71%,相较于 2018 年占比减少 1 个百分点;大学图书出版单位占比 50.27%,增长 7.41 个百分点;社会图书出版单位占比 15.94%,降低 6.41 个百分点;中央在沪图书单位占比 1.07%,与 2018 年基本持平。

2019 年,上海市出版新版图书 14 017 种,较 2018 年下降 1.48%。其中,上海世纪出版集团出版新版图书 5 709 种,占新版图书总数 40.73%,占比相较于 2018 年增长 1.42 个百分点;大学图书出版单位 6 387 种,占比 45.57%,减少 1.93 个百分点;社会图书出版单位 1 746 种,占比 12.46%,增长 0.32 个百分点;中央在沪图书单位 175 种,占比 1.25%,增长 0.19 个百分点。

上海市出版重版、重印图书 16 859 种,较 2018 年增长 16.05%。其中,上海世纪出版集团出版重版、重印图书 6 710 种,占总数 39.80%,占比较 2018 年增长 0.38 个百分点;大学图书出版单位 9 491 种,占比 56.30%,增长 0.74 个百分点;社会图书出版单位 543 种,占比 3.22%,减少 1.25 个百分点;中央在沪图书单位 115 种,占比 0.68%,增加 0.12 个百分点。

上海市图书总印数 53 268.46 万册,较 2018 年增长 10.85%。其中,上海世纪出版集团 24 334.87 万册,占总数 45.68%,占比较 2018 年减少 0.7 个百分点;大学图书出版单位 22 462.17 万册,占比 42.17%,增加 6.31 个百分点;社会图书出版单位 6 103.86 万册,占比 11.46%,减少 5.6 个百分点;中央在沪图书单位 367.56 万册,占比 0.69%,与 2018 年基本持平。

1. 上海世纪出版集团①

2019 年,上海世纪出版集团的资产合计同比增加 46 636.53 万元,增长 5.86%。存货合计同比增加 21 084.76 万元,增长 14.32%。营业收入同比增长 7.30%。利润总额同比下降 29.35%。图书定价总金额同比增长 13.76%。本版图书种数 12 419 种,同比增加 605 种,增长 5.12%,其中:新出 5 709 种,同比增加 116 种,增长 2.07%,重版、重印 6 710 种,同比增加 489 种,增长 7.86%;重版、重印率 54.03%。

图书总印数 24 334.87 万册,同比增加 2 043.59 万册,增长 9.17%。图书总印张 1 980 169.95 千印张,同比增加 142 882.25 千印张,增长 7.78%。

2. 大学图书出版单位②

2019 年,大学图书出版单位 13 家图书出版社的资产合计同比增长 8.29%。存货合计同比增长 8.93%。营业收入同比增长 6.01%。利润总额同比增长 21.99%。图书定价总金额同比增长 37.52%。

---

① 上海世纪出版集团 19 家图书出版社分别为:上海人民出版社有限责任公司,上海世纪出版股份有限公司古籍出版社,上海世纪出版股份有限公司少年儿童出版社,上海世纪出版股份有限公司教育出版社,上海世纪出版股份有限公司科学技术出版社,上海世纪出版股份有限公司辞书出版社,上海世纪出版股份有限公司译文出版社,上海世纪出版股份有限公司学林出版社,上海世纪出版股份有限公司远东出版社,上海世纪出版股份有限公司上海书店出版社,上海世纪出版股份有限公司科技教育出版社,上海世纪出版股份有限公司格致出版社,上海文艺出版社,上海文化出版社有限公司,上海音乐出版社有限公司,上海人民美术出版社有限公司,上海书画出版社有限公司,上海锦绣文章出版社有限公司,上海中西书局有限公司。

② 大学图书出版单位 13 家图书出版社分别为:华东师范大学出版社有限公司,复旦大学出版社有限公司,上海外语教育出版社有限公司,同济大学出版社有限公司,上海交通大学出版社有限公司,上海浦江教育出版社有限公司,华东理工大学出版社有限公司,立信会计出版社有限公司,东华大学出版社有限公司,上海财经大学出版社有限公司,上海大学出版社有限公司,第二军医大学出版社,上海音乐学院出版社有限公司。

本版图书种数 15 878 种,同比增加 353 种,增长 2.27%,其中:新出 6 387 种,同比减少 370 种,下降 5.48%;重版、重印 9 491 种,同比增加 723 种,增长 8.25%;重版、重印率 59.77%。图书总印数 22 462.17 万册,同比增加 5 230.19 万册,增长 30.35%。图书总印张 2 928 300.09 千印张,同比增加 581 462.24 千印张,增长 24.78%。

3. 社会图书出版单位[①]

2019 年,社会图书出版单位 7 家图书出版社的资产合计 62 132.75 万元,同比增加 5 523.30 万元,增长 9.76%。

存货合计 16 131.67 万元,同比增加 1 534.26 万元,增长 10.51%。营业收入 77 416.52 万元,同比增加 1 631.78 万元,增长 2.15%。利润总额 3 457.73 万元,同比增加 462.10 万元,增长 15.43%。图书定价总金额 251 654.29 万元,同比减少 49 317.86 万元,下降 16.39%。本版图书种数 2 289 种,同比减少 143 种,下降 5.88%,其中:新出 1 746 种,同比增加 19 种,增长 1.10%;重版、重印 543 种,同比减少 162 种,下降 22.98%;重版、重印率 23.72%。图书总印数 6 103.86 万册,同比减少 2 096.24 万册,下降 25.56%。图书总印张 230 860.46 千印张,同比减少 37 688.74 千印张,下降 14.03%。

4. 中央在沪图书单位[②]

2019 年,中央在沪图书单位 1 家图书出版社的资产合计同比增长 5.99%。存货合计同比增长 13.70%。营业收入同比增长 5.45%。图书定价总金额同比增长 17.91%。

本版图书种数 290 种,同比增加 52 种,增长 21.85%,其中:新出 175 种,同比增加 25 种,增长 16.67%;重版、重印 115 种,同比增加 27 种,增长 30.68%,重版、重印率 39.66%。

图书总印数 367.56 万册,同比增加 36.52 万册,增长 11.03%。图书总印张 41 947.40 千印张,同比增加 4 568.60 千印张,增长 12.22%。

(二)产品结构

图书包括书籍[③]、课本[④]和图片[⑤] 3 类。

2019 年,上海市出版新版书籍 12 073 种,较 2018 年降低 4.24%,占新版图书品种的 86.13%,减少 2.33 个百分点;新版课本 1 943 种,较 2018 年增长 20.01%,占新版图书品种的 13.86%,增长 2.94 个百分点;新版图片 1 种,同比持平,占新版图书品种的 0.01%,同比持平;重印书籍 11 286 种,增长 2.85%,占重印图书品种的 66.94%,降低 2.53 个百分点;重印课本 5 573 种,增长 15.89%,占重印图书品种的 33.06%,增长 3.36 个百分点;重印图片 0 种,同比持平。

上海市出版书籍 37 653.07 万册,增长 11.71%,占图书总印数的 70.69%;课本 15 614.98 万册,增长 8.83%,占 29.31%;图片 0.1 万册,增长 100%。

1. 书籍

定价总金额同比增长 17.79%。

本版图书种数 23 359 种,同比减少 221 种,下降 0.94%,其中:新出 12 073 种,同比减少 534

① 社会图书出版单位 7 家图书出版社分别为:上海三联书店有限公司,上海科学技术文献出版社有限公司,上海社会科学院出版社有限公司,文汇出版社有限公司,上海科学普及出版社有限责任公司,中国中福会出版社,中华地图学社。
② 中央在沪图书单位 1 家图书出版社为:东方出版中心。
③ 图书系指使用中国标准书号或统一书号,但不属于课本和图片的出版物。
④ 课本系指使用中国标准书号或统一书号的大专及以上课本、中专技校课本、中小学课本、扫盲课本和教学用书。
⑤ 图片系指单张或折页的美术画片,包括绘画的印制品和摄影的印制品,年画也归入图片。

种，下降 4.24%；重版、重印 11 286 种，同比增加 313 种，增长 2.85%，重版、重印率 48.32%。

总印数 37 653.08 万册，同比增加 3947.68 万册，增长 11.71%。总印张 3 784 998.63 千印张，同比增加 558 849.20 千印张，增长 17.32%。

书籍从内容上按照社科人文、科学技术、综合 3 类划分。2019 年出版书籍 37 653.07 万册，其中社科人文类 36 002.38 万册，占书籍总印数的 95.62%，降低 1.68 个百分点；科学技术类 1 582.96 万册，占书籍总印数的 4.20%，增长 1.69 个百分点；综合类 67.74 万册，占书籍总印数的 0.18%，基本持平。书籍出版发展结构较为稳定，且呈现上升态势。

（1）社科人文类书籍：

定价总金额同比增长 18.45%。

本版图书种数 21 139 种，同比增加 384 种，增长 1.85%，其中：新出 10 614 种，同比减少 126 种，下降 1.17%；重版、重印 10 525 种，同比增加 510 种，增长 5.09%，重版、重印率 49.79%。总印数 36 002.38 万册，同比增加 3 208.08 万册，增长 9.78%。总印张 3639 000.93 千印张，同比增加 561 979.56 千印张，增长 18.26%。

（2）科学技术类书籍：

定价总金额同比增长 5.80%。

本版图书种数 2 054 种，同比减少 646 种，下降 23.93%，其中：新出 1 339 种，同比减少 442 种，下降 24.82%；重版、重印 715 种，同比减少 204 种，下降 22.20%，重版、重印率 34.81%。

总印数 1 582.96 万册，同比增加 736.81 万册，增长 87.08%。总印张 135 961.00 千印张，同比减少 4 251.06 千印张，下降 3.03%。

（3）综合类书籍：

定价总金额同比增长 4.34%。

本版图书种数 166 种，同比增加 41 种，增长 32.80%，其中：新出 120 种，同比增加 34 种，增长 39.53%；重版、重印 46 种，同比增加 7 种，增长 17.95%，重版、重印率 27.71%。

总印数 67.74 万册，同比增加 2.79 万册，增长 4.30%。总印张 10 036.70 千印张，同比增加 1 120.69 千印张，增长 12.57%。

2. 课本

课本出版整体上呈现稳步上升的态势，大专及大专以上课本增速较快，其定价总金额提升 15.26%，本版图书种数增加 24.99%，高校教材市场呈现繁荣景象。另一方面，随着国家教育事业的高速发展以及教材管理制度的不断完善，教材市场持续规范化，教材编写出版的精品意识与责任意识不断增强，其中，大专及大专以上课本重版、重印率达到 71.98%。定价总金额同比增长 14.61%。

本版图书种数 7 516 种，同比增加 1 088 种，增长 16.93%，其中：新出 1 943 种，同比增加 324 种，增长 20.01%；重版、重印 5 573 种，同比增加 764 种，增长 15.89%，重版、重印率 74.15%。

总印数 15 614.98 万册，同比增加 1 267.31 万册，增长 8.83%。总印张 1 396 266.09 千印张，同比增加 132 391.31 千印张，增长 10.48%。

课本划分为大专及大专以上课本、中学课本、小学课本、其他课本 4 类。

2019 年出版课本 15 614.98 万册，其中大专及大专以上课本 3 718.74 万册，占课本总印数的 23.82%，增长 0.36 个百分点；中学课本 6 180.04 万册，占课本总印数的 39.58%，增加 0.17 个百分点；小学课本 4 811.72 万册，占课本总印数的 30.81%，降低 1.95 个百分点；其他课本 904.48 万册,占课本总印数的 5.79%,增长 1.42 个百分点。课本出版发展结构较为稳定,且呈现上升趋势。

(1) 大专及大专以上课本:

定价总金额同比增长 15.26%。

本版图书种数 4 822 种,同比增加 964 种,增长 24.99%,其中:新出 1 351 种,同比增加 233 种,增长 20.84%;重版、重印 3 471 种,同比增加 731 种,增长 26.68%,重版、重印率 71.98%。

总印数 3 718.74 万册,同比增加 353.84 万册,增长 10.52%。总印张 595 018.67 千印张,同比增加 67 734.51 千印张,增长 12.85%。

(2) 中学课本:

定价总金额同比增长 9.01%。

本版图书种数 678 种,同比减少 6 种,下降 0.88%,其中:新出 124 种,同比增加 20 种,增长 19.23%;重版、重印 554 种,同比减少 26 种,下降 4.48%,重版、重印率 81.71%。

总印数 6 180.04 万册,同比增加 526.18 万册,增长 9.31%。总印张 458 562.06 千印张,同比增加 34 776.07 千印张,增长 8.21%。

(3) 小学课本:

定价总金额同比增长 3.91%。

本版图书种数 446 种,同比减少 38 种,下降 7.85%,其中:新出 94 种,同比增加 14 种,增长 17.50%;重版、重印 352 种,同比减少 52 种,下降 12.87%,重版、重印率 78.92%。

总印数 4 811.72 万册,同比增加 110.10 万册,增长 2.34%。总印张 209 923.10 千印张,同比减少 5 173.42 千印张,下降 2.41%。

(4) 其他课本:

定价总金额同比增长 36.74%。

本版图书种数 1 570 种,同比增加 168 种,增长 11.98%,其中:新出 374 种,同比增加 57 种,增长 17.98%;重版、重印 1 196 种,同比增加 111 种,增长 10.23%,重版、重印率 76.18%。

总印数 904.48 万册,同比增加 277.19 万册,增长 44.19%。总印张 132 762.26 千印张,同比增加 35 054.15 千印张,增长 35.88%。

3. 图片

定价总金额同比下降 79.17%。

本版图书种数 1 种,同比持平,其中:新出 1 种,同比持平;重版、重印 0 种,同比持平。

总印数 0.10 万册,同比增加 0.05 万册,增长 100%。总印张 0.62 千印张,同比减少 6.38 千印张,下降 91.14%。

第三节　上海期刊出版业发展情况

一、总体情况

2019 年上海市期刊业结构发展不断优化,由高速增长转向高质量发展,专注细分市场,彰显品牌效应。而与此同时,在新媒体迅猛发展、广告市场竞争日趋激烈的新形势下,期刊业广告收入降幅进一步扩大,印数、发行数持续下滑,处于多重压力叠加、负重前行的关键期。

2019 年,上海 632 种期刊资产合计同比下降 1.49%。所有者权益同比增长 3.02%。营业收入同比下降0.39%。期刊广告收入总额同比下降15.21%。利润总额同比下降1.84%。期刊定价总金额同比下降9.05%。期刊品种632种，同比增加2种，增长0.32%。期刊出版期数5 544期，同比减少105期，下降1.86%。期刊总印数7 383.20万册，同比减少1 121.38万册，下降13.19%。期刊总印张387 381.97千印张，同比减少68 631.37千印张，下降15.05%。期刊邮局发行数3 027.92万册，同比减少591.17万册，下降16.33%；期刊自办发行数3 130.64万册，同比减少552.10万册，下降14.99%；期刊其他发行数256.10万册，同比减少105.95万册，下降29.26%；赠阅数968.54万册，同比增加127.85万册，增长15.21%。

从总体情况来看，上海期刊出版业呈现以下几个特点：

1. 期刊出版营业收入保持稳定，利润总额稳中有跌。随着改革发展不断深入，上海期刊业根据自身的市场定位、刊物特色和读者需求，实现社会效益与经济效益、鲜活的思想内容与新颖的表现形式的有机统一。如《故事会》杂志在2019年总印数达到1 440万册，是唯一突破千万的杂志，其凭借优质内容成为“上海名牌”，并连续多次获得国家期刊奖，形成独特的品牌优势。

2. 广告收入降幅持续扩大，较2018年降低15.21%。传统媒体广告收入依赖主要行业拉动，且传统媒体之间广告资源的同质化竞争激烈。加之近年来，大部分行业广告投放呈现负增长，且逐渐转移到网络渠道，造成期刊广告收入持续呈现下跌态势。

3. 期刊定价总金额、总印数、总印张持续下滑。2019年，期刊定价总金额降幅高达9.05%。其中，《第一财经周刊》更名为《第一财经》后，以月刊出版，其定价总金额与2017年相比降幅达66.04%。《理财周刊》与2017年相比降幅高达68.43%。

近三年来期刊业总印数也不断下滑，降幅在2018年略有收窄，2019年则又呈扩大趋势。面对新媒体冲击，传统期刊订单量减少；同时又面临纸价上涨等众多问题困扰，纸媒衰退已势不可当。

4. 期刊发行数持续下滑，其中，其他发行数降幅缩小，而邮局发行数降幅则略有提升。从各发行渠道占比变化来看，其他发行占比不断缩减，自主发行的主导优势已不再明显。如《理财周刊》在2017年自办发行数384万册，居上海市首位，而在2019年则缩减至97.48万册，降幅高达74.61%。

5. 期刊赠阅数不断增长，但涨幅有所减缓。近三年来，期刊赠阅数不断上升，2018年增长率高达70.24%，增长将近一倍，而这个趋势在2019年有所减缓。其中，《上海市人民政府公报》自2005年实行免费赠阅以来，在2017年其赠阅数仅为16万册，而在2019年增长至192万册，增长了11倍。作为上海市人民政府向社会公开政府规章、政策规定的重要载体之一，同时也是市政府信息公

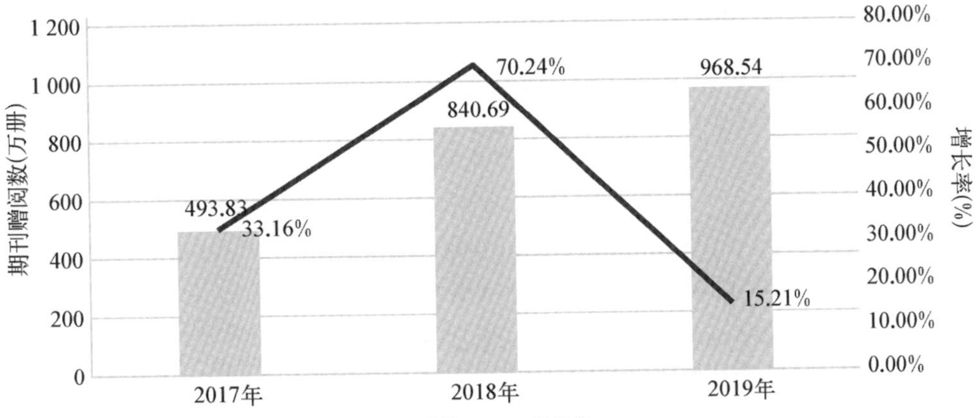

图1-1-3　2017—2019年期刊赠阅数及增长率变化

开的主渠道之一,《上海市人民政府公报》赠阅数的不断增长将在推动服务政府、责任政府、法治政府和廉洁政府建设等方面发挥积极作用。

2019 年,在全国期刊出版营业收入、利润总额及定价总金额持续增长的背景下,上海市期刊出版的这几项指标则表现为下降趋势。与全国情况相比,上海期刊出版总印数、总印张等指标下降趋势更为明显。

表 1－1－3　上海与全国期刊出版业各类指标增长速度对比

类　　别	上海/全国	较 2018 年增减(%)
营业收入	上海	－0.39
	全国	0.18
利润总额	上海	－1.84
	全国	11.63
定价总金额	上海	－9.05
	全国	0.88
品种	上海	0.32
	全国	0.32
总印数	上海	－13.19
	全国	－4.48
总印张	上海	－15.05
	全国	－4.32

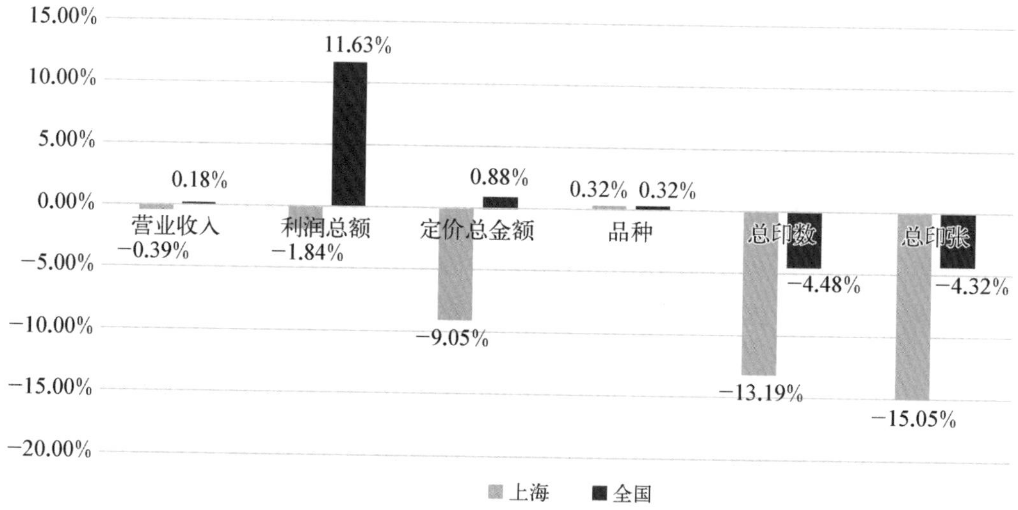

图 1－1－4　上海与全国期刊出版业各类指标增长速度对比

二、结构分析

期刊按照内容划分为综合、哲学社会科学、自然科学技术、文化教育和文学艺术 5 类。

2019年，上海出版哲学、社会科学类期刊2 892.71万册，较2018年降低12.51%，占期刊总印数的39.18%，提高0.3个百分点；自然科学、科技类期刊1 353.67万册，较2018年降低13.20%，基本持平；文化、教育类期刊1 229.85万册，较2018年降低10.84%，提高0.44个百分点；文学、艺术类期刊1 857.46万册，较2018年降低15.72%，降低0.76个百分点；综合类期刊49.51万册，较2018年降低10.99%，基本持平。期刊出版整体结构较为稳定，但各类别均呈现持续下跌趋势，发展形势依然严峻。

（一）综合类期刊

总印数占期刊的0.67%，位居第五；总印数49.51万册，同比减少6.11万册，下降10.99%。

定价总金额同比下降13.45%。品种14种，同比持平。出版期数82期，同比持平。总印张3 685.72千印张，同比减少620.14千印张，下降14.40%。邮局发行数23.12万册，同比减少3.63万册，下降13.58%。自办发行数9.85万册，同比减少4.57万册，下降31.69%。其他发行数4.59万册，同比减少2.53万册，下降35.50%。赠阅数11.95万册，同比增加4.62万册，增长62.91%。

（二）哲学、社会科学类期刊

总印数占期刊的39.18%，位居第一；总印数2 892.71万册，同比减少413.51万册，下降12.51%。

定价总金额同比下降12.62%。品种144种，同比增加1种，增长0.70%。出版期数1 454期，同比减少40期，下降2.68%。总印张140 539.36千印张，同比减少29 192.70千印张，下降17.20%。邮局发行数701.32万册，同比减少267.35万册，下降27.60%。自办发行数1 545.56万册，同比减少133.37万册，下降7.94%。其他发行数110.60万册，同比减少110.56万册，下降49.99%。赠阅数535.23万册，同比增加97.78万册，增长22.35%。

（三）自然科学、科技类期刊

总印数占期刊的18.33%，位居第三；总印数1 353.67万册，同比减少205.77万册，下降13.20%。

定价总金额同比下降5.81%。品种354种，同比持平。出版期数2 903期，同比减少17期，下降0.58%。总印张98 947.45千印张，同比减少12 237.75千印张，下降11.01%。邮局发行数391.46万册，同比减少58.66万册，下降13.03%。自办发行数602.09万册，同比减少143.20万册，下降19.21%。其他发行数93.93万册，同比增加8.15万册，增长9.50%。赠阅数266.19万册，同比减少12.06万册，下降4.33%。

（四）文化、教育类期刊

总印数占期刊的16.66%，位居第四；总印数1 229.85万册，同比减少149.46万册，下降10.84%。

定价总金额同比下降5.02%。品种78种，同比减少1种，下降1.27%。出版期数739期，同比减少25期，下降3.27%。总印张65 016.24千印张，同比减少12 425.75千印张，下降16.05%。邮局发行数437.47万册，同比减少13.74万册，下降3.04%。自办发行数687.19万册，同比减少149.03万册，下降17.82%。其他发行数25.57万册，同比增加4.95万册，增长24.00%。赠阅数

79.61 万册,同比增加 8.37 万册,增长 11.75%。

(五) 文学、艺术类期刊

总印数占期刊的 25.16%,位居第二;总印数 1 857.46 万册,同比减少 346.53 万册,下降 15.72%。

定价总金额同比下降 10.00%。品种 42 种,同比增加 2 种,增长 5.00%。出版期数 366 期,同比减少 23 期,下降 5.91%。总印张 79 193.21 千印张,同比减少 14 155.03 千印张,下降 15.16%。邮局发行数 1 474.54 万册,同比减少 247.79 万册,下降 14.39%。自办发行数 285.95 万册,同比减少 121.93 万册,下降 29.89%。其他发行数 21.41 万册,同比减少 5.96 万册,下降 21.77%。赠阅数 75.55 万册,同比增加 29.15 万册,增长 62.81%。

第四节　上海报纸出版业发展情况

一、总体情况

由于媒介逐步多元化,新型媒介种类众多,读者偏好发生变化,传统报纸对受众的吸引力减弱。随着数字化阅读日益普及、信息传播与获取方式的深刻改变,2019 年,上海报纸出版业各项指标持续下滑,态势严峻。

从总体情况来看,上海报纸出版业呈现以下特点:

1. 传统的新闻生产和传播方式逐渐被消解,报业依赖广告盈利的单一商业模式进一步萎缩。由于报纸阅读量持续下降,加上电商广告、搜索广告的兴起与传统品牌形象广告的减少,报业广告市场份额不断受到侵蚀。《上海证券报》凭借 6 亿元的广告收入在营业收入、利润总额排名中居于首位,而这部分营收主要源自信息披露业务。《解放日报》等党报主要依靠相对稳定的部委办局的广告投放,排名前列。由此可见,报纸当前的广告模式已不是完全的市场化行为。

2. 报纸总印数继续降低,降幅整体收窄。其中,都市报等市场化报种面临的局势更加恶劣,党报、行业报等报种的市场表现稍好。党报公费订阅的红利,以及专刊专版等一些非市场化广告模式运作,使其依然保持较高的广告额和总印数,并且具有发展空间。对于非党报而言,面对新媒体的竞争,报纸的发行和印刷成本不断提高,读者却在不断减少,广告收入也在不断下滑,报纸盈利能力难以提升,无法获得长期利润。因而,采用完全市场模式的都市报,受市场压力影响往往选择主动削减印数。

3. 各渠道的发行数均在减少,其中自办发行、其他发行的数量大幅下降,在运营成本和经济效益的压力下,为适应媒体发展形势,覆盖更广泛的读者群体,部分报社选择裁撤自办发行队伍,回归邮局发行。还有许多报纸采用"网络优先""移动优先"战略,全面布局新媒体产品体系,从线下纸质发行转移到线上分发,以"两微一端"(微博、微信、客户端)为主阵地,进行全媒体转型探索。

4. 为挽救报纸阅读量持续下降的局势,多种报纸尝试通过赠阅的方式积极寻找越来越稀缺的阅读场景,扩大读者范围,提高报纸影响力与场景覆盖面,以吸引更丰富多元的广告,形成较为稳定的收入基础。

与全国总体情况相比,上海报纸出版业市场表现低迷,营业收入、利润总额、定价总金额等指标的下降幅度更大。但上海报纸出版业总印数与总印张缩减势头相对较缓,已进入小幅缓慢下降趋势。

表 1-1-4　上海与全国报纸出版业总体情况对比

类　　别	上海/全国	较 2018 年增减(%)
营业收入(万元)	上海	−1.52
	全国	0.03
利润总额(万元)	上海	−8.05
	全国	15.79
定价总金额(万元)	上海	−0.51
	全国	−0.27
总印数(万册)	上海	−3.99
	全国	−5.83
总印张(千印张)	上海	−5.36
	全国	−14.16

作为营收主要来源，广告收入最能体现报业的经营状况。上海报纸广告收入排名前 10 的报纸占据着上海报纸广告总收入 93.64%的份额，其中，《上海证券报》一家便占据了报纸广告总收入 65.91%的份额，而其余 87 家报纸的广告收入仅占 6.36%。由此可见，上海报纸广告收入绝大部分为少数几家报纸所有，产业内部发展较不均衡。

《新民晚报》继续稳居报纸总印数第一名，但印数较 2017 年有所减少。《文汇报》总印数排名上升，主流报刊继续发挥舆论阵地引领作用。

二、结构分析

报纸根据内容划分为综合和专业两大类。

2019 年，上海报业发行市场仍以综合类报纸为主，市场份额占据 62%，专业类报纸占比为 38%。从总印数来看，综合类报纸占上海报纸出版业的 59.31%，比重较 2018 年减少 0.36 个百分点；专业类报纸则占 40.69%，比重较 2018 年增加 0.36 个百分点。专业类报纸总印数在报纸总印数中所占比重进一步提高。

从发行渠道的变化来看，与 2018 年相比，2019 年上海综合类报纸邮局发行比重增加 0.7 个百分比，自办发行与其他发行比重各降低 0.41 和 0.28 个百分点；专业类报纸邮局发行比重增加 5.72 个百分比，自办发行与其他发行比重各降低 4.09 和 1.64 个百分点。

(一) 综合类

定价总金额同比下降 0.15%。品种 12 种，同比持平。出版期数 2 638 期，同比减少 5 期，下降 0.19%。总印数同比下降 4.56%。总印张同比下降 5.18%。邮局发行数同比下降 4.05%。自办发行数同比下降 10.86%。其他发行数同比下降 8.17%。报纸赠阅数同比增长 1.38%。

(二) 专业类

定价总金额同比下降 1.14%。《上海证券报》凭借 6 亿元的广告收入在营业收入、利润总额排名中居于首位,而这部分营业收入主要源自信息披露业务。品种85种,同比持平。专业类报纸出版期数同比下降2.28%。

总印数同比下降3.14%。专业类报纸降幅较小,所占比重继续提高。总印张同比下降5.90%。邮局发行数同比下降3.32%。自办发行数同比下降22.58%。其他发行数同比下降56.54%。报纸赠阅数同比增长115.22%。

第五节　上海数字出版业发展情况

2019年,上海数字出版快速增长,实现营业收入同比增长13.9%。其中,网络游戏产业营业收入同比增长12.3%;网络文学产业营业收入同比增长77.7%;张江国家数字出版基地营业收入同比增长8%;国家数字出版基地虹口园区营业收入同比增长4.9%。上海市网络出版服务机构90家,网络游戏出版机构62家,均与2018年持平。

一、游戏出版

(一)总体情况

近年来,《关于加快本市文化创意产业创新发展的若干意见》《全力打响"上海文化"品牌　加快建成国际文化大都市三年行动计划(2018—2020年)》《关于促进上海电子竞技产业健康发展的若干意见》等重要文件纷纷出台,上海针对游戏产业的措施日益细分,着力解决游戏产业发展问题。在"加快全球电竞之都建设"的目标指导下,上海的游戏产业呈现出持续向上的发展态势。

各个游戏企业也都在积极探索技术领域的创新,如盛趣游戏、三七互娱、游族网络等企业在云游戏、大数据、人工智能等多个技术创新领域深入布局。未来技术创新将持续影响游戏市场环境,上海作为国内顶尖技术最先普及的城市,有望在游戏产业领域占据发展优势。

2019年,上海获批的网络游戏总数为368款,占全国获批游戏的23.5%。上海网络游戏销售收入约为802.0亿元,同比增长12.6%,较2018年增速明显提升。其中,移动游戏销售收入约为523.9亿元,同比增长33.2%,市场占有率约为65.4%,比2018年上升了10.2%;客户端游戏销售收入约为210.9亿元,同比降低1.7%,市场占有率约为26.3%,比2018年下降了3.8%;网页游戏销售收入约为65.2亿元,同比降低33%,市场占有率约为8.1%,比2018年下降了5.6%。

游戏企业方面,进入中国游戏收入TOP50企业数量达到13家,上市游戏企业数量达到22家,新三板挂牌游戏企业数量达到20家。

2019年中国游戏收入TOP50企业数量地域分布中,上海占比26%。目前上海通过持续扶持中小型游戏企业的发展,来保持游戏产业的整体活力,近年来上海涌现出许多中小型游戏企业成长为大型游戏企业的案例,比如鹰角网络、米哈游等。

1. 中国上市游戏企业中上海企业占比

上海聚集了全国10.7%的上市游戏企业,近年来上海新增的上市游戏企业数量虽然不多,但质量普遍较高,例如哔哩哔哩、心动网络等,均具备差异化的竞争优势。

2. 上市游戏企业资本市场状况

上海A股上市游戏企业的占比达到77.3%,但目前A股对于游戏企业登陆的审核时间较长,且需要出版资质,未来上海A股上市游戏企业的占比或将进一步降低。

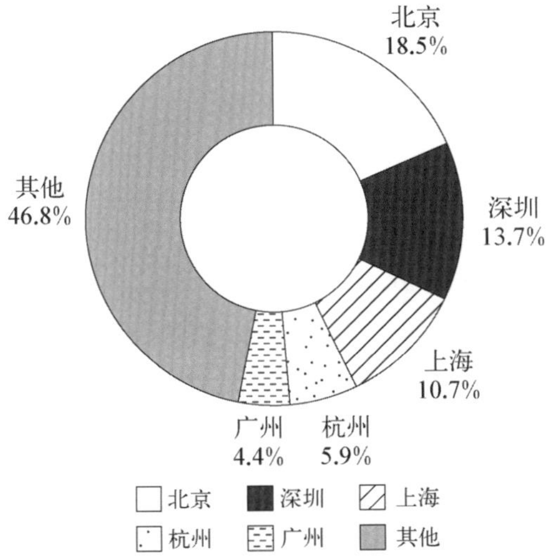

图 1-1-5　中国上市游戏企业地区分布

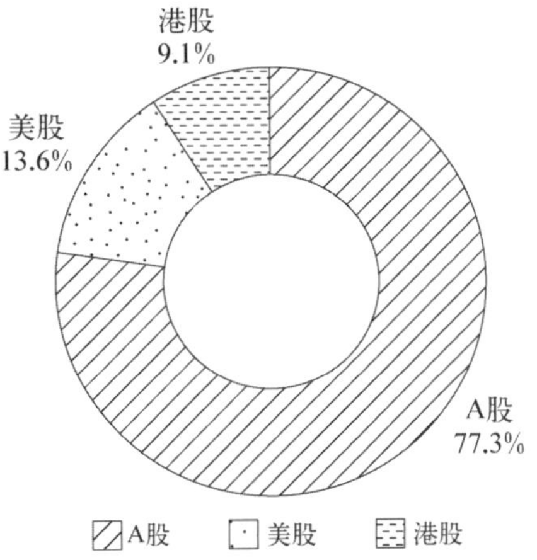

图 1-1-6　上海上市游戏企业证券市场类型分布

3. 上海新三板游戏企业状况

中国新三板挂牌游戏企业上海占据了 18.7%的比例，占比较 2018 年变化不大，但新三板挂牌游戏企业数量为 20 家，相比 2018 年减少 7 家，主要由于 2019 年新三板企业整体出现摘牌潮，以降低运营成本、节约费用等理由选择摘牌。

（二）结构分析

2019 年上海获批的网络游戏总数为 368 款，占全国获批游戏的 23.5%，其中移动游戏占据了九成以上比例。

2019 年上海网络游戏销售收入构成中，移动游戏占比达到 65.4%，占比较 2018 年出现进一步提升，移动游戏市场规模提升较快，已成为上海游戏市场的主要增量；客户端游戏市场规模相对稳定；网页游戏占比已不足一成，这一领域对于上海游戏产业的影响将越来越小。

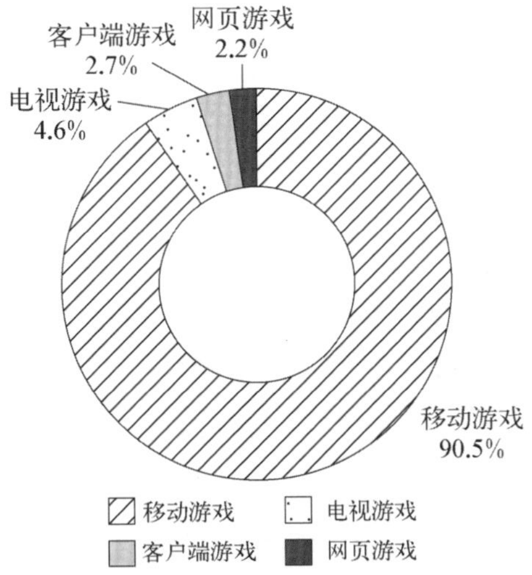

图 1-1-7　2019 年上海获批网络游戏各类型产品数量占比

1. 移动游戏

2019 年上海移动游戏销售收入达到 523.9 亿元，增长率达到 33.2%，增量超过 130 亿元，这一数据为历史新高。在移动游戏领域，除了头部游戏企业发力外，上海新兴游戏企业的移动游戏业务也快速成长，如心动网络、鹰角网络等。

2019 年上海移动游戏市场占有率提升至 65.4%，目前上海主要的研发力量均集中在移动游戏领域，研发实力的积累形成了上海移动游戏产业发展的核心动力。

（1）二次元移动游戏。

2019 年上海二次元移动游戏销售收入占全国比例达到 32%，相比于 2018 年出现上升。二次元移动游戏一直以来都是上海游戏企业的优势领域，除了深耕这一领域的哔哩哔哩、米哈游、心动网络等企业外，近年来如鹰角网络等游戏企业也快速成长，鹰角网络的《明日方舟》在 2019 年累计

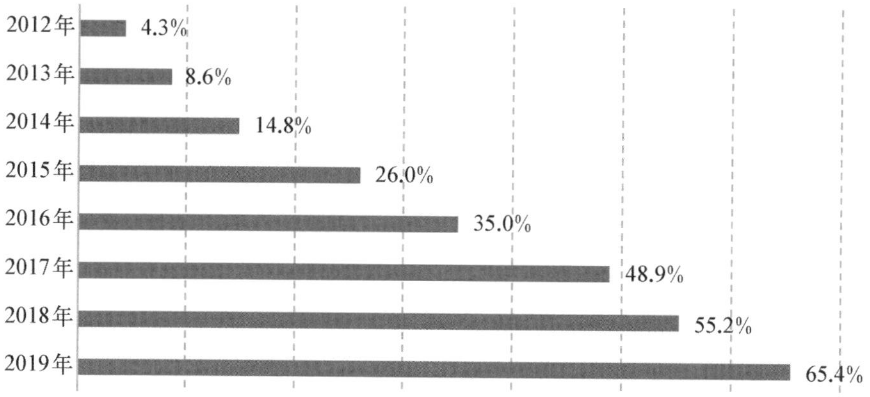

图 1－1－8　上海移动游戏市场占有率

流水超过 20 亿元。此外,上海自主研发的二次元游戏产品也逐渐将更多中国元素融入到产品中,例如《明日方舟》的人物造型、服装等参考了许多东方元素。《原神》的研发也重点强调了中国文化,比如以我国传统节日元宵节为原型的海灯节;充满东方幻想风格建筑的港口主城璃月港等。

(2) IP 改编移动游戏。

2019 年 IP 改编移动游戏流水 TOP20 产品中上海款数占比达 20%。IP 改编移动游戏是上海近年来增速较快的细分领域,主要由于相关企业如盛趣游戏、巨人网络、世纪天成等老牌游戏企业均掌握着客户端游戏 IP,这一类 IP 在移动游戏领域改编成功率较高。此外,三七互娱、米哈游等游戏企业也在动漫 IP、小说 IP 等领域产出了代表性游戏产品,并擅长于 IP 游戏产品的运营。

2. 客户端游戏

2019 年上海客户端游戏销售收入维持相对稳定。虽然客户端新游活力不足,但老产品的可玩性较高,且游戏企业通过持续运营进一步挖掘老产品的生命价值。比如《魔兽世界》推出了《魔兽世界怀旧服》,运用"情怀"吸引老用户的关注,并取得了较好的运营效果。此外,国内客户端游戏企业也更愿意将产品放在上海运营,例如完美世界便在上海运营了《DOTA2》《CS：GO》等产品,这也有助于上海客户端游戏市场的发展。

2019 年上海客户端游戏市场占有率持续下滑,这一市场的提振有赖于爆款产品的出现,但目前国内研发商已很难开发出影响市场走向的客户端游戏产品,未来这一细分市场的发展有赖于海外产品的引进。

3. 网页游戏

2019 年上海网页游戏销售收入连续三年下滑趋势明显,持续萎靡的态势短期内难以逆转,但绝大多数上海网页游戏企业的核心业务已经转移到了移动游戏领域。

2019 年上海网页游戏市场占有率不足一成。目前在这一领域的企业多为平台型游戏企业,企业通过自建的网页游戏平台留存了部分核心网页游戏用户,本身运营成本较低。

二、网络文学

2019 年,上海的网络文学产业依然保持发展优势。阅文集团实现总收入同比增长 65.7%;毛利润同比增长 44.3%;净利润同比增长 21.9%,高于此前市场预期。但网络文学发展也面临挑战,奠定中国网络文学发展基础的付费阅读模式增长停滞，免费阅读模式的兴起对行业造成巨大冲击，网络文学行业开始产业模式的调整转型。

在国家政策的引导下，网络文学内容品质进一步提升，向精品化、经典化开拓迈进，反映时代精神的现实题材创作成为中国网络文学主流化的风向标。2019 年 10 月，在国家新闻出版署和中国作家协会联合举办的优秀网络文学原创作品推介活动中，阅文集团旗下的《大国重工》《朝阳警事》《燕云台》《魔力工业时代》《地球纪元》《星域四万年》等作品成功入选，其中《大国重工》《朝阳警事》均为优秀的现实题材。

网络文学生态也呈现良好格局，内容生产、运营机制、行业拓展等方面的多元化和创作、平台等方面的专业化，成为年度突出特点。在行业拓展方面，网络文学与线下出版合作共赢。2019 上海书展暨"书香中国"上海周活动中，阅文集团主办了名为"壮丽七十年　迈向新征程——献礼新中国成立 70 周年"的 2019 网络文学会客厅活动，成为书展期间颇受关注的主题活动；同时，充分利用线上优势，在书展期间选出 70 本现实题材优秀作品，表达人民心声、描绘时代画像，汇集成网络联合荐书专区页面，在 QQ 阅读和起点中文网发布主题荐书专区，以限时免费的方式提供给读者，实现了线上线下全方位联动的推广效应。

最后，网络文学对外输出规模持续扩大。输出方式从出版授权到建立线上互动阅读平台，再到开启海外原创，完成了从文本输出到模式输出、文化输出的转变，传播区域也从东南亚、北美为核心地区向北美、欧洲、日韩、东南亚、非洲等全球各地扩展。阅文集团在海外上线的"起点国际"，累计访问用户超过 4 000 万次。起点国际实现网络小说中英文双语版在海内外同时发布、同步连载，缩短了中外读者的"阅读时差"，让网络文学成为国际化的文学创作和阅读范式。起点国际海外原创作者超过 45 000 人，共审核上线原创英文作品 72 000 余部，大部分作品世界观架构深受中国网文的影响，蕴含众多中国文化元素。平台建立了基于中国文化的粉丝社区，每天产生 6 万多条评论。

第六节　上海音像电子出版业发展情况

一、总体情况

随着互联网及信息技术的发展，电子音像出版社受到新技术、新内容传播形态、内容盗版的多重打击，其赖以生存的光盘等载体面临消亡。在新兴媒介及新型阅读方式的普及的进一步冲击下，上海音像电子出版业的市场大幅萎缩。

2019 年，上海 28 家音像电子出版社资产合计同比下降 0.99%。营业收入同比增长 2.07%。利润总额同比下降 8.19%。出版音像及电子出版物品种 2 203 种，同比减少 257 种，下降 10.45%，其中：新出 527 种，同比减少 84 种，下降 13.75%；音像及电子出版物出版数量 3 188.55 万盒、万张，同比减少 1 449.90 万盒、万张，下降 31.26%；音像及电子出版物发行数量 3 122.53 万盒、万张，同比减少 1 290.69 万盒、万张，下降 29.25%；音像及电子出版物发行金额同比下降 59.26%。

二、结构分析

音像电子根据产品划分为录音、录像、电子出版物三大类。

从出版数量来看，2019 年，录音制品占上海音像电子出版业总额的 25.71%，比重较 2018 年增加 1.29 个百分点；录像制品占 46.13%，较 2018 年增加 0.13 个百分点；电子出版物占 28.17%，较 2018 年减少 1.4 个百分点。从中可以看出，录音制品在上海音像电子出版业的出版数量总额中所占比重稍有上升，录像制品的比重变化较为平稳，而电子出版物的比重则有所下降。

(一) 录音制品

出版录音制品品种 1 225 种，同比减少 141 种，下降 10.32%，其中：新出录音品种 208 种，同比减少 6 种，下降 2.80%；录音制品出版数量 778.67 万盒、万张，同比减少 413.05 万盒、万张，下降 34.66%；录音发行数量 758.05 万盒、万张，同比减少 438.52 万盒、万张，下降 36.65%；录音制品发行金额 3 235.50 万元，同比减少 184.18 万元，下降 5.39%。

(二) 录像制品

出版录像制品品种 514 种，同比减少 20 种，下降 3.75%，其中：新出录像品种 278 种，同比减少 39 种，下降 12.30%；录像制品品种出版数量 1 466.88 万盒、万张，同比减少 673.12 万盒、万张，下降 31.45%；录像发行数量 1 438.39 万盒、万张，同比减少 698.07 万盒、万张，下降 32.67%；录像制品发行金额 361.97 万元，同比减少 533.98 万元，下降 59.60%。

(三) 电子出版物

出版电子出版物品种 464 种，同比减少 96 种，下降 17.14%，其中：新出电子出版物 41 种，同比减少 39 种，下降 48.75%；电子出版物出版数量 943.00 万盒、万张，同比减少 363.73 万盒、万张，下降 27.84%；电子出版物发行数量 926.09 万盒、万张，同比减少 154.10 万盒、万张，下降 14.27%；电子出版物发行金额 8 006.41 万元，同比减少 16 159.98 万元，下降 66.87%。

第七节　上海出版物发行业发展情况

2019 年上海市持有《出版物经营许可证》的发行单位 2 422 家。按经济性质分，国有或国有控股企业 312 家，外资企业 182 家，民营或民营控股企业 1 575 家，其他 353 家。持证单位共有发行网点 3 757 个。持证单位中，有实体门店且出版物经营占 60%以上的书店约 400 家。出版物发行单位数量呈逐渐递增趋势。

上海市出版物发行年度实洋销售总额中，发行单位销售总额占比 66.03%，上海本地出版社自办发行销售总额占比 33.97%。其中，新华传媒连锁占比 7.05%；上海世纪出版集团占比 14.98%；20 家高校出版社和社科文出版社自办发行占比 18.99%；上海外文图书、上海图书、上海香港三联书店、中图进出口上海公司和中国国际图书贸易上海分公司占比 7.91%；中国邮政上海分公司占比 6.43%；书刊交易市场占比 0.98%；其余批发、零售企业及个体民营单位等占比 43.66%。

第八节　上海进出口贸易发展情况

一、总体情况

党的十八届三中全会以来，文化"走出去"战略、"一带一路"倡议成为建设文化强国、增强国家文化软实力的必经之路。上海市是新闻出版“走出去”的重要窗口，2019 年，上海市出版行业积极开展涉外版权贸易活动，如上海世纪出版集团在北京国际图书博览会期间，所属各出版单位与海外出版机构共达成近 200 项版权贸易合作项目，其中签订输出合同及达成输出意向 60 余项；上海世纪出版集团与伦敦书展组委会、法兰克福书展集团合力打造“上海时间”“上海早晨”两个国际出版主题日活动，发布“上海世纪出版集团全球版权推广 50 种新书(2019 年春季版、秋季版)”等，进一步推动上海出版业的精品图书走向世界。

2019 年上海出版业发展呈现如下特点：第一，出版物进出口金额贸易逆差增速减缓，图书版权引进输出比下降。2019 年共输出图书 829 种，同比增加 122.85%，引进和输出比为 2.02∶1，较 2018 年呈明显缩小趋势。第二，版权贸易地区分布较为集中。进口地区主要集中在美国、英国及中国香港；出口方面，美国成为主要输出地区，输出金额占总数的 51.15%。第三，游戏出版产业海外出口成果显著，2019 年，其海外销售收入约 18.9 亿美元，同比增长率达到 26%，呈现良好发展态势。然而，2019 年上海市出版物进出口金额贸易逆差仍在上升，其中，期刊出口金额跌幅高达 32.45%，出版物进出口贸易结构仍有待进一步优化。

(一) 出版物进出口

2019 年，上海出版物进出口单位有 5 家(中国图书进出口上海公司、上海外文图书公司、上海远洋运输有限公司海图公司、上海香港三联书店有限公司、中国国际图书贸易集团有限公司上海分公

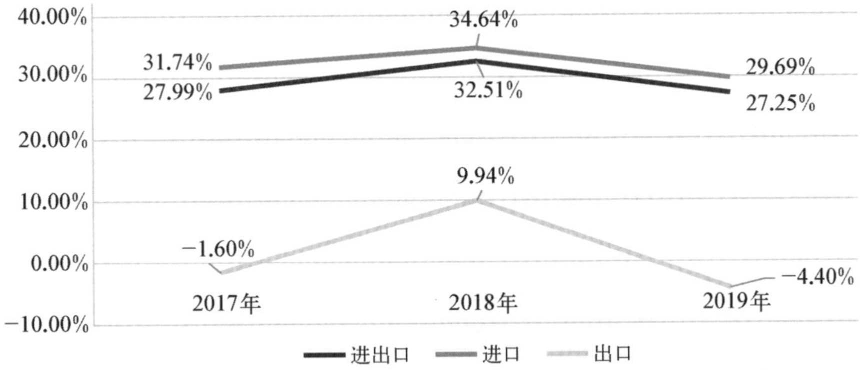

图 1-1-9　2017—2019 年上海市出版物进出口金额增长率变化

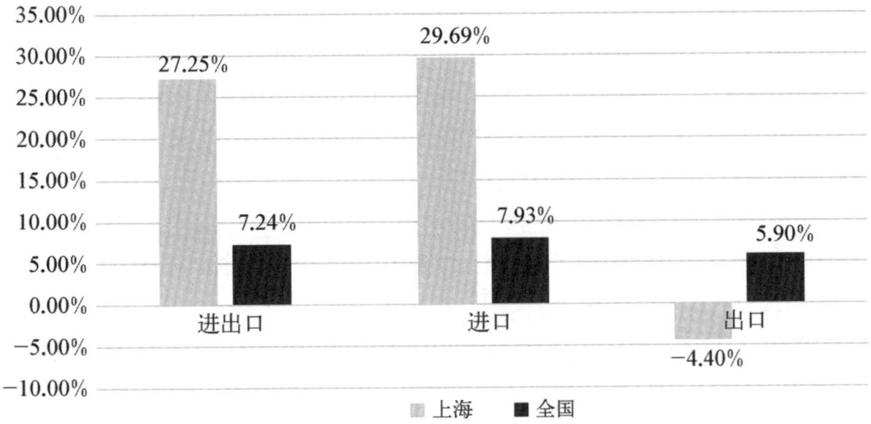

图 1-1-10　上海与全国出版物进出口对比

司),实现进出口同比增长 27.25%。其中：进口同比增长 29.69%;出口同比下降 4.40%。

近三年来,上海出版物进口金额保持较快增长,与 2017 年相比,增幅高达 68.61%;而出口金额仅在 2018 年略有增长,没有较大的起色。

在全国出版物进、出口金额发展较为均衡的背景下,上海市进口金额增幅明显高于全国水平;然而出口金额不增反减,低于全国水平。

(二) 图书版权贸易

2019 年,本市出版社开展了涉及 2 500 种图书的涉外版权贸易活动。其中：引进图书 1671 种,比 2018 年减少 12 种,下降 0.71%;输出图书 829 种,比 2018 年增加 457 种,增长 122.85%。

表 1－1－5 2019 年上海图书引进输出比

年份	引进图书种数(种)	输出图书种数(种)	引进输出比
2017	1 770	444	3.99∶1
2018	1 683	372	4.52∶1
2019	1 671	829	2.02∶1

(三) 游戏出口状况

2019 年,上海网络游戏海外销售收入同比增长率达到 26%。上海的莉莉丝、心动网络、游族网络均是国内出海的代表性游戏企业,2019 年海外游戏收入均超过 10 亿元。

2019 年上海网络游戏海外出口产品结构中移动游戏占比约八成,这一数据持续提升,这主要得益于海外移动游戏用户增长所带来的红利及上海游戏企业自主研发能力的提升。目前海外移动游戏市场仍然具备较好的机会,上海游戏企业也将强化在这一领域的布局。

2019 年上海网络游戏海外市场销售收入占比持续提升,未来随着出海经验的积累及人才培养体系的成熟,上海游戏企业也将在更多细分领域及不同的海外市场取得突破。

二、结构分析

(一) 出版物进出口

1. 按出版物类别分

出版物进出口分为图书、期刊、报纸、音像电子(含数字出版物)四类。图书进出口同比增长 30.91%;期刊进出口同比下降 18.06%;报纸进出口同比下降 3.04%;音像电子数字出版物进出口同比增长 17.91%。

2. 按进口、出口分

(1) 进口。图书进口同比增长 32.71%;期刊进口同比下降 8.79%;报纸进口同比下降 3.04%;音像电子数字出版物进口同比增长 18.08%。

(2) 出口。图书出口同比增长 4.66%;期刊出口同比下降 32.45%;音像电子数字出版物出口同比下降 52.37%。

2019 年上海市图书进、出口金额均呈上升趋势,其中进口金额增速有所减缓,由 2017 年的

38.46%下降至30.91%；出口金额增速提升，扭转往年下跌趋势而转为正增长。虽然图书进、出口金额贸易逆差仍呈逐年上升的趋势，但增速有所减缓。期刊进、出口金额均呈下降趋势，在2018年经历高速增长后，进口及出口金额在2019年均遭遇了较大的跌幅，其中，出口金额波动幅度较大，跌幅高达32.45%。在科技学术期刊“走出去”方面，截至2018年，上海已有19种科技类学术期刊被科学引文索引(SCI)收入，处于国内领先地位。然而，中国科技学术期刊整体发展水平与世界一流学术期刊仍然有差距。目前，大多数中国期刊只能选择与拥有国际发行渠道的国际大出版商合作，即“借船出海”，未能掌握学术主动权。

2019年，上海出版物进出口主要贸易国家或地区分布情况与往年保持一致，但排名有所变动。与上海开展出版物进出口业务较多的是美国、新加坡、英国及中国香港等，占进出口总额的90.85%。其中，2019年上海从英国、新加坡、中国香港、中国台湾等国家或地区出版物进口金额增幅较大，美国则大幅缩减，降幅达到30.38%；出口金额仍主要集中于美国，且近三年来不断增长，占总出口金额的51.15%。

(二) 上海图书版权贸易

1. 按图书版权引进和输出分

2019年，上海图书版权引进和输出为2.02∶1，逆差较上年(4.52∶1)呈明显缩小趋势。

2. 按版权引进分

从版权引进地看，美国、英国、日本位居前三名。其中：美国469种，占总数的28.07%；英国437种，占总数的26.15%；日本191种，占总数的11.43%。

3. 按版权输出分

从版权输出地看，向美国输出共188种，占年度输出总量的22.68%；向其他国家输出共201种，占年度输出总量的24.25%。此外，向中国香港地区输出共222种，占年度输出总量的26.78%。

第九节　上海新闻出版产业发展趋势与未来展望

一、图书

(一) 坚定文化自信，坚持正确导向，以“三精”为抓手推动出版业高质量发展

出版工作关乎国家意识形态，关乎国家文化发展和文明进步。坚定文化自信，是推动中国特色社会主义文化繁荣兴盛的根基。新时代的出版工作者要有高度的文化自信，坚持正确的出版导向和价值引领，倡导工匠品质，以人民阅读需求为中心，做好新形势下的知识服务转型。

上海出版业要根据自身特色，大力培育主题出版优势板块，以市场需求为导向，调整优化产品结构，以“三精”——用户的精准画像、优质内容的精细耕耘和打造系列精品为抓手，推动出版业的高质量发展，努力实现社会效益和经济效益的双丰收。

(二) 直面新技术引发的阅读方式与出版商业模式变革，加快推动融合出版发展

数字化阅读已经成为国民阅读方式的主流。随着大数据、云计算、人工智能等新技术在出版领域的不断应用，内容的表达和传播开始向“纸屏合一”的融媒体阅读场景演变，这引发了出版产业链

从选题策划、内容创作、协同编撰、融合出版到内容资源增值服务的行业生态变革与重构。

上海图书出版业有必要制定融合发展的战略目标和转型方略，根据业务发展的需要有步骤地推动目标导向下的组织变革，重塑融合出版新生态。首先，需要加快纸质图书与新技术的融合，使内容呈现方式多样化，增加阅读的趣味性和互动性，完善读者服务，提升阅读体验；其次，要有"中央厨房"式的内容生产理念，在大力建设内容资源库的基础上，努力实现图书内容的一次生产，纸书、电子书、有声书、短视频、中长视频等多媒介产品的转化，根据用户的个性化偏好和不同平台的特点，进行优质内容的精准分发，实现传播效果的最大化；最后，就是要积极探索电子书、有声书、知识服务等新产品、新业态的商业运营新模式，培育和构建可持续发展的出版业融合发展新格局。

(三) 以 IP 为核心加快推动出版产业创新和升级，努力构建全版权运营生态

IP 是知识产权，天生拥有内容基因。伴随着"互联网＋"和社交媒体的崛起，泛知识产业链被优质内容所打通，文化 IP 产业进入了一个流变融合的时代，IP 的内核及表现方式也在不断进化，以图书、影视剧、游戏、动漫、舞台剧等多种形式运营发展，带来了现象级 IP 开发的链式共振。出版业的 IP 运营，首先在于发现、挖掘或培养好一个具备衍生开发价值的 IP。然后基于优质 IP 构建一个有组织、有逻辑、有技术、有资源、系统化的开放式 IP 运营平台，打造基于优质 IP 的全产业链运营能力，构建完整的全版权内容产业生态。

当前，上海出版业亟须加快产业升级与科技创新，突破原来单一的图书出版模式，努力发掘和培育优质 IP，建立全版权运营机制，将优质内容向多元化产品和衍生文创延伸，打造成具有大文化消费带动作用的超级 IP，延伸文化产业价值链，将优质 IP 的内容价值延伸至整个传媒产业链，在更大程度上实现优质内容的传播与盈利变现。

二、期刊

(一) 深化期刊集群化发展，形成传播合力，提升竞争力和影响力

我国是一个期刊生产大国。一方面，期刊品种多、门类全，出版的期刊达 1 万余种，年产出率数百万篇。另一方面，期刊行业整体面临着小、散、弱的生存格局和市场竞争意识不强、产业集中度低、同质化竞争加剧、发展后劲不足等现实困难。在当前期刊出版国际化、市场化、数字化以及媒体融合背景下，集群化发展将更能发挥期刊群的资源共享优势、品牌优势、成本优势和竞争优势。

在这一背景之下，上海期刊行业要想形成竞争优势，实现高质量发展，进一步提高国际国内影响力，在头部期刊的引领下，进行集群化和规模化经营是发展的必由之路。这是实现期刊出版资源优化配置的重要手段，也是期刊出版机构做大做强的不二选择。探寻期刊集群化运作，一方面需要在期刊集群的形成和建设过程中，不断梳理和归纳刊群模式在产品、管理和经营方面的优势，在专业领域精耕细作，通过品牌期刊群的经营来提升上海期刊行业的整体实力。另一方面，要努力打造全媒体的期刊运营平台，实现期刊的集群化采编与发布。

(二) 建设期刊全媒体矩阵，推动期刊行业融合发展

伴随着技术进步，建设期刊全媒体矩阵、推动期刊融合发展是上海期刊行业面临的一项紧迫任务。

技术进步和阅读行为嬗变正在加快重构期刊生态，对传统期刊的建设和发展提出了新的要求。

融合出版是传统期刊出版转型的重要方向，是期刊适应读者阅读习惯、服务国家战略的重要选择。在国家媒体融合战略的指导下，传统期刊业应创新理念，转变思路，改进办刊方式，提升办刊质量，走差异化发展的办刊路径，进一步增强期刊的社会服务能力和国际影响力。

三、报纸：在媒体融合的背景下加快重构商业模式

报纸是权威性和可信度较高的传统媒体。近年来，在新媒体的冲击下，伴随着报纸阅读率的不断下降，报业广告收入呈现断崖式下跌，一大批报纸停刊停发，纷纷转向数字化运营。在媒体融合的背景下报业转型发展已是迫在眉睫。

传统报业与新媒体的融合需要充分发挥二者的优势，找到报纸与新媒体融合的最佳契合点，内容与发行两条腿走路，既发挥报纸的采编优势，又借力新媒体的传播优势，强化报网互动，适时打造有特色的 APP，关注民生，正确引导公众，营造良好的舆论氛围。

当前，上海报业亟须重塑商业模式，构建全媒体产品体系，以满足不同群体的阅读媒介偏好，努力实现从传统报纸经营向全媒体平台运营的转变，这包括：借助技术升级传播方式，依托权威内容留住并进一步拓展数字用户，融合线上线下发行方式，创新盈利模式，实现可持续发展。

四、数字出版：基于大数据用户画像的出版价值链延伸

用数据引领创新和驱动发展已成为大数据时代的标志。当下，大量生活化互联网产品的出现刺激用户在网络平台中产生了庞大的个人数据，这些用户数据背后隐藏的用户需求促使企业结合前沿技术探索产品与用户之间的互动关系。如何挖掘海量用户数据蕴含的价值，已经成为出版企业在大数据时代的研发产品和知识服务的关键。

网文和网游是数字出版的两大核心领域，基于大数据的用户画像使得数字出版产业链的价值延伸更加精准高效。近年来，随着内容 IP 的价值凸显，IP 开发不断向娱乐产业全方位渗透，版权交易活跃，产业链继续延伸，跨界多元化开发成为内容 IP 开发和运营的核心驱动力。内容 IP 的构建包括内容生产、平台搭建和分发传播等多层面的内容生态：内容生产层面包含产品本身及各种衍生产品；内容平台众多，有垂直专业平台也有公共开放平台；分发层面则逐渐实现产业之间的互动与联合。

受益于数字阅读用户的增长和娱乐生态的泛化，以网文和网游为代表的数字出版行业不断向内涵式发展，产业生态呈现良好态势。网络文学方面，现实题材作品渐成潮流，内容品质进一步提升，产业在优化内容、IP 开发、拓展边界、延伸产业链等方面持续发力，向着精品化和经典化方向稳步迈进。网络游戏方面，头部游戏企业的研发和营销投入不断增加，通过精细化流量运营、产品玩法创新、营销模式创新以及加速出海等多种策略持续提升用户黏性和流量。两大领域的社会价值和经济效益未来可期。

五、音像电子出版：以富媒体产品为 5G 时代的产业融合发展提供支撑

一段时间以来，在传统出版和数字出版的双重挤压下，音像电子出版业生存状况堪忧，地位日益边缘化。实际上，上海的音像电子出版业资源丰富，经过多年的发展，塑造了一批优秀品牌，也产生了许多优质产品。在新媒体环境下，新型主流媒体的建构上升为国家战略，3D 影像、虚拟现实与

增强现实等技术的快速发展和应用使音像制品的呈现方式更加丰富多元,也为音像电子出版业的转型升级带来了新的发展机遇。随着5G时代的到来,高速率、大容量、低延时的技术优势为音像电子产品的数字化传播扫清了障碍,也为进一步丰富人民群众的精神文化生活奠定了基础。

因此,音像电子出版业要积极推进互联网思维,将优质富媒体资源与新媒体结合,在内容、平台与运营等方面深度融合,不断创新商业模式,全面推进"互联网+音像电子出版"模式的发展,为传媒产业转型升级和融合发展提供强大的数字内容支撑。

六、印刷:绿色化、智能化和融合化是未来上海印刷业的三大发展方向

绿色发展的理念是经济社会发展到一定阶段的必然选择。当今世界,各国都在积极追求环保和可持续发展,绿色已经成为世界发展的潮流和趋势。我国自启动绿色印刷工作以来,全行业和产业链上下游均已形成共识,印刷企业在积极改变过去粗放式的发展模式,实施绿色节能环保发展。智能化是印刷业动能转换的支撑。当前,印刷业正由劳动密集型向技术密集型转变,控制成本、实现定制化和个性化生产、扩展服务的广度和深度,都需要充分运用新技术,实现印刷生产的智能化,这也是摆脱各种市场要素无序掣肘的技术应对与模式选择。与此同时,融合化也是印刷业转型发展的方向。印刷业关联行业众多、服务特点明显,融合化是技术支撑和生产方式高度社会化、服务特质高度显性化的迫切要求,也是产业转型发展的主要推动力所在。

2019年上海印刷业保持稳定增长,在企业数量、从业人员减少的情况下,依然实现了近四分之一的利润增长,企业盈利能力大幅提升。与此同时,印刷企业的集约化发展效果显著,1亿元规模以上企业仍然是上海印刷业的主力军,继续发挥着龙头作用。未来上海印刷业还需要在完善绿色发展的体制机制、提高印刷技术自主创新能力、推动企业智能化升级改造和融合发展转型、加强印刷业人才培养和建设全国印刷业科创中心等方面持续发力,进一步提升上海印刷业的国际竞争力,推动印刷业的高质量发展。

七、进出口

近年来,我国文化产业发展迅速。出版业是文化产业的重要组成部分,图书版权贸易是我国版权贸易最主要的形式。长期以来,上海出版"走出去"的对象主要是一些欧美发达国家和对中华文化认知度较高的亚洲国家。在"一带一路"背景下,上海在原有出版走出去传统项目中加大了对"一带一路"相关项目的扶持力度,还特别设立了"上海新闻出版'一带一路'资助项目",推动上海优质出版物在"一带一路"国家的传播,取得了良好的效果。

另外,在技术的推动下,融合发展也可以为上海出版走出去赋能。基于融合发展理念的走出去是出版业的战略选择,出版企业要努力推动内容创新、平台管理、渠道经营与人才建设等领域的融合发展,打造国际化的出版高地,为上海出版更好地"走出去"和"走进去"奠定基础。当下,版权合作的方式已由单纯的纸质图书,逐渐转为全媒体、全版权的合作,或多版权合作。随着出版业国际交流与合作日益频繁,未来上海出版企业应注重政策引领,积极拓展版权合作地域,努力创新版权合作模式,尝试从图书版权到数字版权、品牌授权及周边衍生的合作,大力发展与"一带一路"沿线国家的版权贸易,积极实施海外并购、设立海外分支机构、发展国际版权贸易代理等多种国际化经营模式,不断提升出版"走出去"的质量和效益,实现版权输出总量和结构的"双提升"。

第二章　上海期刊发展报告

第一节　上海社科期刊概述

在习近平新时代中国特色社会主义思想指导下，上海社科期刊全面贯彻党的十九大和十九届二中、三中、四中全会精神，坚持为人民服务、为社会主义服务，坚持百花齐放、百家争鸣，加强内容建设，深化改革创新，坚持把社会效益放在首位，努力实现社会效益和经济效益双丰收。

上海社科期刊数量大、品种多，各期刊立足自身特色和优势，不断探索创新，努力为人民群众提供更加丰富、更有营养的精神食粮。学术期刊聚焦新时代重大理论和现实问题，通过多种方式组织稿件，推出一批反映我国哲学社会科学最新研究成果的论文，有力推进了中国特色哲学社会科学学科体系、学术体系、话语体系建设。少儿期刊以培养社会主义合格接班人为目标，努力为少年儿童提供绿色的精神食粮，推出了一批具有中国元素、中国风格、中国精神、中国气派的作品。市场类期刊立足自身行业特点，主动聚焦行业重大问题，积极探索期刊出版新形式，推出了一批积极弘扬正能量的作品，也实现了经济效益的不断提高。

一、上海社科期刊总体概况

1. 总体分布

根据最新年检数据，上海社科期刊共 271 种，总量较上一年略有增加。按语种来分，上海社科期刊中共有中文期刊 251 种，英文期刊(含中英文混合期刊)20 种。按主管单位来分，上海社科期刊共涉及 76 家主管单位，其中主管期刊最多的 5 家单位是教育部(45 种)、上海市教育委员会(32 种)、上海世纪出版(集团)有限公司(28 种)、上海文艺出版总社(19 种)、上海社会科学院(12 种)。

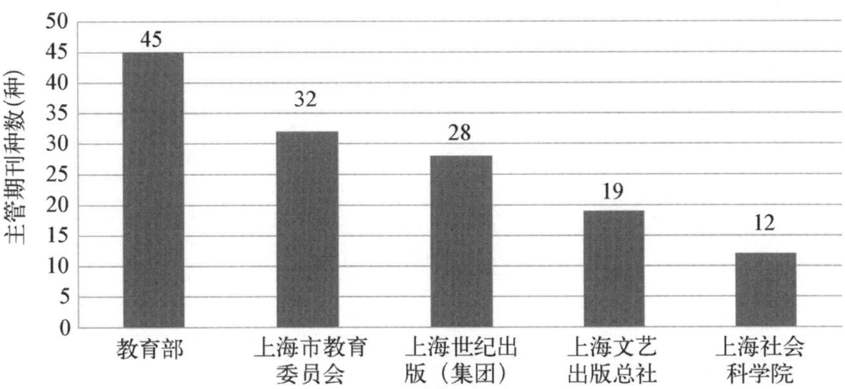

图 1-2-1　社科期刊主管单位分布情况

2. 办刊保障

上海社科期刊共有工作人员 2 217 人,较上年略有减少。就每刊人员数量而言,绝大多数期刊人员队伍在 10 人以下,人员数量最多的 5 家期刊分别是《新民周刊》(50 人)、《全国报刊索引(哲社版)》(37 人)、《科学发展》(32 人)、《检察风云》(31 人)、《第一财经》(28 人)。就人员学历而言,总人数中,有博士 466 人,硕士 680 人,较上年都有所增加。就人员职称而言,总人数中,有正高级职称 361 人,副高级职称 383 人,中级 741 人,较上年都有所增加。

上海社科期刊中,有 163 种获得了来自主管单位或主办单位的经费支持,较上年增加 28 种。有 9 种获得了国家级专项经费支持,与上年持平;其中获得支持超过 50 万元的有 5 种,分别为《社会》《华东师范大学学报(哲学社会科学版)》《社会科学》《探索与争鸣》《学术月刊》。有 33 种期刊获得省市区级专项经费支持,较上年增加 2 种。

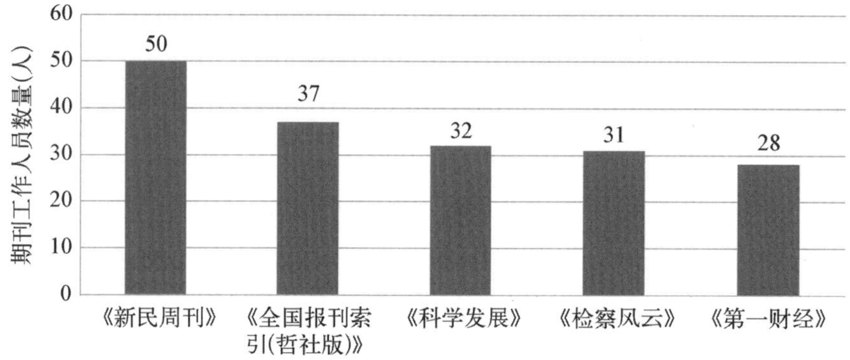

图 1-2-2　社科期刊工作人员数量最多期刊

3. 推广发行

根据年检数据中获得的平均期发行量数据,上海社科期刊平均期发行量超过 3 万册的有 33 种,与上年相比增加 1 种。期发行量在 1 万册以下的有 199 种,与上年相比增加 4 种。其中,上海社科期刊中期发行量超过 10 万册的期刊有《故事会》(50 万册)、《上海支部生活》(17.57 万册)、《大江南北》(15.07 万册)、《东方航空》(10.5 万册)。

上海社科期刊中各期刊的年度总收入差别较大,整体呈现出两极分化的状态。年度总收入 100 万元以下的有 73 种,较上年的 162 种有较大幅度减少;年度总收入在 500 万元以上的有 13 种,较上年的 33 种有较大幅度减少。

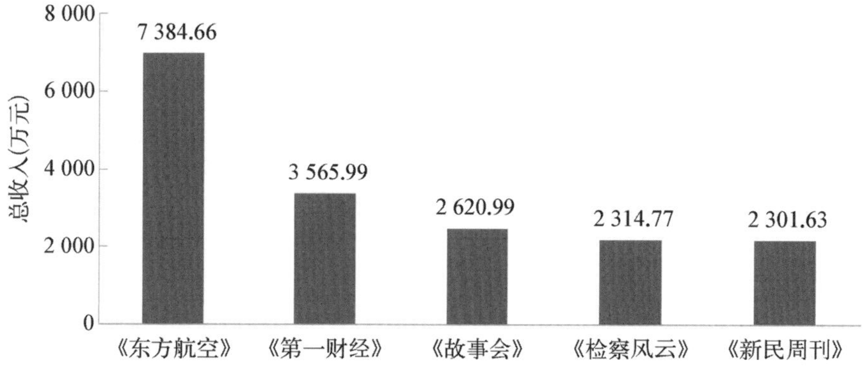

图 1-2-3　社科期刊年度总收入最高期刊

其中年度总收入最高的 5 种期刊分别是《东方航空》(7 384.66 万元)、《第一财经》(3 565.99 万元)、《故事会》(2 620.99 万元)、《检察风云》(2 314.77 万元)、《新民周刊》(2 301.63 万元)。

4. 融合出版

根据年检数据，上海社科期刊中共有 102 种开通了官方网站，较上年增加了 3 种。其中访问量超过 100 万次的期刊有《故事会》(1 400 万次)、《理财周刊》(800 万次)、《第一财经》(500 万次)、《大江南北》(340 万次)、《学术月刊》(100 万次)、《探索与争鸣》(100 万次)。

根据年检数据，上海社科期刊中有 19 种开通了客户端，较上年增加 2 种。其中，客户端下载量超过 10 万的期刊有《第一财经》(980 万)、《外国语(上海外国语大学学报)》(91 万)、《上海理工大学学报(社科版)》(10 万)；活跃用户数超过 1 万的期刊分别有《第一财经》(4.5 万)、《高等学校文科学术文摘》(2.4 万)、《外国语(上海外国语大学学报)》(1 万)。

根据年检数据，上海社科期刊中共有 153 种开通了微信公众号，较上年增加了 7 种。其中总订户数最多的 5 种期刊为《第一财经》(65.6 万)、《故事会》(61 万)、《理财周刊》(51 万)、《家居廊》(34 万)、《中文自修》(30 万)；篇均阅读量超过 1 万的期刊有《第一财经》(5.5 万)、《故事会》(2 万)、《项目管理评论》(1.2 万)、《中文自修》(1.02 万)。

根据年检数据，上海社科期刊中共有 46 种开通了官方微博账号，较上年减少 2 种。其中总粉丝数最多的 5 种期刊为《新民周刊》(2 950 万)、《第一财经》(419 万)、《萌芽》(149 万)、《红蔓》(70 万)、《家居廊》(50 万)。

根据年检数据，上海社科期刊中还有不少期刊进驻第三方平台，比如今日头条、百家号等。具体来说，共有 24 种进驻第三方新闻、视频等平台，较上年增加 3 种。

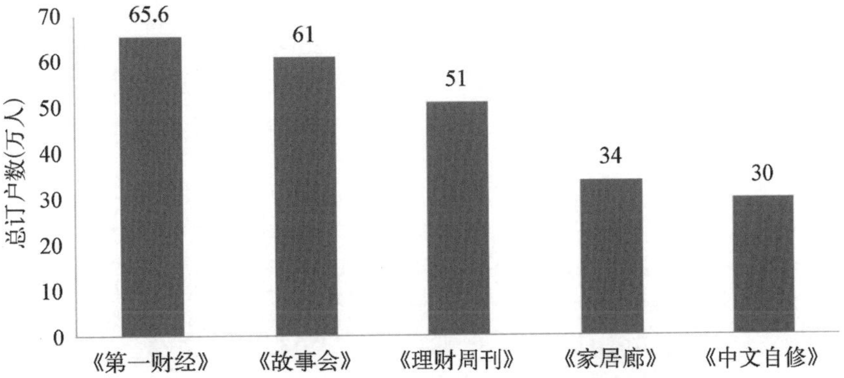

图 1-2-4　社科期刊微信公众号总订户数最多期刊

5. 社会效益

2019 年，上海社科期刊中共有 27 种期刊获得国家级荣誉 41 个，31 种期刊获得省市区级荣誉 55 个。在 2019 年上海期刊编校质量检查中，有 17 种社科期刊获得优秀。

二、上海社科期刊创刊及更改情况

1. 基本情况

中国特色社会主义进入新时代，上海社科期刊亦迎来了发展的战略机遇期。近三年(2017—2019 年)来，上海共新增社科期刊 20 种(见表 1-2-1)，其中中文期刊 14 种、英文期刊 2 种、中英文合刊 4 种。

表 1-2-1　2017—2019 年上海社科期刊创刊及更名情况表

序号	刊　名	CN 号	ISSN 号	创刊年份	文　种	主 办 单 位
1	建成遗产(英文)	31-2123/G0	2096-3041	2017	英文	同济大学
2	旅游导刊	31-2132/K	2096-3238	2017	中文	上海世纪出版(集团)有限公司
3	思南文学选刊	31-2136/I	2096-3386	2017	中文	上海市作家协会
4	教育传播与技术	31-2139/G4	1672-0245	2017	中文	上海教育出版社有限公司、上海市电化教育馆
5	中小学班主任	31-2141/G4	2096-3742	2017	中文	上海科技教育出版社有限公司
6	金融发展	31-2142/F	2096-7160	2017	中文	上海社会科学院出版社有限公司
7	国际比较文学(中英文)	31-2131/I	2096-4897	2018	中英文	上海师范大学
8	华东师大教育评论(英文)	31-2150/G4	2096-5311	2018	英文	华东师范大学
9	心理学通讯	31-2151/B	2096-5494	2018	中文	上海市精神卫生中心
10	东方学刊	31-2153/C	2096-5966	2018	中文	上海市社会科学界联合会、复旦大学
11	艺术管理(中英文)	31-2155/J	2096-6423	2018	中英文	上海人民美术出版社有限公司
12	历史地理研究	31-2157/K	2096-6822	2018	中文	复旦大学
13	世界历史评论	31-2160/K	2096-6733	2018	中文	上海人民出版社有限责任公司
14	国外社会科学前沿	31-2161/C	2096-6636	2019	中文	上海社会科学院信息研究所
15	第一财经	31-2163/F	1674-2168	2019	中文	上海第一财经传媒有限公司
16	语文新读写	31-2164/G4	2096-6881	2019	中文	上海少年儿童出版社有限公司
17	上海公安学院学报	31-2168/D	2096-7039	2019	中文	上海公安学院
18	出土文献	31-2170/K	2096-7365	2019	中文	上海中西书局有限公司
19	电影理论研究(中英文)	31-2171/J	2096-7322	2019	中英文	上海大学
20	全球城市研究(中英文)	31-2174/C		2019	中英文	上海人民出版社有限责任公司

仅从 2019 年新创刊以及期刊更名的情况，可以看出上海社科期刊的两个发展趋势，即学术化和国际化。

2019 年，新创刊的 2 种期刊全部定位为学术期刊，新更名的几种期刊中有 4 种定位为学术期刊。新更名期刊中比较典型的是《饭店》，该刊直接更名为《全球城市研究(中英文)》，定位为学术期刊。

2019 年，上海 2 种新创社科期刊中，有 1 种为中英文混合期刊[《电影理论研究（中英文）》]。更名的几种社科期刊中，有一种为中英文混合期刊[《全球城市研究（中英文）》]。尽管相较新创刊和更名的科技类期刊，新创和更名社科期刊中，英文或中英文期刊所占比例不高。但考虑到社科类内容在国际化方面的现实难度，这一比例并不低。这也从一个侧面表明上海期刊界在国际化方面所做的努力。

2. 代表性新创、新改期刊简介

（1）《建成遗产（英文）》。

《建成遗产（英文）》为季刊，由教育部主管，同济大学主办，办刊宗旨为：反映“建成遗产”及其历史环境保护理论与实践，展示该领域国内研究成果，报道该领域国际前沿进展，促进该领域国内外学术交流，增强全社会对建成遗产的保护意识，提升国家文化软实力。

（2）《旅游导刊》。

《旅游导刊》为双月刊，由上海世纪出版（集团）有限公司主管主办，办刊宗旨为：刊载旅游资讯和旅行指南，介绍旅游风光，分享旅游心情，传递旅游情怀，突出文化性、知识普及性和时尚现代性，打造服务大众的旅游信息和分享平台，促进旅游服务经济发展。

（3）《思南文学选刊》。

《思南文学选刊》为双月刊，由上海市作家协会主管主办。立足城市文化建设，刊发新型城镇化建设创新成果，以国际化视野引导和提升城市审美追求、文学品味和文化内涵，服务智慧城市建设和发展。

（4）《教育传播与技术》。

《教育传播与技术》原名《读读写写》，2017 年改为现名，季刊。由上海世纪出版（集团）有限公司主管，上海市教育出版社有限公司、上海市电化教育馆主办。其办刊宗旨为：主要面向中小学教师和教学管理人员，传播教育信息化前沿成果，反映一线教师信息化教学实践经验，促进信息化教学发展进步，提升教师教学水平和教学质量。

（5）《中小学班主任》。

《中小学班主任》2017 年创刊，月刊。由上海世纪出版（集团）有限公司主管，上海科技教育出版社有限公司主办。其办刊宗旨为：结合中国教育发展新要求和新实践，关注中小学班主任群体，坚持立德树人，探讨解决班级管理、家校合作、学生培养等班主任工作难点问题，交流班主任工作研究成果，提高中小学班主任专业能力和素养。

（6）《金融发展》。

《金融发展》创刊于 2017 年，由上海社会科学院主管，上海社会科学院出版社有限公司主办，一年两期。2019 年期刊共发文 17 篇，主要围绕宏观经济管理与可持续发展、贸易经济、财政与税收、经济体制改革、企业经济、工业经济、投资、证券以及金融等学科展开学术讨论。

（7）《上海立信会计金融学院学报》。

2016 年，原上海金融学院与上海立信会计学院合并组建为上海立信会计金融学院。经国家新闻出版管理部门和主管单位批准，原《上海金融学院学报》从 2017 年始更名为《上海立信会计金融学院学报》，主办单位更换为上海立信会计金融学院。刊物面向国内外公开发行，被评为“华东地区优秀期刊”“上海市优秀学报”。刊物紧跟学术动态，围绕金融、投资、证券、宏观经济管理与可持续发展、企业经济、贸易经济、保险、经济体制改革、财政与税收、市场研究与信息、会计、经济法等学科发表了大量有价值的论文。

(8)《国际比较文学(中英文)》。

《国际比较文学(中英文)》为季刊,是由上海师范大学主办,上海师范大学比较文学与世界文学研究中心承办的中英文双语国际学术刊物,2017 年 7 月创刊。是我国迄今为止唯一一本以中英文双语为特色,以与国际学术界开展交流、传播中华文化为宗旨,以文学和文化的跨民族、跨语言、跨学科比较研究为内容的正式刊物。现已出刊 8 期,发表论文 115 篇,除已全部进入中国知网、超星学术等数据平台之外,还多次被《中国社会科学文摘》《高等学校文科学术文摘》等权威二次文献转载。该刊坚持正确的舆论导向和办刊方向,致力于助推"中国文化走出去",刊载比较文学研究成果,突出以文学和文化为中心的跨学科研究,向国外推介具有中国特色、中国风格、中国高度的文学与文化多学科整合研究之原创性论文为其重心和特质,推动比较文学学科发展,促进中西文化对话交流。

(9)《华东师大教育评论(英文)》。

2017 年 12 月,经教育部、国家新闻出版广电总局批准,《华东师范大学教育评论(英文)》(*ECNU Review of Education*)正式创刊,是一本英文刊物,季刊。刊物鼓励总结中国教育改革开放成就和经验,研究中国教育问题,发表研究中国特色教育经验和理论的高质量论文;鼓励实证研究,尤其欢迎具有研究方法创新的量化研究、质化研究、混合研究、实验研究等实证研究论文;欢迎跨学科、前瞻性、引领理论和研究范式创新的思想性论文;欢迎高水平的研究综述论文以及大型研究成果论文。期刊常设栏目有:原创性研究论文(regular research articles)、研究综述(research reviews/scoping reviews)、中国教育发展评论(policy research notes on education development in China)、书评(book reviews)、专题性组稿(special issue)。刊物组织了强大的国际编委会,并于短时间内邀请到国际知名专家,在学界赢得了良好声誉。华东师范大学和华东师范大学出版社通过创办《华东师大教育评论(英文)》,为全世界了解新时代的中国教育开启全新的窗口。

(10)《心理学通讯》。

《心理学通讯》是由上海市精神卫生中心主办的一本季刊,2017 年由《健康准妈妈》更名而来。2018 年至今,刊物共出版 9 期,设有社论、述评、论著、综述、个案报告、学术交流等专栏。围绕认知与脑、精神分析与文化、心理治疗的本土化、新冠病毒疫情、中国社会心理服务体系的建设、心理治疗与心理咨询等专题,集合广大学者展开了一系列有价值的讨论。

(11)《东方学刊》。

《东方学刊》创刊于 2018 年 9 月,由上海市社会科学界联合会主管,上海市社会科学界联合会与复旦大学主办,由复旦大学中国研究院《东方学刊》编辑部负责编辑出版的一本季刊。其宗旨为探索中国崛起的原因和规律,推进中国道路、中国模式和中国话语的原创性学术研究。刊物侧重发表政治学、经济学、历史学及其他相关学科的研究成果以及跨学科的中国学研究成果。同时重视前沿理论探索,关注实践经验分析,鼓励学术批评对话,力求保持思想之犀利、学术之严谨,兼顾探索内容和形式的创新。自创刊以来,《东方学刊》共出版 8 期,发文 88 篇,主要栏目设有:政治、经济、文化、视野、现场、书评。同时,期刊围绕"社会治理体系和能力的升级""大一统和中华文明经脉""新中国 70 周年与中国话语""'工业党'的文化自觉""政治学新维度""改革开放 40 周年"等主题进行专题讨论。《东方学刊》致力于中国学术界的思想解放,致力于解构西方话语、建构中国话语,致力于推动中国思想和中国学术在世界范围内的崛起。

(12)《艺术管理》(中英文)。

(详见第六篇第三章《新刊推荐》)

(13)《历史地理研究》。

(详见第六篇第三章《新刊推荐》)

(14)《世界历史评论》。

(详见第六篇第三章《新刊推荐》)

(15)《国外社会科学前沿》。

(详见第六篇第三章《新刊推荐》)

(16)《语文新读写》。

《语文新读写》原名《作文世界》,半月刊。由上海世纪出版(集团)有限公司主管,上海少年儿童出版社有限公司主办。其办刊宗旨为:坚持正确的舆论导向和办刊方向,面向中小学生读者,结合语文教材,培养阅读和写作兴趣,提高读写水平,提升语文素养和人文修养。

(17)《上海公安学院学报》。

《上海公安学院学报》是一份由上海市公安局主管、上海公安学院主办的以探讨和研究新形势下公安理论与公安工作为主的综合性期刊。刊物原名《上海公安高等专科学校学报》,于1999年改版,周期为双月刊,立足于为公安实战、公安科研、公安教学服务,重视公安理论与公安实践的结合。主要栏目有:上海公安改革纵横、公安管理、队伍建设、侦审研究、治安防范、边检与出入境管理、交通管理、犯罪学研究。

(18)《出土文献》。

《出土文献》为季刊,由上海世纪出版(集团)有限公司主管,上海中西书局有限公司主办。其办刊宗旨为:坚持正确的舆论导向和办刊方向,刊载出土文献及最新研究成果,积淀学科理论与研究方法,促进学术交流和学科交叉创新,提高我国在该领域的学术研究水平。

(19)《电影理论研究(中英文)》。

(详见第六篇第三章《新刊推荐》)

(20)《全球城市研究》。

《全球城市研究》原名《饭店》,2019年改为现名,季刊,由上海世纪出版(集团)有限公司主管,上海人民出版社有限责任公司主办。其办刊宗旨为:坚持正确的舆论导向和办刊方向,刊载跨文化、跨学科的全球城市研究成果,讲好城市发展的中国故事,搭建城市建设研究的学术交流平台,促进中外文化的深层对话和理解,服务建设全球卓越城市。

第二节　上海科技期刊概述

为了贯彻落实中央全面深化改革委员会第五次会议精神,推动我国科技期刊改革的深入发展,2019年7月,中国科协、中宣部、教育部、科技部四部委出台了《关于深化改革　培育世界一流科技期刊的意见》。这份纲领性文件,进一步明确了我国科技期刊改革的指导思想、基本原则、建设目标和重点任务。2019年9月,中国科协、财政部、教育部、科技部、国家新闻出版署、中国科学院、中国工程院联合推出了《中国科技期刊卓越行动计划实施方案(2019—2023年)》,推动我国科技期刊高质量发展,加快建设世界一流科技期刊,夯实进军世界科技强国的科技与文化基础。

2020年2月,教育部、科技部研究制定了《关于规范高等学校SCI论文相关指标使用　树立正确评价导向的若干意见》,科技部会同财政部研究制订了《关于破除科技评价中"唯论文"不良导向的若干措施(试行)》。这两份文件要求我国高校和科研单位改进科技评价体系,按照分类评价、注重实效的原则，鼓励发表高质量论文，包括发表在具有国际影响力的国内科技期刊、业界公认的国际顶级或重要科技期刊的论文。

2020 年 7 月，中央政治局委员、中共上海市委书记李强亲自批示，《细胞研究》(*Cell Research*，CR)等多种科技期刊已有一定行业声誉，上海要集中更多资源，进一步支持和推动这类期刊做强做大，切实提升国际话语权和影响力。为此，上海市委宣传部召开本市培育世界一流科技期刊工作推进会，提出统筹推进形成合力，制定《上海培育世界一流科技期刊三年行动计划(2021—2023 年)》。计划强调：要顺应世界科技创新发展的整体趋势，围绕国家重大需求和科技发展战略必争领域，着眼于上海科创产业发展的重点门类，进行科技期刊的发展布局，在上海市重点发展的集成电路、人工智能、生物医药等领域，还要进行重点布局；越来越多的优秀科研成果的发表，必将增强本土化学术期刊体系的建设力量，要坚持集群化与集约化并举，从而形成优势互补、资源集聚的规模效应；要以科创中心建设和双一流大学建设为契机，以光学、生物医学等有较好基础的学科为试点，探索建设有上海特色学科刊群数字出版平台，引领带动更多学科刊群进行资源融合，持续巩固壮大国际竞争优势。

这些指导性文件和措施，为我国建设世界一流科技期刊指明了方向。上海市委的指示，更是围绕精品化、集群化、数字化、国际化的目标，构建了一个前瞻布局、协同融合、开放创新的上海科技期刊发展体系。

本报告针对 2020 年 6 月填报的上海期刊核验表中的 360 种科技期刊进行统计分析。为了更准确地反映不同学科类别期刊的发展情况，特将 360 种科技期刊分为学术(中文 101 种，英文 20 种)、技术(125 种)、生物医学(中文 72 种，英文 18 种)及科普(24 种)4 大类，分别进行统计分析。

同时，本报告还首次设立了 2 个专题，分别是中国科技期刊卓越行动计划上海入选期刊专题，上海高水平高校学术期刊支持计划部分入选期刊专题。2019 年发布的科技期刊卓越行动计划，对推进我国科技期刊的进程必将起到里程碑式的作用，上海有 25 种期刊和 1 个杂志社入选了该计划不同的项目，本报告特设立专题，以案例的形式来推介这些优秀期刊，以期给同行以启示和借鉴。上海高水平高校学术期刊支持计划已持续实施了三期，扶持了一大批优秀期刊，取得了令人瞩目的成效，本报告择其部分优者进行报道，以期鼓励先行先试，给后来者树立榜样。

一、上海科技学术和生物医学期刊发展概况

打造上海文化品牌是上海市委、市政府从服务国家战略高度做出的重大部署。在全力打造上海文化品牌，加快建成国际文化大都市的三年行动计划中，上海市委、市政府明确提出要分类支持科技期刊发展，分步达到国内国际相关学科科技期刊顶级水平，培育具有广泛国际影响的世界一流的上海科技期刊品牌。在落实打响世界文化品牌三年行动计划的重要任务中，上海科技期刊已取得了卓有成效的阶段性成果，已经拥有了像 CR 等被国内外同行广泛认可的权威科技期刊，在国际学术期刊界竖起了中国标杆。

目前，上海拥有科技学术和生物医学期刊共 211 种，其中：学术期刊 121 种，包括中文 101 种，英文 20 种；生物医学期刊 90 种，包括中文 72 种，英文 18 种(包括 3 种中英文合刊)。在国内外权威数据库，包括《科学引文索引》(*Science Citation Index*，SCI)、《工程索引》(*Engineering Index*，EI)、《文摘与引文数据库》(*Scopus*)、《中国科学引文数据库》(*Chinese Science Citation Database*，CSCD)、《中文核心期刊要目总览》(简称“北大核心”)、《中国科技期刊引证报告》(CJCR)、《中国学术期刊影响因子年报》，都有收录上海期刊，而且这些上海期刊中不乏在各学科门类中名列前茅的

佼佼者。

据 Web of Science 数据库 2020 年 6 月公布的数据统计，上海共有 24 种学术和生物医学期刊被 SCI 收录，其中 CR 的影响因子高达 20.507，创下中国本土学术期刊影响因子的历史新高，在本学科领域期刊中排名世界第七、亚太第一。《纳微快报》(*Nano-Micro Letters*，NML)和《分子植物》(*Molecular plant*，MP)影响因子双双突破 12，《运动与健康科学》(*Journal of Sport and Health Science*，JSHS)跻身世界体育学期刊前五，《光子学研究》(*Photonics Research*，PR)在世界光学期刊中排名第十。

截至 2020 年 7 月，上海共有 7 种期刊被 ESCI 收录，其中学术类 3 种，生物医学类 4 种。尤其值得一提的是，3 种学术类期刊都是中文期刊，且来自同一家出版单位——《中国激光》杂志社，说明高质量的中文期刊也得到了国际著名数据库的重视，也体现了该杂志社高质量的出版水平。

截至 2020 年 5 月，EI 数据库共收录上海科技学术期刊 15 种，其中 9 种中文科技期刊，6 种英文科技期刊。

截至 2019 年 10 月，Scopus 共收录上海科技学术期刊 33 种，其中 21 种中文科技期刊，12 种英文科技期刊。

截至 2019 年，被 Medline 收录的上海生物医学期刊共 14 种，除 3 种为中文期刊外，其他均为英文期刊。

2019 年 CSCD 发布的数据显示，上海共有 102 种科技期刊入选，其中 47 种为中文科技学术期刊，被其核心库或扩展库收录；12 种为英文科技学术期刊，均被核心库收录。

2019 年 CJCR 发布的数据显示，上海共有 149 种科技学术与生物医学期刊入选，其中 141 种为中文科技期刊，8 种为英文科技期刊。

2019 年《中国学术期刊影响因子年报》发布的数据显示，上海中文学术期刊目前被《年报》收录的期刊共计 74 种，英文期刊 13 种。

二、上海科技技术期刊发展概况

目前，上海拥有 125 种科技技术期刊(以下正文简称“技术期刊”)。上海技术期刊大多依托某一学科领域或行业，真实记录和传播各行各业、各个学科领域的最新科技成果和动态，在推广技术成果、推介科技人才、推动科技交流、提高全民科学文化素质等方面发挥着不可替代的作用，为上海国民经济建设和科技事业发展做出了重要贡献。结合国家对出版业要求与期刊自身建设，上海技术期刊近几年中在内容建设、团队发展、市场与运营、新媒体应用、转型与升级等方面均有不同程度的提高与进步。

上海技术期刊紧紧围绕自身所处行业和学科，与行业企业、研究机构、高校形成紧密互动、发挥着引领行业技术进步的作用。

近来，上海技术期刊在加强团队建设，特别在骨干人员配备方面已取得明显进步，编辑部负责人呈年轻化趋势，在市场化经营方面，传统的广告营收等方面呈现出较为明显的下降趋势，新媒体方面的收入则呈现较为明显的涨幅。

三、上海科普期刊发展概况

目前，上海共有 24 种科普期刊，主要分为综合科普、健康保健、汽车和时尚生活等几大类。除 1

种科普期刊的主管单位为中科院以外,其余23种科普期刊的主管单位都来自上海企事业单位。

与2018年相比,上海科普期刊的发行量呈下降趋势,在2019年已没有平均期发行量超过10万册的科普期刊(2018年有1种)。总体上看,上海科普期刊的发行量近年来连续走低,因此需要加速科普期刊在媒体融合出版方面的布局。在科普期刊的媒体融合出版方面,有超过半数(13种)的期刊有专门从事新媒体工作的人员,近80%的科普期刊开通了微信公众号,超过60%的科普期刊开通了微博,其中6种科普期刊的微博粉丝数超过十万量级,最高达到千万量级,具有较强的社会影响力。

2019年,上海科普期刊继续努力宣传普及科学知识,推广新技术,提高全民科学素质,打造面向广大公众传播最新科技的有影响力的科普媒体。上海科普期刊开展了卓有成效的科普活动,通过开展公益科普讲座,提升公民科学素养;通过向公众传播科技创新成果,帮助公众理解科技创新内涵;通过发挥医学科普期刊的自身特色,积极开展全民健康科普活动;通过聚焦创新科技趋势,打造科技创新权威信息发布平台。

第三节 “培育世界一流科技期刊”的对策与建议

2019年,上海科研人员在《科学》《自然》《细胞》等国际顶级学术期刊上发表的论文数量约占全国的30%,说明上海有一流的科研基础和一大批各学科的顶尖科学家。在上海科创中心建设过程中,科技期刊的学术交流和同行传播也具有不可替代的作用。随着科创中心建设迈上新台阶,上海迫切需要培育一批与具有全球影响力的科创中心地位相匹配的世界一流科技期刊,为上海科创成果发布、推广和转化提供高质量、高效率的服务。

一、政府搭台,政策引导,计划先行

最近,中央各部委出台了一系列强有力的资助政策,上海各部门应帮助各期刊出版单位把政策用好用足,上下一心,为上海争取最大的资源。同时,我市也应在前几个试点的基础上,迅速出台符合上海科技期刊实际需求的地方性举措。要进一步聚焦学术期刊、技术期刊、科普期刊等不同种类科技期刊的差异化需求,适时推出定向扶持政策,帮助解决发展中的痛点、难点问题。对于具备世界一流水平或有成为世界一流潜质的期刊,要探索一刊一策、一刊一案的支持方式,满足这些期刊的个性化需求。

由上海市委宣传部牵头,市科委、教委、科协等单位及有关高校、科研院所、期刊协会、期刊学会共同参与,要在翔实调研的基础上,抓紧制定《上海培育世界一流科技期刊三年行动计划(2021—2023年)》,做好顶层设计,明确任务措施,形成重点项目。

二、激发主管和主办单位创新发展积极性

期刊的主管、主办单位对期刊的创新发展有至关重要的作用。上海科技期刊的主管单位除了中国科协、中科院、教育部等国家主管部门外,大多数为上海市的行政管理局和委员会,这些主管机构根据国家的方针政策对所属科技期刊制定的发展规划和出台的管理措施,对上海科技期刊整体发展有着重大影响。如2019年开始,每年由上海市教卫委牵头开展的上海市文教结合

“高水平高校学术期刊支持计划”，目前已经取得了阶段性成果，有力地促进了上海各高校科技期刊的快速发展。因此，建议由上海市委宣传部牵头，开展科技期刊的深入调研活动，从行政、财政、人事等方面出台相关政策，指导上海各主管单位对所属期刊实施类似上海市教卫委开展的科技期刊支持计划和管理措施，促进上海科技期刊在集约化发展、提升国内外影响力等方面跨越式发展。

上海科技期刊的主办单位大多数是高校、研究院所等事业单位，也有小部分企业单位，科技期刊出版部门在这些单位并不是主业部门，一般属于辅助部门，所以容易被忽视，尤其是人财物的投入方面比较薄弱。目前，为了贯彻落实党中央全面深化改革委员会2018年第五次会议提出的《关于深化改革　培育世界一流科技期刊的意见》精神，推动我国科技期刊改革的深入发展，上海的部分主办单位已提出了振兴科技期刊的计划和措施，如上海交通大学于2019年开始实施的“高水平学术期刊支持计划”，在期刊布局、集约化发展及奖励措施等方面都提出了具体方案，推动上海交通大学主办的科技期刊进入快速发展轨道。因此，建议由上海市委宣传部牵头，制定对科技期刊主办单位的指导意见，对主办单位对科技期刊的人财物投入及规划与管理提出具体量化要求，促进各主办单位出台所属科技期刊的发展规划和管理办法，加强人财物投入及奖励政策，夯实基层出版单位发展的基础。

三、借助上海科研优势，抢占先机，优化布局，提升服务

上海在生物医药、人工智能、前沿新材料等方面实力较强，基本处于国内领先水平，有些已经达到世界一流水准，这是我们期刊发展方向的重中之重。按照习总书记的要求，上海科创中心和国家实验室建设进展很快，“双一流”大学建设也为期刊发展提供了良好契机。各出版单位要有针对性地瞄准优势学科，充分用好在沪一流科研单位的研究力量，抢抓新型交叉学科发展和数字化转型的战略机遇，形成先发优势，优化布局，占领市场。

四、通过行业协会、学会开展多方位合作

行业协会和学会承担着同行业合作与交流的重任，应当跨前一步，主动作为，统筹推进，形成合力，实施切实可行的有力举措，共同推动上海科技期刊做大做强。培育世界一流科技期刊，需要出版界、期刊界、科技界、教育界的协同发力，需要跨部门、跨领域密切配合，才能真正把力量凝聚起来，把资源集中起来；同时要充分利用各类媒体平台，加大宣传报道力度，提升公众知晓度和关注度，进一步扩大科技期刊的影响力。

五、提高期刊编辑人员待遇，吸引一流人才

上海应高度重视吸引更多具有较高专业水平、愿意从事科技期刊编辑工作的专家加入期刊编辑队伍。应制定政策，要求各主管主办单位切实提升编辑人员年薪水平。要创造条件，引进海内外人才加盟，并发挥好传帮带的作用，推动编辑队伍水平的整体性提升。人才是期刊发展的核心，只有制定合理的人才政策，才能组建一流的专业出版队伍，一本科技期刊的质量在很大程度上取决于审稿专家和专业编辑人员的学识和视野，也需要专家与编辑的共同努力。

第三章　2019 上海市印刷产业发展报告

上海印刷业 2019 年仍然交出了让人较为满意的答卷。截至 2020 年 4 月，上海通过年度报告统计的印刷企业共 2 623 家（不含打印、复印企业），比 2018 年同口径统计的 2 761 家减少了 138 家，下降 5.00%，相比 2018 年对 2017 年 10.09%的下降率，企业数量减少的速度进一步降低。2019 年虽然印刷企业数量有所减少，但是企业仍然持续投入，使得总资产和净资产逆势增长，表现出市场对上海印刷业发展的信心。2019 年上海印刷企业总资产比 2018 年增长 6.11%，净资产比 2018 年增长 10.44%；本年度全行业工业总产值比 2018 年下降 2.23%，销售收入比 2018 年下降 1.98%；利润总额比 2018 年增长 24.46%，企业盈利能力大幅度提高；对外加工贸易额比 2018 年增长 12.99%，上海印刷业服务国际市场的能力进一步凸显。

一、印刷业发展稳中有变

1. 行业发展注入新活力

2019 年上海新设立的印刷企业 94 家，其中出版物印刷企业 3 家，包装装潢印刷企业 66 家，其他印刷品印刷企业 22 家，专营数字印刷企业 3 家。可以看出，包装装潢印刷企业占了新增企业的 70.21%，仍然是印刷业投资的重点领域。

在企业数量、从业人员减少的情况下，上海印刷业实现了将近四分之一的利润增长，说明企业盈利能力大幅度提高；从业人员创造财富的能力也有较大提升，2019 年人均利润增长了 27.70%，表现抢眼。同时企业多元化投资也提高了企业的综合盈利能力。

2. 印刷企业主营业务类别变化明显

2019 年按照主营业务类别分，数量增加最多的印刷企业依次是标签印刷、普通票据印刷和安全印刷。标签印刷企业在 2018 年数量增长的基础上，2019 年仍然是新设立企业的主要领域，标签企业新增 10 家，企业数量达到 182 家，增长率达到了 5.81%。安全印刷企业数量又出现了新的变化，从 2018 年的 2 家增长到 2019 年的 4 家，增长率达到了 100%。

3. 印刷企业发展表现不一

（1）出版物印刷企业发展平稳。

2019 年上海市出版物印刷企业的工业增加值为 34.19 亿元，比 2018 年 33.49 亿元增加 0.70 亿元，增长 2.09%；销售收入增长 1.52%，整体发展趋于平稳，生产与需求达到了阶段性平衡。其中主营书刊印刷的企业的工业增加值 10.46 亿元，比 2018 年 8.34 亿元增加 2.12 亿元，增长 25.42%；销售收入 45.36 亿元，比 2018 年 38.88 亿元增加 6.48 亿元，增长 16.67%，整体发展要好于主营报纸印刷的企业。

（2）塑料软包装印刷仍然表现突出，盈利能力更强。

2019 年主营塑料软包装印刷企业 263 家，比 2018 年主营塑料软包装印刷企业 274 家减少 11 家，下降 4.01%，即使在企业数量减少的情况下，上海塑料软包装印刷企业的工业总产值 149.99 亿元，比2018年136.87亿元增加13.12亿元，增长9.59%，工业增加值44.80亿元，比2018年39.71亿元增加5.09亿元，增长12.82%，销售收入增长6.50%。因此可以看出，塑料软包装印刷仍然表现突出，盈利能力更强。

(3) 企业创富能力持续增长。

2019年上海印刷业人均创造利润实现了27.70%的增长，说明整个行业的生产能力和财富创造能力持续提升。但是在不同性质的印刷企业中人均利润有所差异，国有企业的人均利润出现了25.84%的下降，民营企业实现39.58%的增长，说明民营企业的盈利能力提升较快。三资企业的人均利润也实现了22.05%的增长。2019年包装装潢印刷企业人均利润有了较大幅度的增长，比2018年增长了31.07%，比出版物印刷企业人均利润多了2.31万元。年工业总产值在1亿元以上的企业人均利润继续增长，比2018年增长了27.86%，人均利润比全行业高出了57.50%，是工业总产值贡献、利润创造、吸纳就业的绝对主力。

二、企业规模效应体现集约化发展

1. 规模以上企业集约化发展效果显著

2019年年工业总产值1亿元规模以上的重点印刷企业共141家，占上海全部印刷企业2 623家的5.38%，比2018年的149家减少8家，下降5.37%。在企业数量和员工总数双双减少的情况下，企业集中度更高。从业人员占上海印刷企业全部员工总数的53.02%，比2018年占比51.65%增加了1.37个百分点；总资产占上海印刷企业总资产的68.98%，比2018年占比68.55%增加了0.43个百分点；销售收入占上海印刷企业销售收入的72.30%，比2018年占比71.76%增加了0.54个百分点；利润总额占上海印刷企业利润总额的83.46%，比2018年占比81.15%增加了2.31个百分点；工业总产值占上海印刷企业工业总产值的70.04%，比2018年占比68.95%增加了1.09个百分点；工业增加值占上海印刷企业工业增加值的71.48%，比2018年占比70.00%增加了1.48个百分点；对外加工贸易总额占上海印刷企业对外加工贸易总额的87.79%，比2018年占比85.12%增加了2.67个百分点。通过这些数据可以看出，1亿元规模以上企业仍然是上海印刷业的主力军，具有十分重要的地位，发挥着重要的龙头作用。

2019年工业总产值在1亿元以上的企业平均利润增长了35.26%，同时人均利润增长了27.84%；人均薪酬增长了10.96%，比行业平均人均薪酬高1.94万元。

2019年工业总产值在5 000万～1亿元的企业平均利润是年工业总产值在1 000万～5 000万元的印刷企业的13倍多，从数据分析上来看，印刷企业的规模效应仍然是影响企业经济、财务数据的先决条件。

2. 上市公司集约化发展更胜一筹

2019年上海上市印刷企业数量占印刷企业总量的0.30%，营业收入总额占上海市印刷企业营业收入总额的18.72%，比2018年的15.59%提高了3.13个百分点；工业总产值与2018年基本持平，上市企业工业总产值占全市印刷企业工业总产值的9.28%，比2018年的9.07%占比增长了0.21个百分点；利润总额增长了11.30%，上市企业利润占行业利润总额的26.00%，比2018年的15.19%增长了10.81个百分点。

对比2019年上海市印刷行业上市公司、规模以上企业和整个行业企业的人均销售收入、人均利润、利润率等数据可以看出，上市公司的经营能力更为突出。2019年上市公司的人均销售收入远高于1亿元以上规模企业,上海全部印刷企业的人均销售收入只达到了上市公司的一半。上海全部印刷企业的人均利润只占上市公司人均利润的38.81%,1亿元以上规模企业的也只占到61.13%。从利润率来分析,上市公司达到10.95%,高于1亿元以上规模企业的9.59%。

数据中可以看出,2019年上海的上市企业在销售收入、工业总产值、利润总额等方面都出现了较大增长,整体实力强大,行业地位进一步凸显。相比于年工业总产值在1亿元以上的企业来说,上市公司的人均销售收入、人均利润和利润率方面都高出很多,各项财务指标都排在了整个行业的前列,说明了上市企业确实是印刷行业的龙头,在各方面的发展中都起到了标杆作用。

三、"四化"发展成果显著

1. 绿色化

在上海市印刷业培育储备印刷业绿色化发展重大项目,加大绿色化重大项目支持力度的背景下,2019年上海市逐步形成了以企业为主体、市场需求为导向、产学研用相结合的绿色化发展新体系。2019年,上海有两个项目入选国家新闻出版署印刷业绿色化发展重点项目,入选数量在全国各省(市)中列第一。上海紫丹食品包装印刷有限公司的"环保纸餐盒智能制造研发项目",在降低塑料材料使用量的同时,其印刷成型生产线用信息化手段实现物料流转的高效率和无人化输送智能化生产线,保障产品的食品安全卫生,减少了生产环节中的污染。另外,上海出版印刷高等专科学校的"柔性版水墨印刷废水膜处理中水回用及废渣处理再生利用资源化"项目,自主开发柔性版废水处理设备,研发了中空纤维新型材料,研制裸束柱MBR膜组件和错流管式超滤膜组件,应用于高浓度、高难度、难降解的柔性版水墨印刷水处理场合,最终实现柔性版水墨印刷废水处理中水回用、零排放以及废泥渣再利用资源化。同时,该校"柔版印刷绿色制版与标准化"实验室入选2019年度新闻出版业优秀科技与标准重点实验室。

2. 数字化

上海印刷业以数字印刷、互联网平台、电子商务、数字资产平台服务为重点,全行业运用数字化和互联网技术的能力普遍提高。上海数字印刷企业,立足上海总部,开办全国分支,承接全球业务,打响了上海数字印刷品牌,在奥运会及世博会规划与场馆建设、上海中心等重大建设中提供了专业化的数字印刷一站式服务。上海传统印刷企业也在加快数字化转型脚步,上海宝钢包装股份有限公司开创了数字化印刷技术在平张金属包装材料上的应用先河,国内首次实现平张金属材料印刷的数字化、个性化、定制化服务,将更好地挖掘金属包装市场的消费潜力。

3. 智能化

上海印刷业以新一代信息技术为核心,加快传统印刷全面数字化改造,推动生产流程信息化和生产过程自动化,支持智能印厂建设。龙利得包装科技(上海)有限公司建成我国首家包装印刷智能工厂,打造从客户需要到产品设计、供应商集成、制造及物流服务的全流程供应链集成体系,成为国内外工业4.0的典范。此外,上海紫丹印务有限公司的印刷智能制造项目、上海翔港包装科技股份有限公司的MES生产执行系统项目、上海运城制版有限公司的AutoCON全自动电雕制版线项目分别入选国家新闻出版署印刷智能制造示范和试点项目名单,入选数量在全国各省(市)中列第一。

4. 融合化

上海有相当部分的印刷企业从被动加工型产业向主动服务型产业转变。截至2019年底,形成一批产业链延伸，如包括研发、设计、物流、电子商务等业务的生产服务型印刷企业，印刷企业的附加值明显提高。上海印刷(集团)有限公司持续探索文创合作模式，充分利用文化 IP 授权元素资源，开发了多个系列的文化创意产品，通过实体商店、各类展会、网络等多种渠道，充分扩展了品牌效益。专项资金扶持的即印(上海)印刷科技有限公司采用数码印刷代替凹版印刷彩色箱包，实现个性化定制，2019 该项目入选中国印刷业创新大会创新路演项目。

四、上海印刷业展望

(一) 存在问题

在经济发展逆全球化、供应链本地化和碎片化的国际形势下，不稳定性及不确定性明显增强，国际产业分工格局正在重塑；国内经济发展提质转型，正加快形成新发展格局。在此背景下，上海市印刷业存在以下需要进一步解决的问题：

1. 印刷业环保建设成本较高，印刷业绿色化发展的推动机制有待完善；

2. 印刷企业自主创新能力有待提高，技术创新和新产品研发能力不足；

3. 印刷业国际竞争力需进一步提升，更好依托自贸区及新片区建设，吸引国际印刷总部，同时培育本土总部型印刷企业；

4. 行业人才水平有待提高，人才队伍匮乏，管理基础相对薄弱。

(二) 发展展望

目前我国的印刷业相对来说还处于一个资源环境代价较大、集约化水平偏低、创新能力不强、优质产品和服务供给不足的状态，上海作为全国城市发展的龙头和风向标，将在“十四五”期间从以下几方面入手，推动印刷业高质量发展。

1. 坚定正确政治方向

上海印刷业要坚定不移贯彻新发展理念，对标对表党中央关于我国中长期经济社会发展的重大战略判断和决策部署，以供给侧结构性改革为主线，抓住扩大内需这个战略基点，提升印刷供给体系对国内需求的适配性，构建产业发展新格局。

2. 探索印刷业管理体制机制创新

针对上海的实际情况，围绕解决影响和制约行业高质量发展的突出问题，探索管理体制机制创新，切实提升上海印刷产业的竞争力、影响力。重点完善绿色化发展的体制机制，推行印刷业绿色产品合格评定制度，以第三方认证、自我声明等方式促进印刷业绿色化发展，按照《绿色产品标识使用管理办法》使用相关标识。推广使用绿色环保低碳的新技术、新工艺、新材料。推进包装装潢印刷，尤其是塑料软包装和印铁印刷企业的 VOCs 综合治理。进一步培育储备印刷业绿色化发展重大项目，加大绿色化重大项目支持力度。着力培育一批绿色化发展标杆企业，逐步完善以企业为主体、市场需求为导向、产学研用相结合的绿色化发展新体系。

3. 聚焦发展互联网数字化生态圈的“新制造”

上海印刷业的数字化技术发展实施路径包括两方面，一方面是采用数字化技术改造，提升企业效益；另一方面是通过互联网技术改变传统印刷业的生产加工模式，使商业模式得到彻底改变和提升。上海支持传统印刷企业数字化改造和数字印刷新技术应用，支持数字印刷企业和互联网印刷服务平台发展，鼓励新一代信息技术在印刷生产经营管理中的应用推广。鼓励和支持数字化改造重点项目和示范项目,以打通数字化工作流程为基础,推动传统印刷与数字技术融合发展。

4. 加强智能化改造升级的应用实践

鼓励印刷企业进行智能化改造升级,加强与互联网、云计算、大数据、人工智能等先进技术融合,在产业政策和资金支持上给予倾斜。推动建立智能印刷企业示范试点,通过构建智能化生产系统、网络化分布生产设施,开展自动化生产线、数字化车间、智能工厂建设,形成一批具有借鉴意义的典型案例和实施方案。

5. 鼓励"印刷+"融合化转型升级的探索

增加上海印刷业科技含量,提高服务属性比重,实现产品结构战略性升级,推动印刷业由被动加工向主动服务转变。加强印刷与装备制造、原辅材料、软件服务、科研院所、教育服务、会展交易等深度融合;鼓励印刷与食品、饮料、医药、家电、电子、服装、玩具,以及体育健身、旅游出行、养老保险等跨产业融合;鼓励印刷业充分利用多层次资本市场,加快转型升级和跨越式发展。

6. 建设全国印刷业科技创新中心

围绕上海建设"五个中心"、改革开放排头兵的发展目标,依托高端印刷设备制造集群,汇聚全球印刷业顶尖创新人才和科研团队,充分发挥上海理工大学、上海版专、上海印刷技术研究所等研究机构的科研资源,扎实推进印刷业"四化"发展中关键技术研发。以"双循环"为驱动力,完善支持上海印刷企业创新发展的政策措施,着力打造一批具有科创能力、国际市场开拓能力的重点企业,引领国际印刷相关领域发展水平,构建印刷走出去新格局。

五、2019 年上海印刷企业分类情况

(一) 企业经营分类

出版物印刷企业为 150 家,占企业总数的 5.72%,比 2018 年减少 5 家,下降 3.23%;包装装潢印刷企业为 1 793 家,占企业总数的 68.35%,比 2018 年减少 85 家,下降 4.53%;其他印刷品印刷企业为 641 家,占企业总数的 24.44%,比 2018 年减少 44 家,下降 6.42%;排版、制版、装订专项企业为 22 家,占企业总数的 0.84%,比 2018 年减少 5 家,下降 18.52%;专营数字印刷企业为 17 家,占企业总数的 0.65%,比 2018 年增加 1 家,增长 6.25%。

(二) 企业性质分类

国有企业为 21 家,占企业总数 0.80%,比 2018 年减少 4 家,下降 16.00%;集体企业为 45 家,占企业总数 1.72%,比 2018 年减少 12 家,下降 21.05%;三资企业为 143 家,占企业总数 5.45%,比 2018 年减少 16 家,下降 10.06%;股份合作企业为 60 家,占企业总数 2.29%,比 2018 年减少 7 家,下降 10.45%;股份有限公司为 18 家,占企业总数 0.69%,比 2018 年减少 2 家,下降 10.00%;联营企业为 1 家,占企业总数 0.04%,与 2018 年持平,没有变化;其他有限责任公司为 2 142 家,占企业总数 81.66%,比 2018 年减少 95 家,下降 4.25%;私营企业为 193 家,占企业总数 7.36%,比 2018 年减少 2 家,下降 1.03%。

(三) 企业主营业务分类

书刊印刷企业为 96 家,占企业总数 3.66%,比 2018 年减少 3 家,下降 3.03%;报纸印刷企业为 8 家,占企业总数 0.30%,比 2018 年减少 2 家,下降 20.00%;纸包装印刷企业为 1 080 家,占企

业总数41.17%，比2018年减少100家，下降8.47%；金属罐包装印刷企业为20家，占企业总数0.76%，比2018年减少3家，下降13.04%；塑料软包装印刷企业为263家，占企业总数10.03%，比2018年减少11家，下降4.01%；普通票据印刷企业为26家，占企业总数0.99%，比2018年增加5家，增长23.81%；安全印刷企业为4家，占企业总数0.15%，比2018年增加2家，增长100.00%；玻璃、陶瓷包装印刷企业为6家，占企业总数0.23%，比2018年减少3家，下降33.33%；标签印刷企业为182家，占企业总数6.94%，比2018年增加10家，增长5.81%；其他包装装潢印刷企业为938家，占企业总数35.76%，比2018年减少33家，下降3.40%。

(四) 企业规模分类

年工业总产值1亿元以上的企业为141家，占企业总数5.38%，比2018年减少8家，下降5.37%；年工业总产值5 000万～1亿元的企业为106家，占企业总数4.04%，比2018年减少9家，下降7.83%；年工业总产值1 000～5 000万元的企业为521家，占企业总数19.86%，比2018年减少2家，下降0.38%；年工业总产值1 000万元以下的企业为1 855家，占企业总数70.72%，比2018年减少119家，下降6.03%。

六、2019年上海印刷业主要经济指标

(一) 主要经济指标

工业总产值814.22亿元，比2018年832.80亿元，减少18.58亿元，下降2.23%；销售收入总额921.72亿元，比2018年940.32亿元减少18.60亿元，下降1.98%；工业增加值277.45亿元，比2018年245.78亿元增加31.67亿元，增长12.89%；工业总产出1 116.60亿元，比2018年1 099.23亿元增加17.37亿元，增长1.58%；对外加工贸易额为101.53亿元，比2018年89.86亿元增加11.67亿元，增长12.99%。

(二) 销售收入分类

出版物印刷企业销售收入119.72亿元，占销售总额12.99%，比2018年的117.93亿元增加1.79亿元，增长1.52%；包装装潢印刷企业销售收入764.33亿元，占销售总额82.92%，比2018年的780.66亿元减少16.33亿元，下降2.09%；其他印刷品印刷企业销售收入34.30亿元，占销售总额3.72%，比2018年的38.08亿元减少3.78亿元，下降9.93%；排版、制版、装订专项企业销售收入为1.36亿元，占销售总额0.15%，比2018年的1.65亿元减少0.29亿元，下降17.58%；专营数字印刷企业销售收入2.01亿元，占销售总额0.22%，比2018年的2.00亿元增加0.01亿元，增长0.50%。

(三) 主要经济指标对比

1. 不同经营类别企业的数据对比

(1) 出版物印刷企业。

2019年出版物印刷企业150家，比2018年155家减少5家，下降3.23%；工业总产值为103.66亿元，比2018年108.85亿元减少5.19亿元，下降4.77%；工业增加值为34.19亿元，比2018年33.49亿元增加0.70亿元，增长2.09%；销售收入为119.72亿元，比2018年117.93亿元增加1.79亿元，增长1.52%；对外加工和贸易额为10.88亿元，比2018年11.54亿元减少0.66亿

元,下降5.72%。

(2) 包装装潢印刷企业。

2019年包装装潢印刷企业1 793家,比2018年1 878家减少85家,下降4.53%;工业总产值为673.15亿元,比2018年682.88亿元减少9.73亿元,下降1.42%;工业增加值为232.60亿元,比2018年201.25亿元增加31.35亿元,增长15.58%;销售收入为764.33亿元,比2018年780.66亿元减少16.33亿元,下降2.09%;对外加工和贸易额为89.82亿元,比2018年77.57亿元增加12.25亿元,增长15.79%。

(3) 其他印刷品印刷企业。

2019年其他印刷品印刷企业共641家,比2018年685家减少44家,下降6.42%;工业总产值为34.13亿元,比2018年37.47亿元减少3.34亿元,下降8.91%;工业增加值为9.27亿元,比2018年9.94亿元减少0.67亿元,下降6.74%;销售收入为34.30亿元,比2018年38.08亿元减少3.78亿元,下降9.93%;对外加工和贸易额为0.84亿元,比2018年0.74亿元增加0.10亿元,增长13.51%。

(4) 排版、制版、装订专项企业。

2019年排版、制版、装订专项企业22家,比2018年27减少5家,下降18.52%;工业总产值为1.38亿元,比2018年1.66亿元减少0.28亿元,下降16.87%;工业增加值为0.42亿元,比2018年0.48亿元减少0.06亿元,下降12.50%;销售收入为1.36亿元,比2018年1.65亿元减少0.29亿元,下降17.58%。

(5) 专营数字印刷企业。

2019年上海专营数字印刷企业17家,比2018年的16家企业增加1家,增长6.25%。17家专营数字印刷的企业各项经济指标如下:工业总产值为1.90亿元,比2018年1.95亿元减少0.05亿元,下降2.56%;工业增加值为0.98亿元,比2018年0.62亿元增加0.36亿元,增长58.06%;销售收入为2.01亿元,比2018年2.00亿元增加0.01亿元,增长0.50%;对外加工和贸易额为0.001 6亿元,比2018年0.003 2亿元减少0.001 6亿元,下降50%。

2. 不同性质企业数据对比

(1) 国有企业(包括国有、集体、联营)。

2019年企业数量67家,比2018年83家减少16家,下降19.28%;工业总产值29.89亿元,比2018年29.78亿元增加0.11亿元,增长0.37%;工业增加值15.48亿元,比2018年17.50亿元减少2.02亿元,下降11.54%;销售收入30.23亿元,比2018年29.30亿元增加0.93亿元,增长3.17%;对外加工贸易额0.06亿元,比2018年0.04亿元增加0.02亿元,增长50.00%。

(2) 三资企业。

2019年三资企业数量143家,比2018年159家减少16家,下降10.06%;工业总产值285.42亿元,比2018年289.87亿元减少4.45亿元,下降1.54%;工业增加值95.61亿元,比2018年89.72亿元增加5.89亿元,增长6.56%;销售收入349.29亿元,比2018年363.42亿元减少14.13亿元,下降3.89%;对外加工贸易额78.65亿元,比2018年66.37亿元增加12.28亿元,增长18.50%。

(3) 民营企业(包括股份合作、股份有限、其他有限责任、私营等)。

2019年企业数量2 413家,比2018年2 519家减少106家,下降4.21%;工业总产值498.91亿元,比2018年513.15亿元减少14.24亿元,下降2.78%;工业增加值166.36亿元,比2018年138.64亿元增加27.72亿元,增长19.99%;销售收入542.20亿元,比2018年547.59亿元减少5.39亿元,下降0.98%;对外加工贸易额22.82亿元,比2018年23.44亿元减少0.62亿元,下降2.65%。

3. 不同主营业务印刷企业的数据对比

（1）书刊印刷企业。

2019年主营书刊印刷企业96家，比2018年主营书刊印刷企业99家减少3家，下降3.03%；工业总产值42.27亿元，比2018年35.78亿元增加6.49亿元，增长18.14%；工业增加值10.46亿元，比2018年8.34亿元增加2.12亿元，增长25.42%；销售收入45.36亿元，比2018年38.88亿元增加6.48亿元，增长16.67%。

（2）报纸印刷企业。

2019年主营报纸印刷企业8家，比2018年主营报纸印刷企业10家，减少2家，下降20.00%；工业总产值11.39亿元，比2018年14.81亿元减少3.42亿元，下降23.09%；工业增加值7.70亿元，比2018年8.17亿元减少0.47亿元，下降5.75%；销售收入11.38亿元，比2018年11.12亿元增加0.26亿元，增长2.34%。

（3）纸包装印刷企业。

2019年主营纸包装印刷企业1 080家，比2018年主营纸包装印刷企业1 180家减少100家，下降8.47%；工业总产值331.08亿元，比2018年350.19亿元减少19.11亿元，下降5.46%；工业增加值94.46亿元，比2018年93.41亿元增加1.05亿元，增长1.12%；销售收入366.16亿元，比2018年389.71亿元减少23.55亿元，下降6.04%。

（4）金属罐包装印刷企业。

2019年主营金属罐包装印刷企业20家，比2018年主营金属罐包装印刷企业23家减少3家，下降13.04%；工业总产值22.39亿元，比2018年25.60亿元减少3.21亿元，下降12.54%；工业增加值5.76亿元，比2018年4.70亿元增加1.06亿元，增长22.55%；销售收入43.38亿元，比2018年44.99亿元减少1.61亿元，下降3.58%。

（5）塑料软包装印刷企业。

2019年主营塑料软包装印刷企业263家，比2018年主营塑料软包装印刷企业274家减少11家，下降4.01%；工业总产值149.99亿元，比2018年136.87亿元增加13.12亿元，增长9.59%；工业增加值44.80亿元，比2018年39.71亿元增加5.09亿元，增长12.82%；销售收入149.26亿元，比2018年140.15亿元增加9.11亿元，增长6.50%。

（6）普通票据印刷企业。

2019年主营普通票据印刷企业26家，比2018年主营普通票据印刷企业21家增加5家，增长23.81%；工业总产值6.90亿元，比2018年5.54亿元增加1.36亿元，增长24.55%；工业增加值7.80亿元，比2018年2.50亿元增加5.30亿元，增长212.00%；销售收入7.93亿元，比2018年5.94亿元增加1.99亿元，增长33.50%。

（7）安全印刷企业。

2019年安全印刷企业4家，比2018年安全印刷企业2家增加2家，增长100%；工业总产值31.32亿元，比2018年23.59亿元增加7.73亿元，增长32.77%；工业增加值18.70亿元，比2018年15.88亿元增加2.82亿元，增长17.76%；销售收入31.52亿元，比2018年23.64亿元增加7.88亿元，增长33.33%。

（8）标签印刷企业。

2019年标签印刷企业182家，比2018年标签印刷企业172家增加10家，增长5.81%；工业总产值45.00亿元,比2018年44.84亿元增加0.16亿元,增长0.36%;工业增加值12.06亿元,比2018年13.52亿元减少1.46亿元,下降10.80%;销售收入44.46亿元,比2018年46.11亿元减少1.65亿元,下降3.58%。

(9) 玻璃陶瓷印刷企业。

2019年玻璃陶瓷印刷企业6家,比2018年玻璃陶瓷印刷企业9家减少3家,下降33.33%;工业总产值0.81亿元,比2018年1.52亿元减少0.71亿元,下降46.71%;工业增加值0.23亿元,比2018年－0.28亿元增加0.51亿元,增长基数较低,增长幅度较大;销售收入0.81亿元,比2018年1.57亿元减少0.76亿元,下降48.41%。

(10) 其他包装装潢印刷企业。

2019年其他包装装潢印刷企业938家,比2018年其他包装装潢印刷企业971家减少33家,下降3.40%;工业总产值173.07亿元,比2018年194.07亿元减少21亿元,下降10.82%;工业增加值75.44亿元,比2018年59.82亿元减少15.62亿元,下降26.11%;销售收入221.47亿元,比2018年238.21亿元减少16.74亿元,下降7.03%。

七、2019年上海印刷业主要财务数据

(一) 主要财务数据

2019年利润总额76.62亿元,比2018年61.56亿元增加15.06亿元,增长24.46%;总资产1 219.19亿元,比2018年1 149.00亿元增加70.19亿元,增长6.11%;净资产632.72亿元,比2018年572.92亿元增加59.80亿元,增长10.44%;薪酬总额110.04亿元,比2018年99.38亿元增加10.66亿元,增长10.73%。

(二) 财务状况对比

1. 不同性质企业的数据对比

(1) 国有企业(含国有、集体、联营)。

2019年企业数量67家,比2018年83家减少16家,下降19.28%;利润总额3.51亿元,比2018年5.91亿元减少1.68亿元,下降32.37%;总资产41.25亿元,比2018年44.27亿元减少3.02亿元,下降6.82%;净资产32.36亿元,比2018年36.02亿元减少3.66亿元,下降10.16%;薪酬总额5.82亿元,比2018年5.73亿元增加0.09亿元,增长1.57%;人均利润11.08万元,比2018年14.94万元减少3.86万元,减少25.84%;人均薪酬18.40万元,比2018年16.51万元增加1.89万元,增长11.45%。

(2) 三资企业。

2019年三资企业143家,比2018年159家减少16家,下降10.06%;利润总额22.92亿元,比2018年19.52亿元增加3.40亿元,增长17.42%;总资产346.15亿元,比2018年344.01亿元增加2.14亿元,增长0.62%;净资产187.72亿元,比2018年180.19亿元增加7.53亿元,增长4.18%;薪酬总额39.83亿元,比2018年36.32亿元增加3.51亿元,增长9.66%;人均利润6.42万元,比2018年5.26万元增加1.16万元,增长22.05%;人均薪酬11.17万元,比2018年9.79万元增加1.38万元,增长14.10%。

(3) 民营企业(包括股份合作企业、股份有限公司、其他有限责任公司、私营企业等)。

2019 年民营企业数量 2 413 家,比 2018 年 2 519 家减少 106 家,下降 4.21%;利润总额 50.19 亿元,比 2018 年 36.54 亿元增加 13.65 亿元,增长 37.36%;总资产 831.79 亿元,比 2018 年 760.72 亿元增加 71.07 亿元,增长 9.34%;净资产 412.63 亿元,比 2018 年 356.72 亿元增加 55.91 亿元,增长 15.67%;薪酬总额 64.38 亿元,比 2018 年 57.33 亿元增加 7.05 亿元,增长 12.30%;人均利润 6.70 万元,比 2018 年 4.80 万元增加 1.90 万元,增长 39.58%;人均薪酬 8.59 万元,比 2018 年 7.53 万元增加 1.06 万元,增长 14.08%。

2. 不同经营类别企业的数据对比

(1) 出版物印刷企业。

2019 年出版物印刷企业 150 家,比 2018 年 155 家减少 5 家,下降 3.23%;利润总额 7.13 亿元,比 2018 年 7.00 亿元增加 0.13 亿元,增长 1.86%;总资产 150.20 亿元,比 2018 年 154.11 亿元减少 3.91 亿元,下降 2.54%;净资产 80.66 亿元,比 2018 年 80.15 亿元增加 0.51 亿元,增长 0.64%;薪酬总额 15.53 亿元,比 2018 年 15.55 亿元减少 0.02 亿元,下降 0.13%;人均利润 5.03 万元,比 2018 年 4.63 万元增加 0.40 万元,增长 8.64%;人均薪酬 10.95 万元,比 2018 年 10.30 万元增加 0.65 万元,增长 6.31%。

表 1-3-1　2017—2019 年出版物印刷企业主要财务数据统计表

年份(年)	企业数(家)	利润总额(亿元)	总资产(亿元)	净资产(亿元)	薪酬总额(亿元)	从业人员(万)	人均利润(万元)	人均薪酬(万元)
2019	150	7.13	150.20	80.66	15.53	1.42	5.03	10.95
2018	155	7.00	154.11	80.15	15.55	1.51	4.63	10.30
2017	162	9.02	165.12	85.41	17.41	1.62	5.57	10.76

(2) 包装装潢印刷企业。

2019 年包装装潢印刷企业 1 793 家,比 2018 年 1 878 家减少 85 家,下降 4.53%;利润总额 67.71 亿元,比 2018 年 52.35 亿元增加 15.36 亿元,增长 29.34%;总资产 1 024.63 亿元,比 2018 年 947.78 亿元增加 76.85 亿元,增长 8.11%;净资产 525.56 亿元,比 2018 年 466.34 亿元增加 59.22 亿元,增长 12.70%;薪酬总额 88.61 亿元,比 2018 年 77.97 亿元增加 10.64 亿元,增长 13.65%;人均利润 7.34 万元,比 2018 年 5.60 万元增加 1.74 万元,增长 31.07%;人均薪酬 9.61 万元,比 2018 年 8.35 万元增加 1.26 万元,增长 15.09%。

(3) 其他印刷品印刷企业。

2019 年其他印刷品印刷企业 641 家,比 2018 年 685 家减少 44 家,下降 6.42%;利润总额 1.71 亿元,比 2018 年 2.11 亿元减少 0.40 亿元,下降 18.96%;总资产 38.86 亿元,比 2018 年 41.99 亿元减少 3.13 亿元,下降 7.45%;净资产 23.87 亿元,比 2018 年 23.92 亿元减少 0.05 亿元,下降 0.21%;薪酬总额 4.99 亿元,比 2018 年 5.15 亿元减少 0.16 亿元,下降 3.11%;人均利润 2.69 万元,比 2018 年 2.97 万元减少 0.28 万元,下降 9.43%;人均薪酬 7.84 万元,比 2018 年 7.26 万元增加 0.58 万元,增长 7.99%。

(4) 排版、制版、装订专项企业。

2019 年排版、制版、装订专项企业 22 家,比 2018 年 27 家减少 5 家,下降 18.52%,排版、制版、装订专项企业总量在上海市印刷业中占比非常小，其发展变化对上海市印刷业整体状况影响甚小；利润总额－0.04亿元，比2018年0.000 6亿元减少－0.040 6亿元；总资产2.64亿元，比2018年2.87亿元减少0.23亿元，下降8.01%；净资产1.42亿元，比2018年1.48亿元减少0.06亿元，下降4.05%；薪酬总额0.31亿元，比2018年0.35亿元减少0.04亿元，下降11.43%；人均利润－0.87万元，比2018年0.01万元减少0.88万元；人均薪酬7.00万元，比2018年6.47万元增加0.53万元，增长8.19%。

表1-3-2　2017—2019年排版、制版、装订专项企业主要财务数据统计表

年份（年）	企业数（家）	总资产（亿元）	净资产（亿元）	薪酬总额（亿元）	从业人员（万）	人均薪酬（万元）
2019	22	2.64	1.42	0.31	0.045	7.00
2018	27	2.87	1.48	0.35	0.054	6.47
2017	27	2.67	1.44	0.36	0.058	6.21

（5）专营数字印刷企业。

2019年专营数字印刷企业17家，比2018年16家增加1家，增长6.25%；利润总额0.10亿元，比2018年0.11亿元减少0.01亿元，下降9.09%；总资产2.85亿元，比2018年2.26亿元增加0.59亿元，增长26.11%；净资产1.21亿元，比2018年1.04亿元增加0.17亿元，增长16.35%；薪酬总额0.60亿元，比2018年0.35亿元增加0.25亿元，增长71.43%。

表1-3-3　2017—2019年专营数字印刷企业主要财务数据统计表

年份（年）	企业数（家）	利润总额（亿元）	总资产（亿元）	净资产（亿元）	薪酬总额（亿元）	从业人员（万）	人均利润（万元）	人均薪酬（万元）
2019	17	0.10	2.85	1.21	0.60	0.06	1.79	9.98
2018	16	0.11	2.26	1.04	0.35	0.055	1.93	6.37
2017	12	0.032	1.83	0.74	0.31	0.047	0.68	6.60

表1-3-4　2018—2019年不同经营类别企业主要财务数据变化情况统计表　单位：%

企业类别	企业数	总资产	净资产	薪酬总额	从业人员	人均利润	人均薪酬
出版物印刷企业	－3.23	－2.54	0.64	－0.13	－5.96	8.64	6.31
包装装潢印刷企业	－4.53	8.11	12.70	13.65	－1.28	31.07	15.09
其他印刷品印刷企业	－6.42	－7.45	－0.21	－3.11	－9.86	－9.43	7.99
排版、制版、装订专项企业	－18.52	－8.01	－4.05	－11.43	－16.67	－88.00	8.19
专营数字印刷企业	6.25	26.11	16.35	71.43	9.09	－7.25	56.67

表 1-3-5　2019 年不同经营类别企业盈利能力及薪酬收入情况统计表　单位：万元

企业类别	人均利润	人均薪酬
出版物印刷企业	5.03	10.95
包装装潢印刷企业	7.34	9.61
其他印刷品印刷企业	2.69	7.84
排版、制版、装订专项企业	−0.87	7.00
专营数字印刷企业	1.79	9.98

表 1-3-6　2019 年上海印刷企业不同主营业务财务数据统计表

财务数据	书刊印刷	报纸印刷	纸包装印刷	金属罐包装印刷	塑料软包装印刷	普通票据印刷	安全印刷	玻璃、陶瓷包装印刷	标签印刷
利润总额(亿元)	0.83	2.60	16.40	0.08	14.74	4.27	5.92	0.02	2.79
销售总额(亿元)	45.36	11.38	366.16	43.38	149.26	7.93	31.51	0.81	44.46
利润占销售总额百分比(%)	1.83	22.85	4.48	0.18	9.88	53.85	18.79	2.47	6.28
人均薪酬(万元)	9.12	22.86	9.50	14.41	7.46	11.96	28.63	3.91	9.30

八、2019 年上海规模以上重点企业数据情况

(一) 规模以上重点企业

1. 年工业总产值 1 亿元以上的重点企业数据情况

2019 年年工业总产值 1 亿元规模以上的重点印刷企业共 141 家，占上海全部印刷企业 2 623 家的 5.38%，比 2018 年的 149 家减少 8 家，下降 5.37%，其中：员工总数为 60 331 人，占上海印刷企业全部员工总数 113 785 人的 53.02%，比 2018 年占比 51.65%增加了 1.37 个百分点；总资产为 841.03 亿元，占上海印刷企业总资产 1 219.19 亿元的 68.98%，比 2018 年占比 68.55%增加了 0.43 个百分点；销售收入为 666.41 亿元，占上海印刷企业销售收入 921.72 亿元的 72.30%，比 2018 年占比 71.76%增加了 0.54 个百分点；利润总额为 63.94 亿元，占上海印刷企业利润总额 76.62 亿元的 83.46%，比 2018 年占比 81.15%增加了 2.31 个百分点；工业总产值为 570.26 亿元，占上海印刷企业工业总产值 814.22 亿元的 70.04%，比 2018 年占比 68.95%增加了 1.09 个百分点；工业增加值为 198.32 亿元，占上海印刷企业工业增加值 277.45 亿元的 71.48%，比 2018 年占比 70.00%增加了 1.48 个百分点；对外加工贸易总额为 89.14 亿元，占上海印刷企业对外加工贸易总额 101.53 亿元的 87.79%，比 2018 年占比 85.12%增加了 2.67 个百分点。人均利润 10.60 万元，比 2018 年 8.29 万元增加了 2.31 万元，增长了 27.84%，比行业平均人均利润 6.73 万元高 3.87 万元；人均薪酬 11.61 万元，比 2018 年 10.46 万元增加了 1.15 万元，增长了 10.96%，比行业平均人均薪酬 9.67 万元高 1.94 万元。

表 1－3－7　2017—2019 年每年工业总产值 1 亿元以上企业经济数据与财务数据统计表

年份(年)	企业数(家)	企业数占比(%)	总资产(亿元)	销售收入(亿元)	利润总额(亿元)	工业总产值(亿元)	工业增加值(亿元)	对外加工贸易总额(亿元)	薪酬总额(亿元)	从业人员(人)	人均利润(万元)	人均薪酬(万元)
2019	141	5.38	841.03	666.41	63.94	570.26	198.32	89.14	70.02	60 331	10.60	11.61
2018	149	5.40	787.65	674.80	49.96	574.24	172.04	76.48	63.08	60 277	8.29	10.46
2017	147	4.79	782.54	646.88	49.68	548.07	171.75	76.60	61.52	62 355	7.97	9.87

2. 年工业总产值 5 000 万元～1 亿元的重点企业数据情况

2019 年年工业总产值 5 000 万元～1 亿元规模的重点印刷企业共 106 家，占上海全部印刷企业 2 623 家的 4.04%，比 2018 年的 115 家减少 9 家，下降 7.83%，其中：员工总数为 11 465 人，占上海印刷企业全部员工总数 113 785 人的 10.08%，比 2018 年占比 13.66%减少了 3.58 个百分点；总资产为 98.94 亿元，占上海印刷企业总资产 1 219.19 亿元的 8.12%，比 2018 年占比 11.47%减少了 3.35 个百分点；销售收入为 76.46 亿元，占上海印刷企业销售收入 921.72 亿元的 8.30%，比 2018 年占比 8.86%减少了 0.56 个百分点；利润总额为 6.66 亿元，占上海印刷企业利润总额 76.62 亿元的 8.69%，比 2018 年占比 7.40%增加了 1.29 个百分点；工业总产值为 75.17 亿元，占上海印刷企业工业总产值 814.22 亿元的 9.23%，比 2018 年占比 9.96%下降了 0.73 个百分点；工业增加值为 25.60 亿元，占上海印刷企业工业增加值 277.45 亿元的 9.23%，比 2018 年占比 10.50%下降了 1.27 个百分点；对外加工贸易总额为 5.99 亿元，占上海印刷企业对外加工贸易总额 101.53 亿元的 5.90%，比 2018 年占比 8.28 下降了 2.38 个百分点。人均利润 5.81 万元，比 2018 年 2.86 万元增加了 2.95 万元，增长了 103.15%，比行业平均人均利润 6.73 万元低 0.92 万元；人均薪酬 9.47 万元，比 2018 年 8.44 万元增加了 1.03 万元，增长了 12.20%，比行业平均人均薪酬 9.67 万元低 0.20 万元。

表 1－3－8　2017—2019 年每年工业总产值 5 000 万元～1 亿元企业经济与财务数据统计表

年份(年)	企业数(家)	企业数占比(%)	总资产(亿元)	销售收入(亿元)	利润总额(亿元)	工业总产值(亿元)	工业增加值(亿元)	对外加工贸易总额(亿元)	薪酬总额(亿元)	从业人员(人)	人均利润(万元)	人均薪酬(万元)
2019	106	4.04	98.94	76.46	6.66	75.17	25.60	5.99	10.86	11 465	5.81	9.47
2018	115	4.17	131.81	83.33	4.55	82.91	25.81	7.39	13.45	15 944	2.86	8.44
2017	123	4.01	134.31	85.85	2.89	86.65	28.50	10.80	13.97	17 743	1.63	7.87

（二）年工业总产值 5 000 万元以上规模外资企业

2019 年年工业总产值 5 000 万元以上规模的外资印刷企业共 80 家，占上海市全部印刷企业 2 623 家的 3.05%，其中年工业总产值超过 1 亿元以上的外资企业有 58 家，占上海市年产值 5 000 万以上规模外资企业的 72.50%。企业数为 80 家，占上海全部印刷企业 2 623 家的 3.05%；从业人员 32 513 人，占上海全部印刷企业从业人员 113 785 人的 28.57%；利润总额为 24.00 亿元，占上海 2019 年工业总产值 5 000 万元规模以上企业利润总额的 33.99%，占上海全部印刷企业利润总额的 31.32%，占比近三分之一；工业总产值为 271.57 亿元，占上海全部印刷企业工业总产值的 32.28%；工业增加值为 90.03 亿元，占上海全部印刷企业工业增加值的 32.45%；人均利润 7.38 万元，比其他年工业总产值5 000万元以上印刷企业人均利润的9.83万元少2.45万元，而比整个上海印刷企业人均利润的6.73万元高0.65万元。

表1-3-9　2019年年工业总产值5 000万元以上规模外资企业数据统计

企业类别	企业数(家)	利润总额(亿元)	工业总产值(亿元)	工业增加值(亿元)	从业人员	人均利润(万元)
年产值5 000万元以上外资企业	80	24.00	271.57	90.03	32 513	7.38
年产值5 000万元以上其他印刷企业	167	46.60	373.86	133.89	39 283	11.86
上海印刷企业	2 623	76.62	814.22	277.45	113 785	6.73

(三) 上市企业

1. 基础数据

上海上市企业8家，比2018年增加1家，数量占上海市企业总量的0.30%，市值为663.98亿元；营业收入总额为182.00亿元，占上海市印刷企业营业收入总额的18.72%，比2018年的15.59%提高了3.13个百分点；工业总产值75.52亿元，与2018年的75.50亿元基本持平，上市企业工业总产值占全市印刷企业工业总产值的9.28%，比2018年的9.07%占比增长了0.21个百分点；利润总额19.92亿元，比2018年的9.35亿元增加10.57亿元，增长了11.30%，上市企业利润占行业利润总额的26.00%，比2018年的15.19%增长了10.81个百分点。

表1-3-10　2019年上海印刷业上市企业主要经济和财务数据统计与对比表

企业类别	企业数量(家)	营业收入/销售收入总额(亿元)	总产值(亿元)	利润总额(亿元)	员工数(人)	人均营业/销售收入(万元)	人均利润(万元)	人均薪酬(万元)	利润率(%)
上市企业	8	182.00	75.52	19.92	11 486	158.45	17.34	—	10.95
上海全部印刷企业	2 623	921.72	814.22	76.62	113 785	81.01	6.73	9.67	8.31
年工业总产值1亿元以上规模企业	141	666.41	570.26	63.94	60 331	110.46	10.60	11.61	9.59
年工业总产值5 000万元～1亿元规模企业	106	76.46	75.17	6.66	11 465	66.69	5.81	9.47	8.71

数据中可以看出，2019年上海的上市企业在销售收入、工业总产值、利润总额等方面都出现了较大增长，整体实力强大，行业地位进一步凸显。相比于年工业总产值在1亿元以上的企业来说，上市公司的人均销售收入、人均利润和利润率方面都高出很多，各项财务指标都排在了整个行业的前列，说明了上市企业确实是印刷行业的龙头，在各方面的发展中都起到了标杆作用。

2. 不同经营类别印刷企业对比

上市企业产品类型集中在包装装潢印刷和其他印刷品印刷，7家包装装潢企业的利润为19.77亿元，比2018年的8.83亿元增加了9.99亿元，利润率为11.07%，比2018年的6.19%提高4.88个百分点，另外1家其他印刷品印刷企业利润率为4.57%，比2018年的12.75%利润率降低8.18

个百分点；人均产值(总产值/员工数)来看，包装装潢印刷上市企业为65.92万元/人，比2018年的81.98万元/人下降幅度较大，其他印刷品印刷企业为62.50万元/人，比2018年增长了2.34%；包装装潢印刷上市企业人均利润为18.09万元，比2018年的10.12万元增加了7.97万元，增长了78.75%，远远高于上海市印刷企业的6.73万元的人均利润，其他印刷品印刷上市企业人均利润为2.85万元，出现较大幅度下降。

表1-3-11　2019年上海印刷业上市企业主营业务分类统计表(按经营类别分类)

企业类别	企业数量(家)	总市值(亿元)	营业收入(亿元)	总产值(亿元)	利润总额(亿元)	员工数(人)	利润率(%)	人均产值(万/人)	人均利润(万元)
包装装潢印刷	7	647.79	178.51	72.02	19.77	10 926	11.07	65.92	18.09
其他印刷品印刷	1	16.19	3.49	3.50	1.59	560	4.57	62.50	2.85

九、2019年上海印刷企业从业人员情况

2019年从业人员总数为113 785人，比2018年的116 699人减少2914人，下降了2.50%。

技术岗位从业员工总数为21 157人，占从业人员总数的18.59%，比2018年的21 857人减少700人，下降3.20%。在技术岗位上工作的人员总数为15 728人，其中，高级工以上技能人才总数4 446人，占技能岗位人才总数的21.01%，比2018年略有下降，其中技师1 492人，高级工2 954人。中级工人数为4 280人，占技术岗位员工总数的20.23%，比2018年的27.67%下降了7.44个百分点，初级工人数为7 002人，占技术岗位员工总数的33.10%，比2018年的45.66%下降12.56个百分点。

表1-3-12　2019年上海印刷业技术岗位从业人员人数基本信息统计表　　单位：人

年份	从业总人数	技术岗位从业人员人数	技师人数	高级工人数	中级工人数	初级工人数
2019	113 785	21 157	1 492	2 954	4 280	7 002
2018	116 699	21 857	1 612	3 114	4 902	8 090
2017	127 091	22 255	1 753	3 625	6 194	10 683

从业人员学历分布中，博士学历从业人数从2018年的53人增加到2019年的54人，增长了1.89%，硕士学历人数为961人，比2018年的897人增加了64人，增长了7.13%，本科学历的人数为12 677人，比2018年的12 143人增加了534人，增长了4.40%，占总人数的11.14%，比2018年的10.41%占比增长了0.73个百分点。大专以及初中及以下从业人数占比略有增加，高中、中专减少幅度较大，达到了将近10%的降幅。

表1-3-13　2019年上海印刷业从业人员年龄分布统计表

年龄分布统计	20岁及以下人数	21～30岁人数	31～40岁人数	41～50岁人数	51～60岁人数	60岁以上人数
人数(人)	2 439	27 383	39 542	28 964	12 114	3 343
占比(%)	2.14	24.07	34.75	25.46	10.65	2.94

第四章　2019年上海市民阅读状况调查报告

说　明

1. “2019年上海市民阅读状况调查”是由上海市新闻出版局委托上海理工大学、上海出版印刷高等专科学校“上海市民阅读调查”课题组实施的专题调查。这是本市就此专题连续进行的第八次调查。

本次调查从2019年1月开始启动；1月至4月在全市范围内开展问卷调查；5月至6月进行问卷复核、数据录入和数据分类处理；7月完成调查数据的初步分析。上海市编辑学会对于2019年的调查与分析给予了支持与帮助。

调查执行样本区域为本市的十六个区。根据公开数据，至2018年年底，全市常住人口为2 423.78万人，根据过去五年的年平均增长率计算，其中0～6岁学龄前儿童约为117.31万人，7岁以上居民的总体规模为2 306.47万人。本次调查总体规模为2 306.47万人。

有效样本量为4 821份——其中网络问卷样本1 434份，占全部统计问卷的29.74%；纸质问卷3 387份，占全部统计问卷的70.26%。实际样本量比例为0.209‰，高于计划中的目标样本量(4 620份)应占的样本比例0.20‰。

在4 821份样本中，男性样本2 423份，占50.26%，女性样本2 398份，占49.74%；以年龄段进行区分，7岁至25岁样本占33.15%，26岁至50岁样本占48.87%，51岁至60岁样本占10.16%，60岁以上样本占7.82%。

2. 调查旨在较为全面地了解2018年度上海市民的阅读状况、阅读行为、阅读需求、阅读兴趣、阅读方式和阅读感受的基本情况。阅读调查报告力争表现出与上海这一城市的深厚文化底蕴和开放性特质，生活方式多元，新媒体发展迅速，信息极其丰富，阅读对象多样等背景相适应的市民阅读状况的诸多特点。

在此基础上，分析上海市民的阅读规律与发展趋势，以期为政府相关管理部门、出版与媒体行业、发行/传播企业提供有效的信息。

3. 本次调查包括以下六个部分：(1) 上海市民对于阅读的基本认知；(2) 上海市民的阅读兴趣；(3) 上海市民阅读的时间与频率；(4) 上海市民对于传统(纸质)阅读的认知；(5) 上海市民对于数字阅读的认知；(6) 上海市民关于阅读的消费状况和倾向。

4. 本次调查中的部分数据除了与上海市新闻出版局2012年至2018年历年的《上海市民阅读状况调查分析报告》比照之外，还与下述调查报告的相应数据进行了参照：中国新闻出版研究院2018年、2019年发布的以18～70周岁国民为对象的第十五次、第十六次《全国国民阅读调查报告》，“亚马逊中国”2018年、2019年的《亚马逊中国全民阅读报告》，京东大数据研究院的《2019图书阅读报告》等。尽管调查的侧重有所不同，问卷设计亦有差异，但是此种参照对于我们的观察和研究依然具有客观、多视角和全面的帮助。主要发现：

一、上海市民对于阅读的基本认知

1. 读书的主要目的

“增加知识”“满足兴趣需求”“工作、研究或学习需要”“提高修养”八年来始终处于上海市民阅读目的的前四位，虽然在名次上会略有变动。“增加知识”自2012年以来连续保持首位；2019年的18.05%相比2018年提高了0.49个百分点。“满足兴趣需要”依然保持第二位，2019年的15.42%比2018年降低了0.5个百分点。2018年排名第三至第十位的“工作、研究或学习需要”“提高修养”“开阔眼界”“掌握实用技能”“娱乐休闲”“已经是个人习惯”“增加与别人的谈资”“其他”，2019年名次依旧，波动幅度皆不大。

阅读的主要目的连续八年稳定地保持在提高自身内在需求、增强内在素养的层面，充分体现出在生活方式日益多元的时代，上海市民阅读行为的主体性、主动性以及不随波逐流。这既是长期积淀的市民内涵、文化素养的表现，亦是本市坚持建设文化大都市，提升“上海文化”品牌标识度，全力推动国际大都市文化繁荣发展的结果。

2. 首选的阅读方式

首、二、三位的排位“传统(纸质)阅读”(43.52%)、“两者差不多”(30.80%)、“数字阅读”(25.68%)与2018年相同，亦是近六年来的稳定排序。“传统(纸质)阅读”下降了2.63个百分点，这是近三年来的第二次下降；“数字阅读”提高了0.73个百分点，亦是近三年来的第二次提高；2018年有3.08个百分点下降的“两者差不多”，2019年有1.93个百分点的提高。

“传统(纸质)阅读”是八年来市民在阅读方式上的首选，但它由最早的52.71%到2019年的43.52%，与“数字阅读”近几年的稳步提高相互形成对照。这说明在新一代阅读群体兴起，电子阅读工具更加先进与适用，从而使得使用者范围扩大的大背景下，数字化阅读的便捷与广泛使用得到认可。管理部门和相关企业在扶持、促进数字阅读发展方面的努力，可以从首选数字阅读比例的上升中得到证明。数字化阅读提升了国民综合阅读率和数字化阅读方式接触率，整体阅读人群持续增加，同时也带来纸质阅读增长放缓的新趋势。

3. 具有最好阅读效果的读物类型

认为“纸质读物”具有最好阅读效果的比例连续八年排名第一位，但2019年的53.00%较2018年减少了2.56个百分点，这是近三年来的第二次下降；认为“数字读物”具有最好阅读效果的排位第三，2019年的17.36%比2018年提高了2个百分点，是近三年来的第二次提高。从近三年的数据来看，两者之间的差距分别为45.10%、40.20%、35.64%，呈持续缩小态势。“两者差不多”的比例29.62%达到了自2012年以来的最高值，比2018年增加0.63个百分点。

新媒体技术发展使得获取信息的渠道更为多样，速度更为快捷，可以随时随地地使用手机、电脑等电子产品查询、获取、阅读信息并予以有效保存。虽然认为纸质读物具有最好阅读效果的选择依然占据多数，但是近三年来两个选项比例之间的差距缩小既说明现状，也预示趋势。

4. 获取阅读资源的途径

首、二位的排列和2018年一样，为“网上购买”(26.09%)和“实体书店购买”(19.80%)；两个选项差为6.29个百分点，与2018年的6.16个百分点相近。2018年排名第三、四、五、六位的“图书馆借阅”“移动APP免费资源”“网络在线免费资源”“向他人借阅”，2019年的排次改变为“通过移动APP阅读”(16.38%)、“网络在线阅读”(15.07%)、“图书馆借阅”(14.54%)、“向他人借阅”

(5.82%);其中,“通过移动 APP 阅读”和“网络在线阅读”各提高了 3.18 个百分点和 4.3 个百分点,“图书馆借阅”下降了 3.75 个百分点。

网上购书表现出的快捷、方便、价格相对较低优势,以及网民比例增高,共同构成了“网上购买”比例高于“实体书店购买”的基本原因。“通过移动 APP 阅读”和“网络在线阅读”比例和排名的提升,“图书馆借阅”比例的降低和排名的下降,从正反两个方面说明了:网民人数的增加和新兴媒体功能的发展使得上网时长、手机阅读接触时长不可避免地上升;如何最大限度地开拓、发挥诸如图书馆等公共文化设施、实体书店等的功能与作用,是一项重要的工作。

二、上海市民的阅读兴趣

1. 喜爱的图书种类

连续四年,“文学”、“历史”、“日常生活”、“心理”和“经济/管理”居于前五位。这五类图书的比例总和在 2016 年至 2018 年这三年里均超过 48%,但 2019 年这一数值下降为 46.08%。自 2012 年以来一直居于第一位的“文学”在 2012 年至 2018 年虽有些许起伏,变化不是很大;但 2019 年比 2018 年降低了 1.46 个百分点,下降为 14.54%,为八年以来的最低值。八年居于第二位的“历史” 2019 年比 2018 年降低了 1.77 个百分点,跌至自 2015 年以来的最低值 10.45%。第三、第四、第五位的“日常生活”、“心理”和“经济/管理”连续四年名次不变,比例变化不大。2018 年第六位的“美术/书法/艺术”和第八位的“教育”2019 年位置互换,比例变动不大。“哲学”“军事”“科普”“医药卫生”“政治”的位次与 2018 年相同。“少儿”位次上升一位,排名第十三,提高了 0.82 个百分点。“天文/地理”“计算机”“工业技术”“数学/物理/化学”“生物科学”“农业(科学)”等专业性较强的类别,均同以往一样排在最后几位。

市民的图书喜好倾向表现为总体稳定中存在进一步多样化的可能。“亚马逊 2019”所显示的“从阅读内容看,经典名著以及国内外文学作品依旧是大众在阅读内容选择上的主流”可以印证“文学”连续八年居于首位这一阅读现象。“日常生活”“心理”“经济/管理”等类别一直比较受到青睐,说明实用性阅读亦是市民的注重点,“京东 2019”所显示的“2018 年国民阅读风格重‘实用’、轻‘休闲’”与此亦相契合。

2. 喜好的期刊种类

“文学艺术”“新闻时政”“人文/史地”“旅游休闲”自 2012 年以来一直居于前四位。其中,自 2012 年至 2018 年连续七年均位居第二的“文学艺术”2019 年升至第一位。自 2012 年至 2017 年一直位居第一的“新闻时政”2018 年降至第三,2019 年位居第二。“人文/史地”则由 2018 年的第一位下降为第三位。“旅游休闲”自 2013 年至今均位居第四,比例变化不大。2012 年至 2018 年,排在前四位的期刊比例总和大体保持在 43%至 45%之间,而 2019 年则为 39.57%,为八年来的最低。2018 年的第五位“娱乐八卦”和第六位“医药健康”2019 年依旧,比例稳定。“女性/家庭/情感”与“经济/管理/理财”2019 年位次较 2018 年互换,分别位居第七和第八。其后的“卡通漫画”“服饰/美容/时尚”“科普”八年来大体都保持在原名次范围,比例起伏不大。

“文学艺术”“人文史地”排名前列,与图书种类选择中的喜爱文史类图书趋向相似。“新闻时政”近两年位次或比例的下降则表明,在数字化传播时代,时效性较强的话题的传播渠道愈加丰富,市民已将传统期刊时效性的滞后确认为不可逆,从而对期刊更多地去追求其在话题深入或系统性方面的供给。“旅游休闲”、“娱乐八卦”和“医药健康”排名长期靠前,说明了阅读者对于愉悦自身生活、关心体质健康的程度。市民在期刊类别的喜好上也显现进一步多样化的可能。

3. 喜好的数字阅读对象

2019年前三位与2018年一样，仍然为“时事新闻”“生活信息”“评论或杂文”。较之2018年，“时事新闻”“生活信息”有1个百分点左右的提高；这两个选项自2016年设置本问题以来一直居于前两位，2019年两者比例之和为四年来的最高值。“评论或杂文”则有1.61个百分点的降低。近四年来，“娱乐信息”和“网络文学”处于下降态势：“娱乐信息”从第三位(12.00%)到第五位(8.71%)，“网络文学”从第五位(8.90%)到第八位(7.19%)；相反，“学习资料”和“专业资料”则一直处于稳步上升态势：“学习资料”从第八位(6.99%)到第四位(9.01%)，“专业资料”从第九位(5.93%)到第六位(7.44%)。“传统/主流/经典文学作品”在2017年由第六位跌至第九位后，近两年处于上升状态。“传统/主流/经典文学作品”和“网络文学”历年的位次靠后，与纸质图书、期刊阅读中文学类作品一直居前有较大不同，应该是不同阅读方式导致感受相异的缘故。“财经信息”“体育信息”等位次与2018年相同，比例变化也较小。

“时事新闻”“生活信息”“评论或杂文”长期位居数字阅读对象的前列，“娱乐信息”“学习资料”“专业资料”逐年向不同方向的变化态势，可以表明：内容的时效性、实用性是数字阅读予以注意的重点；当数字阅读作为学习的一种手段有进一步进入学习、工作领域的可能时，其娱乐消遣功能的弱化也是必然的。

三、上海市民阅读的时间与频率

1. 纸质阅读和数字阅读的时间

首、二、三位八年来保持着稳定性：“纸质阅读＞数字阅读”“数字阅读＞纸质阅读”“差不多”。

2019年“纸质阅读＞数字阅读”(44.18%)比2018年降低了1.01个百分点。“数字阅读＞纸质阅读”(38.37%)则提高了1.54个百分点，这是这一选项连续第二年的提高。“差不多”(17.30%)与2018年的17.63%基本持平。从2019年的比较来看，“纸质阅读＞数字阅读”与“数字阅读＞纸质阅读”两者的比例依然有5.81个百分点的差距，这与纸质阅读仍然是市民阅读首选方式的结论相契合；但是近三年两者差距的缩小(10.97%—8.36%—5.81%)亦是比较明显的。

2. 每天阅读纸质报纸的时间

最近四年前五位的排序为：“基本不阅读”“15～30分钟”“15分钟以内”“0.5～1小时”“1小时以上”。2019年的“基本不阅读”比2018年下降了4.83个百分点；第三位的“15分钟以内”则提高了4.61个百分点。低于30分钟的两项比例之和比2018年提高了4.43个百分点；超过30分钟的两项比例之和与2018年接近。这是近五年排在首位的“基本不阅读”的比例首次出现下降和“15分钟以内”的比例有所提高，但这并不能改变通过“阅读时间”反映出来的报纸“阅读量”的总体下降趋势。数字媒体的发展、完善、广泛使用以及在时效性和即时性方面的巨大优点，对传统新闻媒体的打击是致命性的。

3. 每天阅读纸质图书的时间

连续七年的首、二位为：“15～30分钟”和“0.5～1小时”；“15～30分钟”比2018年提高了1.29个百分点，“0.5～1小时”则下降了2.32个百分点。2018年的第三位“1～2小时”与第五位“15分钟以内”2019年位置互换，前者下降了2.82个百分点，而后者提高了3.22个百分点。2018年位居第四、第六位的“基本不阅读”和“2小时以上”位置不变。

与2018年相比，2019年比例上升的时段是“15～30分钟”“15分钟以内”“基本不阅读”，比例下降的时段是“0.5～1小时”“1～2小时”“2小时以上”；阅读时间相对于2018年的数据略有下降。总体来说，数字阅读产生的冲击并没有影响纸质图书阅读的优势，纸质图书的总阅读时间仍然是稳定的。

4. 每周阅读期刊的时间

“基本不阅读”近四年排在首位，但2019年比2018年有5.2个百分点的较大幅度降低。“0.5～1小时”连续第二年居于第二位，2019年比2018年提高了1.99个百分点。2018年的第三、第四、第五位“30分钟以内”“2小时以上”“1～2小时”位置不变，分别有1个左右百分点的提高。低于一小时的两项比例之和比2018年提高了3.18个百分点；高于一小时的两项比例之和比2018年提高了2.11个百分点。从2019年“基本不阅读”比例下降和其他阅读时段比例提高的数据来看，期刊阅读的总体时间呈现出一定的回升。

5. 每天使用电子终端的阅读时间

“15～30分钟”、“0.5～1小时”和“1～2小时”在这一问题上连续五年居于前三位。2019年的“15～30分钟”比2018年降低了1.54个百分点，“0.5～1小时”比2018年提高了0.5个百分点，“1～2小时”比2018年降低了1.48个百分点。2018年第四位的“2小时以上”和第五位的“15分钟以内”2019年位置互换，前者比例下降了1.42个百分点，后者比例提高了3.36个百分点。第六位仍为“基本不阅读”，比例提高了0.9个百分点。各时间段的比例虽然都有所变化，但总体阅读时间的稳定性还是明显的。

数字化的发展提高了国民数字化阅读方式的接触率，而作为每天接触的数字媒介主体的手机和电脑等，则使得便携式阅读成为市民碎片化时间段阅读首选的可能，因而会带来整体阅读人群数量与阅读时间的上升。

四、上海市民对于传统(纸质)阅读的认知

1. 选择纸质阅读的主要原因

排名第一的为2019年新设的选项“使用和查询方便”(综合了往年的“内容查找方便”“携带方便”等选项)。“需要反复阅读”在近四年一直居于第二位。2013年至2018年一直排名第一位的“需要深度阅读”在2019年下降至第三位，降低了1.52个百分点。“考虑资料的权威性、学术性”和“为了收藏和保存”分别下降了一个位次，居于第四、第五位，比例亦有小幅降低。“需要记录或做读书笔记”2019年上升了两个位次，居于第六位，提高了1.69个百分点。

“需要深度阅读”“内容需要反复阅读”“资料的权威性、学术性”“专业性强”“需要记录或做读书笔记”都是与深度阅读相关联的选项，这些选项之和连年占据较大比例说明，从深度阅读中获得收益是进行纸质阅读的主要期望和考量。尽管在“数字阅读的对象”选择中“学习资料”和“专业资料”的位次逐年上升，比重逐年加大，但是在深度阅读时对于纸质阅读的偏爱甚至依赖并不会轻易改变。纸质阅读仍然具有较强的生命力是没有疑义的。

2. 过去一年纸质图书(不包括期刊和教科书)的阅读量

“1～3本”“4～6本”“7～9本”自2013年以来大体在前三的范围。“1～3本”2019年比2018年提高了5.93个百分点，是2016年以来的最高值。“4～6本”和“7～9本”的位次未发生变化，但比例均有降低。

2019年比例下降的还有:"10～12本"降低了1.86个百分点;"13～20本"降低了1.01个百分点;"20本以上"降低了1.37个百分点。第四位的"一本也没读"2019年的位次较之2018年上升了两位;该选项2015年起一直居于第五位或第六位,总体呈现下降趋势,且所占比例从未超过10%;而2019年所占比例却为11.08%,成为2013年以来的最高值,这是需要关注的现象。

市民纸质图书年阅读量在1～9本的比例为70.30%,为2016年以来的最高值;年阅读量在10本及以上的比例为18.53%,比2018年下降了4.24个百分点。如果将所有选项的数据加权平均计算,上海市民的年平均阅读量为6.10本,比2018年有所降低。虽然上海市民的人均纸质图书阅读量高于全国平均水平,但是仍有需要大力推进的余地。

五、上海市民对于数字阅读的认知

1. 选择数字阅读的原因

"获取便利""来源广,信息丰富""收费少甚至不付费""方便信息检索"自2012年至今连续八年排在前四位;2019年这四个选项的占比总和为65.50%。"获取便利"自2016年以来连续四年位居第一。"来源广,信息丰富"近四年一直居于第二,2019年提高了1.05个百分点。第三位的"收费少甚至不付费"和第四位的"方便信息检索"在近八年中排位、比例始终稳定。"更新速度快""交互性强,跨平台分享""生动、有趣,视觉听觉全方位的感受""方便复制和分享"四个选项自2016年以来一直居于第五位至第八位,虽然位次和比例时有消长。

选择数字阅读的主要原因源于其本身所具有的纸质阅读无法与之对抗的优势:内容丰富,查询便捷,携带方便,成本低廉,跨平台的阅读资源,即时更新的信息,立体生动的阅读感受,便捷的互动效应等等。

2. 数字阅读时使用最多的载体

"手机"自2013年以来的七年里始终居首;且自2015年以来,比例一直处于提高态势:从38.44%直至48.15%;2019年又有3.60个百分点的提高,比例逼近50%;其与"网络在线阅读"2018年有22.01个百分点的差距,这一差距2019年扩大到了25.82个百分点。分别居于第二、三、四位置的"网络在线阅读""IPAD/平板电脑""电子阅读器"的位次虽都无变化,但比例都有小幅降低。"从不进行数字阅读"选项近几年的连续垫底说明了数字阅读参与人数之广。

手机的便捷性与功能的愈益成熟使它成为数字阅读时最重要的载体。随着网络的铺开和诸多公共场所提供的免费WIFI接入,对手机阅读会形成更加有力的推动。在这种态势下,如何使内容制作和技术升级以最大限度地满足日益增强的手机阅读乃至整个数字阅读的需求,势必成为数字技术发展要着重考虑的问题。

3. 常用的听书渠道

这是2019年首次设置的问题。"移动APP"排在第一位,在七个选项中的比例高达35.08%。第二位的"广播"比例为22.82%;虽为传统媒体,广播却有着自身独特的优势:在某些情况下可以不需要网络而只要有充足的电源,就可以满足"读者"的需求。依赖微信平台而搜寻、播放功能不能与前两者抗衡的"微信订阅号的语音推送"居于第三位,比例为18.09%。最后两位分别是"其他"和"CD版有声书"。

作为有声阅读,听书解放了读者的双手和双眼这一独特优势无可匹敌;加之移动听书APP、广播本身所具有的内容丰富、可选度大、获取便利、费用低廉等特点,以及身处上海这样一个汽车数量巨大、公共交通发达的城市，阅读者对于以上介质的青睐是理所当然的。

4. 数字阅读存在的主要问题

“容易导致视觉疲劳”自2012年以来连续八年居于首位，且一直拥有25%左右的比例。第二位“海量信息，庞杂而难以筛选”和第三位“不适合精度阅读”虽然位次没变，但是比例都有连续两年的降低。第四位“权威性不足”的比例则有连续两年的提高。“学习与记录不方便”的比例同样是连续两年提高，而在“选择纸质阅读的主要原因”中可以与之相比照的“需要记录或做读书笔记”选项的位次和比例也是连年上升的，两者的对比鲜明。“编排质量相对粗糙”2019年比2018年提高了1.16个百分点。

数字阅读在阅读生活中占据着越来越重要的位置，阅读者越来越习惯于通过数字阅读学习摆脱“浅阅读”获得精读效果的大背景下，如何消除诸如“容易导致视觉疲劳”“权威性不足”“学习与记录不方便”“编排质量相对粗糙”等长期困扰读者的痼疾，应该是数字阅读平台需要慎重对待、着重解决的问题。

六、上海市民关于阅读的消费状况和倾向

1. 一年中自费购买纸质图书的支出

排在前三位的选项分别为：“101～200元”，比2018年提高了2.21个百分点；“51～100元”，提高了1.96个百分点；“50元以下”，下降了2.49个百分点。2018年第三位的“201～500元”，2019年下降为第四位，但比例基本不变。

低于100元的两项比例之和为42.23%；101～500元的两项比例之和为41.12%；500元以上的两项比例之和为16.12%。最高选项“1 000元以上”的比例自2014年起稳步增长四年以后，连续下降两年，2019年下降了1.94个百分点。愿意在一年内为购买纸质图书支出50元以上费用的调查对象的比例达到78.54%，比2018年增加了2.09个百分点，成为历年来最高。从数据来看，纸质图书的消费意愿还是比较稳固的。

2. 影响市民购买纸质图书的因素

自2012年以来“内容简介”和“熟人推荐”连续八年位列首、二位。2019年，这两项的比例与2018年基本相同。“作者名气”“畅销书榜”“书名或目录”三项大体居于三、四、五位。“价格”由2018年的第七位上升至第六位，提高了0.18个百分点。“有影响人士或专业机构推荐”选项在四年居于第六位后2019年下降至第七位，下降了0.77个百分点。第八位及以下的选项为“网站、微博、微信等推荐”“出版社名气”“媒体的书讯和书评”“文化综艺类节目推荐”“封面设计及外观”“图书广告”等。

图书内容得到购买者的最大重视，理所当然。“熟人推荐”立足于社会关系和信任度，长期居于第二位亦是应有之义。与图书关联度较大的“书名或目录”“作者名气”等密切关系因素也在读者予以着重注意的范围之内。“价格”因素对市民购买纸质图书的影响在经历了六年的持续走低后比例连续两年上升，反映出图书价格变动对于市场的影响。“出版社名气”“书评、书讯”“封面设计及外观”等非密切关系因素的排名一直靠后；以宣传、推销为目的的“图书广告”等效果明显不大。

3. 购买数字出版物的支出

第一位“只看免费的”比例比2018年降低了5.48个百分点，这是该选项连续第三年的下降。第二位“20元以下”提高了4.27个百分点。第三位“21～50元”降低了1.46个百分点。“只看免费的”在2018年以前的比例超过其他付费选择的总和，近两年的比例则已经低于50%。支出费用最

高的两个选项“101～200元”和“200元以上”之和比2018年提高了6.6个百分点。近六年来，零消费的比例在逐年降低；愿意出钱购买数字出版物的比例连续上升，从39.28%上升到了58.33%。数字阅读物题材类型、内容、表现方式的愈来愈多样与丰富，以及质量提升、更新及时、价格合理、性价比高、独家首发等特点正在改变阅读者对于数字出版物的消费理念，接受付费数字阅读的趋势无疑是必然的。

第五章　上海游戏出版产业报告

报告导读·基础数据

2019 年，上海移动游戏用户数量为 2 380 万人，同比增长 0.1%。

2019 年，上海 PC 网络游戏用户数量为 1 670 万人，同比增加 3%。

2019 年，上海网络游戏销售收入为 802.0 亿元，同比增长 12.6%。

2019 年，上海移动游戏销售收入为 523.9 亿元，同比增长 33.2%。

2019 年，在上海游戏出版产业中，移动游戏市场占有率为 65.4%，比 2018 年上升了 10.2%。

2019 年，上海客户端游戏销售收入约为 210.9 亿元，同比降低 1.7%。

2019 年，上海游戏出版产业中，客户端游戏市场占有率为 26.3%，比 2018 年下降了 3.8%。

2019 年，上海网页游戏销售收入约为 65.2 亿元，同比降低 33%。

2019 年，在上海游戏出版产业中，上海网页游戏市场占有率约为 8.1%，比 2018 年下降了 5.6%。

2019 年，上海自主研发网络游戏销售收入约为 697.6 亿元，约占全国自主研发网络游戏销售收入的 36.8%，相比 2018 年增量超过百亿元。

2019 年，上海获批的网络游戏总数为 368 款，占全国获批游戏的 23.5%。

2019 年，上海二次元移动游戏销售收入占全国比例达到 32%，相比 2018 年上升 2.8%。

2019 年，上海网络游戏海外销售收入约为 18.935 亿美元，同比增长 26%。

2019 年，上海网络游戏出口收入中，客户端游戏占比 17.1%，网页游戏占比 6.2%，移动游戏占比 76.4%。

2019 年，上海网络游戏国内市场销售收入约占 82.5%，海外市场销售收入占 17.5%。

2019 年，上海进入中国游戏收入 TOP50 企业数量达到 13 家。

2019 年，上海上市游戏企业数量达到 22 家。

2019 年，上海新三板挂牌游戏企业数量达到 20 家。

2019 年，ChinaJoy 吸引观众达 36.5 万人次，比上届增长 2.9%。

2019 年，ChinaJoy 参展产品总数约 4 000 款。

第一节　2019 年中国游戏市场出版状况

一、中国游戏市场实际销售状况

2019 年，中国游戏市场实际销售收入为 2 308.8 亿元，同比增长 7.7%，较 2018 年增速小幅回升，继续保持增势，中国游戏市场呈现出逐步回暖的趋势。随着 5G 网络的发展，云游戏这一新型的游戏模式也呈现出较高的发展潜力，并有望在未来成为中国游戏市场的重要增量。现阶段中国游戏市场具备较好的发展前景，未来销售收入增长率有望进一步提升。

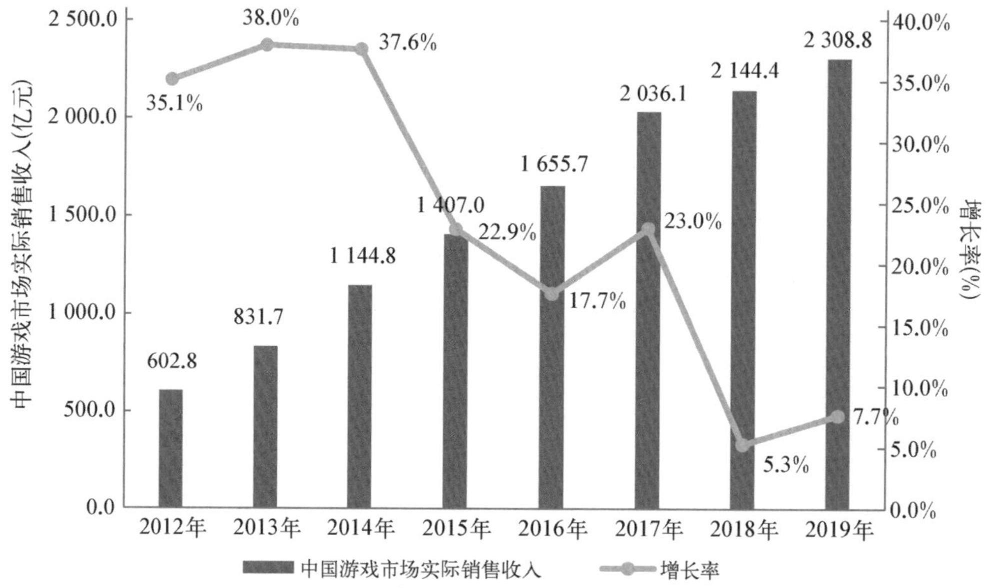

图 1-5-1　中国游戏市场实际销售收入

数据来源：伽马数据(CNG)、游戏工委。

二、中国游戏市场用户规模状况

2019 年中国游戏用户规模小幅增长，但增长率较低，这主要因为 2018 年推动用户增长的小程序游戏对于用户的渗透率已处于较高水平，2019 年中国游戏用户增长缺乏动力，用户持续被短视频、动漫等泛娱乐内容所分流。作为应对，中国游戏企业持续通过精细化流量运营、产品玩法创新、营销模式创新、加速出海等多种策略强化流量的获取能力。

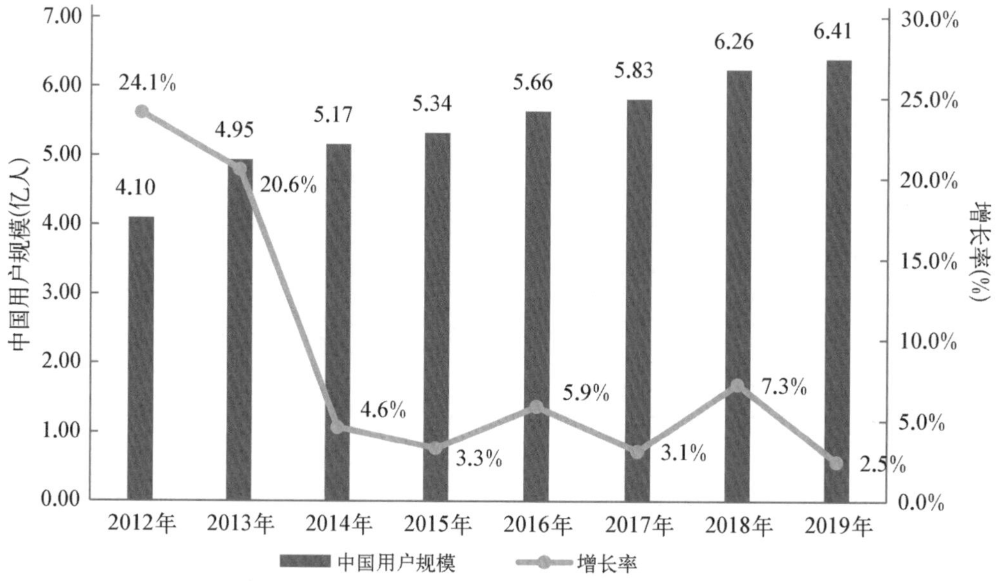

图 1-5-2　中国游戏用户规模

数据来源：伽马数据(CNG)、游戏工委。

第二节　2019 年上海游戏市场出版状况

一、上海游戏出版产业用户状况

（一）上海移动游戏用户规模

2019 年上海移动游戏用户数量达到 2 380 万人，相比于 2018 年基本维持稳定，未来增长潜力有限。但上海 5G 基站建设位于全国前列，且用户经济水平较高，未来有望借助于 5G 网络的快速普及进一步挖掘移动游戏用户的消费潜力。

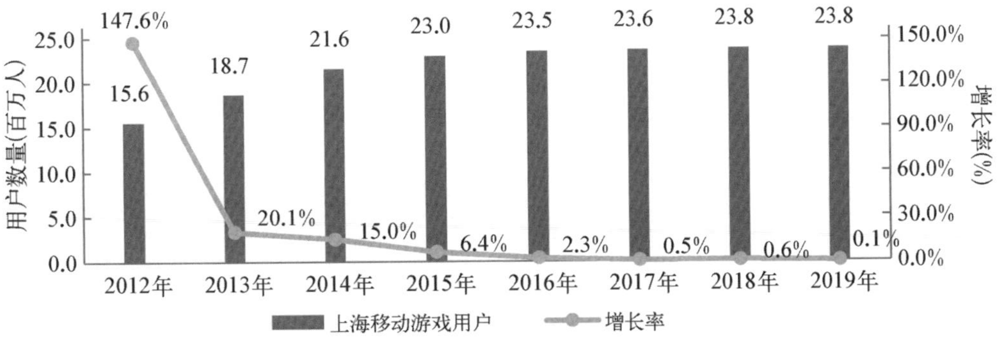

图 1-5-3　上海移动游戏用户数量

数据来源：伽马数据(CNG)。

2019 年上海 PC 网络游戏用户规模达到 1 670 万人，用户增长率出现小幅回升。这主要由于现有客户端游戏通过运营活动强化用户的回流，例如运用活跃用户的社交关系召回流失用户，并提供丰富的奖励强化老用户的回归。

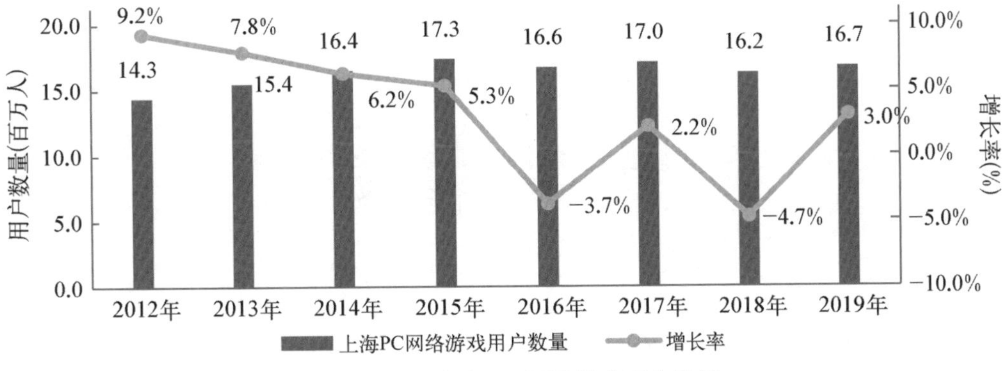

图 1-5-4　上海 PC 网络游戏用户数量

数据来源：伽马数据(CNG)。

二、上海游戏出版产业整体发展状况

2019 年上海网络游戏销售收入达到 802 亿元，增长率达到 12.6%，较 2018 年增速明显提升。这

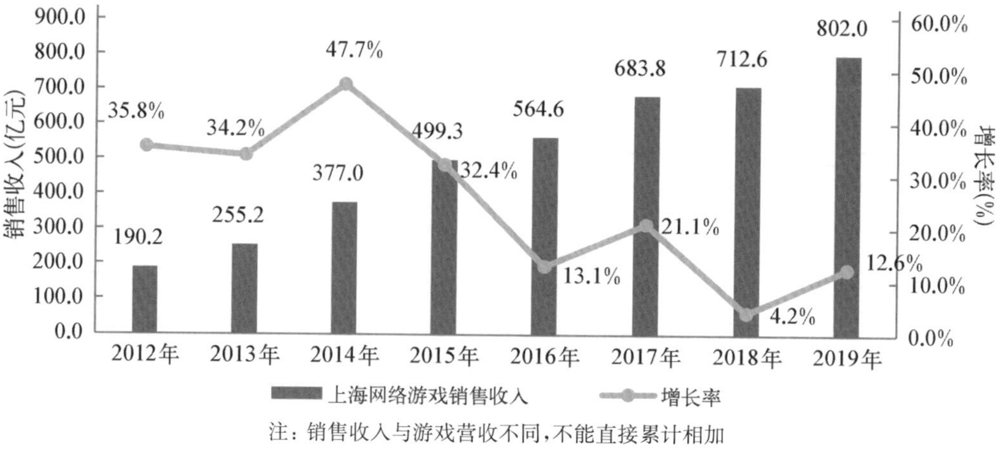

图 1-5-5　上海网络游戏销售收入

数据来源：伽马数据(CNG)。

主要由于上海企业游戏业务快速发展,如哔哩哔哩、莉莉丝等企业游戏营收增速均维持在较高水平。

2019 年上海网络游戏销售收入构成中,移动游戏占比达到 65.4%,占比较 2018 年出现进一步提升,移动游戏市场规模提升较快,已成为上海游戏市场的主要增量;客户端游戏市场规模相对稳定;网页游戏占比已不足一成,这一领域对于上海游戏产业的影响将越来越低。

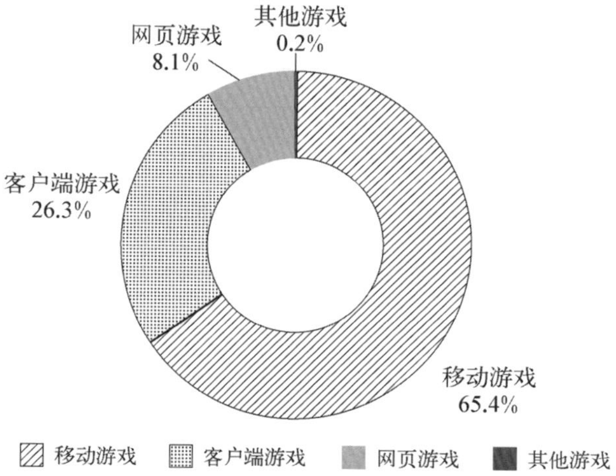

图 1-5-6　2019 年上海网络游戏销售收入构成

数据来源：伽马数据(CNG)。

三、上海移动游戏发展状况

(一) 上海移动游戏销售收入状况

2019 年上海移动游戏销售收入达到 523.9 亿元,增长率达到 33.2%,增量超过 130 亿元,这一数据为历史新高。在移动游戏领域,除了头部游戏企业发力外,上海新兴游戏企业的移动游戏业务也快速成长,如心动网络、鹰角网络等。

2019 年上海移动游戏市场占有率提升至 65.4%,目前上海主要的研发力量均集中在移动游戏领域,研发实力的积累形成了上海移动游戏产业发展的核心动力。

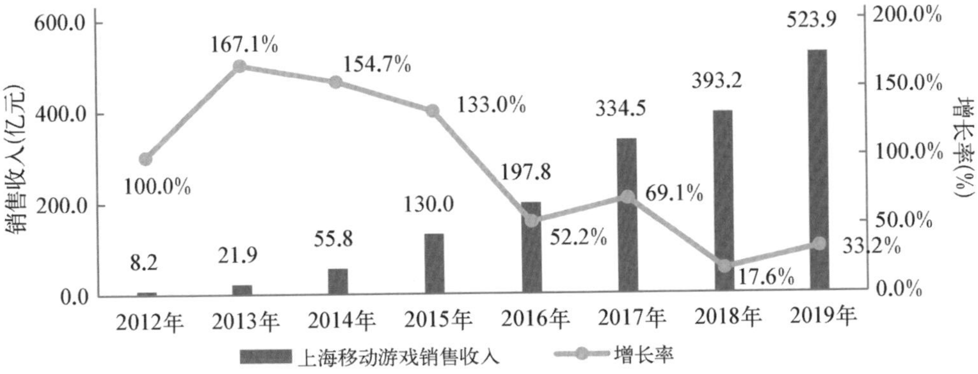

图 1-5-7　上海移动游戏销售收入

数据来源：伽马数据(CNG)。

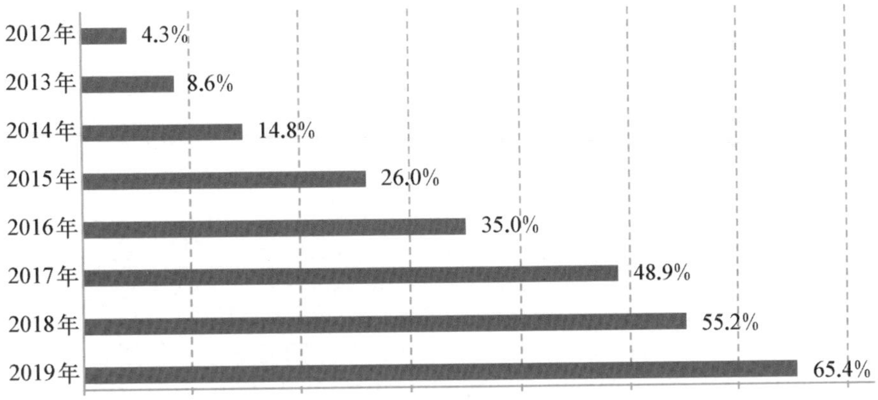

图 1-5-8　上海移动游戏市场占有率

数据来源：伽马数据(CNG)。

(二) 移动游戏发展评估

1. 流量成本上升倒逼企业立足于精品化研发

近年来，上海及全国游戏企业用于采买流量的成本持续提升，据伽马数据统计，中国头部游戏企业的营销支出增长率已高于其营收增长率，2019 年上海游戏企业在营销成本上投入超过 100 亿元，相关企业净利润率承压，但这也倒逼游戏企业提升研发端的投入，从而以精品获取市场。

精品化研发也成为上海游戏企业破局的重要手段，莉莉丝、米哈游、鹰角网络等近年来移动游戏业务快速发展的企业均是以精品化研发为基础。以莉莉丝为例，自 2015 年起莉莉丝便立足于全球移动游戏市场进行产品研发，产品投入普遍较高，研发周期也较长，旗下第二款产品《剑与家园》研发周期约 3 年，积累了丰富的研发经验。从前期调研、产品研发再到产品测试，莉莉丝均在全球范围内积累了成熟的方法论，这也帮助莉莉丝产出了《剑与远征》《万国觉醒》等全球流水达到数十亿元的头部精品。研发上的积累，使得莉莉丝的产品在美术、玩法等层面均领先于多数同类竞品。

未来，移动游戏产品在研发端将更注重于持续的可玩性，强调导入用户的长期价值，这也使得企业更加注重精品的研发，并有利于移动游戏市场的长期发展。依托于这一趋势，精品化研发也将成为上海游戏企业的重要竞争优势，并借此获取更多游戏市场。

2. 平台型企业发展优势凸显,内容生态成为留存用户关键

在移动游戏发展的初期阶段,发行类游戏企业由于具备各类分发渠道资源、成熟营销体系及丰富的产品市场化经验,在游戏市场占据主导地位,但随着更多企业在移动游戏领域的深入布局,发行企业优势被弱化,拥有用户流量的平台型企业优势逐步凸显。平台型企业包括哔哩哔哩、抖音等与游戏用户重合度较高的视频平台。随着游戏用户对于专业移动游戏社区的追求,TapTap这一类专业的游戏用户平台也迎来发展机会,平台型企业的发展优势主要集中在两方面。

一方面,平台型企业拥有自有的流量生态体系。平台型企业通过内容将用户聚集在自身的体系内,用户对平台具备依赖性,黏性普遍较高,不容易流失,平台能够借助于游戏产品对用户实现多次变现,降低产品的用户获取成本。如果平台能够发行契合自身用户属性的爆款产品,其变现能力将得到显著提升,例如哔哩哔哩发行的《FGO》已持续为其带来数十亿元的收入。

另一方面,平台型企业拥有丰富的产品资源。由于具备用户流量,平台型企业能够获得研发商的主动青睐,拥有持续的精品获取能力。以TapTap为例,游戏研发商会在产品早期的测试阶段便登录TapTap,从而获取用户的真实反馈,并不断完善产品的特性;对于平台来说,开发商的主动接入也丰富了产品资源,产品资源的丰富也将进一步帮助平台聚拢更多游戏用户。

四、上海客户端游戏发展状况

2019年上海客户端游戏销售收入达到210.9亿元,维持相对稳定。虽然客户端新游活力不足,但老产品的玩法可玩性较高,且游戏企业通过持续运营进一步挖掘老产品的生命价值。比如《魔兽世界》推出了《魔兽世界怀旧服》,运用“情怀”吸引老用户的关注,并取得了较好的运营效果。此外,国内客户端游戏企业也更愿意将产品放在上海运营,例如完美世界便在上海运营了《DOTA2》《CS:GO》等产品,这也有助于上海客户端游戏市场的发展。

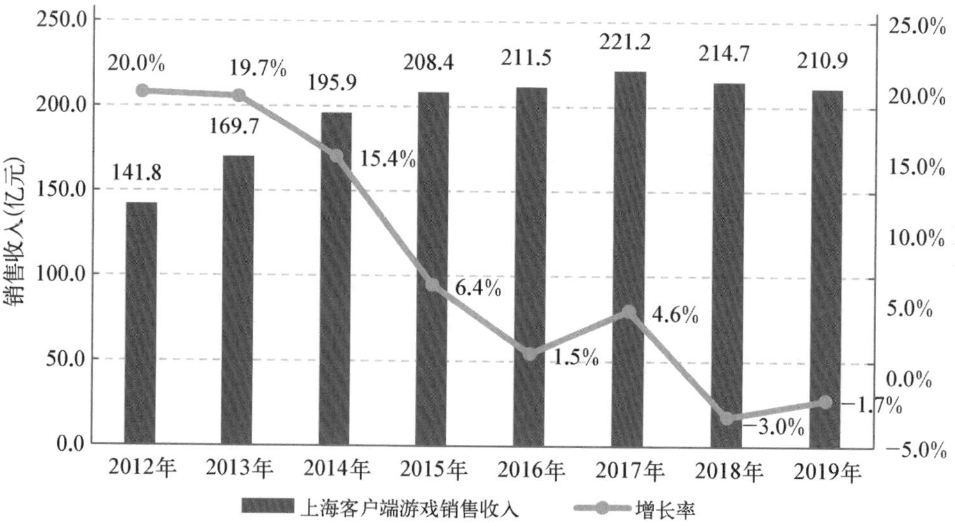

图1-5-9 上海客户端游戏销售收入

数据来源:伽马数据(CNG)。

2019 年上海客户端游戏市场占有率持续下滑，这一市场的提振有赖于爆款产品的出现，但目前国内研发商已很难开发出影响市场走向的客户端游戏产品，未来这一细分市场的发展有赖于海外产品的引进。

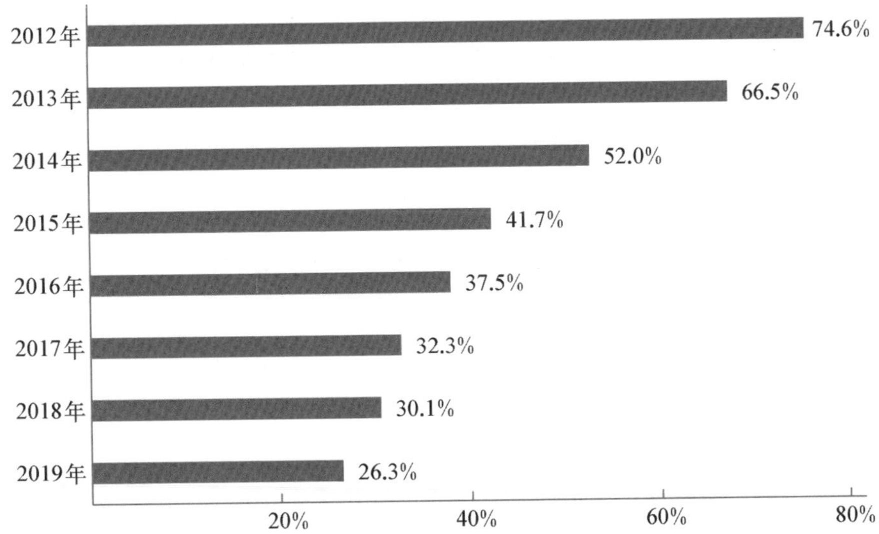

图 1－5－10　上海客户端游戏市场占有率

数据来源：伽马数据(CNG)。

五、上海网页游戏发展状况

2019 年上海网页游戏销售收入达到 65.2 亿元，且连续三年下滑趋势明显，持续萎靡的态势短期内难以逆转，但绝大多数上海网页游戏企业的核心业务已经转移到了移动游戏领域。

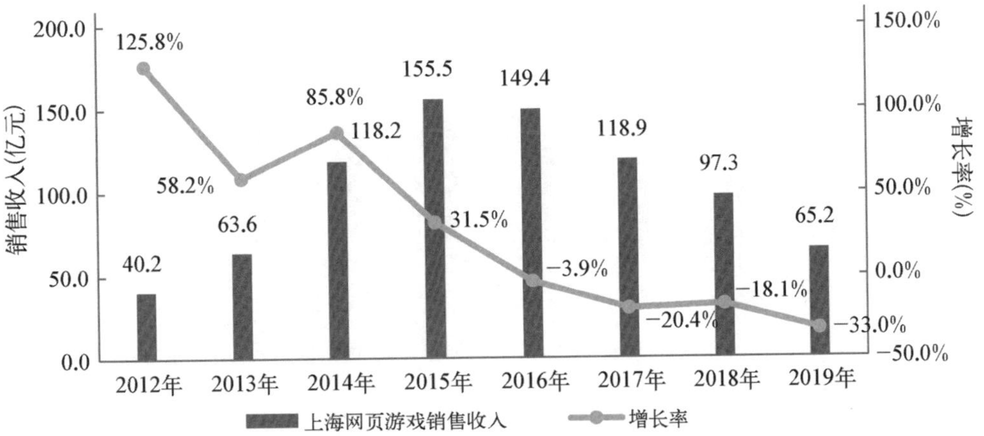

图 1－5－11　上海网页游戏销售收入

数据来源：伽马数据(CNG)。

2019 年上海网页游戏市场占有率不足一成。目前在这一领域的企业多为平台型游戏企业，企业通过自建的网页游戏平台留存了部分核心网页游戏用户，本身运营成本较低。

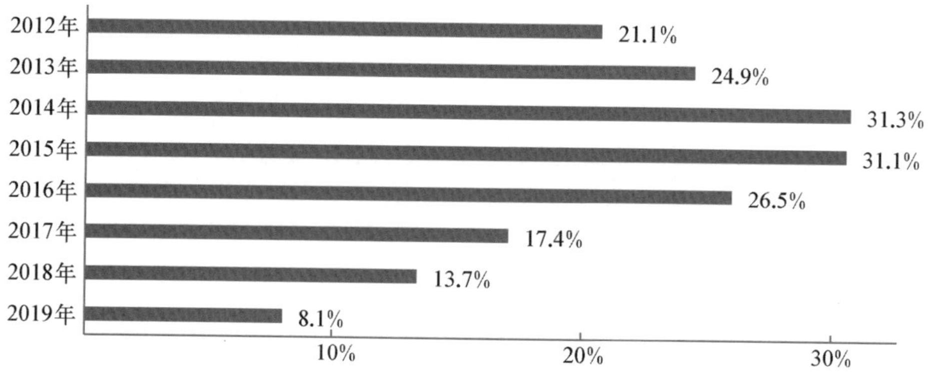

图 1-5-12　上海网页游戏市场占有率

数据来源：伽马数据(CNG)。

六、上海自主研发网络游戏出版状况

2019 年上海自主研发网络游戏销售收入达到 697.6 亿元，增长率达到 17.6%，增量超过 100 亿元。近年来上海游戏企业研发实力提升显著，除盛趣游戏、巨人网络等老牌游戏企业外，三七互娱、游族网络等企业通过收购完成了研发实力的快速提升，莉莉丝、米哈游、鹰角网络等新兴的移动游戏企业也在持续打磨自身的研发实力，并产出了代表性自研产品。

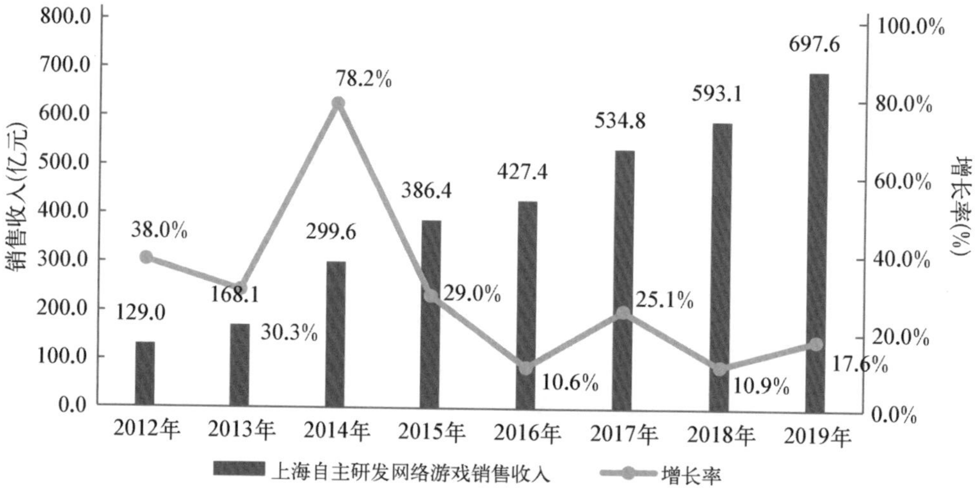

图 1-5-13　上海自主研发网络游戏销售收入

数据来源：伽马数据(CNG)。

2019 年上海自主研发网络游戏销售收入占全国比例达 36.8%。目前上海游戏企业越来越注重提升产品研发的能力，将自主研发作为企业长期的持续发展战略。同时，上海也在积极吸纳全球的研发力量，引入全球性的研发团队，例如腾讯便在上海建立了分部，而现阶段上海也在筹备包括网易等游戏企业的引入。

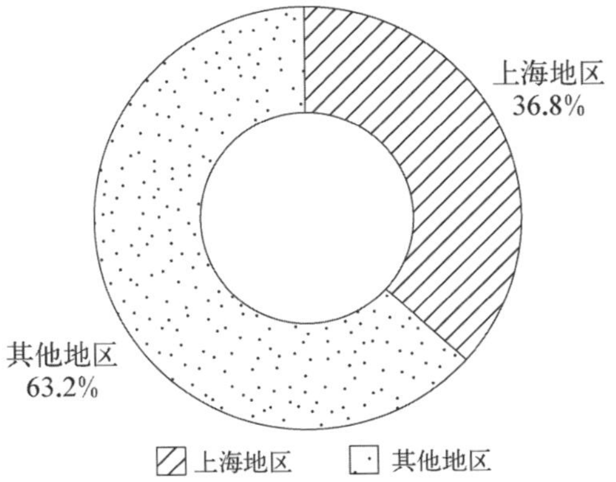

图 1－5－14　2019 年上海自主研发网络游戏销售收入占全国比例

数据来源：伽马数据(CNG)。

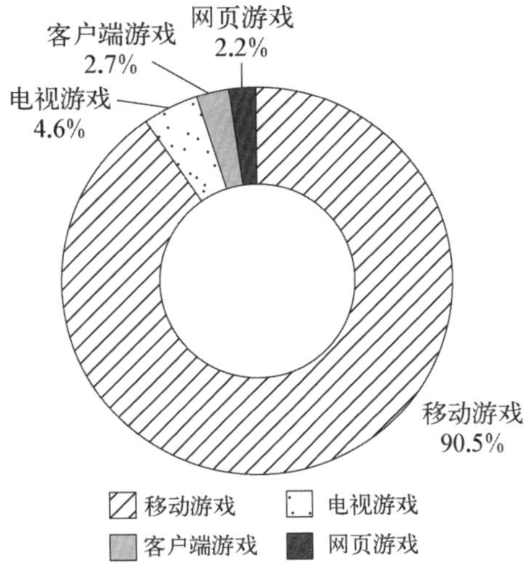

图 1－5－15　2019 年上海获批网络游戏各类型产品数量占比

数据来源：伽马数据(CNG)。

七、上海游戏出版产品状况

2019 年上海获批的网络游戏总数为 368 款，占全国获批游戏的 23.5%，其中移动游戏占据了九成以上比例。

八、上海游戏重点细分领域状况

(一) 上海二次元移动游戏状况

2019 年上海二次元移动游戏销售收入占全国比例达到 32%，相比于 2018 年出现上升。二次元移动游戏一直以来都是上海游戏企业的优势领域，除了深耕这一领域的哔哩哔哩、米哈游、心动网络等企业外，近年来如鹰角网络等游戏企业也快速成长，鹰角网络的《明日方舟》在 2019 年累计流水超过 20 亿元。此外，上海自主研发的二次元游戏产品也逐渐将更多中国元素融入到产品中，例如《明日方舟》的人物造型、服装等参考了许多东方元素。《原神》的研发也重点强调了中国文化，比如以我国传统节日元宵节为原型的海灯节；充满东方幻想风格建筑的港口主城璃月港等。

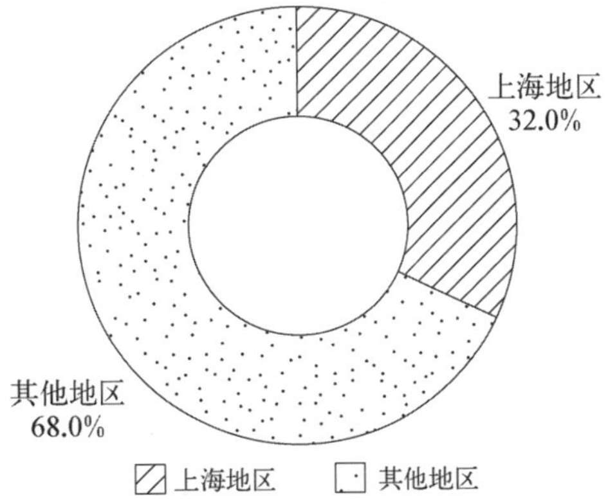

图 1－5－16　2019 年上海二次元移动游戏销售收入占全国比例

数据来源：伽马数据(CNG)

(二) 上海 IP 改编移动游戏状况

2019 年 IP 改编移动游戏流水 TOP20 产品中上海款数占比达 20%。IP 改编移动游戏是上海近年来增速较快

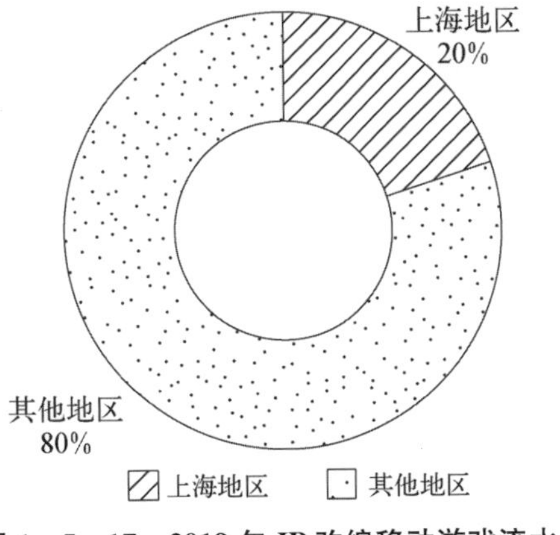

图 1－5－17　2019 年 IP 改编移动游戏流水 TOP20 产品上海款数占比

数据来源：伽马数据(CNG)

的细分领域,主要由于相关企业如盛趣游戏、巨人网络、世纪天成等老牌游戏企业均掌握着客户端游戏 IP,这一类 IP 在移动游戏领域改编成功率较高。此外,三七互娱、米哈游等游戏企业也在动漫 IP、小说 IP 等领域产出了代表性游戏产品,并擅长于 IP 游戏产品的运营。

九、上海游戏出版产业环境分析

(一) 政策环境:上海顶层发展规划趋于完善,着力解决产业发展问题

在长期规划层面,上海将文化创意产业作为发展的重点,预计到 2030 年文化创意产业增加值占全市生产总值比重达到 18%,并建成具有国际影响力的文化创意产业中心。上海市委、市政府历来高度重视发展文化创意产业,始终把"激发全民族文化创新创造活力"放在重要位置。为继续推动文化创意产业快速发展,上海市委、市政府分别于 2017 年年底和 2018 年 5 月印发了《关于加快本市文化创意产业创新发展的若干意见》和《全力打响"上海文化"品牌　加快建成国际文化大都市三年行动计划(2018—2020 年)》两个重要文件。文件围绕上海建设全球卓越城市和打造"文化品牌"进行了全面和具有前瞻性的布局,也提出了"加快全球电竞之都建设"等发展目标。游戏产业作为上海文化创意产业的重要组成部分,也在政策的推动下得以持续发展。

随着顶层规划的落地与实施,上海近年针对游戏产业的措施也更加细分化,从而保障游戏产业不同领域措施的针对性与可实施性,着力解决产业发展问题。以电子竞技产业为例,电子竞技产业虽然由网络游戏产业衍生,但其本身产业特征、产业链构成等方面与网络游戏产业有着差异性。针对于此,上海发布了《关于促进上海电子竞技产业健康发展的若干意见》(简称"电竞 20 条"),从而以更具专业性的措施加快电子竞技产业的发展。同时,上海也密切关注游戏产业发展的痛点,2020 年由于疫情关系,线下电竞赛事受到影响,上海在 2020 年 2 月市政府新闻发布会上提出,对受疫情影响的线下电竞赛事,鼓励电竞企业转型开展线上比赛,对受疫情影响严重的电竞企业,在今年文创资金扶持中,给予优先资助。对于有一定规模和影响力的线上比赛,将参照线下赛事扶持标准给予支持。

(二) 市场环境:技术创新带来发展机会并深入影响游戏市场环境

近年来,上海及全球游戏产业市场收入增速虽然持续提升,但增速呈现出放缓趋势。特别是在国内,由智能手机普及、4G 网络升级等技术创新所带来的市场红利已见顶,游戏市场逐步呈现出市场格局固化、产品同质化加剧等局面,产业发展的驱动力有待提升。但未来随着 5G 网络的普及与覆盖,游戏市场也将受到影响,在 5G 技术的驱动下,游戏产品的设计理念与呈现方式也将具备更高的拓展空间,技术的创新成为影响游戏市场环境的重要因素。

在技术创新层面,除 5G 网络升级带来的市场机会外,VR/AR 技术、大数据技术、人工智能、区块链加密等方面的进步也将影响游戏产业的发展。VR/AR 技术的进步,将直接强化用户与游戏世界的交互性,从而丰富游戏产品的玩法。目前 VR 游戏产品已能够较好地与肢体运动相结合,创造了游戏产品新型的玩法;在 AR 领域,国内也出现了代表性产品如《一起来捉妖》。大数据技术的成熟有助于游戏产品精准寻找用户,现阶段基于大数据的精准营销及人工智能机器学习的智能投放已经成为游戏企业深度研究的方向,全球化的广告平台也依托于这一技术更好地服务于游戏企业。

上海的各个企业也在积极探索技术领域的创新,如盛趣游戏积极布局云游戏平台,在其研发技术的支撑下,游戏延时已处于较低水平,部分平台测试数据优于海外知名云游戏平台。此外,

上海的三七互娱、游族网络等企业也积极在云游戏、大数据、人工智能等多个技术创新领域深入布局。

未来技术创新也将持续影响游戏市场环境，上海作为国内顶尖技术最先普及的城市，也有望在游戏产业领域占据发展优势。2019 年底上海已建成 1.6 万个 5G 基站，也将影响移动游戏、云游戏等相关领域的发展，在 5G 基站上的快速布局有助于上海游戏用户体验到创新的游戏模式。

第三节　2019 年上海游戏出版产业海外出口状况

2019 年，上海网络游戏海外销售收入约 18.9 亿美元，同比增长率达到 26%。上海的莉莉丝、心动网络、游族网络均是国内游戏出海的代表性游戏企业，2019 年海外游戏收入均超过 10 亿元。

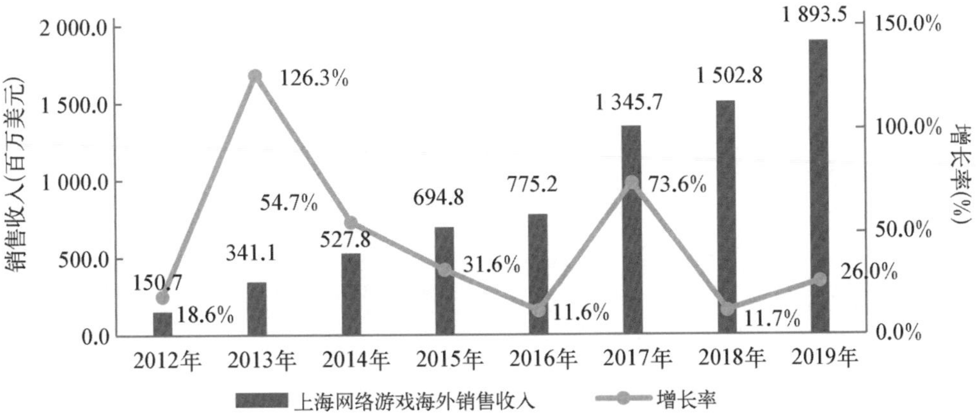

图 1－5－18　上海网络游戏海外销售收入

数据来源：伽马数据(CNG)。

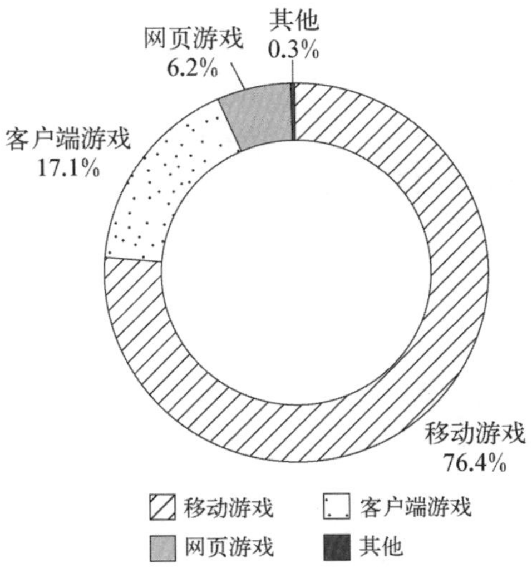

图 1－5－19　2019 年上海网络游戏海外出口产品结构(按收入)

数据来源：伽马数据(CNG)。

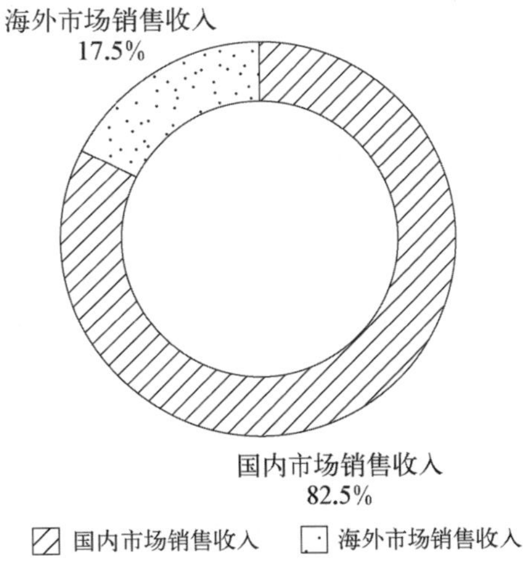

图 1－5－20　2019 年上海网络游戏国内与海外市场销售收入比例

数据来源：伽马数据(CNG)。

2019 年上海网络游戏海外出口产品结构中移动游戏占比约八成,这一数据持续提升,这主要得益于海外移动游戏用户增长所带来的红利及上海游戏企业自主研发能力的提升。目前海外移动游戏市场仍然具备较好的机会,上海游戏企业也将强化在这一领域的布局。

2019 年上海网络游戏海外市场销售收入占比持续提升,未来随着出海经验的积累及人才培养体系的成熟,上海游戏企业也将在更多细分领域及不同的海外市场取得突破。

第四节　2019 年上海游戏企业状况

一、中国游戏营收 TOP50 企业中上海企业数量

2019 年上海游戏营收 TOP50 企业数量地域分布中,上海占比 26%。目前上海通过持续扶持中小型游戏企业的发展,从而维持游戏产业的整体活力,近年来上海涌现出许多中小型游戏企业成长为大型游戏企业的案例,比如鹰角网络、米哈游等。

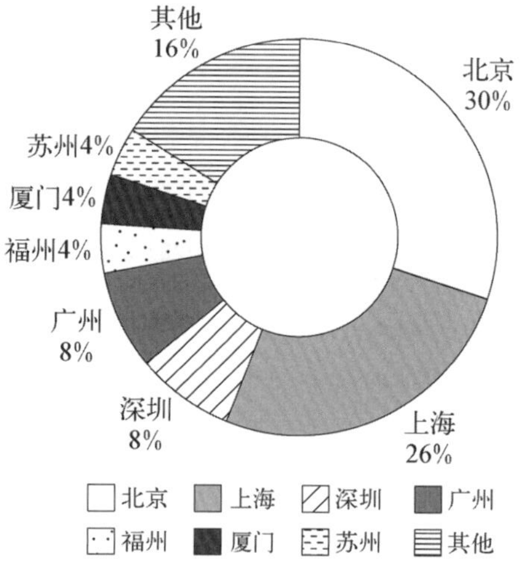

图 1－5－21　2019 中国游戏营收 TOP50 企业数量地域分布

数据来源:伽马数据(CNG)。

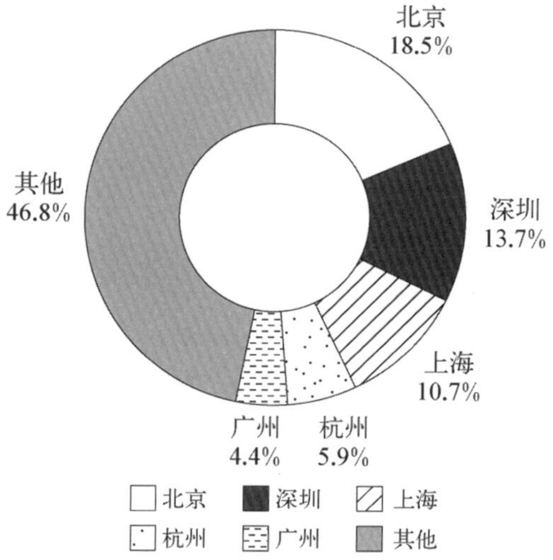

图 1－5－22　中国上市游戏企业地区分布

数据来源:伽马数据(CNG)。

二、国内上市游戏企业地域分布

上海聚集了全国 10.7%的上市游戏企业,近年来上海新增的上市游戏企业数量虽然不多,但质量普遍较高,例如哔哩哔哩、心动网络等,均具备差异化的竞争优势。

三、上市游戏企业资本市场状况

上海 A 股上市游戏企业的占比达到 77.3%,但目前 A 股对于游戏企业登陆的审核时间较长,且需要出版资质,未来上海 A 股上市游戏企业的占比或将进一步降低。

四、上海新三板游戏企业状况

中国新三板挂牌游戏企业上海占据了18.7%的比例，占比较2018年变化不大，但新三板挂牌游戏企业数量为20家，相比2018年减少7家，主要由于2019年新三板企业整体出现摘牌潮，以降低运营成本、节约费用等理由选择摘牌。

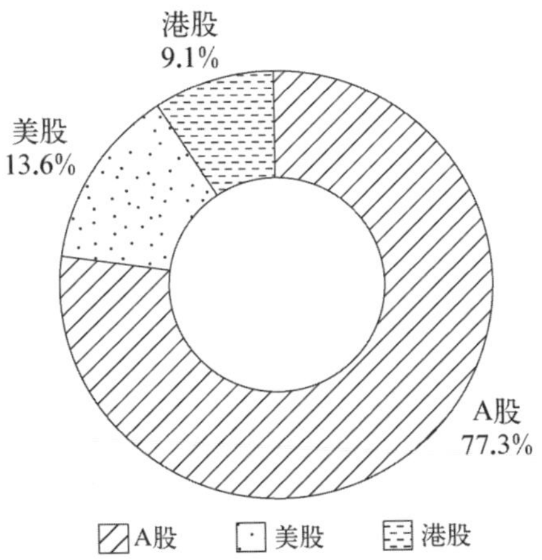

图1－5－23　上海上市游戏企业证券市场类型分布

数据来源：伽马数据(CNG)。

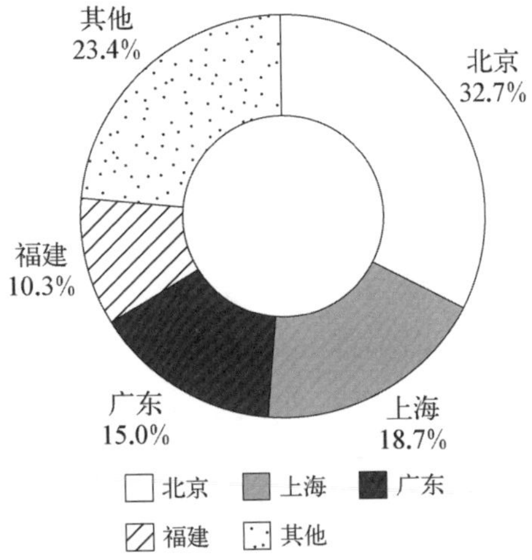

图1－5－24　中国新三板挂牌游戏企业地区分布

数据来源：伽马数据(CNG)。

第五节　上海游戏出版产业热点分析——创新力

游戏产业作为文化创意产业的重要组成部分，创新力是其能够进行持续发展的根本性驱动力，这也是上海游戏企业重点投入的领域。游戏产业的创新力主要集中在四个方面，包括技术创新、研发创新、流量获取创新与商业模式创新。技术创新促进了不同形态产品的发展，客户端游戏、移动游戏等均因为技术的革新迎来了发展机遇，随着5G时代的到来，云游戏、AR游戏或将得到新的发展机遇；研发创新促进了游戏产品内容的持续进步，促进了MOBA、自走棋等不同品类产品的出现与发展；流量获取创新帮助游戏产业持续拓展用户边界，进而覆盖到全球数十亿的用户群体；商业模式创新帮助游戏产业获得更高的变现收入，从而支撑产业的进一步发展。

一、技术创新

5G网络推动云游戏快速发展，上海多家游戏企业深入布局。

随着5G网络的落地，云游戏发展所需的网络条件要求被满足，5G网络高速率、大容量、低延时的特征也将解决云游戏多方面的发展痛点。相对于游戏产业现有的产品类型，云游戏具备以下的发展优势。

第一，云游戏免下载游戏方式便捷性较高。云游戏直接在云端服务器运行游戏，无须用户下载安装包，其游戏方式类似于点开即玩的网页游戏。这一方式对于中、重度游戏最为有利，能够降低用户在页面跳转、等待下载等环节的流失率，同时又能为用户提供较高的游戏质量。

第二，云游戏可提供跨终端游戏内容。游戏机游戏、客户端游戏、移动游戏等不同类型的游戏均可以实现内容的互通，游戏模式的变化也将带来更多创新性的游戏产品，偏重度的游戏机游戏、客户端游戏产品也有望借助云游戏迎来新的发展机会。

第三，云游戏对于设备的配置要求不高。云游戏所需要的计算和画面渲染都会在云端处理后通过高速的网络传输，把处理后的画面传输到终端。这意味着较低配置的设备也可以运行包体较大的产品，用户选择产品不再受制于设备配置，云游戏所能覆盖的用户设备也将扩大。

但同时云游戏现阶段也尚面临着一些问题，例如大量的技术和设施问题尚未得到解决；网络安全受到挑战，伪造指令、隐私泄露、终端漏洞等问题需要进一步解决；5G 商用成本仍较高，企业难以收回成本，用户也难以支付这一过程产生的较高流量费用。

目前上海游戏企业也已经着手云游戏的布局，盛趣旗下经典游戏《传奇世界》《热血传奇》《最终幻想 14》已经开始云游化开发，并针对产品进行了内部测试；游族网络的《少年三国志 2》《天使纪元》等产品也已经开发成云游戏，还将与华为围绕虚拟化技术、云端渲染、音视频技术、优质网络方面进行深入合作。

二、研发创新

（一）玩法创新

九成游戏用户看重产品创新，玩法融合成现阶段创新重点。

根据伽马数据的用户调查，超九成游戏用户看重产品的创新，在产品创新程度对付费意愿的影响上，半数以上用户的付费意愿会受到产品创新程度的影响。随着用户对于创新性产品的看重，同质化产品已很难突破市场，而具备创新力的产品将能够避开与同类产品的流量争夺，从而降低用户获取成本。近年来游戏市场的创新性玩法如“逃杀类”“自走棋”等均获得了大量用户的支持，但开创性的玩法对于企业来说具备较高的难度，游戏企业可通过在现有玩法上进行融合与升级进行创新，这也将为产品带来差异化的竞争优势。

以鹰角网络的《明日方舟》为例，在玩法设计上，《明日方舟》采用了在二次元游戏中并不常见的塔防类玩法，对用户来说具备新鲜感，同时在塔防玩法中融入了角色生命值体系和棋盘式的地图，丰富了产品的趣味性。此外，角色以卡牌属性介入，职能分工差异大、特性多样，在增强了游戏玩法策略性的同时提升了产品变现空间，这些玩法创新成为产品重要的差异化竞争力。除原创产品的创新外，IP 改编产品也具备较高的玩法创新空间，以盛趣游戏的《辐射：避难所 Online》为例，该产品继承了《辐射避难所》单机版的废土玩法特点，同时融入了野外开放式大地图和非线性探索解谜玩法内容，还加入 Rogue-like 机制生成的随机副本和事件来增加用户的新鲜感，多层次地满足游戏用户体验。对于上海游戏企业来说，玩法创新也将成为其持续获取市场的重要手段。

（二）题材创新

部分题材被企业低估，差异化题材构建产品竞争力。

目前国内移动游戏常见的题材为历史、神话、武侠、动漫等，产品在题材的选择上同质化较高，这主要因为选择用户所熟知的题材将降低产品的研发风险。

但根据伽马数据针对国内移动游戏用户的调研，近年来许多新型题材被游戏企业所低估，例如科幻题材、个人生活题材等，这些题材对于用户具备较高的吸引力，市场上同质化产品较少，游戏产品可利用题材创新破局。例如《中国式家长》所采用的个人生活题材等，国内游戏企业在题材创新上仍然有较大的突破空间。除了国内游戏市场外，题材的差异化也成为游戏企业出海的重要竞争力。

以上海友塔网络的SLG产品《Mafia City》为例，这一产品主要在海外游戏市场发行，但其并未选择SLG产品出海常见的中世纪战争、现代战争题材，而是选择了在SLG领域少见的帮会题材，这一题材在SLG领域并未出现爆款产品，但在欧美、日本等地区又具备广泛的受众群体。从产品的营销效果来看，这一新颖的题材对于SLG游戏用户具备显著的吸引力，题材上的差异化竞争优势帮助友塔网络《Mafia City》这一产品的全球流水达到数十亿元。

随着游戏用户对于各类题材及文化的深入了解，未来更多的文化题材也将在游戏领域迎来机会，游戏企业也需要留意这一创新趋势。

三、流量获取创新

(一) IP化运营

用户持续留存在产品内容体系内，长期价值得以强化。

IP化运营是近年来游戏企业较为热门的产品运营方式，通过将游戏产品改编成漫画、动画等多领域的泛娱乐内容，进而为用户提供更多可供消耗的文化内容，提升用户对于产品的黏性及忠诚度，将用户流量持续留存在自身的内容体系中，最终延长游戏产品的生命周期，甚至于持续为IP续作导入用户流量。

以二次元游戏领域原创IP“崩坏”为例，“崩坏”围绕漫画、动画、轻小说等领域进行衍生文化布局，围绕粉丝构建了完善的文化服务体系。“崩坏”IP形成的影响力也使其获取用户成本更低，在国内社交网站、二次元社区等“崩坏”文化深入渗透的领域，“崩坏”获取付费用户的成本仅为买量获取游戏用户产品的30%甚至更低，而在“崩坏”文化圈并未形成的海外地区，获客成本往往达国内的数倍以上。据伽马数据监测，“崩坏”系列产品国内累计流水超过50亿元，IP化运营成为重要的推动力。盛趣游戏旗下的“龙之谷”也是IP化运营的代表性产品，“龙之谷”持续向音乐、动画、电影、漫画、周边、图书等数字娱乐领域拓展，吸引更多的新用户进入“龙之谷”文化圈内。“龙之谷”借助改编电影《龙之谷：破晓奇兵》将IP文化向二次元领域延伸，票房在全球范围内累计约亿元。此外，“龙之谷”鼓励核心用户产出IP优质衍生内容，吸引更多泛二次元用户，从而促进龙之谷文化生态圈的良性发展。基于对用户的持续运营，“龙之谷”IP在移动游戏领域也实现了较高的商业化价值。巨人网络的“征途”在IP化运营上也取得了一定成绩，“征途”主要采用沉淀核心用户的方式持续提升IP影响力，市场化约15年，累计收入超过200亿元，目前也已经展开小说、电影等泛娱乐布局，未来有望进一步拓宽用户边界。

(二) 营销创新

内容创新带来更高关注度，技术创新提升投入产出比。

企业在营销方面的创新主要包括营销内容创新与营销技术创新。在营销内容上，随着社交媒体、短视频平台等信息自发传播能力较强的平台的发展,营销活动创新近年来愈发被游戏企业所关注,新颖的营销方式能够快速吸引用户的关注,丰富有趣的营销内容更能借助于用户形成自发传播,为游戏企业产品带来较高的转化率。以游族网络的《少年三国志 2》为例,在营销上这一产品采用了多种营销方式的组合,包括以情怀动画展开内容营销,续作主打情怀召回老用户;贴合互联网热点,在双十一"模仿李佳琦给游戏直播带货";采用明星陈赫代言,并冠以"首席福利官"称号等,在营销方面的创新成为《少年三国志 2》实现营销效果的关键保障。

在营销技术创新上,主要体现在企业基于大数据、人工智能等多方面的积累实现营销技术的持续优化。以三七互娱为例,基于三七互娱对游戏内数值体系的沉淀、流水转化效果的掌握及对用户行为数据的积累,使得三七互娱可以制定出更能切合产品特性的推广策略。在技术的支持下,三七互娱能够针对不同用户渠道、不同平台选择差异化的营销方式,近年三七互娱销售费用与营业收入的同比增长可以一定程度验证其营销方法的有效性。未来,营销创新也将成为游戏企业持续关注的重点,并帮助企业更高效地获取用户。

第六节　上海游戏出版产业发展趋势分析

一、游戏机游戏市场规模持续提升,未来具备高发展潜力

近年来移动游戏快速发展,促使游戏企业将更多精力集中在这一领域,但随着移动游戏市场流量红利见顶,未来游戏产业的更多细分领域或将引来发展机会,例如游戏机游戏、单机游戏等。Niko Partners 的数据显示,2019 年中国游戏机游戏市场实际销售收入达 53.6 亿元,实现稳定增长。在游戏机游戏发展上,国内已有发展契机,例如上海依托于自贸区开放政策,加快游戏机游戏产业链布局,通过东方明珠在国内引入 Xbox 和 PS 两大平台,未来还将与全球 20 个国家和 80 个地区的游戏独立制作团队建立联系,游戏机游戏产业已成为上海文化产业发展的重要发力点。2019 年 12 月,任天堂在上海徐汇区美罗城开设快闪店,国行 Switch 也正式登陆中国,目前腾讯 Switch 硬件销售主体公司已落沪,2019 年 Switch 硬件销售收入 5.27 亿元。得益于《健身环大冒险》等产品的火爆,国内游戏用户对于 Switch 的需求也快速提升,目前游戏机游戏在国内拥有较高的用户基数及发展潜力。

根据伽马数据统计,2019 年中国单机游戏市场实际销售收入达到 6.4 亿元,同比增长 341.4%。这主要受益于单机游戏发行平台的不断成熟,如 WeGame 平台单机游戏累计销量已经达到千万级,中国单机游戏市场有望迎来进一步提升。从市场收入来看,现阶段国内游戏机游戏、单机游戏用户也进一步沉淀,随着中国游戏用户偏好的多元化和对更高游戏品质的追求以及云游戏的发展,游戏机游戏、单机游戏也具备较高的发展前景。

二、上海深入布局功能性游戏、艺术游戏,促进游戏产业实现更高诉求

目前游戏产品所带来的商业化价值已处于较高水平,但随着社会的进步与发展,游戏产品已不满足于本身的娱乐性,在实用价值与艺术价值上也有着更高层面的追求。教育类、训练类等不同类型的游戏也持续出现,多家游戏企业也纷纷布局这一领域,从而满足市场需求、政策监管、品牌发展等多方面的诉求。

在艺术性游戏层面，上海举办的“原创艺术精品游戏大赛”评选出了《绘真·妙笔千山》《文嘉》《光·遇》《第五大发明》等多部具备高艺术价值的游戏产品，并获得了较高的关注度，从而推动了国内艺术游戏的发展。

但目前国内功能性游戏与艺术游戏尚在发展的初期阶段，需要更多团队的参与和支持。例如盛趣游戏已与上海师范大学展开校企合作，通过建立“功能性游戏开发实践基地”，培养具有国际视野、注重实践能力的游戏文创人才，同时推动功能性游戏的人才建设。未来功能性游戏与艺术性游戏在国内也具备较好的发展前景，特别是在教育、科普、文化传播等多个领域。

三、游戏产业辐射效应凸显，持续推动制造业及泛娱乐相关产业链发展

2018年，上海文化产业实现增加值2 193.08亿元，占地区生产总值的比重为6.09%，占我国文化及相关产业总增加值41 171亿元的比重为5.33%，文化产业已成为上海乃至全国未来重点发展的产业领域。而游戏产业是文化产业的重要组成部分，在满足内需与强化出口方面均具备发展的必要性，此外，游戏产业也将持续推动制造业及泛娱乐相关产业链的发展，这主要体现在以下几个方面。

第一，游戏产业将推动制造业的发展。在游戏产业的发展过程中，其收入来源主要为软件，但软件需要以电脑设备、平板设备、移动设备等硬件设施作为载体，为满足游戏用户更好的体验，硬件设备的升级与换代将成为设备生产者的重点，许多硬件设备商已将设备的“游戏性能”作为产品的主要卖点，并取得了一定的市场化成果。此外，针对游戏产业的专项设备如家用游戏机、游戏游艺机等也依附于游戏产业才能得到较好的发展。未来，随着VR/AR等新型游戏模式的发展，可穿戴设备也将迎来较好的发展前景。

第二，游戏产业将推动线下展会的发展。游戏动漫展会是近年来国内发展较快的新型会展经济，即以游戏动漫文化为主题举办大型展览活动，从而带来源源不断的商流、人流、资金流、信息流等，直接推动商贸、旅游业的发展，持续创造商机，进而拉动相关产业的发展，并形成以会展活动为核心的经济群体。以ChinaJoy为例，第十七届中国国际数码互动娱乐展览会(2019 ChinaJoy)吸引了36.5万人次观众，为上海的线下旅游带来了较好的发展机会，此外，B2B商务洽谈意向性交易金额达5亿美元，创造了较大的商业机会。未来随着中国游戏产业的进一步发展，会展经济的潜力也有望进一步释放。

第三，游戏产业将推动电子竞技产业的发展。电子竞技产业是近年来快速发展的新型产业，但电子竞技产业的发展主要依托于游戏产业的内容供给及资源支持，电子竞技游戏的发展将为电子竞技产业持续提供用户支撑。与此同时，游戏产业大量的资本流入到电子竞技产业环节，从而有效地支撑了这一产业的发展。此外，游戏产业还将推动动漫、小说、电影等产业的发展，构建以版权交易为核心的泛娱乐生态体系，进一步提升了相关产业的变现能力。

第七节　2019年ChinaJoy展览会状况

2019年，中国国际数码互动娱乐展览会(2019 ChinaJoy)观众数量达到36.5万人次，维持增长态势。

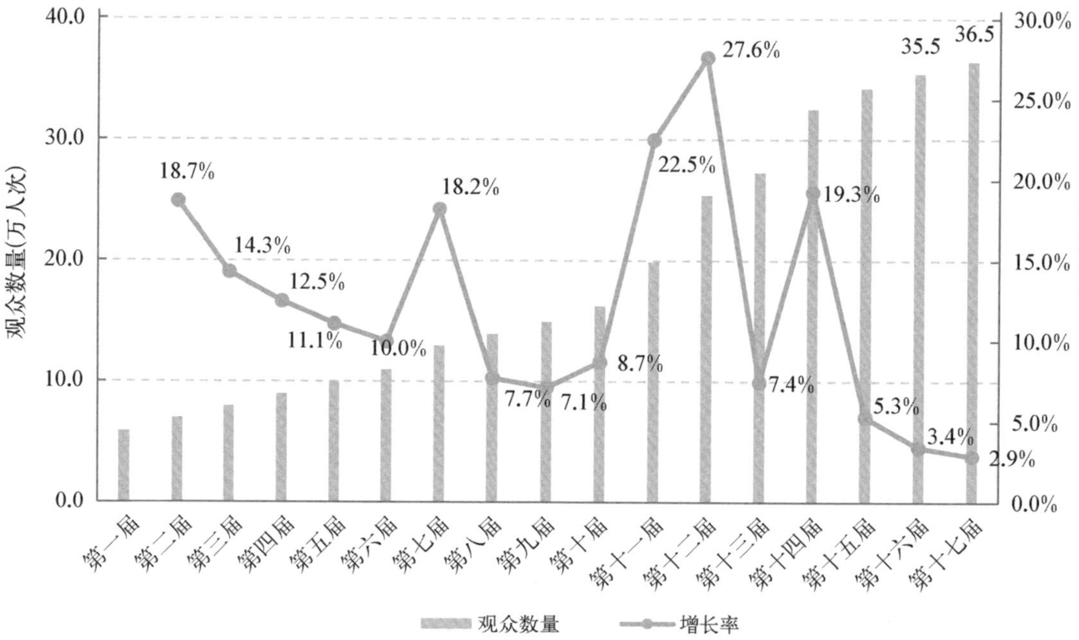

图 1－5－25　第一届～第十七届 ChinaJoy 观众数量增长状况

数据来源：伽马数据(CNG)。

2019 年 ChinaJoy 参展产品数量较 2018 年维持稳定，近年来游戏产业精品化趋势显著，游戏企业整体研发产品数量出现下滑。

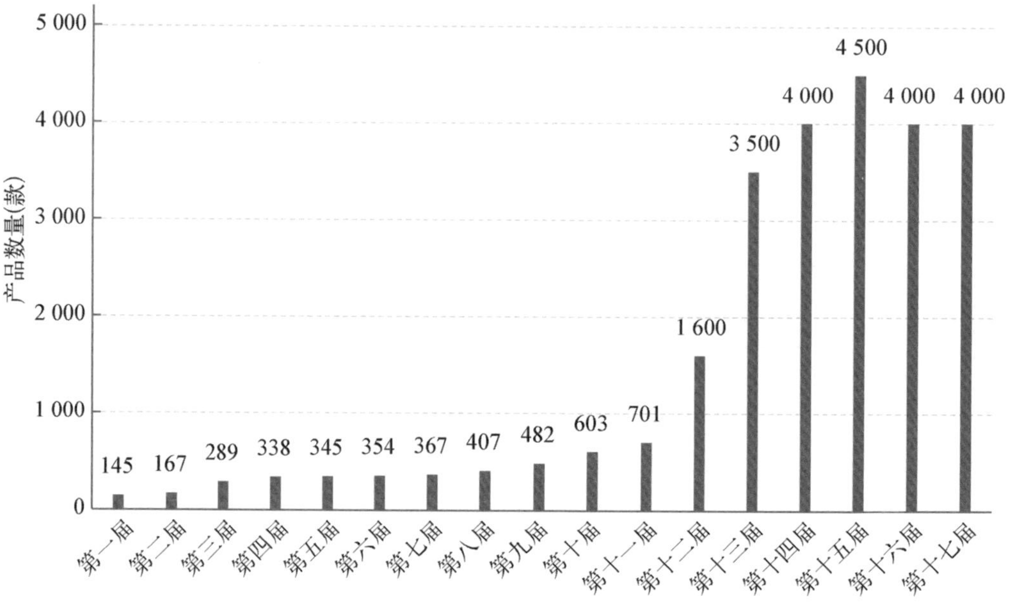

图 1－5－26　第一届～第十七届 ChinaJoy 参展产品数量增长状况

数据来源：伽马数据(CNG)。

第八节 附 录

名词解释

游戏营收规模

营收规模是指游戏业务实际收入总和,包括客户端游戏、网页游戏、移动游戏等类型游戏收入。

游戏企业

游戏企业指的是从事游戏产品研发、流通、服务等经济活动,以此满足社会需要,实行自主经营、独立核算、依法设立的一种营利性的经济组织。游戏企业主要包括游戏开发商、游戏出版商和游戏运营商。

移动游戏

移动游戏是指以手机等移动智能终端为运行载体,通过信息网络供公众下载或者在线交互使用的游戏作品。

客户端游戏

客户端游戏简称"端游",是指以电脑为载体,通过运行客户端软件进行使用的游戏产品。

网页游戏

网页游戏又称无客户端游戏、Web Game,简称"页游",是用户可以直接通过互联网浏览器使用的网络游戏,不需要安装任何客户端软件。

超休闲游戏

比常见休闲游戏更为简洁,游戏应用安装包的体积一般很小,玩法和画面简洁,一般可即下即玩,不深入设计付费数值,仅保留游戏本身内容,在变现渠道上以广告收入为重要来源。

自走棋

自走棋(Auto Chess)是一种战略棋牌类游戏,玩家通过棋牌之间的组合升星来战斗。相较于其他游戏玩法,自走棋几乎不需要烦琐操作。凭借着策略取胜的游戏核心,使其具有容易上手、操作难度低、随机性高、可重复游玩性强等强有力的优点。

战术竞技类游戏

战术竞技类游戏(MOBA,multiplayer online battle arena)或称作战斗擂台游戏,又可定义为动作即时战略游戏(ARTS,action real-time strategy),源自即时战略游戏(RTS)。用户被分为两队,通常每个用户只能控制其中一队中的一名角色,以打垮对方队伍的阵地建筑为胜利条件。

策略类游戏

策略类游戏即策略游戏(SLG,Simulation Game),多指战争策略类游戏,包含回合制策略游戏和即时策略游戏。游戏中提供给用户一个可以多动脑思考问题、处理较复杂事情的环境。允许用户自由控制、管理和使用游戏中的人或事物,通过这种自由的手段以及用户动脑想出的对抗敌人的办法来达到游戏所要求的目标。

小游戏

小游戏是基于微信、QQ空间、快手、淘宝等平台开发的交互游戏,具有即点即玩、无须下载安装的特点。

二次元

“二次元”即二维，“次元”即“维度”。在动画(Animation)、漫画(Comic)、游戏(Game)、小说(Novel)人群组成的文化圈(ACGN)中，被用作对“架空世界”的称呼。这一用法始于日本，基于早期的动画、游戏作品都是由二维图像构成的，画面是一个平面，所以称之为“二次元世界”，简称“二次元”。

功能游戏

功能性游戏即着重强调使用功能，研发初衷为解决社会与行业问题的游戏，将游戏的元素、设计、技术和构架创新应用于其他领域，包括教育类游戏、训练类游戏等。现阶段功能性游戏的概念已经得到延伸，兼顾娱乐性与使用功能。

云游戏

云游戏是以云计算为基础的游戏方式，游戏在服务器端运行，并将渲染完毕后的游戏画面压缩后通过网络传送给用户，在云游戏场景下，游戏并不在玩家游戏终端，而是在云端服务器中运行。

泛娱乐

泛娱乐是指以创意内容为核心进行多线文化产品的生产，实现基于互联网与移动互联网的多领域共生。例如借助 IP 实现游戏、动漫、影视剧、文学等多个不同领域的融合。

IP

IP 即知识产权(Intellectual Property)，包括商标、著作权、注册或未注册的设计。例如文学和艺术作品：小说、诗歌、戏剧、电影、绘画、摄影、雕塑、建筑设计等。一般具有专有性、地域性和时效性等特性。

电子竞技游戏

电子竞技游戏即能够支撑电子竞技运动的游戏，大都采用平台竞技方式进行，游戏以“局”的形式存在，每局游戏参与的用户数量相对较少。一局游戏在一段时间内结束，此类游戏以纯粹娱乐为主，不强调剧情。

电子竞技运动是指以电子设备作为运动器械进行的、人与人之间的智力对抗运动。

游戏直播

游戏直播指游戏用户通过媒体视频平台，实时地将游戏运行情况展现给其他观众用户的行为。

渠道

渠道指为用户与产品之间建立联系的途径。通常指用户获取渠道，有时也用来指支付渠道。渠道所有者一般是拥有用户访问量的互联网功能性站点，如百度、网易、360、淘宝等。

用户获取渠道是游戏获取用户的途径。即通过宣传手段，将非游戏用户吸引进游戏，转化成游戏用户的途径，如推送广告、线下广告、固定位置广告、微信、微博等。

支付渠道是用于实现用户对游戏付费的途径。即将货币从用户的账户转移到支付平台，再到运营平台，最后转化为游戏内部虚拟货币的流程载体。

附件 1　上海版权产业统计报告(2017)

相关术语说明

1. 版权产业

指“版权发挥明确作用的活动或产业”。版权产业主要是世界知识产权组织(WIPO)和美国等采用和推广的概念,它与文化创意产业存在交叉关系。参照 WIPO 的划分,以国内有关版权产业分类为参考,结合《国民经济行业分类》的标准和上海版权产业的特点,本报告将上海版权产业分为核心版权产业、相互依存的版权产业和部分版权产业三大类。其中,核心版权产业是指完全从事创造、制作和制造、表演、广播、传播和展览或销售与发行作品及其他受版权保护客体的产业,主要包括出版发行、广播影视、文化艺术、计算机服务、软件与互联网信息服务、广告、设计、工艺品、版权服务等类别。相互依存的版权产业是指从事制作、制造和销售其功能完全或主要是为作品及其他受版权保护客体的创作、制作和使用提供便利设备的产业,主要包括广播设备与家用电器、照相和电影摄影器材、复印设备与录制介质、乐器制造、电子计算机及辅助设备、电信设备与服务、造纸及纸制品等类别。部分版权产业是指它们中有一部分活动关系到作品和其他版权保护内容的产业,主要包括:纺织、服装与皮革、家具、文化用品、玩具与游艺器材制造、“家庭用品、玻璃与陶瓷”、珠宝与硬币、商业服务、规划与测绘、教育与社会组织、文化娱乐活动等类别。相互依存的版权产业和部分版权产业又可统称为非核心版权产业。需要说明的是,根据《国家统计局关于执行新国民经济行业分类国家标准的通知》(国统字〔2011〕69 号)要求,新《国民经济行业分类》(GB/T 4754—2011)从 2012 年开始使用。因此,本报告根据《国民经济行业分类》(GB/T4754—2011),对版权产业的统计范围进行了相应的调整。

2. 版权因子

指某一产业中版权成分的比例。由于有的统计项目只是部分与版权活动有关系,特别是相互依存的版权产业和部分版权产业中的统计项目。所以,需要确定版权产业的版权因子,即确定某一产业中版权成分的比例,从而获得与版权产业有关的总产出和增加值的实际数额。本报告基本根据中国出版科学研究所确定的版权因子,并结合上海产业发展的实际情况,确定了上海版权产业各统计项目的版权因子。

3. 生产总值

地区生产总值是指按市场价格计算的一个地区所有常住单位在一定时期内生产活动的最终成果。生产总值有三种表现形态,即价值形态、收入形态和产品形态。从价值形态看,它是所有常住单位在一定时期内所生产的全部货物和服务价值超过同期投入的全部非固定资产货物和服务价值的差额,即所有常住单位的增加值之和;从收入形态看,它是所有常住单位在一定时期内所创造并分配给常住单位和非常住单位的初次(分配)收入之和;从产品形态看,它是所有常住单位在一定时期内最终使用的货物和服务减去进口货物和服务。在实际核算中,生产总值有三种计算方法(其三种表现形态体现为三种计算方法),即生产法、收入法和支出法。三种方法分别从不同的方面反映生产总值及其构成。根据国务院和国家统计局有关我国 GDP 核算和数据发布制度的规定,上海国内生产总值自 2004 年起更名为“上海市生产总值”,简称“上海市 GDP”。

4. 总产出

指一个国家(地区)在一定时期内生产的货物和服务的价值的总和,反映国民经济各部门生产经营活动的总成果,即社会总产品,包括物质生产部门和非物质生产部门的总产出。

5. 增加值

指某一产业全部生产活动的总成果扣除了在生产过程中消耗或转移的物质产品和劳务价值后的余额;是工业企业生产过程中新增加的价值。增加值是国民经济核算的一项基础指标。各部门增加值之和即是生产总值。

6. 当年价格

指报告期的实际价格,如工厂的出厂价格、农产品的收购价格、商业的零售价格等。

7. 可比价格

指计算各种总量指标所采用的扣除了价格变动因素的价格,可进行不同时期总量指标的对比。按可比价格计算总量指标有两种方法:一种是直接用产品产量乘以某一年的不变价格计算;另一种是用价格指数进行换算。

8. 增长速度

指按当年价格计算的增长速度。

9. 实际增长速度

指按可比价格计算的实际增长速度。

10. 年均增长速度

指一段时间内某一数据指标平均每年的增长幅度,也可称为年均增长率。

11. 经济贡献率

经济贡献率=某一产业占GDP的比重×该产业的实际增长速度(率)÷
GDP的实际增长速度(率)

12. 上海市进出口数据

指注册地在上海的企业在全国范围进出口的贸易数据。与之相关联的两个概念:一是上海关区进出口数据,它是指在上海海关申报进出口的贸易数据;二是上海口岸进出口数据,它是指在各地(包括上海)报关,通过上海口岸进出口的贸易数据。本报告中的海关货物贸易进出口数据是上海市进出口数据。

13. 上海服务贸易进出口数据

国际服务贸易包括运输、旅游、通信、建筑安装及劳务承包、保险、金融服务、计算机和信息服务、专有权利使用费、体育、文化和娱乐服务、别处未提及的政府服务及其他商业服务。本报告中上海服务贸易的各项进出口数据均按国际货币基金组织《国际收支手册》规定的各项原则进行统计,只包括通过上海进行的服务贸易收支,不包括通过异地收付款。

内容提要

为了解上海版权产业的发展状况,推动和促进上海版权产业的发展壮大,2019年,上海市版权局委托上海知识产权研究所对2017年上海版权产业进行统计分析。本次统计分析所依据的数据,是在上海市统计局、上海海关、国家外汇管理局上海市分局提供的相关统计项目的数据(称为基础数据)基础上,通过乘以版权因子(某一产业中版权成分的比例)而得出。本报告统计得到了2017

年上海版权产业的增加值、从业人数和对外贸易额等各项经济贡献。

2017年，上海版权产业的产业增加值为3 426.35亿元人民币（系乘以版权因子后的数值，下同），比2016年增加272.60亿元人民币，占当年上海GDP比重为11.19%。其中，核心版权产业的增加值从2016年的2 065.96亿元人民币增长到2 256.22亿元人民币，核心版权产业增加值占当年上海GDP比重，从2016年的7.33%上升到7.37%。按可比价格计算，上海版权产业增加值的实际增长速度为7.84%。其中，核心版权产业增加值的实际增长速度为8.67%。

2017年，上海版权产业从业人数为118.35万人，与2016年的117.78万人相比，增加了0.57万人，占当年上海全社会各行业从业人数的8.62%。其中，核心版权产业的从业人数从2016年的87.14万人增加到了2017年的88.76万人，占当年上海全社会各行业从业人数的比重为6.47%。上海版权产业从业人数的增长速度为0.49%，核心版权产业从业人数的增长速度为1.85%。

2017年，上海版权产业货物贸易进口额为92.95亿美元，比2016年的88.83亿美元增加了4.12亿美元；出口额为326.62亿美元，相较2016年增加了38.45亿美元。上海版权产业货物贸易进口额占当年上海货物贸易进口总额的3.29%，相较2016年降低了0.26个百分点；出口额占当年上海货物贸易出口总额的16.86%，相较2016年，增加了1.15个百分点。其中，2017年，上海核心版权产业的货物贸易进口额为9.24亿美元，相较2016年的数据增加了1.78亿美元；货物贸易出口额为7.86亿美元，比2016年减少了1.53亿美元。

2017年，上海核心版权产业的服务贸易进口额为57.20亿美元，出口额为131.95亿美元，进口额、出口额与2016年相比均有所增长。上海核心版权产业的服务贸易进口额占当年上海市服务贸易进口总额的比重为4.00%，比2016年减少了2.81个百分点；出口额占当年上海市服务贸易出口总额的25.17%，比2016年上升了2.10个百分点。

一、2017年上海版权产业的经济贡献

经过调查与统计，2017年，上海版权产业的产业增加值为3 426.35亿元人民币（系乘以版权因子后的数值，下同）①，占当年上海GDP（30 632.99亿元人民币）的11.19%；从业人数为118.35万人（系乘以版权因子后的数值，下同），占2017年上海全社会各行业从业人数（1 372.65万人）的8.62%；货物贸易出口额为326.62亿美元，占当年上海货物贸易出口总额②的16.86%。上海版权产业在上海国民经济发展中占有重要地位，对促进上海经济转型和产业结构调整、经济增长和对外贸易扩大有着重要的影响。

（一）产业增加值

2017年，上海版权产业的产业增加值为3 426.35亿元人民币，占当年上海GDP的11.19%，比2016年增加272.6亿元人民币，实际增长速度为7.84%。其中，核心版权产业的产业增加值为2 256.22亿元人民币，占当年上海GDP的7.37%，比2016年增加了190.26亿元人民币，实际增长速度为8.67%；相互依存的版权产业的产业增加值为893.19亿元人民币，占当年上海GDP的2.92%；部分版权产业的产业增加值276.93亿元人民币，占上海GDP的0.90%。

---

① 如无特别说明，本报告的产业增加值和商品进出口额等数据，均是按其版权成分乘以版权因子后获得的数据。

② 上海市货物贸易出口总额是指注册地在上海的企业在全国范围出口的贸易数据。

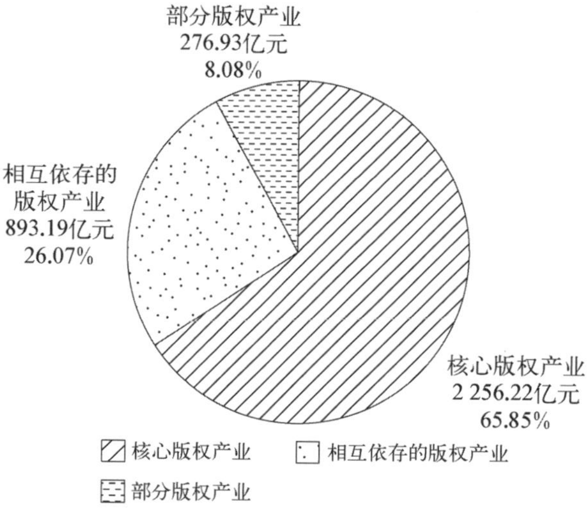

图 1 -附件 1 - 1　2017 年上海版权产业各部分产业增加值构成及比例

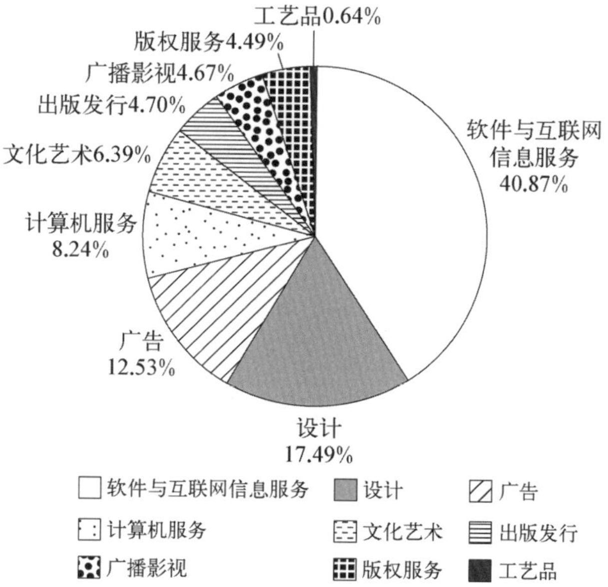

图 1 -附件 1 - 2　2017 年上海核心版权产业各部分产业增加值构成比例

（二）从业人数

2017 年，上海版权产业的从业人数为 118.35 万人，占 2017 年上海全社会各行业从业人数的 8.62%，比 2016 年增加了 0.57 万人，增长速度为 0.49%。其中，核心版权产业的从业人数为 88.76 万人，占全年全社会各行业从业人数的比重为 6.47%，比 2016 年增加了 1.62 万人，增长速度为 1.85%；相互依存的版权产业从业人数为 18.53 万人，占全年全社会各行业从业人数的比重为 1.35%；部分版权产业的从业人数为 11.06 万人，占全年全社会各行业从业人数的比重为 0.81%。

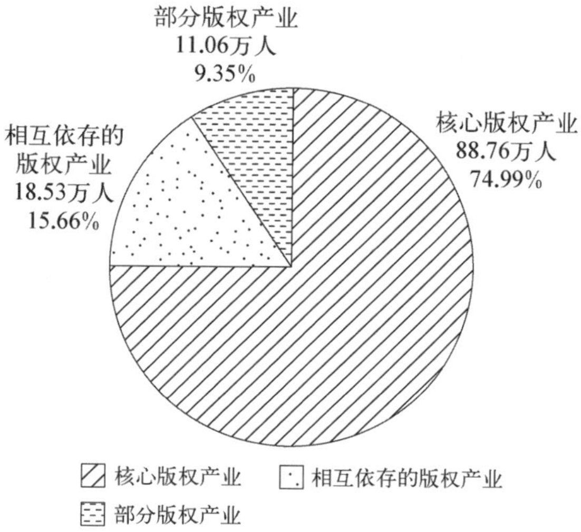

图 1 -附件 1 - 3　2017 年上海版权产业各部分从业人数构成及比例

（三）进出口额

2017 年，上海版权产业的货物贸易进口额为 92.95 亿美元，占当年上海市货物贸易进口总额的 3.29%，比 2016 年增加了 4.12 亿美元；上海版权产业的货物贸易出口额为 326.62 亿美元，占全年上海货物贸易出口总额的 16.86%，比 2016 年增加了 38.45 亿美元。

其中，上海核心版权产业的货物贸易进口额为 9.24 亿美元，占当年上海市货物贸易进口总额的 0.33%，比 2016 年增加了 1.78 亿美元；上海核心版权产业的货物贸易出口额为 7.86 亿美元，占当年上海货物贸易出口总额的 0.41%，比 2016 年减少了 1.53 亿美元。相互依存的版权产业货物贸易进口额为 79.60 亿美元，占当年上海市货物贸易进口总额的 2.82%，比 2016 年增加了 1.89 亿美元；相互依存的版权产业货物贸易出口额为 309.16 亿美元，占当年上海市货物贸易出口总额的

15.96%，比 2016 年增加了 39.75 亿美元。部分版权产业的货物贸易进口额为 4.11 亿美元，占当年上海市货物贸易进口总额的 0.15%，比 2016 年增加了 0.45 亿美元；部分版权产业的货物贸易出口额为 9.60 亿美元，货物贸易出口额占当年上海市货物贸易出口总额的 0.50%，比 2016 年增加了 0.22 亿美元。

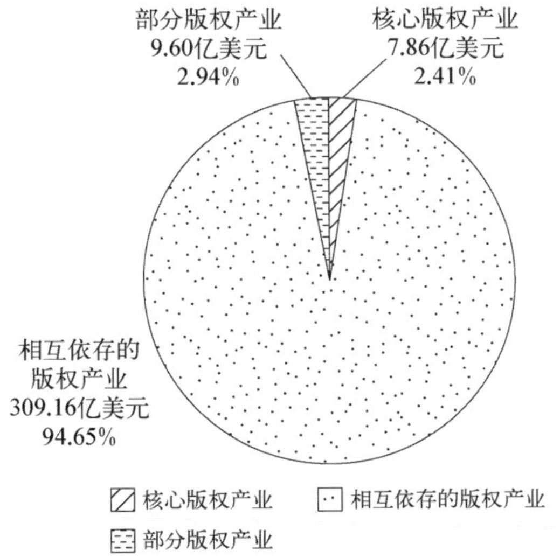

图 1-附件 1-4　2017 年上海版权产业各部分货物贸易出口额构成

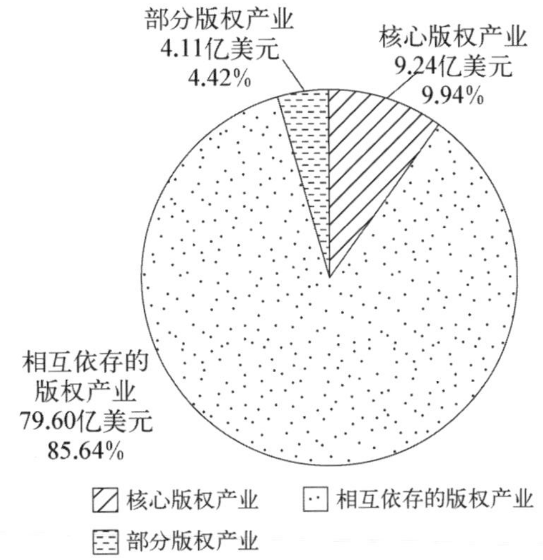

图 1-附件 1-5　2017 年上海版权产业各部分货物贸易进口额构成

2017 年，上海核心版权产业服务贸易进口额为 57.20 亿美元，占当年上海服务贸易进口总额的 4.00%，比 2016 年增加了 7.91 亿美元；出口额为 131.95 亿美元，占当年上海服务贸易出口总额的 25.17%，比 2016 年增加了 0.43 亿美元。

（四）小结

根据统计数据，从上海版权产业的发展状况对上海经济增长、就业和外贸的贡献可以看出，2017 年，上海版权产业在产业增加值、服务贸易进出口额上同比有所增长，在促进上海经济增长、扩大对外贸易等方面发挥着日益重要的作用。

表 1-附件 1-1　2017 年上海版权产业的经济贡献①

指　　标	核心版权产业	相互依存的版权产业	部分版权产业	全部版权产业
产值				
产业增加值（亿元人民币）	2 256.22	893.19	276.93	3 426.35
占 GDP 比重（%）	7.37	2.92	0.90	11.19
从业人数				
数值（万人）	88.76	18.53	11.06	118.35

① 由于数据四舍五入，有时合计的数值会与前面三类版权产业相关数据相加值存在误差，特此说明。本报告后面的数值如出现类似的情况，原因亦同。

(续表)

指　　标	核心版权产业	相互依存的版权产业	部分版权产业	全部版权产业
占全社会各行业就业人数比重(%)	6.47	1.35	0.81	8.62
进口额				
货物贸易进口额(亿美元)	9.24	79.60	4.11	92.95
占货物贸易进口总额比重(%)	0.33	2.82	0.15	3.29
服务贸易进口额(亿美元)	57.20	—	—	—
占服务贸易进口总额比重(%)	4.00	—	—	—
出口额				
货物贸易出口额(亿美元)	7.86	309.16	9.60	326.62
占货物贸易出口总额比重(%)	0.41	15.96	0.50	16.86
服务贸易出口额(亿美元)	131.95	—	—	—
占服务贸易出口总额比重(%)	25.17	—	—	—

二、2017 年上海版权产业发展的比较分析

(一) 上海版权产业的产业增加值比较

1. 上海版权产业的产业增加值比较

2017 年,上海版权产业的产业增加值为 3 426.35 亿元人民币,比 2016 年的 3 153.75 亿元人民币增加了 272.60 亿元人民币。其中,核心版权产业的产业增加值从 2016 年的 2 065.96 亿元人民币增加到了 2 256.22 亿元人民币,相互依存的版权产业的产业增加值从 2016 年的 835.31 亿元人民币增加到了 893.19 亿元人民币,部分版权产业的产业增加值从 252.48 亿元人民币增加到了 276.93 亿元人民币。

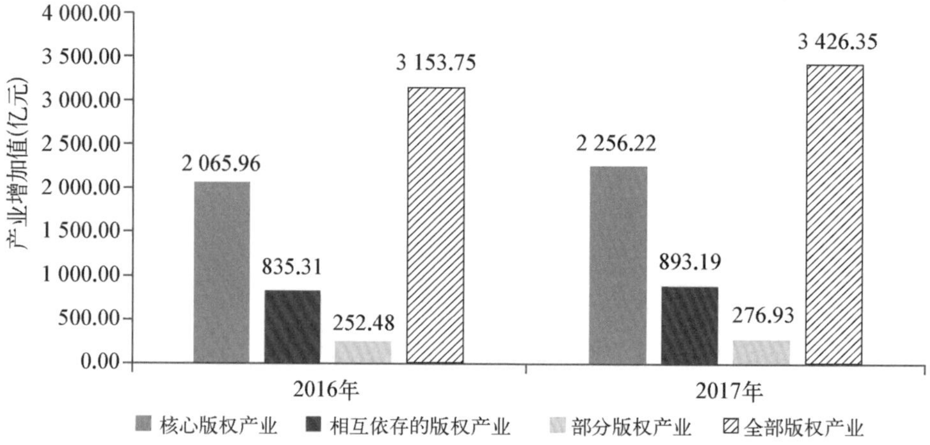

图 1-附件 1-6　2016—2017 年上海版权产业的产业增加值状况

2017 年,上海非核心版权产业与核心版权产业的产业增加值之间的差距达 1 086.09 亿元人民币。与 2016 年数据相比,核心版权产业、非核心版权产业的产业增加值均有所上升,核心版权产业与非核心版权产业之间差值扩大。

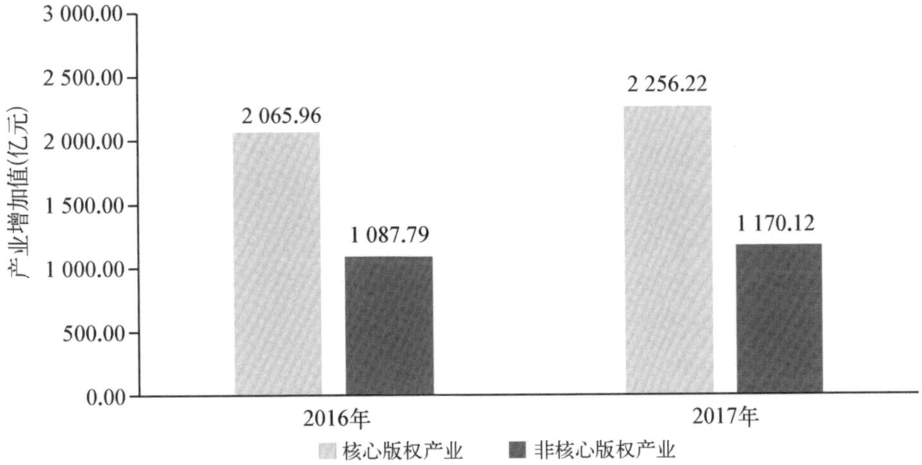

图 1-附件 1-7　2016—2017 年上海核心版权产业和非核心版权产业的产业增加值状况

2. 上海版权产业的产业增加值占 GDP 比重的比较

2017 年,上海版权产业的产业增加值占全年 GDP 的比重为 11.19%,与 2016 年持平。其中,与 2016 年的数据相比,核心版权产业的产业增加值占当年 GDP 的比重从 7.33%上升到了 7.37%,相互依存的版权产业的产业增加值占 GDP 的比重从 2.96%下降到了 2.92%,部分版权产业的产业增加值占当年 GDP 的比重为 0.90%,与 2016 年持平。

表 1-附件 1-2　2016—2017 年上海版权产业的产业增加值占 GDP 的比重　　单位:%

分　类	2016 年	2017 年
核心版权产业	7.33	7.37
相互依存的版权产业	2.96	2.92
部分版权产业	0.90	0.90
全部版权产业	11.19	11.19

3. 上海版权产业的产业增加值的实际增长速度比较

按可比价格计算,2017 年,上海版权产业的产业增加值的实际增长速度为 7.84%,与 2016 年的 2.51%相比,增长速度大幅度提高。核心版权产业的产业增加值的实际增长速度由 2016 年的 2.77%提升至 8.67%,相互依存的版权产业的产业增加值的实际增长速度由 2016 年的 0.46%提升至 5.35%,部分版权产业的产业增加值的实际增速由 2016 年的 7.66%提升到 9.31%。

表 1-附件 1-3　2016—2017 年上海版权产业的产业增加值的实际增长速度　　单位:%

分　类	2016 年	2017 年
核心版权产业	2.77	8.67
相互依存的版权产业	0.46	5.35

(续表)

分　类	2016 年	2017 年
部分版权产业	7.66	9.31
全部版权产业	2.51	7.84

4. 上海版权产业对上海 GDP 的经济贡献率比较

版权产业对上海 GDP 的经济贡献率是衡量版权产业在拉动上海 GDP 增长方面的重要指标。根据 WTO 指南的界定,其计算公式为经济贡献率=(版权产业增加值占上海 GDP 的比重×版权产业增加值的实际增长速度)÷上海 GDP 的实际增长速度。根据此公式,如果版权产业的产业增加值的实际增长速度高于上海 GDP 的实际增长速度的幅度越大,其经济贡献率就越大。

2017 年,上海 GDP 实际增长速度为 6.90%。据此,2017 年,上海版权产业对 GDP 的经济贡献率为 12.72%,与 2016 年的 4.07%相比大幅度提高。其中核心版权产业对 GDP 的经济贡献率为 9.26%,与 2016 年的 2.94%相比提高了 6.32 个百分点。由于核心版权产业的产业增加值在上海版权产业总产值中占比较高,核心版权产业对 GDP 的经济贡献率的提高推动了上海版权产业对 GDP 的经济贡献率。

5. 上海核心版权产业的产业增加值及增长速度的具体分析

(1) 上海核心版权产业各行业的产业增加值及增长速度比较。

2017 年上海核心版权产业各部分的产业增加值与 2016 年相比,大部分行业的产业增加值均有所提高,总体呈现良好的上升态势。其中,软件与互联网信息服务的产业增加值持续保持高位,设计业、广告业和版权服务的增长也较迅速。产业增加值排列前三的行业分别是软件与互联网信息服务业、设计业和广告业。

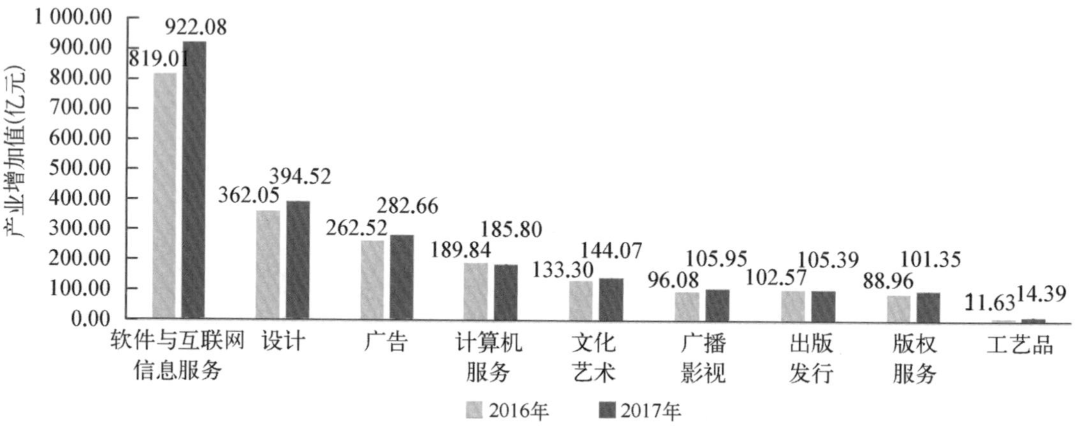

图 1-附件 1-8　2016—2017 年上海核心版权产业各部分产业增加值状况

2017 年,除计算机服务行业以外,上海核心版权产业各部分增长速度均为正增长,增长速度排列前三的行业分别为工艺品、版权服务、软件与互联网信息服务。由于工艺品的产业增加值基数较小,故 2016 至 2017 年的增长速度的波动幅度较大。

表 1-附件 1-4　2016—2017 年上海核心版权产业各部分增长速度状况　　单位：%

年份	软件与互联网信息服务	设计	广告	计算机服务	文化艺术	广播影视	出版发行	版权服务	工艺品
2016	9.75	3.17	−6.35	7.71	19.98	10.70	4.35	7.13	87.38
2017	12.58	8.97	7.67	−2.13	8.08	10.28	2.76	13.93	23.73

(2) 软件与互联网信息服务的产业增加值及增长速度。

软件与互联网信息服务产业包括软件开发、数字内容服务、互联网信息服务、“计算机、软件及辅助设备批发(仅指软件部分)”和“计算机、软件及辅助设备零售(仅指软件部分)”。2017 年，上海核心版权产业软件与互联网信息服务业的产业增加值位居核心版权各行业之首，突破 900 亿元大关，达 922.08 亿元人民币，增长速度为 12.58%。

(3) 设计业的产业增加值及增长速度。

设计业包括工程勘察设计、专业化设计服务、其他未列明专业技术服务业(设计服务)以及建筑业(全部)。“其他未列明专业技术服务业”类主要覆盖利用电脑及相关软件进行的设计活动，比如产品设计、模型设计(规划模型、样板房等)、展厅的布置设计、单纯服装设计、装饰物品及流行物品的款式设计、包装装潢设计、工艺美术设计、电脑动画设计(利用动画软件在电脑上进行美术设计)和其他未列明的设计和专业技术活动等。2017 年，上海核心版权产业设计业的产业增加值为 394.52 亿元人民币，增长速度为 8.97%。

(4) 广告业的产业增加值及增长速度。

2017 年，上海核心版权产业广告业的产业增加值为 282.66 亿元人民币，比 2016 年增加了 20.14 亿元人民币，增长速度为 7.67%。

(5) 计算机服务业的产业增加值及增长速度。

计算机服务业包括信息系统集成服务、数据处理和存储服务。2017 年，上海核心版权产业计算机服务业的产业增加值为 185.80 亿元人民币，与 2016 年相比下降了 4.04 亿元人民币。

(6) 文化艺术业的产业增加值及增长速度。

文化艺术业包括文艺创作与表演、艺术表演场馆、文化娱乐经纪人、体育经纪人、其他文化艺术经纪代理、其他文化艺术业、歌舞厅娱乐活动、电子游艺厅娱乐活动、网吧活动、其他室内娱乐活动、其他未列明商业服务业、摄影扩印服务、社会人文科学研究和图书馆等小类。2017 年，上海核心版权产业文化艺术业的产业增加值为 144.07 亿元人民币，比 2016 年增长了 10.77%，增长速度为 8.08%。

(7) 广播影视业的产业增加值及增长速度。

广播影视业包括广播、电视、有线广播电视传输服务、无线广播电视传输服务、卫星传输服务、电影和影视节目制作、电影放映和电影和影视节目发行等小类。2017 年，上海核心版权产业广播影视业的产业增加值为 105.95 亿元，比 2016 年增加 9.87 亿元人民币，增长速度为 10.28%。

(8) 出版发行的产业增加值及增长速度。

出版发行业包括了新闻业、图书出版、报纸出版、期刊出版、电子出版物出版、其他出版业、“书、报刊印刷”、包装装潢及其他印刷、装订及印刷相关服务、图书批发、“图书、报刊零售”、报刊批发、图书出租、音像制品出租、录音制作、记录媒体复制、音像制品及电子出版物批发、音像制品及电子出版物零售等行业。[①] 2017年,上海核心版权产业出版发行业的产业增加值为105.39亿元人民币,比2016年增加了2.82亿元人民币,增长速度为2.76%。

(9) 版权服务业的产业增加值及增长速度。

在统计上没有直接对口版权服务业的行业部门,只有对应于法律服务和知识产权服务的行业部门,包括知识产权服务、律师及相关法律服务、公证服务、其他法律服务等。本报告的版权服务业并不是传统意义上的与版权相关的法律服务,而是包括两个层面:一是与版权直接相关的法律服务,比如版权交易法律服务、版权登记代理服务、版权诉讼法律服务等;二是提供以受版权保护内容为核心的法律服务,比如法律咨询服务、其他诉讼(版权诉讼除外)法律服务、专利代理服务等。这些法律服务的内容都是受版权保护的,比如法律咨询报告、诉讼代理词、专利申请文件等,因此,也作为版权服务业列入核心版权产业。2017年,上海核心版权产业版权服务业的产业增加值为101.35亿元人民币,比2016年增加了12.39亿元人民币,增长速度为13.93%。

(10) 工艺品业的产业增加值及增长速度。

工艺品业包括雕塑工艺品制造、金属工艺品制造、漆器工艺品制造、花画工艺品制造、天然植物纤维编织工艺品制造、抽纱刺绣工艺品制造、"地毯、挂毯工艺品制造"、其他工艺美术品制造、"首饰、工艺品及收藏品批发"、工艺美术品及收藏品零售等小类。2017年,上海核心版权产业工艺品业的产业增加值为14.39亿元人民币,增长速度为23.73%。

(二) 上海版权产业从业人数状况

1. 上海版权产业各部分从业人数

2017年,上海版权产业的从业人数从117.78万人增加到118.35万人。其中,核心版权产业从业人数从2016年的87.14万人上升到88.76万人;相互依存的版权产业从业人数从2016年的19.77万人下降到18.53万人;部分版权产业从业人数从2016年的10.87万人上升到11.06万人。

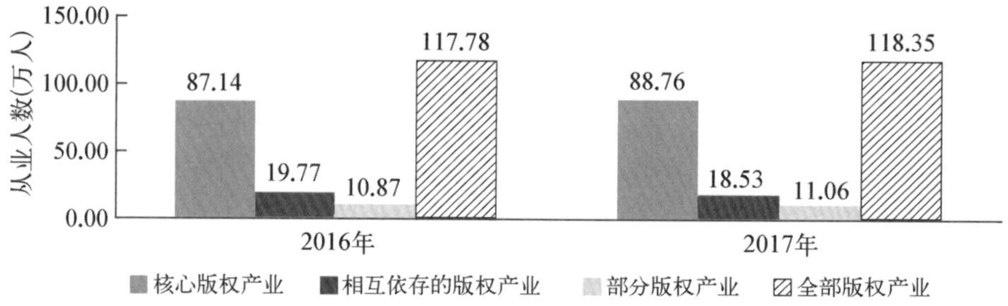

图1-附件1-9　2016—2017年上海版权产业的从业人数状况

2. 上海版权产业各部分从业人数占全社会从业人数比重

2017年,上海版权产业从业人数占当年上海全社会从业人数(1 372.65万人)的8.62%,比2016年减少了0.01个百分点。其中,核心版权产业从业人数占全社会从业人数的比重为6.47%,比2016年增加了0.09个百分点;相互依存的版权产业从业人数占全社会从业人数的比重为1.35%,比2016年减少了0.10个百分点;部分版权产业从业人数占全社会从业人数的比重为0.81%,比2016年增加了0.01个百分点。

① 本年度报告采用2012年版《国民经济行业分类》,对核心版权产业中小类的表述等有所调整。

表 1-附件 1-5　2016—2017 年上海版权产业从业人数占全社会从业人数比重状况　单位：%

分　类	2016 年	2017 年
核心版权产业	6.38	6.47
相互依存的版权产业	1.45	1.35
部分版权产业	0.80	0.81
全部版权产业	8.63	8.62

从上海核心版权产业各行业的从业人数看，2017 年，软件与互联网信息服务业、设计业、文化艺术业保持着从业人数数量前三位，而工艺品业、版权服务业、广播影视业从业人数较少，具有较大上升空间。

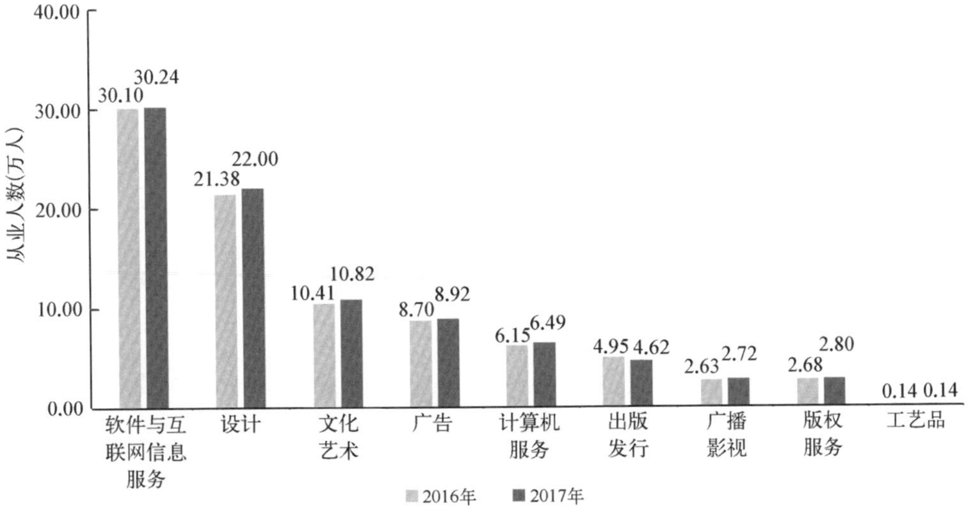

图 1-附件 1-10　2016—2017 年上海核心版权产业各行业从业人数

3. 上海版权产业从业人数的增长速度

2017 年，上海版权产业从业人数增长速度为 0.49%，从 2016 年的负增长转为正增长。其中，核心版权产业从业人数增长速度为 1.85%，比 2016 年增加了 1.05 个百分点；相互依存的版权产业从业人数已连续四年负增长，2017 年增长速度为 −6.23%；部分版权产业从业人数增长速度为 1.78%。

表 1-附件 1-6　2016—2017 年上海版权产业从业人数增长速度　单位：%

分　类	2016 年	2017 年
核心版权产业	0.80	1.85
相互依存的版权产业	−4.64	−6.23
部分版权产业	1.83	1.78
全部版权产业	−0.06	0.49

4. 上海核心版权产业从业人数占上海全社会从业人数的比重

2017 年，上海核心版权产业从业人数为 88.76 万人，比 2016 年增加了 1.62 万人，占当年上海市从业人数的比重为 6.47%，与 2016 年相比增加了 0.09 个百分点。

(三)上海版权产业货物贸易进出口额状况[①]

1. 上海版权产业货物贸易进出口额状况

2017年,上海版权产业货物贸易进口额为92.95亿美元,出口额为326.62亿美元,出口额约为进口额的3.5倍。上海版权产业货物贸易进口额比2016年增加了4.12亿美元,出口额比2016年增加了38.45亿美元。2017年,上海版权产业的货物贸易保持顺差,相较前五年,出口贸易状况开始回升。

2. 上海版权产业货物贸易进出口额占上海市进出口贸易额的比重

2017年,上海版权产业货物贸易进口额占当年全市货物贸易进口总额的3.29%,比2016年下降了0.26个百分点;出口额占当年全市货物贸易出口额的比重为16.86%,较2016年上升了1.15个百分点。

3. 上海核心版权产业货物贸易进出口额

2017年,上海核心版权产业货物贸易进口额为9.24亿美元,比2016年增加了1.78亿美元;出口额为7.86亿美元,比2016年减少了1.53亿美元。2017年,上海核心版权产业货物贸易出现逆差。

4. 上海核心版权产业货物贸易进出口额占上海市进出口贸易额的比重

2017年,上海核心版权产业货物贸易进口额占上海市进口贸易额的比重是0.33%,与2016年相比上升了0.03个百分点;出口额占上海市出口贸易额的比重为0.41%,比2016年下降了0.10个百分点。

5. 上海相互依存的版权产业货物贸易进出口额

2017年,上海相互依存的版权产业货物贸易进口额为79.60亿美元,比2016年增加了1.89亿美元;出口额为309.16亿美元,比2016年增加了39.75亿美元。2017年,上海相互依存的版权产业货物贸易保持顺差。

6. 上海相互依存的版权产业货物贸易进出口额占上海市进出口贸易额比重

2017年,上海相互依存的版权产业货物贸易进口额占上海市进口贸易额的比重为2.82%,相较2016年下降了0.28个百分点;出口额占上海市出口贸易额的比重为15.96%,相较2016年增加了1.28个百分点。

7. 上海部分版权产业货物贸易进出口额

2017年,上海部分版权产业货物贸易进口额为4.11亿美元,比2016年增加了0.45亿美元;出口额为9.60亿美元,比2016年增加了0.22亿美元。

8. 上海部分版权产业货物贸易进出口额占上海市进出口贸易额的比重

2017年,上海部分版权产业货物贸易进口额占上海市进口贸易额的比重为0.15%,与2016年持平;出口额占上海市出口贸易额的比重为0.50%,相较2016年下降了0.01个百分比。

(四)上海核心版权产业服务贸易进出口额[②]

1. 上海核心版权产业服务贸易进出口额

2017年,上海核心版权产业服务贸易出口额为131.95亿美元,进口额为57.20亿美元。出口额与进口额(亿美元)与2016年相比均有所增长。

---

① 本部分所称上海版权产业商品进出口贸易额来自于上海海关货物贸易进出口统计数据,由于商品交易方式正在发生转变,海关货物贸易数据仅反映的是具有实物载体的货物进出口交易数额情况。

② 本报告的服务贸易进出口额等数据,均是按其版权成分乘以版权因子后获得的数据。

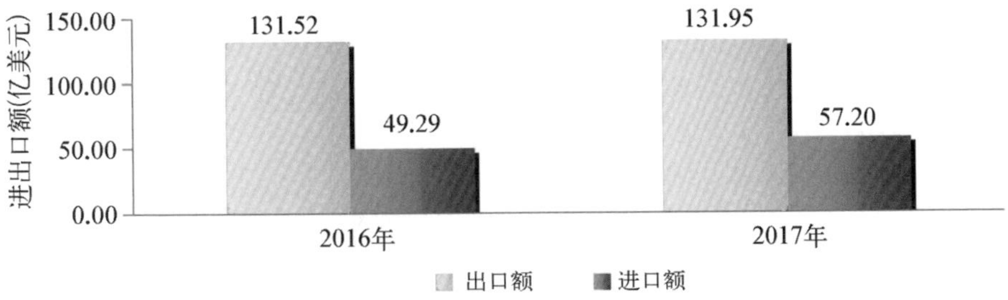

图 1-附件 1-11　2016—2017 上海核心版权产业服务贸易进出口额

2017 年,在核心版权产业各行业中,计算机和信息服务类的服务贸易进出口额均居首位。咨询类、广告宣传类也占据着上海核心版权产业服务贸易进出口的重要位置。而核心版权产业服务贸易中的电影音像类、版权交易类的进出口额具有较大发展空间。

表 1-附件 1-7　2016—2017 年上海核心版权产业服务贸易各类别出口额　　单位:亿美元

分　　类	2016 年	2017 年
计算机和信息服务	71.58	73.48
咨询	28.91	30.08
广告宣传	30.24	27.81
电影音像	0.73	0.52
版权交易	0.06	0.05

表 1-附件 1-8　2016—2017 年上海核心版权产业服务贸易各类别进口额　　单位:亿美元

分　　类	2016 年	2017 年
计算机和信息服务	27.79	32.10
广告宣传	8.89	10.77
咨询	9.60	10.35
电影音像	2.11	2.94
版权交易	0.90	1.04

2017 年,按当年价格计算,计算机和信息服务类服务贸易进出口额均保持上升势头,出口额为 73.48 亿美元,比 2016 年增加 1.90 亿美元,增长速度为 2.66%。

2017 年,咨询类服务贸易呈现明显顺差态势,咨询类服务贸易出口额约为进口额的 3 倍。

2017 年,广告宣传类服务贸易进口额比 2016 年增加了 1.88 亿美元,出口额比 2016 年减少了 2.43 亿美元。

2017 年,电影音像类服务贸易进口额持续增加,进口额增加了 0.83 亿美元,出口额减少了 0.21 亿美元。总体而言,电影音像类服务贸易进口额大于出口额,出现逆差态势。

2017 年,版权交易类服务贸易的总体进出口额不高,进口额远超出口额,呈现明显逆差态势。

2. 上海核心版权产业服务贸易进出口额占服务贸易进出口总额比重

2017年,上海核心版权产业服务贸易进口额占上海市服务贸易进口总额的比重为4.00%,比2016年下降了2.81个百分点;出口额约占上海市服务贸易出口总额的1/4,为25.17%,比2016年上升了2.10个百分点。

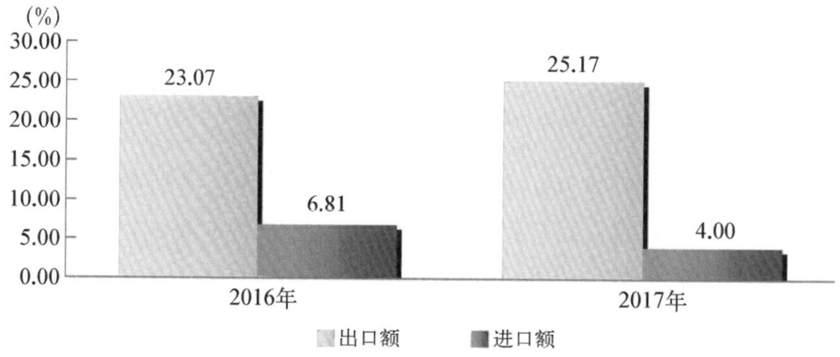

图1-附件1-12 2016—2017年核心版权产业服务贸易进出口额占上海服务贸易进出口总额比重

2017年,上海计算机和信息类服务贸易进口额为32.10亿美元,占上海服务贸易进口总额的2.24%;出口额为73.48亿美元,占上海服务贸易出口总额的14.02%。

2017年,版权交易类服务贸易进口额为1.04亿美元,占上海服务贸易进口总额比重为0.07%;出口额为0.05亿美元,占上海服务贸易出口总额比重为0.01%。

2017年,电影音像类服务贸易进口额为2.94亿美元,占上海服务贸易进口总额的比重为0.21%;出口额为0.52亿美元,占上海服务贸易出口总额比重为0.10%。

2017年,咨询服务类服务贸易进口额为10.35亿美元,占上海服务贸易进口总额的比重为0.72%;出口贸易额为30.08亿美元,占上海出口总额的比重为5.74%。

2017年,广告宣传类服务贸易进口额为10.77亿美元,占上海服务贸易进口总额的比重为0.75%;出口额为27.81亿美元,占上海服务贸易出口总额的比重为5.30%。

3. 上海核心版权产业服务贸易进出口额增长速度

2017年,上海核心版权产业服务贸易进口额和出口额增长速度分别为16.04%和0.33%,与2016年相比较,进口额增速较2016年大幅上升,但出口额增速刚好相反,较2016年呈现下降趋势。

表1-附件1-9 2016—2017年上海核心版权产业服务贸易进出口额增长速度

服务贸易类别	2016年(%)	2017年(%)
出口额增长速度	8.66	0.33
进口额增长速度	6.90	16.04

2017年,进口额增长最快的类别是电影音像类,达39.32%。其次是广告宣传类、版权交易类、计算机和信息服务类、咨询类,增长速度分别为21.18%、15.75%、15.50%和7.78%。

服务贸易出口额方面,咨询业增长速度为4.05%,计算机和信息服务增长速度为2.66%,广告宣传类、版权交易类、电影音像类均为负增长。

附录 1：上海版权产业 2011—2017 年数据总表

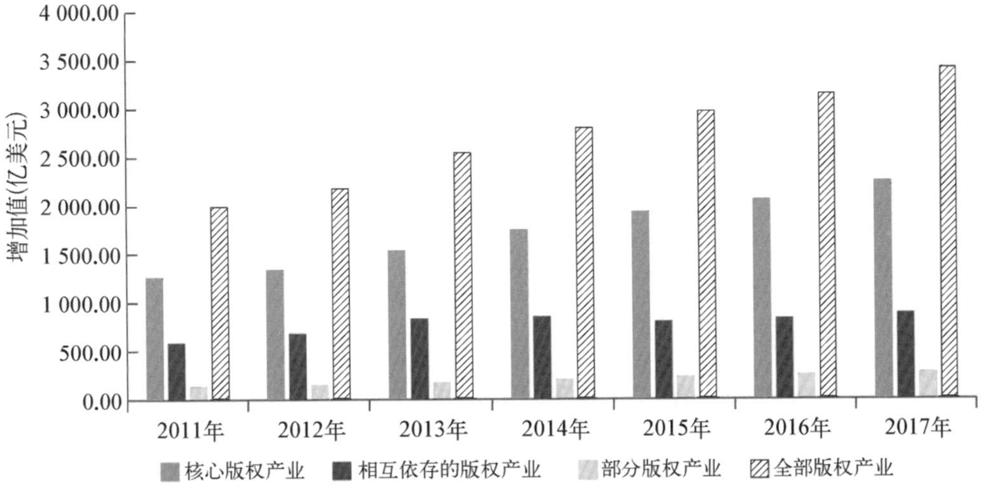

图 1-附件 1-附录 1-1　2011—2017 年上海版权产业各部分增加值状况

表 1-附件 1-附录 1-1　2011—2017 年上海版权产业各部分增加值状况　　单位：亿美元

年　份	2011	2012	2013	2014	2015	2016	2017
核心版权产业	1 267.30	1 344.07	1 540.54	1 748.57	1 939.16	2 065.96	2 256.22
相互依存的版权产业	593.24	690.49	835.70	853.83	808.74	835.31	893.19
部分版权产业	137.87	150.14	172.82	202.81	225.96	252.48	276.93
全部版权产业	1 998.42	2 184.70	2 549.06	2 805.21	2 973.87	3 153.75	3 426.35

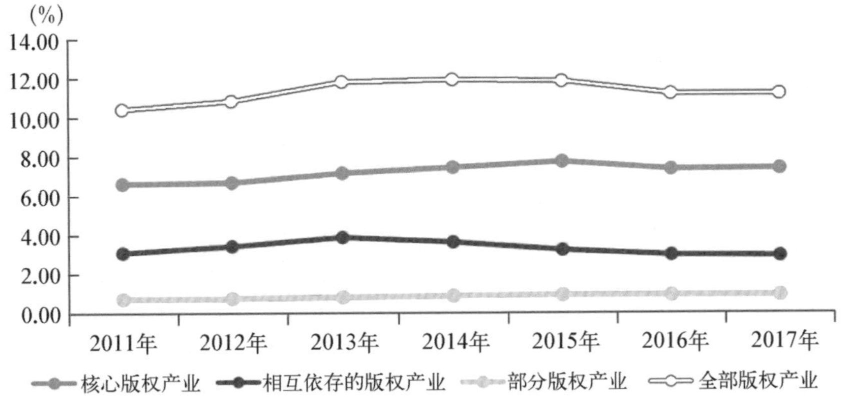

图 1-附件 1-附录 1-2　2011—2017 年上海版权产业增加值占 GDP 的比重状况

表 1-附件 1-附录 1-2　2011—2017 年上海版权产业增加值占 GDP 的比重状况　　单位：%

年　份	2011	2012	2013	2014	2015	2016	2017
核心版权产业	6.60	6.66	7.13	7.42	7.72	7.33	7.37
相互依存的版权产业	3.09	3.42	3.87	3.62	3.22	2.96	2.92
部分版权产业	0.72	0.74	0.80	0.86	0.90	0.90	0.90
全部版权产业	10.41	10.83	11.80	11.91	11.84	11.19	11.19

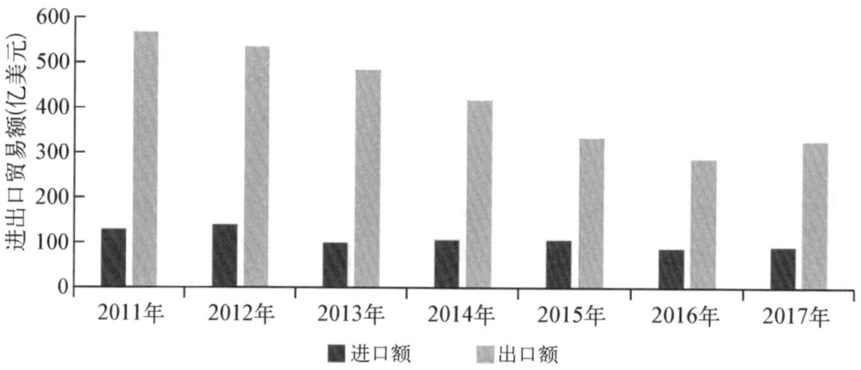

图 1-附件 1-附录 1-3　2011—2017 年上海版权产业的商品进出口贸易状况

表 1-附件 1-附录 1-3　2011—2017 年上海版权产业的商品进出口贸易状况　　单位：亿美元

年　份	2011	2012	2013	2014	2015	2016	2017
进口额	129.22	140.07	101.54	107.59	107.74	88.83	92.95
出口额	567.64	535.1	485.33	418.98	335.76	288.17	326.62

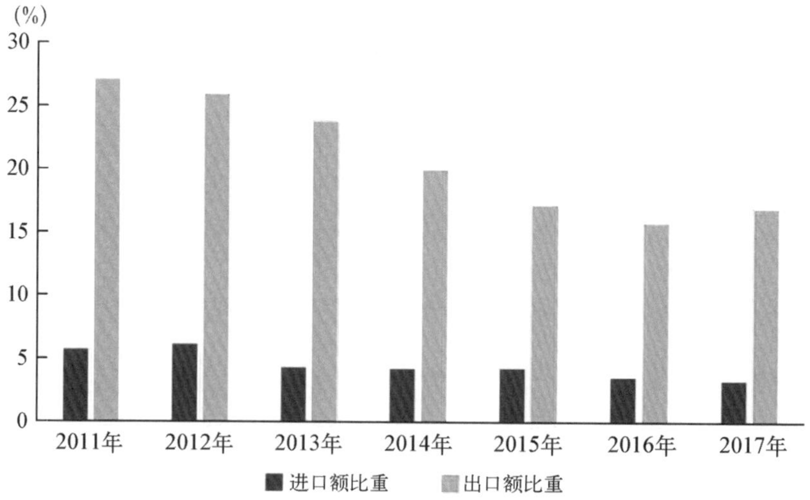

图 1-附件 1-附录 1-4　2011—2017 年上海版权产业的商品进出口贸易额占上海市进出口贸易额的比重状况

表 1 -附件 1 -附录 1 - 4　2011—2017 年上海版权产业的商品进出口贸易额占上海市进出口贸易额的比重状况

单位：%

年　份	2011	2012	2013	2014	2015	2016	2017
进口额比重	5.68	6.09	4.28	4.2	4.25	3.55	3.29
出口额比重	27.06	25.87	23.76	19.93	17.14	15.71	16.86

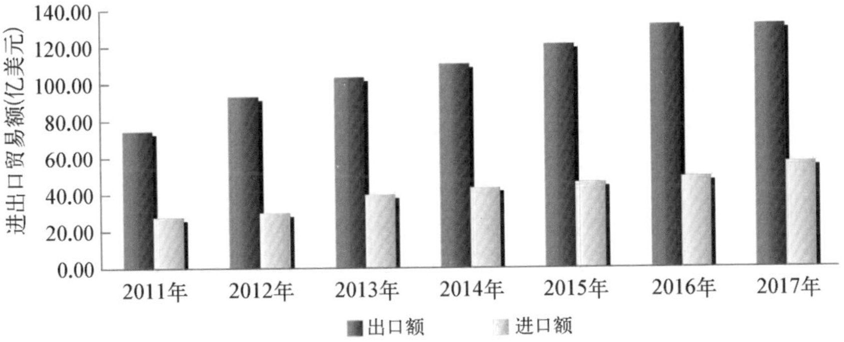

图 1 -附件 1 -附录 1 - 5　2011—2017 核心版权产业服务贸易进出口额

表 1 -附件 1 -附录 1 - 5　2011—2017 核心版权产业服务贸易进出口额　单位：亿美元

年　份	2011	2012	2013	2014	2015	2016	2017
出口额	74.49	93.02	103.32	110.58	121.04	131.52	131.95
进口额	27.79	29.95	39.80	43.40	46.11	49.29	57.20

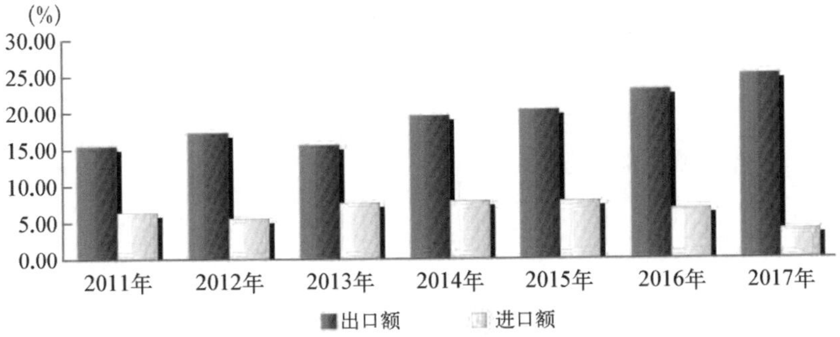

图 1 -附件 1 -附录 1 - 6　2011—2017 核心版权产业服务贸易进出口额占上海服务贸易进出口总额比重

表 1 -附件 1 -附录 1 - 6　2011—2017 核心版权产业服务贸易进出口额占上海服务贸易进出口总额的比重状况

单位：%

年　份	2011	2012	2013	2014	2015	2016	2017
出口额	15.49	17.32	15.57	19.61	20.39	23.07	25.17
进口额	6.46	5.61	7.70	7.94	7.90	6.81	4.00

附录 2：上海版权产业的分类及其范围

本报告主要借鉴 WIPO 的分类方式，将上海版权产业划分三大类别，即核心版权产业、相互依存的版权产业和部分版权产业。① 需要说明的是，根据《国家统计局关于执行新国民经济行业分类国家标准的通知》(国统字〔2011〕69 号)要求，新《国民经济行业分类》(GB/T4754—2011)从 2012 年开始使用。因此，本报告根据《国民经济行业分类》(GB/T4754—2011)，对版权产业的统计范围进行了相应的调整。

1. 核心版权产业的范围界定

核心版权产业(Core Copyright Industries)是指完全从事创造、制作和制造、表演、广播、传播和展览或销售与发行作品和其他受版权保护客体的产业。本报告根据 WIPO 确定的范围，并结合上海的产业发展情况进行调整后，将上海核心版权产业的统计范围确定如下：出版发行、广播影视、文化艺术、计算机服务、软件与互联网信息服务、广告、设计、工艺品、版权服务等，共 9 个中类，67 个小类(如表 1-附件 1-附录 2-1 所示)。②

表 1-附件 1-附录 2-1　核心版权产业分类表

代　　码	统　计　范　围
	1. 出版发行
8510	新闻业
8521	图书出版
8522	报纸出版
8523	期刊出版
8525	电子出版物出版
8529	其他出版业
2311	书、报刊印刷
2319	包装装潢及其他印刷
2320	装订及印刷相关服务
5143	图书批发
5243	图书、报刊零售
5144	报刊批发
7122	图书出租
7123	音像制品出租
8660	录音制作
8524	音像制品出版
2330	记录媒介复制
5145	音像制品及电子出版物批发
5244	音像制品及电子出版物零售

① 关于上海版权产业的界定依据，以及其与世界知识产权组织的分类、我国文化产业的分类的比较，请参见 2010 年发布的《上海版权产业报告(2004—2007)》。

② 注：表中标注 * 的，表示该行业类别仅有部分活动属于版权产业，因此在统计时需要乘以版权因子。下同。

（续表一）

代　码	统　计　范　围
	2. 广播影视
8610	广播
8620	电视
6321	有线广播电视传输服务
6322	无线广播电视传输服务
6330	卫星传输服务
8630	电影和影视节目制作
8650	电影放映
8640	电影和影视节目发行
	3. 文化艺术
8710	文艺创作与表演
8720	艺术表演场馆
8941	文化娱乐经纪人
8942	体育经纪人
8949	其他文化艺术经纪代理
8790	其他文化艺术业
8911	歌舞厅娱乐活动
8912	电子游艺厅娱乐活动
8913	网吧活动
8919	其他室内娱乐活动
7299	其他未列明商务服务业
7492	摄影扩印服务
7350	社会人文科学研究
8731	图书馆
	4. 计算机服务
6520	信息系统集成服务
6540	数据处理和存储服务
	5. 软件与互联网信息服务
6510	软件开发
5177	计算机、软件及辅助设备批发（仅指软件部分）
5273	计算机、软件及辅助设备零售（仅指软件部分）

(续表二)

代　　码	统　计　范　围
6591	数字内容服务
6420	互联网信息服务
	6. 广告
7240	广告业
	7. 设计
7482	工程勘察设计
7491	专业化设计服务
7499	其他未列明专业技术服务业
E	建筑业(全部)
	8. 工艺品
2431	雕塑工艺品制造
2432	金属工艺品制造
2433	漆器工艺品制造
2434	花画工艺品制造
2435	天然植物纤维编织工艺品制造
2436	抽纱刺绣工艺品制造
2437	地毯、挂毯工艺品制造
2439	其他工艺美术品制造
5146	首饰、工艺品及收藏品批发
5246	工艺美术品及收藏品零售
	9. 版权服务
7250	知识产权服务
7221	律师及相关法律服务
7222	公证服务
7229	其他法律服务

2. 相互依存的版权产业的范围界定

相互依存的版权产业(Interdependent Copyright Industries)是指从事制作、制造和销售其功能完全或主要是为作品及其他受版权保护客体的创作、制作和使用提供便利的设备的产业。它进一步分为“核心的”相互依存的版权产业和“部分的”相互依存的版权产业。根据 WIPO 指南的界定，本报告结合国民经济分类表，将相互依存的版权产业的统计范围确定如下：广播设备与家用电器、照相和电影摄影器材、复印设备与录制介质、乐器制造、电子计算机及辅助设备、电信设备与服务、造纸及纸制品等，共 7 个中类，48 个小类(如表 1 -附件 1 -附录 2 - 2 所示)。

表 1 -附件 1 -附录 2 - 2　相互依存的版权产业分类表

代　　码	统　计　范　围
	1. 广播设备与家用电器
3931	广播电视节目制作及发射设备制造
3932	广播电视接收设备及器材制造
3939	应用电视设备及其他广播电视设备制造
5178	通讯及广播电视设备批发
3953	影视录放设备制造
3951	电视机制造
3952	音响设备制造
5137	家用电器批发
5272	日用家电设备零售
	2. 照相和电影摄影器材
3471	电影机械制造
3472	幻灯及投影设备制造
3473	照相机及器材制造
5248	照相器材零售
	3. 复印设备与录制介质
3474	复印和胶印设备制造
3542	印刷专用设备制造
2664	信息化学品制造
5279	其他电子产品零售
	4. 乐器制造
2421	中乐器制造
2422	西乐器制造
2423	电子乐器制造
2429	其他乐器及零件制造
	5. 电子计算机及辅助设备
3911	计算机整机制造
3912	计算机零部件制造
3919	其他计算机制造
3913	计算机外围设备制造
5177	计算机、软件及辅助设备批发
5273	计算机、软件及辅助设备零售
7114	计算机及通信设备租赁

(续表)

代　码	统　计　范　围
	6. 电信设备与服务
3921	通信系统设备制造
3922	通信终端设备制造
5274	通信设备零售
6311	固定电信服务
6312	移动电信服务
6319	其他电信服务
6410	互联网接入及相关服务
6490	其他互联网服务
6530	信息技术咨询服务
6550	集成电路设计
6592	呼叫中心
6599	其他未列明信息技术服务业
	7. 造纸及纸制品
2211	木竹浆制造
2212	非木竹浆制造
2221	机制纸及纸板制造
2222	手工纸制造
2223	加工纸制造
2231	纸和纸板容器制造
2239	其他纸制品制造
2312	本册印制

3. 部分版权产业的范围界定

部分版权产业(Partial Copyright Industries)是指它们中有一部分活动关系到作品和其他版权保护内容,可能包括创造、生产和制造、表演、广播、传播和展出、发行与销售。根据WIPO指南的界定,本报告结合国民经济分类表,将部分版权产业的统计范围确定如下:纺织、服装与皮革、家具与门窗、文化用品、玩具与游艺器材制造、“家庭用品、玻璃与陶瓷”、珠宝与硬币、商业服务、规划与测绘、教育与社会组织、文化娱乐活动等,共11个中类,79个小类(如表1-附件1-附录2-3所示)。

表1-附件1-附录2-3　部分版权产业分类表

代　码	统　计　范　围
	1. 纺织
1771	床上用品制造

（续表一）

代　码	统 计 范 围
1772	毛巾类制品制造
1773	窗帘、布艺类产品制造
1784	篷、帆布制造
1783	纺织带和帘子布制造
1781	非织造布制造
1779	其他家用纺织制成品制造
1789	其他非家用纺织制成品制造
1712	棉织造加工
1751	化纤织造加工
1722	毛织造加工
1763	针织或钩针编织品制造
1742	绢纺和丝织加工
1761	针织或钩针编织物织造
1732	麻织造加工
5131	纺织品、针织品及原料批发
	2. 服装与皮革
1810	机织服装制造
1820	针织或钩针编织服装制造
5132	服装批发
1951	纺织面料鞋制造
1830	服饰制造
5133	鞋帽批发
1952	皮鞋制造
1921	皮革服装制造
1922	皮箱、包(袋)制造
1923	皮手套及皮装饰制品制造
1929	其他皮革制品制造
1932	毛皮服装加工
1939	其他毛皮制品加工
1942	羽毛(绒)制品加工
	3. 家具与门窗
2110	木质家具制造

(续表二)

代　码	统 计 范 围
2120	竹、藤家具制造
2130	金属家具制造
2140	塑料家具制造
2190	其他家具制造
5283	家具零售
	4. 文化用品
2411	文具制造
2412	笔的制造
2413	教学用模型及教具制造
2414	墨水、墨汁制造
2419	其他文教办公用品制造
5149	其他文化用品批发
5249	其他文化用品零售
5141	文具用品批发
5241	文具用品零售
	5. 玩具与游艺器材制造
2450	玩具制造
2461	露天游乐场所游乐设备制造
2462	游艺用品及室内游艺器材制造
2469	其他娱乐用品制造
	6. 家庭用品、玻璃与陶瓷
5135	厨房、卫生间用具及日用杂货批发
5139	其他家庭用品批发
3054	日用玻璃制品制造
3055	玻璃包装容器制造
3073	日用陶瓷制品制造
3079	园林、陈设艺术及其他陶瓷制品制造
3379	搪瓷日用品及其他搪瓷制品制造
3381	金属制厨房用器具制造
	7. 珠宝与硬币
2438	珠宝首饰及有关物品的制造
5245	珠宝首饰零售

（续表三）

代　码	统计范围
	8. 商业服务
7232	市场调查
7233	社会经济咨询
7239	其他专业咨询
7292	会议及展览服务
5181	贸易代理
5182	拍卖
	9. 规划与测绘
7483	规划管理
7440	测绘服务
	10. 教育与社会组织
8241	普通高等教育
8242	成人高等教育
8291	职业技能培训
8293	文化艺术培训
8299	其他未列明教育*
9421	专业性团体
	11. 文化娱乐活动
8732	档案馆
8750	博物馆
8740	文物及非物质文化遗产保护
8990	其他娱乐业
8770	群众文化活动
8920	游乐园

附件 2　上海版权产业分析报告(2017)

按照世界知识产权组织的界定,版权产业(又称全部版权产业)是指版权可发挥显著作用的产业。它是一个跨越传统的产业类别,是国民经济中与版权相关的诸多产业部门的集合,是产业经济学的一个新领域。这一产业及其相关行业部门的共同特点是,以版权制度为存在基础,发展与版权保护息息相关,或者其增值主要来源于版权创造,并直接或间接地受版权法律的保护。根据各产业部门对版权的依赖程度,世界知识产权组织将这些产业部门分为核心版权产业、相互依存的版权产业、部分版权产业等类别,共同组成版权产业。

2003 年,世界知识产权组织(WIPO)发表了《版权相关产业经济贡献调查指南》[①],提出了从经济学角度衡量版权活动所做的贡献的方法,用于指导世界各国对版权产业的经济贡献进行调查研究。在已开展调查的各国[②]所出具的研究报告可以看到,版权产业经济贡献主要是依据以下三个指标进行测量:(1) 版权产业的产业增加值;[③](2) 从业人数;(3) 外贸出口额(货物与服务)。这些指标共同构成了全面反映一国、地区版权产业发展的横向状况,连续性统计则可以从动态的发展态势中纵向地反映一国、地区的版权产业对当地经济发展的贡献情况。

上海版权产业发展至今,已经形成了比较全面的产业体系,核心版权产业和非核心版权产业的业态布局合理,经济增长成效显著,对于上海经济的转型升级发展和城市经济功能打造做出了稳定、积极的贡献。同时,上海也是国内最早开展版权产业经济贡献调查的地区之一,对版权产业在上海经济发展中的地位、作用以及贡献已经形成了长期的跟踪观察机制。为更好了解 2017 年上海版权产业的发展状况,2019 年,根据上海市版权局的委托,上海知识产权研究所在《上海版权产业统计报告(2017)》的基础上进行分析研究,撰写了《上海版权产业分析报告(2017)》。报告以 2017 年的上海版权产业的基本数据为基础,总结了 2017 年上海版权产业的发展特点,对上海版权产业的未来发展进行了展望。

一、2017 年上海版权产业的综合考察

2017 年是我国"十三五"规划承上启下的关键之年,上海版权产业在促进传统版权产业转型发展的同时,积极推动新兴版权产业的创新发展。在版权产业的跨产业、跨领域的要素流动和产业融合中,通过产业的动能升级,不断提升版权产业的核心竞争力,累积产业未来发展的战略资源,为实现版权产业的持续、稳定、优质发展提供有力支撑。

(一) 上海版权产业的经济地位

1. 上海版权产业在 GDP 中占据了重要份额

2017 年,上海版权产业的产业增加值达到了 3 426.35 亿元人民币,产业增加值占当年上海 GDP 的比重为 11.19%,实际增长速度为 7.84%,对上海 GDP 的经济贡献率为 12.72%。

---

① 世界知识产权组织:版权产业的经济贡献调研指南,法律出版社,2006 年。

② 目前已有 40 多个国家开展了版权产业经济贡献调查,主要包括美国、澳大利亚、新西兰、挪威、芬兰、新加坡等。数据来自《版权产业经济贡献调研指南(2015 年修订版)》,人民出版社,2018 年。

③ 所有产业的增加值之和就是一国的国内生产总值(GDP)。

表 1-附件 2-1　上海版权产业的产业增加值及占比

年份	产业增加值(亿元)	GDP 占比(%)	实际增长速度①(%)	经济贡献率②(%)
2017	3 426.35	11.19	7.84	12.72
2016	3 153.75	11.19	2.51	4.07
2015	2 973.87	11.84	5.78	9.92

2017 年,上海市生产总值为 30 632.99 亿元,上海 GDP 实际增长速度为 6.9%。在上海版权产业的产业增加值占上海当年 GDP 的比重保持不变的情况下,实际增长速度得到较大的提升,与上年相比增长了 5.33 个百分点,使得 2017 年上海版权产业的经济贡献率在历经 2015、2016 连续两个年度跌入个位数增长且持续下滑的情况下,重新达到两位数的贡献率。

2017 年,上海核心版权产业、相互依存的版权产业和部分版权产业在产业增加值和实际增长速度两项指标上全部超越上一年度。除长期以来一直持续稳定发展的核心版权产业和部分版权产业外,包括受上海经济产业结构调整影响的相互依存的版权产业,产业增加值及其实际增长速度均达到了 2014 年以来的新高,这是本年度上海版权产业实际增长得以提速的关键因素。2017 年,上海市生产总值的第二产业比重相比上一年度上升了 1 个百分点,显示了上海制造业在 2017 年有一定程度的回升,由于制造业与相互依存的版权产业之间的关系,这也可以从侧面佐证 2017 年上海版权产业中相互依存的版权产业的表现。

2. 上海版权产业提供了相对稳定的就业机会

2017 年,上海版权产业的从业人数为 118.35 万人,增长速度为 0.49%,是自 2014 年以来连续 3 年人数减少后的首次增长。

表 1-附件 2-2　上海版权产业从业人数及占比

年　份	从业人员总数(万人)	占比社会总从业人数(%)	从业人员增长速度(%)
2017	118.35	8.62	0.49
2016	117.78	8.63	−0.06
2015	117.85	8.66	−0.74

2017 年,上海版权产业从业人员总数占社会总从业人数的比重,相比上一年度下滑了 0.01 个百分点,但相比再上一个年度,下降幅度在收窄。特别是版权产业的从业人员总数已经恢复增长,说明版权产业从业人数的数量已经趋于稳定发展。2017 年,上海核心版权产业和部分版权产业的从业人员总数和占比都有小幅增长,但上海相互依存的版权产业的从业人员总数和占比社会总从

① 由于 2012 年国民经济行业分类代码进行了调整,其中相互依存的版权产业的行业类别也进行了调整和增加,2013 年为经济普查年,统计局对产业数据进行了修订。受此影响,上海的相互依存的版权产业增加值在 2012 和 2013 连续两年达到了 20%的增长速度,也使得这两年上海版权产业的实际增长速度分别达到了 11.20%和 16.37%,是上海版权产业统计至今的最高增长速度。在随后的三年中,上海版权产业的产业增加值的增幅逐步下降,即按可比价格计算增长速度逐年降低,分别是 2014 年的 6.72%,2015 年的 5.78%和 2016 年的 2.51%。2017 年情况逐步好转。由于在核心版权产业和相互依存的版权产业上,产业增加值按可比价值计算,增幅非常明显,2017 年上海版权产业的实际增长速度得到了很大的提升。

② 经济贡献率是指根据 WIPO 指南的界定,经济贡献率=(版权产业增加值占 GDP 的比重×版权产业增加值的实际增长速度)÷GDP 的实际增长速度。这三项指标中,上海版权产业增加值占 GDP 的比重长期以来一直维持在 10%~12%之间,实际增长速度变化幅度较大,而上海 GDP 的增长速度自 2015 至 2017 年均为 6.9%。

业人数比重,则自 2014 以来连续三年降低。近几年上海版权产业从业人数的变化基本与上海城市人口政策相契合的。2017 年,上海的常住人口数量比上一年度减少了 1.37 万人,这是上海实行超大城市发展严控人口总量后的结果。具体表现在持续引进高端人才、小幅扩大从业人数的同时,逐步转移落后产能,自然流出相关产业从业人员,从而实现城市人口总量的控制与平衡。上海版权产业中,核心版权产业和相互依存的版权产业的从业人数的变化正好反映了这一情况。

3. 上海版权产业的货物贸易稳步增长

2017 年,上海版权产业货物贸易进口额为 92.95 亿美元,占上海货物贸易进口总额的 15.71%,进口增长速度为 4.64%;上海版权产业货物贸易出口额为 326.62 亿美元,占上海货物贸易出口总额的 16.86%,出口增长速度为 13.34%。

表 1-附件 2-3 上海版权产业货物贸易进出口总额及占比

年 份	货物贸易总额(亿美元)		货物贸易占比(%)		货物贸易增长速度(%)	
	进 口	出 口	进 口	出 口	进 口	出 口
2017	92.95	326.62	3.29	16.86	4.64	13.34
2016	88.83	288.17	3.55	15.71	−17.55	−14.17
2015	107.74	335.76	4.25	17.14	0.14	−19.86

2017 年,由于周期性因素和内在增长动力增强,金融环境改善,市场需求复苏,新兴市场和发展中国家经济增长提速,全球贸易走出了 2016 年低谷,世界经济进入复苏轨道。① 上海版权产业货物贸易进出口额与 2016 年相比有了明显的提升。在继续保持贸易顺差的基础上,货物贸易进出口额均实现增长,特别是出口额的占比和增长速度都是自 2011 年以来首次实现增长。

2017 年,上海核心版权产业货物贸易出口额相比 2016 年有所下降,占据上海贸易出口总额的比例也有所下降,但相互依存的版权产业的出口额相比 2016 年有了大幅的增长。就货物贸易进出口额的增长速度来说,除了上海核心版权产业的出口额增长速度是负增长,上海核心版权产业的进口额增长速度和非核心版权产业的进出口额增长速度,相比 2016 年大多有了显著的增长。

参考上海商委的统计数据,②2017 年,上海文化产品类"实物贸易"进出口总额达到 49.70 亿美元,其中,核心层(出版物)③进出口额为 4.59 亿美元,相关层进出口额为 45.10 亿美元。相关层中,文化专用设备进出口额为 19.71 亿美元,占文化产品进出口总额的 39.66%,反映出上海文化装备贸易活跃度较高。这与上海相互依存的版权产业占据上海版权产业货物贸易进出口额绝对地位的表现是一致的。

表 1-附件 2-4 上海版权产业货物贸易进出口额增长速度

年 份	核心版权产业(%)		相互依存的版权产业(%)		部分版权产业(%)	
	进 口	出 口	进 口	出 口	进 口	出 口
2017	23.79	−16.35	2.43	14.76	12.40	2.41
2016	−18.62	−9.28	−18.09	−14.84	−1.18	3.42
2015	−19.51	−12.43	2.38	−20.49	4.84	−2.63

① 数据来自《2017 年上海对外文化贸易发展报告》。
② 数据来自《2017 年上海对外贸易发展报告》。
③ 文化产业一般将产业分为三个层次,分别是核心层、外围层、相关层。

上海版权产业的这一情况也可以从上海文化产业的文化贸易统计数字中得到印证。① 2017年，上海文化贸易进口额为43.0亿美元，比上年增长了3.7亿美元，同比增长了9.4%；文化贸易出口额为48.1亿美元，比上年减少了0.6亿美元，其中音像制品及电子出版物、文化用品等文化产品进出口均实现同比增长；在出口方面，图书报纸期刊等传统出版物、工艺美术品及收藏品等均出现不同程度的萎缩，而文化专用设备则实现出口额大幅增长，增幅达到了45.7%。

（二）上海核心版权产业的经济贡献

1. 上海核心版权产业的发展状况

上海版权产业在“十二五”的发展周期内已经逐步建立起以上海核心版权产业为主，以相互依存的版权产业和部分版权产业为辅的产业结构。“十三五”发展周期内，上海版权产业以此为基础，通过进一步深化版权产业的结构调整，在促进上海版权产业的产业增加值继续增长的同时，夯实上海核心产业发展后劲。

(1)上海核心版权产业的产业增加值。

表1-附件2-5　上海核心版权产业的产业增加值及占比

年　份	产业增加值(亿元人民币)	GDP占比(%)	实际增长速度(%)	经济贡献率②(%)
2017	2 256.22	7.37	8.67	9.26
2016	2 065.96	7.33	2.77	2.94
2015	1 939.16	7.72	10.34	11.57

2017年，在国内外经济缓慢复苏的情况下，上海核心版权产业在产业增加值、GDP占比、实际增长速度和经济贡献率四项指标上均表现良好。在2016年上海核心版权产业增幅大幅波动的情况下，③2017年上海核心版权产业的发展增长速度正在逐步得以恢复。

表1-附件2-6　上海核心版权产业从业人数及占比

年　份	核心版权产业从业人数(万人)	占比社会总从业人数(%)	从业人员增长速度(%)
2017	88.76	6.47	1.85
2016	87.14	6.38	0.80
2015	86.45	6.35	4.17

上海核心版权产业的从业人数和占比呈现增长态势。虽然2015年的增长速度出现大幅降低，2016年几乎无增长，2017年仅小幅增长，但上海核心版权产业从业人数占上海版权产业从业人数的比例，在2015年首次超过了70%后逐年提高，2017年已经达到了75%，创出新高。

① 数据来自《2018年上海文化产业发展报告》。

② 经济贡献率是指根据WIPO指南的界定，经济贡献率=(版权产业增加值占GDP的比重×版权产业增加值的实际增长速度)÷GDP的实际增长速度。

③ 核心版权产业增长速度波动的原因参见前文。

表 1-附件 2-7　上海核心版权产业从业人数占比全部版权产业

年　份	核心版权产业从业人数(万人)	全部版权产业从业人数(万人)	占比(%)
2017	88.76	118.35	75.00
2016	87.14	117.78	73.99
2015	86.45	117.85	73.36
2014	82.99	118.73	69.90
2013	74.74	111.38	67.10

尽管上海核心版权产业的从业人员增长速度较慢,但上海版权产业的从业人员数量在历经 2015、2016 年连续两年负增长后,2017 年恢复了正增长,使得上海版权产业表现出从业人员逐步向核心版权产业集聚的态势,体现出上海核心版权产业在产业结构调整中得到了进一步加强。

(2) 上海核心版权产业货物贸易进出口额。

表 1-附件 2-8　上海核心版权产业货物贸易进出口额及占比

年　份	货物贸易额(亿美元)		货物贸易占比(%)		货物贸易增长速度(%)	
	出　口	进　口	出　口	进　口	出　口	进　口
2017	7.86	9.24	0.41	0.33	−16.35	23.79
2016	9.39	7.46	0.51	0.30	−9.28	−17.55
2015	10.35	9.17	0.53	0.36	−12.43	−19.51

2017 年,上海核心版权产业货物贸易在进口方面表现良好,进口额达到了近三年的新高,增长速度实现大幅提升,但是上海核心版权产业货物贸易出口则在出口额和占比两项上均出现下滑,负增长加剧。

(3)上海核心版权产业服务贸易进出口。

表 1-附件 2-9　上海核心版权产业服务贸易进出口额及占比

年　份	服务贸易额(亿美元)		服务贸易占比(%)		服务贸易增长速度(%)	
	出　口	进　口	出　口	进　口	出　口	进　口
2017	131.95	57.20	25.17	4.00	0.33	16.04
2016	131.52	49.29	23.07	6.81	8.66	6.90
2015	121.04	46.11	20.39	7.90	9.45	6.23

2017 年,上海核心版权产业服务贸易进出口额延续 2011 年以来的总额和增长速度的"双增长"态势。[①] 其中,出口额占比继续增长,达到了上海服务贸易出口总额的四分之一,进口额占比则连续第 3 年下滑,甚至已经低于 2013 年的占比额;增长速度表现则有所不同,进口额增长速度相较 2015、2016 年有了大幅增长,出口额增长速度出现大幅滑落。上海核心版权产业服务贸易的上述

① 根据《上海版权产业报告》自 2011 年开始统计以来的相关数据。

表现也可以在上海文化产业的对外服务贸易的统计中得到佐证。该报告[①]数据显示，2017 年上海文化与娱乐服务、广告服务等文化服务进口增势明显，进口增幅均超过 30%，但是文化与娱乐服务等文化产品和服务的出口则出现了下滑。

2. 上海核心版权产业的发展特点

近年来，国际分工越来越表现为相同产业不同产品之间，以及相同产品内不同工序、不同增值环节之间的多层次分工。一国、一地区在经济全球化中的获益能力取决于其在全球技术生产和服务链条中的地位。因此，争夺全球价值链高附加值的战略环节，已经成为经济博弈的焦点。以版权的垄断利润为基础的版权产业，尤其是提供 100%版权价值贡献的核心版权产业，其对于版权经济本身乃至产业经济的价值贡献和影响毋庸置疑。

（1）上海核心版权产业的发展重点突出。

2017 年，上海核心版权产业各行业的产业增加值前三位分别是软件与互联网信息服务业、设计业和广告业，增长速度前三位分别是工艺品、版权服务和软件与互联网信息服务业。2017 年，上海的软件和信息服务业实现营业收入 7 794.64 亿元，同比增长 12.9%。软件产业全年实现经营收入 4 601.22 亿元，同比增长 12.9%，占软件和信息服务业经营收入的 59%。[②] 在全国范围内，上海软件产业业务收入位列第六位。[③] 由于软件和信息技术的重要战略意义在 2017 年被提高到了前所未有的高度，上海的产业发展面临非常大的挑战和机遇。根据国家的统计[④]分析，“广东、江苏、北京、山东、浙江、上海牢牢占据软件业发展的第一梯队，年软件业务收入超过或接近 5 000 亿元规模，多年保持两位数增长，企业数量多、实力较强、转型也早”。因此，上海将在未来发展中把数字经济作为主要内生动力加大投入，根据宏观环境的变化，通过修订产业政策导向、改善营商环境等措施，促进软件产业的发展。但上海软件与互联网信息服务业的产品服务化、服务高端化转型之路难度较大，升级进度将面临较长的阵痛困难期。

2010 年，上海加入联合国教科文组织“创意城市”网络，成为全球第七个设计之都。上海雄厚的制造业基础为工业设计提供了巨大的需求空间，而日新月异的上海城市建设也为建筑设计提供了巨大的发展空间。[⑤] 目前，上海从事工业设计的人员达到了 8 万余人，相关企业和机构达到了 4 000 余家，在长三角工业设计中所占市场份额约为 50%，高端市场份额更是达到了 72%。在建筑设计中，上海是中国建筑与规划设计机构甲级资质拥有量最多的城市。[⑥] 现在上海每年举办各类设计之都活动周、上海时装周、中国国际工业博览会设计创新展、上海高级定制周等活动，逐步成为上海集聚国际设计资源的大平台，为企业搭建产业合作交流平台，营造良好的市场发展环境。被誉为中国室内设计发展“风向标”的中国室内设计周，自 2017 年起由北京移师上海，与上海国际室内设计节合并举办，是继上海与国际室内建筑师设计师团体联盟共同发布《IFI 室内设计(上海)宣言》后，上海建设设计之都又一极具象征代表意义的行动。[⑦] 2017 年底，上海发布《关于加快本市文化创意产业创新发展的若干意见》，提出发挥创意设计贯穿于经济社会多行业多领域的特点，强化创

---

① 数据来自《2018 年上海文化产业发展报告》。

② 软件定义数字经济：2018 年上海市软件行业协会工作年会成功举行，http：//dy.163.com/v2/article/detail/DHP4HU3N0511G040.html.

③ 2017 年软件业经济运行情况，http：//www.miit.gov.cn/n1146312/n1146904/n1648374/c6040132/content.html.

④ 《2018 年软件和信息技术服务业统计公报解读》，来自中华人民共和国工业和信息化部官网。

⑤ 上海创意设计产业推动“中国制造”，http：//baijiahao.baidu.com/s? id=1587262787979598146&wfr=spider&for=pc.

⑥ 直通地方：上海，中华人民共和国中央人民政府网站，http：//www.gov.cn.

⑦ 范林根：上海设计产业创新发展现状问题和对策，《上海商业》2009 年第 5 期。

意设计的引领和支撑作用,提高创意设计产业整体效益和国际竞争力,把上海建设成国际设计之都、时尚之都、品牌之都、会展之都,加快实现由“中国制造”向“中国创造”转变。这些政策措施和实践,都为上海设计业的发展提供了无限商机。

(2) 上海核心版权产业新的经济增长点。

上海作为近代中国电影的发源地,其在电影、文学、戏剧方面的贡献,为当代上海文化的地位和影响力,奠定了不可撼动的基石。上海的城市定位,特别是其中科创中心的定位,天然符合电影产业发展的需要。但近二十年来,由于文化中心的北移,上海在电影等方面的作品和人才都呈现下降趋势。在上海核心版权产业中,广播影视行业的经济贡献由于受制于当前的规模效应,产业增加值的排名不尽如人意。因此,通过大力发展电影产业,让科技推动产业升级,逐步提升其在上海核心版权产业中的地位,进而成为上海核心版权产业新的经济带动力,提高其对上海版权产业、上海经济发展的贡献,应是上海电影产业发展的共识之一。

2017 年是上海电影产业获得良好发展的进步之年。上海电影市场的全年票房收入达到了 35.02 亿元,刷新了有史以来中国城市的票房纪录;上海全年共出品电影 82 部,41 部进入院线上映,在全国累计票房收入约 49.6 亿元,比 2016 年增长了 10.2%,也成了上海电影产业票房收入的历年之最。[①]

表 1-附件 2-10　上海电影相关数据统计[②]

年　份	票房(亿元)	增长(%)	观众数(万人次)	增长(%)	场次(万场)	增长(%)
2017	35.02	6.99	8 305.97	13.68	337.23	31.68
2016	30.37	3.3	7 300	7.19	251.68	32.36
2015	29.4	44.76	6 810.02	47.14	190.15	27.28

上海电影市场自 2009 年以来一直处于高速发展阶段。自 2016 年起首次超越北京,位居全国城市票房首位,2017 年继续蝉联全国电影票房排行榜首。这既得益于上海整体经济发展水平的提高,也是上海之于电影产业重要性的表现。早在 2014 年,上海就开始围绕电影全产业链,展开了全方位电影业布局,即对影视、动漫、网络、出版等各类作品创作全流程进行了细分和功能划分。2016 年以来,上海陆续发布了《关于促进上海电影发展的若干政策》《促进上海电影发展专项资金》《关于加快本市文化创意产业创新发展的若干意见》等一系列政策措施,从资金支持、金融税收、土地规划、人才培育、区县联动等多个方面,对电影产业链上的各个环节予以扶持。但是,上海电影产业缺乏足够多的富有竞争力的影视优质企业,无法聚集产业人才形成规模集群效应,直接导致缺乏足够多的本地优质影视创作,也就无法形成电影产业的核心竞争力,无法形成直接的产业链引导。上海目前较多依赖资金、消费来带动电影产业的发展,但是上海电影产业应有的影响力以及产业效应尚未得到充分的体现。依靠上海现有的金融和科技优势,实现上海电影产业在工业化、数字化和科技应用中的产业链疏通,寻求在“创作—制作—发行—放映—衍生”等核心环节上的突破,通过集约化经营和规模化发展来促进上海电影产业的发展,变得非常重要。

一是以创作环节为例,上海作为网络文学创作起步最早的城市之一,当前已成为国内网络文学

① 2017 上海电影年度成绩单为上海电影“再出发”找准起点,《文汇报》2018 年 1 月 11 日。
② 数据来自上海市文化广播影视管理局。

创作的高地。2017 年，盛大文学和腾讯文学合并组建的阅文集团总部落户上海，旗下囊括 QQ 阅读、起点中文网等业界知名品牌，拥有 1 000 万部作品储备、400 万名注册作家，几十万签约作家，覆盖 200 多种内容品类，坐拥 6 亿用户。以这样的优质文化企业为核心，上海的网络文学创作已经占到全国网络文学市场 90％的份额，[①]形成上海特有的创作优势。不但能够直接创造经济效益，例如，2017 年上海网络文学市场的营收达到了 40 亿元，比 2016 年增长 74％；[②]而且还可以为上海电影创作提供优质的 IP，构建上海本地的版权资源库，为影视、动漫、游戏、衍生品等创作开发提供资源。以网络游戏为例，2017 年上海网络游戏产值达到了 569.3 亿元，同比增长了 24.6％，占全国网络游戏产值的 28.3％，占全球游戏产值 1089 亿美元的 8.3％。[③]

二是以制作环节为例，上海正在逐步建设中国电影后期制作中心。电影是一门综合艺术，制作流程非常复杂，上海抓住中国电影工业发展还处于初级阶段这一时机，借助上海影视的技术优势、资金优势和国际化优势，集聚专业的技术团队，通过高质量的科技手段，为入驻剧组提供后期制作的全流程高科技制作服务。围绕上海的影视基地形成后期的影视制作、影视发行、影视投融资公司的集聚，构建现代电影工业体系，进而推进上海影视创制中心的建立。以松江影视产业基地为例，2017 年，松江全区的影视产业实现产值 302 亿元，实现税收 20.85 亿元；上海仓城影视文化产业园区在全国影视行业专业园区内实现影视企业数量、产值、税收“三个第一”。[④] 松江已经成为上海建立全球影视创制中心的重要承载区之一。

因此，开发电影产业新的商业形式，全面提升上海电影产业的经济规模，提高其在上海核心版权产业中的地位和经济贡献，使之成为上海核心版权产业未来发展的主要动能，对上海版权产业和上海经济发展来说都有非常重要的意义。

（三）上海版权产业的发展总结

1. *传统版权产业的数字化、网络化转型发展*

版权产业是以版权作品创作和版权运作为核心基础的产业。随着我国网络基础设施的逐步完善，传统版权产业正在遭遇网络经济发展的严重挑战，线上版权产业经济的发展正在逐步追近、持平、超越线下版权产业经济。这一经济发展的优化模式已经成了当前不可阻挡的趋势。

这一趋势的具体表现就是，在移动互联网、大数据、云计算、人工智能、3D 打印、VR 等数字技术的驱动下，传统版权产业的固有商业模式正在式微，以数字化技术为支撑的产业链得到无限延伸。数字化、网络化的发展带来了新的产品和流程，推出了新的商业模式，也打破了传统的服务区域。目前跨境交易的服务有一半以上已经实现数字化，交易成本大大降低，交易内容极大丰富，贸易的地域范围得到拓展。但这一趋势并不是淘汰传统版权产业，而是通过数字化手段开创新的“互联网＋”商业模式，促进出版、广电和媒体等传统版权产业的转型升级发展。

传统版权产业与数字化、网络化手段的互相融合、互相渗透、互相融合影响的发展，有效地实现了传统产业在自身固有领域外的新发展，创造了新的产业市场和价值实现渠道。

---

① 上海约占全国网络文学市场 90％的份额，已形成上下游产业链，来源：上观新闻，https：//www.shobserver.com/news/detail? id＝34385.

② 张程：“游戏”社会，《检查风云》，http：//www.shjcy.gov.cn/jcfy/gdgc/42265.jhtml.

③ 《2017 上海网络游戏市场年度发展报告》，http：//finance.sina.com.cn/chanjing/cyxw/2018－05－08/doc-ihaichqy5368909.shtml.

④ 重磅！松江科技影都正式发布，将打造国际一流的大型高科技影视基地，http：//www.sohu.com/a/237075527_423673.

2. 新兴版权产业的新技术、新模式创新发展

从纸质版权到电子、音频版权,从影院电视到网络视频,从电脑操作系统到移动操作系统,从录音录像制品到网络流媒体,这是版权产业在"互联网+"新经济形态下呈现出来的新业态。[①] 相比传统版权载体,中国网络核心版权产业的行业规模已经从2006年的163.8亿元增长到了2016年的5 086.9亿元人民币,增幅超过了30倍,年均增长速度保持在30%以上。[②] 人工智能、虚拟现实、区块链等新兴技术正在显示其对版权产业发展的积极影响。例如,人工智能技术正日益被应用到创作、传播、管理和保护的版权产业全产业链中;在电影制作中,利用人工智能技术、机器人进行写作、作曲等,正在逐步常态化;依托于AR、VR等设备、平台和技术研发的新型游戏推出后,颠覆了传统的游戏概念,催生出新的游戏业态;区块链技术的出现也为版权保护提供了更加有效的手段。[③] 随着科学技术的逐步突破,新兴版权产业正在逐步改变现有的版权经济格局。

伴随着版权保护力度的加强,以视频、图片、文学、体育直播等为内容的用户付费模式带来良好效益,激发了版权内容创作的积极性;2012年以来,智能手机产品与网络带宽技术不断升级,拓展了数字音乐收听场景,流媒体应用与版权保护强化使得用户付费的场景体验更加丰富。例如,QQ音乐的付费用户已经达到千万级别。演唱会直播也悄然兴起,强化了线下与线上的连接,拓展了泛音乐产业互动的场景,将是音乐产业重要的创收模式。以王菲在上海举办的演唱会为例,腾讯视频LiveMusic获得全球独家网络播出权。从腾讯公布的数据来看,演唱会开始时不到10分钟,共有400万人次观看,演唱会结束时,总观看人数达到2 149万人次,有166个国家同步收看,网友共发送弹幕评论44万条,收获礼物2 813.8万个,折合人民币281.3万元。[④] 这些新技术、新模式,都已成为上海版权产业发展的新兴推动力量。

3. 上海版权产业的跨领域、跨要素融合发展

上海版权产业的发展不但需要改革、发展现有产业形态,还需要充分利用新技术、新方法拓展产业生态,更需要打通版权产业各行业的发展壁垒、互通有无,促进版权产业的跨领域、跨要素的合作和融合。

一是通过文化因素与装备制造业的结合,逐步提高版权要素对产业的贡献度,即通过产业的混合发展,达到提升版权产业的经济效益。像上海的晨光、马力、英雄等在内的上海本土文化装备企业,近年来的成功转型发展就是很好的体现。二是促进具有共同版权要素的产业交叉发展。例如,出版单位与电视机制造企业开展合作,将智能家电作为数字出版内容产品的终端,可以让观众通过下载电子图书、在线视频点播、图片浏览等方式,"阅读"出版单位的数字内容;陶瓷企业将生产领域从传统建筑陶瓷向文化陶瓷拓展,使陶瓷产品在传统文化中迸发出新的竞争力。三是通过开放市场,引进类似迪士尼等在内的国际知名版权经营文化企业,加强与不同国家、地区的文化优势融合,建立跨地域的版权要素流通、合作通道,促进国内外版权产业的衔接和对标,实现版权经济结构的优化和升级。

近年来,随着我国文化国际影响力不断提升,文化"走出去"力度持续加大,版权对外贸易的发

① 据《2017网络版权产业发展年度报告》,2016年中国网络核心版权产业的行业规模突破5 000亿元,比2015年增长了31.3%。其中,网络游戏行业规模达1 827.4亿元,中国网络文学产业规模为100亿元,网络视频行业规模达到521亿元,网络音乐产业行业规模突破150亿元。
② 5 000亿市场崛起,版权产业的产业格局与中国力量,来源:腾讯研究院,https://www.sohu.com/a/166507637_455313.
③ 陈一丹:中美互联网内容产业发展与版权制度演变,来源:腾讯研究院,https://www.tisi.org/4870.
④ 5 000亿市场崛起,版权产业的产业格局与中国力量,来源:腾讯研究院,https://www.sohu.com/a/166507637_455313.

展前景良好。一方面，我国传统的武侠影视、孔子教育等文化在国外的影响持续发酵，另一方面，中国网络文学、抖音、哔哩哔哩等新型文化创作和传播形式，也在国际市场上日益受到追捧。2017年，在我国现有的发展基础上，上海版权产业应当紧紧把握“一带一路”的市场契机，充分利用上海自贸试验区建设的战略机遇，以打响“上海文化”品牌为发力点，开拓版权贸易渠道，提升版权贸易水平，扩大版权贸易规模，优化版权贸易结构，顺应了上海版权产业发展的新趋势。

二、上海版权产业发展的比较分析

(一) 国内版权产业的发展比较

1. 国内版权产业的发展环境

十八大以来，党中央、国务院高度重视版权工作，印发了《“十三五”国家知识产权保护和运用规划》等文件。为贯彻落实文件的精神，2017年国家版权局印发了《版权工作“十三五”规划》，对“十三五”时期版权工作进行了全面部署。通过坚持体制机制创新，不断健全版权监管体系，开展“剑网行动”等专项治理，完善著作权登记工作，深入推进版权宣传培训和版权示范建设工作，培育版权交易服务平台，使版权保护力度不断加强，版权社会服务水平明显提升。特别是随着社会各界对于网络版权保护的重视程度逐步加深，网络环境下行政监管的力度正在不断加大，网络版权环境和秩序逐步得到改善；公众网络版权意识有所提升，保护网络版权的社会氛围渐趋形成。

版权产业在推动经济发展、优化产业结构、实施创新驱动发展战略中具有重要作用。我国在国家层面以及以上海、广东、江苏、山东、陕西等为代表的地方层面，均陆续开展了版权产业经济贡献的研究工作。这些研究工作不但印证了版权产业在推动地方经济发展中的重要作用，也为经济发展政策制定等提供了有益参考。

在国家“十三五”规划逐步落实和国家知识产权强国战略的深入推进下，加快产业转型升级、创新融合发展，已经成为上海版权产业发展的主要内容。传统版权产业通过转型升级、融合发展迈上新台阶，新兴版权产业通过技术开发和模式创新，正在成为版权产业新的经济增长点。同时，核心版权产业与非核心版权产业也在积极调整、配合产业布局，优化产业结构形态。在这些政策、措施的推动下，上海版权产业的经济价值将得到更大的提升。

2. 与国内版权产业的发展水平比较

根据数据显示，[①]2017年全国版权产业的行业增加值为60 810.92亿元人民币，占全国GDP的7.35%，城镇单位就业人数为1 673.45万人，占全国城镇单位就业总人数的9.48%，商品出口额为2 647.73亿美元，占全国商品出口总额的11.70%。

(1) 版权产业的产业增加值增长较快，国民经济占比继续提升。

2017年全国版权产业的产业增加值突破6万亿元，已达60 810.92亿元人民币，比上年增长11.5%，占GDP的比重为7.35%，比上年提高了0.02个百分点。其中，与版权关系最为密切、最能体现创新发展的核心版权产业继续保持较快发展态势，2017年全国核心版权产业的产业增加值占到全国版权产业的63%左右。

---

① 数据来自《2017年中国版权产业的经济贡献》。

表 1-附件 2-11　2017 年版权产业比较

统计区域	产业增加值（亿元人民币）	占比 GDP（%）	名义增长速度[①]（%）
全国版权产业	60 810.92	7.35	11.5
上海版权产业	3 426.35	11.19	8.64

表 1-附件 2-12　2017 年核心版权产业比较

统计区域	产业增加值（亿元人民币）	占比 GDP（%）	占比全部版权产业（%）
全国核心版权产业	38 155.90	4.6	62.70
上海核心版权产业	2 256.22	7.37	65.85

自版权产业统计以来，上海版权产业的发展指标大多领先于全国版权产业的发展指标。2017 年，上海版权产业、上海核心版权产业占上海 GDP 的比值远高于全国版权产业、全国核心版权产业占全国 GDP 的比例。在版权产业的产业结构占比上，上海核心版权产业占上海版权产业比重高于全国核心版权产业占全国版权产业的比重，为版权产业的发展提供了重要的支撑，其在 GDP 中的占比呈现同样的趋势分布。

(2) 版权产业就业人数稳中有升，就业形势保持稳定。

2017 年，全国版权产业的就业规模持续扩大，从事版权产业的城镇单位就业人数为 1 673.45 万人，比上年增长 0.1%，占全国城镇单位就业总人数的 9.48%，比上年提高了 0.13 个百分点，就业形势保持稳定。其中，2017 年全国核心版权产业的城镇单位就业人数为 914.98 万人，占全部版权产业的 54.7%。

表 1-附件 2-13　2017 年版权产业从业人数比较

统计区域	从业人员总数（万人）	占比社会从业人数（%）	从业人员增长速度（%）
全国版权产业	1 673.45	9.48	0.1
上海版权产业	118.35	8.62	0.49

表 1-附件 2-14　2017 年核心版权产业从业人数比较

统计区域	从业人员总数（万人）	占比社会从业人数（%）	占比全部版权产业（%）
全国核心版权产业	914.98	5.12	54.70
上海核心版权产业	88.76	6.47	75.00

2013 年至 2017 年的 5 年间，全国从事版权产业的城镇单位就业人数从 1 643.81 万人增长至 1 673.45 万人，占全国城镇单位就业总人数的比重从 9.08%提高至 9.48%，共提高了 0.40 个百分点，对促进就业、维护社会稳定发挥了重要作用。[②] 在上海，版权产业的从业人数在 2014

① 名义增长速度即未扣除价格因素的增长速度。
② 数据来自《2017 年中国版权产业的经济贡献调研报告》。

年达到顶峰后开始下降，特别是相互依存的版权产业从业人数下降较快。但是，上海核心版权产业的从业人数则维持着增长的态势，在版权产业的其他行业从业人数减少的情况下，上海核心版权产业从业人数已经占到了上海版权产业人数的三分之二以上，专业人才的集聚优势逐步得到体现。

（3）版权产业的商品出口实现增长，占全国商品出口比重平稳回升。

2017 年，全国版权产业的商品出口总额为 2 647.73 亿美元，实现贸易顺差 2 008.26 亿美元。其中，全国核心版权产业的商品出口额为 45.64 亿美元，占全国版权产业的商品出口额的 1.70%；需要说明的是，相互依存的版权产业的商品出口额为 2 348.20 亿美元，占全国版权产业的商品出口额的 88.70%，优势惊人，制造业依然是全国版权产业商品出口的主体。

表 1 -附件 2 - 15　2017 年版权产业的商品出口比较

统计区域	出口总额（亿美元）	占比出口总额（%）	出口额增长速度（%）
全国版权产业	2 647.73	11.70	9.60
上海版权产业	326.62	16.86	13.34

表 1 -附件 2 - 16　2017 年核心版权产业商品出口比较

统计区域	出口总额（亿美元）	占比出口总额（%）	占比全部版权产业（%）
全国核心版权产业	45.64	1.72	1.70
上海核心版权产业	7.86	0.41	2.41

随着世界经济的温和复苏，全国版权产业对外贸易出现了一定回稳向好的趋势。2017 年，全国版权产业的商品出口额比 2016 年增长了 9.6%，扭转了连续两年出口下降的局面，比 2016 年提高了 0.18 个百分点，占全国商品出口总额的比重达到了 11.70%。① 商务部的文化贸易统计同样反映出这一情况。② 2017 年，我国在文化产品方面表现为出口结构趋于优化，文化产品的技术含量有所上升；国际市场更加多元；国内区域布局相对集中，出口主要集中在东部地区。

2017 年，上海版权产业货物贸易出口占比上海市出口贸易的比重和增长速度均好于全国版权产业的表现，特别是核心版权产业对版权产业出口的贡献要高于全国核心版权产业对全国版权产业的贡献。

根据核心版权产业的服务贸易③来看，由于国内文化服务贸易主要集中于东部，因此，东部地区文化服务出口占比为 95.9%；上海、广东、北京则分列文化服务出口前三位，三地合计占我国文化服务出口的 87.2%。④ 根据上海商委的统计，⑤上海在 2017 年中继续开拓文化服务进出口贸易国际市场，与新加坡、比利时、意大利、丹麦、芬兰等国贸易合作不断深入。在文化和娱乐服务出口方面，

① 数据来自《2017 年中国版权产业的经济贡献调研报告》。
② 商务部发布 2017 年我国文化贸易有关情况，http：//coi. mofcom. gov. cn/article/y/gnxw/201802/20180202715328. shtml.
③ 美国版权产业的国际贸易，仅对核心版权产业进行统计。
④ 商务部发布 2017 年我国文化贸易有关情况，http：//coi. mofcom. gov. cn/article/y/gnxw/201802/20180202715328. shtml.
⑤ 数据来自《2017 年上海对外文化贸易发展报告》。

与新加坡和比利时两国的出口贸易额占到出口总额的44.90%,几乎占据半壁江山。广告服务和展会服务贸易方面,与日本、新加坡、韩国及中国香港等多个发达国家或地区经济体实现贸易顺差,表明上海广告、会展服务在国际市场的竞争力进一步提高。

(二)国际版权产业的发展比较

1. 国际版权产业发展现状

自2003年世界知识产权组织(WIPO)的《版权产业的经济贡献调研指南》一书出版以来,世界上多个国家或地区在该框架内对版权产业的经济贡献开展了量化研究,①既包括发达国家,②也包括发展中国家和转型期国家,③还包括了最不发达国家。④ 除中国之外,美国、澳大利亚、加拿大、芬兰、荷兰等国在首次调研后又进行了多次调研,形成了一系列动态调研数据。至今为止,世界知识产权组织已先后发布了3份《WIPO版权产业经济贡献研究综述》,对各国调研数据进行了综合分析。

2. 国内外版权产业发展的比较

根据美国发布的《美国经济中的版权产业(2018年度报告)》,⑤2017年美国版权产业的行业增加值为22 474亿美元,占全美GDP的11.59%;就业人数为1 162.53万人,占全美就业人数的7.87%;核心版权产业的出口额继续保持增长的态势,音乐、影视、软件和出版物四类核心版权产品的出口额为1 912亿美元,比2016年增长了3.92%。总体上看,美国版权产业的发展水平一直以来都高于中国版权产业发展水平。2017年,美国版权产业的产业增加值为22 474亿美元,折合人民币约为150 634亿元,⑥约是中国版权产业的产业增加值的2.5倍;美国核心版权产业的产业增加值为12 995亿美元,折合人民币约为87 100亿元,⑦约是中国核心版权产业增加值的产业增加值的2.3倍。

表1-附件2-17　2017年版权产业部分数据比较

统计区域	产业增加值(万亿元人民币)	占比GDP(%)	从业人数(万人)	占比社会从业人数(%)
美国	15.06⑧	11.59	1 162.53	7.87
中国	6.08	7.35	1 673.45	9.48
上海	0.34	11.19	118.35	8.62

① 《版权产业经济贡献调研指南(2015年修订版)》,人民出版社,2018年。
② 发达国家包括澳大利亚、加拿大、芬兰、荷兰、韩国、美国。
③ 发展中国家包括阿根廷、中国、哥伦比亚、牙买加、约旦、肯尼亚、印度尼西亚、黎巴嫩、马来西亚、东加勒比国家组织、巴拿马、巴基斯坦、菲律宾、秘鲁、新加坡、南非、泰国、特立尼达和多巴哥;转型期国家包括保加利亚、克罗地亚、匈牙利、拉脱维亚、立陶宛、罗马尼亚、俄罗斯、斯洛文尼亚、乌克兰。
④ 最不发达国家包括不丹、马拉维、坦桑尼亚。
⑤ 美国作为世界上版权产业最发达的国家,版权产业的概念就是由美国提出来的。早在1959年,美国就发表了《美国版权产业的规模》研究报告。从1990年起,美国国际知识产权联盟(IIPA)每隔1～2年就发布一份版权产业报告。美国本来对版权产业有自己的分类和评估标准,但从2004年第10份报告开始,美国采用了世界知识产权组织关于版权产业的分类标准,包括核心版权产业、相互依存的版权产业、部分版权产业以及非专门的支持性产业,但对于所选择的指标依然存在一些差异。美国由于经过将近30年的实践,其评估体系已经比较科学、成熟,能够较为客观、全面地反映版权产业对美国经济发展的贡献。
⑥ 汇率按1美元等于6.702 6元人民币折算。
⑦ 同上。
⑧ 同上。

表 1-附件 2-18　2017 年核心版权产业部分数据比较

统计区域	产业增加值(万亿人民币)	占比 GDP(%)	从业人数(万人)	占比社会从业人数(%)
美国	8.71①	6.85	569.02	3.85
中国	3.82	4.61	914.98	5.12
上海	0.23	7.37	88.76	6.47

根据产业增加值占比来看，中国版权产业在中国 GDP 中的占比与美国版权产业在美国 GDP 中的占比相差 4.24 个百分点，上海版权产业在上海 GDP 中的占比比美国的占比低 0.4 个百分点；中国核心版权产业占中国 GDP 的比重比美国低 2.24 个百分点，上海核心版权产业占上海 GDP 的比重超过美国占比 0.52 个百分点。

根据从业人数占比来看，中国版权产业从业人数占比超过美国版权产业从业人数占比 1.61 个百分点，上海版权产业从业人数占比则比美国版权产业从业人数占比要高出 0.75 个百分点；中国核心版权产业从业人数占比超过美国 1.27 个百分点，上海核心版权产业从业人数占比超过美国 2.62 个百分点。

根据世界知识产权组织(WIPO)的统计，各国版权产业在各国 GDP 中的比重大多在 1%到 12%之间，平均值为 5.48%；各国版权产业对各国就业的贡献也有较大差异，平均值为 5.34%。② 中国版权产业的产业增加值在 GDP 中的比重和从业人数占社会从业人员的比重均高于 WIPO 的调研平均值，处于调研国家中的较高水平，但与美国等发达国家相比仍有一定差距。这与当前中国版权产业劳动生产率低于发达国家有关，因而，WIPO 认为中国属于版权产业劳动生产率中等水平的国家。上海版权产业的发展水平高于中国版权产业的发展水平，低于发达国家。就上海版权产业的发展来说，一方面需要重视版权产业的高质量发展，不仅要扩大版权产业的产业增加值，更要提升产业形态，促进上海版权产业经济结构的高端化、高利润化发展；另一方面也要合理平衡版权产业中核心版权产业和非核心版权产业的产业结构关系，特别是相互依存的版权产业在版权产业中的地位。如何在版权产业对外贸易中，提升核心版权产业的占比，保持相互依存的版权产业的发展水平和经济效能，是一个迫切需要解决的问题。

三、上海版权产业发展的推进思路

(一) 上海版权产业的经济影响

1. 有效提升上海高端服务业的发展水平

上海在国内城市中率先走出了由工业城市向服务业城市转变的步伐。第三产业和服务业的发展为上海版权产业发展奠定了坚实的基础。③ 2017 年，上海服务业增加值占上海 GDP 的比重达到了 69.2%，反映出上海当前以服务经济为主的产业结构持续得到巩固。“十三五”规划以来，随着经济新增长点不断涌现，上海已经构建起以现代服务业为主，战略性新兴产业为引领、先进制造业为

① 汇率按 1 美元等于 6.702 6 元人民币折算。
② 《版权产业经济贡献调研指南(2015 年修订版)》，第 5—6 页，人民出版社，2018 年。
③ “从战后新兴工业国家的经济成长进程看，产业一般沿着轻纺消费资料加工业—重化工业和基础产业—技术密集产业—服务业—知识产业—文化产业的产业序列成长。”来自：沈山、安宇，《和谐社会的城市文化战略》，第 176 页，中国社会科学出版社，2009 年。

支撑的现代产业体系框架。工业制造方面,2017 年,以新技术、新产品和智能制造为特征的战略性新兴产业制造业总产值占规模以上工业总产值的比重达到了 30.8%;服务业方面,2017 年,以高附加值为特征的金融业、软件和信息技术服务业增加值占第三产业增加值的比重分别达到了 25.6% 和 9.0%。[①]

版权产业以版权产品和版权设备的创作、生产、制造、服务为主,其中版权服务作为高端服务业的组成部分,与服务经济的发展有着相辅相成的关系。例如,版权产业中的版权服务,涉及版权作品的代理、交易、担保、评估、维权等职能,既为版权经济的发展提供了辅助保障和有效支撑,也由于其专业化、系统化的服务内容,使得版权服务转向高附加值经济方向发展。所以,在版权产业中重视服务业发展,不但可以进一步优化版权产业的经济结构,也有利于支持上海服务业的高端化发展。

上海版权产业通过开拓、丰富、提升版权服务模式和价值,不仅提升了上海版权服务的服务水平,而且提高了服务贸易对于版权产业经济贡献度,对进一步促进上海版权经济乃至上海经济的发展具有重要意义。例如,目前上海核心版权产业服务贸易进出口额规模较小,对上海的经济贡献比较有限,其对上海对外服务贸易的价值还未得到充分体现,这与版权服务的高端定位和上海服务业在上海经济中的地位不相符合,这是上海版权产业未来可以期待的发展之一。

2. 助力构建上海最大的城市消费市场地位

近年来,由于居民文化娱乐类消费的时间、频次、支出水平不断提升,文化消费已成为我国消费升级的重要体现。文化休闲娱乐市场潜力不断释放,新一代信息技术不断推动服务、产品的质量提升,以文化娱乐、体育竞赛和休闲旅游等为内容的消费,呈现出强劲的发展势头和巨大的上升空间,对第三产业的经济占比调整有着重大影响,上海恰恰是国内最为强劲的主要消费市场之一。2017 年,演出市场方面,上海共举办戏剧、音乐会、演唱会、舞蹈、曲艺等各类演出 1.8 万余场,观众 1 100 万人次以上,演出票房约 16 亿元;文化娱乐市场方面,上海全年的游艺娱乐场所营收约 3.68 亿元,歌舞娱乐场所营收约 19.26 亿元;艺术品市场方面,艺术品进出口贸易总额 25 962 万元,文物艺术品拍卖额超 33 亿元等。[②]

上海具有相对成熟规范的市场运行机制和健康有序的营商环境,版权产业以及相关从业人员能得到较好的投资与工作回报,也吸引了更多的资金和人员投入。上海在逐步打造消费市场高地的同时,必然有效反哺上海版权产业的长效发展。同时,通过上海特有的市场消费优势和公平、公开、公正的交易规则,也能为版权产业的对外贸易创造更好的外部环境,争取国际上更多的商业合作条件,不断推动上海版权产业的对外贸易成为全国版权产业对外贸易的主要窗口和聚集地之一。

3. 充分体现上海经济金融优势影响

上海作为我国的经济中心、金融中心,其区域经济特点决定了充分发挥资金集散地优势是上海版权产业发展的应有之义。根据版权产业发展需要,应用版权贸易、版权质押、版权投资等已有版权商业模式资源,创新版权产业新的商业模式,借助文化金融等服务贸易的形式来促进版权产业发展,对于进一步提升上海版权产业经济价值非常重要。

2017 年,上海的文化投资运营类实现产业增加值 140.69 亿元,成为上海文化产业实现快速增长的强力引擎和文化企业集聚创新发展的重要抓手。[③] 具体表现包括:在直接融资方面,上海的上

① “十三五”上海经济社会主要指标进展情况中期评估报告,《统计科学与实践》,2019 年第 2 期。
② 数据来自《上海年鉴 2018》二十四《文化艺术》。
③ 数据来自《2018 年上海文化产业发展报告》。

市文化企业已达10家，中小型文化企业在新三板挂牌34家，上海股权托管交易中心E板挂牌75家、Q板挂牌1 040家。[①] 国内首只由国有传媒集团主导发起、市场化运作的文化产业母基金——众源母基金在上海启动。该基金与“上海双创文化产业投资母基金”形成双轮驱动，和其他各类文化发展投资基金一起为上海构筑“文化＋金融”的新版图；在间接融资方面，通过广告贷、演艺贷、知识产权质押融资等各类创新型信贷产品，为上海文化产业等提供支持。

在文化金融的服务方面，上海相继建立了文化产业投融资服务平台、文化创意产业投融资数据分析服务平台等，用以解决文化产业投融资过程中信息不对称的难题；保险也逐步进入版权产业发展，人保财险和美国电影金融公司合作签约，引进国际领先的保险模式，在上海首创了电影完片保险。2017年，上海已经初步建立了包括银行、证券、保险、信托、担保、基金、小贷公司、财务公司等多元的文化金融服务合作体系。这一局面体现了上海在金融服务与实体产业两方面的有效结合，不但能够开拓丰富金融业务，而且能够帮助更多创新型版权企业变“知本”为“资本”，走上快速发展之路。对于上海版权产业的发展而言，上海版权的金融支持和发展应该成为版权经济的未来发展亮点。

（二）上海版权产业的发展趋势

1. 适应国际新经济格局发展的需要

世界正处于大发展、大变革、大调整的时期，版权产业在经济发展中面临着愈加复杂的变量态势。一方面，世界多极化、经济全球化、社会信息化、文化多样化的影响将更加深入；另一方面，以美国为首的发达国家正在推行更具保护主义倾向的贸易政策，强调本国优先发展的贸易政策等趋势已经日益明显，使得全球经济未来的发展更具不确定性。基于中国经济面临提质增效、转型升级的迫切要求，版权产业无论是从产业基础还是产业前景，都理应成为国家经济增长的一个亮点，上海应围绕国家战略规划，坚持对标最高水平的国际通行规则，不断加快制度改革创新力度，充分利用上海优势，建立上海版权产业的自有发展特色，使上海版权产业的经济贡献可以逐步成为上海经济升级创新发展中的重要力量。

2. 适应上海经济转型升级的发展需要

根据上海《全面深化中国（上海）自由贸易试验区改革开放方案》，上海提出要率先建立与国际投资和贸易通行规则相衔接的制度体系，推动上海自由贸易港建设，形成新一轮全面深化自贸试验区改革开放的重要引领。[②] 其中，上海版权产业的发展可以充分衔接和对接相关制度内容：一是通过制度创新，促进上海版权产业机制的发展完善。坚持制度创新，先行先试，深化“放管服”政策，加快各类版权资源在新技术、新市场的产业化发展，推动版权产业经济的有序延伸发展。二是利用金融优势，建设、完善上海版权产业扶持机制。根据《关于加快本市文化创意产业创新发展的若干意见》，以上海版权产业的不同发展需求为出发点，有效发挥金融对版权产业发展的保障功能。三是通过挖掘探索，建立上海版权资源的商品化发展机制。例如，利用技术手段，建立上海可移动文物分级、分类、分布名录，建立可移动文物信息的信息化跟踪版权保护机制，从而保护上海版权产业的资源利益。

根据上海建设全球影响力科技创新中心建设目标，结合版权产业发展，上海应当坚持全球视

① 《版权产业经济贡献调研指南(2015年修订版)》，人民出版社，2018年。
② 上海市人民政府发展研究中心改革形势分析课题组：2017年上海改革形势分析报告，《科学发展》第111期，2018年2月。

野、国际标准、借全国之力、汇世界英才，加快落实版权产业创新改革的任务举措，加快管理运行体制机制创新，逐步建立具有全球竞争力的版权产业人才制度体系，构建更加开放、更加包容的版权产业创新创业系统。

3. 适应上海版权产业经济支柱建设需要

近年来，上海版权产业的产业增加值保持平稳增长势头，已经成为上海国民经济发展的支柱性产业之一，在加快新旧动能转换、推动经济高质量发展中发挥了积极作用。上海核心版权产业更是上海版权产业的重心，由于其版权因子高，核心版权产业的发展水平对上海版权产业的经济价值贡献显得尤为重要。

2017 年，上海核心版权产业的产业增加值占上海 GDP 的比重、实际增长速度和经济贡献率依然保持较快增长的步幅，与非核心版权产业之间的差距和占比也在进一步拉大。其中，上海核心版权产业的软件与互联网信息服务、设计、广告三大行业位列前三；而广播影视、文化艺术等行业由于基础相对薄弱，增长速度起伏不定，在核心版权产业中不突出，但根据上海未来产业的发展定位，其对上海核心版权产业发展乃至版权产业的影响和作用不可小觑。

从长久来看，上海版权产业的存量巨大、增长可持续，转化运用潜力大，在上海经济发展中将发挥出越来越重要的作用。作为国民经济和社会发展的重要支柱，上海版权产业将是建设“上海文化”品牌和上海国际文化大都市的有力支持和保证。

四、结语

上海自 2010 年以来连续发布上海版权产业经济贡献研究报告，对于研究上海版权产业发展对上海经济的影响提供了有益的参考。随着我国建设创新型国家战略和知识产权战略的不断推进，相信上海版权产业将在上海经济乃至国家经济实现高质量发展中做出更大贡献。

第二篇

专稿

第一章 展 会

第一节 上海书展暨“书香中国”上海周总结

在中宣部、国家新闻出版署的关心指导下，在上海市委、市政府的高度重视和大力支持下，上海书展组委会各成员单位共同努力，成功举办了第十六届上海书展暨“书香中国”上海周。

2019年适逢新中国成立70周年和“不忘初心，牢记使命”主题教育，上海书展以培根铸魂的阅读文化建设者、服务者和引领者为使命，汇集全国出版的精品力作和品质阅读文化服务，全面呈现了“壮丽70年，奋斗新时代”的出版成果，为读者奉献了一场丰富多彩、形式多样的阅读文化盛宴，为庆祝新中国成立70周年献上了一份书香厚礼，为“不忘初心，牢记使命”主题教育打造了一个重要的宣传实践阵地。

16万余种图书、500多种首发新书、1 270余场阅读文化活动、近1 000位中外文化嘉宾、100个本市分会场、50个外埠分会场，7天的上海书展共实现销售6 127.40万元，其中主会场4 529.69万元，本市分会场946.04万元，外埠分会场651.67万元。今夏，高温和雷雨天气都挡不住爱书人的脚步，绵延有序的读者队伍成为书香城市、文明上海一道最美的风景。书展入场观众数再创新高，约151.2万市民读者共赴书展现场(其中主会场39.1万人次，本市分会场60.2万人次，外埠分会场51.9万人次)，尽享书香之夏；上海书展微信小程序访问量超过2 123万次，上海书展云会场总使用次数超过35万次，阅文集团网络荐书专区点击量超4万次。

同时，上海书展得到了国内外媒体、新媒体的持续关注和广泛宣传报道，在“报、网、端、微、屏”实现全媒体传播。据不完全统计，书展期间近200家大众媒体、专业媒体和网络媒体，500多名媒体记者参与宣传报道。《人民日报》、新华社、中央电视台、中央人民广播电台、《光明日报》等中央媒体推出多篇报道，其中，《人民日报》8月18日头版刊出《书香生活文化中国》的图文报道。上海主要媒体拿出大量版面、时段(频道)，综合运用线下线上平台，给予高密度、多角度报道。书展开幕首日，《解放日报》《文汇报》《新民晚报》在重要版面报道书展开幕盛况，书展期间每日开出多个专版，连续深度报道；上海电视台和广播电台多档节目持续全面地播报了书展盛况；《新闻晨报》《青年报》《劳动报》等多家媒体以及各地方媒体开辟专栏，佳作纷呈；《中国新闻出版广电报》《中国出版传媒商报》等专业媒体推出专刊作大量深度报道；人民网、新华网、东方网、上观新闻、澎湃新闻、看看新闻、新民晚报融媒体、上海发布等新媒体广泛发布阅读推介和现场信息，与读者进行了线上线下全方位的互动；书香上海、上海书展官网、微博、微信也及时播报展馆内实时信息情况、活动预告等，提供各类服务信息；组委会委托制作的18条书展专题小视频、流媒体的网络直播等内容，点击转发活跃，带动朋友圈刷屏和微博话题度攀升，有效提升了书展的传播度和影响力，形成“申城无处不书香”的浓郁氛围。

书展开幕首日，中央政治局委员、中共上海市委书记李强考察书展主会场，察看并询问了主题图书展示、编辑出版和阅读活动情况，了解群众购书阅读体验，对上海书展多年来充分发挥促进全民阅读、增强文化底蕴的重要作用表示肯定。这对主办方在新的起点上办好上海书展是极大的鼓舞和鞭策。

书展闭幕日晚9点，上海书展现场工作人员和志愿者“小橘子”整齐列队送走本届书展的最后一位读者,这一仪式是上海书展"致敬读者、感谢读者"的重要表达。本届书展的最后一位读者是民办新复兴初中的初三学生高林泽,作为上海书展的"荣誉读者",他将成为2020上海书展的第一位进场观众。

一、有高度,以主题出版吹响时代号角

上海书展是弘扬主流价值、服务国家战略、助力文化大发展的重要平台。上海书展坚守"举旗帜、兴文化"使命任务的初心,集中展示展销一大批宣传阐释习近平新时代中国特色社会主义思想、反映新中国成立70年来伟大实践和成就的精品力作,以主题出版展现时代精神,成为"不忘初心,牢记使命"主题教育的一个重要宣传阵地和实践载体。

"壮丽70年,奋斗新时代"主题馆以"新中国70周年、书本、风帆"主体造型,吹响"时代的号角",展陈习近平新时代中国特色社会主义思想各种著述和"一带一路"等主题出版物百余种,成为读者热衷的书香留影地;为庆祝《辞海》第七版面世特设的"新中国成立70周年辞书成就展"吸引众多读者流连品读;主题图书展销馆汇集宣传阐释习近平新时代中国特色社会主义思想、"不忘初心、牢记使命"主题教育、庆祝新中国70周年、"学习时代楷模,致敬时代楷模"等主题图书2 000余种。其中,《贯彻落实习近平新时代中国特色社会主义思想,在改革发展稳定中攻坚克难案例》《习近平新时代中国特色社会主义思想学习纲要》《中国共产党的九十年》《读懂红船精神》等主题书吸引了众多读者的询问购买,有些在短时间内销售一空。主题书的抢手证明,讲好中国故事,主题书也是畅销书。

主题出版是出版工作服务大局、助力民族复兴伟业的重要力量。在中宣部、国家新闻出版署指导下召开的"2019主题出版论坛",总结了近两年主题出版的发展经验,探讨如何顺应新时代新要求,聚焦人民群众精神文化新期待,做好主题出版。

备受读者喜爱的"社科精品馆"2019年继续升级扩容,展销运用大数据库精选了红色文化、海派文化、江南文化、长三角、科技创新等13个品类近万种社科精品新书;"科技创新"图书专区推出的大数据、人工智能等前沿引领技术的最新图书尤其受到年轻读者的青睐;"向大师致敬"图书专区,为读者精选巴尔扎克、海明威、郭小川、老舍等10余位已故文化大师的经典作品近200种,成为广大读者致敬经典致敬阅读的首选地。

每日中午准时亮相中心活动区的"致敬七楷模"讲读会,围绕邹碧华、吕建江、于漪、钟扬、南仁东、阿索拉毅、俞复玲等7位时代楷模传记图书,与读者分享、学习和互动楷模的事迹、时代的精神,感染感动了现场读者。

书展期间,《战上海》《中国寻路者》《上海相册:70年70个瞬间》《铁心力量》《日月新天:上海解放亲历者说》《情迁淮海路:致敬新中国70华诞》《1949:上海解放日志》《我和我的祖国——中华人民共和国成立七十周年歌曲精选》等一批优秀图书在书展热销。《战上海》获中宣部精神文明建设"五个一工程"特别奖,在书展期间推出有声书并网络直播。

二、有广度,以专业平台聚力服务全国

"立足上海,服务全国"是上海书展始终坚守的办展理念。2019年,全国500余家出版单位齐聚上海书展,参展的图书品种达16万种,一大批新书好书在上海书展首发,彰显了"首发机制"的平台

引领效应。

中宣部印刷发行局指导的“中国实体书店创新发展年会暨长三角民营书店座谈会”，聚集全国发行界领军人物，共话回暖之后实体书店如何可持续、高质量发展。中宣部印刷发行局局长刘晓凯提出实体书店“一个中心”“两个维度”“三个环节”“四个基础”“五个强化”的发展策略，在全国业界反响热烈。

2019上海书展继续联合全市16个区，推动“一区一特色”全民阅读活动示范品牌建设，共组织各区书香悦读季活动260余场，使市民读者可以近距离感受书香魅力；继续将实体书店、图书馆、社区文化服务中心、农家书屋等公共阅读文化空间纳入书展分会场体系，设立100多个遍布城乡的实体分会场。随着实体书店受欢迎程度的提升，高品质阅读文化活动逐步向分会场集中。书展期间，朵云书院旗舰店在上海中心52层开业迎客，首周客流量达2.63万人次，成为网红打卡地；中版书房开出上海首店，推出众多精品活动，人气爆棚。

2019上海书展通过农家书屋分会场，首次举办农家书屋重点出版物样书展和农民自主选书活动，让农民成为农家书屋出版物补充更新的主角，在探索全国农家书屋“百姓点单”服务模式方面具有示范意义。

2019上海书展首次实现实体分会场走出上海，走向全国，依托钟书阁、西西弗、言几又、上海三联书店等品牌连锁实体书店分布在江苏、浙江、安徽、北京等全国26个省市中心区域的门店，设立50家书展分会场。上海书展推荐的100种沪版精品图书在分会场作专区展销，延展上海书展辐射半径、强化全国影响力，同时把“书香中国”和“上海推荐”传递给全国的读者。

作为服务长三角乃至全国出版界的文化大平台，2019上海书展继续推动长三角出版界合作机制取得积极成果。依托“长三角一体化阅读联盟”推出的“名家七讲下江南”活动，以江南文化为主题，读者听众覆盖上海市青浦区、浙江省嘉兴市嘉善县、江苏省苏州市吴江区，取得了不俗的社会反响；长三角一体化出版发展战略合作项目“江南文化研究丛书”在书展期间首发；书展特设的长三角出版精品专区，浙江、江苏展馆以及来自江浙的实体书店大众书局、先锋书店、博库书城、晓风书屋展区，都吸引了不少市民读者。江苏文艺的《半小时漫画唐诗》，浙江文艺的《南方》《北方》等图书受到读者热捧。

“主宾省”四川展团展现了出版川军的深厚实力，《红船精神》《打铁必须自身硬》《道路与选择》《大国扶贫》等图书广受关注，《寻绣记》《成为：米歇尔·奥巴马自传》《王蒙陪读〈红楼梦〉》等社科类图书和相关阅读活动现场火爆。

三、有态度，以优质资源引领全民阅读

经过16年的积淀，上海书展更加坚持引领有品质、有价值的阅读态度，更加注重传递思想、文化、学术“最有价值的声音”。

展会期间，《江山胜迹》《大国坚守》《点亮中国：马克思主义在中国早期传播》《阅读上海100胜》《新中国红色诗歌大典(1949—2019)》《中国历代服饰文物图典》《中国文学课》《大江奔流》和“九说中国”丛书、“独角兽·人工智能”丛书等一大批重量级新书借助上海书展平台成功首发，受到读者热烈追捧，成为引领阅读风尚和书业发展的“风向标”。一系列高品质、具有品牌影响力的文化活动，如“书香中国”阅读论坛、上海国际文学周系列活动、“书香·上海之夏”名家新作系列讲坛等，以文学、艺术、学术的思想交流和碰撞，让读者零距离分享到精神文化最新动态。

2019 年创新推出的 10 个“七系列”聚焦时代主题、聚焦文化传承、聚焦科技创新，以 70 场分主题、分区块的高品质活动为统领，全方位、多角度地呈现中华文化的强大感召力，弘扬以爱国主义为核心的民族精神和以改革创新为核心的时代精神，大受读者欢迎。

备受读者关注的“书香中国”阅读论坛，聚焦“奋斗者·新时代”主题，近 800 名观众来到现场聆听著名作家阿来、春秋集团董事长王正华、知名演员胡歌讲述他们的人生经历、奋斗历程与内心感悟，现场读者很受鼓舞。

四、有跨度，以国际交融连通中外文化

对标国际，从区域性到全球化，上海书展塑造着跨文化跨界交流的大出版产业平台。

与书展同期举行的第九届上海国际文学周以“家园”为主题，吸引了大批海内外著名作家积极参与，为推进跨文化深度交流提供了平台，为推进不同国家和地区、不同文化之间的相互了解和沟通起到了积极的作用。加拿大插画家约翰·豪，日本作家角田光代、平野启一郎，挪威作家罗伊·雅各布森，土耳其女作家艾丽芙·沙法克，中国作家孙颙、叶兆言、刘亮程、徐则臣、宁肯等在内的 30 余位海内外作家，参与文学论坛、讲座、新书首发、签售会等 50 余场活动，与同行和读者深入交流。

面对新技术新产业，上海书展也努力构建跨界交融的新格局。约翰·豪作品首度来华的“中洲旅人——约翰·豪艺术展”于书展前开幕；明珠美术馆携手巴黎博物馆联盟举办的“维克多·雨果：天才的内心”大型展览和法国文学大家作品专题书展吸引了大量文学艺术爱好者；“世界最美的书”设计艺术展、上海译文出版社的《夏洛的网》《挪威的森林》《聊天记录》三本书艺术装置展，令无数读者驻足品鉴。

五、有温度，以优质服务打造书香文化

做有温度的书展，为广大读者提供贴心优质服务，始终是上海书展的初心所在。

2019 上海书展更加注重内容服务。读者对阅读体验的新需求推动更多参展机构注重参展图书和活动的“筛选”，让读者不仅看到畅销书，也能更多遇见专家与出版人推荐的、经典有价值的小众图书，从而提升阅读品质。“七天七堂课”国学讲座，仍旧推出人性化举措，邀请手语专家现场进行手语翻译，并通过网络实时直播，读者可以通过扫描二维码回顾活动内容。

安全保障方面，书展把安全放在首位，精心部署安保措施，有效应对大客流，特别对重点部位、热点活动的人流拥挤进行及时疏导，保证了展会安全有序。应对恶劣天气，组委会快速应对，加固阳光篷，在入口铺设防滑毯等。8 月 18 日，突降暴雨，为方便读者有序离场，志愿者在各出口处为读者发放一次性雨披，半小时就发出 8 000 余套，令读者倍感温馨。

现场服务方面，继续推出 7 天夜场，并适当优化重量级嘉宾活动在日场、夜场的安排分布；在场外读者排队购票区域设置喷雾降温装置，搭建凉篷；开发运用上海书展官网、微博、微信小程序和各类媒体，及时提供信息服务；“上海书展云会场”功能更加丰富完备，以内容服务为核心、以数字化为手段的喜马拉雅、阅文等线上分会场，为读者提供了更为便捷的逛展购书渠道；手机端微信小程序，统一发布活动信息，方便读者查询购买；垃圾分类设施和人性化服务，营造了清洁有序的展场环境。

此外，快递寄书、法律咨询、投诉接待等上海书展多年坚持的服务项目，为读者提供了更为人性化的精细服务。书展期间，快递寄书次数总计近 6 000 件次，瑞金医院每天专门派出两名医务工作

者现场提供医疗保障服务，及时有效地救助了一些突发病患。

经过16年的精心打造，上海书展溢出效应已经显现。上海书展的大客流、多首发、高销售、名人效应，已成为业内年度新品的发布地、文化人士的集聚场所，更推动着餐饮、旅游、交通等相关行业跟着上海书展的步伐共同转型提升。传统意义上，较好的会展行业溢出效应是实现1比9的经济收益。上海书展的溢出效应，既体现在读者花费10元门票进入上海书展现场、带走约140元的图书或文创产品的消费统计，更体现在会展技术的应用与创新、企业品牌的树立与传播、文化理念的渗透与扩散、城市之间的互动与发展等诸多领域。同时，由书展延伸出的书店及购物中心的空间更大，可延展性更强，是承接上海书展溢出效应的优质"容器"。要发挥书展、书店与商场的联动效应，激发文化消费动力，让购物中心成为城市阅读空间的一部分，因此，我们要进一步扩大上海书展的溢出效应，通过不断优化布局，提升品质和影响力，把上海书展的精彩进一步辐射到全市乃至全国。

中央政治局委员、中共上海市委书记李强考察书展现场时指出，要不断提升上海书展的吸引力、影响力、辐射力，共同打造市民文化客厅，在全社会营造更加浓厚的书香氛围，为打响"上海文化"品牌、加快建设国际文化大都市做出更大贡献。贯彻李强书记的指示精神将成为书展组委会今后的努力方向。

上海书展如何顺应人民群众日益增长的精神文化需求，保持发展活力与持续性，进一步擦亮"上海书展"这块金字招牌，还需要我们认真思考。

1. 坚持品质是不变的追求。上海书展成为中国书业和上海文化的重要品牌，建立于"品质"之上。图书的品质、阅读的品质是书展成功与否的根基。今后，上海书展还是要在这方面下功夫，为读者提供高品质出版物和高质量的阅读活动。

2. 坚持开放是发展的方向。上海书展既要请进来，也要走出去。2019年我们在全国分会场上做了很好的尝试。今后，还要秉承这一发展战略，积极创造条件，在汇聚更多的国内外名社、名家、名作的基础上，适应网络快速发展与大出版融合发展的新趋势，加大线上的推广、全国范围的推广和跨领域的推广。

3. 坚持服务为本。更加注重为读者营造良好的阅读环境和方便舒适的购书体验，同时更加注重提供阅读内容的服务，如筛选、推荐、导读优质内容，提升读者的阅读品质。

附录1　150家分会场助力全民阅读

2019上海书展暨"书香中国"上海周在上海市16个区设立100家分会场，首次在江苏、浙江、安徽、北京、天津、河北等26个省市设立50家分会场。外埠分会场借力钟书阁、西西弗书店、上海三联书店、百新书局、晓风书屋在全国的连锁书店，走出上海，将上海书展"我爱读书，我爱生活"的理念传达到全国，分享给各地读者。这也是上海书展首次走出上海，在长三角和国内其他城市开设分会场。

自2009上海书展首次设立分会场以来，由十几家发展到2019年的150家，由实体书店分会场发展到图书馆、农家书屋分会场，由上海本市向外埠延伸，力求进一步提升"书香满城"的地域和人群覆盖面，推动全民阅读。

上海市委宣传部副部长、市新闻出版局局长徐炯说："我们能够走向全国，这在以前是不可想象的，与上海书展的影响力日益增强密不可分。同时这几年实体书店回暖，新型书店的出现也为上海书展走向更广阔的空间提供了硬件条件。钟书阁、西西弗、上海三联、言几又这些品牌书店在全国

26 个省市的 50 多家门店都将成为上海书展的外埠分会场，名家分享、新书签售等活动都会陆续推出。”除了让更多外地读者参与到上海书展中，这些外埠分会场也有助于沪版精品图书在上海以外地区获得更频繁亮相和推荐。

2019 年，在上海全市 16 个区设立的 100 家分会场，原则是分档、提标——实体书店侧重“展销＋文化活动”，图书馆、农家书屋侧重“展示＋文化活动”。本届上海书展与上海 16 个区携手，将遍布全市的图书馆、实体书店、社区文化服务中心、农家书屋等公共阅读文化空间纳入书展分会场体系，在申城设立 100 个分会场，推动“一区一特色”全民阅读活动示范品牌进一步成熟、定型。在业内人士看来，这几年，越来越多重量级嘉宾主动去更能静下心来与读者从容交流的分会场，因此分会场的活动品质越来越高，亮点越来越多。

书展期间，150 家书展分会场均张贴统一制作的海报，利用横幅、电子屏告知大众。本市书店分会场须在显著区域标明“全场图书八折销售”或“本柜(组)图书八折销售”等字样，将“2019 上海书展上海精品图书 100 种”作为重点品种，组织实施至少两场文化营销活动；本市图书馆分会场组织实施至少一场贯穿书展 7 天的展览和不少于 5 场的文化活动；本市农家书屋分会场组织实施至少一场文化活动或展览展示；外埠分会场在店堂显著区域设立“2019 上海精品图书展销区”，重点推荐“2019 上海书展上海精品图书 100 种”；积极策划组织文化营销活动，实现服务读者、服务社会的价值，营造书香氛围，推动全民阅读。

本市 100 家分会场同时纳入上海市“迎进博会窗口优质服务”的重点窗口、上海市图书销售行业创建上海市“文明行业”范围，积极倡导文明服务、规范服务、优质服务，精准对接读者文化需求，落实公共文化公益性、基本性、均等性、便利性要求，展示行业形象。同时，具体主导分会场推进工作的上海市书刊发行行业协会将通过 2018 年组建的上海市出版物市场督察员队伍对 100 家分会场进行巡访，邀请各地书业人士走访外埠分会场，以求做实、做细。对于优秀分会场将予以表彰，对于表现不佳的分会场将予以批评并取消明年的分会场资格等。

上海新华传媒连锁有限公司副总经理江利表示，2019 年对书展分会场提出了更高的要求，新华连锁有 22 家分会场，要在宣传布置、品种落实、活动打造上更到位、更精确。西西弗书店代表陈诗莹说，西西弗在上海市内有 3 家分会场，营销书目以 2019 年推荐的重点书目为主，如品种短缺的会在店内挑选优质品种补充，陈列区域在收银台附近，让更多读者享受书展优惠活动；西西弗外埠有 26 家省会城市门店首次作为分会场，将利用线上平台进行宣传，联动各地分会场开展分会场活动，让更多的读者享受到上海书展推荐的重点图书和福利优惠。

喜马拉雅 APP 将首次设立上海书展听书分会场，设置 7 个主题频道，分类推荐经典读物；同时推出上海书展限定版免费听书礼包，每天提供 70 本书。阅文集团首次将 70 本书推荐给读者下载阅读，同时继续组织开展“网络文学会客厅”活动，并将举办网络文学作品《上海繁华》等纸质书出版首发式。分会场朵云书院旗舰店将在书展开幕前对外运营，位于“中国第一高楼”上海中心大厦 52 层，它将是上海最接近云端的书店——书店在 239 米高空，约 2 200 平方米店面中，集中 6 万多册图书，精选 2 000 多种好物，其中 20 多种为独立开发的原创产品，彰显上海特色和韵味。“伦敦书评书店专区”“豆瓣高分图书专区”“有态度的书架”这三大特色分区，以“高分精选”“大咖诚荐”作为卖点。

此次上海书展，高颜值有内涵的品牌实体书店将集体亮相，公益性的阅读文化机构也将共襄这一书香盛举，分会场还将举办图书优惠展销与丰富的阅读文化活动。正如业内人士谈到的，150 家书展分会场广泛深入地开展全民阅读活动，充分发挥引领人文价值，传播“风向标”平台作用，弘扬中华优秀传统文化，引领社会阅读风尚，擦亮“书香上海”品牌，助力上海文化大发展，为建设书香社会做出积极的贡献。

（王雪明文，2019 年 8 月 9 日《中国出版传媒商报》）

附录 2　各地实体书店缘何停靠上海“文化码头”？

2018 年 5 月 14 日，上海发布《全力打响“上海文化”品牌　加快建成国际文化大都市三年行动计划（2018—2020 年）》，为 2017 年 12 月发布的“上海文创 50 条”确定了三年行动计划。行动计划提出“上海文化”品牌建设，既要抓好“码头”建设，又要抓好“源头”建设。“源头”重在原创力，“码头”助力优秀文化在上海生根开花。

一、品牌书店停靠的“码头”

上海是座有目共睹的文化码头，是座移民城市，城市精神是“海纳百川、追求卓越、开明睿智、大气谦和”，善于吸引与集聚人才、文化乃至各种资源，全国优秀文化纷纷在上海生根开花。在实体书店上，也看到了“码头”的集聚效应：

中国图书进出口（集团）总公司最早进入上海市场。其旗下的精品零售书店品牌 BOOCUP 现代书店在上海拥有 6 家精致且高雅的小众书店，售卖来自世界各地的各种原版书籍报刊，也提供各类休闲商品及服务。

从江苏南京起步的大众书局 2005 年进入上海市场，是进入上海图书市场较早、影响力较大的沪外品牌连锁书店。大众书局先后开设 9 家门店，至今仍有 7 家门店正常经营，且还在布局。2018 年 1 月，大众书局・上海怡丰城店开业。

2005 年，浙江省新华书店投资的上海博库书城在徐家汇宜山路开业，经营面积超过 1 万平方米，经营图书、音像品种 25 万种。当年仅次于上海书城的规模。

起源于成都的言几又书店，自 2016 年在上海开了言几又・今日阅读上海新天地店后，持续在上海布局。言几又探索介于家与写字楼之间的第三种可能，致力于打造一个涵盖书店、咖啡厅、艺术画廊、文创生活馆、创意孵化地的城市文化空间。

诞生于贵州遵义的西西弗书店 2015 年入驻上海，2018 年 1 月西西弗书店・上海凯德龙之梦虹口店开业，至今已在上海开设 6 家连锁店。西西弗书店秉承“参与构成本地精神生活”的价值理念，以“引导推动大众精品阅读”的经营理念，发展连锁书店。

由服装大品牌例外创始人创立的广东方所，2015 年在上海衡山路一栋独立的小洋房内开设了衡山・和集，三个楼层有各自不同的主题。方所计划于 2019 年开业的都市文化综合体“方所文化中心”，落户浦东陆家嘴滨江区域，经营面积约 6 500 平方米。衡山・和集开设的初衷旨在开辟中国当代生活方式混合实验空间，成为上海的“精神后花园”。

2014 年，启航于北京、具有国资背景的建投书局在上海开始了首航，在北外滩开设了一家 200 多平方米的小三层复式书店。2016 年重新装修后开业，被认为像霍格沃茨般的魔法书院。

文艺小资圣地猫的天空之城概念书店诞生在江南古城苏州，2012 年进入上海，至今在上海开设了 3 家书店，两家名为“墨格”的文具店。这既是一家书店，又是一家文具店，还是一家明信片主题店、文创售卖店。猫的天空之城只贩卖自己设计的天空之城杂物，主要经营明信片、手绘地图、某些特定的书籍杂志和一些小杂物。正如他们自己说的："我们只想贩卖美好。"

……

数年间，多家沪外连锁书店进入上海布局开店，这批新开的书店以颜值为卖点，营业面积大或超大成为主流，读者定位更加年轻化，以"书店＋咖啡＋体验＋生活方式＋第三空间"等多种业态综合经营，成为大型购物广场(MALL)的新标配，为书店这一传统的行业带来新鲜的血液。

全国性的连锁书店只要对外拓展，似乎都不会错过上海这个码头。近十年来，基于国家对于实体书店扶持工作的全面推动，上海市关于实体书店的政策一直利好不断。2012年，上海在全国各省市率先出台政策扶持实体书店。之后，每年上海市新闻出版局都会切切实实地拿出资金扶持上海实体书店。上海实体书店整体持续回暖。2017年4月，上海15家市级单位联合印发《关于上海扶持实体书店发展的实施意见》；2017年12月，发布"上海文创50条"，强调落实《关于上海市支持实体书店发展的实施意见》，加快建立布局合理、结构优化、业态多元、充满活力的新型实体书店发展格局，推动上海市高校校园实体书店全覆盖；2018年5月，上海发布《全力打响"上海文化"品牌　加快建成国际文化大都市三年行动计划(2018—2020年)》……

政府的扶持撬动了更多社会力量的参与和投入，上海实体书店发展迎来爆发期。2017年有20多家中大体量实体书店以高颜值、高体验感、高附加值的多元化形态全新亮相申城；2018年"4・23世界阅读日"前后，思南书局、作家书店、志达书店未来店、陆家嘴融书房、浦东图书馆学习书房、张江科学城书房、临港大隐湖畔书局、陇上书店、简屋书店、钟书阁绿地缤纷城店、博库书城漫书咖等十余家实体书店和公共阅读文化空间集中亮相申城。2018年，上海高校校园书店——陇上书店(华东理工大学)、同济书店(同济大学)、泮溪书店(上海大学)、大夏书店(华东师范大学)、钟书阁对外经贸店(上海对外经贸大学)等渐次开业，新增营业面积1 240平方米。

申城成为全国实体书店停靠的大码头，随着"上海文创50条"和"三年行动计划"的发布，上海的文化市场将会更加开放，聚集能力更强。

二、本土书店外扩的"源头"

上海既是全国实体书店停靠的"码头"，更是本土书店向外拓展的"源头"。唯有发挥"码头"的深度，才能集聚全国书店前来"停靠"；唯有发挥"源头"的高度，将海派文化辐射至全国乃至世界，才可进而提升上海文化的知名度和影响力。

上海有一大批优秀的本土书店。新华系的上海新华发行集团有限公司、上海新华传媒股份有限公司、上海新华传媒连锁有限公司，拥有覆盖城乡的零售门店；"世纪系"的上海图书有限公司和上海外文图书有限公司，拥有上海古籍书店、艺术书坊、上海博古斋、艺苑真赏社、九华堂、社科书店，以及外文书店、美术书店、艺嘉童书馆和松坂书屋等实体书店。这些书店均为1949年前后创建的国有书店。

近年来，新建的本土书店也如雨后春笋般，均以颜值高、突显融合特质、注重体验、"书店＋"模式受到读者青睐。如起源于泰晤士小镇的钟书阁，主打上海本土书店品牌的大隐书局，4年开了9家门店的上海三联书店，2017年新开2家旗舰店的百新书局……

沪上本土书店中，特别值得一提的是一直致力于向世界拓展的上海外文图书有限公司，向全国辐射的钟书阁、上海三联书店、百新书局等。这些书店代表着上海水平、上海形象，让上海的优秀文化在全国甚至全世界生根发芽。

上海外文图书有限公司自1998年起,以“上海出版”为标志参加各种世界性书展。2012年启用“阅读上海”品牌,先后在美国纽约、洛杉矶、旧金山、达拉斯和加拿大温哥华、多伦多,每年举办以“阅读上海”为主题的中文书展,品牌知名度得到延伸。2014年起,“阅读上海”书展陆续在美国、加拿大多个城市和新加坡发展为常年展销专柜。2016年起书展进入德国法兰克福、慕尼黑和意大利佛罗伦萨、罗马。在中国港台地区,通过书展和当地书店建立“阅读上海”品牌展销区。截至2018年底,“阅读上海”书展累计展销品种达2万种、10万余册,涵盖中国当代政治、经济、科技、文化、社科、教育及中华历史、艺术、古籍、音乐等领域。上海外文图书有限公司在我国台湾地区开办了一家全部销售大陆简体字图书的“上海书店”,以销售沪版图书为主,同时兼营其他省市出版物,目前上架品种保持在3 500种左右。为此,上海外文图书有限公司先后多次被评为国家、上海市文化出口重点企业,“阅读上海”被评为国家文化出口重点项目。

创立于1995年的上海钟书实业有限公司,是一家具有全国总发行和全国连锁资质的民营图书发行单位。2013年4月开业的钟书阁泰晤士小镇店,被评为“上海最美书店”。近两年是钟书阁加速向外拓展的时期:2016年4月23日世界阅读日当天,钟书阁杭州店开业;2017年6月,位于成都银泰中心的成都店开业;7月,位于苏州苏悦广场的苏州店开业;11月,位于无锡红豆万花城的无锡店开业……至今,钟书阁在各地正式运营的书店达到16家。把精力放在如何让读者享受更好的读书体验上,这是钟书阁坚持的原则。

三联书店20世纪30年代肇始于上海,在中国人的文化生活中占有重要地位。它不仅意味着一家出版社和书店,更代表着一种人文精神、一种新生活的向导。上海三联书店创立于1985年,2005年由解放日报报业集团、上海三联书店有限公司、上海绿地集团共同出资成立上海三联文化传播有限公司。自2015年上海三联书店首家实体书店在朱家角开业后,先后开设了上海金山、北京回龙观、浙江宁波店、上海佘山、上海静安(协信)、上海浦东(临港)、北京大悦城、上海新天地等9家书店。有人戏称,上海三联的9家实体书店正是沪上实体书店模式创新的缩影:从朱家角分店以设计带动经营的“1.0”模式,到宁波分店混合业态的“2.0”模式,再到佘山分店融合区域资源,实现精致化、定制化的整体设计,上海三联书店正逐渐完成深度转型升级。

2016年,上海三联书店拓展到北京,在北京回龙观腾讯双创社区,与微言传媒联袂打造上海三联书店·微言小集,本着“为美好而来”的初心,竭诚为读者服务。2017年,上海三联书店以文艺的名义,来到宁波,上海三联书店·筑蹊生活开张,以3 000余平方米的大空间打造了一个时尚的艺术空间,为宁波这座历史文化名城再添文化新地标。2018年12月,上海三联书店READWAY在北京开业,坐落于北京朝阳大悦城第9层,集文化、艺术、社交于一体,面积近3 000平方米;同月,上海三联书店READWAY在上海新天地PLAZA开业,以艺术与时尚相结合为主题。

百新书局的前身为徐鹤龄先生于1912年在上海福州路创立的“百新书店”,曾经发行过张恨水先生的《啼笑姻缘》。中华人民共和国成立后,百新书店更名为上海百新文化用品公司,专营文化用品,并被授予“中华老字号”称号。2007年,建立了“百新文具馆”这一连锁品牌。2008年末,与安徽皖新传媒股份有限公司达成合作;同期又以中标的方式成为江苏凤凰新华文具连锁合作商,将经营地域快速扩展至安徽、江苏两省。至今,已经拥有北京、上海、江苏、浙江、安徽、山东、山西、内蒙古等省市的200余家门店。2016年,百新恢复“百新书店”经营品牌,并更名为“百新书局”,产品除文创外,增加图书销售和文化活动空间运营,致力于成为都市人群新文化生活方式的平台。

目前,上海百新文化用品有限公司已形成了新旗舰店、百新店中店、百新书局、线上店四大部分,经营8万余个品种的文化用品及图书,2017年完成销售3亿元。百新的扩张模式,除了开设由自己专营的百新书局、百新文具馆旗舰店、线上店外,最初与浙江、安徽、江苏新华书店合作的方式是在新华书店店铺内开设百新店中店,文具和图书泾渭分明,最近这一模式正在改变。2018年4月21日重新装修开张的昆山新华书店,在百新的参与下,设计风格更加时尚,而卖场中图书和文创融为一体,员工由百新进行培训,开业一个月,销售增加10万元。这种模式更加突出"融合"的特质,将百新优秀的经营模式融入新华书店,受到业界关注,受到了苏州观前街新华书店等传统书店的青睐。

上海要打响文化品牌,"码头""源头",一个都不能少。只有做活、做深源头,才能做大、做强码头。

"海纳百川、追求卓越、开明睿智、大气谦和"的上海,依靠良好的文化生态环境、政策的鼓励和支持,孕育滋润着本土书店,吸引着全国各地的连锁书店来投资,带来了各种新概念书店、新生活方式书店、新空间书店,与本土实体书店同台竞技;本土书店也不断向外扩张,带去上海实体书店的海派、开放、融合等文化特质,如此良性循环,彰显"上海文化"的历久弥新,显示出强大生命力、凝聚力。

(汪耀华文,2019年8月9日《中国出版传媒商报》)

第二节　2019中国上海国际童书展(CCBF)

2019年第七届中国上海国际童书展(CCBF,以下简称上海童书展)于2019年11月17日圆满落幕,本届展会是与意大利博洛尼亚童书展全面合作的第二年,得到国内外业界广泛的认可,赢得了业内的一致好评。

2019年上海童书展继续以"与世界和未来在一起"为主题,延续2018年升级的"版权贸易、国际交流""出版发行、渠道拓展""表彰推荐、新锐发掘""衍生配套、跨界交流""阅读推广、城市联动"等五大功能,以"专业性、国际化、走出去"为发展策略和重点,打造亚太地区服务于童书出版与儿童内容全产业链融合的行业平台。

响应中央政治局委员、中共上海市委书记李强打响"上海文化"品牌的指导方针,上海童书展作为促进童书出版与儿童内容产业国际交流的重要平台,本届展会总展览面积超过25 000平方米,吸引来自32个国家和地区的418家参展商以及102位官方活动嘉宾,展会三天的参观总数达到40 978人次,观众来自全球50个国家和地区。展会同时获得了市委、市政府领导的高度关心和重视,上海市副市长宗明、中共上海市委常委、宣传部部长周慧琳受上海市新闻出版局邀请,先后来到展会现场参观并给予工作指导。

一、展会基本信息

1. 展会时间与地点

11月的上海,是商贸氛围浓郁的展览季与文化气息充沛的艺术季的邂逅之地,所以,2019年上海童书展也定于11月15—17日(周五至周日)在上海世博展览馆位于一层的1号展厅举办。

2. 展览内容

展览内容包括：印刷或电子形式的儿童出版物和作品，包括少儿图书、少儿电子书、少儿动漫游戏、少儿音像、少儿数字产品、少儿报纸杂志，以及少儿智力开发及教辅产品、少儿文化用品、少儿出版相关版权衍生产品等；此外，2019 年的上海童书展更是加大了传统童书出版企业之外的开拓力度，从事儿童内容的数字科技型企业以及儿童教育教材和培训的企业的参展比例有所提升。不同领域儿童内容企业融合发展的趋势愈发明显。

3. 展会分区

展览划分为版权区、综合区和公众区，并配合活动区和功能区。

版权区意在促进版权贸易与商业合作，11 月 15—17 日仅对专业观众开放；综合区全面满足展商版权/发行/渠道/合作/推广的综合需求，11 月 15 日仅对专业观众开放，11 月 16—17 日（周末）对所有观众开放；公众区则用于推动展商推广/零售需求，11 月 15—17 日对所有观众开放；活动区内举办各类专业论坛与研讨会、陈伯吹国际儿童文学奖、金风车插画大赛作品展、插画师生存角、版权长廊、童书＋特展、CCBF 快闪书店、公众活动等。功能区设有贵宾休息室、新闻中心、咖啡区、餐饮区等各类服务于展商与观众的设施场地。

4. 展会规模

2019 年上海童书展总展览面积超过 25 000 平方米，较 2018 年增长 25%。来自 32 个国家和地区的 418 家参展商及 102 位官方活动嘉宾共襄盛会。展会三天的参观总数达到 40 978 人次，观众来自全球 50 个国家和地区，再度刷新展会纪录。而专业观众达 16 145 人次，较 2018 年增长 18%。

除了意、法、英、美、日等出版强国企业熟悉的身影外，在“一带一路”的倡议下，阿联酋、拉脱维亚、黎巴嫩、乌克兰、伊朗、哥伦比亚等新面孔国家也亮相童书展，为这场国际化的盛会注入多元性。法国巴亚集团、达高集团、阿歇特出版集团、蓬皮杜艺术中心、美国麦克米伦教育集团、麦格劳希尔教育集团、英国牛津大学出版社、沃克出版集团等知名国际出版文化机构均携其最新童书精品亮相展会。会场持续设立博洛尼亚年度最佳童书出版社大奖专区、亚太地区新展商专区、斯特雷加儿童文学奖专区、版权代理区。为上海童书展不断输送曾获得博洛尼亚童书展奖项以及其他儿童文学奖项的深受国际认可的中小型顶尖独立出版商，采用点对点定向邀请参展的形式，他们在这届童书展上绽放了属于自己的华彩。

国内展商部分，包括专业少儿社在内的众多国内主流国有出版机构悉数参展，如上海世纪出版集团、中国教育出版传媒集团、中信出版集团、北京出版集团、吉林出版集团、中国少年儿童新闻出版总社、安徽少儿社、晨光出版社、电子工业社、二十一世纪出版社、福建少儿社、广西师大出版社、海燕出版社、湖南少儿社、华师大出版社、江苏少儿社、江西高校社、接力出版社、明天出版社、青岛出版社、四川少儿社、天天出版社、外研社、希望出版社、新疆青少社、新蕾出版社、新世纪出版社、长江少儿社、浙江少儿社、中国中福会出版社等。同时，民营出版机构及与儿童内容领域的相关企业也竞相参与，如巴亚桥文化、读小库、盖世童书、海豚传媒、孩宝小镇、浪花朵朵、九久读书人、乐乐趣、蒲公英童书馆、蒲蒲兰绘本馆、奇想国童书、启发文化、童立方、童趣、小博集、信谊图画书、心喜阅、一米阳光等；更有爱心树童书、果麦文化、凯叔讲故事、青豆书坊、石油工业社、未小读、小读客等一批后起新秀出版企业的加盟。这些优秀的中国童书出版商，与国际同行开展了百余场版权贸易洽谈和相关交流活动，收获了丰硕的成果。

最后，得益于展馆面积的扩增，2019 年的公众区无论在展商数量还是规模上，均取得显著的增长。感受到出版行业企业高涨的热情，以及考虑到儿童教育井喷式发展的大环境，我们在公众区内积极拓展出一块“儿童益智和乐教”板块,从益智玩具、教具,到儿童教育机构平台,吸引到共计40余家行业优秀企业的进驻,其中包括:叽里呱啦、斑马英语、沪江网校、Tutor ABC、小码王、弥鹿(Mideer)、艾维尼(Avenir)等。此外,我们还在公众区内设立“未来的礼物”儿童知识互动体验区,务求在丰富展会功能的同时进一步扩大销售面积和展会规模,调动更多衍生企业踊跃地参与。

二、展会同期活动总结

上海童书展同期活动以增强展会专业性为看点,提供全球行业最新资讯,提升品牌国际影响力,并促进少儿阅读与亲子阅读。同期活动围绕“商业实践”“阅读推广”“大师工坊”“数字思维”等四大经典主题进行策划。延续“专业论坛与研讨会”“国际出版人上海访问计划”“金风车国际青年插画家大赛”“陈伯吹国际儿童文学奖”和“国际作家节”这几项传统活动;巩固并进一步发展2018年推出的“插画师生存角”项目和“城市联动”项目,同时增设“童书+”项目、立体书展以及CCBF快闪书店等新亮点。

展会期间举办的各类专业活动和阅读推广活动共计345场,覆盖除主会场外的30多个儿童出版阅读文化空间。参与官方活动的特邀嘉宾共102位,来自23个国家和地区,其中海外嘉宾57位。

1. 专业论坛与研讨会

作为上海童书展期间的重磅一环,专业论坛与研讨会体现了上海童书展的专业性、国际性和前瞻性,内容涉及行业的各个层面,分类讨论童书出版与儿童内容的相关议题。

在专业论坛的主题中,时常围绕最新的市场数据分析。世界领先的数据分析机构尼尔森图书(Nielsen Book)分享了关于全球11个国家最新的童书市场数据,图书行业咨询、研究与调查服务的权威专业机构开卷则公布了中国少儿图书零售市场的表现。在另一场论坛中,全球有声书市场发展及数据成为讨论的核心,来自中外有声读物企业分享了他们的见解。在一场由《出版人》杂志联合主办的基于儿童阅读与内容产业市场价值及该产业未来投资趋势的数据及案例分享会上,分别从行业观察者、实践者和投资者的三方视角进行深入的剖析。

作为全新项目“童书+”系列活动的一部分,艺术、建筑和设计成为本次专业论坛中的亮点。我们深入研究众多近期出版的创新书籍,这些书籍激发孩子们对艺术的敏感度,或展现伟大艺术家的生活。会议邀请了众多专注于视觉艺术、设计和建筑教育的嘉宾,包括知名出版人(英国泰晤士与赫德森出版社的罗杰·特罗普、法国蓬皮杜艺术中心出版社的克莱尔·德·康特)、一线作家(畅销书“看,多伟大的艺术家!”系列的作者帕特里夏·盖斯、博洛尼亚国际插画奖得主邹骏昇),以及来自博物馆和艺术机构的代表。

另外,上海童书展论坛中的“美丽的书”活动也备受关注。一场高规格的圆桌讨论围绕立体书展开,嘉宾包括来自日本的图画书艺术家及纸艺工程师驹形克己、立体书收藏家马西莫·米西罗利和马特奥·法格里亚,还有领先立体书出版商代表,来自法国的大人物出版社和中国的乐乐趣。

阅读和创作也是本次专业论坛关注的核心话题。两位资深的童书专家玛丽亚·拉索(《纽约时报》)和朱莉娅·埃克谢尔(海伊文学艺术节)分别主持两场论坛,讨论关于引导良好的阅读习惯、提高儿童的阅读技能和对书本的兴趣,以及鼓励有关儿童的创作和出版高质量的儿童文学作品。

除此以外,我们将目光投注在书本以外的领域,探讨技术和创新为出版提供的业务拓展机会。除了广为熟知的数字论坛,我们还重点讨论了IP授权以及视听版权如何与出版联系。企鹅兰登书屋授权业务、乐高集团、腾讯视频等企业代表纷纷在会议上发言。

参与10场专业论坛的国内外演讲嘉宾共计59人(61人次),其中海外嘉宾33人;论坛场场爆满,座无虚席,吸引3 008人次听众参与。

10场专业论坛主题如下:

如何与孩子谈美?——探索艺术、建筑与设计类童书

有声内容的市场究竟有多大?——全球有声书市场报告及中国市场解析全球童书出版市场数据及趋势

神奇的场景再现——立体书的昨日与今天、经典与创新

投资“下一代”:中国儿童阅读与内容产业的市场价值

出版、影视与授权的融合发展——儿童内容与IP产业的互动和促进

为小读者服务——实体书店亲子阅读体验和服务的升级和创新

好的内容,无处不在——儿童内容的数字技术与应用

滋养童年的故事——谈当下中外儿童文学出版

从阅读到爱上阅读:如何培养儿童阅读能力与习惯?

2. 国际出版人上海访问计划

国际出版人上海访问计划(SHVIP)是上海童书展期间最受关注的出版文化交流活动,也是亚洲首个致力于儿童出版的国际出版人访问项目。项目基于自由申请制度,面向各级出版经理、出版人和编辑。2019年共计收到来自56个国家和地区的165份有效申请,其中三分之一来自亚太地区,这也是这个项目有史以来申请来源最广泛、数量最庞大的一届。

最终,来自澳大利亚、丹麦、法国、印度、伊朗、意大利、墨西哥、荷兰、乌克兰和美国的11位“访问者们”齐聚上海。他们用6天的时间走访了上海的5家出版社[少年儿童出版社、中国中福会出版社、广西师范大学出版社(上海)有限公司、九久读书人、信谊图画书]和两家书店(上海书城和鲸字号)、出席了陈伯吹国际儿童文学奖颁奖典礼、参加了与国内出版界同行互动的新书推荐会,另外2天安排在上海童书展现场与来自全球的出版商进行合作洽谈、参加论坛和会议等。

2019年项目成员名单如下:萨尤尼·巴苏(Sayoni Basu,印度),社长和创始人,鸭嘴兽图书(Duckbill Books);莫妮卡·贝纳(Mónica Bergna,墨西哥),社长,阿尔伯罗出版社(Alboroto);西西莉亚·德·拉坎帕(Cecilia de la Campa,美国),全球授权和本土合作伙伴关系执行总监,作家之家;塞利·多普(Thille Dop,荷兰),儿童与青年文学资深出版人,路易汀-赛特获夫出版社;伊万·费希科(Ivan Fedechko,乌克兰),版权主管,老狮子出版社(The Old Lion Publishing House);埃克赛·科尔(Aksel Koie,丹麦),首席执行官兼创始人,皮博科数字出版(PIBOCO);米里亚姆·罗森布卢姆(Miriam Rosenbloom,澳大利亚),出版人,草书出版社(Scribble);盖里·塔皮尔(GaliaTapiero,法国),首席执行官,千瓦特出版社(Kilowatt);萨哈·塔尔汗德(Sahar Tarhandeh,伊朗),社长,图提出版社(TUTI Books);尼克·托马斯(Nick Thomas,美国),资深编辑,莱文·奎里多出版社(Levine Querido);安东尼拉·文森兹(Antonella Vincenzi,意大利),总编辑,弗朗哥·科西莫·帕尼尼图书(Franco Cosimo Panini)。

11月14日晚在光的空间·新华书店举办的新书推荐会和鸡尾酒会吸引了超过130位出版界同行交流,为增进国际交流并推动优秀国内原创童书“走出去”提供绝佳的交流平台。

3. 金风车国际青年插画家大赛与插画展

金风车国际青年插画家大赛是上海童书展最重要的同期活动之一,旨在为国内外新锐插画师

及插画爱好者提供充分展示才华的舞台，推动国内外插画师与出版商的交流与合作，为蓬勃发展的全球少儿出版行业注入新鲜的原创血液。2019 年大赛设立金风车插画奖国内金奖 1 名、国外金奖 1 名、特别提名奖 4 名、大众选择奖 1 名。征稿历时 3 个多月，共计收到来自 72 个国家和地区的 1 999 位插画师的有效投稿，作品总量高达 9 995 幅。参赛国家数、报名人数、作品数量及增幅等各项数据均创下 2015 年大赛创立以来的最高纪录。

2019 年大赛的 5 位专业评委包括中国的图画书作家、《东方娃娃》杂志社社长周翔；中央美术学院城市设计学院绘本创作工作室创建人、主任杨忠；日本板桥区立美术馆副馆长松冈希代子(Kiyoko Matsuoka)；葡萄牙插画家、帕托出版社创始人安德烈·雷迪亚(André Letria)以及意大利插画家、作家、Mimaster 米兰国际插画学院院长伊凡·卡努(Ivan Canu)。

经过总共 4 轮的评审，最终获奖名单如下：来自中国的贵图子以及来自巴西的吉列尔梅·卡斯滕(Guilherme Karsten)分别斩获 2019 年金风车插画国内金奖和金风车插画国际金奖。金风车插画特别提名奖则由来自巴西的罗穆卢斯·爱德华多·迪波利托(Rômolo Eduardo D'Hipólito)、来自中国的李静欣、来自西班牙的彭德(Miguel Pang Ly)以及来自中国的找鸟儿收入囊中。同时，经过大众的在线和现场投票，来自委内瑞拉的斯蒂法诺·迪·克里斯托法罗(Stefano Di Cristofaro)脱颖而出，赢得本届金风车插画大赛的大众选择奖。来自 24 个国家和地区的 50 组入围插画师名单及作品已于 9 月 12 日公布，并收录于《2019 金风车国际青年插画家大赛年鉴》，插画展在上海童书展期间展出。

2019 年，金风车插画大赛首次尝试入围作品的商业跨界合作，大赛联合九口山及光的空间·新华书店共同推出 Mini7 系列迷你笔记本合作限量款。组委会与知名设计师、九口山创始人杨军首批精选了 5 位入围插画师的十幅作品，分别为：找鸟儿的《怪物搬家》、贵图子的《大船》、武芃的《一次旅行》、李静欣的《森林宴会》以及林建才的《火星行记》(排名不分先后)等。产品保持了九口山产品一贯的设计理念并充分彰显画作特色，制作考究、极富创意。首批产品已经亮相于上海童书展快闪书店，展后于光的空间·新华书店线下销售，并在九口山官方旗舰店进行线上的同步发售。这种全新模式的合作不仅为金风车插画大赛的参赛插画师提供了跨界合作的平台，更让他们的作品通过产品化的形式走入大众的生活。

同时，上海童书展全新推出"青年插画师大道"项目。该项目依托展会的强大平台，秉承社群运营的理念，既为插画师、艺术家和内容创作者们设立集商业合作、行业交流、产品展示等功能于一体的专区；也为出版社提供了寻找插画创作者的良机。

4. 插画师生存角

上海童书展不仅是一个促进版权交易与商务合作的专业展会，同时也肩负着经验交流与文化传承的职责。博洛尼亚童书展特别项目"插画师生存角"于 2018 年引入上海童书展，由上海童书展组委会联合 Mimaster 米兰插画学院共同策划打造，是插画师群体分享行业市场经验以及困惑的场所，也是资深专家和初学者交流传承的平台。生存角由三个活动区域组成，分别为大师论坛，由知名插画家、出版人分享创作经验和知识；创意工作坊，由国际插画大师亲自主持，青年插画师学习取经，提高插画的技巧和能力；一对一作品集指导，由插画家、资深出版人、编辑对青年插画师作品集进行面对面的指导。

在为期三天的展会上，生存角内共举行了 10 场大师论坛、8 场工作坊、40 场一对一作品集指导，场场爆满。国内外演讲嘉宾和导师共 90 人次(海外嘉宾 66 人次)，参与生存角内各项活动的插画师共 1 795 人次。

5. “童书+”项目

“童书+”将是一个自2019年起开启的全新项目，童书后的加号代表每年聚焦的一种趋势、一个聚焦主题、一类影响深远的书籍门类，或是一个不应被忘记或忽视的主题。每年对一种选题进行全方位解析，旨在延伸和拓展童书内容的广度和深度。通过展览、讲座、研讨和展示等不同形式，发现并重新找到这个选题中最吸引人的佳作，聆听出版商和作者们分享创作背后的故事。2019年首次亮相的选题为“艺术、建筑与设计”。

其中的一场重头戏是“与美共行：艺术、建筑与设计童书特展”，展示由国际策展团队与博洛尼亚童书展合作精选而出的来自17个国家和地区的83本原创童书，向孩子们介绍伟大艺术家、建筑师和设计师的生活，让孩子们借助虚拟方式参观世界上著名的博物馆和建筑等。展会现场人们认真地翻阅、拍照、交流，体会书籍精致的装帧、优美的插画，甚至是从字里行间中寻觅美。

与之配套的一场名为“如何与孩子谈美？——探索艺术、建筑与设计类童书”的专业论坛则由来自不同国家和机构的出版商和作者们共同探讨儿童艺术教育的重要性、此类童书的发展趋势以及中西方合作的可能性等，引人深思。

“童书+”项目的系列展览和活动，不仅对童书出版业从业者具有指导意义，还进一步加强亲子阅读的品质，同时提升上海童书展在专业人群及公众眼中的权威性与影响力。

6. “书中的魔法世界”立体书展

为配合“童书+”艺术、建筑与设计的主题，上海童书展联合与意大利知名立体书藏家与立体书设计师马西莫·米西罗利(Massimo Missiroli)和策展人及出版人马特奥·法安多(Matteo Fagliamatteo)独家合作，展示立体书发展历程。展品涵盖从1890年藏品到当代立体书精品。这些珍贵的收藏品都是人类立体书发展历史中的宝贵结晶。

此次所展出的130本立体书，是从马西莫·米西罗利约5 000件藏品中精选而来。米西罗利先生从1978年开始收集立体书，他也是全球立体书收藏量最大的个人藏家。这些展品集中展示了过去130多年立体书的发展史，每一本都在立体书历史上留下了浓墨重彩的一笔。展品包括1932年在美国出版的哈罗德·伦茨(Harold Lentz)的《木偶奇遇记》(*Pinocchio*)，这是第一本真正被称为“立体书”的作品；外号“巫师”的英国人杰拉尔德(Giraud)设计的展现极为精细繁复的纸张移动的作品；还有捷克国宝级立体书大师库巴斯塔(Kubašta)在20世纪60年代展现其精湛的纸艺技法的作品。

此次“书中的魔法世界”立体书展将呈现立体书发展历程的几个重要阶段，从19世纪著名的出版社德国厄内斯特·尼斯德公司(Ernst Nister)和英国拉斐尔塔克父子公司(Raphale Tuck and Sons)的书，一直到近几十年出版的立体书。仔细观察展示的书页，就能了解立体书诞生以来的发展与变迁，从一开始通过纸张的运动来创造三维空间景象，到近现代设计师和作者带来的革新技术，使得动态雕塑和立体纸艺变得更加复杂和迷人。

同时，在上海童书展结束之后，“书中的魔法世界”立体书展于2019年11月29日至2020年1月12日登录上海爱琴海购物公园，开启国内首站巡展，之后将巡展至北京、深圳等地。这也是上海童书展深入到全国各地宣传的良机。

7. 陈伯吹国际儿童文学奖

陈伯吹国际儿童文学奖是中国连续运作时间最长的文学奖项之一，也是上海童书展支持的重要奖项之一。2019年上海童书展继续积极配合奖项的宣传推广，推动民营出版商参与文学奖的角逐，并进一步提高绘本奖项的国际参与度与知名度。

2019 年的评委会主席为高洪波(中国,中国作家协会副主席、儿童文学委员会主任),评委会成员包括:莉丝白·茨威格(奥地利,国际安徒生奖 1990 年得主)、伦纳德·S. 马库斯(美国,童书历史学家及评论家)、朵萝雷斯·普拉德斯(巴西,2016 年国际安徒生奖评委会成员,专注于儿童和青少年文学的出版人)、朱自强(中国,教授、博士生导师、中国海洋大学儿童文学研究所所长)、周蜜蜜(中国,香港儿童文学艺术联会会长、香港作家联会副会长)、汤素兰(中国,一级作家、博士生导师、湖南师范大学文学院教授)、颜小鹂(中国,蒲公英童书馆创始人、总编辑)、张弘(中国,儿童文学作家、魔法童书会创办人)。

2019 年,参赛作品数量、质量和国际参与度均实现了进一步提升,主办方共收到参赛单篇作品 198 篇、中文图书 136 种和来自 33 个国家和地区的绘本图书 336 种。

颁奖典礼于 11 月 14 日在上海宝山国际民间博览馆举行,中国著名儿童文学翻译家、作家、出版人任溶溶和美国童书历史学家及评论家伦纳德·S. 马库斯获得特殊贡献奖,共有 14 部作品摘得年度图书(文字)奖、年度图书(绘本)奖和年度单篇作品奖。

年度图书(文字)奖——《耗子大爷起晚了》(作者:叶广芩,北京少年儿童出版社出版)、《有鸽子的夏天》(作者:刘海栖,山东教育出版社出版)、《焰火》(作者:李东华,长江文艺出版社出版)、《追寻》(作者:徐鲁,长江少年儿童出版社出版)、《野蜂飞舞》(作者:黄蓓佳,江苏凤凰少年儿童出版社出版)。

年度图书(绘本)奖——《一颗子弹的飞行》(中国,文字作者:白冰;绘图作者:刘振君,中国少年儿童新闻出版总社出版)、《别让太阳掉下来》(中国,文字作者:郭振媛;绘图作者:朱成梁,中国和平出版社出版)、*The Great Battle*(《伟大的战役》,意大利,文字作者:安德烈·安蒂诺里;绘图作者:安德烈·安蒂诺里,意大利柯瑞尼出版社出版)、*Heads and Tails: Insects*(《头部与尾部:昆虫》,澳大利亚,文字作者:约翰·坎蒂;绘图作者:约翰·坎蒂,澳大利亚伯贝出版社私人有限公司出版)、*Enreduana*(《安海度亚娜》,巴西,文字作者:罗杰·米罗,绘者:玛利亚娜·马萨拉尼,巴西字母公司出版社出版)。

年度单篇作品奖——《鞋尖朝外》(作者:龙向梅,刊登于《少年文艺》2018 年 9 月)、《百万个明天》(作者:秦萤亮,刊登于《儿童文学》2018 年 7、8 月)、《大山里来的孩子》(作者:翌平,刊登于《儿童文学》2018 年 8 月)、《只是一篇作文》(作者:王文华,刊登于《未来少年》2018 年 11 月)。

2019 陈伯吹国际儿童文学奖获奖作品展在童书展期间向行业及大众读者展出。

8. 国际作家节

国际作家节是上海童书展推广世界著名儿童内容创作者的重要窗口,是优质儿童文学的代名词。国际作家节宛若一座桥梁,让作家、插画家们与出版人、读者通过一系列研讨会、新书发布会、读书会和签售会等活动展开充分的交流和互动。

2019 年的国际作家节致敬了现当代童书的丰富性,共有 17 位作家和插画家参与了 2019 年的上海童书展,他们是:1990 年国际安徒生奖获得者,奥地利插画家莉丝白·茨威格(Lisbeth Zwerger),她是史上最年轻的国际安徒生奖获得者;美国华裔插画家、美国作家和插画家大卫·麦考利(David Macaulay);葡萄牙插画家、出版人安德烈·雷迪亚(André Letria);美国作家、插画家戴夫·皮尔奇(Dav Pilkey);陈伯吹国际儿童文学奖年度图书奖、博洛尼亚最佳童书奖得主、法国插画家阿德里安·帕兰格(Adrien Parlange);西班牙作家、插画家帕特里夏·盖斯(Patricia Geis);屡获大奖的意大利儿童文学作家皮埃尔多米尼格·巴拉里奥(Pierdomenico Baccalario);海伊文学艺术节总监、英国作家朱莉娅·埃克谢尔(Julia Eccleshare);日本作家、出版人驹形克己(Katsumi

Komagata)；挪威插画家、作家及艺术家玛丽·康斯塔·约翰森(Mari Kanstad Johnsen)；挪威插画家、图画书作家克里斯汀·罗斯基夫(Kristin Roskifte)；挪威插画家比约恩·瑞尼·莱恩(Bjorn Rune)；俄罗斯插画家玛丽亚·蒂托娃(Maria Titova)；中国台湾插画家、吉日设计艺术总监邹骏昇；荷兰插画家、作家哈曼·范·斯特拉腾(Harmen van Straaten)以及2018年金风车插画国际金奖得主伊莉娜·埃利斯(Elina Ellis)和国内金奖得主黑眯。展期内，在展场内外举办包括图书签售会、图书发行、儿童专题讨论会和创作活动、阅读和游戏等类型的作家节系列活动共28场。

9. 版权长廊

一面色彩艳丽的、装饰满最新出版书籍的橙色长墙，便是CCBF版权长廊！该长廊是为出版商、编辑和版权经理专设的，旨在增进国内外版权信息交流，并支持和推广中国原创作品。版权长廊一侧展示由11位国际出版人上海访问计划(SHVIP)成员推荐的最新精选书籍，在这里可以品阅那些未被引进的童书；长廊的另一侧展示一系列当代中国原创儿童读物精品，让国际出版人有机会深入了解中国童书创作的现状。版权长廊是出版专业人士了解和发现新资源的宝地。

10. CCBF快闪书店

CCBF快闪书店同样也是2019年的新设项目。上海童书展作为中国乃至亚洲地区童书出版与儿童内容的风向标，不仅肩负着推荐及引领童书出版方向的作用，而且也为专业人士以及大众读者提供了一个可以购买推荐书目的场所，CCBF快闪书店的概念应运而生。书店只提供与上海童书展官方活动相关的精选作品，例如“童书+”项目特展与立体书特展中的相关书籍、陈伯吹国际儿童文学奖精选获奖图书、金风车插画大赛获奖插画师精选作品、国际作家节特邀嘉宾精选作品，以及上海童书展衍生品及周边产品。

展会现场读者反响热烈，他们在快闪书店内流连忘返、认真翻阅。其中，艺术、建筑与设计类童书、立体书、CCBF+九口山+“光的空间”联合推出的限量版MINI NOTE系列笔记本成为畅销产品。

本次快闪书店得到了“光的空间”的大力支持，现场由“光的空间”团队运营，保证了快闪书店的专业性。

11. 展商活动及城市联动

本届上海童书展现场共设三个舞台区，连同上海少年儿童图书馆、宝山区图书馆、徐汇区图书馆、朵云轩艺术中心、上海儿童艺术剧院、朵云书院、光的空间、言几又书店、志达书店等城市联动项目的30多个场外阅读文化空间，共举办了场内/场外各类新书发布、好书推荐、作家签售等活动总计309场。在三天时间里，中外作家、插画家、艺术家奔赴各处与读者们开展互动交流，致力于推广高品质的阅读。上海童书展以少儿阅读与亲子阅读推广的丰富性与多样性，营造了“多读书、善读书、读好书”的浓厚氛围。

12. 欢迎晚宴

2019年的上海童书展欢迎晚宴依旧维持300人的规模，席设上海浦东喜来登由由大酒店宴会厅，与展商、嘉宾、媒体朋友们共聚一堂，共同见证2019年金风车国际青年插画家大赛的最终获奖名单的揭晓。在经过展览第一天的忙碌后，晚宴成了大家放松的聚会交流场所，获得与会嘉宾的一致称赞。

第二章　出版“走出去”

第一节　“走出去”重点项目建设取得成效

把握政策导向，服务国家战略。上海各出版单位数十个项目获得国家及上海“走出去”重点工程项目资助及相关荣誉，成效显著。

上海世纪出版（集团）有限公司、上海新闻出版发展有限公司等被授予“2019—2020年度国家文化出口重点企业”称号。《中国道教史》《春尽江南》等图书入选“新中国70年百种译介图书推荐目录”。上海外文图书有限公司、上海少年儿童出版社有限公司等获得2019年上海市服务贸易发展专项资金资助。“江南百工——非物质文化遗产海外巡展”（意大利站和伦敦站）获得上海市“中华文化走出去”专项扶持资金资助。“第十届大陆古籍艺术类图书展”“台北上海书店‘阅读上海’沪版图书主题展及‘台北沙龙’讲座、交流活动”入选年度上海市对台交流重点项目。上海文艺出版社围绕“一带一路”主题，继续做好国家“十三五”重点项目“新丝路文库”的出版工作，推出《竹竿》《少数》《剩饭》三种。

华东师范大学出版社入选中宣部、国家新闻出版署“丝路书香出版工程”资助项目1项（含3种图书），上海市版权“走出去”扶持项目6项。5种图书获得国家社科基金“中华学术外译”项目资助。

上海外语教育出版社的《发展商务汉语》入选“丝路书香出版工程”资助项目，实现重大突破；《汤显祖戏剧全集（英文版）》在中国出版协会、中国新闻出版研究院主办的第十八届输出版引进版优秀图书评选中，获得输出版优秀图书奖；《批评语用学视角下的社会用语研究》（英文版）入选2018年上海市版权走出去扶持项目；《外语界》获评“2019中国最具国际影响力学术期刊”。

复旦大学出版社的《中国思想史》（第二卷）英语版获得第十八届输出版优秀图书奖。7个项目获得“中华学术外译项目”资助，6种图书入选“中华学术外译”项目推荐选题目录。

上海交通大学出版社入选“丝路书香出版工程”的项目有：《平易近人：习近平的语言力量（外交卷）》俄语；《平易近人：习近平的语言力量（外交卷）》老挝语；《平易近人：习近平的语言力量（外交卷）》越南语；《平易近人：习近平的语言力量（外交卷）》泰语；《长江经济带产业协同与发展研究》英语；《科技重塑中国》俄语；《航空发动机高温合金大型铸件精密成型技术》英语；《中国古代体育图录》俄语等。入选“中华学术外译”项目：《法国重农学派学说的中国渊源》英语；《城市中国之道：新中国成立70年来中国共产党的城市化理论与模式研究》俄语；《城市中国之道：新中国成立70年来中国共产党的城市化理论与模式研究》法语；《东京审判：为了世界和平》日语；《东京审判：为了世界和平》德语；《来华犹太难民研究（1933—1945）：史述、理论与模式》俄语；《来华犹太难民研究（1933—1945）：史述、理论与模式》阿拉伯语；《中国人口史》：英语；《现代汉语与中国现代文学》俄语；《现代汉语与中国现代文学》阿拉伯语等。

同济大学出版社的“同济原创英文图书的国际发行（2019）”获得上海市促进文化创意产业发展财政扶持资金资助，《中华文化之旅》入选2019年度“上海翻译出版促进计划”。

上海社会科学院出版社的《丰子恺漫画古诗词》输出韩国，由韩国一潮阁出版社出版。该项目获2018年度上海市版权“走出去”扶持资金资助，并入选2019年度“上海翻译出版促进计划”。

第二节　外文图书和期刊的出版数量提升

上海新闻出版发展有限公司出版了《长物志》(英文版)、《中国文明史》(保加利亚文版、波兰文版、捷克文版)等23种新书，重印了《清明上河图》《中国水墨画法》等27种图书，品种总数较2018年增长80%。

华东师范大学出版社继获得“全国版权示范单位”“中国版权最具影响力企业”荣誉后，入选2019—2020年度国家文化出口重点企业目录。全年共引进版权162种，输出159种，输出引进比1∶1.03，实现了国家“十三五”期间1∶1.16的目标。输出地覆盖欧、亚、非、北美、南美五大洲多个国家。

复旦大学出版社全年引进图书34种，输出图书23种。

文汇出版社制订专项奖励政策积极鼓励图书“走出去”，版权输出取得初步成果。2019年，共有6种图书在海外出版或实现版权输出。

上海一些期刊出版单位还重点聚焦英文学术期刊出版，继续推进《中国国际战略研究》和《传统医学与现代医学》的出版工作；签约出版《应急管理与灾难传播》英文期刊，一批上海出版的科技前沿期刊成为全球科技工作者的直接阅读文本。

第三节　“走出去”品牌项目影响力持续增强

上海书展期间，上海世纪出版(集团)有限公司的青年编辑代表与来自剑桥大学出版社、麦克米伦教育出版公司、企鹅兰登书屋等十余家出版机构的欧洲青年出版人一起，围绕双方的出版特色、选题策划、市场营销、数字出版等领域开展了为期一天半的中欧青年出版人交流研讨活动。通过交流研讨会、参观“朵云书院”、参加上海书展等活动，双方彼此学习、相互借鉴，促进了文化认同，为进一步推动中欧出版合作奠定了基础。

“阅读中国”外文版中国主题图书全球春节联展在德国、捷克、罗马尼亚等国家的数百家知名品牌书店举行。联展活动举办期间，重点展示了《习近平谈治国理政》第一卷和第二卷，捷克文版、波兰文版“文化中国”丛书，《中国文明史》保加利亚文版的成功推出，成为外文版“文化中国”丛书进入“一带一路”沿线国家的一大亮点。

上海外文图书有限公司等举办的“阅读上海”海外书展项目覆盖区域进一步扩大，影响力日益提升。“阅读上海”欧洲行活动在德国法兰克福市、捷克布拉格市和奥地利维也纳市举办，“阅读上海”专架成功落地马来西亚5所华文学校图书馆。

上海外文图书有限公司等组织赴美参加美国东亚图书馆年会，启动“专著·上海”海外图书馆业务拓展项目等。中国图书进出口上海公司、国图上海公司等通过在东南亚、澳大利亚等地举办中国书展，充分展示中国、上海的出版成果。

华东理工大学出版社为了积极响应国家关于中华文化走出去和“一带一路”的倡议，全社高度重视版权输出海外及境外工作，将自身特色出版方向与国外知名出版公司相联系及开展合作，切实推动了中国文化和中国先进科学技术“走出去”。图书实现版权输出涉及语种包括英语、德语、越南语等。

中国中福会出版社原创图画书除输出欧美、日韩等国家外，还实现了阿语的版权输出，有四种阿拉伯语图画书出版，并在阿布扎比书展上与阿语地区的小读者见面。此外，还有《牙齿，牙齿，扔屋顶》德语版出版，该书作者刘洵受柏林国际文学节邀请，参加了新书首发仪式以及数场活动，受到德语地区读者的热烈欢迎。2019 年出版了“小学新课标语文拓展读本——左手成语右手百科”系列(8 种)，在此系列图书出版三个月后，繁体中文版权即被中国台湾的萤火虫出版社购买。该丛书繁体中文版进入中国台湾图书市场，成就了优质少儿出版资源在两岸的一次共享。

第四节　搭建国际出版合作平台

充分发挥北京国际图书博览会的平台效应，积极推进战略合作和版权贸易。上海各出版单位与海外出版机构共达成近 300 项版权贸易合作项目，其中签订输出合同及达成输出意向 60 余项。上海人民出版社与施普林格・自然出版集团、上海音乐出版社与英国哈珀・柯林斯出版集团签署战略合作协议；上海书画出版社与 Quarto 出版集团、上海树实文化传播有限公司签署艺术类图书引进出版三方合作协议；上海科学技术出版社与施普林格・自然出版集团签订“复杂地质与环境条件下隧道建设关键技术丛书”英文版合作协议。这些合作项目提升了上海出版业的国际影响力和知名度，进一步推动集团的精品图书走向世界。

上海与伦敦书展组委会、法兰克福书展集团合力打造“上海时间”“上海早晨”两个国际出版主题日活动，发布“上海世纪出版集团全球版权推广 50 种新书(2019 年春季版、秋季版)”，为世纪原创精品出版物“走出去”搭建国际版权推介平台。

上海积极推进与法兰克福书展集团的深度合作。法兰克福书展主席约根・博斯首次拜访上海世纪出版(集团)有限公司，双方就阅读推广、版权贸易、在线图书销售等业务领域的战略合作进行了探讨；会同上海市作家协会、上海思南公馆、上海思文社区文化发展促进中心联手打造的思南读书会法兰克福书展专场活动——“从上海到法兰克福——全球视野下的文学交流和阅读推广”在 2019 年法兰克福书展举行；参加法兰克福书展在北京举办的品牌项目“故事驱动大会”，重点展示和推介近年来荣获“中国好书”的图书，提升精品出版物的国际传播效果。

华东师范大学出版社与英国 SAGE 出版集团签订《华东师大教育评论》(英文)战略合作协议，开启合作出版。

复旦大学出版社与泰勒・弗朗西斯出版集团、施普林格出版社等建立了长期的战略合作。

同济大学出版社在维护与施普林格、德古伊特和爱斯唯尔的长期战略合作关系的同时，积极与 T & F，Wiley，剑桥大学出版社等进行多种合作的尝试。面向中华文化的国际传播和“一带一路”沿线国家的合作，其中《中华文化之旅》和《中国工程师史》签署了哈萨克语和阿拉伯语版的国际出版合作。通过英国 ACC 出版集团的努力又有 5 个品种的同济原版英文图书进入了欧美市场发行，58 种图书亮相纽约美国书展。

上海大学出版社深度介入“课程思政”探索工作，创新推动“课程思政”成果走出中国，走向世界。7 月，出版社与施普林格・自然集团签署了“人文智能丛书”版权输出协议，开启该书面向全球的发布之路。“人文智能丛书”是继“大国方略”系列丛书之后由上海大学顾骏、顾晓英团队“课程思政”研发的最新成果。这是中国思政课的教材第一次走向世界，是一项填补空白的成绩。同时从更深层次的意义上讲，有别于之前中华文化“走出去”的内容多为中华传统文化，作为最前沿的学术思想成果能够走向世界，这是中国出版业搭建国际出版合作平台的方向。

上海社会科学院出版社 7 月参加了在荷兰莱顿举行的第十一届国际亚洲学者大会的书展单元活动，拜访了莱顿大学出版社、莱顿大学图书馆、BRILL 出版社等相关机构，宣传展示了出版社品牌形象和上海社会科学院的学术形象，促进了图书“走出去”的影响。

第五节 提升“走出去”队伍能力素质

为提升中青年编辑、版权贸易及进出口业务从业人员的专业能力和国际化竞争力，上海世纪出版(集团)有限公司举办了国际交流与传播培训班，邀请专家从国家政策、基础理论、能力素养、实践经验等方面进行授课，进一步提高“走出去”人才队伍的能力素质，为更好开展“走出去”工作提供有力的人才支撑。

华东师范大学出版社积极利用法兰克福书展、伊朗德黑兰书展主宾国等国际书展的舞台，锻炼编辑和版权队伍，展示原创精品图书，提升了“华东师大”品牌的国际影响力，讲述中国故事。

第三章　教育、科研

第一节　上海出版印刷高等专科学校

上海出版印刷高等专科学校（以下简称“学校”），团结和带领全校师生员工，将中心工作与建设应用技术型本科院校紧密结合，与积极参与第四十六届世界技能大赛筹备工作紧密结合，与持续推进“不忘初心、牢记使命”主题教育紧密结合，各项事业取得了令人瞩目的成绩。

一、坚持立德树人根本任务，对标应用技术型本科院校建设，持续深化内涵

（一）以知促行，聚焦第一课堂，“三全育人”综合改革成效凸显

成立“三全育人”领导小组和工作小组，制定《“三全育人”综合改革实施方案》，召开三全育人工作会议；开展校内、校际、长三角示范课巡讲，启动“行走的课堂”，开展在线课程，持续推进“印迹中国”课程建设；“课程思政”试点立项21门课程，印刷系获评上海高校课程思政重点改革领航学院；举办长三角思政课协作交流会，举行上海市高职高专思政课骨干教师研修班。

（二）量质齐升，深化内涵建设，教育教学改革持续推进

完成专业备案工作，推进“启盈创新班”工作，完成状态数据平台填报，推动教学资源库课程项目建设，完成教学质量报告，加大对语言文字工作的推进力度，推进中高职贯通工作，做好内部整改复核准备工作，完成上海高职创新发展行动计划结项复核工作；开展“四化”教学，举行现场教学“课展结合”推进会。

（三）引育并举，强化师德师风，师资队伍水平显著提升

组织开展师德师风工作案例评选；举办新教师培训；做好人才引进工作，修订《学校人员引进与管理办法》等办法；修订《2019年度考核办法》，实施职教培训激励；完成两个年度的教师企业实践计划目标。

（四）协同创新，拓展科研平台，科研核心竞争力持续增强

科研机制持续优化，制定《校级研究中心（所）建设与管理办法》等3项办法，修订《科技工作考核办法》等2项办法；举办“文化自信背景下海派文化品牌建设与传播研讨会”，举办10场“双周学术论坛”；获得包括教育部人文社科项目等一批有影响的项目。

（五）开放办学，聚焦“一带一路”，教育国际化水平优质提升

挂牌成立我校驻海外第一家“毕昇工坊”，举办“毕昇工坊”建设校企合作国际论坛，召开南亚职业教育合作研讨会，举办“传媒技术与中华文化培训班”；印刷媒体技术专业顺利通过ACCGC认证，与奥特本合作办学成功续约；资助派出264名优秀学生、15名教师赴海外开展游学，新增加拿大

CNC 学院学期项目。

(六) 主动服务,对接行业发展,学校社会影响力持续提升

参与并协办 2019 中国印刷业创新大会,牵头并编撰《2019 中国柔性版印刷发展报告》;成功入选全国首批中国印刷业高技能人才教育培训基地;承办庆祝人民海军成立 70 周年摄影展;承办 2019 年上海市学生国防教育论坛;参展第十六届教博会并入选十佳展台和十佳微信公众号;入选第一批“文化素养教育教学基地”;“柔版印刷绿色制版与标准化实验室”获评“2018 年度优秀重点实验室”;与红点博物馆共同举办红点传达设计大奖获奖作品展,举办中欧插图与影像展,承办“汇创滨江”国际大学生创意集市。

(七) 质量先行,拓展实践平台,创新创业教育迸发活力

师生作品首获德国红点设计概念奖 1 项,“品牌与传达设计”类红点设计奖 2 项;获得第四十五届世赛“印刷媒体技术项目”优胜奖;荣获 2019 美国印刷大奖 1 金 5 银 3 铜;获得第十届“蓝桥杯”国赛二等奖;获得中国技能大赛上海四大品牌一类大赛 3D 数字游戏艺术项目第 1 名;在第五届中国“互联网+”大学生创新创业大赛中获得国赛 1 铜、市赛 2 金 2 银 12 铜 6 优胜和优秀组织奖;在 2018—2019 年度上海市高校创业指导站服务成效评估中获得 A 级;入选 2019 年上海市科协“助力科协”系列活动优秀组织单位。

(八) 强化管理,坚持依法治校,内部治理体系不断优化

制定《学校 2019 年依法治校工作要点》,“分类评价”在上海“应用技能型院校”中以显著优势排名第一;完成《2019 年学校内控制度报告》,修订《学校管理流程汇编》。

(九) 多措并举,坚守育人情怀,全方位学生工作体系逐步形成

开展“四季两节”文化育人建设,举行辅导员队伍建设月系列活动,举办心理健康特色活动,增强学生资助工作育人成效;“小叶子”用专业技能服务第二届进博会,先后受到《解放日报》等多家媒体宣传报道;邀请校内外专家为学生讲党史,举行军训升旗仪式,举办“劳模工匠精神进校园”专题报告会。

(十) 产教融合,发挥特色优势,继续教育工作稳中有进

举办产教融合校企“双元”高技能人才培养专题研讨会,完成中宣部“丝路书香出版工程”出版印刷人才培养教材项目;建立文化素养教育教学基地,举办“劳动育人实践与创新”研讨会;做好专业标准修(制)订工作;为 11 家单位开展 11 000 余人次培训;完成 884 人次、2 项高级培训,1 239 人次、4 项中级职业技能培训。

二、服务大局,夯实基础,为学校事业发展提供坚强有力保障

(一) 规范管理和服务标准,后勤管理和服务水平不断提升

完成固定资产设备管理和物资采购工作,完成大小基建修缮项目 90 余项,完成审计结算和工程款支付工作;完成“治安消防安全责任制”三级签约;做好“双拥共建”工作,荣获“2018 年度征兵

工作先进单位”;成立生活垃圾管理工作领导小组和工作小组,制定《生活垃圾分类管理工作实施方案》;推进房屋产权证办理工作;制定《学生食堂伙食价格平抑基金管理实施细则》;办理出国顺东路和营口路校区的食品经营许可证;设计改造食堂用餐环境,添置智能餐盘,完成即知即改问题10项;合作开发文创月饼,获得上海高校评比第一名;完成留学生宿舍改造项目、营口路和国顺东路校区运动场LED灯带安装、水丰路校区主干道太阳能路灯更换等民生工程。

(二)加强内控和审计力度,财务管理和监督机制不断完善

制定《学校一卡通资金结算管理办法》,规范专项经费审核流程;强化审计力度,对3个超50万元以上项目进行了全过程跟踪审计。

(三)严守底线和信息安全,信息共享和覆盖面不断扩大

组织网站群等系统的网络与信息安全应急演练;取得3个安全等级保护备案证明(2级),完成文保分局对我校信息安全等级保护工作的实地督查,排查所有实验室和机房网络情况,实施流量异常安全监控;延长水丰路校区公共机房开放时间;完成11个信息系统的定制开发工作,累计上线30余个在线流程,首推自助迎新服务平台。

(四)优化空间和布局调整,发展支撑和资源保障不断夯实

完善水丰路、营口路和国顺东路校区的功能定位,促进学校办学平稳有序健康发展;持续推进奉贤新校区建设。

第二节 上海新闻出版职业技术学校

一、教育教学纵深推进,狠抓专业内涵发展

(一)专业建设“稳中求进”

学校立项在建市级《包装结构设计与制作》在线开放课程,完成示范性品牌专业建设验收的资料提交及现场答辩工作;组织并积极参与上海市中高职贯通印刷媒体技术专业教学标准开发、计算机平面设计专业教学标准开发。参与中高贯通联合教研、印刷媒体技术专业中高职贯通试点、出版商务专业中高职贯通试点、数字出版专业中高职贯通试点、数字图文信息技术专业中高职贯通试点项目。

(二)教学管理“平稳有序”

完善教学标准体系,加强教学常规管理,完善教学质量监控体系。学校对照教学实施方案进行督检,围绕教学日志、实训日志、教研室工作、学期教案授课计划展开;定期、有序开展教学巡视,发现问题,及时反馈,及时整改。

(三)教学改革“不断突破”

学校深化教学与课程改革,积极参与全国职业院校技能大赛教学能力比赛,于士才老师团队入选代表市参加全国比赛,获中职组专业技能课程一组三等奖的好成绩;遴选4门课程(团队)参与上

海市中等职业学校教学能力比赛，荣获 2 个特等奖、1 个一等奖和 1 个二等奖的好成绩，实现了参赛教师全部获奖的佳绩；组织 1 名教师参加第三届上海基础教育青年教师爱岗敬业教学竞赛总决赛，获得优秀奖。突出抓好课堂教学，与上海出版印刷高等专科学校联合教研，联合召开教学管理研讨会，完成新教师示范课程 3 门；组织开展了对全校专任教师的推门听评课活动，完成学期听课计划，校际、校级、校内督导听课，结合市级教学法评优活动，听课覆盖率 100%。完成 2019 年上海市学生职业体验日项目申报、策划、推进等各项工作。

组织了 13 支队伍参加学校教学能力比赛选拔。根据专家评审，4 名教师团队代表学校参加市级竞赛，有力推进课堂教学模式改革和人才培养改革创新。江玲玲、于士才老师获得上海市特等奖，王佳敏老师获得上海市一等奖，龙碧慧老师获得上海市二等奖。在职业体验日活动中，直接参与项目策划和运行的专业教师共有 23 人，兼职企业工程师 12 人。担任讲解和示范操作的学生志愿者共有 50 人，吸引体验者 2 028 人次，体验者人数比 2018 年增加 20%。本校获得特色组织奖，1 个项目设计奖项，3 个优秀课程开发设计奖。学生大作业展示评比，共征集 41 件作品。

实训设施设备有效满足教学需求。2019 年学校实训中心更新和改建了部分实训室，并添置了相应设备，完善实训教学。截至 2019 年 12 月，宝山校区实训中心共建有各类实训室 29 间，工位数 631 个；青浦校区实训中心共建有各类实训室 13 间，工位数 421 个。2019 年，实训中心共完成实训教学约 11 000 人次。

(四) 队伍建设“源头活水”

以人才培养质量保证体系诊断与改进为统揽，着力推进教育教学综合改革。目前学校共有专任教师 102 名，其中，全国新闻出版行业领军人才 1 名，“双师型”教师占比 54%。按照上海市教委“十三五”培训要求及学校统筹规划，组织、选派教师参加市级、区级、行业及校本各类培训，全年共完成各级各类培训 540 人次。其中，组织教师通过教师教育管理平台报名参加市级及区级培训 127 人次，参加上海市教委组织的市级专题(专项)培训 23 人次(包含参加校长领航班 1 人次，参加教委新进教师专项培训 3 人次，参加教委企业实践活动 3 人次等重点培训项目)；参加行业培训 26 人次；组织完成学校校本培训 349 人次。

积极开展对外交流，特邀美国、澳大利亚、法国等职教专家开展教师培训；派出教师赴英国、美国、澳大利亚等国家参加国际化培训 11 人次；选派 5 名中层干部前往上海市委宣传部进行跟岗培训。培训方面涉及广泛，人员参与率逐年增高，拓展了教师队伍的国际化视野，有效提升了师资队伍的人文与专业素质。

大力引进、特聘职教专家、行业名家、企业技术骨干、能工巧匠等来校讲学授课，着力打造一支“专兼结合、素质优良、结构合理”的教师队伍。

二、德育教育持续发力，全面提升综合素养

(一) 校园文化“活力激发”

书香文化之旅有载体。以十九大精神为指引，开展第四届“书香”校园文化品牌展示活动暨红诗班班颂活动，感受信念；开展国学知识竞赛，厚植爱国情怀；承办“2019 最美的书”新闻发布会暨上海国际书籍设计研讨会，让“最美的书”走进校园。

校园文化精彩纷呈。为了丰富校园文化，活跃校园气氛，提高学生的人文素质，增强学生的自

信，2019 年 12 月，学校学生科和学生会共同举办青浦校区首届校园才艺大赛，秉承着“友谊第一、比赛第二”的宗旨，以“展现自我，提升学生的综合素养”为目标，切实践行“活动育人”的理念，给学生们带来一场精彩绝伦的才艺盛宴，为青春岁月添上一抹靓丽的色彩。开展《戏韵身形》戏曲讲座，丰富学生的课余生活，传承中华优秀传统文化，提升艺术审美素养。

精彩课堂形式多。组织开展校领导走进思政课堂，将理想信念教育植根于课堂，给学生心灵埋下真善美的种子，引导学生扣好人生第一粒扣子；开展“职商重塑与职业规划”系列课程，让学生认识自己，并对就业有良好的规划。海外游学交流有平台，在往年赴澳大利亚国际职教体验项目基础上，本年度开辟了赴英国的职教学习交流培训游学项目，覆盖 36 名学生，海外游学机制不断健全。

(二) 德育工作“创新完善”

以书香校园建设为载体，按照“文化立魂、品德立志、技术立身、知识立学”的德育教育理念，努力培养学生成为行为规范好、技能掌握好的合格中职生。开展专业化心理健康教育工作，提升学生心理健康素养。完成 2019 级学生心理健康普测，针对性开展个体与团体心理辅导。开展“健康心灵・和谐校园——学校心理健康教育展示暨心理剧会演”活动，以心理情景剧为媒介，以学生社团为载体，引导学生在安全的氛围中探索、释放、觉察和唤醒内在自我。2019 年 10 月，顺利开展心理剧展演活动。

(三) 人才培养“卓见成效”

2019 年美国印刷大奖，学校斩获 1 金 1 银 4 铜的好成绩；在 2018 年中国技能大赛——第六届全国印刷行业职业技能大赛上获佳绩，学校获优秀组织奖，11 名学生、3 名教师获表彰，特别是平版印刷员学生组斩获 2 个一等奖，2 名学生被授予“全国印刷行业技术能手”荣誉称号；在庆祝中华人民共和国成立 70 周年系列活动中，学校师生喜获多项奖项；在第十六届中学生时政大赛中，荣获一等奖、三等奖，2 名指导老师荣获“优秀指导老师”荣誉称号；在上海市中等职业学校“身心健康专项”系列活动、第五届“互联网＋”大学生创新创业大赛职教赛道(上海赛区)选拔赛等赛事上，学校学生拼搏奋斗佳绩频发，展现了青年学子拼搏奋斗的精神面貌。

三、招生就业规范有序，推进产教融合，深入开展校企合作

(一) 规范有序完成招生工作

在全市中职招生面临生源继续下降的背景下，2019 年学校实际录取共计 583 人(涵盖对口帮扶学生)。在招生工作中，学校借助教博会，积极展示风采，获“十佳展台”荣誉，让参与者感受出版印刷的职业魅力。在多方位宣传的基础上，开展定点深入宣传。据统计，2019 年参加前期走访初中宣传工作的人数达到了近 200 人次。提升招生的信息化水平，完善报名渠道。在招生报名过程中，开设微信端报名和报名表网上下载专栏，有效提升报名数据真实性、外省市招生报名时效性和招生工作质量。

(二) 精准实施对口援助

积极响应市教委对口帮扶号召，招收滇西职业教育扶贫计划楚雄、保山 47 名学生。19 级云南

学生平均一个学生补助费用 2 000 多元。招生就业办公室老师放弃休息时间，分多个批次到车站接云南学生。对口遵义共享教师发展类在线课程资源 230 课时，送教上门、在线传情，打造适用于当地教师终生发展的在线资源库，延续线下帮扶的同时，又开启了线上援建的新模式，受到上海市教委的肯定；组织学校专业教师等 8 人 2 批次，前往遵义进行调研，共商内涵建设促发展；建设数字阅享资源库平台，打破沪遵地域壁垒，打造以满足师生 PC 端、手机移动端均可在线查阅图书资源为目标，集电子书籍、教育教学、课程资源为一体的开放性、可生长性数字悦享平台。遵义地区教师可通过平台实现"海量在线阅读""在线碎片化学习""移动智慧教学""远程视频会议"等功能，通过互联网，有效打通地域壁垒，以点带面，有效提升了遵义地区职业教育信息化建设，提高教师教学科研水平，提升办学质量。目前平台已基本完成开发，正在进行调试阶段。

作为上海唯一一所院校助力遵义市 2019 年职业教育活动周，在提升当地职业学校的教学管理和专业内涵建设水平的同时，奉献了上海职教智慧，尽显学校职教风采。学校获评上海遵义职业教育联盟 2017—2018 年度对口协作先进集体。

(三) 扎实推进就业工作

2019 年，学校共有 377 名毕业生(2016 级)，涉及多个专业(出版与发行、平面媒体印制技术、计算机平面设计、数字媒体技术应用、美术设计与制作、印刷技术)，总体就业率 100%。参加高考 89 人，中高职贯通 106 人，升入高职专科学校 195 人。学校组织对 30 家实习单位进行《用人单位问卷调查》，企业对学校学生的职业素质表示满意或比较满意，满意率达 98%以上；对学校学生的专业技能表示满意或比较满意，满意率达 98%以上。

开展"企业文化进校园"活动，细化顶岗实习安排与跟踪，力促学生升学有坦途，就业有希望。为进一步开拓校外实习基地，学校建立实习基地辅导员制度，扩大辅导员队伍，加大对辅导员的培训；企业方面，定期开展职业规划讲座、节假日座谈会、个别交流谈话、技能培训等；每月做好学生的考勤上报；反馈交流学生实习情况，加强学生实习阶段的德育工作。

(四) 深化产教融合、校企合作

凝聚"书香"阵地教育资源，持续深入开展校企合作。根据《职业学校学生实习管理规定》，为贯彻落实全国职业教育工作会议精神，规范职业学校学生实习工作，维护学生、学校和实习单位的合法权益，提高技术技能人才培养质量，邀请 12 家企业探索教学实习深度校企合作模式，提供了 80 余个岗位让我校学生教学实习，为企业深度参与学校教育教学改革迈出坚实一步。2019 年 12 月举办了 2019 年"校企合作研讨会"，39 家实习基地代表参加会议。打造高端校企合作品牌，形成了具有新闻出版行业特色的校企共育模式。

四、依法治校、融合发展，促推精细化管理

(一) 坚持依法治校

学校认真贯彻《上海市教育委员会关于开展本市依法治校(2016—2020 年)创建工作的通知》《上海市教育委员会关于进一步做好本市依法治校(2016—2020 年)创建工作的通知》，扎实推进依法治校创建工作，增强全体师生的法制观念，提高学校依法决策和民主管理的水平，切实将依法治校理念落实到学校教育教学和培训等各项工作中，实现良好的校园法治环境，构建和谐校园。11

月，学校完成上海市中小学依法治校标准校申报、答辩等工作。

(二) 重塑学校治理体系

加强战略谋划与顶层设计，在明确隶属的基础上厘清、理顺学校的办学模式与办学定位，完善管理模式创新，加快机制体制建设，成立相关领导小组，就学校未来发展落实调研与整改。

(三) 痕迹管理有迹可循

对原有档案进行梳理，目前正在编制合理、科学的目录；用车管理、后勤管理、教学管理、学生管理均在原有基础上进一步规范。

(四) 深挖学生管理模式

宝山校区在总结经验的基础上，压实学生管理工作，探索精细化管理。青浦校区的学生活动月月有主题，周周有专项，学生积极性强、参与率高。学校关工委在促进青少年健康成长工作中成绩显著，荣获2018年度上海市教育关工委中职系统“五好关工委组织”称号。学校获得2018年上海市中职学段“优秀学生资助工作单位案例典型”，学校1名教师获得“优秀学生资助工作者案例典型”。

(五) 财务资产管理水平有效提升

预算编制工作前移，高标准、严要求对接原主管单位“上海市新闻出版局”开发的预算系统，推动2020年学校竞争性项目预算的编制工作。合理规范资金使用，将2016年至2019年教育内涵经费、竞争性项目全部录入“上海市新闻出版局财政预算系统”，有效提升财务管理信息化水平。截至2019年12月，2019年度财政预算执行率约为93.5%；抓规范，抓依据，严把审核，审计结果均符合要求，取得无保留意见的审计报告。借此，有效地将资金用在了“刀刃”上，推进青浦新校区发展，助力学校整体稳步前进。

(六) 提升服务保障质量

规范招标流程，设置采购与招标常设办公室，6月定为集中整治月，全面排查、罗列清单、一一对应；推进无烟校园建设，获评“上海市无烟单位”荣誉称号；进行垃圾房改造，多项措施推进垃圾分类，提早一个月实行校内生活垃圾“强制分类”；更新学校运营设备，完善水电管理；完成两个校区“明厨亮灶”视频信号与学校安保部门的连接，上线“阳光午餐”安全追溯监管平台，有效监督食堂食品安全。

五、行业培训稳步开展，助力出版印刷业行稳致远

(一) 发挥好行业担当作用

发挥行指委副主任委员单位、校协组组长单位的优势，服务行业院校发展。2019年，学校与江西传媒学院进行深度校际交流，力促内涵发展。发挥中职诊断与改进第七协作组组长作用，组织协作组成员18人赴全国诊改试点院校进行目标链、标准链建设、信息化专项培训。发挥新闻出版行业体验平台作用，开发、优化学生职业体验项目6个，体验人数2 028人次，在上海科技馆进行的展示项目体验受到陈群副市长的关注。

有条不紊地组织、开展资格考试、继续教育、岗位培训、业务培训和合作培训，依据相关政府行政管理部门的具体要求，在圆满完成培训教学之外，细致周到地做好服务工作，赢得了参训学员的广泛好评，展现出新闻出版职业培训人的风采，也获得各方广泛赞誉。

截至 2019 年 12 月，教育培训中心五大产品类别一共实施了 27 期培训，培训学员 3 976 人次，培训收入 270.5 万元，盈利 151 万元。

（二）提升服务体验，优化培训平台

结合行业发展最新动态，为社会提供最新、最全、最优质的培训。完成 2 个企业新型学徒制项目，51 人取得中级工鉴定。开展 2019 年度上海市印刷复制企业经营者（负责人）印刷法规培训班；举办第十七期全国单张纸胶印机高级机长培训班；举办 2018 学年沪版教材印制质量检查评比活动；在全市范围内开展以“3.15”为主题的图书抽检活动。继续发挥承担人才培养、技能鉴定、认证检测和公共服务的重要职能；积极探索新技术手段在培训工作中的新应用，以反映时代特色；更新教育教学管理手段，追求更高的培训效率，以最终更好地做好职业培训。

根据上海市委宣传部干部处“五六继续教育工作会议”的精神，分别在 4 月、9 月、10 月实施了 4 期出版专业技术人员面授继续教育集中培训，来自图书、音像电子、网络出版单位以及部分期刊社的 1 941 名出版专业技术人员参加了面授学习。2019 年的集中面授培训旨在学习贯彻习近平新时代中国特色社会主义思想和党的十九大精神，进一步提高出版专业技术人员工作水平，为打响“上海文化”品牌提供干部人才保障。课程设置以提升出版质量为核心，以“知识更新”为着眼点，针对编辑出版的实际工作需求，分别从“政策形势”“业务知识”“新技术新业态”三个板块入手，涉及形势政策、意识形态、图书质量管理、语言文字规范、敏感热点问题处理、知识产权保护等领域，意在让参训学员从面授学习中拓展视角，融会贯通，从而在当前多元化的融合出版情境中有所领悟。

（三）拓宽培训渠道，坚持社会服务，为行业发展建言献策

先后与市科技期刊学会、市版协、咬文嚼字文化传媒公司、上海交通大学出版社、上海外语教育出版社等多家社会团体、出版企业进行了多领域的合作培训，旨在通过经营创新、管理创新、技术创新、国家新政策精神等方面的深入开掘，进一步规范和提升本市出版产业行为，共谋产业再发展。同时，在办理专技人员出国培训的事务上，始终坚持“社会服务”的理念，在繁复错综的操作办理流程中兢兢业业、一丝不苟，为优化培训工作提供保障。

（四）打造产学研基地，做实质检工作

为切实履行出版产品质量监督管理职责，做好重点出版产品质量安全风险监测，维护国家意识形态和文化安全，为新中国成立 70 周年营造良好的文化环境，按照上海市新闻出版局关于开展 2019 年“3·15”质检活动的要求，质检站于 4 至 9 月到书店、企业、物流仓库等地共 46 次累计 211 人次，对本市 33 家出版社，涉及 54 家印刷企业的 160 个批次产品（共计 3 848 册）进行随机抽查。

完成上级委托的印刷产品质量监督抽查检验任务。为全面贯彻落实中央关于新时代、新形势下教材建设的方针政策，切实做好春秋两季中小学教材，以及国家统编教材的印制质量监督工作，质检站受上级委托每年定期对中小学教材印装和环保质量进行“跨前一步”检查。2019 年春秋两季教材，质检站安排骨干人员与行业专家 228 人次，到各教材印制企业及课本仓库共抽查教材 1 076 个批次（其中半成品 1 583 张，成品 13 526 册）以及 141 种原辅材料进行检测。质检站在充分

准备的基础上，严格依据相关法律法规及产品标准，多次下到生产一线，指导企业生产，采用开具《整改通知书》和《风险警示单》等方式，督促问题企业整改，警示企业质量风险，杜绝“问题教材”流出，促进教材质量水平提升。

扎实做好印刷产品质量评优和质量认定工作。根据上海市委宣传部印刷与发行处的要求，质检站于2019年10月在上海书城对上海出版的图书开展随机抽查，共抽查120个品种，涉及出版社39家，印刷企业63家，图书种类包括政治、社会、科学、教辅、少儿、辞典及专业工具书等，基本覆盖了上海所有的出版社，以及畅销的图书种类。

2019年，民生实事学校也没有落下，学校党委一如既往开展暖心工程。3月，创意主题插花；4月，趣味运动会；5月，书香送身边；6月，职工体检挂心上；7月、8月，送清凉、疗休养在路上；9月，庆祝建国70周年文艺会演；10月，参观“奋进上海”彩车；11月，别样的《戏韵身形》戏曲体验；12月，精彩绝伦的青浦校区首届才艺大赛……同时，学校入选首批中国印刷业高技能人才教育培训基地，新时代高技能人才培养工作迈上新台阶；财务科获得“上海市工人先锋号”的称号，印刷技术开放实训中心获评上海市四星级开放实训中心等等。

第三节　上海印刷技术研究所

一、主业发展方面

1. 字体研究室

完成为2019版《辞海》《汉语大辞典》字库补字和辞海字库四角编码工作；积极开展非遗传承保护工作，配合印刷集团参加了“2019中国印刷业创新大会”，展示了印研所传统字体魅力，吸引了各大媒体的关注和领导的高度评价；举办了“印研杯”字体设计大赛，评出12件获奖作品；成功申请了2019年度上海市市级非物质文化遗产保护专项资金；进行了工艺流程改革，新增了苹果电脑并引入Glyphs字库开发软件，开发Glyphs智能拼字模板。

2. 数字出版资源中心

继续做好每月对出版社上交的内容资源光盘的收集、整理入库工作；积极配合上海世纪出版集团参与2019上海书展“世纪出版馆”的建设，做好服务工作；承接了上海辞书出版社《辞海数字出版云平台数据加工》项目，对《辞海》《大辞海》《小辞海》等十多种工具书进行补字梳理和XML数据加工；与多家出版社合作，对《古文字诂林》《全宋笔记》等书籍进行改版。

3.《印刷杂志》社

将杂志改为双月刊，进一步提升内容质量，选题侧重热点政策及技术动向，策划的专题有“智能印刷”“致敬新中国印刷70年”，受到行业好评；发挥新媒体优势，扩大行业影响力，将最新资讯及原创文章发送至订阅用户，使用短视频＋文字采访结合方式开辟了“对话新印刷”“上海工匠”采访等栏目，增大了公众订阅量；与上海印协、中国印协柔印分会紧密合作，对行业重要会议现场报道，采访了中宣部印刷发行局局长刘晓凯、中国印刷技术协会理事长王岩镔等，承办了“2019柔印标签技术论坛”；发挥品牌效应，为上海烟草包装印刷有限公司、上海新闻出版职业技术学校等提供信息情报、信息咨询、市场调研报告等；参与上海市新闻出版局委托的《上海市志·新闻出版分志·出版卷》撰稿工作；发挥媒体特点，积极参与“活字生香”文化展览策展和“印研杯”字体设计大赛活动。

二、关闭网纹辊研究室，妥善安置员工

近年来，网纹辊部门存在创新不足、市场开拓乏力、部门人员结构老龄化、原材料价格上涨、劳动力成本增加、土地、环保等成本上升等因素，特别是环保方面的影响，印研所于 2019 年 10 月 31 日停止网纹辊经营生产，对在职员工通过内部转岗、协商解除和终止劳动合同等方式进行妥善安置。

三、优化人员配置，加强队伍建设

印研所重视绩效考核工作在提升企业内部管控、建立薪酬激励机制、全面提升工作效能、促进各项工作目标完成上的重要作用，2019 年完善岗位管理制度、人员聘用制度和薪酬制度体系。从 2018 年底对《绩效考核管理办法》进行草拟，草拟过程中印研所的主要领导以及各部门相关人员都提出了积极的改进意见，在 2019 年 5 月召开的职代会上经表决后通过。印研所秉承“不搞平均主义、突出绩效激励”的考核原则，在部门绩效总额的基础上，充分给予各部门在绩效薪酬分配上的自由，进一步体现差异化，充分调动所有员工的工作积极性，为企业转型升级发展提供了重要保障。

四、做好新闻路办公区改造期间的搬迁及安全保障工作

为保证新闻路办公区装修改造项目的顺利实施，2018 年 12 月初印研所完成了除财务管理部和网纹辊研究室以外部门至虹许路 486 号的搬迁工作，在 2019 年 6 月 12 日主楼装修完成后，全体部门搬回新闸路办公。物业改造期间工作涉及事项多、牵扯面广、事务繁杂、不确定因素多，印研所高度重视，配合施工方做好工作，全力以赴，严密组织，确保了改造期间人员安全和财产安全，实现安全、平稳、有序、顺利改造。

五、加强精神文明创建，营造和谐进取的企业文化

继续做好群团工作，加强服务和关爱职工的力度，维护和保障好职工的合法权益，召开了七届一次工会会员大会，审议通过了《上海印刷技术研究所有限公司薪酬管理制度（草案）》，《上海印刷技术研究所有限公司集体合同（草案）》等有关职工切身利益的一些事项。

以“凝心聚力谋发展”为创建目标，充分发挥党、政、工、团各方面力量，齐抓共管，以“创先争优”活动、“志愿者服务”活动为载体，开展一系列文明单位创建等主题实践活动。印研所荣获上海宣传系统 2017—2018 年度文明单位；在 2019 年上海市总工会举办的“上海工匠”评选活动中，经单位推荐，字体室副主任万世琴经层层选拔、面试、审核，最后荣获“上海工匠”称号等。

第四节　上海韬奋纪念馆（中国近现代新闻出版博物馆）

一、重点工作取得较大突破

（一）新闻出版博物馆项目正式落地，进入施工阶段

中国近现代新闻出版博物馆正式落户杨浦滨江定海社区 138 地块，预计于 2021 年开放。上海

是中国近现代新闻出版的发源地，上海出版是海派文化、红色文化、江南文化的重要一环。在上海建设新闻出版博物馆，人大代表、政协委员呼吁多年，也是全国新闻出版人的夙愿。自2001年，原市新闻出版局就已启动筹备。在部领导和部各有关部门关心支持下，新闻出版博物馆项目进展明显加快。2019年4月4日，周慧琳部长、徐炯副部长、王亚元副部长听取专题汇报。5月31日，上海市委宣传部与杨浦区举行合作框架协议签约仪式，市区合作共同建设中国近现代新闻出版博物馆和产学研协同数字传媒创新基地。上海市委宣传部副部长、市新闻出版局局长徐炯，上海市委宣传部副部长王亚元，杨浦区委书记李跃旗，区委副书记、区长谢坚钢，区委常委、宣传部部长刘东昌，副区长尼冰，以及市委宣传部和杨浦区有关职能部门负责同志参加了签约仪式。7月23日，部务会讨论通过。8月20日，徐炯副部长在上海书展最后一次新闻发布会上正式宣布这一消息，中央和地方媒体聚焦报道，引起广泛反响。

(二) 上海韬奋纪念馆完成修缮、恢复开放

为解决屋顶漏水、地板破损、墙面开裂、白蚁滋生等问题，经市文物局批准，上海韬奋纪念馆自2018年9月起闭馆修缮。施工单位克服长期阴雨、严寒等困难，严格按照修旧如旧的原则，使用相近材料替换损坏的部件，更换老化线缆，灭杀白蚁、恢复了原来被遮蔽的厨房等处原貌。施工结束后，重新优化了展馆布局，新增互动室、资料室，在“5·18国际博物馆日”重新恢复开放。2019年5月18日，为庆祝重新开馆举办的“传承经典　照亮未来——韬奋作品诵读会”在思南书局举行。韬奋先生女儿邹嘉骊，老馆长陈保平、雷群明、林丽成，以及“老三联”后人吉晓蓉、黄明、徐冈、袁仄等近50位嘉宾出席。诵读会后，韬奋先生女儿邹嘉骊、上海市委宣传部印刷发行处处长忻愈和历任老馆长为重新开放剪彩，“老三联”后人作为第一批观众参观纪念馆和故居。重新开放以来，参观人数持续上升，到年底已接近2万人次。团队接待数量激增，有统计预约的团队80余批次，近两千人。

(三)《上海市志·新闻出版分志·出版志(1978—2010)》编撰工作阶段性完成

《上海市志·新闻出版分志·出版志(1978—2010)》编纂已启动近十年。2019年3月，按照徐炯副部长指示，编纂工作由我馆负责。按照市方志办要求，有关编撰工作应当于今年底基本完成，明年完成发稿。这项工作时间紧、任务重、要求高，工作量和难度都很大。我们在较短时间组织了总撰和统稿两个小组，较快完成了原有资料梳理和大事记、机构、人物等核心篇章的编纂。经过专家评审后，专题篇目已基本形成初稿，正在紧张合成过程中，完成编纂的目标有望实现。

二、常规工作亮点频现

作为国家三级博物馆，我馆围绕专题研究、宣传教育、对外服务三大板块开展系列工作，结合“不忘初心、牢记使命”主题教育和学习贯彻习总书记系列重要讲话精神，发挥红色旅游基地、爱国主义教育基地作用，各个板块的工作亮点涌现。

(一) 高水平开展学术研究和交流

一是成功举办第五届邹韬奋学术研讨会。11月9日，我馆与江西师范大学新闻与传播学院、复旦大学新闻学院、上海市中共党史学会、中共鹰潭市余江区委宣传部共同主办了“创新与守正：历

史风云中的邹韬奋”学术研讨会。来自复旦大学、上海交通大学、华东师范大学、兰州大学、吉林大学、上海大学、上海外国语大学、河北大学、黑龙江大学、青岛大学及上海社科院、文汇出版社等全国各地的60余名专家学者汇聚南昌，共同分享韬奋研究的新发现、新成果。在研讨会上，约50位嘉宾交流了论文。除资深专家外，年轻学者的增加为韬奋研究注入新的活力。而近年影印出版的《生活书店会议记录1933—1937》则成为新的研究热点。

二是举行《生活书店会议记录1933—1937》出版座谈会。我馆于开馆60周年之际启动了“韬奋纪念馆馆藏文献”影印出版计划，丛书第一辑《生活书店会议记录1933—1937》为首次披露的馆藏生活书店珍贵档案。这批档案信息量大、自成体系，且保存相对完整，具有较高的史料价值和研究价值。第一辑出版后，入选中华书局上海聚珍2018年度十佳好书。2月15日，在韬奋先生的母校——上海交通大学举行《生活书店会议记录1933—1937》出版座谈会。中华书局、上海市中共党史学会、上海交通大学党史校史研究室、复旦大学、华东师范大学、上海社科院等高等研究机构的嘉宾学者参会。

三是在思南读书会举办“生活书店的那些人和事”文化沙龙。3月30日下午，在思南读书会上，华东师范大学教授陈子善、中华书局总编辑顾青和巴金故居常务副馆长周立民，一同畅谈了“生活书店的那些人和事”。嘉宾们认为，韬奋纪念馆能把这些历史文献原封不动影印出来，不删不改不去描修，这就是最伟大的抢救。这本书为研究民国时期的出版提供了珍贵的第一手资料。会议记录呈现的生活书店一整套管理制度，对于现代出版人是一个非常好的借鉴，也值得读者仔细阅读。

（二）推出重量级研究成果

1.《生活书店会议记录1938—1939》在上海书展首发亮相

2019年8月17日晚，《生活书店会议记录1938—1939》新书首发暨读者见面会在上海展览中心中央大厅举行，上海市委宣传部副部长、市新闻出版局局长徐炯，复旦大学教授陈思和、上海交通大学教授陈挥、复旦大学新闻学院教授张大伟、巴金故居常务副馆长周立民、中华书局总编辑顾青等出席了本次活动。该书是“韬奋纪念馆馆藏文献丛书”第二辑。本书采用全部影印的方式公开，不修饰、不删节、不遮蔽，以史料的本来面目示人，公开了生活书店1938至1939年的临时委员会会议记录、业务会会议记录、理事会记录等。这些珍稀档案的公布，对之前史料很少涉及的临时委员会的研究提供了不可多得的史料。

2. 新闻出版博物馆文库推出三种重磅新书

一是影印《自由谭》和*Candid Comment*。《自由谭》是民国出版家邵洵美在孤岛时期创办的中文期刊，现存7期(1938.9—1939.3)，上海图书馆藏。其英文姊妹刊*Candid Comment*，现存8期(1938.9—1939.4)，这是一份抗战初期实时报道军民情状的抗日期刊。毛泽东《论持久战》的英译本就刊载在*Candid Comment*上。在影印原有期刊的基础上，又加了序言、出版说明、中英文索引，以及邵洵美和项美丽年谱等辅文以及插页图片。

二是协助邹韬奋女儿邹嘉骊出版《我的文字生涯——循着父亲韬奋的足迹》。邹嘉骊女士数十年来编辑整理《韬奋著译系年目录》《忆韬奋》《韬奋全集》《邹韬奋年谱长编》等，为韬奋研究提供了一系列史料，本书是她的编辑札记，同时收录了晚年的采访、回忆。

三是参与编辑《唐大郎纪念集》并举办首发座谈会。《唐大郎纪念集》上部为“纪念文选”，共选文38篇，选录“小报状元”唐大郎的重要文章纪念评述，文章发表时间从1934年一直到2016年，作者包括唐大郎的朋友、同事、亲属和研究者。下部为“诗文选”，即唐大郎的作品选录，写作时间从

1929 年一直到 1980 年，以年月排序。这 14 万字的作品，是唐大郎的著作在中国内地首次正式出版。首发座谈会获得出版界和学界的重视，多位学者参加座谈会，畅谈唐大郎对上海小报的贡献及由此对海派文化产生的影响。

此外，还编辑出版了《新闻出版博物馆》、《邹韬奋研究》第七辑。拍摄了七位老出版人口述历史：郝铭鉴（上海文艺出版社原副总编辑、副社长，《咬文嚼字》创办人）、饶平如（上海科学技术出版社原编辑，曾出版《平如美棠——我俩的故事》）、孙小琪（《现代家庭》杂志社原社长、总编辑）；朱正（湖南人民出版社编审，著有《鲁迅传略》）、周实（原《书屋》杂志主编）、钟叔河（湖南人民出版社编审，编辑《走向世界丛书》）、刘华庭（上海书店出版社原编辑，曾编辑“新编文史笔记”“中国现代文学参考资料丛书”）。

（三）宣传教育开展有声有色

1. 继续举办文创设计大赛，发布文创设计新品

在 2018 年与上海工艺美院成功合作举办韬奋纪念馆开馆 60 周年文创设计大赛，并取得良好的社会效益基础上，2019 年以新闻出版博物馆素材为设计元素，继续合作开展文创设计大赛。参赛的 40 余位学生共提供了 85 个设计稿，完成了 18 件设计作品的打样。

2. 首次参展长三角文博会

我馆的 70 余件文创产品于 11 月亮相第二届长三角文博会。展台以韬奋纪念馆外观和内景为主视觉进行搭建，现场展示了近年制作的水晶 U 盘、推牛摆件、井字棋、书档等。

3. 举办第八届“韬奋杯”创意作文大赛

我馆与少年儿童出版社共同举办的“韬奋杯”创意作文大赛已连续举办了八届，在全国形成一定影响力。共收到全国各省市参赛稿件 9 000 余份，共有 350 名同学的作品获奖。大赛颁奖典礼于 8 月 20 日在上海书展中央大厅举行，《第八届“韬奋杯”全国中小学生创意作文大赛获奖作品集》同时出版，并作为奖品颁发。

4. 做好对外宣传和服务，开展讲座、巡展

作为首批签署《上海市爱国主义基地三公里文化服务圈公约》的基地之一，我馆牢牢把握“布局三公里、拓展新渠道、服务全社会”的基本方向，为合作单位提供丰富多样的文化服务，目前纳入我馆服务圈的单位已有 16 家。我馆与上海地铁第一运营有限公司共同打造了“新天地绿色阅读角”这一服务品牌，共上新图书两百余种。藏品部共提供服务 66 人次，其中包括为纪录片《大上海》提供中国科学社等馆藏图片。

2019 年，我馆在市内开展流动展览 10 场，举办讲座多场。来自上海大同中学、上海市八中学、上海出版印刷高等专科学校的志愿者提供了 1 000 多小时的志愿者服务。

5. 用好网上平台，强化宣传效果

利用韬奋纪念馆网站，新闻出版博物馆、韬奋纪念馆微信公众号展开宣传。新闻出版博物馆微信公众号本年度共推送微信 52 条，单篇最高阅读量达 4 405 次。2019 年更注重活动的宣传和推广，相关微信推送同时得到很高的有效阅读量。除此之外，官方微信时刻关注热点，尤其是重大节日和纪念日，结合时间点及时推送，扩大了影响力。韬奋纪念馆微信公众号本年度共推送微信 31 条，分享转发量 1 890 次，较去年全面提升。官方微信更注重活动性、互动性，在微信排版上也有显著进步。还不定期刊出读者留言、来馆掠影，介绍馆藏故事，微信内容更加活泼，尤其是转发数量为去年的两至三倍，影响力有了显著提升。

三、藏品征集整理工作规范有序

(一) 藏品征集工作有新进展

今年藏品部共接收图书资料捐赠 22 人次，1 180 余套件，均为无偿捐赠，总体质量较高。主要捐赠有文洁若的翻译手稿《热绢》、徐庆凯家属捐赠的《辞海论》底稿等文献书信 170 余套件、余鹤仙家属捐赠的解放初期及“文革”期间儿童出版物及手稿 452 套件，柳和城捐赠的线装古籍及文献档案 323 套件。接收郐光业寄存的商务印书馆风琴等物品 4 套件。

“老三联”后人给予我馆很大支持。5 月 18 日开馆诵读会上，“老三联人”黄宝珣的女儿黄明女士和外孙女黄进向我馆捐赠了珍藏近 80 年的《鲁迅全集》(1938 年 8 月版)一套。这套全集是黄宝珣女士 1939 年在参加生活书店“向抗战前线将士写 10 万封慰劳信”的运动中获第一名的奖品，几经颠沛流离，一直带在身边，后成为女儿黄明的珍藏。10 月 17 日，“海上寻根”捐赠仪式暨“老三联”后人座谈会在光大会展中心会议室举行。多位“老三联”后人进行了捐赠：仲江代表仲秋元捐赠《第一届全国出版会议纪念刊》和《生活日记》；黄燕生捐赠伴随黄洛峰 13 岁离开家乡走南闯北的小藤箱；艾岁翰捐赠三个版本的《怎样做一个共产党员》；孙戈捐赠《怎样做一个共产党员》初版本；唐小军捐赠唐泽霖的名片及南下接收时军管会袖章等；袁信之家人捐赠老三联信函及纪念馆馆史资料；陈小嫣捐赠陈敏之手稿及信函等。

(二) 持续推动清库定级工作

清点出版博物馆藏品及资料 3 139 套件，补录尺寸、重量，核对编目信息并修改总账。扫描图片 5 041 张，扫描资料 1 480 页。清点金山库房藏品 9 套件，瑞金南路库房 27 套件，整理并登记“最美的书”146 箱，完成 1 000 套件藏品的定级和信息维护。

第五节　上海中华印刷博物馆

一、加强基础建设，夯实内部管理

上海中华印刷博物馆自 2016 年升级成市一级博物馆后，从原先企业内部文化展示用场馆转变为面向公众的社会服务机构，对博物馆的日常管理提出更高的要求。

2019 年，博物馆从梳理岗位职能，梳理馆藏藏品着手，参照综合性场馆的标准化管理要求，结合自身特点和未来发展规划，对馆内日常工作的性质进行归类，清晰行政管理、藏品管理、宣教接待和项目管理等岗位的职责和分工。为进一步推动博物馆场馆建设和业务发展并规范内部作业流程和有效防控风险，增加制定并试行了《上海中华印刷博物馆印章管理使用办法》《上海中华印刷博物馆安全保卫制度》《上海中华印刷博物馆藏品管理制度》《上海中华印刷博物馆藏品征集管理办法》《上海中华印刷博物馆消防安全管理办法》《上海中华印刷博物馆财务收支审批管理办法》《上海中华印刷博物馆员工门禁就餐卡管理制度》等内控制度。严格规范文创商店商品库存的月度盘点，建立每周工作例会制度，建立每日开闭馆安全巡查制度，并增加至每日 4 次安全巡查。年内多次组织全员性的藏品清点，对馆内 6 459 件藏品建立年度藏品清点目录手册，启用藏品管理类记录单 9 项。

二、完善服务设施，拓宽服务功能

2019年，博物馆将对科普课堂、互动教室进行改造升级的计划提交理事会通过后，对原科普课堂和互动教室进行改造升级，科普课堂由原来35平方米扩建到70平方米，能一次容纳70人。互动教室由原来60平方米扩建到100平方米，能一次同时50人体验互动。同时在场馆内添置便民服务箱、资料取用架、便民雨伞、户外广场和花园内新增休息桌椅等装置提升馆内的接待能力。在积极提升硬件服务设施的同时，努力开展社会公益服务，力争做到硬件过硬，软件不软。每日新增2场公益讲解服务，积极下社区进校园进行公益服务，如前往长宁区少年宫开展艺趣大讲堂《印刷文化知多少》公益讲座，前往爱菊小学开展科普进校园读书节活动，在馆内组织多场上海科技节惠民活动，参加2019青浦区文化科技卫生“三下乡”集中示范活动，去新泾中学爱心暑托班进行公益科普课堂的授课，接待香花桥街道来馆开展爱心暑托班活动，去夏阳街道青平社区开展科普基地进社区暑期科普活动，参加2019上海长风科普集市，参加中华印刷园区的学雷锋活动等。年内博物馆馆内接待观众2.8万人次，全年参观人数40.9万人次，其中未成年人13.8万，举办流动巡展11场，巡展参观人数39.5万人次，接待区统战部、区实验中学、闵行区党建中心等超百人团队6场，年接待团队119场，下社区学校进行公益服务11次，开展爱心暑托班公益服务6次，公共讲座69场，文教活动62场，免费亲子活动43场，总计公益服务人次23.8万人次。

三、加强人员培训，推进学术研究

博物馆除了社会教育科普的服务功能外，还兼具教育、研究、搜集保存和文化传播的职能。目前，针对馆内的日常工作主要以接待团队参观和下社区进行科普教育为主，对于行业相关的文史资料研究，文化遗产的保护和传承工作相对较弱的现状，年内开展一个以石印为主题进行研究探索的课题，开展相关的非遗类申报，技艺恢复、文化传承类工作，并为多渠道的培训提供基础保障。

年内组织工作人员去中国航海博物馆参观学习交流并听取“中海博大论坛”系列讲座，前往世博会博物馆参加上海市博物馆陈列展览精品推介会，前往上海博物馆听取关于博物馆标准化服务与管理讲座，前往奉贤博物馆进行参观学习。组织专员参加上海市初中学生综合素质评价社会实践管理工作培训，参与文博单位消防安全专题培训，参加全市文物安全工作培训，参加2019年青浦区科普教育基地工作培训会，参加文博单位消防安全标准化管理现场推进会。在馆内分多次开展了消防培训讲座及实地演习，进行VR互动搭建及应用课程培训，丝网制版课程的培训。截至10月份，共开展各类馆内外专业培训17次。通过多角度的培训激发工作人员的研学热情，以雕版印刷、石版印刷、活字印刷为线索，逐一尝试通过恢复传统的印刷技巧，逐步形成较完整的印刷技术文化链。2019年8月，以技艺恢复、研学科普、技艺传承为己任的石印工坊正式挂牌，截至年底已完成石印技艺传承展展示12次，体验人群超过350人次。

与此同时打造讲解志愿者队伍和在馆内培养讲师团，孵化一批有行业文化背景特色的科普课件，形成立体的科普服务团队和服务模式，目前已整理出完整课件8个，内容涵盖“一本书是怎样制成的”“神奇印刷术”“眼见不一定为实之RGB和CMYK的秘密”“如何鉴别艺术作品真迹或是高仿”“唐卡作品赏析”“中国字里有故事”“龟兹壁画欣赏”“石版画创作”等，在参加2020年上海市公共文化内容供给项目中特色课程“神奇印刷术”“唐卡鉴赏一画一世界”等 6 个课程通过初选。关注和学术研究密切相关的馆内藏品的有效管理和使用，让这些尘封的史料发挥作用，这是 2019 年开始启动的一项工作，也将是一项长期的工作。从加强藏品管理入手，通过文物藏品的梳理清点，建立藏品档案，定期对藏品进行保养，不间断地对文史资料和藏品进行研究和验证，为后代留下宝贵的历史资料。2019 年年末已逐步开始对古籍进行分区块的保养，目前已完成 100 余册。

四、提升展陈水平，扩大展览内涵

2019 年，馆内通过学习交流，业务培训努力提高展陈水平，年内博物馆自行举办、承办了“溯源重生”龟兹岩彩画跨年展，与上海科技馆联合举办的“活字生香”——中华印刷文化与科技成就展、与朱家角尚都里联合举办“活字生香　中华印刷文化与汉字艺术展”，举办了“全国第六届中小学生艺术展演暨上海市学生绘画书法摄影作品展”巡展，和扬州古籍线装文化有限公司一起承办了“活字生香”活字文化艺术展扬州站巡展，策划并主办了“石间印记”印刷技艺成果回顾展，举办“阳光下的成长之彩笔巧飞舞，童心庆华诞”2019 上海市学生绘画书法作品展巡展等临展。除了引进和策划有质量有影响力的文化艺术展外，博物馆对历次精品的策展进行梳理和归档管理，建立策展档案，其中唐卡展、活字展、壁画展、石印展已通过 2020 年上海市公共文化内容供给项目的初选。活字展被邀请参加在土耳其伊斯坦布尔举行的“一带一路”上海市非物质文化遗产精品展。

五、发挥资源优势，打响社会品牌

中华印刷博物馆有着较深厚的历史文化底蕴，新闻出版的行业背景让博物馆的文化传播工作更具使命感。印刷文化、活字文化在中国文化中极具代表性，最大限度地发挥好资源上的优势，讲好中国故事，打造出有影响力的社会科普品牌、文化品牌是博物馆 2019 年的重点工作之一。年内以“迎进来”的方式不断引进高质量的文化艺术类临展，用足博物馆、映美术馆、活字广场的硬件资源，成为企业周边社区和属地的文化聚集场所，打造社会影响力，和土山湾博物馆、艺术品博物馆、顾村公园、东航客舱服务等多家单位建立合作共建关系，分享经验，共享资源。以“走出去”的方式打造“活字生香”展览品牌，通过全国性的艺术巡展，打造高质量的文化艺术展览品牌。年内该展成功在扬州、北京、土耳其等地完成巡展。

2019 年，上海中华印刷博物馆荣获上海市科普教育基地联合会颁发的上海市科普教育基地联合会常务理事单位称号。“一本书是怎样制成的”被评为“十三五”推进公民科学素质示范项目。开展的“活字生香”活字文化艺术展被评为 2018 年上海市“全国科普日”优秀活动。“文化青年奋斗新时代”宣传系统主题演讲活动荣获三等奖，年内获市文广局、市科委、市科普基金会、区文广局、区科委各类项目资助资金 170 万元。

年内完成场馆改造，将原有的 55 平方米的科普课堂改造为 90 平方米的多功能多媒体教室。将原有 72 平方米的印刷互动工坊扩建至 92 平方米，展示面积从原有的 2 450 平方米，扩充到了 3 200 平方米。

7 月，上海中华印刷博物馆设计制作的文化创意产品《宝晋斋法帖》高仿复制礼盒荣获 2019 美国印刷大奖艺术类银奖。7 月,我馆设计的文创产品“忆江南·最忆是角里”台灯和“十二生肖雕版礼盒”都荣获青浦旅游和文创商品三等奖;设计的文创产品“中华初等小学国文教科书第一册礼盒装”和“精神食粮”青浦薄稻米都荣获优胜奖。

第四章　出版企业年度总结

本章收入上海人民出版社、上海教育出版社、上海译文出版社、格致出版社、上海书店出版社、上海古籍出版社、少年儿童出版社、上海科学技术出版社、上海辞书出版社、学林出版社、上海远东出版社、上海科技教育出版社、上海文艺出版社、上海文化出版社、上海音乐出版社、上海人民美术出版社、上海书画出版社、中西书局、上海外语教育出版社、华东师范大学出版社、复旦大学出版社、上海交通大学出版社、同济大学出版社、上海浦江教育出版社、立信会计出版社、华东理工大学出版社、东华大学出版社、上海财经大学出版社、上海大学出版社、上海音乐学院出版社、上海科学技术文献出版社、上海社会科学院出版社、文汇出版社、上海三联书店、上海科学普及出版社、中国中福会出版社、中华地图学社、东方出版中心、世界图书出版上海有限公司等39家出版企业的年度总结。

第一节　上海人民出版社

上海人民出版社(以下简称"我社")坚持稳中求进工作总基调,坚定政治立场、坚持导向为魂、坚持品牌为重,释放综合改革活力,创新企业发展理念,主动响应长三角更高质量一体化发展的战略布局,落实助力"四个品牌"和"三个文化"建设的决策部署,奋力谱写新时代高质量发展新篇章。

《战上海》荣获第十五届精神文明建设"五个一工程"特别奖和2018年度"中国好书",《章太炎全集》等3种入选第七届中华优秀出版物奖,《细节的力量:新中国的伟大实践》入选2019年主题出版重点出版物,《唐诗简史》入围2018年度"中国好书",《种子的力量:读懂钟扬》入选"优秀现实题材文学出版工程",《成语里的中国通史》入选"优秀青少年读物出版工程",《蛾术轩箧存善本书录》等书入选全国古籍出版社年度百佳图书,《关系与过程——中国国际关系理论的文化建构》《纵横"一带一路":中国高铁全球战略》获第十八届输出版优秀图书奖,《中国科举制度通史》等书获第五届郭沫若中国历史学奖,《中国公证史编年》荣获第六届"中国法律文化研究成果奖"一等奖,《主体性与真相》获2019傅雷翻译出版奖,《共产党人的必修课:〈共产党宣言〉十问》入选第四届全国党员教育培训教材展示交流活动优秀教材,《文明型国家》入选第四届全国党员教育培训教材展示交流活动精品教材,《九成宫醴泉铭》荣获美国印制大奖,奥地利作家彼得·汉德克荣获2019年诺贝尔文学奖,文景公司出版了其九部作品。我社荣获"2019上海书展十佳出版社"称号、"2017—2018年度上海市社科普及工作先进单位",入选2019中国图书海外馆藏影响力出版100强。

一、高质量有特色的主题出版推动提升双效益

为纪念五四运动一百年,陆续出版了陈旭麓的《近代中国八十年》等,邓秉元的《新文化运动百年祭》,陈学然的《再造中华——章太炎与"五四"一代》,杨念群的《五四的另一面:"社会"观念的形成与新型组织的诞生》。为纪念新中国成立70周年、上海解放70周年,出版了《战上海》《上海相册:70年70个瞬间》《日月新天:上海解放亲历者说》《细节的力量:新中国的伟大实践》等,其中,《战上海》为新中国成立70周年主题出版开了好头,累计印数已达8.3万册。为深入学习宣传党的

十九大精神，深化对习近平新时代中国特色社会主义思想的理论研究和宣传阐释，出版了复旦大学"习近平新时代中国特色社会主义思想研究工程"和"当代中国马克思主义研究工程"丛书中的首批5本书。十九届四中全会精神权威辅导读物《〈中共中央关于坚持和完善中国特色社会主义制度、推进国家治理体系和治理能力现代化若干重大问题的决定〉辅导读本》也由我社重印出版。为配合"不忘初心、牢记使命"主题教育活动，出版了《铁心力量》《从"心"出发》等，《铁心力量》已重印4次，销售达2万多册。张维为的《这就是中国：走向世界的中国力量》出版3个月，累计发行近9万册。《解放日报》《文汇报》《新民晚报》、人民网、新华网、东方网等几十家媒体争相报道，"学习强国"荐读版每日连载，取得良好的双效益。在中宣部出版局和上海市委宣传部的指导下，我社还进一步加强顶层设计，整合出版资源，挂牌成立"党的诞生地主题出版中心"，中宣部副部长梁言顺、上海宋庆龄研究会会长薛潮等在调研时予以充分肯定。立足上海"红色起点"定位，依托市委党史研究室等权威党史研究机构，出版了"红色起点"系列丛书、《石库门里的红色秘密：党的诞生地·上海革命遗址系列故事》等红色文化通俗理论读物，为上海打造建党历史资源高地、建党精神研究高地、建党故事传播高地添砖加瓦。

二、精心打造积淀文化、传承经典的学术专著

我社各学术编辑中心立足专业，坚守品牌，出版了大量具有专业特色和学术价值的著作：历史类的《章太炎的思想》《孔子大历史》《南渡君臣》《稽古至治》《中华一万年》等；世政类的《注定一战：中美能避免修昔底德陷阱吗?》《欧盟的危机》《世界政治中的战争与变革》《大幻想：自由主义之梦与国际现实》等；法律类的《科创板投资一本通》《链之以法：区块链为何需要法律?》《审判机器人》《批判区块链》等；哲学类的《附录和补遗(第一卷)》《合法化危机》《维特根斯坦〈哲学研究〉注解》等，以及文化类《宋词简史》《中洲旅人》等等。

三、读书会成熟发展，活动精彩纷呈

全新打造了三大读书会品牌——学习读书会、陆家嘴读书会和行知读书会。学习读书会举办了25场活动，媒体累计报道300余篇；陆家嘴读书会举办了44场活动，媒体累计报道300余篇；行知读书会自2018年10月开始共举办30场活动，媒体累计报道将近400篇。1月新办的长三角读书会举办了13期，累计媒体报道50多篇。精彩纷呈、四季不断的读书会活动共同为塑造上海高质量、高水平的阅读生态贡献力量。

四、聚焦数字出版和版权贸易，"走出去"取得新进展

引进图书179种，其中新书101本，续约77本，单独增补电子版权1本。共输出67种图书，输出数量较2018年有显著增长。输出国家覆盖英国、美国、日本、韩国、泰国、以色列、新加坡等，其中，向"一带一路"沿线国家输出的图书达49种，占2019年输出总数的七成以上。数字出版收入达883万元，同比增长超14%。其中在线销售电子书近1 500种，销售金额近367万元；《理财周刊》新媒体通过广告、向第三方公司提供微信公众号内容服务、运营维护等，收入450万元；在音频出版、数字印刷和授权等业务方面收入也有明显增长。

五、探索跨界融合，开创合作共赢新模式

我社与复旦大学、上海师范大学、上海广播电视台东方卫视、中共一大会址纪念馆、贵州人民出版社先后共同签署战略合作协议，合力打造记录新时代、讴歌新辉煌的精品力作，推出复旦大学“两大工程”丛书、《这就是中国》《闪亮的名字》《从上海到遵义》等出版物。谋划成立光启书局，全力打造集图书出版、文化创意、学术教培、新型智库于一体的文化综合体，中宣部目前已批复同意；打造自有文创品牌“逗好”，以社科重点书为设计元素，并联合一大会址纪念馆、上海韬奋纪念馆推出了一批红色文创产品。

第二节　上海教育出版社

上海教育出版社（以下简称“我社”）坚持“四为”导向，紧紧围绕集团改革大局，全面推进教育出版板块改革的中心工作。按照教育出版实现“四个转变”要求，寻找、抓住重要发展战略机遇，打好攻坚战，实现新作为，全面完成集团下达的各项任务。

一、重点图书完成情况

全力推进国家“十三五”重点图书的出版工作，已完成“科学的力量”科普译丛（第二辑）、“国际母语教育经典译丛”和《吴语方言学》《昆曲长生殿全集——吟香堂曲谱版》；“中小学数学教育论著译丛”和《敦煌俗字典》（第二版）即将出版；《汉语上古音手册》、《教育大辞典》（第三版）、《心理健康百科全书》（4 卷）的出版工作正按计划稳步推进。

二、教材

教材出版工作任务繁重：一是全面检查沪教版教材落实十九大精神情况；二是全面梳理解决沪教版教材中的版权问题；三是修订沪教版义务教育阶段教材；四是全面覆盖义务教育阶段政治、历史、语文三科统编教材，高中阶段起始年级率先试用，由我社承担全部租型出版工作；五是新编高中《数学》《英语》《体育》《艺术》四门教材。尽管时间更紧，任务更重，我社仍然顺利完成了教材的各项工作。

完成了系列拓展型教材及地方教材、特色教材，如《人工智能》小学版（初高中版即将出版）及《口语交际》《双语教育实验教材》《小学英语课本剧绘本》《中学英语戏剧读本》《新魔法英语》等；服刑人员教育系列教材、小学《语文》及初中《语文》、《地理》、《历史》即将完成。

利用三科教材统编的机会，开发了一批配套产品，赢得市场广泛赞誉，如配合语文教材的《小学语文名师教学解读及教学活动设计》，配合道德与法治教材的《生命教育》等。

将特教、职教、老年教育等作为新的产品生长点，开发了《实用语文》《实用数学》《生活适应》学本及教参，以及《美术》《手工》《趣味手工》等多种辅读学校教材。出版了《老年人学 APP》《〈上海市老年人权益保障条例〉普法读本》《老年人学唱英语歌》等针对老年读者的教材。启动了初中英语、初中物理复合型教材的编制工作，以及《法制教育读本》《中小学健康教育读本》等的修订工作。

三、主题出版

我社响应国家号召，加大主旋律图书的开发力度，提前筹划重磅主旋律图书，如“中国系列丛书”等一系列图书，在社会上引起较大反响。《中国革命与文化宣传——以上海左翼文化运动为中心的研究》等图书的出版工作正在按计划进行。

四、专业、学术及人文社科图书

教育学、心理学、语言文字是我社三大重点产品出版线，都有突出表现，社会影响较大。

教育、心理学方面，出版了《上海教育史》《教育神经科学研究导论》《0～8岁儿童的脑、认知发展与教育》《人脑如何学数学》等。“上海教育丛书”在2019年出版了《铺路——让学生有更好的发展》《足迹——上海教育故事》《满眼繁花：一个语文教师的成长手记》等6种。

语言文字方面，完成了“语言学经典文丛”和《古文字诂林》(修订本)的出版工作。《敦煌俗字典》(第二版)、《考工记名物汇证》已在最后审读阶段，即将出版。

其他方面，也是精品频现。如《陈旭麓文集》《上海人解析》《西风东渐与近代社会》《在商言商》；“国际母语教育经典译丛”“白马湖书系”出版了新品种；《数学教育评价方法》及华罗庚、王元科普著作选集等一系列数学领域高品质图书相继问世；“音乐教育学理论研究译丛”有部分产品出版；“上海教师教育丛书”项目的孵化与出版工作继续推进；“特级教师系列丛书”如《修炼》《师道匠心》《爱的艺术》《成长解码》等，均有较大影响。

五、青少年及大众读物

出版了一大批高质量的青少年读物，如传统文化方面的《给孩子的好诗词》《杨雨说词》《智慧中国·我是非遗传习人》等，科普方面的《吴孟超》《华罗庚科普著作选集》等。我社开发的“星星草绘本”品牌已形成较大影响，且已完成商标注册，持续出版了适合2～6岁学前幼儿的“看图说话绘本馆”和适合6～9岁少儿的“中国童话绘本”。2019年推出国内第一套“中国红色经典绘本”和“人工智能科普绘本”，前者开拓性地将优秀革命传统教育内容以绘本形式呈现，后者用绘本语言让幼儿了解人工智能的发展和关键概念，激发学习和探究科学的兴趣，社会反响强烈。

六、教辅读物

除继续做好《中/高考复习信息快递》等已有教辅品牌外，我社加强了教辅图书方面的出版，如《语文主题学习》《一题多解》《一题多变》《初中数学压轴题精讲精练》《牛津英语同步默写本》等；作文图书也初具规模，如《小学生交际作文》《同步作文》等。

七、报刊

谋转型，求发展。(1)向数字化转型；(2)走出去，办活动，促发展；(3)报刊、新媒体、活动、图书，四者联动。我社六刊一报继续在国内同类报刊中居领先地位，各报刊官方微信的影响力也日渐提升。其中，《小学语文教师》微信公众号的订阅人数已超过40万，《小学数学教师》微信公众号总订阅人数超过13万，《语文学习》微信公众号总订阅人数超过10万。其他报刊微信公众号的订阅人数也都有不同程度的增加。

各报刊纷纷结合自身发展开展多样的活动，尝试进行教师培训，部分活动已经产生盈利。如《小学语文教师》积极推进进校园活动及“新体系作文青年教师教学评比活动”“教师好声音朗读比赛活动”等，扩大了杂志的影响力；《语文学习》主办多场教师教材培训活动，有三场活动参与人数都超过了500人，“2019年长三角语文教育论坛”的参与者更是达到了1 300人；《语言文字周报》通过微信公众号抢占语文教育舆论制高点，还和上海市朗诵协会、中国语文现代化学会“一带一路”语言教育与人文交流专业委员会合作，开设“朗诵”专版和“‘一带一路’语言状况与语言政策”栏目，取得了一定的社会效益；《看图说话》的经典活动“看图编故事”吸引了全市35 000多名学龄前幼儿参与。

八、数字出版

1. 战略合作

根据上海世纪出版集团“数字出版三年行动计划（2018—2020）”，我社充分调研当前中小学数字化教育的实际需求和发展，实施“基础教育学习平台”开发计划，实现由教育出版向教育服务的重要转变。该项目采用与资本市场合作的模式，与头部互联网企业合资成立公司，经过15次谈判，4次实地考察，双方提交或修改合作文本共8次，初步完成了公司成立的前期准备工作：律师事务所的聘请、项目评估报告的起草、合同文本的编制（投资协议、公司章程以及授权许可协议、合作实施步骤）、集团内教育板块内容资源的调研。现等待集团最终批复。

2. 平台建设与应用开发

解题盒子APP，上海市暑期中小学生读书活动网站运营。

3. 纸电联动

Rays平台，“中国红色经典绘本”“人工智能科普绘本”系列数字化资源开发，上教英语APP，《小学英语拓展听说》小程序，音乐类图书全部“去光盘化”。

4. 研究项目

国家数字复合出版系统工程应用试点项目，拓展型数字课程设计与开发规范项目，“智适应学习与测评系统（高中英语学科）”项目，上海市中小学数字教材建设和教学应用实验项目。

九、自媒体建设

我社组建有微信团队，社官方微信公众号关注人数增长迅速，17个子微信公众号与社官微一起形成了有影响力的教育微信矩阵，成为我社推广品牌、介绍图书的重要阵地。

第三节 上海译文出版社

上海译文出版社（以下简称“我社”）初版书计划出版320种，调整计划302种，至2019年底可完成调整计划的 100.00%;全年发稿 327 种,9 921.9 万字,为 2020 年工作的平稳发展做了铺垫。

一、国家出版基金项目完成情况

2017 年度"海洋文化译丛"(6 卷)申请结项。2018 年度"中华优秀传统文化传承系列"(英文版 6 卷)年底全部完成。"中国不简单系列"(3 卷)获 2019 年度国家出版基金项目立项,已于 11 月全部完成,2020 年初申请结项。

二、国家"十三五"出版规划项目完成情况

《米沃什诗全集》《日本当代文化思想译丛》《桑塔格全集》已全部完成。《杜拉斯全集》已完成篇目的选定工作,已完成 6 卷,其余 4 卷将于 2020 年完成。"布罗茨基文集"已完成 3 种,"布罗茨基诗全集"第 1 卷(下)——《小于一》将于年底发稿,其余作品将于 2020 年底全部完成。《英汉大词典(第三版)》的修订工作正在加紧开展。

三、上海市"十三五"出版规划项目完成情况

《汉德大词典》已经发稿。《汉法大词典》正在编写中。《基辛格回忆录》第 1 卷出版,后 2 卷书稿涉及重大选题备案送总局审稿中。《桑塔格全集》16 卷已完成。"国家治理能力现代化探索丛书"2019 年年底将出版 2 种,另外 2 种,1 本已发稿,2020 年底可全部完成。《纳博科夫全集》已陆续出版近二十余种,剩余部分将于 2020 年底基本完成。

四、上海市新闻出版专项基金资助项目完成情况

《钱春琦译文集》已发稿,预计 2020 年完成;《李健吾译文集》年底出版;《希望的原理》(2 卷本)将于 2020 年底出版;"了不起的许多多系列"(4 卷)已出版;"中华优秀传统文化传承系列"(英文版 6 卷)全部出版。此外,外国文学出版中心、原创双语工具书出版中心、有声资源开发、"外国文艺进校园"等资助项目都在实施中。

五、上海市文创资金资助项目

上海市文创资金资助项目《米沃什诗全集》、"翁贝托・埃科作品系列"、《麦克尤恩文集》已完成。"1850—1950 上海方言英法日三语实录(第一辑)"(4 种),计划 2020 年出版。"2019 外国文艺进校园——中学生阅读习惯养成"项目也获市文创资金资助。

六、上海文化发展基金会资助项目完成情况

《分裂的西方》已出版,《法国行政伦理理论与实践》(原名《公务员的德行》)年底可出版。"小阿瑟・施莱辛格史学经典系列"(第一辑 3 种)已列入 2020 年发稿计划。

七、上海市重点书出版情况

共有14种(26册)图书被列为上海市重点图书。13种(24册)年内出版。有1种(2册)图书因CIP还未下发难以出版。另有入选图书《尤利西斯》原定2018年6月出版,由于译者延迟交稿,且看稿难度较大,导致编辑加工时间大大超出预期,已提出变更上海市重点图书的申请,以《走出非洲》一书替换。

八、出版的亮点图书

2019年已出版的亮点图书有:《猫头鹰在黄昏起飞》、《聊天记录》、《大梦无疆:勇气、想象和现代以色列的建立》、《看不见的美国》(译文纪实)、《房奴》(译文纪实)、《至暗时刻:力挽狂澜的丘吉尔》、《告别的仪式》、《帕佩撒旦阿莱佩:流动社会纪事》、(翁贝托·埃科作品系列)、《工作漂流》(译文纪实)和"了不起的许多多"(套装)等。

我社将坚持按集团和出版局对出书定位和结构比例的要求,在外国文学、哲学社会科学和双语工具书三大重点领域打造精品力作。

第四节 格致出版社

格致出版社始终围绕"服务高校、服务知识大众"的宗旨,坚持专业出版的理念、思路和方法,结合实际,突出重点,各项指标持续增长。

一、选题开拓和出版

1. 围绕核心优势建设自己的专业化出版体系

在以"当代经济学系列丛书"为代表的理论经济学这一高端领域,2019年新出17种。其中"当代经济学文库"子系列出版《制度及其演化——方法与概念》《中国历史气候变化的政治经济学》《非瓦尔拉均衡理论及其在中国经济中的应用》等3种;"当代经济学译库"子系列出版政治经济学代表性人物杰弗里·霍奇森的《资本主义的本质》、弗兰克·考威尔的《不平等测度》(第三版)等9种;"当代经济学教学参考书系"出版《金融学原理》(第六版)、《鲁宾斯坦微观经济学讲义》(第二版)、《精通计量》等5种。

2. 围绕学术出版品牌,做好学术专著的出版工作

"格致经管前沿"新增1种,已经形成8种的丛书规模。"高级金融学译丛"新增1种,丛书规模达到11种。"上海证券交易所金融创新文库"新增1种,丛书规模达到3种。"格致经济史译丛"新增1种,丛书规模增至5种。"经济史与思想史丛书"新增3种,丛书规模增至4种。"反思经济学丛书"新出1种。"自贸区研究系列"新出6种,丛书累计出版40种。

3. 积极维护教材拳头产品

"大师的经济学课系列丛书"等新开拓教材初具规模,《基础会计学》《商业银行经营管理》《市场营销学:现代的观点》等常销教材的新版持续出版。

4. 开发选题，出版主题类学术著作

结合格致出版社在经济学等社科领域的专业特点，围绕新中国成立 70 周年、高质量发展、上海建设全球城市、提升哲社话语权等热点问题，紧密联系智库与作者，积极开发选题，出版了一批主题类学术著作

如复旦大学经济学院张军院长等主编的《大转型：中国经济改革的过去、现在与未来》，上海市政府发展研究中心主编的“高质量发展研究丛书”，上海全球城市研究成立第一年的三大标志产品——《全球城市发展报告 2019》《全球城市案例研究 2019》《全球城市发展指数 2019》，复旦大学政治系主任刘建军教授领衔著述的《新中国第一居委会 30 条》和主编的“城市绣花针丛书”，中山大学政治系主任郭忠华教授领衔的“中国主要社会思潮”系列丛书。

5. “十三五”国家重点出版规划项目、国家出版基金项目继续推进

“当代经济学系列丛书”(30 种)、“大国系列丛书”(5 种)、自贸区研究系列(8 种)作为“十三五”国家重点出版规划项目，已经全部完成。“国际展望丛书”是 2018 年度新增的“十三五”国家重点出版规划项目，完成 3 种。“上海改革 40 年大事研究系列”“中国改革开放 40 年研究丛书”2019 年入选国家出版基金项目，当年完成出版。“新兴大国经济问题丛书”(6 种)、“当代经济学文库”(4 种)作为 2017 年度国家出版基金项目，已完成出版。“当代经济学文库(7 种)”作为 2018 年度国家出版基金项目，已完成 4 种。“全球城市系列”“社区治理指导手册(第一辑)”“当代经济学系列丛书(11 种)”“高级金融学译丛(3 种)”和《中国居民收入分配通论》获得上海市文创专项资金资助。

二、版权引进和输出

引进外版教材和优秀的学术著作一直是格致出版社重要的发展战略之一。2019 年全年签署引进版图书共计 32 种，其中新书 24 种，续约图书 8 种，包括《全球视角的贫困测量》《金融计量经济学》《现代演化经济学》等经济学领域重要的学术著作，以及《历史学的使命》《古代地中海的贸易》《文艺复兴之城》等人文社科类优秀著作。

在“走出去”方面，成功输出了 9 本著作：“中国改革开放 40 年研究丛书”(8 种)的英文版输出施普林格，其中《中国对外贸易的奇迹》获得经典中国国际出版工程的资助；《纵横“一带一路”——中国高铁全球战略》中文繁体版输出中华书局(香港)有限公司并正式出版；《中国道路的学术表达》英文版输出帕尔格雷夫并正式出版。

此外，《纵横“一带一路”——中国高铁全球战略》英文版获评第十八届输出版优秀图书奖。

第五节　上海书店出版社

上海书店出版社(以下简称“我社”)以出版更多传递正能量、思想性艺术性可读性相统一的优秀作品为己任，出书风格相对稳定，产品线比较清晰。

一、基本情况

全年出书 227 种，其中新书 144 种。我社“稀见上海史志资料丛书”、《中国近代文学大系》(30 册)、《民国丛书续编・第一编》(3 种 138 册)、《申报馆剪报资料・上海卷：淞沪抗战》四种图书入选

上海改革开放40年四十种优秀文史图书;《稀见民国银行史料初编》及《上海党史资料汇编》(9册)入围上海改革开放40年四十种优秀文史类图书;《鬼子母研究:经典、图像与历史》获得全国古籍出版社年度百佳图书(2018)二等奖;《金山年鉴(2017)》在第六届年鉴编纂出版质量评比中获得综合特等奖,框架设计三等奖,条目编写特等奖,装帧设计二等奖,检索、编校质量和出版时效一等奖;《翁同龢人际交往与晚清政局》获得当当网与"人文社科联合书单"联合评选的"2018人文社科年度好书"。

二、基本业务总结

1.年度重点项目进展情况

2019年我社上海市重点图书有5种:《中华一万年》(上下)、《明经世文编》(全11册)、《上海工人运动史大事记两种》(全2册)、《古文字考释提要总览》(第4册)、《闻一多全集(全6册)》。

《中华一万年(上下)》、《上海工人运动史大事记两种》(全2册)、《古文字考释提要总览》(第4册)、《明经世文编》(全11册)已出版,其中《上海工人运动史大事记两种》(全2册)、是"十三五"国家重点图书出版规划项目"上海工人运动史料全编(1925—1949)"的一种,《明经世文编》(全11册)既是2011—2020年国家古籍整理出版规划项目也是国家古籍整理出版专项经费资助项目。《闻一多全集》(全6册)由于篇幅较大,为保证质量,延期至2020年出版,我社以"鲁迅在上海资料丛书"(《鲁迅在上海的居住与饮食》《鲁迅与电影——鲁迅观影资料简编(1927.10.7～1936.10.10)》《鲁迅与左翼美术运动资料选编》)替换。此外,我社还完成了上海文化发展基金会资助项目《朱生豪在上海》。

2. 历史文献影印板块出书情况

(1) 有关中共历史的文献发掘整理。

2019年5月出版的《上海工人运动史大事记两种》(全2册),与工运史研究相配套的作品《史研双峰——〈上海史〉(1989年版)、〈上海工人运动史〉(1991、1996年版)是怎样写成的?》于11月出版。

(2) 以近现代史为主题的文献汇编。

出版大型书系"民国丛书续编·第二编"的《民国人物资料专辑一》(全30册)和配套的《民国人物资料专辑一·人名索引》。影印并翻译出版了已发现上海最早的年鉴《上海年鉴(1852)》(全2册)以及《上海年鉴(1854)》(全2册)。此外,还有《华东师范大学图书馆馆藏严复批校本》(全57册)、《红杂志》(全20册)、《红玫瑰》(全60册)都于2019年出版。

(3) 传统文化文献整理研究。

《古文字考释提要总览(第4册)》由华东师范大学中国文字研究与应用中心刘志基等教授编纂,是一部古文字考释研究集成类型的工具书。《佩文韵府》是清康熙年间的大型官修类书辞典,本次出版按照上海古籍书店原影印本重印,将原本4册拆分成6册。由经学与文献研究专家虞万里主持,并约请古典文献专家李伟国、明史研究专家潘星辉等合作整理的《明经世文编》(全11册),这是一座明代史料的矿源,也是研究明代政治、制度、经济、文化的第一手资料。

此外,还有《中国近现代美术期刊精品库(1872—1949)》(全100册)、《宋拓郁孤台法帖(珍藏本)》等。

3. 文史板块出书情况

(1) 专业人文学术研究成果。

《清代乡居进士与官府交往活动研究》将社会史与科举史相结合,是一部以清代乡居进士的活动为线索,探讨中国绅士性质问题的学术著作。由历史学家郭志坤、陈雪良撰写的《中华一万年(上、下)》兼具历史的专业性与通俗普及性,在帮助读者了解中国历史、弘扬悠久而优秀的中华文明两方面都具有丰富的价值。

此外,还有《银幕艳史:都市文化与上海电影:1896—1937》《历炼精魂:新中国戏曲改造考论》等。

(2)人文阅读及近现代上海相关专题图书。

2019年我社与上海人民出版社共同出版了"江南文化研究丛书",我社出版了包括《边缘缔造中心——历史视域中的上海与江南》《明清时期的江南望族》《海派映照下的江南人物》《江南文化诗学》《近代上海与江南——传统经济、文化的变迁》5种。

朱生豪哲嗣朱尚刚所著的《朱生豪在上海》,是对翻译大师朱生豪与大都市上海"过从"经历的回顾与研究。该书获得上海文化发展基金会资助。

"鲁迅在上海资料丛书"包括《鲁迅在上海的居住与饮食》《鲁迅与左翼美术运动资料选编》《鲁迅与电影——鲁迅观影资料简编(1927.10.7～1936.10.10)》3种。

此外,还有《味生谈吃——江南食事别集》《说徐志摩》《出卖上海滩》《上海史(第一卷)》《上海史(第二卷)》等。2019年亦出版了王元化先生的系列著作,包括《读文心雕龙》《读黑格尔》《莎剧解读》《九十年代反思录》《思辨随笔》《九十年代日记》《清园书简选》7种;钱稻孙先生译的《万叶集选》(精装);以及盛巽昌著《水浒传补证本(增订本)》《三国演义补证本(增订本)》2种。

我社出版了由上海市作家协会策划的"巨鹿文库"丛书,包括《从前的女生》《一个小学生的失踪之谜》《不可逆》《老鹰》《解连环》《美丽的日子》《厂医梅芳》《空无一人》《香鼻头》《昨天已古老》10种。

4. 文化、艺术方面大众读物出书情况

2019年,我社陆续推出了一批既有思想性、艺术性,又具有可读性、市场性的图书。如冷冰川、凌子合著的《凌听》一书,由"世界最美的书"设计师周晨设计。此外,还有《天津砖刻艺术——手稿珍藏本》《重塑——上海产业转型与城市更新图录》等。

5. 出版合作与出版服务

与上海市文史研究馆合作的"上海市文史研究馆口述历史丛书"2019年出版了其中的《杜维善口述历史》《阮仪三口述历史》和《武重年口述历史》3种;与闵行区政协合作出版"发现闵行之美——闵行区政协文史丛书"6种、《谁不忆江南——闵行记忆》大型图册1种;与上海社科院文学所合作出版"上海文化发展系列蓝皮书"1种和"上海当代文学创作史实述要"2种、《"一带一路":文化交流与文化品牌——世界城市文化上海论坛(2018)》1种等;与华东师范大学档案馆合作出版《廖世承校长与光华大学》1种;与上海大学当代文化研究中心合作出版热风书系《反戈一击:亚际文化研究读本》1种;与上海市委宣传部新闻阅评督查组合作《改革前行与求实创新——上海新闻评点精选(2018)》1种;与上海历史博物馆合作《上海市"我身边的历史建筑"优秀摄影作品集(黄浦区)》1种;与上海大学当代文化研究中心合作,出版《数码之魅:微文化研究(第一辑)》1种。

三、版权经营和数字出版工作

引进图书1种(《自然动践——力量、健康与自由重塑之道》),输出图书1种(《中华一万年》)。与北京人天畅想之星电子书平台合作,累计授权图书120种,其中2019年上架图书115种。与北京掌阅电子书平台合作，截至2019年9月，共授权图书65种，上架图书38种。

电子书的销售平台主要是北京古联体、湖北三新、亚马逊、掌阅、畅想之星、京东6家。在与豆瓣读书、微信读书、博看网进行洽谈合作，以期进一步扩大电子书的发行销售渠道，扩大版权的利用率。

四、学术·专业出版中心建设推进情况

我社在近现代上海历史和文献的整理出版板块成果丰富，形成了大批出版资源和品牌，并集聚了一批有影响力的专家学者、科研学术机构等。“近现代上海历史文献学术·出版中心”开展了一系列工作。2018年，顺利通过2016—2017年度的专业出版中心考核，并继续获批2018—2019年度的新一轮专业出版中心及经费资助。

第六节　上海古籍出版社

上海古籍出版社（以下简称“我社”）坚持专业出版方向，做好以国家出版基金项目与全国古籍整理出版规划资助项目为重心的重点图书的出版工作，不断酝酿、筹划、落实新的大中型古籍整理、集成性资料项目以及原创性学术研究出版项目，建设与维护出版社的品牌，持续推进数字化出版，加强对已有版权的维护和经营，走出契合自身特点的传统出版与数字出版并举的道路；积极而又稳妥地拓展大众出版，围绕基础读物产品线的立体化加速布局，并开拓具有新的生长点的创新型选题。

一、重点书及大项目完成情况

完成国家出版基金项目《绍兴商会档案汇编》（30册）的出版，即将完成《甘肃藏敦煌藏文文献》（20册）、《中国近代史学文献丛刊（10种）》的出版。

其他重点图书：完成了国家古籍十年规划项目《高邮二王合集》，年初完成了国家出版基金项目《清代西部皮影图录》的出版；完成了国家古籍整理出版专项资助项目《辛弃疾词校笺》《山海经笺疏》《朱子〈感兴诗〉中日韩古注本集成》；完成国家社科基金后期资助项目《玉台新咏校证整理与研究》《杨维祯全集校笺》《中国的家庭、私有制、文明、国家和城市起源》《中古中国袄教信仰与丧葬》的出版；完成《民国上海通志稿》《将毋同：魏晋南北朝图像研究》《肩水金关汉简研究》等上海市专项资金和上海文化发展基金会项目的出版。

已出版的古籍整理文献校释类图书还有《陈献章全集》、《唐文治经学论著集》、《明清稀见唐诗选本（4种）》、《崔致远全集》、《莫友芝全集》及“楚辞要籍丛刊”的《屈宋古音义》、《楚辞听直》等9种；“中国古典文学丛书”推出了《陶渊明集校笺》《世说新语校释》《文选》《杜诗镜铨》等10个品种的升级版，另外又推出《孟浩然诗集笺注》《放翁词编年笺注》等8个品种的典藏版；传统优势领域“敦煌西域文献系列”后续品种《英国国家图书馆藏敦煌西域藏文文献》（10—12）、《法国国家图书馆藏敦煌藏文文献》（24、25、26）、《俄藏黑水城文献·西夏文佛教部分（28、29）》、《甘肃藏敦煌藏文文献》（5—24）等也陆续出版。

二、学术研究著作

一批高质量的学术研究著作出版。有文史大家的标志性著作，如周裕锴教授的《宋代诗学通论》、郝春文教授的《中古时期社邑研究》、陈伯海教授的《中国诗学之现代观》；也有一些“大家小书”，如北大历史系张衍田教授的《中国古代纪时考》、沈卫荣教授的《大元史与新清史》和《回归语文学》；除前述外，较为引人注目的还有几位女性研究者的著作：如新加坡南洋理工大学衣若芬教授的《书艺东坡》；复旦大学古代文学研究中心夏婧博士的《清编全唐文研究》；美国塔夫茨大学历史学副教授许曼的《跨越门闾：宋代福建女性的日常生活》等，都在各自的研究领域有所创见。另外，新锐学者沈睿文的《中古中国祆教信仰与丧葬》、陈昊的《身分叙事与知识表述之间的医者之意》、杨俊峰的《唐宋之间的国家与祠祀——以国家和南方祀神之风互动为焦点》、邱轶皓的《蒙古帝国视野下的元代政治与东西文化交流》、徐世虹的《中国古代法律文献概论》一经推出就受到学界的普遍关注。

三、考古与古文字著作

经过不断努力，我社出版的考古类文献研究与考古工作报告等受到考古学界的关注和好评，成为国内考古出版物的主要出版社之一。完成了“十三五”规划项目《陕西省考古研究院新入藏墓志》、《中国社会科学院历史研究所藏甲骨墨拓珍本丛编(第一辑)》及《清代近海管辖权资料长编》、《潜徽录》等获得过国家古籍整理出版专项经费资助的项目，出版了一批学术水准相当高的海外考古研究译著和高校出土文献研究著作，如“外国考古学研究译丛”两种：《圭拉那魁兹：墨西哥瓦哈卡河谷的古代期觅食与早期农业》、《国家与文明的起源》；“东北亚与欧亚草原考古学译丛”3 种：《金印国家群的时代——东亚世界与弥生社会》《蒙古考古》《小工具大思考》；“北京大学出土文献与中国古代文明研究学术丛书”3 种：《西周王朝军事领导机制研究》《战国楚竹书史学价值探研》《两周诸侯国婚姻关系研究》；“复旦大学出土文献与古文字研究丛书”6 种：《书馨集》《战国竹书论集》《古文字与古文献论集续编》《商周文字论集》《简帛研究论集》《战国铭文分域研究》等。另外，还出版了《古文字学》《内蒙古东周北方青铜器》《粟特银器》等学术研究精品图书。国家级项目、译丛、高校论著、经典名著使我社考古板块的产品线布局更加清晰，也越来越受到学界的重视。

四、大众人文读物

传统文化的普及方面，积极探索“让名家亲近读者、使学术不再深奥”的“轻学术”之路。“蓬莱阁丛书”自 1996 年开始出版，汇集晚清民国学术大家具有开辟意义的精短著作，辅以当代名家的系统导读，上海书展期间，精选的三十余种“蓬莱阁典藏”集中亮相，“大家小书”再出典范。出版了一批装帧精美的艺术类图书，有通过插页设计、巧妙体现变脸民间技艺的《清代西部皮影艺术图录》；有裸脊装订、用书法笔意绘花鸟万物、用散文笔调释读《尔雅》的《温文尔雅》；还有请“世界最美的书”设计者潘焰荣设计的经折版《梦影红楼》，这部清代孙温花了 36 年绘成的国宝级红楼梦画册重新改装之后，通过公众号推广 5 个月售出 12 000 册，为我社尝试通过新媒体渠道宣传售书开了一个好头。

五、获得重要资助及版权“走出去”情况

有 2 项获得 2019 年度国家出版基金资助：《七至十三世纪汉藏与多民族文明关系史》(73 万元)、《明清以来蔚县庄堡寺庙调查与研究》(45 万元)，共计 118 万元。

共有 12 个项目获 2019 年度国家古籍整理出版专项经费资助，分别为《楚辞要籍丛刊(第四辑)》(20 万元)、《潜徽录》(15 万元)、《新定杜工部草堂诗笺斠证》(25 万元)、《张元幹诗文集笺注》(8 万元)、《周必大全集》(30 万元)、《汪世清辑录明清珍稀艺术史料汇编》(25 万元)、《晋会要》(15 万元)、《善斋全集》(120 万元)、《俄藏黑水城文献・西夏文佛教部分(28、29)》(19 万元)、《法国国家图书馆藏敦煌藏文文献(24、25、26)》(20 万元)、《蜀中广记》(25 万元)、《中国社会科学院历史所藏甲骨墨拓珍本丛编(第二辑)》(15 万元)，资助金额共计 337 万元。

5 个项目入选 2019 年上海市促进文化创意产业发展财政扶持资金新闻出版成果资助类项目(图书出版)，分别是：《宁夏珍稀方志丛刊》(18 万元)、“中国国家博物馆藏文物研究丛书”(30 万元)、《西周金文字编》(10 万元)、《台湾族谱续编》(30 万元)、“中华家训导读译注丛书”(45 万元)，共计 133 万元。

在争取版权“走出去”方面：入选 2019 年上海市促进文化创意产业发展财政扶持资金新闻出版成果资助类项目(版权产业与国际传播)“走出去”项目 1 项《鸠摩罗什传》(5 万元)。中华外译项目申报了《古文字学》和《新疆史前晚期社会的考古研究》，《金匮要略》申报了上海新闻出版“一带一路”项目。

累计获得各种重要资助 23 项，总计 630 万元。

六、阅读推广活动

3 月 23 日，邀请新加坡南洋理工大学衣若芬教授赴上海杨浦图书馆开展了一场题为“千年英雄苏东坡的书艺人生”的讲座。

4 月 14 日，编辑戎默赴新虹图书馆进行了主题为“在诗歌中阅读春天”的讲座，与读者分享古诗词阅读、鉴赏的经验。

4 月 26 日，编辑闵捷受思南经典诵读会邀请，进行了题为“国学中的博物”的讲座，带领读者研读中心出版的《思无邪：诗经名物图解》一书，领略《诗经》温柔敦厚之性与鸟兽草木之美。

6 月 15 日，邀请首都师范大学历史系教授郝春文作客第 197 期海上博雅讲坛，解密中古中国社会生活的另面，介绍其代表作《中古时期社邑研究》。

6 月 25 日，邀请《跨越门间》作者许曼作客第 198 期海上博雅讲坛，探寻宋代社会的女性空间。

10 月 6 日，邀请华东师范大学方笑一教授作客上海古籍书店，讲授“唐诗与宋词的较量”，并进行了新书“唐宋诗词散文品读书系”的推广和签售活动。

11 月 30 日，邀请复旦大学邱轶皓副教授作客海上博雅讲坛，讲述世界史视野下的蒙古史研究。

在上海书展期间，共组织了 8 场活动：既有唐宋文学研究大家陈尚君教授和周裕锴教授的“唐风宋韵：漫谈唐宋诗”的对谈，又有诗词大会命题人方笑一教授等“唐宋诗词散文品读书系”的首发签售会，还有上海文史馆诗词研究社社长曹旭教授的“中国十九个最美的诗歌模特儿——《古诗十九首及乐府诗选评》”的讲评会；既有书法名家沃兴华先生的书法论著集的签售会，又有文人书法家钱汉东的名胜题刻选《江山胜迹》的推介会，还有用魏碑体写意的青年画家沐斋的“从苏轼的覆盆子到蔡襄的林檎花”的讲座，“世界最美的书”获得者潘焰荣解读“青春版”《梦影红楼》画册的设计理

念。另外,还有佛学专家陈嘉许教授的“禅解红楼梦”讲座。

七、关于数字出版

探索与雕龙、触讯等公司的合作,我社提供品牌、内容等资源,相关公司提供平台、技术等资源,共同开拓“续修四库全书”“上海府县旧志”等数据库的开发和市场推广,分享相应权益。探索与闽南师范大学闽南文化研究院合作,以双方合作的《台湾族谱汇编》的纸质文献为基础打造《台湾族谱汇编》数据库。

数字出版部门在对全社内容资源系统梳理的基础上,列出一系列可供开发的数字产品,并与相关数字产品最为集中的传统编辑室进行沟通,探讨双方如何分工,进行相关数字产品的设计、申报、开发。目前已初步梳理出“中国古典文学丛书”“清诗话全编”“格萨尔王”“三大民族史诗”“南宋史研究”“宁夏地方志”“中国家谱”“中国历代书目题跋”“江南文献及文化研究”等数据库项目,以及听书产品、视频讲座、网络课程等知识服务项目。

电子书营销上,从被动参加平台的各种营销活动,到积极争取相关活动页面、着力打造重点品种、与平台合作策划活动。重点品方面,《二十五史简明读本》单品销售过 4 万册;《大美中国》《魏晋之际的政治权力与家族网络》过万元。

第七节　少年儿童出版社

少年儿童出版社(以下简称“我社”)围绕综合改革发展总体目标与要求,有序推进各项改革举措,在图书出版、市场销售以及机制创新等方面取得较好成绩,超额完成全年各项预算指标,图书出版品种及造货、发货码洋和利润总额都有较大增长,创下了近几年新高。

围绕品牌建设目标配置人、财、物,形成了“儿童文学”“幼童读物”“少儿科普”以及“教育培训”四大内容板块,分别对应原创儿童文学、儿童文学理论;“三毛”以及低幼绘本;“十万个为什么”、“上下五千年”和中小学、幼儿园教材等特色内容,确立各自品牌发展的方向、路径。

一、出版基本情况

全年出版初版图书 259 种,其中 213 种属于年度计划品种,占全年实际出书品种的 82%。与上年 214 种初版图书相比,增长 21%。出版重版图书 341 种,与上年 254 种重版图书相比,增长 34%,2019 年重版率为 57%,与上年 54.66%相比,增长 2.34%。

入选国家出版基金项目 1 项 2 种。《离别之后》《老桦树上小木屋》8 月出版。有 9 项 28 种图书列入上海市重点图书:《好一颗麦粒》、《离别之后》、《一把密码锁》、《黑夜女王》、《向往沙坪坝》、《“小巨人原创”系列》(5 种)、《秦文君臻美花香文集》(10 种)、《“地球大冒险”系列》(4 种)、“幼幼成长图画书”系列(4 种),12 月全部完成。有 180 余种书刊(篇目)分获不同级别的 28 类奖项。33 种图书、杂志、项目获得 11 类基金资助合计 234.54 万元。

二、学术·专业出版中心建设

我社“原创儿童文学出版中心”有编辑 16 名,包括硕士研究生 11 人,本科生 4 人,大专 1 人,其中编审 1 人，副编审 2 人。中心有国家出版基金项目 3 项，“十三五”国家重点图书出版物出版规划项目 2 项，“十三五”上海市重点图书出版物出版规划项目 10 项。中心多次获得包括“五个一工程”奖、“中国好书”、中华优秀出版物、向全国青少年推荐百种优秀出版物等奖项。

中心策划出版了多个系列的原创图书：推出郭姜燕长篇力作《离别之后》（国家出版基金项目）和暖心童话《好一颗麦粒》（上海市重点图书）。拓展刘虎“生命传奇”系列，出版《黑夜女王》，策划其新作《你好，珠穆朗玛》和一部庆祝建党一百年的作品。全新策划“小巨人原创”丛书，推出《深山有远亲》、《老桦树上小木屋》（国家出版基金项目）、《泥与火之歌》、《青青橄榄树》、《打春鸡》、《卖甜酒的狐狸》等作品。精心组织原创理论丛书“新世纪儿童文学新论”（上海市文创资金项目），由朱自强主编，标志着我社重启儿童文学理论出版。重新规划“红色经典少年品读书系”，不仅包括小萝卜头的典型红色事迹，还有茅盾先生的《少年印刷工》等。把文学出版和语文教育结合，开拓“教育性”文学，推出“快乐读书吧”丛书。纪实题材系列“少年读中国”（国之重器、科技之光、人民卫士）已完成文稿创作，获上海文化发展基金会资助。描写我国医疗援外的“和平方舟”，展现中国大国形象的报告文学《我的亲人在海上》已完成选题论证，在文稿磨合阶段。邀请刘慈欣、叶永烈等国内一流科幻、科普作家打造科幻与科普相结合的“科学家带你读科幻”系列丛书即将推出。拓展图书产业链，完成《白马伶娜》影视改编权授权。

三、数字出版

数字课程《多样的生命世界》入围“2019 年度数字出版精品遴选推荐计划”，并在行业交流会上进行专题分享。数字课程《湿地的奥秘》内测优化，完成基本制作。数字课程《玩转 VEX IQ 机器人》完成脚本编写、修改，模块及其风格修改与调整，收集 70%～80%素材，计划于 2020 年 9 月制作完成。针对幼儿园教师专业成长的“师享童年”APP 于 4 月正式上线，并开通了网上图书商城。配合“情景阅读”系列丛书改版开发的“应彩云讲阅读”线上直播课程于 11 月进行了首次直播。

《十万个为什么》与声力广波公司合作上线音频有声书 3 个专辑 300 集、原创故事 2 季 30 集，累计播放量分别突破 1 000 万次、3 万次。精选《十万个为什么》杂志内容，联合添庶智公司，开发 8 节视频课程《恐龙绝密档案》在爱奇艺上线。科普项目《生活中的科学发现》已完成剧本初稿，并联系摄制单位。《地球大冒险》《都市虫虫记》等 AR 版图书出版。“基于知识图谱的十万个为什么智能交互平台”项目开发进入前期筹划阶段。

《少年文艺》等杂志故事会 APP 上线。“小青蛙讲故事移动在线课堂”项目完成教学视频、有声故事录制，微信端报名系统、移动端 APP 开发工作等即将结项。

第八节 上海科学技术出版社

上海科学技术出版社（以下简称“我社”）坚持问题导向、发展导向、质量导向，团结一致，奋发有为，圆满地完成了各项年度预算指标与工作任务，实现了“稳中有进”的总体目标。

一、获奖及社会评价情况

《中国古代玻璃技术发展史》获第七届中华优秀出版物奖图书提名奖，《西学中，创中国新医学》

入选中央和国家机关“强素质·作表率”读书活动年度推荐书目(上半年),《中国古代机械复原研究》上榜8月“中国好书”。《脑研究的前沿与展望》《家蚕转基因技术及应用》在国家出版基金项目2018年绩效考评中分别获得“特别优秀”和“优秀”,《云南民族药大辞典》、“复杂地质与环境条件下隧道建设关键技术丛书”入选出版百种科技新书,《漫谈光通信》、《大国之翼——C919大型客机研制团队采访报告》、“上海市医学会百年纪念科普丛书”、“抗癌必修课丛书”入选“上海市优秀科普图书”,《科学》《科学画报》《大众医学》获“致敬创刊七十周年”荣誉证书,《脑海探险——人类怎样认识自己》、“家庭真验方系列”分别获上海市科学技术奖科学技术普及奖二等奖和三等奖,《百年中医史》、“中国科学社档案资料整理与研究丛书”入选上海改革开放40年四十种优秀文史图书,《激波反射的数学分析》《四肢显微修复外科学》《黄帝内经百年研究大成》《地道药材品质保障技术研究》《中国纺织考古与科学研究》《控癌战,而非抗癌战》《人工智能与大数据》(试用本)等7种图书获得第32届华东地区科技出版社优秀科技图书一等奖,另有30种图书获得二等奖,《养育未来——婴幼儿早期发展活动指南》、“家庭教育百问读本”系列,入选中国家庭教育学会、中国出版协会“百部家庭教育指导读物”,《跨越时空的骰子:量子通信、量子密码背后的原理》等5种图书和1篇文章入选2019年上海市科普作家协会评出的“优秀科普图书”和“优秀科普短篇”,《赶碳乐园》数字课程获得“优秀科普动画奖”,另有8种图书入围。

二、书刊出版和生产经营方面取得的新进展

(一)一般图书出版

在理工农医、科普等专业领域,围绕国家和专业学术领域重大重点科研项目、上海科创中心建设和老百姓的阅读需求,出版了一批导向正确、内容质量优秀、编印水平较高的好书,如“液态金属物质科学与技术研究丛书”、“高海拔高寒地区高速公路建设关键技术丛书”、“复杂地质与环境条件下隧道建设关键技术丛书”、《云南民族药大辞典》、《中国传统医学比较研究》、《皮瓣外科学》(第三版)、《骨盆外科学》、《中国古代机械复原研究》、《西学中,创中国新医学》、《智联世界》、“国之重器——舰船科普系列丛书”、《历代古钱图说(校补本)》等,巩固和提升了我社品牌。

(二)教材教辅出版

高中理化生教材克服重重困难,连续作战、全力拼搏,最终通过教育部初审,初战告捷;全国教材教辅市场角逐激烈,通过重点盯防,做好售后服务,确保了教材的基本盘,码洋和收入有所提高;教辅征订通过深入重点地市进行有针对性的市场维护,挽回了损失;双新课程高中项目建设收尾,小初项目开启研发工作;积极推进由单纯图书出版向课程开发和销售发展的模式,所代理的STEAM系列课程,在贵阳市20所学校试点的基础上,2019年秋季在南明区全区范围使用;《人工智能和大数据读本》在贵阳全市继续使用;初步完成国际文凭课程产品的开发,新推出《IBDP中文》《AP微观经济学》;中医精编教材新版品种日益丰富,有6个品种实现了纸数融合出版。

(三)期刊出版

在期刊发行和广告市场整体呈下行趋势的状态下,我社的期刊通过优化栏目、提高稿件质量、纸数融合创新,加强了内容建设,如《大众医学》的70年专刊、“名医说”等;通过积极争取政府外包项目,增强期刊服务社会和政府的能力,同时也增加了销售收入,如《大众医学》编辑部的《上海市民

膳食营养知识读本》、《科学画报》编辑部的"大咖来了！ 和知名科学家一起探索尖端科技"项目等；加强了集订客户的宣传力度，拓展了期刊发行渠道；通过参与上海市的相关重大社会活动，提高期刊的社会影响力，如《张江科技评论》参与的"浦江创新论坛""院士专家峰会"活动、《车迷》的"2019《车迷》读者俱乐部卡丁车挑战赛"活动，都产生了一定的社会影响，扩大了广告收入。

（四）经营管理

应对出版环境的变化，提高营销水平和发行效率；应对纸张价格波动，合理管控出版成本，推进出版管理系统建设，规避经营风险等方面做了如下工作：

应对图书市场变化，调整了发行部分工，提高了发行效率，超额完成了发行预算。实现总体发行指标向好。通过书展活动、微信公众号推送、"汇科普"、"知科普"、"文进青浦"读书会、网站直播等活动，提高了本社科普图书的读者知晓度，扩大了图书的社会影响力，推动了图书的销售。自办发行业务加强包销合同管控，做到收单准确，合规经营，效益增长，收款及时；在教材印刷季，密切关注纸张价格的波动，在集团大宗纸张招标价格的范围内，合理地控制纸张采购成本；狠抓印务流程管理和印制质量，增加下厂抽检次数，逐步淘汰印制质量欠佳、服务能力弱的印厂，提高应急印务的协调管理工作；在多个部门的通力合作下，云舒印务管理系统验收上线，运行状况良好，有利于提高我社出版资源管理和编印流程管理能力。

（五）走出去

坚持以专业原创引领"走出去"工作，重点开展原创精品专著的海外推介工作。全年签订输出合同25项，包括《高速气动控制理论和应用技术（下册）》《髋部外科学》《道地药材特色栽培及产地加工技术规范》《面向芯片、器件与系统的先进液态金属冷却》等，除了中医类输出中国台湾外，还输出了诸多西医和工程技术类学术专著，且输出地多是欧美发达国家的知名出版公司。在中国版协主办的第十八届输出版引进版优秀图书评选活动中，《脊柱外科手术解剖图解》获得了输出版优秀图书奖，《冠状动脉狭窄与微循环生理学评价》获得了引进版优秀图书奖。"现代数学丛书（第三辑）"《潜水器技术与应用》入选"新中国成立70周年百种外译图书"。2019年8月，我社与施普林格·自然出版集团关于"复杂地质与环境条件下隧道建设关键技术丛书"的英文版合作签约仪式在第二十六届北京国际图书博览会（BIBF）隆重举行，取得了一定的国际影响。组织、筛选社内人员和图书参加法兰克福书展、北京国际书展等国际图书博览会，多方接触国外展商，加强对我社图书版权的推介力度。

（六）数字出版

1. 项目申报和完成情况

完成了年度数字出版精品遴选推荐计划项目申报2项、文化产业发展项目库申报项目1项、上海文创项目申报2项，其中"基于优质出版资源的中医方药数据库开发与应用""基础理科互动式数字教育资源研制与应用（一期）"成功立项并获得资助；文教结合四期项目"AR地球家园"已完成结项；文教结合五期项目《植物探秘》完成内容制作；木材AI识别项目开通了远端测试功能，有效提升项目识别内容范围和识别精度；维护和更新中医数据库。

2. 教育数字资源研发情况

高中化学、高中生物部分图书内容图片以及数字教育资源数量进一步增加，实现了市场销售；完成化学科目核心内容元素周期表、核外电子排布、生物大分子等H5三维分子结构共22个；完成生物科植物花色性状分离、细胞膜内外物质交换、细胞分裂等内容的制作；完成教委教研室数字教育资源采购招投标，此批次交付教研室数字教育资源共 63 个，其中 H5 交互课件 17 个、H5 三维分子结构 22 个、三维动画视频 24 个；完成教委复合教材项目视频资源的制作与处理；完成河南省电教平台沪科版物理的数字教材更新与维护。

第九节　上海辞书出版社

上海辞书出版社(以下简称“我社”)以国家重大出版工程《辞海》(第七版)、《汉语大词典》(第二版)和“十三五”国家重点出版规划项目为抓手，坚持把社会效益放在首位、社会效益与经济效益相统一，扎实推进各项出版工作，在不断巩固和拓展各类辞书、文学鉴赏、书法碑帖等品牌优势的同时，文献整理、学术研究和历史文化等方面的出版工作取得了新进展；围绕《辞海》网络版的建设，在数字出版方面也有新突破。

以《辞海》(第七版)、《汉语大词典》(第二版)等国家重大出版工程为中心，扎实推进各项出版工作，在不断巩固和拓展各类辞书、文学鉴赏、书法碑帖等品牌优势的同时，文献整理、学术研究和历史文化等方面的出版工作取得了新进展。

一、重大出版工程推进情况

1.《辞海》(第七版)

2019 年是《辞海》(第七版)出版工作的关键一年。4 月，全稿从按学科编排转为按音序编排，进入四校样阶段。之后经过五～八样阶段陆续完成通读检查、专项检查、审改校对、图文定版、填入参见页码、编制附录索引等各项工作。其间，比选确定彩图本首印用纸，完成印制招标工作。

5 月 25 日召开《辞海》主编会议，就《辞海》(第七版)彩图本封面设计、出版形式等进行了审议。此外，陈至立主编和上海市委宣传部、集团领导还多次听取《辞海》(第七版)工作汇报并就重大条目送审、纸质版与网络版最后阶段各项工作等做出部署。

2.《汉语大词典》(第二版)

3 月 27 日，在锦江小礼堂举办了《汉语大词典》(第二版)第一册出版座谈会，第一册(征求意见本)受到了学术界及辞书学界的充分肯定。3 月 28 日，召开了《汉语大词典》(第二版)2019 年度分册主编会议。

第二版第 2、3 册于年底出版；第 4 册发稿。完成《汉大二版编纂手册》《汉大二版引书格式》的修订工作，推进汉大字库建设。

二、工具书出版

语词类工具书主要出版了国家出版基金项目《近现代汉语辞源》《新词语大词典(1978—2018)》《歇后语谚语惯用语词典》等；学生工具书推出了《辞海版学生实用现代汉语词典》等十几种；鉴赏类工具书出版了《明清传奇鉴赏辞典》(新一版)和《历代名诗鉴赏》《历代名词鉴赏》等；方志、年鉴类主要出版了《上海金融年鉴 2018》《静安年鉴 2018》等。结合“十四五”出版规划的编制，开展调研论证，形成初步的规划和布局，大型工具书《中华人民共和国标准地名志》《字海》《敦煌学大辞典》(第二版)等进入实质性启动阶段。

三、文献和学术图书出版

出土文献整理类,2019 年多个重要项目相继推出,除继续出版《清华大学藏战国竹简(玖)》、《长沙五一广场东汉简牍(叁、肆)》外,《安徽大学藏战国竹简》和《悬泉汉简》分别推出了第一辑,《玉门关汉简》也于 11 月出版。同时持续出版出土文献和古文字研究集刊。

学术出版方面,出版了国家出版基金项目《上海通史》2 卷以及《〈大方等大集经〉研究》《明嘉靖刻本研究》等。

四、艺术类图书出版

出版《董其昌临集字圣教序》等"一碑一帖"系列 10 种,《黄庭坚书法字典》等名家字典系列 5 种,继续推出"名家篆书丛帖"9 种、"彩色放大本中国著名碑帖"第十一集 8 种等。出版了《戴敦邦画说红楼梦·大观奇缘》等。

五、教育和文化读物出版

推出新版《语文综合学习》(试验本)、《走向成功》《灿烂在六月》等。进一步拓展童书领域,推出"迪士尼益智游戏宝贝成长书"32 种,"拉鲁斯儿童小百科"12 种。

六、数字出版

聚焦《辞海》网络版建设,完成软件开发(PC 版、APP 版、微信版)及测试,内容资源建设相继完成推荐阅读、视频审核及全网审核工作。《汉语大词典》数字化开发方面,与掌阅科技公司就"工具书数据开放平台"签订战略合作协议并完成平台建设;启动开发面向普通读者的《汉语大词典》APP。承担了国家数字复合出版系统工程应用示范辞书数字化编纂项目,已提交结项报告。

完成各类数字出版资质申请。完成对辞书、辞海、汉语大词典等拼音域名的 ICP 备案以及公安备案;申请 cihai. com. cn 域名的可信网站认证,获得最高级 5 星评价;10 月份获批增值电信业务经营许可证(ICP 证)。

七、期刊出版

我社《辞书研究》《书法研究》等刊物在各自的专业领域进一步拓展。中西书局与清华大学(出土文献研究与保护中心)合作创办《出土文献》期刊获批,完成期刊登记等工作。

八、发行营销

根据市场形势变化,对组织架构进行调整。一般图书销售业务按传统渠道、电商渠道分为两大业务部，加强电商业务力量。同时，将营销部独立运营，强化其发行业务流程监管及风险管控、自媒体运营、营销活动等职责。

针对初版书造货、进栈不足的局面，发行部门积极应对，一方面主动挖潜，充分发挥鉴赏、碑帖、文教等市场长销品种及学术类馆配品种的头部效应；另一方面，积极与编辑部门沟通，以新品带动系列图书销售。通过与各渠道深入沟通，基本解决了中西书局与我社发货折扣不统一的问题。我社《语文综合学习》拓展教材 2019 年完成了全面改版，经与新华传媒教材中心密切沟通，稳住了改版前的发行规模，整体码洋与 2018 年持平，册数同比有所增长。

营销工作紧紧围绕《辞海》(第七版)彩图本上市前期准备工作展开。年内在成都、合肥等地分片区召开了《辞海》(第七版)彩图本营销研讨会，为新版《辞海》上市预热。我社自媒体运营方面，上海辞书出版社、中西书局微信公众号进入常态化运营，并开始拓展微博、头条、抖音等平台。

我社积极参加北京订货会、全国书博会(西安)、上海书展等，并取得了较好效果。我社在上海书展的销售码洋与实洋均名列集团第三。书展期间，我社还承办了“新中国成立 70 周年辞书成就展”，举办了七场辞书讲座以及一些新书签售等活动，在读者中引发热烈反响。

第十节　学林出版社

学林出版社(以下简称“我社”)把“内容第一、质量第一”作为出版工作的基本准则，2019 年在社会效益和经济效益方面都取得了一定的成果。

我社坚持把社会效益放在首位，重点出版物规划完成情况良好。“十三五”国家重点出版物出版规划增补项目“语言学热点问题研究丛书(第二辑)”出版 4 种。主题出版重点出版物《细节的力量：新中国的伟大实践》9 月出版，社会反响良好，并很快得以重印。

我社《战上海》一书取得优秀成果，荣获精神文明建设“五个一工程”特别奖，入选 2018 年“中国好书”。2019 年 3 月 13 日到 5 月 27 日，在 76 天的时间里，我社和作者重走解放地标，边走边讲《战上海》，组织了总计 51 场高密度的红色文化主题阅读推广活动，“战上海”实景对话系列活动形式丰富多彩，包括实景党课、行走党课、电影党课、诵读会、图片展、重温入党誓词、政治生日等，2 万余名党政干部、企事业人员、大中学生、社区普通群众直接参与活动，覆盖 9 所大中学校、20 多家机关企事业单位大型国企、10 余个读书会品牌。《战上海》还不断结合各区街道“不忘初心”主题学习，成为“不忘初心”学习最受欢迎的图书之一。《战上海》已完成 9 次印刷，印数已达 8.3 万册。

我社还积极开展数字出版业务与“走出去”工作。《战上海》一书先后与中央人民广播电台、上海人民广播电台进行了音频授权合作，推出了《战上海》有声版；与上海尚世影业有限公司进行了电视剧改编权、摄制权的独家授权。“语言学热点问题研究丛书(第一辑)”的英文版权已授权予施普林格·自然集团。“语言学热点问题研究丛书(第一辑)”中的《汉语词类问题》一书的韩文版专有出版销售权已授权予韩国亦乐出版社。《唐诗简史》《宋词简史》两书的繁体中文版权已授权予中华书局(香港)有限公司。

第十一节　上海远东出版社

上海远东出版社(以下简称“我社”)坚持把社会效益放在首位，提升选题质量，加强制度建设，提高出版效率，认真做好图书和期刊的出版工作，努力实现社会效益和经济效益相统一。

一、重点图书、国家和省部级重点项目完成情况

全年出版新书126种，重版书136种，合计出版图书262种。

1. “十三五”国家重点出版物出版规划项目

我社有《法国外交部驻华公使吕钦差外交照会(1897年7月16日至1898年4月20日)》(古籍整理项目)、《外国观察者眼中的中共抗战：美军观察组延安机密档案汇编》(英文版、15册)、《吴敬琏回忆录》、《中国经济论丛·新农村建设专辑》(7册)、《上海市档案馆藏近代中国金融变迁档案史料汇编》(10册)、“甲午劫难记忆译丛”(15册)、《外国观察者眼中的中共抗战：美军观察组延安机密档案汇编》(中文版、15册)、《中央档案馆藏美军观察组档案汇编》(影印版、排印版)共8个项目入选国家“十三五”规划。全年完成《外国观察者眼中的中共抗战：美军观察组延安机密档案》(英文版、15册)项目中的3册：《美军驻延安观察组成员文件集》《美国与中共的心理战合作》《美国眼中的中共宣传资料(1940—1946)》；《上海市档案馆藏近代中国金融变迁档案史料汇编》2册：《中南银行》《解放初期上海金融业同业组织》；《中国经济论丛·新农村建设专辑》1册：《中国淡水渔文化研究》。

2. 获得国家级资金资助项目

我社2种项目：《上海市档案馆藏近代中国金融变迁档案史料汇编》(3卷6册)、《外国观察者眼中的中共抗战：美军观察组延安机密档案》(第4、5、6卷)获国家出版基金项目资助。

3. 其他省部级以上重点出版规划、专项出版资助出版物

(1) 我社入选上海市重点图书2种：《外国观察者眼中的中共抗战：美军观察组延安机密档案》(3册)、《“一带一路”构筑亚欧经济伙伴关系》。其中，《外国观察者眼中的中共抗战：美军观察组延安机密档案》(3册)已完成，《“一带一路”构筑亚欧经济伙伴关系》因专报中，还未出版。

(2)《“科学素养类融合出版”数字化教材开发与应用》(一期：生命科学)获上海市促进文化创意产业发展财政扶持资金资助。

(3)《中央档案馆藏美军观察组档案汇编(影印版，排印版)》获上海市促进文化创意产业发展财政扶持资金资助。

(4)《上海市档案馆藏近代中国金融变迁档案史料续编》(4卷8册)获上海文化发展基金会资助。

4. 列入教育部义务教育教学用书

我社出版的上海市中小学教材有3种：小学《自然》系列教材、初中《科学》系列教材、拓展型教材《金融与理财》，共计37种。通过2019年国家教材委全国教材核查，认真做好删除、替换和修改与新时代要求不符的内容，保证了教材质量和政治导向，取得了良好的社会效益。

二、奖项荣誉

我社2种出版物：《大战略：论中国的和平崛起与两岸关系》《新常态时期的粮食安全战略》荣获第七届中华优秀出版物奖图书奖。

三、版权引进与输出工作

我社引进版权项目共10种:《满意的密码》(日文版)、“冈特生态丛书”(英文版)、《文化极简史》(法文版)、《你身边的伦理学》(英文版)、《给生命音乐》(英文版)、《西哲小史》、《定量定性分析》(日本版)、《整理习惯》(日文版)、《磨炼能力》(日文版)、《中国叙事》(英文版),其中2种:《满意的密码》、“冈特生态丛书”,已于2019年完成出版。输出版权项目2种:《汉字里的中国》(繁体字版)、《以百姓心为心:老子政治哲学》(英文版)。

四、数字出版

我社积极推动传统出版向数字出版转化,完成有声书1种,已在喜马拉雅平台上线;完成数字化图书35种,合作方有亚马逊、当当、贝贝特、北京畅想之星、掌阅、多看、百度、豆瓣、网易等,均已上线销售。

第十二节　上海科技教育出版社

上海科技教育出版社(以下简称“我社”)全体员工按照年度工作计划,围绕事业发展这一中心工作,努力开展好各项出版业务和出版经营工作,依托优秀的中小学教材和科学人文图书品牌,实现良好的文化价值和社会影响,取得了良好的社会效益和经济效益,第十三次蝉联上海市文明单位称号。

1. 在传统出版方面,初版图书发稿254种,出版新书237种,重印图书471种,出版期刊6种72期

“十三五”重点规划图书和年度重点图书稳步推进,完成情况良好。国家“十三五”重点规划图书完成5项21种,上海市“十三五”规划图书完成5项22种。教材研发、编写、送审工作有序进行,《物理》《信息技术》《生物》三套19种高中教材全部通过教育部的出版审核,《综合实践活动》《生态文明教育读本》等多套地方教材送审并通过审查。持续做好“哲人石”科学人文出版中心建设,坚持做好高中端科普图书出版,积极探索开拓青少年科普图书出版,打造“哲人石丛书”、《中国野生大豆图志》、《诗话数学》、“厉害坏了的科学系列”、“尤里卡科学馆系列”等科普精品。

2. 在数字出版方面,继续坚持稳步推进的工作思路

为顺应教育信息化浪潮,积极布局,努力全面提升教育数字化服务能力。围绕高中信息技术教材打造交互式计算机教学平台,开发中小学多层次、多形态、多媒介的数字化资源。完成《小学自然在线教育》网站的内容建设,并在20多所学校中推广使用。“《新发现》杂志有声化”的最终产品在喜马拉雅上线,累计收听量达到144.9万次。《中学科技》杂志实现数字版上线发布,并尝试开展数字版刊物的零售和征订推广。新媒体营销方面,《新发现》不断开拓新媒体平台,阅读量在多个榜单上排名靠前,并获得奖项,在今日头条和微信公众号均实现广告收入零的突破。

3. 在社会效益方面,继续坚持精品战略,加强原创科普图书的出版,多种图书、项目获得各类荣誉

《火星科学概论》《三磅宇宙与神奇心智》分别荣获第七届中华优秀出版物奖图书奖和图书提名

奖;《名画在左 科学在右》入选2018年"中国好书"、第十四届文津图书奖;"改变世界的科学"丛书荣获2018年上海市科技进步二等奖;《青铜国》《天问I》分别获2019年上海科普教育创新奖科普成果奖一、三等奖。获得国家出版基金项目2项、上海市促进文化创意产业发展财政扶持资金资助3项、上海科技专著出版资金1项。

版权输出2种,《医学传播学》输出到美国双世出版公司,《三磅宇宙与神奇心智》输出到白俄罗斯。

4. 在图书阅读推广方面,围绕科学人文类产品、青少年和儿童读物等,利用上海书展、上海书城、各类科技场馆、各级图书馆、悦悦图书的志达书店、康健社区等场馆和平台,举办一系列阅读推广和宣传活动

开展"科普图书进校园活动";在电视台、广播电台、各报纸媒体、网络媒体、销售终端媒体、大V自媒体等媒体刊登书讯、书摘、书评;利用新媒体开展直播和微信分享;邀请微博"十大影响力科学大V"担任我社图书阅读推广人,向公众传播知识和文化,不仅获得了良好的社会评价,也提升了图书品牌的影响力。

第十三节 上海文艺出版社

上海文艺出版社(以下简称"我社")围绕几大重点主题开发一系列选题,以文艺的形式,反映时代新变化,讴歌时代新气象。

一、主题出版

1. 围绕新中国成立七十周年,重点推出两部报告文学

聚焦时代楷模感人事迹的《可爱的共和国人》和书写革命先烈伟大精神的《革命者》,以及描绘民航业大发展的长篇小说《飞往中国》,并根据每本书的特点,走进社区、学校等基层单位进行宣传推广,收效明显;完成了国家基金项目《草婴译著全集》,这是草婴先生毕生翻译、创作的文学作品首次以全编的形式面世,共计22卷,约千万字;出齐了反映国企改革伟大历程的《大国重工》的后3本,庆祝新中国成立70周年。

2. 围绕"本土、原创、当代",推出一系列现实主义题材力作

孙颙的长篇力作《风眼》尽显当代出版人的情怀与担当,从这个意义来说,《风眼》也是对上海改革事业特别是上海的出版事业所取得成就的一次回望;朱山坡的小说集《蛋镇电影院》以电影院为切入点呈现底层人物众生相,丰富了"新南方"写作体系;长篇小说《锦瑟》是中国小说学会2017年度长篇小说奖获奖作品,出版以来收获了业内外的一致好评;《宁肯文集》囊括了实力派作家宁肯多年的心血之作,这些作家都是当代文坛的实力作家,也是各类重要文学奖的有力竞争者。除《大国重工》外,还出版了《朝阳警事》的第三部,完成了与阅文集团合作的网络原创文学现实主义题材出版工程。2019年还开辟出非虚构作品板块,推出《归去来兮》《在精神病院》《重症监护室》等一批有温度、有深度的图书,广受读者欢迎。现实题材的写作正在以一种更新鲜、生动的能量打破套路化、模式化的症结,为文学出版开拓出更宽广的领域。

3. 围绕弘扬传统文化、提升中华文化影响力主题,推出"九说中国"系列丛书

"九说中国"系列丛书是我社多年来累积中华优秀传统文化出版资源的一次重要喷发,更是集

中最强作者团队对祖国的一份高品质文化贺礼。丛书预期推出多辑，每辑推出九部单行本，每部单行本邀请一位相关专业领域享有较高学术声望的专家撰写，介绍、梳理、勾勒中华民族的伟大文化传统和灿烂文明。在上海书展前推出了《九首古诗里的中国》《九个汉字里的中国》等九本，并以多场别出心裁的活动进行了行之有效的推广宣传。

4. 围绕“一带一路”主题，继续做好国家“十三五”重点项目“新丝路文库”的出版工作

2019年推出《竹竿》《少数》《剩饭》3种。2020年将继续推出5本。

同时，我社不断加强宣传推广，提升市场活力。一年来，开展了包括书店展示、图书出版发布活动、读书分享会、品牌合作、政企街道读书活动等多种形式的线下营销活动共计131场，平均每个月超过10场；见诸主流传媒的首发报道共计277条；坚守微博、微信两大线上营销阵地的同时，积极开拓新的宣传合作平台，与喜马拉雅、豆瓣等平台建立了良好的合作关系；充分借力北京图书订货会、上海书展、上海童书展、长三角国际文化产业博览等多场图书出版业界的大型展会平台，开展推广宣传，助推品牌建设，积极配合、参与集团建设新型实体书店的部署和发展战略，服务于上海城市书香社会建设。

二、大众图书

围绕“三贴近”推出大众读物，我社不断开阔视野，与时俱进，以原有出版品牌价值作为核心竞争力向新市场延伸。围绕“贴近实际、贴近生活、贴近群众”，积极开拓生活新知、散文随笔、网络文学、类型文学等方面的选题，更多向“有延展性”的作品选题倾斜，更多向年轻一代读者阅读需求倾斜。2017年出版的“小文艺·文学系列”在业内外收获了理想的回馈，这套丛书开辟出两个新的门类：音乐文化随笔板块和传记板块。“小文艺·三十三又三分之一系列”每本书围绕一张西方音乐史上的经典唱片展开，已出版包括《汤姆·韦茨：剑鱼长号》等5本，2020年将继续推出5到10本；“小文艺·知人系列”聚焦国际艺术大师，出版《爱伦坡：有一种发烧叫活着》《塞林格：艺术家逃跑了》《大卫·林奇：他来自异世界》等7种，大力打造该品牌的底色和拓展市场份额；还出版了延续小镇青年系列的长篇小说《行乞家族》；书写当代都市生活、有亮点有特点的作品《寻找朱莉美》《隔壁的上海人》等；推出“微光”青年批评家文丛第三辑，出版了《猩红色的天空下》等“血手印”系列丛书多种像这类叫好又叫座的优质读物。

《浦东史诗》入选2018年中宣部优秀现实题材文学出版工程，入围2018年“中国好书”；《亡灵》获第三届京东文学奖入围年度科幻图书奖；《驱魔》获深圳读书月2018“年度十大文学好书”，《T. S. 艾略特传：不完美的一生》获深圳读书月2019“年度十大文学好书”，《中国当代少数民族女性文学研究》入选国家社科基金“中华学术外译”项目；《繁花》获新中国成立70周年主题网络文学作品推介活动入选作品，上海文艺出版社入选2019中国图书海外馆藏影响力出版100强。在2018年上海市出版单位出书结构排行表中，我社位居第一；在图书出版排行表（原社会效益评估）中，我社位居第二。

《长命泉》《浦东史诗》《大国重工》入选国家“十三五”增补项目。《开天辟地——中华创世神话美文插图本》入选国家出版基金2019年主题出版项目。《浦东人家》《革命者》《风眼》等选题入选2019年上海重大文艺创作项目。《可爱的共和国人》《不远万里》《铿然有声》入选2019年文创基金。《飞往中国》《上海文学都市性》等选题入选2019年上海文化发展基金会资助项目。

第十四节 上海文化出版社

一、基本情况

上海文化出版社(以下简称“我社”)出版图书350种,其中新书300种,重印重版50种。有《小主人报》和《城乡规划》两种报刊,前者与小主人企业管理(上海)有限公司合作,后者与复旦大学合作。全年期刊收益合计57万元。两者的发行销售均由合作方负责。

二、重点出版及社会效益

我社两项国家出版基金项目《唐山大地震救援史料整理类编·上海卷》和《中华民族文化大系(第二辑)》出版顺利。其中,《唐山大地震救援史料整理类编·上海卷》5卷已发稿,2020年初陆续出版;《中华民族文化大系(第二辑)》共12卷13册,依照原计划分批报送中宣部出版局(转发国家民宗委)审读,其中回族卷(上下册)、撒拉族卷、乌孜别克族卷、侗族卷4卷完成全部编辑工作,报送有关部门审读;保安族卷、土家族卷、傈僳族卷、德昂族卷4卷基本完成编辑工作,最后定稿后报送审读;鄂伦春族卷、彝族卷、东乡族卷、独龙族卷4卷在编辑中。

《星河界里星河转——丰子恺和他的朋友们》和《阅读上海100胜》两种上海市重点图书已在上海书展期间出版,社会效益和经济效益显著。

我社各类入选项目具体如下:“十三五”增补项目《中国各民族创世神话(融合版)》;2019年“优秀青少年读物出版工程”《汉字的味道》;上海文化发展基金会资助项目长篇纪实文学《百年沪杭线纪事》、散文集《追寻生命中的红色脚印》、文艺评论《一生体味诗美——刘士杰论诗》、中篇小说集《当世界不认识我》、散文集《钱事今说》、人物传记《循迹——蒋玄佁传》。

获奖情况包括,具体如下:

《中华民族文化大系(第一辑)共9册》获得第四届全国党员教育培训教材优秀教材奖;《开天辟地——中华创世神话新史诗》入选“礼赞新中国·建功新时代”第二十一届上海读书节70本好书(文艺类);入选年度中国图书海外馆藏影响力出版100强;《地道》入选法兰克福书展“全球最杰出的100本图画书”。

三、2019年开展的主要工作

2019年是集团“3+1”综合改革的第三年,各项改革成果凸显。自2017年被纳入集团改革方案,文化社确定以“聚焦内容建设,在城市文化、生活方式、审美风尚等领域努力打造出版品牌”为发展方向,着力打造高品质的人文阅读作品。坚守“牢记使命,不忘初心”的精神,强调品牌意识、板块意识和高地意识,文化社经过三年的稳步发展,形成了自己的出版特色:文化类、生活类图书的市场表现良好,一些精品图书取得了社会效益和经济效益的统一;与后浪、未读、果麦、DK等国内外优秀出版机构形成紧密合作关系,共同打造优质图书;与上海各区、街道、社区形成稳定合作,深入群众,通过图书、讲座、展览等方式,传播海派文化。

我社加大社内生产机制改革与创新,本年度,我社与上海大学美术学院合作成立“南苑文创工作室”。该工作室主要与上海大学美术学院、上海秦森文化有限公司等高校和企业开展形式多样、“双效益”显著的项目合作，在做好主业的同时，稳妥拓展我社的经营范围。2019 年，由该工作室开发的一套由阮仪三先生担任顾问并撰写序言，以儿童为读者对象、以绘本图书配套 DIY 纸模型为形式、以向孩子们传播江南历史文化知识为鹄的系列文创图书正在紧张编辑中，相信出版后会取得较好的社会效益和经济效益。这也是我社另辟的，旨在以生动活泼的形式向少年儿童普及中国优秀民族文化和传统文化知识的全新图书板块。

经过我社上下的共同努力，2019 年以来，我社各编辑室分工日益明确，工作成效有了显著提高，出版板块更加明晰。在严把舆论导向关的前提下，强调编辑、出版、生产各环节的监管职能，强化内控制度建设，特别是财务支出管理，将项目负责制置于流程监管之下，最大可能规避经营风险。聘请上海新文汇律师事务所担任我社常年法律顾问，审核所有对外合同，凡涉及重大经营合同，除严格执行“三重一大”相关制度之外，必要时应由法律顾问出具“法律意见书”。

第十五节　上海音乐出版社

上海音乐出版社(上海文艺音像电子出版社)全体员工主动适应市场经济规律趋势，始终保持旺盛的精神状态，着力在机制创新、产品研发、融合出版等领域砥砺奋进，有所作为，通过抓质量、提效率、稳增长、促转型四个手段加快产业融合发展，始终把社会效益放在首位，努力实现社会效益和经济效益双丰收，经营业绩继续保持稳健增长，圆满完成各项经营指标任务。

“华乐大典”系列(第一期，6 卷 18 册)、《中国乐器》分别获第七届中华优秀出版物奖图书奖、中华优秀出版物奖音像电子游戏出版物奖，《中国民族民间舞传习》获音像电子游戏出版物提名奖。

一、“十三五”重点项目

“十三五”期间，2016 年首批申报成功 10 项国家重点规划项目，2017 年增补 2 项，2018 年增补 4 项，2019 年增补 2 项，撤销 1 项，共计 17 项。从出版载体看，图书 11 项、音像制品 4 项，电子出版物 2 项。迄今为止，已累计完成 10 项，2020 年完成剩余 7 项。

全年完成《联合国非物质文化遗产 · 西安鼓乐卷》(2 卷)、《音腔论》、“礼俗之间——中国音乐文化史研究丛书”(13 卷)等 3 种图书出版项目；《中国交响 70 年》《中国小提琴作品百年经典》2 种音像制品；“音乐全媒体专业检索平台”“古琴减字谱富媒体数字化应用平台”2 个电子出版物应用平台。

二、基金申报

申报基金 29 项，获批 6 项。其中国家出版基金项目 1 项，上海市促进文化创意产业发展财政扶持资金 4 项，上海文化发展基金会资助项目 1 项，共获得各项基金 56 万元。

三、图书出版

完成 1 168 种，其中初版 266 种，重版 902 种。

1. 重大主题出版项目完成8种

《我和我的祖国——中华人民共和国成立七十周年歌曲精选》、《庆祝中华人民共和国成立70周年优秀歌曲100首》、《红旗颂》、《陕西民歌金曲30首》、《中国小提琴作品百年经典》、《中国合唱歌曲百年经典》、“礼俗之间——中国音乐文化史研究丛书”、《来自中国的声音》，钢琴协奏曲《我的祖国》。

2. 上海市重点图书出版规划项目完成5种

《来自中国的声音》《中国传统音乐概论》《谷建芬少儿歌曲精选》《贾达群“梨园韵”系列作品套集》《东方印象》。

3. 教材出版

研发教材2套(高中《音乐》1套12册、拓展教材1套2册完成送审)，较大幅度修订教材1套(小学《唱游/音乐》教材10册、教参10册、唱片10张)，较小幅度修订教材2套(高中《艺术》6册、《争章手册》9册)。

四、融媒体出版

融媒体事业部出版工作分为独立音像制品、图书内容音视频升级、扫码听有声图书和数字出版项目等四个方面：完成音像产品53种，书配碟113种，书配二维码339种(其中初版92种，重版247种)，二维码使用量290万张，绑定用户3.79万人。

1. 重大主题出版项目完成5种

《中国交响70年》《中国小提琴作品百年经典》《中国儿童歌曲百年经典》《家国情赤子心——庆祝中华人民共和国成立70周年精品集》《党旗下的誓言——为“中国共产党入党誓词”谱曲》。

2. 音视频制作、拍摄

共完成自主研发项目69个，视频3 505个，总时长约109.8小时。

3. 二维码使用

与图书捆绑数量290万张(同比增长1 108.3%)；二维码用户绑定数量3.79万人(同比增长1 485.8%)。

4. 数字出版业务

资质获批。获批《网络文化经营许可证》；获批中宣部中国标准关联标识符(ISLI)行业标准；获批“乐海书情”商标18项、“乐海学艺”1项；与大连佳音合作，于2017年至2018年分两期研发出版的“有声音乐图书”项目入围国家新闻出版署“数字出版精品遴选推荐项目”(全国共有98个项目入围)，获24万元奖励。

产品运营。全年经营收益44.7万元。其中乐海学艺APP实现打击乐考级、课程和比赛三大核心功能运营，收益30万元；云中乐个人付费版上线，收益0.5万元；电子图书新增92个品种，完成与亚马逊、掌阅、豆瓣和阅文集团的合作，收益5万元；知识付费产品上架，收益9.2万元。

内容建设。内容管理系统(CMS)新增图书174本，图片373幅，乐谱1 125首，音频8 661首，视频1 331个；音视频资源数字化升级，上线630张。乐海书情公众号实施改版，扫码听业务完成版本升级；听见咪哆APP正式上线。

版权经营。版权授权共收益190万元，其中The One智能钢琴使用钢琴出版物内容，获取收益126万元；数字音乐平台使用我社部分音频资源，获取收益4万元；上海辞书出版社《辞海》采购相关音频资源，获取收益60万元。此外，还与北京库客音乐有限公司签署战略合作协议，对部分版权资源实行双向开放、共享互惠。

五、期刊出版

《音乐爱好者》编辑部以此为契机，开辟“我与《音乐爱好者》”专栏，邀请读者、作者、历任编辑及负责人撰写与《音乐爱好者》的故事；举办系列直播音乐会及讲座活动；通过读者投票，评选四十年来最具意义的文章；召开《音乐爱好者》老编辑座谈会；出版“《音乐爱好者》全媒体纪念电子刊”等贯穿全年的系列活动，不断扩大杂志品牌影响力。全年出刊 12 期，月平均发行 6 800 册，共植入二维码扫码听 24 个；视频直播 16 场(累计收视量 480 万)，推送微博 530 条(累计阅读量 170 万)、微信 42 篇(累计阅读量 13 万)；音频录播 12 首(原创歌曲)。

六、版权引进

1. “走出去”取得新突破

与以色列出版社签订版权转让协议，《来自中国的声音——中国传统音乐概览》将以希伯来语定向输出。

2. 推进全球视野下的版权合作

引进项目签约共计 154 项，包括与出访德国、奥地利、英国、法国、意大利、匈牙利、波兰、美国和俄罗斯 9 个国家的 14 家合作伙伴洽谈签署项目；北京国际图书博览会与英国柯林斯出版集团签署“柯林斯中小学音乐素养系列教程”签署战略合作协议等。

3. 拓展引进产品新空间

利用主场优势，通过上海国际乐器展与外商签约的同时，组织一系列宣传营销活动等。

第十六节　上海人民美术出版社

上海人民美术出版社(以下简称“我社”)在坚持守正创新的同时，对外努力开拓市场，对内加强科学管理，在整体经营、出版质量、市场能力和品牌建设等方面均稳步提升。

一、利用自身资源优势，做好主题出版，支持国家及上海各项文化事业建设与发展，构建社会主义核心价值观，将主题出版工作常态化、具体化

我社努力参与构建社会主义核心价值观，积极宣传党和国家方针政策，将主题出版工作常态化、具体化。先后出版了传播“一带一路”倡议的《丝路传奇》原创双语绘本多卷本，以及《光荣与梦想——庆祝新中国成立暨上海解放 70 周年连环画专辑》与《五月的鲜花——纪念上海解放 70 周年连环画专辑》，并顺利完成了“十三五”规划项目《中国馆藏国家珍宝：中国陶瓷大系》(15 册)。因其精美的印制工艺，该套系图书获得了 2019 年美国印刷大奖和首届长三角区域印艺精品奖。以此为基础、以互联网＋中国传统文化为指导思想打造的《中国陶瓷全集》数据库获上海新闻出版专项资金资助 40 万元，目前该数据库已经全部完成，待验收后即上线运营。此外，我社和西藏人民出版社合作出版了惠及藏区大众读者的“汉藏互译・中华优秀传统文化传承出版工程”系列。

我社利用自身资源，坚持为上海市做好品牌宣传工作。为了打好上海牌，推出《上海图话——百年插画艺术档案》这一具有文化和艺术含量的著作。相继与上海京剧院、上海博物馆等机构进行合作，与上海京剧院合作推出《皮黄春秋之尚长荣京剧电影连环画》(包括《霸王别姬》《曹操与杨修》《贞观盛事》《廉吏于成龙》)，另外推出一套《皮黄春秋——尚长荣京剧电影明信片》，既为京剧爱好者提供了有趣的读本，又为不懂京剧的读者打开了一个了解京剧的窗口。还与上海博物馆合作推出《时代之眼：18 世纪—20 世纪美国艺术大师》，引领读者畅游世界艺术之海。

二、以连环画为抓手，以弘扬国粹文化为精神本源，高格局地架起民族间沟通的桥梁，为更广泛的年龄层的读者讲述经典中国故事

我社是中国连环画的整个发展历程的见证者、领军者，曾经是赵宏本、钱笑呆、程十发、贺友直、顾炳鑫、汪观清、刘锡永等连环画大家的摇篮。近两年来，我社坚持以连环画为抓手，全力突破连友收藏的局限性，全力打造更多符合时代与市场需求的新品种；本着弘扬传统文化的宗旨，继续深耕连环画原创创新领域，坚持守正创新，继续整合优势资源，推进利用连环画的品牌为读者讲好中国故事。目前我社连环画已形成收藏鉴赏、普及阅读、主题原创、外语绘本、理论研究、数字化开发等多层次的产品结构和特色，连环画专业出版·研究中心每年有新的研究项目推出，海派连环画也已入选上海非物质文化遗产名录。

我社面对丰富的连环画资源，不断反思与总结历史，积极进行改良与创新，努力为连环画拓宽市场，为中国传统文化的延续作铺垫。除《光荣与梦想——庆祝新中国成立暨上海解放 70 周年连环画专辑》与《五月的鲜花——纪念上海解放 70 周年连环画专辑》作为重点主题出版项目外，还推出了其他创新型连环画项目。《许茂和他的女儿们》与《罗伦赶考》是两本极具新意的连环画读本，它们以一种更为现代读者所喜爱的装帧方式呈现我社优质连环画故事，使连环画读本跨越狭小的连友购买圈，迈向更广阔的市场。该创新之举已取得了初步的成果，《许茂和他的女儿们》荣获 2019 年“最美的书”奖项。与此同时，我社儿童美育、创意美术及儿童读物系列渐成规模，影像文化类图书比如明信片从方方面面展现了上海蓬勃的现代化景观。

三、专业立社，吸纳国内外优秀作者资源，打造全国艺术学、美术学专业出版高地

我社在惠及大众艺术的同时，也相当看重具有学术高度的出版物，努力捍卫我社的学术地位。一方面突破自我，在设计学出版的优异成果的基础上再出精品，打造设计学专业精品品牌；另一方面砥砺前行，在竞争激烈的美术学市场中探索与改进，开拓学术精品发展路线。

美术技法类图书一直是我社的强项，重点推出了“西方经典美术技法译丛”系列，包括《西方学院派古典素描课》《西方学院派古典油画课》《油画入门自学教程》《水彩基础Ⅲ：风景画技法实练》《铅笔素描的 20 堂创意速写课》《人体姿态素描技法》等高质量引进版书籍，使我社的美术技法类产品进一步地精品化、专业化。

在此基础上，我社注重立足上海，充分利用江南文化、海派文化及红色文化资源，加快优秀文化的整理和出版，促进中华优秀传统文化的大众化阅读和普及。2019 年“最美的书”之一《上海图话——百年插画艺术档案》与同系列的《上海字记——百年汉字设计档案》分别从“图”与“字”两个

角度记述了上海的城市文化,书写了一座城市的视觉文化史。2019 年度,还为传播经典文学与传统绘画艺术而精心打造了《中国古代经典戏曲小说彩绘本》,以特色连环画的方式,通俗易懂地向观众介绍我国优秀传统文化。

全新打造面向年轻白领及青年学生的艺术口袋书"犀牛文库",关注大众对艺术人文类图书的需求。该文库内容跨时 300 年,编委会在全球范围内精选各时期艺术经典著作,内容涉及绘画、音乐、建筑、摄影、电影、舞蹈、设计、文学等各大艺术领域,同时丰富内容表现方式,附加扫码看画、扫码听音乐等功能。

四、坚持传统性与现代性的统一,用艺术化的方法讲好中国故事

近年来,我社持续发掘中国优秀原创设计资源、打造中国设计精品方,在以往设计书籍的基础上,多角度、全方位,从深度和广度上入手,继续开发艺术设计(含摄影)原创选题。

《中国现代设计观念史》喜获第七届中华优秀出版物奖,此书为"十三五"项目"中国设计百年(第一辑)"中的一本。《中国设计百年》包括《中国现代设计观念史》《事理学方法论》《1949—1979 中国工业设计珍藏档案》《应用色彩学——中国色彩应用标准 CNCSCOLOR 原理与应用》,已完成出版。该套系的出版,足以弥补中国设计研究领域的缺憾、填补市场的空白,同时为海内外从事中国设计研究和对近现代中国设计发展有着兴趣的读者提供翔实的资料和宝贵的观点。

此外,我社更是不断推出设计学精品,包括《上海设计 10×10 Shanghai Design》《设计研究新范式 2——〈装饰〉海外论文精选》《平野甲贺 100 作》等。倾力打造"设计新经典系列丛书",计划出版共约 35 本,现已出版 20 本。该系列多为世界级知名设计学大师执笔,以全新视角介绍设计新思想与理论,具有较高的学术水准和超前的设计理念。该系列书引领了中国新设计的步伐,确立了艺术设计类出版的专业地位。除了引领艺术设计理论出版,还把对设计理论的理解运用在书籍装帧设计上,力求在书籍这种小物件上做到尽善尽美,向大众展现匠人风采与高端审美,引领了中国新设计的步伐,确立了我社在艺术设计类出版领域的专业地位。

五、进一步加强专业美术教育、大众美育内容建设,丰富美术技法及大众美育图书产品线

以"名校""名师""名著"为基本标准,吸引越来越多优秀学者著书立说,引领学科建设,打造了《中国艺术通识名师精品课》;美术技法图书依旧自主选题开发与引进版图书齐头并进:继续充实"西方经典美术技法译丛",在引进国外经典美术技法的基础上,优化整合自主开发选题。中国传统美术技法板块,目前形成"名家讲稿系列""名家课徒稿临本系列""名家画谱系列""俞建国高清素描系列""书画巨匠艺库系列""画学文存系列""名家讲稿系列",分别面向各层次读者。

大胆求新,推出高质量的独立图书,从激烈的竞争市场中脱颖而出。如《鹊华秋色——赵孟頫的生平与画艺》是一本制作精良的艺术史读本,它以优质的印刷、别具一格的拉页设计,原汁原味地向读者展示中国传统绘画的魅力。《顾洛阜原藏中国历代书画名迹考释》则借大师之手笔,介绍由顾洛阜先生收藏的中国珍宝的前世今生。这本书内容翔实,图文并茂,装帧精美,在 2019 年"金牛奖"评选中获得金奖。

六、积极转变出版理念，注重开拓创新，加快出版融合，构建专业数据库

我社积极重新认识出版规律，理解移动互联时代生产力各要素的含义，充分利用“链接”式互联网思维，推动出版转型，加快出版融合。在数字化时代，内容成为一家出版社的命脉，打造优质内容资源，并利用互联网等多种媒介引领、服务读者“用户”，已成为互联网时代出版融合的新出路。

1. 专业数据库

目前已建成“连年宣数据库”“《中国美术家人名辞典》《中国陶瓷全集》图片文献专题数据库”，对数字内容进行有序、有效、规范管理，实现数字内容资源的重构与再利用。其中，《中国美术家人名辞典》与上海辞书出版社平台达成合作；《中国陶瓷全集》获新闻出版专项资金资助 40 万元，项目实施已经完成，待验收后进行上线试运营。

2. 电子书

我社共转化、上传图书 1 711 种，其中连环画 650 种，美术技法 270 种，教材教辅 350 种，书法篆刻 81 种，设计类 127 种，摄影 30 种，旅游画册与明信片共 85 种，引进版 110 种，期刊 8 种；在售电子书共计 700 余种。在亚马逊 Kindle、掌阅 iReader、当当网、豆瓣网、QQ 阅读的线上阅读逐渐向好，收益稳步增长。另外，我社和京东也进入合同拟定阶段，预计 2020 年年初即可上线电子书销售。电子书累计收入达 11 万余元。

3. AR 绘本 APP

本项目旨在开创纸本读物新维度，打造纸质媒体与 AR 高科技视觉一体化融合。将 AR 技术与连环画、动漫绘本相结合，结合语音阅读、AR 呈现字幕和拼音、AR 涂色功能展示、AR 模型拍照、Q 版小游戏等形式，让小读者有身临其境的感官互动享受。首批 AR 绘本以我社《中国经典故事》动漫绘本进行开发，试水产品《花木兰》已于 2017 年上海童书展首发。下一步，我社计划继续扩充 AR 绘本产品，并以《孙悟空三打白骨精》传统连环画为蓝本，试水 AR 连环画产品。

七、响应习近平总书记“一带一路”伟大倡议，积极推进版权贸易，推动优秀文化走出去

6 月，我社以国际版权通行的方式向“一带一路”国家越南输出了连环画《西游记》，该书合同约定于 2020 年 6 月出版。这是我社在输出方面的重要成果，韩文版《三国演义》版权交易金额 2.4 万美元，为下一步的版权贸易实践起到良好示范作用。

除了输出板块，我社还加大了图书版权引进力度，与国外多家出版机构合作，引进了诸多艺术方面的优质作品，如《失落的艺术》《艺术精神：一本给艺术爱好者的美学手札》《跟菲利大叔学手绘：绘画第一课》等，巩固了与海外出版社的联系，打造了包容中西的文化标签，为中国读者带来最优质的国际艺术读物的同时，也为我社带来了良好的经济收益。

八、遵守出版法规，保证编校质量，不断提高印制水平

我社在出版活动中，遵守国家出版方针和法规、规定，严格按照核定的出版范围出书，坚持美术专业出版特色，并结合市场需求，进行图书产品开发。做到了严格执行重大选题报批制度，没有买

卖书号的情况，图书出版合同的签约率达100%。编辑工作中，我社认真执行“三审制”和责任校对制度，保证了编校质量，出版的图书差错率，严控在万分之一以内。同时注重狠抓印制质量，两年来图书送检产品印装质量都在优良以上，合格品率100%。

第十七节　上海书画出版社

上海书画出版社(以下简称“我社”)积极进取，探索具有自我特色的艺术出版发展之路，工作保持稳中向上的发展时期，全面完成了各项工作任务。

一、总体经营情况稳中有进，出版主业继续呈上升发展态势

1. 图书的出版与发行

我社共出版图书649种，较2018年的661种下降了1.82%。其中，初版书280种，完成全年初版图书计划395种的70.89%，较2018年306种下降了8.5%；重版书出版369种，较2018年355种增长了3.94%。

2. 教材的出版与发行

出版教材108种，同比下降了6.9%；总印数828.97万册，同比下降了2.19%。造货总码洋3 146.39万元，同比增长了8.9%。

3. 期刊的出版与发行

出版期刊5种，总印数38.79万册，同比下降了17.18%；造货总码洋1 300.63万元，同比增长了20.24%。

二、主要业务工作

1. 立足长远，坚持品质，做强专业出版工作

(1) 以重大项目和学术出版为支撑，继续打造专业高端图书集群，塑造专业影响力。

以重大选题提升我社在专业领域的地位和读者群中的声望，已成为近十年来的重要工作路径。推出“十三五”重点出版规划项目8卷本《国家图书馆藏青铜器全形拓集成》，在2020年北京订货会上获得积极反响。出版《中国近代艺术文献丛刊：美术卷》第一辑共50卷，是继《民国书画金石报刊集成》《中国近代美术期刊集成》出版之后，又一项近现代大型艺术文献总集。这一集群的全部出版后，将使我社继海派艺术出版之后，再塑一个近现代艺术文献出版的标杆。

《金石学稿钞本集成》(三编，32卷)是又一大型项目。自2015年出版初编以后又一次聚焦国内重大馆藏单位的金石学文献资源，初编二编三编的连续出版，为更多学科使用金石学丰富多元的信息，提供了不可多得的新见资料。

我社重点建构的艺术史研究出版高地，新推“艺术史界”系列，连续出版《山鸣谷应：中国山水画和观众的历史》《莲与龙：中国纹饰》《西方艺术史中的中国山水画》，作者均为世界著名的中国艺术史学者，甫一出版，便登上专业榜单并获得广泛好评。

继续以当代权威学者为标志，推出一批高质量学术著作，如方闻的《中国书法：理论与历史》、傅申的《海外书迹研究》、陈振濂的学术著作集《线条的世界：中国书法文化史》《近代中日绘画交流

史比较研究》、卢甫圣的《海派绘画史》、黄惇的《中国古代印论史》(修订版)、吕澎的《中国现代艺术史》、张长虹的《我用我法：石涛艺术与社会接受研究》等。

重大选题集群式的连续多年运作，为我社在专业特性方面保持了显著的特色，也为品牌建设和图书营销带来积极的效果。

(2) 敏锐预判读者需求，营造关注热点，出版一批书画、金石、鉴藏类优质选题，不断深耕专业，筑厚优势出版。

为筑厚优势出版，我社一直注重专业读者的研究和阅读需求。在金石碑帖类板块再度领风气之先，开发出"朵云琳琅丛刊·巾箱帖馆(第一辑)"、"珍本印谱丛刊"、"朵云真赏苑·珍石名印"等系列，推出了《纸拓千秋：国家图书馆藏古器物全形拓题跋集》《朱蜕华典：中国历代印谱特展图录》《石鼓汇观》等书。在鉴藏门类中，推出《喜龙仁与中国艺术》《美美与共：佛利尔与中国艺术的故事》《陶瓷修补术的文化史》《中国明代陶瓷》等一批深入浅出的好书，这些图书选目独到、印制精良，符合读者既赏且藏的需求，获得了读者的认可。

(3) 书法绘画类图书继续架构多层级产品，增强优势板块，引领艺术图书市场。

经过多年的积累和对读者需求的研判，我社不断对核心的书画类选题进行结构优化。推出了《中国法帖珍赏》《经典碑帖全本放大》《于右任草书千字文》《〈书法〉杂志提名当代名家力作档案》，适合不同层次读者阅读。百种规模的《中国绘画名品》已推出 60 种单行本、2 种特别版、7 种合集，其中《李公麟五马图》《苏轼怪木竹石图》以最快速度与展出热点相呼应，反映出年轻编辑优良的专业素质和工作热情，大大引发了媒体和艺术爱好者的关注度，显示了我社的专业出版实力。

(4) 出版一批重要艺术文献著作，继续彰显我社的专业学术出版特色。

继续加强艺术文献的持续出版。出版了《明代笔记日记绘画史料汇编》、"中国书画基本丛书"之《退庵清秘录·退庵谈艺录》，以及稀见文献如《李健书学文存》、顾鼎梅的《书法源流论》、王岑伯的《书学史》等，还出版了《滕固年谱长编》《诸闻韵年谱》，使得"书画名家年谱大系"已累计达到 10 个品种。以上这些工作在美术出版领域均显得意义重大。

(5) 以重大节庆为契机，有力策划一系列有艺术表现力的主题出版物，呼应时代主旋律。

值 2019 年中华人民共和国 70 周年大庆之际，我社推出了《点亮中国：马克思主义在中国早期传播》《五月的鲜花：庆祝上海解放七十周年版画作品集》《盛世风华：上海市文史研究馆庆祝中华人民共和国成立 70 周年馆员书画艺术作品集》等一批主题类书画出版物作为庆贺图书，并在上海书展上举行富有特色的活动，受到合作部门的好评。

2. 团结一心，突破层层难关，高中美术教材通过教育部初审

教材中心工作任务繁重，充满挑战。高中《美术》教材先后通过了上海市教委组织的初审、复审，在 11 月通过了教育部教材局的初审，进入修改和试教试用阶段，于 2020 年 2 月送教育部复审。这套教材是我社重新取得全国教材出版资格、重新登上教育部中小学用书目录、在全国范围内发行教材的重要机遇。

在繁重的新教材编辑工作的同时，教材编辑室还完成了上海 1～7 年级《美术》教材下册(共 14 册)、甘肃省 4～9 年级《书法练习指导》教材上册(共 6 册)的大修订，并通过了审查。

3. 坚持专业定位，继续做强期刊品牌，谋求对外合作，推动期刊转型发展

近年来自媒体的蓬勃发展，对纸媒产生巨大的冲击，我社《书法》《书与画》《艺术当代》《公共艺术》《书法研究》等五刊坚持专业定位，做强期刊品牌，发挥期刊资源作用，力求期刊的稳定发展。在做好内容的同时，积极谋求期刊的对外合作。五刊在做好内容的同时，积极尝试开发新媒体发布渠

道,探索新资源和内容的融合,加强刊刊互动和书刊互动,取得了一定效果。

4. 着眼未来,打造数字出版基础平台

《书法》杂志的移动端应用平台项目列入总局2017年新闻出版改革发展项目库,2019年完成纸质期刊资料的数字转化及数据资料的上传工作。目前,书法编辑室同事正在试运行平台功能。

五本期刊继续与知网、国外大型数据库EBSCO合作,以数字化的形式扩大它们在海内外的影响力。除亚马逊、龙源期刊网外,五本期刊分别与万方、掌阅签订协议,同时与方正云舒阅门户进行沟通交流,进一步扩大与数字出版平台的合作,探索我社数字出版的有效途径。

5. 精品力作涌现,彰显了我社的专业出版优势

(1) 一批优秀图书获奖。

我社一批图书在全国各奖项评选中,继续获得较高的评价。《上海城市地图集成》获第七届中华优秀出版物奖。《中国篆刻流派创新史》(英文版)被中国出版协会评为第十八届输出版优秀图书,并获得上海市委宣传部颁发的上海主题出版孵化扶持项目激励资金1万元。《海派代表篆刻家系列作品集》获第二十八届优秀美术图书"金牛杯"金奖。《丹青宝筏:董其昌书画艺术特集》《殷墟青铜器全形拓精粹》获银奖;《缥缃流彩:上海图书馆藏中国古代书籍装潢艺术》《莲与龙:中国纹饰》《古典的复兴:溪客旧庐藏明清文人绘画研究》获铜奖;《五彩彰施:民国织物彩绘图案》获装帧设计奖。《海派代表篆刻家系列作品集》获全国古籍出版社年度百佳图书(2018年)一等奖。《穰梨馆过眼录》《丹青宝筏:董其昌书画艺术特集》获二等奖。《上海美术志》入选上海改革开放40年四十种优秀文史图书。《海派篆刻家代表系列作品集》获第二十二届(2018年度)华东地区古籍优秀图书特等奖;《丹青宝筏:董其昌书画艺术特集》获一等奖;《缥缃流彩:上海图书馆藏中国古代书籍装潢艺术》《殷墟青铜器全形拓精粹》《穰梨馆过眼录》《陈淳年谱》《古典的复兴:溪客旧庐藏明清文人绘画研究》《简帛书法大系·肩水金关汉简书法》获二等奖。《嘉德亲历:古籍拍卖风云录》获古籍优秀通俗读物奖。

《赵冷月墨迹大成》《潇湘八景》获2019年美国印刷大奖艺术书籍类银奖,《巡回展览画派:俄罗斯国立特列恰科夫美术馆珍品》获艺术书籍类铜奖。

(2) 在各种基金资助项目上频有收获。

我社"日本中国绘画研究译丛"、《国家图书馆藏金石全形珍拓丛刊》、《中国国家图书馆善本碑帖综录》三个项目因学术价值重大而获得国家出版基金资助。《大观录》获得国家古籍整理出版专项经费资助。《书画文献稿钞本集成》(初编)、《陈振濂学术著作集》、《天衡五艺》获得上海市促进文化创意产业发展财政扶持资金资助。《中国篆刻流派创新史》(英文版)获得上海主题出版孵化扶持专项资金激励。

第十八节　上海外语教育出版社

上海外语教育出版社(以下简称"我社")在上海外国语大学党委、行政领导下,在全校各部门和社会各界支持帮助下,精诚团结、攻坚克难,取得了社会效益和经济效益的双丰收。

我社积极响应国家"一带一路"倡议,不断推动中国文化走出去;积极实行《教育信息化2.0行动计划》,大力发展融合出版;积极贯彻《教育部关于深化本科教育教学改革　全面提高人才培养质量的意见》,全面提升教材出版质量;紧紧围绕把上外建设成"国别区域全球知识领域特色鲜明的世界一流外国语大学"的办学目标,努力把我社打造成为国际知名、国内享有盛誉的外语出版和服务基地。

全年完成各类图书印制1 556种,其中新书451种,重印书1 105种,图书重印率71%。

我社获上海市教育工会颁发的"教育先锋号"称号。在中宣部图书出版单位社会效益考核中,

以93分的优异成绩获评“优秀”；在上海市图书出版单位社会效益评估中，出版质量排名第1，总分列第8位。《波兰文学史》获2019年度国家出版基金资助；《发展商务汉语》入选中宣部、国家新闻出版署“丝路书香出版工程”资助项目，实现重大突破；《新国标英语阅读》等96种图书入选《教育部中小学图书馆推荐图书目录》；《汤显祖戏剧全集》（英文版）获中国出版协会、中国新闻出版研究院主办的第十八届输出版优秀图书奖；《俄语阅读教程册》等4种图书分获第三届“全国高校俄语专业优秀教材”一、二等奖；6个项目（图书4项、期刊1项、数字出版1项）获上海市促进文化创意产业发展财政扶持资金资助；《批评语用学视角下的社会用语研究》（英文版）入选2018年上海市版权“走出去”扶持项目；《外语界》获评“2019中国最具国际影响力学术期刊”；《外语测试与教学》获评“2018国家哲学社会科学文献中心学术期刊数据库最受欢迎期刊”；“爱听外语”入选国家新闻出版署2019年度数字出版精品项目遴选推荐计划，获虹口区数字出版优秀项目一等奖等；1名员工入选上海市编辑学会第二届上海优秀编辑；1名员工获“九三学社上海市委2019年社务工作先进个人”称号；1名员工获“中国编辑学会第二十届年会学术论坛征文二等奖”；1名员工获2019华东地区期刊出版研究优秀论文评选三等奖。

第十九节　华东师范大学出版社

华东师范大学出版社（以下简称“我社”）全体干部员工紧跟学校的发展思路，围绕“引领中国教育出版，建设国内一流、国际知名的大学出版社”的企业发展目标，提质增效，加强管理，克服困难，团结一致，社会效益和经济效益均取得了丰硕的成果，较好地完成了既定目标，为学校教学科研成果转化、提升学校教育引领力、扩大学校学术声誉做出了应有的贡献。

一、社会效益和经济效益成果丰硕

全年出版图书5 330种，其中新书1 001种，再版书280种，重印书4 049种次，重版率为81%。

本年度获得政府协会类图书奖10项，政府类集体荣誉3项，新闻媒体类奖项97项，个人荣誉8项。社长王焰获得第十三届韬奋出版奖，入选中宣部2019年文化名家暨“四个一批”人才。出版社连续第六年入选中国图书海外馆藏影响力出版100强（排名第37）。在全国图书出版单位社会效益评价考核（上海）中，综合得分99分，考核等级为优秀，在沪上大学出版社中名列第一。

我社回款码洋再创历史新高，突破13亿元，连续第五年实现回款码洋每年增长一亿元的销售业绩。

二、传统出版工作有亮点、有特色

教育出版是我社的使命核心。以教材教辅为核心竞争力的教育类产品稳步增长，教育心理、“大夏书系”、学前教育的读者认可度和社会影响力持续提升。“教育基本盘”稳中有进。

1. 基教教材方面

一是完成了高中体育、配套教辅学习检测、新课程学习指导等全国教材的送审和修订工作并按时出版，确保课前到书。初中《数学》、初中《科学》、小学至高中（老版）《体育与健康》教材经教育部核查、修改，准予再版。二是克服多种困难，推进高中《信息技术》教材工作的开展，教材目前已通过初审。三是通过组织培训会、教材研讨会等形式，提高教材服务质量。高教与职教教材方面，进一步丰富品种，完善产品体系，规模稳中有升。初步建成了信息化的教学服务体系。本年度完成了《大学语文》《中国教育史》《计算机应用基础》等经典教材的改版工作，新旧教材实现顺利过渡。理科教材也已起步，《基础和声教程》等一系列音乐类教材顺利出版，职业教育汽车运用与维修专业教材基本成系列。

2. 教辅板块得到了进一步稳健发展，进入了良性循环的状态，各项指标显著提升

全年回款码洋超过4亿元，比2018年增长了一亿元。

3. 教育心理等核心产品继续保持行业领先优势，品牌认可度和社会影响力持续提升

出版了《心理学改变世界》、“精神分析经典著作译丛”、“核心素养与课程发展丛书”等一系列精品佳作。

4. “大夏书系”系列图书继续以“好读”“好用”的特点占据国内同类图书领先位置

2019年推出了一批广受好评、发行量非常可观的教师用书。《教育与永恒》《教育的100种语言》等多本图书入选中国教育报“影响中国教师的100本书”。

5. 学前少儿类产品进一步拓宽了产品线

“给孩子的实验室”系列图书已开始成规模、成体系，社会影响力逐渐显现，入选“上海市优秀科普图书”。“冰心奖获奖作家精品书系”“新说山海经”系列丛书等得到了读者的广泛好评。

6. 重大出版项目有序推进

新增国家“十三五”重点出版物出版规划2项，分别为“乡村振兴中的学校发展系列丛书”、《中国儿童文学史》。共承担12项国家“十三五”重点出版物出版规划项目，其中6个项目已经完成，剩余项目也在按计划推进中，预计2020年底完成。我社《雅斯贝尔斯著作集》《秦汉六朝字形谱》2个项目获得国家出版基金资助，资助金额近300万元；“走进中国战舰”丛书入选上海文化创意产业发展财政扶持资金项目；《性理群书句解》等2种图书入选全国古籍出版社年度百佳图书；《珂雪词笺注》等3种图书荣获第二十二届华东地区古籍优秀图书奖。我社推荐申报的《影像非洲史》等5个项目入选国家社科基金后期资助项目，其中三个项目的负责人为华东师大教师。

7. 我社尤其重视弘扬新时代精神，加强主题出版策划力度，开发了一系列优质选题

主要有《共和国教育公平之路》、“中外著名江河史传”丛书等。与学校宣传部、学工部等合作，发起组织了《我们都是追梦人》大学生征文评选活动，图书已编辑出版。

8. 高端人文学术图书方面

修订了三卷本《身体的历史》、八卷本《政治观念史稿》等重点图书，出版了《弗洛伊德传》《立法的尊严》《差异与重复》《虚无主义：哲学反思》等精品图书。

出版的《严酷地带》荣获第二届博鳌国际诗歌奖，“六点诗丛”的社会影响力进一步扩大。

9. “薄荷实验”“谜文库”青少年读物等图书产品羽翼渐丰，品种规模日益增多

《缮写室》获得第十四届文津图书奖推荐奖。我社和爱乐奇历经三年共同开发完成的《中国好故事》，依托享誉世界的蓝思阅读评级，进阶式打开瑰丽的中国古代传说世界，是国内第一套原创的传统文化英语分级读物。“与中国院士对话系列丛书”入选上海市优秀科普图书，并获得上海市教委认可，登上“上海市中小学生推荐阅读书目”。2019年推出的人民教育家、改革先锋于漪的《穿行于基础教育森林》，引起了业界的广泛关注。

10. 书刊共促的发展模式进一步得以巩固

10种期刊的出版流程管理、印前检查、财务及综合性服务工作得以进一步理顺。《华东师大教

育评论(英文)》的编辑出版顺利推进。

三、融合出版高质量迅速发展

我社以融合出版重点实验室为抓手,稳步推进全社的融合出版工作。

1. 重点实验室工作

以开放课题引领实验室科研工作,吸引外部力量进行融合出版研究。重点实验室立足新兴出版与纸质图书的深度结合,借助"平台化工具"赋能全社融合发展,打造了"智慧树"教育出版云平台,已完成资源中心、发布中心、数据中心,正在研发用户中心。通过赋能,各产品线的融合发展已经具备了自主研发能力,逐渐构建数字产品生态。

2. 进一步提速"创新教育"产品线

推出的全球第一本人工智能教材《人工智能基础》(高中版),以及《乐高教育 STEAM 系列教程》《AI 上未来智造者——中小学人工智能精品课程》系列创新教育产品,得到了市场的热烈反响。此外,结合最新技术发展动态,研发了"技术赋能与教育创新""音悦人生"等系列图书。

3. 游戏出版工作

协助上海市新闻出版局建设"上海网络游戏出版管理申报服务平台"(二期),这是"上海文创 50 条"重点工作项目之一,也是全国首个地方性的网络游戏出版管理申报服务平台。该平台已于 10 月 8 日全面推广,有力促进了游戏产业的优质、有序发展。

四、"走出去"和国际化工作卓有成效

继获得"全国版权示范单位""中国版权最具影响力企业"荣誉后,本年度入选 2019—2020 年度国家文化出口重点企业目录。

全年共引进版权 162 种,输出 159 种,输出引进比 1∶1.03,实现了国家"十三五"1∶1.16 的目标。输出地覆盖欧、亚、非、北美、南美五大洲多个国家。我社与英国 SAGE 出版集团《华东师大教育评论(英文)》合作顺利开启。

获得"丝路书香出版工程"重点翻译资助项目 1 项(含 3 种图书),上海市版权"走出去"扶持项目 6 项。5 种图书获得国家社科基金"中华学术外译"项目立项。

第二十节 复旦大学出版社

复旦大学出版社(以下简称"我社")领导班子在 2019 年根据学校统一安排,精心布局,带领全体员工完成了办公区域的整体搬迁,关闭了社办的下属子公司,落实国家书号零增长等政策,克服困难,迎接挑战,取得了社会效益和经济效益双增长。出版新书 675 种,重印书品种 1 059 种,重印次数 1 235 次。

1. 强化业务督导检查,提升编校印装质量

完善三审三校环节,抓好质量关。坚持把编校印装质量作为出版质量的重要一环,通过多种举措提高编校印装质量。全面贯彻落实《复旦大学出版社图书质量保障体系》《责任编辑工作规范》《责任校对工作规范》《书稿三审制度》等系列规定,提高编校印装质量。围绕上级主管部门图书编

校质量检查，把图书质量作为重要日常工作，深入开展自查自纠，并将检查结果作为年终评优和绩效考核的重要参考指标。制定《新入职编辑导师工作制度》，充分发挥资深编辑“传、帮、带”作用。

2. 服务国家发展战略，勇于担当使命责任

关注国家重大发展战略，有多项图书入选省部级及以上各类出版规划。《近代以来中外史学交流史》、“复旦宋代文学研究书系(第二辑)”入选国家出版基金项目；“近代针灸名著校注丛刊(第一辑)”入选国家古籍整理出版专项经费资助项目；7 种选题入选上海文化发展基金会资助项目上海图书出版专项基金资助项目，是 2019 年上海市获批该项目数量最多的出版社。3 种选题入选上海市重点图书出版规划。抓好主题出版，在新中国成立 70 周年、中国共产党成立 100 周年、浦东开发开放 30 周年的重要时间节点，提前布局，策划《陈望道文存全编》《陈毅诗词手稿》等重点图书。策划《近代学术集林》《复旦大学图书馆馆藏稿抄本》《上海图书馆馆藏名人尺牍》等重大项目。

3. 积极打造精品力作，塑造良好社会形象

我社推出了一批受众反映好、社会影响大的出版物。《中国近三百年疑古思潮史纲》获第五届郭沫若中国历史学奖提名奖；《尤斯塔・贝林的萨迦》获 2019 书业年度评选・翻译奖；《涉外商务接待》获 2019 年度中国轻工业优秀教材三等奖；《今天让科学做什么》、“60 岁开始读科普教育丛书”与“整形美容科普系列丛书”等图书入选“上海市优秀科普图书”。

2019 年，我社举办《三国戏曲集成》《拓医学路　逐中国梦——陈灏珠传》等多场大型新书发布暨学术研讨会，吸引了一批国内相关领域的知名专家学者与会。在上海书展期间，遴选 1 500 余种精品图书亮相，精心策划以名家讲座、专家研讨、作家签售和新书首发为形式的主题阅读文化活动 11 场，以丰富多元的形式向读者推介图书、传递新知。经世书局获得“年度校园书店”称号。经世书局从全国数百家书店中脱颖而出，获得中国书刊发行业协会颁发的“年度校园书店”荣誉称号。

4. 优化图书品种结构，体现出版专业特色

我社教材、学术著作和大众读物保持了多年来的比例，有成规模、成特色的品牌产品板块，产品结构合理。结合《复旦大学关于加强新时代教材建设与管理的指导意见》，积极配合学校推进相关教材建设，增强教材育人功能，以教材建设支持学科建设。

出版新版图书数字化完成率为 100%。具备多种格式规范，达到高品质电子图书印刷标准。在数字内容管理上，初步建立数字资源管理制度和规范，从纸质书到电子文档资源均标注保存，以备复用。积极推进“新学术网”建设，为人文社科类研究人员打造全新的学术空间，为知识创造提供无限共享资源。该项目获经信委 300 万元经费资助，在已完成“新学术网”首期建设基础上，2019 年着力投入二期建设。整合期刊资源，文学评论、临床药学等一批期刊开始依托该平台运行，并与东华大学期刊中心 6 本期刊合作。

5. 合理布局，探索营销发展新模式

营销部门在 2018 年调整的基础上不断创新，教材小组建立教师数据库、与编辑部合作开展教师培训、在多地举办教材推广活动等。馆配零售小组建立千人以上的馆配数据库、成功举办 2 次资源建设高峰论坛、试行零售书店押金管理制等。电商小组提高服务标准，加快上新速度、延长客服时间、确保内容更为齐全。在粉丝数急速增长的基础上实施精准营销，开拓拼多多、抖音等新媒体。

顺利完成复天公司转制，成立院校合作部，更好配合编辑部门开展营销工作，推出“纸上、线上、堂上”三位一体的服务客户理念。加强传统客户服务，成功与北投集团和中国教育集团合作。启动研发多项线上平台，为纸质发行提供立体化支撑。深度结合学校资源优势，成功举办多场全国性的研修会议，利用现有客户资源，扩展“超星”和“对分易”的流量，以此布局基础课全科推广，为新一年理工科发

行奠定基础。扩展专家团队，在全国进行本地化的学术讲座、博士沙龙、复旦讲堂，增加客户黏性。

6. 不断提升出版走出去水平

全年引进图书 34 种，输出图书 23 种，与泰勒·弗朗西斯出版集团和施普林格出版社等建立了长期的战略合作。《中国思想史》（第二卷）英语版获得了第十八届输出版优秀图书奖。7 个项目获得 2019 年度"中华学术外译"项目图书资助，6 种图书入选"中华学术外译"项目推荐选题目录。这些中国传统文化精品和原创性精品学术著作的海外输出，进一步提升了我社的美誉度，也扩大了学校的国际影响。

7. 积极履行社会责任

响应学校扶贫号召，加大教育扶贫力度，全年向复旦前洋书院、校老干部处、东方航空公司总部、西藏自治区政协办公厅等捐赠各类图书 3 000 册以上、码洋 9 万元，用于援建贫困地区图书馆。向西藏自治区政协办公厅捐赠过冬衣物 6 箱，及时向藏民同胞送去温暖。

第二十一节　上海交通大学出版社

上海交通大学出版社（以下简称"我社"）坚持把社会效益放在首位、实现社会效益和经济效益相统一，脚踏实地、大胆改革，在融入交大、社会效益、经济效益和社会影响力等方面持续提升，开启了我社发展的新篇章。

一、总体概况

我社新出图书 1 950 种，重印图书 2 905 种；在册职工数量 164 人，其中中级职称 74 人，副高及以上职称 25 人。有 6 人晋升中级职称，3 人晋升副高职称，学术力量进一步壮大。

3 月，进行了机构改革，对现有机构进行合并重组，成立了科技分社、人文分社、教育分社和医学事业部。重组后，除四大分社（事业部）外，我社现有党办、行政办、财务部、总编办、数字部（电子音像社）、国际合作部、综合图书管理部、编校中心、出版部和营销中心 10 个职能部门，组织机构扁平化、垂直化，行政效率大幅提升。7 月，期刊中心正式成立，为校直属单位，与我社合署办公。

二、机构建设

1 月 7 日，在印度新德里世界书展上，我社与印度 SMP 出版公司、印度 NCBA 出版社等联合成立的中国—南亚科技出版中心正式揭牌，首期"中国重大科技创新文库"英文版同时首发。

3 月 21 日，我社召开 2019 年工作部署和动员大会，宣布全面整合旗下十多个图书和期刊编辑部门，成立科技分社、人文社科分社、教育分社及医学事业部，随后又开展了"首席编辑"评审遴选，开启了"分社制"和"首席编辑制"的管理模式。

科技分社以大飞机、先进制造技术、船舶与海洋、能源与环境等主题出版为主攻方向，对接上海交通大学乃至全国的优势学科资源，研发更多高质量的精品学术著作和系列教材。

人文社科分社旨在树立具有辨识度的我社人文社科图书品牌，其中心任务是酝酿孵化新的重大出版项目。

教育分社的发展方向是加速教育出版的融合发展，立体化建设教材、教辅和线上服务业务。

医学事业部的发展方向，是继续做大做强现有的医学类图书专著、教材，深度参与并反哺交大医学类学科建设。

此外，在四大分社(事业部)的基础上，我社也自主或参与设立了主题出版中心、高等教育出版中心、元济译书院及城市文化传播中心等机构，在制度建设上助力我社提升出版质量和学术影响力。

三、社会效益及出版质量

1. 基金情况

我社共获得国家级、上海市和其他省部级基金总资助 2 020 万元，其中国家出版基金项目 4 项，国家科学技术学术著作出版基金 2 项，“丝路书香出版工程”8 项，经典中国国际出版工程 3 项，中国图书对外推广计划 8 项，中华学术外译项目 10 项，上海主题出版孵化扶持专项资金等省部级基金 20 项。此外，《中国参与海上丝路沿线国家港口建设的理论与实践》《上海电力工业研究(1945—1965)》《基于博弈论的绿色供应链定价及契约协调研究》等三种图书已经获批国家社科基金后期资助。基金资助明细如下：

(1) 国家出版基金项目：

《中国对日战犯审判文献集成》、“大飞机出版工程·民机先进航电系统及应用系列”、“精准医学出版工程·精准医学药物研发系列”、“脑计划出版工程：类脑计算与类脑智能研究前沿系列”。

(2) 国家科学技术学术著作出版基金：

《图像融合：理论、应用和前沿》(英文版)、《大肠癌：基础与临床的转化》。

(3) 丝路书香出版工程：

《平易近人：习近平的语言力量(外交卷)》俄语、老挝语、越南语、泰语，《长江经济带产业协同与发展研究》英语，《科技重塑中国》俄语，《航空发动机高温合金大型铸件精密成型技术》英语，《中国古代体育图录》俄语。

(4) 经典中国国际出版工程：

《平易近人：习近平的语言力量(外交卷)》英语、韩语，《阿里巴巴——重构跨境电商》英语。

(5) 中国图书对外推广计划：

《平易近人：习近平的语言力量》蒙古语，《平易近人：习近平的语言力量(外交卷)》阿尔巴尼亚语、吉尔吉斯语、蒙古语、希伯来语，《东京审判征战记：中国检察官向哲濬团队》英语，《超快光学研究前沿》哈萨克语，《临床生物样本库的探索与实践》英语。

(6) “中华学术外译”项目：

《法国重农学派学说的中国渊源》英语，《城市中国之道：新中国成立 70 年来中国共产党的城市化理论与模式研究》俄语、法语，《东京审判：为了世界和平》日语、德语，《来华犹太难民研究(1933—1945)：史述、理论与模式》俄语、阿拉伯语，《中国人口史》英语，《现代汉语与中国现代文学》俄语、阿拉伯语。

(7) 上海市级基金：

获得上海市促进文化创意产业发展财政扶持资金项目 10 个，获得上海主题出版孵化扶持专项资金 10 项。

2. 获奖情况

(1) 国家级奖项。

《鄱阳湖区文书》获得全国古籍出版社年度百佳图书(2018年)一等奖,《从大数据到智能制造》获得第九届吴文俊人工智能科技进步奖(科普项目),《上海交通大学年鉴2018》获得第六届年鉴编纂出版质量评比综合特等奖,《航空燃气轮机涡轮气体动力学》《平易近人——习近平的语言力量》获得2018年度输出版优秀图书奖,《全球航空业》《海洋工程基础》获得2018年度引进版优秀图书奖,“生物力学研究前沿系列”、“精准医学出版工程·精准医学基础系列”获得第七届中华优秀出版物奖图书提名奖。

(2) 上海市及省部级奖项。

《鄱阳湖区文书》《日本明治时代汉文辞书汇刊·玉篇卷》《东亚文化环流十讲》获得第二十二届(2018年度)华东地区古籍优秀图书奖特等奖、一等奖、通俗读物奖,《铀之战——开启核时代的科学博弈》《聚光灯下的明星科学家》入选“上海市优秀科普图书”,杨帆、唐宗先获得上海市优秀科普编辑(记者),《远东国际军事法庭庭审记录全译本(第一辑)》获得上海改革开放40年四十种优秀文史图书,《永不干涸的大道清源——中国故事:从丝绸之路到“一带一路”(第一辑)》获得2018年度中国书标选题,《长颈鹿病房的故事》获得引领成长第六届“上海好童书”提名入围奖,《都市旅游文化——上海篇》获得精品教材评选一等奖。

四、社会效益及社会反响

切实履行意识形态主体社会责任,把好政治导向关、价值取向关、格调品位关,坚持把社会效益放在首位。4月,教育部下发了《教育部社科司关于反馈出版单位2018年度社会效益评价考核情况的函》,我社获得96.76分,等第为优秀;11月,上海市委宣传部下发了《图书出版单位社会效益评价考核结果汇总表》,我社获98分,等第为优秀,在上海本市出版社中排名第七,其中在上海高校出版社中排名第二。

第二十二节 同济大学出版社

同济大学出版社(以下简称“我社”)在同济大学及产业(同济创新创业控股有限公司)领导下,制订了我社未来三年的发展目标和计划,坚持党建引领,以问题导向、目标导向和效果导向,通过进一步细化、分步落实;会同我社领导班子及全社同仁,针对亟须解决的许多重点和难题,夯实基础,攻坚克难,实现稳步发展。

一、围绕同济特色,策划出版精品图书,社会效益不断提升

出好书是出版工作的出发点和落脚点。我社始终围绕同济特色,深耕细作、锐意进取,策划出版了一批具有较好社会影响力的精品图书,社会效益不断提升。

1. 社会效益评估

我社始终坚持把社会效益放在第一位,做到社会效益与经济效益相统一。2019年中宣部首次对2018年度全国出版单位进行社会效益考核,我社考核93分,获优秀,位列上海大学出版单位第

三位。我社1个项目入选国家“十三五”重点出版物规划增补项目,目前共获批13项国家“十三五”重点出版物,位列上海大学出版单位前三,所有获批规划项目均在推进过程中。

2. 出版基金支持

依托学校,服务学校双一流建设,策划、申报以及完成各类各项出版基金项目是我社品牌建设、精品建设、特色建设以及编辑和管理队伍建设的重要工作。我社积极鼓励策划、申报各类图书出版基金,获批的年度国家出版基金项目有3项,为历年最多;4项获上海市促进文化创意产业发展财政扶持资金资助;1项获上海翻译出版促进计划支持,我社探索学术文化“走出去”初见成效。入选项目,既充分展示了我社的传统品牌特色,又彰显了我社开拓创新的成果。

3. 图书获奖

获得省市级及以上各类奖项10余项。其中,第七届中华优秀出版物奖图书提名奖1项,2019上海科技进步二等奖1项,2019年度中国“最美的书”2项,2019海峡两岸书籍设计“优秀作品奖”1项,“优秀组织奖”1项,2019年“上海市优秀科普图书”1项,第六届马克思主义研究优秀成果奖1项。近三年来,我社陆续获得了包括国家出版政府奖、中华优秀出版物奖在内的多个国家级奖项。另外,“‘中国工程与工程师史’文化应用交互平台”入围中宣部2019年度数字出版精品。

二、狠抓出版质量,克服多重困难,提质增效工作有了初步成效

我社在狠抓出版质量、压缩规模的同时,克服多重困难,收入和利润实现了基本稳定,我社的提质增效工作有了初步成效。

新出图书502种,较上年减少了87种,减少了14.77%;重印图书481种(次),较上年增长了12.38%;总出版品种983种(次),较上年减少了3.34%。实现了有效控制出版规模。

三、加强选题顶层设计,优化选题结构,服务学校双一流建设

我社城市·建筑学术出版中心持续获得上海市新闻出版局的支持,旗下的四大图书品牌,即:“光明城”“城乡遗产保护”“城市地下空间”“城市行走”影响力日益凸显。2019年,为更好地服务学校的“双一流”建设,结合学校学科优势,我社提出“城市+”出版品牌,紧紧围绕与“城市”概念:城市+建筑、城市+规划、城市+设计、城市+管理、城市+工程……服务于大学的品牌建设,服务国家和上海重大发展战略,有规划、有系统、有步骤地组织系列重点出版项目,打造有同济特色的“城市+”出版品牌,实现精品化、市场化、数字化、国际化的出版战略。为响应上海2035年建设成为“全球卓越城市”目标,围绕“城市”治理做细做深。陆续出版了“城市安全风险管理丛书”、“城市行走”系列、《中国建筑口述史文库——建筑记忆与多元化历史》、《世界文化遗产与城市》、《历史街道精细化规划研究——上海城市有机更新的探索与实践》等图书,社会反响强烈,有较好的社会与经济效益。

四、持续推进出版“走出去”战略

在“文化自信”上升至国家战略高度的当下,出版业努力打造文化精品的同时,还需实施“走出去”战略,让世界了解和认识中国文化、中国学术。除了与施普林格、德古伊特和爱斯唯尔的长期战略合作外,还在积极与T & F,Wiley,剑桥大学出版社等进行多种合作的尝试。在中华文化的国际

传播和与“一带一路”沿线国家的合作方面，《中华文化之旅》和《中国工程师史》已经签署了哈萨克语和阿拉伯语版的国际出版合作，并正在联系德语版、法语版等其他小语种版本。近三年，已经有近30种图书签署了版权输出协议。通过海外发行商英国ACC出版集团，又有5个品种的同济原版英文图书进入了欧美市场发行，58种图书亮相2019纽约美国书展。

我社“走出去”得到了上海市委宣传部的大力支持。“同济原创英文图书的国际发行(2019)”获得上海市促进文化创意产业发展财政扶持资金，《中华文化之旅》获得上海翻译出版促进计划资助。

五、数字与出版融合，推进出版融合协同创新

探索品牌出版＋数字教育/专业数据库服务，实现我社协同创新、转型升级。这需要有一支专业的数字出版队伍。在完成“‘中国工程与工程师史’文化应用交互平台”“中国地下空间知识总库”两大数字出版工程项目同时，与土木交通编辑部合作整合资源和技术，共建融会议、交流、出版、学习为一体的“智能城市地下空间平台”；与我社德语品牌结合，打造德语线上课程——布谷课堂。“同济德语APP”、“德语背单词”小程序、“同济德语”网站等逐步完善。我社拥有多个自有知识产权的“知识库”“线上教学”的数字出版平台。在数字化转型升级，实现专业化、数字化、产业化上具备了一定的基础。

第二十三节　上海浦江教育出版社

上海浦江教育出版社和上海海事大学杂志总社书刊的影响力继续稳步提高。在中国高校科技期刊研究会优秀编辑和论著遴选中，1人入选优秀编辑、1人入选优秀青年编辑、1篇论文入选优秀论文；《学报》入选上海高校科技期刊影响力提升计划。《航海技术》编辑部入选中国航海学会40周年优秀论文组织奖。在上海市期刊编校质量检查中，5刊获得优秀。

出版图书72种(新书50种、重印22种)，与上年基本持平。重点图书包括“十三五”国家重点图书《自动化集装箱码头设计与实践》；上海高校服务国家重大战略出版工程《黄疸专辑》。同时，加强印前质量检查，重点抓图书编校质量的提高。

第二十四节　立信会计出版社

立信会计出版社(以下简称“我社”)以提高社会效益、经济效益和出书育人效益为目标，为学校教学和科研服务，实现了出版事业的跨越式发展。2019年共出版新书338种。其中教材179种，读物51种，专著35种，考试用书73种。

1. 在2018年上海市图书出版单位评估排名第三。在上海市新闻出版局组织的2018年上海市出版单位图书出版评估中，我社在37家参评单位中综合效益排名第三，得分95分。在出书结构和出书质量单项指标排名中也分别获得第三名，这是我社建社以来取得的最好成绩。

2. 我社出版的《财政制度国际比较》荣获第七届中华优秀出版物奖图书提名奖。

3. 2019年新进青年编辑冯晶获第七届全国韬奋杯编校大赛校对组个人三等奖。

4.《序伦财经文库》《新中国会计制度发展演变研究》两个图书项目获上海市促进文化创意产业发展财政扶持资金支持。

5.“春雨计划”项目向纵深推进，受到了日喀则市和上海第九批援藏领导小组的表扬。“春雨

计划”项目实施两年多来,及时跟踪当地财会人员的业务需求,有针对性地开展文教援藏,为打好脱贫攻坚战,贡献了立信人的智慧。

6.“中国画报协会财经金融工作委员会”在我社设立。中国画报协会是国家一级协会。该协会首次在京外设立财经金融工作委员会,并挂靠在我社,这将有利于促进我社多元化发展,提高品牌影响力。中宣部原副部长龚心瀚于2019年6月26日出席了挂牌仪式。

7. 立信书局成为上海市标志性的文化品牌。立信书局在设计上吸收了立信的文化元素,特色鲜明、环境优雅得到业界高度评价,是2019上海书展宣传片的取景地之一。立信书局彰显了传播思想、普及文化、联系读者、促进出版的功能。

8. 建立和完善了四十多项规章制度,做到有章可循。

9. 完成了上缴学校的利润指标。

10. 完成了各项财务预算指标。

11. 全年共召开选题论证会10次,论证了637个选题。全年共申领书号336个,其中新书239个,再版书97个。

12. 出版社仓库顺利搬迁,做到了全年安全生产无事故。

第二十五节　华东理工大学出版社

华东理工大学出版社(以下简称“我社”)坚定落实“提质增效,融合发展”的战略方针,实现“内容+渠道+服务”的产业升级,强化“图书+”的概念,加强创新融合,打造图书品牌,精耕细分市场,拓宽营销渠道,取得了斐然的成绩。具体如下:

1. 全年出版图书1 500余种,其中新书360余种,重印率保持在50%以上。

2. 我社继续加强主题出版与学术出版工作,继续落实“学术立社　品牌兴社”的办社理念,加速推进能源与环境(化学化工)出版中心建设。共有2个获批2019年度国家出版基金项目,分别为“战略前沿新材料——石墨烯出版工程”和“追随中国梦　共筑社工魂——社会工作实务经典案例十讲(DVD)”,值得一提的是此为我社电子音像出版项目首次获得国家出版基金资助;有6个项目获批上海市促进文化创意产业发展财政扶持资金;共有13种图书获批2019年度上海市年度重点图书;《中国能源新战略:页岩气出版工程》(15册)获第七届中华优秀出版物奖图书奖。

3. 为了积极响应国家关于中华文化走出去和“一带一路”的倡议,我社高度重视版权输出海外及境外工作,将自身特色出版方向与国外知名出版公司相联系及合作,切实推动了中国文化和中国先进科学技术“走出去”。实现版权输出涉及语种包括英语、德语、越南语等。

4. 在市场类重大项目的品牌建设方面,不仅稳固了出版规模,更增强了市场竞争力。如迪士尼出版项目将继续坚持“IP+教育”这一产品策略,围绕“英语阅读”和“英语学习”有针对性地开发特色产品,不断深化现有产品在教育上和数字化上的赋能,加深与读者的联结,满足读者的个性化需求,并建立了自有英语阅读产品微信服务号“青橙英语”,从而加强数字化运营并打通纸质图书与数字产品边界。

5. 关于日语、韩语等小语种特色图书的出版,继续保持稳定增长的势头,市场占有率名列前茅,并基于传统优势建设了新媒体书院,不仅更好地服务广大读者,也在融合出版中取得了良好的收益。同时,为积极响应国家新课标改革中发展小语种的倡导,推出了高考日语系列图书,收获了良好的市场反馈。

6. 携手华东理工大学和徐汇区凌云街道，开辟了集文化空间、党建空间、街道邻里汇“三位一体”的“陇上书店文化空间”。该空间不仅延伸了“陇上书店”提升和优化文化服务的职能，还与学校与社区发展的当下需求紧密结合，从而打造成为服务党员群众、传播书香文化、参与社区建设的重要载体。

7. 我社坚持正确出版导向，不断完善质量监控制度，狠抓内容安全，确保了全年无内容质量事故，在2018年度全市出版社社会效益评估中获“优秀”成绩，并已连续十一年保持评估“优秀”成绩。

第二十六节　东华大学出版社

2019年，东华大学出版社(以下简称“我社”)持续推进“国内领先、国际有影响”的纺织服装研究与学术出版中心的建设，深耕优势板块，探索融合出版，优化经营模式，注重人才队伍建设，积极建章立制，实现学报从我社整体剥离的平稳过渡，确保各项工作扎实推进。

一、基本经营情况

2019年共出版图书318种(其中：纺织37种、服装134种、艺术36种、法语29种、英语37种、其他45种)。

二、年度经营规划的制定与实施

我社年初重新制定了中长期战略发展目标、经营理念和发展思路，明确中长期目标是在纺织、服装、艺术设计领域成为“国内领先、国际有影响”的特色专业出版社，秉持以人为本、锐意创新、守正尚实、精益求精的经营理念，以纺织、服装、艺术类专业教材专著图书为主、市场类图书为辅，积极推进出版融合发展，不断提升核心竞争力，确保我社可持续发展。

三、继续加强“纺织服装研究出版中心”的建设

“纺织服装研究出版中心”对我社确保在纺织服装专业出版领域的引领地位具有重要的意义。以该中心的建设为抓手，我社承办、协办了多项大型活动，如：4月的东华时尚周中，承办了以海派文化·科技创新为主题的第五届“国际纺织服装研究出版论坛暨《海派时尚流行趋势研究》首发式和海派时尚系列丛书研讨会”，承办了“一带一路沿线国家时尚流行变迁”图片展；7月举办了“2019年第五届暑期全国服装专业教师高级研修班”的培训活动；9月在松江校区举办了“壮丽70年，奋斗新时代——新中国时尚流行变迁图片展”；11月协办了“丝路物语——东华大学服装学院产品设计系一带一路教学实践展”。

四、重大项目申报与实施

1. 以服务国家重大战略、服务上海发展、服务学校“双一流”学科建设为指导思想，主动出击，

凝聚各方优质资源，积极进行项目申报工作。我社共获得国家级和省部级出版基金项目7项，分别为年度国家出版基金项目2项：《苗族服饰结构研究》《传世技艺：服装手工高级定制技艺研究》；上海市促进文化创意产业发展财政扶持资金项目5项：《上海绒绣研究》、《可持续性时装设计》、《纺织复合材料设计》、《元代纺织品纹样研究》、"时尚智库"信息服务平台。

2. 重视图书质量，多种图书获奖，其中《纳尺度纺织纤维科学工程》入选2019年上海市重点图书；《丝绸之路棉纺织考古研究》获河南省教育厅2018年度人文社会科学研究优秀成果一等奖；《服装CAD设计》获山东省级教学成果二等奖；《创意产业增值价值链与互联网+融合发展研究》获商务部商务发展研究成果论著类优秀奖。

3. 积极申报"十三五"职业教育国家级规划教材，组织专家组对遴选出的教材进行审核评定，并最终选出16种进行申报。

4. 认真完成已申报成功的项目图书的出版，其中2018年度国家出版基金项目《海派时尚流行趋势研究》、2016年度"上海高校服务国家重大战略出版工程"项目《美国费城艺术博物馆藏丝绸经面研究》、2016年度第一期上海文化基金出版资助项目《中国近代服装行业研究：人物篇》、2016年度第二期上海文化基金出版资助项目《锦绣世界：国际丝绸艺术精品集》、2017年度第一期上海文化基金出版资助项目《清代服饰民间遗存实物研究(女装卷)》、2017年度第二期上海文化基金出版资助项目《清代服饰民间遗存实物研究(男装卷)》、国家科学技术学术著作出版基金项目《静电纺纳米纤维与组织再生》、2018上海文教结合上海高校服务国家重大战略出版工程项目《海派时尚流行趋势理论与实践研究》均已完成了出版，正等待结项验收。

5. 积极参加校园文化建设，申报并实施了《尚实特色阅读空间》和《重温中国服饰文化变迁——打造"中国服饰"社会主义核心价值观教育新模式》两个校园文化建设项目。

五、积极推动向融合出版转型

积极推动我社从传统纸质出版向新兴媒体融合出版的转型工作，加强新形态图书的出版，将视频、音频、图片等电子资源融入纸质图书，推动传统教材向新形态教材、活页教材的升级。加强数字融合出版的探索，在我社原有服装智库的基础上，借助于时尚科创中心共同申请的上海市文创项目的支持，从丰富内容和改进商业模式等方面对原有智库进行升级改造。

六、做好期刊中心剥离工作

根据学校安排，我社以"既要保障期刊中心尽快独立运转，又要保障我社的正常运营和人员的稳定"为原则，积极推动并配合学校开展了期刊中心与出版社的剥离工作，实现了平稳过渡，将人员变动对正常业务工作开展可能造成的影响降到了最低程度。

第二十七节　上海财经大学出版社

上海财经大学出版社(以下简称"我社")围绕学校党政工作要点分解和全社年度工作目标，巩固现有合作基础，拓展新的合作领域，认真贯彻国家出版宏观管理精神，加强出版工作前瞻性预判，深入推进薪酬制度改革，以发展促稳定，积极服务高校教学科研工作，服务国家经济建设，稳步推进我社的各项工作，较好地完成了全年工作任务。

一、年度业绩概况

1. 主要经营指标情况

全年完成新书出版631种，较年度目标增加7%。其中新书270种、286册（大部头多卷本套书4种，计20册1 500万字）；重印书361种，较年度目标增加16.5%。员工人数80人（含下属企业，在编65人）。

2. 社会效益

(1) 教育部与上海市出版社社会效益评估。

教育部社科司对我社2018年度社会效益评价考核结果为得分87.5分、2019年度得分93分，等级为良好、优秀；上海市新闻出版局对上海市各社2018年度社会效益考核中我社得分为89.5分，等级为良好，上海地区出版社名列第12，上海市高校名列第7。

(2) 获奖情况。

我社有十多种图书获奖或进入有影响的年度好书榜单（中国出版传媒报、中国经济学教育网、百道网、经济人读书会等）。其中，谈敏教授著《1917—1919：马克思主义经济学在中国的传播启蒙》(3册)获得第七届中华优秀出版物奖，填补了我社在出版物国家级大奖方面的空白。同时，丛树海教授领衔本校多学科团队撰著的《中国经济发展史(1840—1949)》(3卷)获得了第七届中华优秀出版物奖图书提名奖。两套图书均为"国家出版基金项目"。

二、年度基本工作情况

1. 图书出版

学术出版：结合学校双一流学科建设战略，全力服务学术著作出版并主动对接学校针对近年学术著作总量滑坡严重的趋势推出了"学术著作培育方案"。规划出版"匡时"学术文库系列。完成编辑出版《中国经济发展史（公元前16世纪—1840）》（全三册，国家出版基金项目）、近代中国经济转型历史与思想研究文库（10种，国家出版基金项目）、《中国经济发展史（1949—2019）》（全八卷，上海市纪念建国70周年研究丛书之一）、《中外旧约章汇编》（全三册）、财政政治学译丛、上海市志分卷等重点大型学术出版项目。

教材建设：结合学校一流本科建设战略，加强大学教学用书的选题规划，充分挖掘学校现有优势资源，加强与学校各院系的联系与合作。通过与本校会计学院、公管学院、金融学院、商学院等的交流活动，了解各学院的动态和学科建设情况以及在教材出版方面的需求，为我社未来发展做好调研规划工作。教材出版在梳理旧版教材品种、利用教材修订契机的同时，规划"匡时"学科系列教材出版工作，统一装帧设计风格和品牌标识，弘扬校训精神，主打财大专业品牌。已有近30种"匡时"学科系列教学用书出版发行。

同时也出版了一批市场反映良好的重点专业图书，如《货币起源》《大衰退年代》《系统性财务造假揭秘与审计攻略》《香象渡河》《关于投资　关于家国》、"世界资本经典译丛"等单品种与套书，受到市场与书评媒介的好评。

2. 选题情况和基金申报

(1) 全年共申报选题414种,其中年度选题182种,补报选题共232种,选题申报数量同比上升8.9%。累计发稿新版(含重版)图书322种,同比增长64种,增长率为24.8%,其中教材163种(高教160种,职教3种),占50.6%,同比上升25%;学术专著81种,占25.2%,同比上升14.1%;一般图书78种,占24.2%,同比上升39.3%。发稿重印书363种,同比增长30种,增长比例为9%。全年编辑图书发稿总字数达1.3亿字,同比增幅较大。

(2) 根据中共中央宣传部和上海市委宣传部的要求,对我社已列入"十三五"国家重点图书出版规划的4个项目的执行情况进行汇报,并增补了《中国经济发展史(1949—2019)》等4个项目。根据教育部《关于组织开展"十三五"职业教育国家规划教材建设工作的通知》,组织进行了"十三五"职业教育国家规划教材的申报工作,最终申报了《会计基础理论与实务》(第二版)等16种教材。

(3) 基金申报。积极申报国家与上海市出版基金资助项目,加大重点出版项目培育与出版计划,逐步实现出版经营能力的持续提升。其中,申请国家出版基金项目4种,申请上海文创基金4个项目,申请丝路书香出版工程重点翻译资助项目1项。有2种图书申报中华优秀出版物奖评选,2个项目申报参评新闻出版署主题出版活动。"近代中国经济转型历史与思想研究文库"获得了国家出版基金资助,《中国经济发展史(1949—2019)》《改变中国人的十四个观念》《娱乐法》3个项目获得上海文创基金资助,共获资助金额近75.5万元。

第二十八节　上海大学出版社

上海大学出版社(以下简称"我社")积极围绕学校中心工作,扎实推进执行五年发展规划,坚持以高质量发展为核心战略,努力探索现代文化企业制度建设,全年新出版图书近四百种,总码洋过亿元,在社会效益和图书出版质量上都取得了近几年的最好成绩。

一、年度工作完成情况

1. 坚持高质量特色发展,扩大社会效益影响力

坚持高质量发展和创新驱动,努力推进图书出版精品化战略。连续三年入选中国图书海外馆藏影响力出版100强,在"上海市出版社图书出版社会效益评估"中取得历史最好成绩。

3月,上海市委宣传部对上海的近四十家出版社的图书出版情况进行了评估,评估主要包括:出版结构、内容和装帧、编校质量等几个方面。11月公布的评估成绩显示,我社总分89.5分,这是我社在历来社会效益评估中取得的最好成绩,比2018年总分高出6分,排名上升6位,位列13位。

较高文化价值和较好市场价值的精品好书,构筑成高质量特色发展的基石。《中国傩戏剧本集成》(共33卷)完成全部出版。该套书共分三辑,先后入选国家"十二五"、"十三五"重点图书出版规划,三辑均获得国家出版基金资助,是整理、保存、弘扬中华各民族文化,推进各民族文化繁荣发展的重大出版项目。其中《中国傩戏剧本集成》(1—20卷)还获得上海市第十四届哲学社会科学优秀成果著作类一等奖(2018)。

《南社史料辑存:南社社友录》、"小三线建设研究丛书(1—3辑)"入选上海市改革开放四十年

优秀文史图书。《走近非洲动物》入选首届“自然好书”50强。

2. 坚实学科建设发展基石，专人专力服务教学科研

“创一流，追卓越”，坚持不懈努力，积极服务学校高水平一流建设，以专人专力对应学科和专业的出版项目，提供优质的出版服务，主动开拓新的出版资源。重点发展了与美术、音乐、通信、计算机等学院的合作，出版策划学术专著、教材近百种。深度介入“课程思政”探索工作，创新推动“课程思政”成果走出中国，走向世界。

3. 坚定民族文化自信，推动优质图书走向世界

深度介入“课程思政”探索工作，创新推动“课程思政”成果走出中国，走向世界。7月，我社与施普林格·自然集团签署了“人文智能丛书”版权输出协议，开启该书面向全球的发布之路。“人文智能丛书”是继“大国方略”系列丛书之后的，上海大学顾骏、顾晓英团队“课程思政”的最新成果。签约仪式上，上海市委宣传部副部长、市新闻出版局局长徐炯高度评价此次版权输出的意义：认为这是中国思政课的教材第一次走向世界，这在中国出版界是一项填补空白的成绩。同时从更深层次的意义上讲，有别于之前中华文化“走出去”的内容多为中华传统文化，作为最前沿的学术思想成果能够走向世界，是现今特别要鼓励的方向。

4. 提高科技利用率，拓宽数字化出版新渠道

互联网科技提升出版的水平，积极探索运用前沿科技，拓宽数字出版新渠道。3月，我社获得了国家颁发的数字出版许可证，积极建设数字出版基地，打造数字出版制作平台和展示平台，已有10余种图书进入数字出版领域，9月与北京超星公司签署数字图书出版平台合作协议，10月与百度公司签署百度网盘内容战略合作协议，使数字出版进入快车道。

二、工作亮点、创新举措

1. 借力出版专业优势，践行立德树人时代使命

我社以树人为核心，以立德为根本，将立德树人的任务付诸实际行动，为实现学术研讨和高等教育教学提供重要的纸媒资源；联系多方资源，搭建各种平台，以多种形式引导青年“有理想、有本领、有担当”，更好地“构筑中国精神、中国价值和中国力量”。

(1) 出版优秀作品，为立德树人教育提供宝贵的素材。

围绕新中国成立70周年、上海解放70周年等重要主题，策划主题正、内容新、可读性强的“红色书系”。其中，《五月黎明——纪念上海解放70周年》《上海匠心》《黄宣佩传》入选国庆50种上海出版的重点主题出版物。《光荣啊！铁道兵》作为一本对青少年进行革命英雄主义、爱国主义教育与传播红色文化的好书，出版后登上了《学习强国》平台。在“不忘初心，牢记使命”主题教育中，《渔阳里：红色征程的起点》《申江赤魂：中国共产党诞生地纪事》等多部图书，成为生动的主题教育读本。

为配合大学生思想政治教育，探索“思政课程”向“课程思政”转变，策划出版“大国方略”系列配套图书，已出版的9部图书均入选上海市重点图书，获得各类基金资助或奖励。图书出版与“课程大思政”的融合真正做到了“呼应主题，寻求变革，对接实事，融会贯通”。目前，“大国方略”系列课程已在超星尔雅上线，课程与图书的影响力遍及国内各大高校。

(2) 融合多方资源，为立德树人教育拓展辐射的空间。

充分发挥桥梁纽带作用，融合多方资源，扩大立德树人的辐射力。我社与研究生院合作，设立

“研究生创新能力提升计划”,着力培养研究生创新人才。联合上海大学外语学院、基础教育集团,成立上海大学翻译研究出版中心,为将更多更好的优秀中华传统文化和符合时代潮流的新文化传播、传承出去,提供广阔空间。

2. 构建产学研一体化基地,拓展立德树人新局面

我社与上海大学外语学院、基础教育集团合建的“上海大学翻译研究出版中心”,将进一步建成中华文化翻译部、版权贸易部、双语教材教辅部等,立志将依托这个产学研一体化的平台,助力优秀中华文化双语著作的出版,助力我社与国外出版商开展深度合作。同时通过校友资源,设立“上大社·锦珂优秀图书出版基金”等平台,不断探索产学研一体化新渠道。

第二十九节　上海音乐学院出版社

上海音乐学院出版社人员状况及其产品状况进一步成熟,出版行为更趋规范化、科学化和合理化。

新出图书 85 种,其中专业类 40 种,占 47%;教材类 6 种,占 7%;考级类 8 种,占 9.4%;市场类 28 种,占 33%;独立音像作品 3 种,占 3.5%。

一、重点图书

完成了《钢琴考级曲集》(2020 版)、《我和我的祖国——经典红歌钢琴改编曲集》、《力量之声》《Ethnomusicology 理论与方法英文文献导读》、《兰苑芳鳌——中国昆曲六百年》、《音乐学百年文选导读》以及“民乐五线谱视奏训练系列”等重点图书的出版。其中,《兰苑芳鳌——中国昆曲六百年》入选 2019 年中华民族音乐传承工作精品出版项目。

2019 年出版的图书品种中,既有上音的优秀成果,包括作品、教材、学术著作等类别,也有为兄弟院校出版的一批兼具社会意义与经济效益的图书。

二、重点工作

1. 完成 2019 年度选题计划,并根据实际工作情况,进行增补选题的出版工作

完成我社重点图书的出版,有计划、有质量地完成 2019 年度的出版工作,基本达到既定工作目标。

2. 进一步规范、落实引进版图书的备案流程

新闻出版局对引进版的选题实行备案管理,今后涉及版权引进的选题,均需提交选题专项申报、合同登记表、合同复印件等材料。获得新闻出版局签署的文件,在图书版权页体现项目编号后方可出版。

3. 为加强编辑部的业务能力,从日常工作中的审稿实力出发,由资深编辑老师介绍了终审过程中发现的一些编辑规范和基础知识点

此外,组织编辑部对微信公众号“木铎书声”中部分出版编校知识进行学习,希望全体编辑能够保持关注和持续学习,保持积极的学习能力与意愿,营造编辑部良好的学习氛围,以此促进编辑部图书出版质量的进一步提升。

4. 积极参与上海书展、社校园流动供应等重大活动,加强与读者之间的互动

三、数字媒体

我社数字媒体部通过探索、开发,逐步推进数字化出版、宣传等工作。获得了广泛的认可。

1. 微信工作

坚持每天推送微信,全年发布公众号文章362篇。目前用户数近三万人。单条阅读人数最大为6 001人,"新书推介——《中英双语音乐理论概述》"。

加大新书的首轮宣传力度,促进微店销售。《中国传统音乐》(上下册)、《新编基本乐理实用教程》、《罗老师的音乐课I》、"民乐器乐五线谱视奏训练"系列、"实用基本乐理习题集"丛书等都在首次推送后一周内获得了微店单品300册以上的销量,微店销量同比递增81%。严格执行审稿制度。对排片、收集、审稿、编辑、校对、发布的每个环节做到分工明确,进一步完善公众号文章的三审责任制,为文章质量提供保障。

2. 网站工作

网站启用音视频资源服务器,解决音视频带宽瓶颈。安排开发公司对官网原有音视频资源进行搬迁,并对迁移后的音视频链接进行排查,避免错误。完成网站备案并将备案、营业执照、出版资质等在网站公示。做好网站维护工作的转移,与仁炬科技签订维护合同。完成备用域名shyyxycbs.com的续费和转入工作。多次与学院网络信息安全中心对接,做好学院网站群开发需求的确定。设置云盾提升网站防护力度,顺利度过敏感时期和教委攻防战阶段。

3. 数字平台

上半年经过多次走访、讨论和比对,确立了数字平台的服务商。下半年与学院网络信息中心沟通,讨论我社与数字平台服务商合作的事宜。目前正等待阅门户提供二级等保资料后继续推进。

四、突出工作、成果、收获

1.《兰苑芳蓥——中国昆曲六百年》入选2019年中华民族音乐传承工作精品出版项目

2. 我社积极地补充和完善各项规章制度,做到有度可循、有律可依,保证每个出版环节能够正规健康地开展

在人员建设上,各部门逐渐壮大,尤其是编辑部门,集中了一些高学历高能力的人才,在贯彻执行党和国家的各项政策上,起到了很好的带头作用,促使全社人员的思想建设有了更进一步的提升。

3. 我社数字媒体部通过努力,获得了广泛的好评与认可

第三十节　上海科学技术文献出版社

上海科学技术文献出版社(以下简称"我社")在馆所党委、行政的支持和关心下,在执行董事、监事和上海世纪出版集团的帮助和支持下,无论在重大项目完成、新书出版、销售回款还是内部管理上,都取得了可喜的成绩。

我社出版图书408种次,其中新出图书236种,重印图书172种次;发稿235种,申请书号221个。

推出了一大批原创作品,其中《70年邮票看中国》入选2019年主题出版重点出版物(全国90

种,上海仅2种入选)。完成“十三五”国家重点出版物出版规划项目,也是2018年主题出版重点出版物的“中国高铁”丛书(9种)。

一、坚持正确导向,提升图书质量,主题出版和重大项目成绩斐然

1. 重要奖项

《透过哈勃看宇宙》荣获“2018年全国优秀科普作品”,该奖由中华人民共和国科学技术部颁发。

《70年邮票看中国》入选“中国好书”2019年10月榜。

《插图本极简中国科技史》入选“中国好书”2019年7月榜,入选中央和国家机关“强素质做表率读书活动”2019年推荐书目(下半年),获得《中国新闻出版广电报》2019年度好书,获得中国出版协会“2019年度中国30本好书”,《中国教育报》2019年度“教师喜爱的100本书”。

《上海图书馆藏珍稀名人家谱丛刊》获“全国古籍出版社年度百佳图书”二等奖。

2019年还有重点出版物《红色视域下的上海——中共中央早期机关报〈解放日报〉上海新闻整理汇编》(8册)和“江南文化”丛书(4种)等。

2. 列入“十三五”国家重点出版物出版规划项目执行情况

我社被列入“十三五”国家重点出版物出版规划的4个项目均已出版,包括:“插图本中国科技史话”丛书、“插图本中华古代文明探源”丛书、“中国书院文献集成”“中国高铁”丛书,这些项目均获得国家级和上海市级出版资金资助。

3. 获得资助情况

有7个图书出版项目列入国家级、省部级各类重大项目。

国家级图书出版资助项目4项:国家出版基金项目《化学品毒性全书》《个性化药物——新药研发的未来》;国家出版基金主题出版专项资助项目“中国高铁”丛书(2019年出版);国家古籍整理出版专项经费资助项目“中国书院文献丛刊”第二辑(2019年出版)。

入选国家重点图书出版项目1项:《70年邮票看中国》入选2019年主题出版重点出版物。

上海市级图书出版资助项目3项:上海市促进文化创意产业扶持资金资助项目“红色视域下的上海——中共中央早期机关报上海新闻整理汇编”(2019年出版),“新中国小三线建设档案文献整理汇编”,“《资本论》学习丛书”(2019年出版)。

二、优化渠道结构,扩大馆配优势,销售业绩提升

在渠道结构上,2019年电商渠道实现销售比例有较大幅度提升。我社天猫旗舰店稳步发展,整合发布营销资源、图书首发、销售时效图书、短版图书及开展按需印刷逐步显现作用。2019年还得到上海世纪出版集团的大力支持,加入了世纪天猫店,另外开发了翰墨图书天猫店等网络销售渠道,对冲了亚马逊退出实体书业务的不良影响。

馆配是我们具有一定优势的领域,2019年在巩固的基础上有了进一步发展。馆配部工作人员在馆配淡季的时候做好客户维护和服务,带来了馆配业务的增长。在2019年的人天书店、湖北三新图书公司、江苏新华发行集团及浙江发行集团组织的几次重点馆配会上,都取得了较好的成绩,采购排名靠前,特别是在2019江苏秋季馆配会上,我社名列全国第四,这是在我社历史上取得的最好成绩。2019年全国中小学图书馆采购目录和全国农家书屋推荐采购目录上,我社上目品种数也

高于往年，为我社2019—2020年度的发展打下了一定基础。

受政策指导，游戏出版2019年比较稳健，出版游戏约50种。

2019上海书展，我社与馆所兄弟部门开展了业务和文明创建工作的联建，联手参展联合推广。在书展中央大厅举办的“走近江南　珍藏江南——‘江南文化’丛书首发、朗诵暨签售会”得到馆所领导和会展中心朗诵队的支持，主流媒体纷纷报道。黄玉峰老师的签售活动吸引了许多热情的家长和学生，现场人气爆棚。上海电视台“新闻坊”栏目对我社出版的“挂号费”“红色视域下的上海”“中国高铁”等丛书进行了现场拍摄和读者采访，并剪辑成不同的短片多角度播出，对我社的形象推广和图书销售起到了很好的推动作用，也提振了全社员工的士气。

三、加强制度建设和内部管理，注重培训，提升专业能力

根据预算管理和业财融合的思路，跟踪业务进度，加强过程管理，有效组织生产、销售和付款，逐步使经营有计划，结果可预测，掌握生产经营的趋势，并做出预案和及时调整。编辑工作中加强导向和质量管理，对重要图书增加付印前的质检，有效提升了图书质量。严格控制成本，严抓质量标准和时间进度不放松。服务与管理部门扎扎实实，保障了我社的高效运转。为我社持续发展，组织员工参加相关机构开展的继续教育、职业资格考试培训和编辑业务培训，并组织社内业务交流。

第三十一节　上海社会科学院出版社

上海社会科学院出版社（以下简称“我社”）在院党政的领导下，保持积极稳健的发展基调，在保持数量规模的基础上逐步转向高质量发展，在社会效益和经济效益两个方面都取得了显著的成绩。出版新书356种，重印197种，10个品种当年销量超过万册。根据上海市新闻出版局每年一度的“出版社综合效益评估”，本社继续稳居上海出版界中游地位。

1. 多种图书获奖

《从工部局大楼到上海市人民政府大厦：一幢大楼与一座城市的变迁》《中国文集日本古注本集成》入选上海市重点图书。《枫丹白露宫：法国千年史》入围第十一届傅雷翻译出版奖。《上海近代社会经济发展概况（1882—1931）：海关十年报告译编》入选上海改革开放40年四十种优秀文史作品。《从尿布到约会》《成长型思维训练》获得中国教育新闻网评选的2018年度“影响中国教师的100本书”。《东京百年史：从江户到昭和1867—1989》入选《东方历史评论》评选的2018年度历史图书。《你，会回来吗？——心理治疗师与你对话生死》获得第九届全国书籍设计展入围奖。

2. 多个项目获得基金资助

共有8个品种的书籍获得国家和上海市各项基金资助。其中2个项目获得国家出版基金资助，6个项目获得上海市各类基金资助。

3. 进一步拓展了海外版权输出

《丰子恺漫画古诗词》输出韩国，将由韩国一潮阁出版社出版。该项目获2018年度上海市版权“走出去”扶持资金资助，并入选2019年度“上海翻译出版促进计划”。

2019年7月参加在荷兰莱顿举行的第十一届国际亚洲学者大会的书展单元活动，并拜访了莱顿大学出版社、莱顿大学图书馆、BRILL出版社等相关机构。这一活动宣传展示了我社品牌形象

和上海社会科学院的学术形象,进一步推广图书"走出去",打造上海社会科学院持久的学术研究和高端智库品牌影响力;也同与会学者进行交流,开发海外作者资源。

4. 做好院学科建设和智库发展的出版服务工作

我社和院所各部门通力合作,出版了诸如"上海社会科学院创新译丛""世界中国学系列""法学所所庆60周年丛书""国经报告""对外开放40年""G20杭州峰会论丛""城市更新与人文遗产·上海系列"等丛书。此外,还出版了《美国与欧盟智库:华盛顿与布鲁塞尔政策研究机构比较》《Chinese Think Tanks Report》《中华民族伟大复兴基本规律与思想资源》《新时代智慧社会建设研究》等图书。这些图书体现了院学科建设和智库发展的水平,产生了较大影响。

5. 坚持做好专业特色图书出版

精心谋划主题出版和重点出版项目,出版了《改革开放40年:上海100项首创案例》《新中国红色诗歌大典(1949—2019)》《从工部局大楼到上海市人民政府大厦:一幢大楼与一座城市的变迁》等主题类图书。完成了"十三五"时期国家重点出版物出版规划项目三卷本《中东史》。出版了国家出版基金项目"绘本中的炮舰外交"丛书、《明代学术思潮与文学流变》2种图书。

丰富了"万国通史"的图书出版,已出版《英国通史》《法国通史》《德国通史》《加拿大通史》《日本通史》《印度通史》《俄罗斯通史》《南非通史》《葡萄牙海洋帝国史》《巴西通史》《柬埔寨通史》《埃及通史》等。在心理学方面,继续丰富了"心理自助CBT""心理学核心课""心理咨询进阶""法国当代心理治疗"等丛书的图书品种。

6. 开辟数字出版新业务

我社组建了数字出版的新团队,工作内容主要涉及电子书业务,联合第三方技术公司为我社编辑提供纸质书数字化增值服务平台,建立微信体系下的数字化产品服务平台小程序"尚社云书房",围绕纸质书积极拓展有声书、知识服务、音视频增值服务等。

第三十二节　文汇出版社

文汇出版社(以下简称"我社")是上海报业集团旗下的一家媒体出版社。积极推动出版高质量发展,以"多出好书"为根本追求,结合自身定位认真做好主题出版,坚持打造海派文化、江南文化等出版特色,全心全意为广大人民群众日益增长和丰富的精神需求提供科学性、知识性的文化读物。

一、文化和社会影响

我社作为媒体出版社,深知传播正能量是扩大我社影响力的重要手段,因此,将做好优秀的重点图书的宣传,作为我社的一项重要工作指标。

1. 奖项荣誉

一批优秀图书获得各级各类奖项:《活山》入选第二届"中国自然好书奖""十大自然好书",并荣获"自然文学奖";《马上起飞》获"上海作协会员年度作品奖励";《玄机无界》入选"2019年上海市科普作家协会优秀科普图书";《事实》获2019年"精品阅读年度好书奖"及第二十八届上海市中小学、幼儿园优秀图书评选活动推荐奖;《巨浪下的小学》等一批图书入选《中华读书报》等多个2019年度好书榜单。

2. 重点图书

“过云楼丛书”入选“十三五”国家重点出版物出版规划。《中国之优伶》《蠹虫升庵》等为国家艺术基金资助项目;《陈古虞文存》《拂去烟尘——2017〈上海纪实〉精选本》《生命的密码——2018〈上海纪实〉精选本》《一米之外》《上海百乐之门》获上海文化发展基金会资助;《远山绝恋》获中国作家协会重点作品扶持项目资助;“上海老作家文丛”获上海作家协会基金资助;《不是为了告别》获上海市作家协会专项基金资助;“新时期嘉定作家群文学丛书”获中共嘉定区委宣传部基金资助。

3. 版权输出

6 种图书在海外出版或实现版权输出。

二、产品结构和专业特色

我社继续优化选题结构,紧紧围绕以人民为中心的出版导向,围绕上海文化品牌建设,结合自身资源优势,逐渐形成了清晰的产品线和专业特色。出版定位延续我社的历史文脉,坚持以大社科、大文化、大艺术为立身之本,精心策划和组织系列品牌选题。

1. 结合我社特色做好主题出版,讲好中国故事

策划推出了一批主题出版物。《社会主义核心价值观 24 字解》从文字学角度解析核心价值观 24 字的含义,将传统文化和红色文化相融合,相关内容已经在“学习强国”上线。《小球大乾坤》以小见大,从国球乒乓发展历史,折射新中国 70 年辉煌成就。《洋山港追梦》生动展现国家战略项目洋山港的建设过程。《听党话　跟党走》《荒岛夫妻哨》反映基层党员不忘初心、甘于奉献的精神。其他如《孙中山在上海》《陈君起》《51 号兵站》《祖国,或屋檐下的告白》《信仰照亮征程》等主题出版图书,从不同角度突出鲜明主题。

2. 持之以恒做好海派文化、江南文化出版特色,讲好“家门口”故事

“海派艺术丛书”从海派绘画、海派摄影等方面对海派艺术进行有系统、有价值的文化梳理;《上海音乐厅》《上海文化广场》《上海东方艺术中心》《上海大剧院》《上海交响乐团 140 年》等系列图书集中展现上海文化场馆建设和文化公共服务的水平;《上海建设年鉴》《上海路数》《上海六感》《上海老弄堂的故事》《上海黄浦》《浦东记忆》《潮涌宝山》《佘山境界》《书翔嘉画》等几乎涵盖了上海的方方面面,形成了坚实的出版板块。

江南文化方面,除了“十三五”规划“过云楼丛书”新出版《顾文彬日记》《鹤庐画识》《过云楼书画录初笔》《过云楼书画录再笔》等外,还有《三生长忆是江南》《吴门园墅文献新编》《桃花坞的传播》《苏州传统童谣》《图说昆山小镇》《昆山农耕》等,也已形成鲜明出版板块。

3. 依靠集团做强媒体特色

作为上海报业集团所属的一员,我社坚持鲜明的媒体出版社的特色,持续关注与媒体特性有关的选题,积极利用集团的媒体资源开发媒体特色选题。“笔会”文丛、“夜光杯”文丛坚持每年推出年选本,与《文汇报》策划《巅峰对话》,与《新民晚报》策划《小球大乾坤》,利用《新民周刊》专栏开发《褪色的大西洋灯带》《大师是用来突破的》《女神的足迹》,与《书城》合作开发“书城大家”系列图书,还与“澎湃”、明珠美术馆、《上海纪实》等联手开发图书选题,从文化、娱乐、生活等细节还原中国社会丰富的精神生活。

此外,在文学艺术类图书、“非虚构”读物、教育亲子读物等方面也形成了具有特色的出版板块。

在此基础上,我社提出“小而美”的发展战略,紧紧围绕中长期选题规划组织内容生产,进一步

明晰和细化产品线;积极尝试众筹出版等新媒体出版方式,推动纸质图书的数字转化,在喜马拉雅等平台上线,取得一定进展。

第三十三节　上海三联书店

上海三联书店(以下简称“上海三联”)精准发力,力争“效益年”两个效益再上新台阶。围绕这个目标,在解放日报社领导的关心支持下,凝心聚力谋发展,比较好地完成了年初制定的各项工作任务,三联品牌的影响力在过去的一年又有了比较大的提升。

在出版管理方面。年初,召开例行的全社质量工作会议,强调了三审制、工作流程、安全生产。由于上下重视,严格把关,图书的质量有了比较明显的提高,确保了出版社的平稳发展。

在经济工作方面。以“三控”为抓手,即控制成本,控制程序、控制波动,以压库为目标,严控印数,精准发行,确立了以社会效益为前提,以利润为中心的出版社科学发展的指标体系,经济开始由粗放型经营向效益转变,从而不断提高以利润为中心的做强做优能力。全年共销售图书 7 000 多万元,超额 30%完成了报社下达的年度利润指标。深耕主业的同时,继续探索跨业发展,分别在西安、上海开设了两家新的实体书店。至此,实体书店已发展至 10 家。与酒店、民宿、社区、写字楼等合作开设的上海三联阅读空间年内得到了进一步拓展,目前挂牌经营的也已达到十余家。

在编辑出版方面。着力体现传承性和创造性、权威性和大众化、体系性和知识点、引领性和服务性等四个方面的结合,产品板块围绕牛津学术精选·法学、城市史译丛、人文经典、宗教文化等优势产品线,努力提升高质量的专业化出版能力,三联品牌得以在传承中弘扬,在坚守中创新。全年出书达 370 余种,销售万册以上的图书达到了 30 多种,重版率达到 38%。《人文经典书库》《剑桥世界史》《城市史译丛》获批本年度国家出版基金项目。获得国家社科基金立项的也有近十种,“苏轼十讲”等一批好书入选“中国好书”。

在制度建设方面。结合抓“三控”,对上海三联的预算、财务、考勤、学习、民主管理、安全生产、廉政网络等方面的制度进行了修订。由于加强了纪律教育和培训,员工的素质、形象在稳步提高。

在文明创建方面。上海三联第三次荣膺“上海市文明单位”的光荣称号。4 月 26 日,出版社召开全社精神文明建设大会,部署上海三联新一轮文明创建的规划。努力建设以“和衷共济、读书育人”为核心,以市场观、发展战略、质量方针、企业精神等四个方面为主要内容的三联企业文化,已经在出版社深入人心。

在队伍建设方面。工作的高质量取决于员工素质的不断提高,提高员工素质,抓手是建设“学习型三联”。年初我们制定的各项员工培训计划均已实施到位,“三联讲堂”年内开讲五次,“三联读书会”正式成立,并已开始实施第一阶段的读书计划。

第三十四节　上海科学普及出版社

上海科学普及出版社(以下简称“我社”)在上级主管部门的正确领导下,牢牢把握正确的政治导向和出版方向;坚持“四服务”职责定位,推进“学术、科普、智库”三轮驱动,“创新服务、人才举荐”两翼协同,建设好“科技工作者之家”的工作主线和要求,着力增强图书出版的社会影响力、我社经营的市场竞争力和干部队伍的引领带动力,我社出版业务呈现稳中求进的良好态势。

一、业务经营工作

全年初版发稿 279 种，重印发稿 232 种。共出版图书：初版 307 种，重版 146 种。新出版图书中包括科技科普类 49 种、文化教育类 162 种、少儿科普类 79 种、生活类 2 种、医药保健类 15 种。全年召开图书选题会议 5 次，对 250 种列选图书进行论证，把握好图书出版的政治导向。我社着力统筹谋划，加强编辑和发行队伍的建设，通过有计划地引进专业编辑人员和图书销售人员，充实编辑和发行队伍，拓展自身图书特色品牌，做大做强图书自办发行。开展各种形式的培训和进修活动，加强业务学习，增强管理水平、全面提升员工的科学素质和业务水平，努力打造一支有市场意识，有组稿根底、思维创新、品质可靠、乐于奉献的科学技术传播队伍，从而保障我社的健康发展。

在优化选题上着手，从源头把关，以“科学普及”为抓手，规划、调整图书结构，全力搭建“普及科普知识，弘扬科学精神”的图书产品架构，构建“医学科普”、“学生科普”和“老年科普”图书特色板块，坚持“内容为王，质量第一”这一根本，组织高质量有市场的图书，出版有分量、有影响的自主稿图书尤其是精品图书，形成有我社特色的图书产品链，打造自身品牌，赢得社会和市场的认可，重塑我社的核心竞争力。

二、安全稳定工作

贯彻落实上级关于安全稳定工作的重要部署和工作要求，强化安全稳定的发展理念、强化“红线”意识、强化责任落实。完善内部管理，落实安全稳定的各项措施，确保图书生产业务的正常开展和员工队伍的思想稳定，努力在平安单位建设、提升治理能力上实现新作为。我社划转后，新班子成员按照分工，逐层次、逐科室同全体员工进行了谈话，掌握员工的思想动态。通过教育引导和谈心交流，消除了员工的思想顾虑，让大家稳了心定了神，对未来发展树立了信心，为我社划转后的稳定发展打下了坚实基础。

针对消防安全重中之重的图书仓库，社领导多次上门检查，现场指导工作。按照上级部门安全生产要求，对图书仓库的整体环境进行了彻底修整，添置了消防设备、制订了安全制度、明确了安全职责，打牢安全的基础。积极做好防火、防盗、防台、防汛等安全防范工作，在节假日期间认真落实值班制度，明确职责，各部门严格执行节假日安全隐患排查以及下班 5 分钟的安全检查制度，形成综合治理综合抓的良好局面。建立网络和计算机使用管理制度，并严格按制度办事，坚持做好文件资料的保密工作。加强员工警示教育，全面提升安全防范意识，确保不出安全事故。

第三十五节　中国中福会出版社

中国中福会出版社（简称“我社”）全力践行宋庆龄“把最宝贵的东西给予儿童”的思想使命，深入贯彻习近平总书记在中国福利会成立 80 周年贺信中的重要指示精神，进一步提升能级，增强核心竞争力，擦亮“儿童时代”品牌，努力培育和建设“中国原创图画书出版中心”，突显我社“精、专、特、优”特色。同时，注重企业文化建设，在中国福利会党组的坚强领导下，全社职工团结一心，超额完成了年初制定的各项任务指标。

一、出版规模持续扩大,经济能级又上新台阶

我社出版规模进一步扩大,书刊造货实现“小目标”;发行态势向好,发货码洋及书刊回款都有“新突破”。

2019 年共出版图书 411 种(不含《乐智小天地》),其中新书 128 种,重印 283 种,重印率高达 68.86%。

二、凭借中福会优势资源,主题出版取得新成绩

2019 年推出《与爱同行·汉藏双语绘本系列》(5 种),作为献给西藏地区小读者的特别礼物。成立“宋庆龄出版中心”做好宋庆龄书系的出版工作,并围绕宋庆龄产品线开展数字化业务,加快建设完善宋庆龄文献数据库。承担了《中国福利会志》的编辑出版工作。

三、全力打造品牌特色,产品战略喜见新成效

做强优势板块,“中国原创图画书出版中心”成绩斐然。完成了“十三五”国家重点图书出版规划项目——“带回家的自然博物馆”系列丛书。中心还成功举办了“第二届儿童时代图画书论坛”“首届幼儿绘本教学进阶工作坊”“《垃圾不见了》沉浸式绘本展”等大型活动,进一步扩大了我社原创图画书的影响力。

深耕名家名作,“儿童文学+”品牌效果显现。在打造儿童文学产品线的过程中,立足经典原创,以“名家”“名作”为基本标准,并借助“童话”+“语文”的形式,打造独特的“儿童文学+”概念。

我社以品格教育、幼小衔接和媒介融合为导向,瞄准了著名儿童文学作家王蔚连载十年的童话《巫婆村》,通过重新设计定位,推出了“巫婆村·好品格养成所(拼音美绘版)”系列(6 种)。在该系列中尝试了媒体融合阅读,与上海市印刷行业协会合作制作了“巫婆村”动画短片,并将 AR 互动嵌入纸质文本,让故事中的“巫婆们”跃然纸上。

四、注重原创,加强少儿科普板块建设

出版了《哈小宝科技大冒险丛书·“翻翻”天才的脑袋瓜》(4 种)、《科学如此好玩(第二辑)》。此外,我社科普板块的主打产品“儿童科学小百科”系列扩充了 4 个品种——《坦克装甲车辆》《地球》《天文》《航天》。该系列是上海市重点图书,同时还入选了上海市科普作家协会评选的“优秀科普图书”。

五、弘扬宋庆龄教育思想,完善“幼儿教育”图书板块

我社与总会(中国福利会)及兄弟单位在强化宋庆龄幼儿教育思想的实践性和示范性方面已经形成了良性的互动,出版了孕产、幼教、保育等方面系列图书产品几十种。进一步完善了“宋庆龄幼儿教育思想与实践丛书”,与总会合作出版了《为国树人缔造未来——宋庆龄儿童教育思想与幼儿

教育实践》，与宋庆龄幼儿园合作出版了《我们家的早教——宋庆龄幼儿园亲子游戏(0—3岁)》，与中国福利会幼儿园合作出版了《妈妈老师的记事本——保育员操作手册》《过节啦——幼儿园节庆微课程》。

六、服务国家战略，坚持为老服务出版

我社自2016年开始推出“送给爸爸妈妈最好的礼物”系列丛书，从生活、医疗、保健、养生、文学鉴赏、维权、防诈骗等方面出版了一系列适合老年读者阅读的内容，并以大开本、大字体、大行距等特色受到市场青睐。目前，我社已成为国内该门类图书产品最丰富的出版社之一。该系列新出版了《美味@江南》《防治#老年病》，反响良好。

七、擦亮《儿童时代》品牌，报刊板块加快融合转型

2020年是《儿童时代》创刊70周年，我社以此为契机，在传承的基础上创新，启动对《儿童时代》的全面改版，围绕创设IP形象、打造品牌栏目、加强媒体融合等，激发“新中国第一本少儿期刊”的新活力。《哈哈画报》《少先队活动》杂志、《学生计算机世界》报也各具特色，在2019年稳步发展，使报刊板块整体保持上扬态势，为报刊转型发展、建构以品牌为核心的知识服务平台打下良好基础。

八、强化版权运营，“引进来”“走出去”均有突破

“巧虎”本土化工作进一步推进。《乐智小天地》是我社重要的版权引进项目，近年来，我们也开始关注“巧虎”内容的本土化，在保留优质引进内容的同时，结合中国国情，增加更多本土化元素。通过“巧虎”的本土化，让小读者更多地了解中国的优秀文化和发展成就，从小培养和树立孩子的文化自信和爱国之心。

以原创图画书为抓手，继续做好版权输出。我社原创图画书继输出到欧美、日韩等国家外，实现了阿语的版权输出，有《垃圾不见了》《爸爸的手提箱》《太阳想吃冰激凌》三种阿拉伯语图画书出版，并在阿布扎比书展上与阿语地区的小读者见面。《牙齿，牙齿，扔屋顶》德语版出版，该书作者刘洵受柏林国际文学节邀请，参加了新书首发仪式以及数场活动，受到德语地区读者的热烈欢迎。

出版了“小学新课标语文拓展读本——左手成语右手百科”系列(8种)，在此系列图书出版三个月后，繁体中文版权即被中国台湾的萤火虫出版社购买。

九、社会效益稳步提升，项目立项取得新突破

在2019年“上海出版社社会效益评估”中，我社位列“社会板块”第一名。《顽皮公主简当当》荣获引领成长第六届“上海好童书”奖，《夏至》荣获引领成长第六届“上海好童书”提名入围奖，《儿童科学小百科》《冰雪中的生命》获评“优秀科普图书”，《100只兔子想唱歌》获第十二届“上海市作家协会幼儿文学奖”图书优秀作品奖，“伟大的女性 · 宋庆龄书系”(3种)、《鲁平——口述香港回归》入选“上海改革开放40年四十种优秀文史类图书”，“儿童时代”图画书(阿拉伯语版)获2018年上海市版权“走出去”扶持资金项目资助3万元，“儿童时代”原创图画书“走出去”项目获上海市“中国

文化走出去”专项扶持资金30万元,《与爱同行·汉藏双语绘本系列》出版项目获2019年上海市促进文化创意产业发展财政扶持资金成果资助类项目资助10万元,“宇宙大百科(太空科普艺术立体式课程)”获上海市促进文化创意产业发展财政扶持资金成果资助类项目资助20万元,“《儿童时代》全媒体数据库”获上海市促进文化创意产业发展财政扶持资金成果资助类项目资助75万元,“生肖系列儿歌大赛”获得上海市儿童基金会公益项目资助10万元。

第三十六节　中华地图学社

中华地图学社(简称“我社”)积极贯彻双效发展理念,努力提高发展质量,取得了一些成绩。

一、努力维护沪版教材市场,高中《地理》课本顺利通过审查

我社倾全力编制沪版高中《地理》教材,全套课本已顺利通过了教育部审定,将投放使用;积极推进部编版初高中历史地图册的编制,11个品种在2020年全部完成出版。全年完成教材发印品种66个,造货册(幅)349.7万,销售额2 160万元。

二、深挖区域教辅市场,品牌效应初见成效

我社抓住《地理》、《历史》教材修编的契机,在巩固已有品种的基础上,产品开发继续向纵深推进。经过努力,基本上形成了同步练习、知识解读、专题考试、趣味学习等系列产品线。“e家图”品牌影响力进一步彰显,全年教辅销售额600万元。

三、主动融入长三角,讲好地图文化故事

抓住“长三角区域一体化”发展契机,为政府及企事业单位在自然资源成果转化、测绘地理信息成果应用等方面出点子、出方案。先后参与《国家标准地名志(上海卷)》、《荆门市标准地名图集》、《西安市高陵区地名志》、《瑞安市地名志》以及《上海市行政区划与地名图集》,上海各区地名录、“图说上海各区地名”系列等产品的编制出版工作,累计出版“地名”类选题20余个。“地名”类图书的出版实现了两个融合,为拓展我社产品线提供了有益的尝试。

四、继续夯实线上业务,整体销售喜忧参半

我社天猫旗舰店已是集地图、地理、历史、旅游、少儿科普为特色的专业网店,线上在售品种超1 500种。进一步巩固了细分市场,增强了客户黏性,提升了网店影响力,也为编辑策划选题、分析市场提供了帮助和借鉴。发行全年实现销售码洋近1 700万元,和2018年基本持平。

五、严把图书质量关,社会效益凸显

我社严格按照《出版管理条例》《图书质量保障体系》规定开展图书出版活动,坚持正确政治方

向、出版导向、价值取向，坚持实施精品战略，注重图书内容质量及编校印装设计质量，获得了较好的社会效益。出版的《上海市行政区划变迁图集(1949—2019)》获得上海文化发展基金会资助；“中国国家地质公园丛书”、《让天空更蓝》获得 2019 自然资源优秀科普图书奖；《中国文物地图集——上海分册》获得上海改革开放 40 年四十种优秀文史图书奖。

第三十七节 东方出版中心

东方出版中心在中国出版集团的领导下，在上海市委宣传部、市新闻出版局的关心支持下，在全体干部员工的共同努力下，各项工作取得了新成绩。

一、两个效益齐头并进，总体保持稳定发展

稳经营促增长，超额完成年度任务，实现营业收入、利润双增。社会效益成果丰硕，品牌影响力得到提升。荣获上海市总工会颁发的上海市“五一劳动奖状”，被评为中国出版集团年度优秀信息宣传单位、上海和谐劳动关系达标企业、集团财务报告优秀企业、主题征文活动优秀组织奖等。在第九届中国出版集团出版奖评选中，《稀见明代戏曲丛刊》、《四世同堂》(完整版)、分获图书综合奖和图书选题奖。《气候赌场》获评“中版好书”年度好书。上海中版公司的“中版好书上海首发”系列营销活动，获集团第八届经销商大会创新营销案例奖。园区获评上海市文化创意产业园区及长宁区文化创意产业园区。中心工会获得集团征文比赛优秀组织奖，上海市新闻出版工会 2019 年度财务考核先进、“工会特色单项奖”等；中心、维京公司、物业公司获评 2018 年度上海市纳税信用 A 类企业。东昊物业公司被评为 2018 年上海市平安示范单位、第八届上海市委宣传部系统文明单位等。

二、出版主业稳步增长，产品线建设取得突破

1. 持续打造精品，主流出版能力不断增强

完成《邢同年谱》《海外现行版权法译丛》《元代文学通论》等国家出版基金项目，完成《财政学通论》等“十三五”国家重点出版项目。多种图书获奖和获得资助。《稀见明代戏曲丛刊》《四世同堂(完整版)》获得第九届中国出版集团出版奖，《气候赌场》入选“中版好书”年度榜。《中华民族道德生活简史》《改革开放中的治理之“钥”》《中国的城市化》等获得集团主题出版项目资助，以及上海市文创等资金资助。《近代中国的金融风潮》《海外现行版权法译丛》《是枝裕和：再次从这里开始》《气候赌场》《创业学》《文案变现》《水中的鱼也会口渴》等 8 种图书入选“中版好书”月度榜；《法国文明史》《一茶，猫与四季》等图书入选《文汇报》《中华读书报》等好书榜。

2. 聚焦经管和文史两大方向，图书产品结构不断优化

经管产品线建设实现破题发展。经管产品线被列入集团重点发展规划扶持的建设项目，获得年度资助。出版图书涵盖国外经济学理论和历史研究著作、国外企业管理实务以及中国经济和管理实践等，初步在社会上树立了“东方·经管”的品牌。文史产品继续丰富。出版了《法国文明史》《我们世界的历史》《极简美国史》《极简德国史》等世界历史类著作，《不可能的帝国：西班牙史》《欧洲一万年》等“新知史”系列，《窥视中国》、《北洋军阀史》(修订版)、《摩登中华》等中国史著作，以及《希姆博尔斯卡全集》《我爱问连岳 6》《是枝裕和：再次从这里出发》《故事新编》《骆一禾情书》等文

学类著作。

3. 加大营销发行力度,社会影响和经济效益稳步提升

一是加强营销创新。加强新书宣传,全年组织新书发布会、座谈会等共 30 多场。加强新媒体营销,改版中心微信公众号,全年发布各类推文 267 篇。积极组织参加北京图书订货会、上海书展、全国书博会、首届天府书展等展会,增强了中心的社会影响力。加强主流、行业、大众和新媒体宣传,提高发文质量,全年发稿量达到 1 107 篇。开办中版书房长宁店和交大店,开创“中版”品牌连锁书店,得到集团和社会各界的高度认可。二是巩固传统渠道发行,强化网店渠道拓展。继续加强与各省新华书店、馆配商和农家书屋、中小学馆配等渠道的合作。着力加强与京东、当当以及天猫等第三方电商渠道的合作。三是探索新媒体营销方式方法。开通中心微店、天猫旗舰店。

三、持续推进融合发展,新媒体运营取得一定成效

积极落实融合发展型集团建设要求,围绕重大项目、融合出版开展工作。“影像中国”募投项目再完善。在保持项目文化定位、影像主题和地标打造等主要内核不变的基础上,适当调整项目规划,确定以短视频为主要内容承载方式,以跨平台自媒体群建设为主要手段,以培养团队 IP 打造能力为追求目标。着力打造旅行文化项目子品牌。“建筑可阅读”项目启动二期建设,并获得上海市文化和旅游局建设资金;“书画影像产品”项目,成功举办“翰墨传承”书法艺术展,开通“浅艺墨划”公众号;“国际房车展”项目参与承办长三角房车旅行圆桌会议和房车旅行线路经销商大会;开展短视频产品开发,推出 14 个旅行感受类样片。中书协书法教材销售势头良好。深挖出版资源,制作电子书。

第三十八节　世界图书出版上海有限公司

世界图书出版上海有限公司(以下简称“我社”)在总部高质量快速发展的引领下,面对资金紧缺、人员不足、经济下行等种种风险挑战,始终保持昂扬的精神面貌,以解决问题为导向,在寻找突破口上下功夫,勇于创新,敢于啃硬骨头。

一、做精品,抓效益

全年备案立项选题 205 种,申领书号 149 个,新书发稿 173 种。出版图书 188 种,其中新书为 115 种,重印书为 73 种。签订购买版权合同签订 42 种。

重点打造“世图医学”品牌。医学分社出版新书 19 种,重印书 6 种,编辑在制图书包括医学专著(自版、引进)、科普图书等,品种已超过 60 种,通过作者/译者团队采购、平台销售以及微店销售。

在追求快速发展的同时,注重挖掘开发高质量的选题品种,以打造更为响亮的“世图医学”这一品牌形象。已经在麻醉、骨科、儿科等专业学科方面聚集了专家、学科带头人,出版的专业类图书质量、装帧大气精美,获得作者和读者的好评。如《新生儿外科学》(第二版)从作者团队到内容,基本囊括了该学科目前的顶级专家团队和最新知识。从策划选题开始,就从更新、更全、更权威、更实用的方面出发,提高定位,把握专业。本书还入选 2019 年“中版好书榜”第五期榜单、2019 年“中版好书”年度榜单、参评 2020 年中国出版集团“镇社之宝”等。再如《肌筋膜疼痛和功能障碍》(第二版)

的大获成功，也让我社的医学图书品牌形象更上一层楼。外方出版社在外文第三版出版后，主动为我社保留了版权贸易的优先权。

二、多措并举，提升营销手段

除了参加每年常规的在全国各地举办的馆配会、书展等大型活动外，在市场营销部成立销库专项小组，按品种、时间、库存数量分类分批整理图书目录，针对类别、时限、不同特色制定不同的折扣标准，拟拿出利润的10%～15%进行奖励。

为了促进销售、优化环节、提高编辑资源的营销转化率，试点实行“编发对接、专人专项”工作，由市场营销部派专人专项对接编辑，负责该编辑出品图书的定期库存查询、加印建议、发货情况汇总、宣传时点和销售节点的对接，以及该编辑出品图书销售事项的开户、发货、结算等事宜，以实现效率和效益最大化。

三、融合发展道路持续推进

全面推进中版教育云平台。中版教育云平台已完成《基础编码技术方案》等9个编码技术方案设计，完成4个学科的编码方案；已经积累题库套卷总计2万套、单题11万道；低结构化资源1 700个，素材类资源4 500个。取得了自有知识产权的平台。已获得软件著作权登记证书7个，软件产品登记证书5个。通过聚集一流专家和一流资源为抓手，结合各地区发展的需求，开展名师导学导教的区域性资源共享。2019年，项目组织了17场区域事业说明会，分别在三地举办营销推广活动，完成了与贵州、福建、重庆、河南等学校的项目部署。在中国国际教育装备（上海）博览会（IEE 2019）上，通过对平台的演示、介绍，用户平台得到了亮相推介，了解反馈，为后续的优化升级提供了基础。

不管外部环境如何变化、如何不确定，我们稳增长的目标不变，我们自身发展的稳定性不变。我们有敢挑最重的担子、啃最难啃的骨头的决心和毅力，把“心”用到、把“脑”用活、把“力”用足，努力探索质量变革、效率变革、动力变革之路。

第五章　印刷企业年度总结

第一节　上海印刷(集团)有限公司

上海印刷(集团)有限公司(以下简称“集团”)是上海宣传系统国资集团性企业，现由上海世纪出版(集团)有限公司全资控股，资产总额10亿余元，旗下拥有多家百余年发展历史的企业，员工900余人，是首批国家级示范企业及创新企业，也是国家新闻出版先进单位。

集团在上海世纪出版集团和印刷集团董事会领导下，围绕“抓改革、保基本、做特色、讲质量、强服务、走市场、增效益”，加快资源整合重组力度，主动调整业务结构，淘汰落后产能，培育新的经济增长点，致力于打造满足市场需求的产业新格局。全年实现营业总收入6.2亿元，利润总额2 137.4万元。

一、服务大局、坚持导向情况

集团在上海世纪出版集团和印刷集团董事会领导下，严格按照《国家印刷复制示范企业管理办法》开展各项工作，守法经营，未发生任何违法违纪的情况，各生产型企业均顺利通过了各类体系的年度审核。聚焦主业，“下定决心”练好内功，在质量管控上下功夫，所属生产型企业精细生产管理，通过有效举措，切实提升了产品质量。一是加强生产培训，对《印刷品承印管理规定》、色彩管理、岗位技能、管理标准化开展了专题培训，并以专项奖励的形式，激励职工提高产能、确保质量。二是把好原辅材料质量关，抽派专人强化来料检验，从源头降低物料损耗、遏制化学质量问题。三是优化生产管控，通过落实车间改版校对流程、样张签确制度、印刷装订巡检工作制度，完善了生产质量监管全过程。

集团在优质保量完成党的十九届四中全会等主题出版物、两季教材等重点印制任务的同时，社会印刷业务有所增量，尤其是一批在学术出版界有重要影响力的出版物陆续走下生产线，不仅提高了企业经济效益，也在业界树立了良好的口碑。

二、全面深化改革，推动印刷事业进入新阶段

(一) 主动作为，印刷主业改革再出发

旗下商务印书馆上海印刷有限公司与上海新华印刷有限公司完成重组整合并搬迁至青浦印刷园区生产经营；设立青浦印刷园区管理委员会，“中华·商务·新华”各自保留品牌，定位清晰、优势互补，通过主业板块的物理整合，为后续产业集聚和深度融合发展奠定基础。集团稳妥推进了上海出版印刷物资有限公司与上海印刷集团国际贸易有限公司的深度整合，协同效应、产业集中度不断提升。

(二) 围绕行业趋势探索主业发展方向

集团密切关注政府政策支持及产业前沿资讯，认真分析研判行业发展方向和技术变革趋势。

一是“汉字印刷字体书写技艺”“壁画类文物数字化技能人才培养计划”“书刊水墨柔印应用推广”“汉字印刷字体书写技艺非遗文献展”获得了上海市各类项目资金扶持，上海市印刷四厂有限公司入选上海市服务型制造示范(第一批)名单。二是根据《长三角区域印刷业一体化发展升级指南》精神，高位谋划长三角一体化发展工作思路，与江浙皖印企增强了沟通与联络，并立即采取行动，组建了集团订单中心，依托国贸公司外高桥自贸区政策优势，为承接更多的国际印刷业务做好充分准备。

(三) 推进绿色化、数字化、智能化、融合化发展

1. 绿色印刷持续推进

集团积极响应国家新闻出版署举办的第二届中国印刷业创新大会之“绿色印刷”主题，将绿色印刷深入推进。所属企业承印的2019年度春秋两季教材图书100%采用绿色印刷。其中，印刷原辅材料采购均通过“绿色交易平台”进行，要求供应商提供产品绿色印刷检测合格报告，做到可追溯，从源头控制为绿色印刷顺利进行把好第一关。上海新华印刷有限公司“书刊水墨柔印应用推广”项目，致力于柔印技术的应用，该项目获得2019年度上海市文化创意项目资金支持。

2. 推进数字化建设

新疆龟兹克孜尔石窟数字化测绘项目顺利推进，完成了15个石窟的数据采集工作，商务数码上海工匠工作室在项目推动过程中发挥了积极有效的作用；印前制作中心、数字资源服务中心运行步入正轨，为多家出版社及社会客户提供了数据加工、制作及整理服务。此外，档案信息化专项工作正式启动。

3. 继续推进智能化工厂项目

“试卷智能化印制工厂建设项目”于2019年被批准立项，结合所属上海市印刷四厂有限公司生产实际，项目工作组通过“请进来、走出去”等形式，对项目开展进行了深度论证，不断细化和完善项目方案，积极争取政府有关部门、上海教育考试院、上级单位的支持，讲清困难、提出对策。同时，根据市场调研排摸情况，以打开市场、实现盈利为目标，积极思考按需印刷未来发展方向。

4. 推进印刷与文化创意产业融合发展

“印刷文化”品牌建设，上海中华印刷博物馆升级改版有序推进，“石印工坊”正式挂牌，科普课堂、公益讲解等社会公益服务继续走进社区、走入校园，主题展览获得了一定的社会关注度；科普课堂“一本书是怎样制成的”被评为“十三五”推进公民科学素质示范项目。“字体设计”品牌建设，继续推进“活字生香”跨年展，全年完成4站巡展，被评为2018年上海市“全国科普日”优秀活动；举办第一届“印研杯”字体设计大赛，为持续弘扬中华民族传统汉字文化、促进字体设计创新、发现优秀字体设计人才、推动上海非物质文化遗产传承开了个好头。“尚映文创”品牌建设，继续探索文创合作模式，充分利用文化IP授权元素资源，开发了多个系列的文化创意产品，通过实体商店、各类展会、网络等多种渠道，充分扩展了“尚映文创”品牌效益，知名度和影响力有一定提升，文化创意设计业务初具规模。

三、以人为本，有效强化人才队伍建设

坚持党管人才的理念，采用科学的措施和方法，促进企业人才队伍建设发展，切实发挥集团人才在经营发展中的重要作用。通过“两年倒计时计划”的实施，提前储备酝酿中层干部后备人选，严格按照党政领导干部选拔、任用工作程序，大胆选用有能力、有干劲的年轻干部。充实调整“两个人

才库”,有针对性地在本部增设了助理岗位,做好入库人选的培养、使用工作。年末,集团员工942人。

四、获奖情况

集团旗下企业印制的《中国馆藏国家珍宝——中国陶瓷大系》获2019年美国印刷大奖银奖、首届长三角区域印艺精品奖金奖,《宝晋斋法帖》高仿复制礼盒获2019年美国印刷大奖银奖,《读者》(海外版2018年6月、7月、8月刊)获2019年美国印刷大奖铜奖,《牛津高阶英汉双解词典》获第七届中华印制大奖铜奖,活字文主题大赛优秀奖,“忆江南·最忆是角里”台灯、“十二生肖雕版礼盒”获上海市青浦旅游和文创商品三等奖,有21本承印教材获2018学年教材印制质量评比奖项。此外,集团获中国印刷技术协会“新中国70周年印刷业时代先锋”称号,所属上海中华印刷博物馆获上海市科普教育基地联合会“2018年度先进集体”,所属上海商务数码图像技术有限公司数字化项目班组荣获上海市总工会“工人先锋号”荣誉称号,有1名职工获“2017—2018年度上海市三八红旗手”称号,1名职工获“2019年第四批‘上海工匠’”称号。

第二节　上海中华印刷有限公司

上海中华印刷有限公司(以下简称“公司”)主营业务收入1.93亿元,累计完成印刷总产量372.99万对开色令,完成装订总产量48.17万纸令。印刷和装订总产量较上年同期都有不小的增幅,主营业务收入和销售毛利增加明显。短板而言,平版印刷总产量较同期有所下降,导致平印车间单位成本上升,平印销售工价总体上升的情况依然无法弥补成本的增长,由此拖累了整个印刷板块的进一步向好发展,也使得轮转印刷板块仍然是完成全年预算目标的主要经济支柱。

一、顺应市场变化,推动业务发展

在出版印刷业务碎片化及订单低印量、多批次、低工价的大背景下,出版印刷市场略有回暖;虽然人力成本还在不断攀升,但纸张价格在持续上涨了近三年后终于在年初有所松动并回落。面对这喜忧参半的客观市场环境,营销部门全体员工在巩固现有业务的同时始终以拓展增量业务为抓手,积极开发新业务,巩固老客户,为改革发展奠定了良好的业务基础。

1. 围绕重点客户,拓展增量业务

出版印刷是公司业务发展的立足之本。年初,结合《辞海》的改版,印前制作部门提早介入服务客户工作,把重点客户、重点产品、重点项目求突破作为营销工作的重心之一。7月,营销团队精心准备,在激烈的市场竞争中,突破重围,不负众望地中标《辞海》(2019版)印制项目,保持了《辞海》自第一版以来始终在公司印制这一传统。此外,经过营销及其他各部门的鼎力配合,《中国馆藏国家珍宝——中国陶瓷大系》《古文字诂林》等一批在学术界、出版界有重要影响力的出版物陆续走下公司的生产线,为公司树立了良好的行业品牌和口碑,凸显了中华印刷守正创新的发展基础。

2. 多方出击挖潜力,共赢合作促发展

针对教材印制占整个业务比重较高、生产任务周期分布不平衡、人工成本居高不下的现状,公司积极引导营销部门在存量客户中挖掘业务潜力,推动同行生产业务资源互利合作,争取到了多个大体量、有影响、有效益的印刷业务，有力地支撑了全年生产任务。同时，营销部门在强化服务上下功夫，主动挖掘存量客户业务潜力，提升全方位的工作质量，得到了客户的认可。前 9 个月，学而思网校培训教材同比增量超过了 30%，全年增量接近 40%，大学类教材增量接近 10%，商超 DM 业务在重重压力下保持了原有的市场份额并略有增长；公司创新对外合作业务模式，争取到了 460 多万册的外单挂历，结合汇兑收益，销售增量超过了 5%。这些订单有效填补了淡季订单空缺，促进了设备产能和人力资源得到更为平衡的利用。开发了菜谱外盒、菜谱卡片、立体书等一批新的衍生产品，大大丰富了产品结构和服务内容。

3. 保持资质认证，夯实业务基础

3 月，保持了 FSC 森林认证；7 月，通过了年度三体系审核；年底前完成迪士尼供应商资格认证；10 月，通过了中国环境标志产品认证的年度审核。绿色印刷产品证书是承接中小学教材的必备条件，随着绿色发展理念的不断深入，越来越多的客户在寻找合作供应商时将其纳入硬指标。通过这些资质认证，促进了公司规范管理和运营制度的完善，同时也为更多方面拓展业务渠道提供了便利；如在国际贸易中有很高声誉的 FSC、迪士尼等认证资质，不仅为营销部门承接外单奠定了基础，同时也使公司在部分国内业务招标过程中占得一定先机，取得了部分优势。

二、夯实基础管理，促进管理升级

公司在以年度目标考核为基础的绩效评价中作了许多有效的探索，坚持狠抓日常管理，以问题为导向，以部门年度考核目标为抓手，细化措施，边行边试，逐步完善，着重在降本增效、精简高效、质量进步等方面把基础管理引向深入，逐步将年度目标考核工作从对部门负责人的评价发展成为部门年度经济工作的指引和统领。

1. 提质增效，落实目标引领

加强生产成本管控，提高单位生产效率。提质增效是降本增效的一项具体要求。《2019 年度经济目标责任书》对生产计划部合理调控产能提出了新的考核内容及要求，以确保考核目标能做实、做细、做精并达到预期的效果。前三季度，生产计划部根据每台印刷机，每台胶装机的产能和工艺特点，结合产品要求科学调度，充分发挥设备产能。人力资源部每周根据生产计划部提供的产量、工时进行逐一核对，发现问题及时提出并查找原因，直至改善并解决。生产部、车间、人力资源形成合力，并在三部门间形成目标执行、推进、改善的闭环。

创新目标激励模式，圆满完成 2019 年秋季教材印制工作。针对 2019 秋季教材印制工作因大面积改版导致发印时间较往年滞后一个多月的情况，为进一步挖掘单位时间产能并保障产品质量，结合教材印制期间相关人员连续出勤、生产考核指标、产品质量稳定三要素的精准激励，制定并推出了《2019 年秋季教材印制专项激励办法》；借助专项激励办法的实施，单位时间产量质量提升明显，生产效率大幅提高，印制纸张总数同比增加了 6 900 纸令，印刷总产量同比增加了 4.98 万色令，装订总产量同比增加了 85 万册。通过《2019 秋季全国统编三科教材印制保障方案》和《2019 年秋季教材印制专项激励办法》的全面落实，确保了 2019 教材印制工作的有序推进。

2. 吐故育新，优化人员结构

围绕主业改革发展完善人员配置。公司着眼发展，围绕集团印刷主营业务改革发展方案开展人员结构优化工作，通过自然退休、局部调整等措施稳步控制人员总量，借助内招外聘、岗位培养等方式推动人力资源合理流动，结构优化。累计招聘 113 人，其中，机长及以上管理岗位 14 名；为配合秋季教材印制任务，在5至7月招聘人数达69人，占招聘总人数的61%，顺利保障了秋季教材印制任务的顺利完成。

借助培训提升技能，推动员工岗位成才。积极开展员工技能培训，提高员工队伍的综合素质，鼓励青年员工承担更多责任，成为岗位能手。5月，公司与上海新闻出版职业技术学校合作开展了一年多的企业新型学徒制试点工作通过了专家评审，共有52人参加，数十位师徒在企业内部结为教学对子，其中“平版印刷”28人，“装订工”24人，考试合格率为98%。培训合格人员取得了相关中级工职业资格证书，有效地将青年岗位技能与理论素养培养相融合，为青年技工成长提供了搭建了坚实的舞台。

加强管理培训，提升管理水平。除了生产技能的提升，人力资源部门与相关部门、车间一同开展了相关法律法规培训、色彩管理培训、业劳动争议调解员业务培训、行业技师更新培训、生产岗位专题培训、垃圾分类培训、消防安全培训、管理标准化培训等。

3. 规范流程，提升运营质量

优化生产流程管控，保障产品质量。继续秉持质量优先的服务理念，多措并举，全体职工齐心协力，在生产过程中强化质量管控和监管，重申和完善了生产车间改版校对流程、生产途中样张的签确制度、印刷装订巡检工作制度等，完善了生产质量监管全过程，落实了流程责任，保障了产品质量。

强化来料检验力度，降低物料消耗成本。3月，质量部门抽出专门人员强化来料检验工作，并督促供应商进一步提高来料综合品质，截至目前累计退赔纸张20余吨，有效减少了因材料问题引起的产品质量问题、生产效率降低及生产成本虚高的问题，为生产车间充分释放产能保驾护航。

有效质量运行机制，确保产品品质。公司累计补版件数较同期减少25%，大幅降低了补版损耗；秋季教材累计送检114个品种，456本样书，未出现物理及化学指标质量问题。天下没有白走的路，默默地耕耘结出了累累硕果，《读者》杂志社授予公司印装质量免检单位称号，《牛津高阶英汉双解词典》《读者》《中国馆藏国家珍宝——中国陶瓷大系》等出版物在美国印制大奖、中华印制大奖、首届长三角区域印艺精品奖等多项评比中获多项荣誉。这些荣誉来自每一个中华人的努力，也是全体员工的骄傲！

三、持续技术升级改造，增强核心竞争能力

公司在印刷、装订设备上投入较大资金进行了改造和提升，这些新近购入的胶装联动线、自动条码粘贴机在教材印制中作用明显，效率成倍增加，人力成本大大降低。

2月，公司迎来了全新的小森G37印刷机，这是在五厂联动完成后引入的首台印刷机，在2019秋季教材印制工作中发挥了重要作用，同时也承担了大量封面及外单业务等高质量要求的产品的印制任务。

公司还将逐步更换已经使用超过10年的印刷设备，在印后智能化设备应用、数字印刷设备引进可行性等方面加强调研，为业务做强与新兴业务发展方面注入新的动力。

第三节　上海界龙集团有限公司

上海界龙集团有限公司(以下简称“公司”)自1968年创业，1973年涉足印刷产业，承揽外贸包装业务，被外贸部表扬为“改进进出口包装和提供一体化服务”的先行者。公司印刷主业发展迅速，

拥有多家专门从事各类包装印刷、报纸、商业票据、纸模塑包装等的企业。公司属民营企业，2019年实现营收19.8亿元，实际缴税总额6 473万元，拥有员工2 200人。多年来公司名列“中国印刷百强”前十强、“上海民营企业100强”行列，“界龙”商标被评为中国驰名商标。

一、开拓创新，印刷包装主业稳健发展

公司坚持做强印刷包装主业至今已46年，从战略高度上重视品牌建设，走印刷包装精品化发展之路。公司持续紧抓、深耕主业，印刷包装主业稳健发展，主要印刷包装企业稳中求进，继续向做专、做精、做强的方向发展。1. 加强了品牌新客户的开发力度，产品结构朝着卡纸盒、中高端彩盒方向发展；2. 环保纸袋项目稳中有升；精装礼盒打开出口欧洲的渠道，增长较为显著；3. 积极完善各地区市场布局，重点开发国内外大客户，成功开发了国内较有增长力的无菌包销售和八角包销售，国外两家公司的康怡包、无菌包销售等等；4. 坚持食品、药品包装的产品定位，积极开发行业重点客户；5. 在《劳动报》的基础上，又成功中标了《长宁时报》等多个报刊项目，并中标继续成为政府协议采购供应商；6. 纸浆模塑项目生产基地顺利建成投产，细化了生产流程，引进管理和技术人才，建立销售团队，开始接单量产。

二、继续推进技术创新工作

印刷行业一直是以传统印刷为主，而现在国家积极倡导绿色经济，行业倡导绿色印刷，为此，公司积极实施绿色环保彩印，尤其针对全球及国家禁塑令的颁布及实施，公司积极响应市场，快速组织研发生产纸塑托盘，以此来替代冷链食品、蔬果、各类食品的塑料托盘，大大降低各类商超对塑料托盘制品的依赖，为社会提供了一种行之有效的绿色环保产品。公司在职工科技创新活动，新增自主设计创新作品评选活动，全年有35项职工创新成果、5项自主设计创新作品获奖，获得13项国家专利授权、2项软件著作权，2项获政府补助的创新项目成果转化获得集团工会奖励。公司项目“绿色防伪印刷系统”获得2019年浦东职工科技创新成果入围奖；员工姚伟文荣获“2019年浦东工人发明家”称号。

三、持续应用优化，加强精细化、信息化管理

公司主要生产型企业进一步加强各企业精细化管理。包括：持续开展“KPI看板管理”，推进完善ERP文件管理模块，完善管理流程和规章制度；生产一线实现ERP管理，色彩管理体系建设，提高现场调配颜色速度；实效实产管理流程进一步深化，完成所有印刷机台LED UV印刷改造，在新技术、新产品开发方面独树一帜；实现全自动配墨系统，数据化精准配色；继续加强5S管理，推行了“千分制绩效考核”；公司完善内控制度，顺利通过迪士尼ILS国际劳工认证，为后续业务拓展提供保障。

四、重视企业品牌建设，提升企业软实力

公司继续大力推行品牌建设，成果丰硕。再次荣获“上海市文明单位”称号、获得2019上海市

产业转型升级-品牌经济发展专项资金50万元、品牌经济入选《奋进新时代——致敬新中国70周年印刷业时代先锋》大型画册"企业篇"。积极参展中国包装容器展、香港国际印刷及包装展、中国美容博览会等,获评第二十四届中国美容博览会"中国化妆品优秀供应商"称号;荣获2019中国印刷业创新十强称号;"雪菲力柠檬茶(250 ml)"印品获第七届中华印制大奖铜奖;纸模塑产品"电子烟纸塑包装"获中包联2019 PACKON STAR包装材料创新金奖;"博朗剃须刀盒"获首届长三角区域印艺精品评比银奖。

五、推进企业文化建设,积极奉献社会

在自身发展壮大的同时,也不忘身上肩负的社会责任,热心公益事业,投入大量人力、物力、财力积极参与社会慈善事业。持续向上海市慈善基金会、川沙镇慈善委员会以及部分专业社会慈善机构捐资捐物,成为浦东地区参与社会慈善事业的一支重要力量;向上海市慈善基金会、上海市老年基金会、云南旱灾地区、青海玉树地震灾区、扬州市慈善总会、上海残疾人联合会、贵州遵义及西藏贫困地区捐款捐物累计近2 000多万元,集团荣获上海市第二届"慈善奖"。继续为企业职工开展各类文体活动,营造良好的企业文化氛围。

第四节　上海烟草包装印刷有限公司

上海烟草包装印刷有限公司(以下简称"公司")原名上海烟草工业印刷厂,创建于1929年,在中国印刷发展史上曾有"远东第一"的美名,现为上海烟草集团有限责任公司配套生产企业,投资并管理上海金鼎印务有限公司。公司位于浦东新区高行工业园区,占地面积约18.3万平方米,建筑面积约13.7万平方米。历经九十年的发展,公司已经建设成为功能齐全、技术领先的现代化大型包装印刷联合企业。公司职工共计857人、其中科研人员134人,主营业务收入16.38亿元,实现利润总额1.58亿元,上缴各项税金1.29亿元,实现税利2.51亿元。

一、精益赋能,助力两大体系创新突破

面对行业当前发展形势和高质量发展要求,公司审时度势、精准发力,持续推进企业技术创新体系和精益制造体系的升级突破,不断提升企业的核心竞争力。

1. 推进技术创新体系建设

在创意设计方面,踏准产品开发节奏,提升品牌支撑响应速度,抓牢产品设计需求,完成多款新品的试制开发工作。在工艺研发方面,通过搭建"1+3+X"协同创新平台,推进联合研究室关键科研项目研究,完成多款新工艺技术的研发和储备。在产品质量安全研究方面,持续推进卷烟包装印刷标准研究室的建设,构建产品质量安全标准体系框架,不断优化原辅材料的检测方法,提升产品质量安全系数;通过CNAS体系新版标准转版复评。2019年,公司5项申请专利获得授权,其中发明专利1项;参与3项印刷行业标准编写。

2. 提升精益制造体系能级

在生产组织模式升级方面,优化"规模+柔性"的生产组织模式,灵活运用生产负荷测算模型,科学调配生产资源;优化车间计划管理,深入挖掘生产潜力。在产品质量管控模式升级方面,优化

工序检测方法，提升薄弱环节质量管控实效；完善产品质量保障系统，提升过程防错纠错能力；优化潜在失效模式及后果分析实施流程，完善 FMEA 评价准则，提升质量风险防控水平。在设备保障模式升级方面，持续推进设备管理和技改实施，满足工艺叠加多样化的生产工艺配置需求；深入推进 TnPM，提高规范化生产维护实效；不断探索智能制造技术应用；实施精益生产管理项目，完成五个系列课程的学习，发挥“精益示范机台”辐射效应，实现降低设备故障，减少停机时间，提升生产效率。

二、夯基固本，促进五大领域效率提升

公司坚持抓好生产运营管理，持续推进生产组织模式、品质管控、设备技改、人力资源和环保治理等重点领域工作目标的分解落实，为企业长远发展和高效稳定运作提供坚实的保障。

1. 提升精准营销服务效率

组建矩阵式服务团队，策划快速响应方案，保障主业服务精准到位；建立 15 个营销拓展项目，形成业外市场竞争策略；聚焦重点目标客户，强化省外中烟市场拓展；丰富个性化设计方案和产品组合，推动自有品牌“恋香喜遇”建设。

2. 提升标准成本应用范围

拓展标准成本应用范围，完善产品核价系统，提高核价管理工具适用性；围绕成本管控核心目标，系统策划降本增效目标，形成 11 大类 23 个项目共计 25 个降本增效指标。

3. 提升人才队伍建设成效

完成岗位分类调整和岗位职责梳理工作，形成岗位分类分级标准、岗位职责基础工作清单，最大限度地实现劳动用工的科学配置；形成十项专业条线人才队伍建设目标分解措施，解决人才队伍建设上亟须突破的重点和难点；搭建内部资格认定平台，为员工技能等级水平提升提供发展空间。职工葛巍、于殿友获评“上海烟草工匠”称号，许征获评“全国烟草行业第七届劳动模范”称号，谢黎、范庆闰和陆欣等 3 名职工获评“全国技术能手”荣誉称号，于殿友获评第十五届“毕昇印刷新人奖”，葛巍获评“新中国 70 周年印刷业时代先锋人物”，企业技术中心浓墨飞“杨”巾帼创新工作室获评“上海市工匠（巾帼）创新工作室”。

4. 提升规范管理运行质量

开展多项内部审计，全方位监管企业生产经营过程；优化企业合同模板和招标文件模板，提高企业合同管理和招标管理工作效率；聚焦五大风险领域，识别廉政风险点，构建防控机制。

5. 提升安全环保治理能力

完善安全标准作业区考评方案、深化班组安全达标创建；定期开展各类综合性检查，及时消除安全隐患；编制环保责任清单，部署落实环保责任目标和工作任务；确立绿色环保低排放油墨印刷研究方向，在水性油墨替代工艺、浅版印刷工艺、胶转凹替代工艺等三个领域开展研究，在源头减排上下功夫。

第五节　上海中华商务联合印刷有限公司

上海中华商务联合印刷有限公司（以下简称“上海中华商务”）是香港联合出版（集团）有限公司直属企业中华商务联合印刷（香港）有限公司在上海的全资子公司，也是一家集书刊印刷、商业印

刷、包装印刷于一体的大型印刷企业。上海中华商务属台港澳法人独资企业,位于上海青浦工业园区,2007 年 7 月正式开业,2019 年实现销售人民币 2.56 亿元(其中海外市场销售超过 2 000 万美元),利润总额超过 1 200 万元,缴纳税款 444 万元。

员工人数 433 人,平均年龄 36 岁,写字楼同事中大专学历占 46%。本科及以上学历占 42%,拥有等级工证书人员占 23%。荣获 2019—2020 年度国家文化出口重点企业,通过国家印刷复制示范企业年度考核;获评首届长三角区域印艺精品奖铜奖 1 项、优秀奖 1 项,美国印制大奖精品奖 1 项、优异奖 3 项,美国金墨奖铜奖 1 项、优异奖 4 项,中华印制大奖银奖 1 项、铜奖 1 项,香港数码印制大奖铜奖 1 项。

上海中华商务在政府部门和上级单位的关心指导下,在广大员工的共同努力下,加快产品结构调整,全力开拓海外和国内市场,通过推进绿色化、数字化、智能化、融合化发展,加快创新转型步伐。借助总部在全球 7 个海外办事处的网络优势,加强沟通分析,掌握客户需求,及时把握市场脉搏,加快响应速度,努力为客户提供增值业务。同时,确立营销重心,开展业务梳理和筛选,继续巩固扩大原有优质图书印刷业务,培育品牌商业客户,开发儿童阅读、教育培训市场,经营业绩同比取得较大程度的提升,取得了来之不易的成绩。

上海中华商务成立之初就通过了 ISO9000 质量体系、ISO14000 环境管理体系和 OHSAS18001 职业健康安全管理体系,也陆续通过了 G7 认证、国际森林管理委员会 FSC-COC 认证、绿色环境标志等审核。2019 年,对生产部门架构调整实施调整,装订和后道部门重组效果明显,人力整合,手工作业流程优化,工作环境和生产效率得到提升;此前开展的平印车间管理人员竞聘上岗见到成效,车间产量增加,而用人减少物料消耗降低,管理团队和机长骨干呈现出积极向上的活力。我们也借助中华商务在香港、深圳、北京三大生产基地的资源及优势,在技术和管理上多点互动,取长补短,协同作战。

为进一步满足重点客户对产品安全保密的需求,在完成信息安全管理体系 ISO27001 认证的基础上,进一步加强场地改造改善生产流程,升级监控和门禁系统,推动保密安全体系有效运行,得到客户好评。这些认证和体系不仅为赢得了宝贵的订单,也为我们落实标准化管理、改善工作流程打下了扎实基础。为了提升员工技能水平,继续推动总部在线学习平台——“汇智学堂”发挥作用,鼓励员工利用碎片时间开展技能和管理培训,既有规定课时培训的硬性要求,也有评选和表彰先进的环节,掀起了网络学习的热潮。

多年来,上海中华商务一直视环境保护为己任,携手客户和员工积极推动绿色印刷和节能减排。在废气治理方面,3 月投入 48 万元添置了光氧催化印刷废气处理设施,6 月投入 46 万元添置低温等离子胶装废气治理设施,并按要求设立了运行台账、定期维保、定人管理,达到了环保要求。综合能源费用同比节约超过 10 万元,取得一定经济效益。在危废管理方面,加强危废仓库的标识管理、分类摆放、出入库登记台账,严格车间化学品管理,现场环境有了一定提升。

为增强员工凝聚力和归属感,7 月开办了第二期“工厂儿童快乐暑假中心”,共有 25 位员工子女在幼教老师和工厂志愿者的带领陪护下,度过了一个特别的暑假。快乐暑假中心顺利举办,得到了包括重点客户、新闻出版工会等方面的好评,对提升企业知名度起到了积极的作用。

2020 年,将立足传统书刊印刷业务稳中求精,推动商业包装业务持续增长,秉持“互联共融,汇智经营”的发展理念,抓住长三角经济整合发展的重大机遇,做好产业升级,投资未来,持续发展。

第六节　上海铁路印刷有限公司

上海铁路印刷有限公司(以下简称“公司”)始建于1938年，有81年从事印刷生产的悠久历史，是中国铁路上海局下属的专业经营公司。

公司被国家新闻出版署划定为全国重点印刷企业，在2018年印刷经理人年会上，被评为“全国百强印刷企业”，进入全国印刷企业前100名；入选了“中央国家机关政府采购定点印刷企业”；是上海市书刊印刷定点企业、上海市国家秘密载体复制许可单位、全国铁路客货运输票据印制定点企业、全国铁路纸质磁票印制定点企业。全年营业收入累计完成4.45亿元，考核利润累计完成9 510.33万元，同比增长7.36%。

公司始终围绕安全工作目标，通过检查写实、跟班作业、重点督导等方式掌控作业过程，通过纠错、指导、复查，抓好问题整改，全面落实安全管理新机制，有序开展安全专项检查活动，全年未发生责任安全事故。

深入贯彻落实国铁集团、集团公司经营工作会议精神，将节支降耗工作作为年度工作重心，与“对标找差”“规范经营”工作融合推进。一是大力营造浓厚氛围，编辑制作微信公众号系列报道，展示增收节支降耗成果，广大干部职工节支降耗意识得到普遍提高。二是制定推进落实展开表，确定责任人，明确阶段目标，每月对节支降耗情况进行追踪，每季召开专题会议进行分析考核，全面查缺找短，及时补漏纠偏。三是开展“金点子征集”活动，全年共收集到91条节支降耗措施建议，其中10条建议被采纳并落地推进。

公司将所有外包业务纳入集团公司外包信息系统进行统一管理，严格按照《上铁印刷公司招标投标管理办法》的规定，对外包业务实行公开招标，有效降低了采购成本。根据公司业务结构发生的变化，采取灵活班制，合理调配车间劳动生产力，通过兼职并岗，进一步提高了劳动效率。坚持每月月初召开采购计划和资金预算审批会，严肃预算纪律，严控费用支出，严格落实成本科目负责制，逐项明确预算项目、具体措施和应负责任，依据各科目预算及进度，核实成本支出，严防超支浪费。认真落实集团公司节支降耗十项措施，暂停所有办公设备设施采购，开展物资清查，盘活存量物资，优化库存结构，组织开展物资调剂，提高物品二次使用率，做好废旧物资利用工作。统筹运用公开招标、竞争性谈判等方式，节约物资采购成本。其中，低值易耗品、设备维修费、委外服务费支出，均减少了20%至60%。对墙面、地面、水电的小修小补工作自己动手完成，对新开张的国庆路15号门店的装修也由公司员工自行完成，有效节约了开支。食堂开展“光盘行动”，评选“光盘之星”，培养员工节约意识。

围绕重点，深度营销，努力增加经营效益。生活纸制品销售逐步上升。经过多方努力，公司取得了上海局集团公司的政策支持，集团公司经营开发部发文向全局推荐使用我司生产的“馨路达”牌生活纸制品，局内客户订单持续上升，销售势头良好。

数码快印项目优势效应持续放大，图文快印中心依托铁路客户，积极主动上门营销，加大对周边辐射区域的市场开发，上门客户逐步增加，形成了一大批相对比较稳定的客户群。实现对外销售收入310.29万元，同比增长18.18%，其优质快捷的服务和可靠的产品质量，受到客户一致好评。

涉密文件印制创造新效益。积极开展保密渠道营销，全年实现涉密文件印刷销售收入近100万元。已经培育了包括上海市国家安全局、中船重工726所等一批比较稳定的客户群体，新签订2020年度合作协议10余份，随着公司业内知名度的不断提升，公司的涉密业务量呈稳步增长态势，涉密文件类印制资质已经成为彰显公司实力的又一张名片。

网上销售趟出新路子。产品依托京东慧采、苏宁易购、“馨路达”微信小程序等平台,向全社会销售公司产品,点击率和关注度不断上升,公司通过回访客户,改进服务,提高质量,赢得越来越多客户的青睐,网上销售额稳步增长,2019 年,全年零售营业额突破 500 万元。

坚持对标自查和督导督查相结合,开展基础管理标准化、规范化建设,达到改问题、建制度、促规范的目的,全年共修订完善制度 16 个,涉及安全生产、市场营销、财务管理、综合管理等方面。

针对产品质量问题频发的顽症,公司多措并举,着力构建了切合实际情况的质量管控体系。推动质量管理体系改版升级,根据各相关岗位履职标准,充分吸取质量问题的深刻教训,重新梳理制定了作业指导书及操作规范,下发到各生产中心和相关岗位,并狠抓落实。明确了质量管理责任,重新厘清了职能部门的监管责任与加工中心的主体责任,强化加工中心生产现场过程检验与经营管理部质检员半成品、成品质量检验之间的相互配合、相互制约、相互监督作用,确保产品从生产到交货环环有人把关、层层监控到位。强化了出厂前最后一道关的把控,不让不合格品流出厂外。全年发生较大质量问题 4 件,同比减少 2 件,下降了 33.3%。

第七节　上海四维文化传媒股份有限公司

上海四维文化传媒股份有限公司(以下简称“四维传媒”)是一家 1995 年创立的数字传媒技术应用服务领域的高新技术企业,注册资本 15 200 万元。公司为中国印刷百强企业,国家级出版印刷定点企业,国家文化产品重点出口单位,上海市“专精特新”企业,上海市文明单位,中国一级广告公司。

四维传媒为新三板创新层企业,被福布斯评为“最佳潜力企业”。秉承“领先乃永续之本”的经营理念,以国际文创、数字出版为主营业务,基于自有的云计算互联网移动平台与先进的数字出版技术,为客户提供集创意设计、数字出版、海外文创、绿色印刷为一体的全产业链一站式服务。总营业收入同比增长 38.45%,毛利率 12.23%,资产总计同比增长 6.34%。持续依托自主研发的 100 多项数字出版软件和全球领先的硬件设备保障,不断完善自身的文化创意产业链体系和一体化服务流程。

一、技术领先出版文创

四维传媒在转型创新的道路上,构建了符合企业未来发展的“两中心+两基地”的创新架构,以“订单管理中心”为主导,通过全国首创的数字出版“云计算互联网移动平台”,利用先进的数字媒体技术服务,根据海内外客户的不同需求,帮助客户实现跨地区的实时在线服务。四维传媒基地提供多元化的数字出版服务与安徽四维国际文创基地提供专业的国内外文创产品创意设计制造相结合,企业的强大软硬件核心竞争力为遍布世界各个领域的合作伙伴提供独具匠心的文化创意设计和便捷高效的数字出版服务,将中国创意+中国“智”造的优势在出版文创领域发挥得淋漓尽致。

二、国内市场稳健发展

四维传媒作为国家级出版印刷定点企业,客户主要集中在各级政府宣传系统和国内各大出版社,主要产品为政府文宣出版物、各类教材教辅、文化出版、幼教读物等,与国内各大知名出版社保持着稳步增长的业务合作态势，项目涉及：著名全国版教材《牛津英语》《一课一练》；创刊62年的中国第一本青年原创文学刊物《萌芽》，连续五年荣膺"国家期刊奖"的《故事会》杂志，日本最大的教育集团倍乐生(Benesse)和中国福利会出版的"巧虎系列"，特色"漫威系列丛书"等。同时，公司积极响应各级政府的宣传需求，充分发挥自身传媒百强阵地的优势，先后承接了《金山报》《公卫报》《山阳报》等多项政府购买年度服务项目。

三、进军国际市场、推动民族文化

四维传媒为加大国际出版市场份额，提升国际竞争力，加快迈向国际文创的步伐，全面推进安徽四维国际文创基地的建设。在原有国内一流的生产服务链基础上，分别从美国、德国、日本等国家引入世界领先的硬件设备。

作为国家级文化出口重点单位，为增强国际市场对中国"智"造的认可度，四维传媒从质量体系、人权、反恐、消防等多方面进行提升。通过了ISO、FSC、BSCI、SEDEX等多项国际认证，并与全球最大文化快销品采购公司DG、全球零售业巨头Walmart，Target、美国四大体育联盟、美国高校联盟、迪士尼、德国ALDI等海外多家合作伙伴进行深入合作，为客户提供创意设计并出版文创产品。

四、以人为本双创并举

四维传媒自创立以来坚持"以人为本"，在市场经营战略中稳健构筑企业文化高地。"选贤与能，讲信修睦"，公司认同和尊重每个员工的存在价值，吸引了众多市场营销、专业技术、运营管理等领域的优秀人才加盟，汇聚了一大批既掌握数字出版技术知识又精通业务的复合型创新人才。截至年底，在职员工共215人，其中硕士2人，本科20人，大专32人，专科以下学历161人。

9月，响应国家人力资源社会保障部、财政部《关于全面推行企业新型学徒制的意见》文件精神，经金山区人力资源和社会保障局批准，和上海新闻出版职业技术学校联合开展新型学徒制装订工(参照中级)项目，成效显著。

在不断创造物质价值的同时，四维传媒更不断创造着精神价值，扶贫帮困、爱心捐款、社区公益，处处都闪现着四维传媒的身影，衍伸无限的社会价值。

第八节　上海安全印务有限公司

上海安全印务有限公司(以下简称"公司")成立于1990年，是国内最早专业从事安全防伪、保密印刷的企业，是中华商务联合印刷(香港)有限公司的全资子公司。坐落于上海张江高新区青浦园，拥有占地面积近2万平方米设施齐全、环境优美的现代化厂房。

从设计印制中国第一张"真空电子"B股股票至今，公司走过了三十年的奋进历程，设计印制的各类股票及各种债券、融资券均成为中国股份制改革的珍贵史料。公司产品涵盖各类有价证券及重要凭证、证件、防伪标识、智能IC卡、包装装潢印刷以及档案数字化加工服务。

公司以中华商务的强劲实力为依托，先后取得了中国人民银行上海市分行等各类定点及许可证8项；先后通过质量管理体系、环境、职业健康、信息安全体系认证，为后续发展奠定了扎实的基础。公司是上海市首家获得国家秘密载体(涉密防伪票据证书)甲级印制资质企业,获得涉密档案数字化加工乙级印制资质;是上海市"高新技术企业";获得 ISO14298、G7、FSC 等多项国际管理体系认证,通过了 WCA、SEMETA 等第三方社会责任认证,彰显了公司在综合管理方面的卓越成效。公司以先进的防伪技术,一流的安全防范系统,严格的产品数字化管理规程,形成了自主防伪技术研发、专业安全保密印刷的经营特色。

公司全年完成产值 12 084 万元,盈利同比大幅增加。公司继首届中国国际进口博览会后,2019 年承担了第二届进博会逾 95%印刷品的印制任务,获得中国国际进口博览局、国家会展中心的高度认可并收到致信感谢,获得经济效益的同时,赢得社会赞誉。从 2010 年开始,公司每年承担上海市卫生健康委员会的市民大礼包整体服务方案实施,从生产到物流配送,把市政府对老百姓的关怀送到 880 万户市民的手中。

公司通过设备引进提升标签产能,标签印制能级提升,接进业务同比上年增长 15%。2019 年公司证卡业务发展稳定,完成了高端定制卡项目的设计和研发,解决了剥离力、弯度和数据输入等一系列技术问题,研发了光栅、珠光、数码 UV、数码烫金、异型卡微雕刻等一些新工艺,提升了公司品牌效应。

公司注重人才队伍的建设,执行公司中/基层储备管理人员计划,打造高素质高技能员工队伍。公司与各大院校搭建校企的合作机制,提升实习生实操能力及就业能力,以形成一个具有较强开拓能力、较高专业知识能力的团队。至 2019 年底公司员工人数 173 人,其中大专及以上学历 63 人,占职工总人数的 36.4%,直接从事研发人员 30 人,占总人数的 17.3%,技术力量雄厚。从事研发科技活动 10 年以上的同类专业人员有 10 人,经验丰富,能够引领研发团队向前发展。公司采用人性化管理模式,对管理和科技人员按不同情况安排学习实践,与企业共同发展和提高,以创新设计和创新服务理念引导他们开展工作,不断开发出适合市场需求、满足特定领域需要的产品。

公司积极参加国内外各类评奖活动屡获殊荣。荣获上海市"专精特新企业"称号以及中国防伪行业优秀企业称号。公司自主设计研发的"一叶茶多功能包装盒标签"荣获 2019 年度国家最高防伪奖"蓝盾杯"安全防伪技术应用成果奖。公司重视工艺技术革新和创新,截止 2019 年底已经获得了各项发明专利、实用新型专利、软件著作权和外观专利近 40 项。公司加快技术研发,推动自主防伪创新方面又有了新的突破,通过了 2 项发明专利、2 项实用新型专利和 2 个外观设计专利。未来这些项目、这些突破都能为上海安全带来更加光明的前景。

第九节　上海东港安全印刷有限公司

上海东港安全印刷有限公司(以下简称"上海东港")成立于 2002 年,位于上海市闵行区莘庄工业区,主要从事安全票证印刷、不干胶印刷、数字印刷、防伪印刷、彩色印刷、数据处理及商函打印制作等业务。注册资金 8 000 万元人民币,厂房面积达 58 000 平方米,人员 80 多人,其中大专及以上学历人数占比达 53%,生产人员中有中级技能职业资格的 22 人,占比达 59%,年生产能力达 2.8 亿元。年销售额达 20 882 万元,净利润达 2 053 万元,缴税达 1 207 万元,资产达 17 087 万元。

上海东港目前为全国工业产品生产许可企业(防伪票证类)、国家秘密载体印制许可企业(甲级),是上海市卓越而有影响的票据印刷企业之一。

为保证产品质量和提高生产能力,上海东港在建立时就投入巨资引进设备。目前公司拥有完善的票证版面设计系统(包括 JURA 防伪版纹设计系统),拥有全套印前配套设备(包括美国柯达

LA型CTP直接制版机)。在印刷设备方面,公司拥有4台日本宫腰8～9色轮转印刷设备,2台日本宫腰4～6色轮转印刷设备、2条赛天使数字喷印系统、4条数字印刷机、海德堡彩色印刷设备、信封生产线、全自动在线监测系统、全自动配页、折页机、打码装订机、数码打样设备,以及其他各种先进的印前制版、印后加工设备等。这些机器设备种类齐全、性能优良、印刷精准、自动化程度高,能充分满足用户对产品质量和交货时间的要求。

上海东港重视企业管理,在原料采购、成本控制、库存管理、质量管理方面积累了丰富的管理经验,同时还不断地学习采纳先进的管理方法来管理企业。目前公司已通过了ISO9001质量管理体系认证、ISO14001环境管理体系认证、GB/T28001职业健康安全管理体系认证、ISO27001信息安全管理体系认证,成为业内少数拥有这4项认证的企业之一。

全面实施了ERP企业资源计算机管理系统,将经营和生产过程中各个环节进行信息集成,合理调配生产原辅材料,重组业务流程,全面提升了公司的管理水平,使公司较国内外同行具备低成本优势。

始终将"为用户奉献优质产品"视为公司的责任,为保证产品质量的持续性、稳定性,整个生产经营过程都纳入质量保证体系的管理与监控中,结合实际印制经验,针对防伪印刷制定了完善的工艺标准,各环节将严格按标准执行,进而保障产品质量的高度稳定性。

安全保密印刷是上海东港最重要的竞争优势之一,承印的产品大多为有价重要票证,在保证产品的安全保密方面,公司已积累了多年丰富的经验,并制定了严密的安全保密制度和措施,从采购、生产、质检、仓储、运输等各环节均实行严格的安全管理,通过各种制度和措施来确保产品在保密和安全方面万无一失。在安全保密方面已通过国家保密局的严格检验,获得了《国家秘密载体印制许可证》(甲级)。同时获得了ISO27001信息安全管理体系的认证,进一步强化了各项数据的安全管理。

上海东港成立以来,为政府机关、银行、保险、海关、邮政等诸多行业客户印制了大量的票证,印刷和服务得到了客户的一致好评。目前,上海东港是国家税务总局增值税普通发票印制单位、上海市财政局及上海市国库收付中心财政票据定点印刷单位、上海市就业促进中心、上海市社会保险事业管理中心、上海市医疗保险事业管理中心、中国工商银行、中国太平洋保险(集团)等金融单位或分支机构定点印制单位。

上海东港经过多年的发展,已获得了多项资质及证书,目前主要包括:全国工业产品生产许可证(防伪凭证类)、上海市信封生产监制证书、全国快递运单生产监制许可证、《国家秘密载体印制许可证》(甲级)、ISO9001质量管理体系认证证书、ISO14001环境管理体系认证证书、ISO27001信息安全管理体系认证证书、GB/T28001职业健康管理体系认证证书、防伪技术评审证书、中国环境标志产品认证证书、上海市高新技术企业、AAA级重合同守信用企业证书、安全生产标准化二级企业等。

上海东港设有全国客服中心,配有800-860-5968及400-618-5968等全国统一客服电话。同时,借助集团总部东港股份有限公司在全国设立的30多个联络服务处,可以及时、高效地处理各种售前、售后问题。

第十节　上海同昆数码印刷有限公司

上海同昆数码印刷有限公司(以下简称"同昆数码")成立于2003年,为私营企业。前身是1996

年成立的上海同昆建筑室内设计有限公司，2019 年 1 月在松江成立上海同昆文化发展有限公司，按工业 4.0 的标准建设数码智印工厂。目前，以直营连锁的经营方式已在上海同时拥有 5 家大中型门店和 1 家智印工厂，计划三年内完成建设工程项目。

同昆数码以数字印刷方式从事出版物、包装装潢印刷品和其他印刷品的数码印刷为主业，总资产 17 908 万元。实现营业收入 7 006 万元，利税 1 220 万元。员工 217 人，其中管理人员 45 人；大专以上学历 63 人、高中以上学历 111 人。以总部集中管理、连锁门店配合生产相结合的经营模式，实现统一管理、统一经营、统一工艺标准、统一考核体系的精英制度以及一站式服务、驻场服务、直营门店相并列的营销模式。在业内率先推出“标准化流程”的概念，针对服务模式、装帧标准、管理标准等一一制定详尽的规范流程。针对建筑设计行业时效性强的特点，在同业内提出为客户提供“24 小时服务”的理念。提供的服务领域从建筑图文领域不断拓展到商务、出版、个性化及按需印刷领域，荣获新中国印刷业时代先锋。

同昆数码注重产品品牌和质量服务，2002 年已申请商标专利，2009 年起即在行业内率先进行 ISO 质量和环境认证。公司技术研发部门也不断开拓创新，自行研发数字印刷信息管理系统，并获得软件专利产品登记权。数字印刷品在国内外行业评比中累计获得十多个奖项。“眼镜系列丛书”《F1 狂飙》荣获“中华纸业杯”中国包装印刷产品质量评比优质奖。《2008 国际摄影周暨上海第九届国际摄影艺术展览》荣获“第三届上海印刷大奖赛”商业及彩色图册类金奖。《中国人家》荣获“第四届上海印刷大奖赛”商业及彩色图册(数字印刷类)金奖。2010 年《天津十一经络阳光新业中心概念统计》《锦绣中华》分别荣获 2010“科印杯”彩色图册类(数码印刷作品大奖赛)金奖和银奖。2011 年作品汉方之美荣获“第五届上海印刷大奖”出版物及商业数字印刷金奖。

在营销创收同时也注重各类人才的培养，总部专门设立了培训部，每年都会进行新人岗位技能培训和专项技能培训。公司根据本公司的实际情况制定培训教材，内部评定高级技工、中级技工和初级技工，并与绩效考核挂钩。2019 年末公司拥有高级技工 45 人，占一线职工人数的 26%、中级技工 34 人，占一线职工人数的 20%、初级技工 31 人，占一线职工人数的 18%。只有高素质的职工才能生产出高质量的产品，这也是确保同昆产品质量的根本。

同昆数码正在加快推进绿色印刷的实施，在松江进行绿色智印工厂的先行试验。按绿色印刷的标准创建智印工厂，争取建成智能化、自动化的批量生产中心。

第六章　发行企业年度总结

第一节　上海新华传媒连锁有限公司

上海新华传媒连锁有限公司(以下简称“新华连锁”)为国有控股企业,现有职工人数 1 500 余人。2019 年,新华连锁以“稳中求进,坚守主业”为工作思路,全力推进各项工作有效开展。2019 年,新华连锁净收入约 11 亿元。

2019 年主要开展了以下重点工作:

一、克服重重困难,全力以赴做好中小学教材发行工作

2019 春秋两季的教材发行,因教材内容改版、征订启动日期延后等原因,致使部分教材无法在规定的期限内分发完毕,尤其是 2019 秋季教材发行,由于征订工作启动相较以往偏晚,教材印制进栈、配发等工作压力巨大。通过相关部门全力配合,并结合学校自行取货和由我司发货的方法,于 9 月 2 日开学前顺利完成了发行工作,社会舆情良好,且赢得了市教委基教处和市新闻出版局发行处领导的高度评价和肯定。

近年来,新华连锁秉承“线下实体教材配合线上数字教材一体化服务”的理念推出了上海市教委官方指定的中小学教材配套音频点读客户端“申学 APP”,向师生及社会读者提供“正版教材,配套同步,教材音频随身听”等特色服务,受到师生、家长和社会的充分认可和广泛好评。

二、推动实体书店转型升级发展

2019 年,新华连锁全力推进实体书店的换标升级,吸引更多读者走进书店。新开的南村映雪店、玛德琳童书馆青浦万达店及上报传悦·新文创概念区凭借独特的装修风格、优质的服务赢得周边居民及读者的一致好评。2019 年,新华连锁完成了新华书店百联西郊店和“新华一城书集”金虹桥店的改造,对大华店进行重新装修。新华连锁与上海电机学院共同打造“壹书屋”书店,体现了校企强强联手,书香满院的有益成果。通过“大学特色书店”建设,新华书店与高校紧密合作,互携互助,为在校师生提供全新的文化休闲场所,弥补大学环境文化资源的缺失。根据网点布局规划方案要求,结合门店环境及经营现状,2019 年,完成了上海书城 353 店、新华书店共康店、南汇大团店等 7 家门店的调整、歇业工作。新华连锁还着力推动实体书店跨界合作,在 2019 年共新开了五家微书城,分别是和立信会计学院合作的立信书局、马桥满天星广场的社区书屋、虹桥火车站的尚书房、杨浦法院微书城以及与松江区党建服务中心合作开设的初心书吧。新华连锁通过文化资源的输出,打破地域限制,拓展业务创新渠道,打响书店的文化品牌。

三、发挥宣传阵地作用,做好重点主题图书的发行工作

2019 年,新华连锁充分发挥图书发行主渠道主阵地作用,全力以赴做好各类主题图书备货和

销售工作。通过积极走访,主动对接机关、企事业等基层单位,积极为团购客户阅读学习主题图书营造良好条件。据统计,2019 年《习近平在正定》合计约销售 39 000 册;“第五批全国干部学习培训教材”销售 80 万册;《新中国发展面对面——理论热点面对面・2019》销售约 26 万册;《习近平新时代中国特色社会主义思想学习纲要》小字本销售合计约 138 万册,大字本销售合计约 34 万册。该书发行量占比全市党员人数 91.65%,全国排名第七。

四、馆配销售保持平稳,全力开拓馆配业务发展新局面

2019 年,在“以上海为中心、辐射周边、拓展全国”的战略思想指导下,新华连锁馆配业务区域已从上海拓展至 20 个以上的省、市、自治区。新华连锁旗下的馆配公司连续六年被评为“全国优秀馆配商”称号。公司馆配中心 2019 年两季各完成 40 余所高校的教材发售任务。经不懈努力,被授予“2019 全国优秀教材经销商”。

2019 年,新华连锁对上海地区本地业务展开多轮走访,通过积极开拓,合作的本地街道乡镇馆数量已达到 30 家以上。同时,与上海公共图书馆及高校图书馆加强合作交流,开展订货会现采、上海书展分会场活动;与中小学开展教职工书展;与高校合作开展世界读书日、举办“你选书,我买单”等活动。

五、线上线下融合互动,持续开展各类主题营销活动

1. 以“读书会”为载体,打造主题阅读活动品牌

在做好传统图书发行的基础上,新华连锁积极发挥旗下“市民文化客厅”(总 17 期,2019 年 10 期)、“全国新书发布厅”(总 201 期,2019 年 30 期)、“上海・故事读书会”(总 17 期,2019 年 5 期)三大品牌资源和活动优势,深入开掘精品阅读、体验阅读的理念,积极引导优质的出版文化资源和作者资源向上海集聚,推动多元发展模式和文化品牌向全社会辐射,助力打响上海“红色文化”“海派文化”“江南文化”。

2. 创新经营理念,不断拓展线上销售渠道

2019 年,新华连锁转变思路,以互联网思维努力打造线上发行新平台,相继完成“新华总店发行平台、拼多多平台、特价区”3 家线上平台销售渠道拓展。3 月,新华连锁以开店入驻形式正式与新华书店统一网上商城平台开展实质业务合作;年中,入驻“拼多多”平台,以“活动”为核心经营模式,品类主营童书、公版书、低价套装等高定价低折扣品种图书,用薄利多销的方法打开销量;年底着手尝试开展“天猫特价区”平台业务。在线上图书团购业务拓展上继续做好建工集团、建行善融平台的业务工作,2019 年还拓展了宝武集团等企业图书团购业务销售。

3. 获得 2019 年主题图书网上发行专项资金,积极推进相关工作

2019 年上半年,新华连锁获得了中宣部 200 万元专项资金用于网络发行工作。公司与上海市委宣传部签订了工作责任书,并根据要求,落实相关工作。4 月起,新华一城书集微信书店内开设了“社科主题”频道,页面陈列“党史党建”“哲学经典”等不同板块;5 月,在新华一城书集官网 www.bookmall.com.cn 首页,完成设立“同心共筑中国梦”主题图书专区。专区内罗列“党建党史”“红色记忆”“解放书单”“一带一路”等不同图书主题推荐板块,“《战上海》,一部大上海解放史”主题好书推荐文章板块及在上海新华书店等地区开展的主题文化活动报道板块。6 月,在“社科主题”

频道内重点陈列“不忘初心，牢记使命”主题推荐书目并进行专题图文推送。

4. 围绕“新中国成立70周年”积极组织各类主题活动

（1）主题图书展销：全市所有门店布置陈列“庆祝新中国成立70周年2019年主题出版物联合展销”；上海书城福州路店参与长三角主题出版物展览；新华连锁17家中心门店积极参与“庆祝新中国成立70周年2019年主题出版物联合展销”。

（2）图书首发：10月5日下午，《上海滨江长卷》首发敬献祖国70周年华诞仪式在福州路店隆重举行。

（3）“学习强国”线下体验中心：“学习强国”APP是中宣部在新时代创新推进融合发展，集合优秀内容资源，适应广大党员群众学习需求而创建的党的重要理论武装和思想教育互联网平台。为配合新华书店总店此次在全国建设“学习强国”线下示范体验空间的通知，新华连锁结合门店地址、规模及人气，首批申报了上海书城福州路店、五角场店2家门店作为参与门店，并根据要求设置了“学习强国”图书专架及相关宣传品，让读者有更好的阅读体验。

六、为公共文化建设添砖加瓦

1. 策划丰富的主题活动，建立文化服务空间

2019年，新华连锁累计组织开展名家名作进校园及各类现场讲座、签售活动70多场次，各种形式买赠、折让促销、主题展示活动百余次。活动范围涉及公司旗下上海书城、新华书店各主要门店，以及周边社区、各区图书馆、高校、机关、企事业单位等，显著提升书店的文化服务品牌。

2. 新华书店积极开展“三下乡”活动

2019年，在公司的统一部署下，各郊区新华书店积极配合所属区宣传部开展多项“三下乡”活动。其中，奉贤区新华书店和嘉定区新华书店分别于2019年1月和2月在当地举办了“三下乡”惠农服务活动，图书陈列品中涉及科普、人物传记、家庭保健、生活休闲、儿童绘本、社科文艺、法律维权、农业种植养殖技术等，并以优惠的价格服务于当地老百姓，取得了良好的社会效益。8月20日，南汇乐购店为配合泥城镇人民代表大会的胜利召开，新华连锁准备了将近11万元码洋的政治哲学文学生活类图书进行流动设摊。期间人大代表踊跃购书，收获满满，在短短一天的设摊中，取得了将近5万元的销售码洋。

七、2019上海书展销售再创新高

2019上海书展暨“书香中国”上海周于8月14日至20日在上海展览中心举行。新华连锁继续承办位于东一馆的“各地出版馆”、中央大厅的“主宾省 出版馆”、东阳光蓬内的“上海国际童书嘉年华（少儿馆）”，承办的展馆总面积约3 900平方米，铺货数量达到39万多册图书。本届书展销售再创新高，同比增长近8%。主会场共计开展各类阅读活动217场，日均31场，每个小时都有2场以上的活动在各展馆举行。每天一场的“致敬七楷模”讲读会定时在中心活动区与广大读者见面。书展中的云会场承办及使用入口为“新华一城书集微信公众号”，为读者提供书展书目查询、出版社查询、活动查询、活动直播、在线购书等服务。据统计，云会场的总使用次数为35万多次，日均达到5万多次。

八、做好 2019 中国上海国际童书展各项工作

2019 中国上海国际童书展于 11 月 15 日至 17 日在上海世博展览馆成功举行。新华连锁承接了来自中信出版社、中国少儿出版社、广东新世纪社、海燕出版社、晨光出版社、华东六少、北京少儿出版社及杨红樱专馆等多家专业类少儿出版机构的布展和销售任务,精选近 1 900 种精品新书入展,并在场内外配合出版单位开展 40 多场童书营销活动,本届童书展共实现销售码洋 90 万多元。

九、提升信息化水平

1. 加强各类技术手段的普及应用

2019 年,连锁公司与建行上海分行加强合作,在上海书城福州路店、书城长宁店、东方书城、日月光店、嘉定罗宾森店、松江平高店等 15 家门店投放“智能多点触控自动购书机”,为广大读者提供便捷的服务。

2. “出版发行大数据体系建设的 CNONIX 标准创新应用”项目正式启动并将予以验收

3 月 12 日下午,“出版发行大数据体系建设的 CNONIX 标准创新应用项目”正式启动。该项目是上海新华传媒连锁有限公司在已有行业数据全国范围的海量出版物流通数据和成熟的数据挖掘系统基础上,按照中国出版物信息在线交换 CNONIX 标准,在云计算和移动计算等新技术架构建立面向图书馆、读者、出版企业、发行企业的行业立足本地区的公共性云服务平台,并在服务平台上探索 CNONIX 标准在行业中多维度的创新应用,即“围绕一个标准体系、建立一个大数据基础云服务平台、以行业多维度的大数据服务为创新应用示范”。

十、争创各级文明单位,实现精神文明和物质文明比翼双飞

新华连锁积极探索新形势下门店精神文明建设的途径和方法,坚持不懈带动新华连锁形成全员创建的良好氛围。通过全员努力,上海书城福州路店已连续十届被评为市级文明单位。近年来,上海书城五角场店和东方书城相继获评市级文明单位。新华书店普长区店市西区、物流中心亦连续多届获评宣传部文明单位。

第二节　上海图书有限公司

上海图书有限公司是上海世纪出版(集团)有限公司的全资子公司,是上海知名的国有专业图书公司。2019 年,在集团党委的坚强领导下,公司坚持“从传统书商向文化服务商和空间运营商转型发展”的经营理念,积极稳妥、扎实有效地推进各项工作,坚守实体书店运营、勇于对外合作拓展、保持古旧专业地位、优化电商发展思路,在各方面取得了积极成绩。现将全年主要工作汇报如下:

一、图书业务

(一) 门店及馆配

公司各门店和馆配新书销售均取得预期成效。所有店面完成了相应的库存盘点工作,情况较

好。由公司运营的天猫“上海世纪出版官方旗舰店”销售码洋较上年有所增长。

二、文化服务

2019年，在已有的“三节一展”“海上博雅讲坛”“青衿书苑”等文化活动的基础上，公司不断扩大已有文化品牌的影响力，并继续深入挖掘对外合作拓展项目，努力发挥文化服务商和空间运营商作用。

(一) 优化自有文化品牌发展

“海上博雅讲坛”由自主组织逐步向与第三方合作共建推广平台的方向转型发展，如与杨浦图书馆合作，在打响自身品牌知名度的同时，为公司引进了更多资源。公司艺苑真赏社举办“海上小刀会”金石书画篆刻展、绳墨五人画展、紫砂与书法的结合等画展讲座。

2019上海书展上，公司在往届基础上，进一步优化图书选品、陈设，再次重磅打造“七天七堂课”“国学馆”系列文化活动等，并结合“文进万家　书香青浦”活动，首创以“名家七讲下江南”系列讲座的形式将上海书展热烈的书香氛围传播到青浦区、嘉善县和吴江区等地，获得了多方认可与好评。

(二) 深化联合文化品牌合作

经政府采购招标，公司继续成功中标2019年“青衿书苑”读书会项目，共举办了十余场主题读书会，并已完成相应的线上平台维护和运营工作。

运用2018年成功策划举办“文进万家　书香闵行”系列阅读服务活动的有利经验，公司2019年成功申报举办“文进万家　书香青浦”系列活动，目前已完成十余场活动的策划落地，反响热烈。

公司还顺利与杨浦区图书馆达成2019年合作协议，并为上海思博学院、上海电子信息职业技术学院和东方航空公司等合作方提供主题书展、讲座、流动书展等服务，获得了良好反馈。

(三) 强化空间运营品牌管理

公司承接新虹图书馆整体运营已近两年，在多部门的配合协作下，新虹图书馆整体情况良好，在建设文明社区、增强人民群众文化素养、建设书香上海等多方面都做出了重要贡献。

2019年，新虹图书馆举办“经纬文苑”活动，其中有“经纬讲堂”“经纬读书会”“悦读之萌”及节庆时令活动等。

三、人员编制

至2019年12月底，公司共有正式职工131人。

四、市级以上获奖情况

经过全体员工的共同努力，公司取得了丰硕的成果：公司荣获“2017—2018年上海市文明单位”称号；“2018年度平安示范单位”称号；艺术书坊“阅读的力量・品质生活直播周”“阅读的力量·深夜书店节”活动分别被上海市书刊发行行业协会评为一等奖和三等奖；上海古籍书店“阅读的力量·品质生活直播周”“阅读的力量·深夜书店节”活动分别被上海市书刊发行行业协会评为二等奖，此外，还荣获2019上海书展暨“书香中国”上海周“优秀上海分会场”称号；“庆祝新中国成立70周年2019年主题出版物联合展销活动”优胜奖；“2019.4.23书香上海·书香满城文化导读活动”优胜单位称号；“2019上海图书销售行业春节特色文化营销活动”先进单位称号和“上海庆祝改革开放40周年主题书展”优胜单位称号。

第三节　上海外文图书有限公司

2019年是新中国成立70周年、集团成立20周年的重要时间节点。上海外文图书有限公司在上海世纪出版(集团)有限公司党委统一领导下，紧紧围绕公司整体工作目标，通过积极贯彻集团领导提出的年度工作要求来落实2019年度公司工作措施和推进各项工作。2019年度公司用工200人，其中在岗正式职工159人，劳务派遣17人，其他从业24人。通过全体干部员工的共同努力，顺利完成集团下达的年度经营责任考核目标。在努力做好公司各项工作的同时，全力支持集团的各项工作，认真完成集团交办的各项任务。

一、经营管理工作

公司根据自身情况和特点，继续以“专业化、市场化、国际化”的目标和要求来开展各项经营工作。公司聚焦“提质增效”这个新的工作重点，始终坚持以需求导向、市场导向、问题导向和效果导向来开展各项业务。面对激烈的竞争和多变的市场，我们利用自身专业化和国际化的优势，继续深耕细作，把握发展节奏，巩固市场份额，提高经营质量，增强经营效益。面对品质服务的要求，我们进一步提升服务能级，努力为客户提供全方位、全流程的高品质服务。公司上下继续贯彻落实高质量发展的要求，确保了全年营收和利润目标的顺利完成。零售业务继续走好专业特色书店经营之路，以迎进博先锋行动、文明行业创建和黄浦区创建全国文明城区工作为契机，抓规范服务，努力打造最美服务窗口。完成年初制定的“一保、二增、三突破”的销售计划，图书销售整体平稳，合作经营凸显成效，文创产品完成布局，重点业务有所突破。虽然图书零售业务小幅下滑，但部门仍然通过策划周年庆、引入文创产品等措施弥补了销售缺口。积极开拓团购及流动书展客户，扩大影响及服务范围。做好三大书展，增加书店品牌曝光率。10月成功举办艺术图书订货会，服务全国各大美术院校，逐步成为业内知名的艺术图书现采平台。部门获得“2019上海图书发行行业春节特色文化营销活动先进单位”称号；“2019世界读书日书香上海·书香满城文化导读活动优胜单位”称号以及2019上海书展暨“书香中国”上海周“优秀上海分会场”称号，入选第二届国际进口博览会期间图书销售行业“最美服务窗口”参评单位。累计举办各类阅读推广、展览、讲座、培训等活动31场，积极打造不同需求场景下的复合型书店文化空间。电商业务通过参加天猫双十一等促销活动逐步提高店铺在天猫、京东、当当平台的曝光率和销售占比，降低由于亚马逊关店造成的影响。尽量避免卷入网上价格战，在保证利润的情况下，通过提高公司独家商品曝光率和分步消化滞销图书库存来提高销售量。在库存可控的前提下，合理增加畅销图书和常销图书的备货量，做到好书不脱销。加强团购、学生采购的发货和售后服务。采购业务着重加强畅销及长销品种的选择与采购工作，持续不断地完善去库存、调结构的比例。根据市场需求选择适销品种，做好由电商业务结构调整所带来的库存商品结构调整工作，及时优化采购计划和商品布局。完成公司对上海书展、上海国际童书展、进口艺术图书订货会、朵云书院进口图书供货等专项备货任务，进货品种基本满足线上线下销售需求。保持与出版社的良好关系，发挥专业书店买手特长，打造专业书店书单特色。增强审读意识，规范审读流程，严格审读台账制度，发现问题，第一时间有效处理，确保进口出版物意识形态的安全。

在各项管理工作中，公司以第一轮市级文明单位创建工作为抓手，继续落实精细化管理的各项要求。各级领导高度重视内控与风险管理，确保了公司在规则制订、规章执行、流程闭环和风险管控等方面管理的整体有效，连续第三年开展巩固“公司管理责任年”的成果。

二、出口工作

2019 年出口工作积极响应国家“一带一路”及文化“走出去”战略需要，在欧美及亚太地区积极推广“阅读上海”主题书展、专柜和文化交流活动，为上海文化品牌建设服务。出口工作继续围绕集团优势选题、精品图书展开，在加强与本地出版社联系的同时，根据市场变化、用户需求，寻找更多全国优秀出版物，扩大海外市场份额。

通过全体干部职工的共同努力，公司顺利完成了 2019 年度各项任务。在取得成绩的同时，公司仍面临着不少问题。公司业务工作的可持续发展动力不足；面对市场变化的应对措施不多，还停留在等、看、研究层面；部分人员结构无法适应当下市场运营需求。2020 年是上海外文书店成立 70 周年暨公司成立 35 周年，也是公司“提质增效”的关键之年，我们将积极探索、勇于尝试，不断解决与公司发展不适应的机制障碍和制度束缚。加大创新、精细化管理力度，始终坚持走高质量发展道路，同心协力抓机遇、破难题、提效益，努力实现社会效益与经济效益的有效统一。

第四节 光 的 空 间

“光的空间”是上海新华发行集团为推进全民阅读着力打造的一个“阅读＋”空间品牌，旨在以多层次的空间体验创造全民阅读的场域。

截至 2019 年 12 月，旗下拥有光的空间 · 新华书店、光的空间 · 绍兴路店以及光的空间 · 常州店等三家书店。

新华发行授权上海元真文化传媒有限公司（由上海新华发行集团与红星美凯龙集团共同组建）负责三家书店的日常运营。

一、员工

截至 2019 年 12 月，光的空间后台团队在编人数 8 人，其中总监助理 1 人、市场部 2 人、活动部 2 人、媒体部 2 人、行政 1 人。后台团队为光的空间三家书店提供整体保障。

光的空间 · 新华书店店面零售在编人数 13 人，其中执行店长、副店长各 1 人，高级店员 3 人，中级店员 3 人，初级店员 3 人，咖啡长 1 人，中级咖啡师 1 人。人力梯队构成相对稳定。周末兼职队伍也比较固定。2019 年老员工流失较多，但留下的也更为成熟，业务能力及带教能力都有明显成长，新入职的几位员工经过培训也已经进入书店工作状态。

绍兴路店零售在编人员为2人，主要负责图书和文创产品的销售、活动的执行，水吧外包。

常州运营团队目前有13人，包括执行店长1名、副店长1名、策划1名、设计1名、咖啡师1名、高级店员3名、中级店员2名、初级店员3名。

二、荣誉

1. 光的空间·新华书店

2019　全国最美新华书店

2019　上海书展暨“书香中国”上海周“优秀上海分会场”

2019　“庆祝新中国成立70周年2019年主题出版物联合展销”活动　优胜奖

2019　闵行区终身学习教育学习点、闵行区未成年人课外教育基地　授牌

2019　闵行区市民修身线路8个示范点之一(与七宝老街、宝龙美术馆、闵行体育公园等同时入选，成为全区书店、城市书房的示范代表)

挂牌闵行区社区学校科普教育基地

2019　魔都生活盛典年度人文空间奖

2. 光的空间·绍兴路店

2019年被中国书刊发行业协会评为全国年度社区书店

3. 光的空间·常州店

入围2019全国最美书店

三、运营

2019年，光的空间三家店总体收入近千万元，其中图书销售占八成。

1. 光的空间·新华书店

(1) 客流缓步下降，零售稳中有升。

光的空间·新华书店全年客流较2018年下降了近18%，但走势平缓，没有其他同类网红店大起大落的情况，较大程度地留住了客流。

转化率提升36.4%，代表客人的黏性增加，消费意愿提升，书店的选书和不断地调整带来了较好的成效。

附带率提升10.2%，书店的选题式推荐效果良好，平均每一位消费的读者会在书店购买2.3册图书。

(2) 供应链趋于完善，新品周转加速。

光的空间·新华书店产品依然以更宽阔的视野，更精细的选书为目标。每周平均补货品种逾600种，新书进库80余种，其中新书2周动销率近80%。

截至2019年底，店内书籍类SKU已经突破47 000条。在2018年品种的基础上，产品部在2019年渐进品种的淘换，将一些多品种、多版本书籍进行筛选，去芜存菁，减轻读者挑选的压力。

(3) 活动持续保持质量与数量，会员人数增长明显。

截至2019年12月，书店共举办活动143场，其中大型活动89场。累计参与人数12 000余人，同比2018年增加50%。

书店微信推送135篇,其他渠道145篇(媒体、头条、豆瓣、微博)。微信关注增加12 907人,比2018年增长66.6%。微信阅读篇平均每篇500字左右。注册会员数(可触达)达到10 715人,较2018年增加220%。

作为带美术馆的书店,2019年配合明珠美术馆《(重)塑世界》《慕夏》《雨果》等大展,书店分别做了相关主题图书躺台和相关阅读分享活动,皆取得了良好的口碑和销售业绩。

2019年由光的空间运营的中国上海国际童书展"快闪书店"受到热捧。快闪店提供童书业专家、展商等推荐的图书精品,包括金风车国际青年插画家大赛获奖插画师作品精选、国际作家节图书精选、陈伯吹国际儿童文学奖获奖作品精选以及童书展衍生品及周边产品。与CCBF、九口山联合推出的限量版MINI NOTE系列笔记本成为畅销产品。尽管快闪店只有三天,但销售额喜人。

2019年,光的空间·新华书店推出高端论坛"The FutureS·我们的未来",从2019年7月到2020年1月,举办了7场对谈。邀请了包括许杰、徐震、米歇尔·康·阿克曼(Michael Kahn-Ackermann)、向京、葛剑雄、邱志杰、缪晓春、刘擎、凯伦·史密斯(Karen Smith)、赵仁辉(Robert Zhao)、李大衡(LEE Daehyung)、邱黯雄等在内的当今国内外艺术和哲学领域中的大师级嘉宾,围绕着"我们的未来"进行多维度探讨。同时,伴随着每一场论坛的举行,嘉宾们也会给出自己的推荐书目,让观众将思考带向场外,在阅读中得到更多收获。该论坛使"光的空间·新华书店"成为沪上艺术人文交流学习的文化高地。

而在日常活动中,光的空间则形成了"××的光"阅读分享系列品牌:思想的光——主打修身、哲学、人文社科,嘉宾包括傅杰、郑培凯等;艺术的光——主要以艺术普及与分享为主,面向大众群体,并有选择性地深入主题,嘉宾包括寺田克也、EFA、宋思衡、吴牧野、夏达等;城市的光——以城市发展和历史人文为主题的活动,嘉宾包括熊月之、宋雪君、马尚龙等;文学的光——以现当代文学为基础所举办的讲座、分享会、对谈活动等,嘉宾包括余华、林少华、阎连科等;成长的光——顾名思义就是亲子类活动,主题范围广泛,活动形式有互动、现场阅读讲解等,嘉宾包括市川里美、埃尔维杜莱、大卫香农、秦文君等。

书店不拘泥于阅读类活动,还有工作坊、音乐鉴赏、戏剧表演等多维度的"大文化"活动,不断提升书店所在商业体的影响力。

2. 光的空间·绍兴路店

绍兴路店是"光的空间"的一个阅读实验,在这里探索情感阅读的可能性。绍兴路店是一个收拾心情的小书馆。

阅读是私密的、阅读是可以清除负面情绪的,2018年12月11日开始试运营的"光的空间·绍兴路店",在不到两百平方米的小小空间里,保护阅读的私密性,成为情绪的正向补充。

在这里,"一盏灯,照亮城市的光;一本书,启迪思想的光;一壶茶,沉浸自然的光;一杯酒,摇曳身体的光;一群人,共享时间的光",书吧、水吧、酒吧自由转换着面孔,不同主题的沙龙分享,让社会人在这里获得思想的放松。

截至2019年12月,除了新书分享会、阅读沙龙以外,绍兴路店还举办了小文艺之夜、城市速写课、音乐专辑发布会和多场阅读相亲会,还成功促成了一对新人。

绍兴路店在网红店密布的瑞金街道,长期位列咖啡店评价榜、环境榜前十。

3. 光的空间·常州店

探索表达阅读的可能性,同时也是布局长三角,2018年12月22日光的空间·常州店在常州爱琴海开业。

一年来，常州店实际客流仅为预期客流的三分之一，这与商场目前空铺率较高有着直接关系。预计等到2021年地铁开通，情况会有所缓解。

常州店积极通过活动引流，并增加读者黏性。全年举办阅读分享类活动30余场，每周绘本纸剧场50余场。邀请了包括余华、张皓宸、朱伟、周洁如、张怡微、好妹妹乐队的张小厚等优质嘉宾。这些活动不仅在当地形成话题，甚至无锡、南京的读者都专程赶来参加活动。

常州店在2019年2月就开始走出去，主动接洽周边企业、机构，寻求合作。目前已经与多家单位建立长期的采购和活动协议。大单采购占到门店销售的30%以上。2020年将继续深耕周边，做好区域化的服务，增加收入。

四、结语：坚守阅读，保持生命力

光的空间是个崭新的品牌，依托安藤忠雄的设计，我们曾经拥有最网红的标签，拥有单日最高12 000人来店打卡。但是网红会随着时间褪去，越来越多的“网红”书店并不能支撑太久。而光的空间·新华书店在这两年的经营中一直处于上海书店的头部位置。客流下降有限，营业额不降反升，2019全年售出图书14万册，最高单日营业额7万元，转化率同比提高36%，注册用户大涨220%。这些在书店行业都是颇为亮眼的数据，源于我们默默地坚持做着主题推荐，高密度地面向大众的文化讲座，认真对待每一位读者。

但是我们也看到了压力，短短几年上海已经成为全国的书店文化高地，好书店不断涌现，对于地理位置处于劣势的光的空间，我们将面临更多挑战。

书店需要保持生命力，就需要友善的资本持续对品牌的投入，对活动的投入，对规模化的投入，且要做好在地的服务，激活存量的获客成本最低，周边的读者才是复购率最高的“超级用户”。

书店需要好的故事，但更需要一本一本书扎扎实实卖出去的坚持。

第五节　上海世纪朵云文化发展有限公司

上海世纪朵云文化发展有限公司是上海世纪出版(集团)有限公司成立的全资子公司。2019年，公司稳步推进“朵云书院”的连锁化。在积极拓展新项目的同时，不断优化已有项目的运营模式。朵云书院旗舰店、思南书局·诗歌店顺利开业，思南书局、朵云书院广富林店以高质量运营和贴心的服务赢得了广泛认可。

一、旗舰店开业创标杆

朵云书院旗舰店于2019年8月12日正式营业。除选配高质量的中外文图书外，旗舰店特设“有态度的书架”，累计邀请了30余位作家、艺术家、学者等各领域“大咖”推荐书单。举办“上海之巅”读书会22场、“纸上风景”朵云装帧聚场4场、其他阅读文化活动28场，累计吸引近5 000名读者参与。作为上海书展和上海国际文学周的分会场，举办专题讲座5场，吸引近500名读者参加。旗舰店还举办各类高水平的文化艺术展览，如举办“‘西遇知美　云上敦煌’公益展”“2019家园·上海国际文学周主题展”“诺贝尔文学奖主题展”，并与印物所联合举办版画展，累计吸引约50万人观展。

开业首月，朵云书院旗舰店日均客流多达4 000人，短短数日便跃居大众点评上海书店音像热门榜第1名。至开业一百天，朵云书院旗舰店共接待各级党政领导、各国政要、海内外嘉宾、各界知名人士近5 000人，《人民日报》、《解放日报》、《文汇报》、上观新闻、澎湃新闻等众多主流媒体对旗舰店进行了专题报道，获得社会各界广泛好评。

二、“小而美”诗歌店正式亮相

思南书局·诗歌店于2019年12月28日正式开业，是公司旗下新型实体书店中第一家垂直领域主题书店，诗歌店开业伊始便吸引了广大市民读者、诗歌爱好者的慕名前来，开业当日接待读者超1 700人次，得到了新华社、《文汇报》、上观新闻、澎湃新闻、东方网等数十家媒体的报道。

三、思南书局、朵云书院广富林店优化运营

2019年，思南书局举办各类文化活动60余场。思南经典诵读会共举办48场，吸引近1 800名读者参加，并入选“上海读书会阅读联盟”。“二人读书处”举办小型展览14期，吸引2万人观展。三楼公益文化系列展9场，累计接待人次超23万。尤其是“新中国成立70周年暨上海解放70周年主题展”，成为全国近百家基层党组织、院校单位开展“不忘初心 牢记使命”主题教育活动的重要空间和载体，该展累计接待7万余人次，获得《文汇报》、人民网、上观新闻、《新民晚报》等30多家主流媒体的宣传报道。除此之外，思南书局不断丰富文化活动形式，与HISFF华时代全球短片节、MUSICITY中英音乐人论坛、书籍装帧师Mark Cockram等开展跨界合作，举办电影联映、音乐品鉴、涂鸦手作、书籍装帧等7场特色活动。

朵云书院广富林店各项文化活动常态化、多元化：公共阅读文化单元“云间读书会”共举办8期，吸引近400名读者参加，并被评为上海“市民修身行动”特色项目；书院承办各类企事业单位文化主题活动40余场；与佘山旅游综合服务中心合作，在佘山建立“朵云小筑”文化展示窗口；与松江区委宣传部合作开发松江特色文创等，已逐步成为松江区文化内容服务和文化空间运营的行业标杆。

四、探索多渠道发展空间

除常规门店运营外，公司不断推进文化服务与运营服务的输出，拓展多元化业务结构和收入模式。2019年，公司举办了三季主题多元的快闪书店，为第二届进博会打造朵云书房，并开发了获得广泛认可的自有文创产品。

三季快闪：与少儿图书出版社、音乐出版社等单位合作，举办了音乐快闪、童书快闪、PINK HOUSE自我之屋三期快闪书店，邀请到葛灏、郑春华、秦文君、韩子君等140余位嘉宾，开展形式多样的阅读推广活动近百场。

朵云书房：为第二届进博会打造朵云书房，陈列图书1 600余册，增设“书法墙”“有温度的百宝箱”等特色项目。朵云书房的高品质服务受到了市委和市政府领导的高度评价，获“服务进博 保障有力”荣誉称号。

文创开发：至2019年12月底，公司拥有自主研发的文创产品50余种，同时，不断加速自有IP开发进程。

2019年，“世纪朵云”也获得了一系列荣誉：朵云书院旗舰店在2019“美好生活”长三角公共文

化空间创新大赛中荣获“最美公共文化空间奖”；被选为上海购物节·购物达人赛推荐店、The Best Bang Awards 2019 年度书店；并在 2019 年“新时代杯”中国书店评选中，荣获“年度最美书店”的称号；在“2019 书业年度评选”“‘你好 2020’魔都生活”等活动中荣获“年度书店”称号。思南书局先后荣获“2019 第三届亚洲书店论坛·最具人文书店”“庆祝新中国成立 70 周年 2019 主题出版物联合展销”活动优胜奖等奖项。公司自有文创也获得社会的广泛认可。“真理的味道非常甜”获第十四届“老凤祥杯”上海旅游商品设计大赛最佳理念创新奖(二等奖)；“从布鲁塞尔到上海”系列获中国旅游协会颁发的“全国优秀红色旅游文创产品”称号；朵云书院手绘瓷板画获第二届松江文创纪念品大赛三等奖。

第六节　中国图书进出口上海公司

2019 年，面对复杂的经营环境和严峻的经营任务，中国图书进出口上海公司(以下简称“上海公司”)全体员工紧密围绕总公司的“五型发展”战略和“提质增效，管理赋能，融合发展”的年度工作主题，结合公司实际，贯彻“减员增效、管理增效、创新增效、开拓增效”的指导思想，齐心协力、迎难而上，在做大做强传统业务的基础上，努力寻求变革、发展和突破，基本完成了总公司下达的工作任务。

一、主要经营指标完成情况

2019 年上海公司完成营业收入 7.6 亿元，实现利润 1 007 万元，分别较 2018 年增长了 24%和 10%。

二、2019 年主要工作与成效

(一) 党建工作板块

1. 筑牢思想根基，提高政治站位。在总公司党委和上海市科技党委的指导下，把学习贯彻习近平新时代中国特色社会主义思想为首要政治任务，深入推进“不忘初心、牢记使命”主题教育实践工作，贯彻落实党的十九大精神和十九届四中全会精神；推进“两学一做”学习教育常态化制度化。

2. 创新学习形式，提高思想觉悟。积极落实主题党日活动，高效务实开展好主题教育，坚持党建工作与企业精神文明建设相结合。利用公司自身文化优势，组织员工开展职工疗休养、主题咖啡吧、中图悦读会等特色文化活动，进一步加强了企业文化建设。

2019 年公司党委获市科技党委和中图(集团)总公司优秀基层党组织荣誉称号，公司团委获“上海市进博专项青年突击队”荣誉称号，公司还再次获“上海市精神文明单位”荣誉称号。

(二) 出版物进口板块

1. 始终坚持社会效益是公司发展的生命线，确保审读零事故。

2. 继续稳固上海地区的馆配市场占有率，全年共参加 24 家单位的 26 次馆配招投标，中标率 88%。

3. 举办了“珍稀档案资源专家论证会”和“上海地区 2019 年图书馆高水平资源建设专题研讨会暨馆长论坛”，邀请到了包括高校馆、公共馆、研究院的多位馆长、专家和出版社代表参加，打响了公司的馆配品牌。

4. 数据库业务全年参加了23家客户的61次数据库招投标，全部中标，显示了公司在这个领域的强大实力。

5. 加强进口采购力量，重点开拓了欧洲和东南亚小语种的供应商，争取到了更多现货资源。

6. 编目业务抓大放小，把主要力量集中到核心客户上，上海图书馆、上海外国语大学、上海世博会博物馆三家客户的编目量同比上涨了15%。

7. 外籍业务持续发新产品，拓展新的实体书店销售渠道，带来流量的同时也丰富了客户群体。批销板块同比增长了近20%。

8. 注重线上推广营销。通过微信、微博的发布，天猫直播等一系列活动，外籍报刊线上收订同比增长20%。

(三) 文化出口板块

1. 通过不断提高个性化服务来稳定北美市场，确保了全年订单总量的稳定。提高选书能力和采购能力，澳洲和东南亚市场图书出口有小幅增长。

2. 利用出口产品的多样性，非出版物出口全年销售同比增长34%。

3. 公司获得了商务部2019—2020年全国重点文化出口企业。

(四) 出版物零售板块

1. 主攻线上零售B2C和代理进口业务。在线零售全年完成销售3 573万元，同比上升32.33%。代理进口业务完成销售2 700多万元，同比上升80%。弥补了亚马逊(中国)关停导致B2B电商业务明显下滑的销售缺口。

2. 注重营销和推广。全年共计举办36场线下活动，累计报名及参与人次近2 000人。借助上海书展期间策划的村上春树繁体版译者现场签售及“书展7天乐”等线下活动，在澎湃新闻、上海书展官微等媒体上获得了较高的曝光度。

(五) 会展会务板块

1. 积极配合总公司做好第二届进口博览会期间虹桥国际经济论坛的会务接待工作。上海公司的青年服务团队荣获“进博会专项青年突击队”称号。

(六) 管理工作板块

1. 精细化管理出效益。通过对资金的良性运作，公司的财务费用从2016年227万元的利息支出，转化为2019年32万元的利息收入。

2. 发挥自主软件开发能力。独立完成了图书、外籍、零售业务系统的升级改造和管理辅助功能开发，并搭建了公司信息综合管理平台。

3. 合理规划库房，调整派送线路。通过提升场地有效使用率和各环节的流转速度，避免了峰值期间库存爆仓的风险，圆满完成了618、双11等网购节日的网店发货任务。

4. 积极做好内训工作。利用公司现有资源，全年成功举办了3次内部业务培训，其中既有电脑使用技巧普及，又有各部门成功案例的分享和总结，累计参训员工达到120多人次。

5. 层层落实安全责任。始终把平安单位创建和安全稳定工作列入首要目标任务，做到安全工作有人抓、安全事情有人管、安全措施有落实。2019 年公司获得了由虹口区“消防标准化管理先进单位”,通过了“双随机,一公开”消防安全检查。

第七节　上海香港三联书店有限公司

上海香港三联书店有限公司位于淮海中路 624 号,现有员工 49 人,由上海图书有限公司(上海世纪出版集团旗下),上海三联书店有限公司(上海报业集团旗下),三联书店(香港)有限公司(香港联合出版集团旗下)合资组建,成为国内第一家沪港合资的书店。公司拥有《出版物进口经营许可证》,为各类书店、企事业单位、公共图书馆、学校等提供进口图书的零售、批发及国内图书的出口服务。

2019 年,图书零售市场仍未有很大起色;进出口图书销售业务竞争依然激烈,但公司上下团结一致,在董事会领导下,齐心协力,克服重重困难,各项工作开展和完成得较为顺利,较好地完成了预期目标,具体如下:

一、完成主要经济指标

全年完成销售码洋 17 732 万元,比上年的 11 782 万元增加了 5 950 万元,增幅 50.50%;销售实洋 10 775 万元,比上年的 7 462 万元增加了 3 313 万元,增幅 44.40%。完成利润总额 118 万元,比上年的 82 万元增加了 36 万元,增幅 43.90%。

二、完成主要工作

沪港三联经过三十年的发展,在各方面有了一定的积累,为了今后发展做好准备,我们有必要沉淀一下,回头看看自身的不足,充分了解现在行业格局和发展趋势。

1. 创新科技手段,优化业务流程

2019 年,针对一些制约公司业务发展的难点、痛点,我们历时近一年,采用复合开发模式,对纷繁复杂的进口业务系统实现了数据贯通耦合,逐步实现基于自动智能算法和操作,提供上下游客户管理、SKU(存货单元)管理、业务流管理、结账管理、成本利润管理、风险评估管理。优化业务流程和人员结构,解放生产力,希望带给我们的干部员工培养创新文化的理念。

2. 拓展外部资源,做大进口业务

2019 年,由于亚马逊中国退出中国市场,作为他们的外版图书供应商,我们的业务也有所下滑。公司及时调整业务方向,积极拓展,在台版图书业务及电商合作上有所突破。充分利用主管单位、兄弟单位及合作伙伴的一切关系及资源、通过资源整合逐步拓展朋友圈、做大做强进口业务的核心竞争力。拓展,是我们 2019 年业务又上一个新台阶的基础。

(1) 我们加入了全国性组织地方图书外贸联合会(地贸联),在进口业务经营上“找到组织”,并通过他们加入中国出版协会,在进口业务的信息渠道和与政府主管机关联系上,有很大帮助。

(2) 积极参与参加行业内的会展和活动,广泛结交新友商和各类客户,同上海、湖南、河南、安徽、辽宁、天津、陕西、福建、广东、四川等地同行逐步开展广泛合作。一年中,我们参加了北京图书博览会、上海童书展、海峡两岸图书交易会等重量级展会,参加的会展场次和参与的人员数量都是历年之最,取得了很好的效果。

(3) 外版图书销售,特别是线上电商平台部分这两年一直以惊人的比例上升,越来越多的电商在向进口图书领域发展,通过电商购书已成为当下年轻人的消费习惯,生活类和童书类的发展也说明他们对生活情趣和培养下一代的高质量要求。公司看准这一时机,同一批线上新零售头部商家建立战略合作关系,伴随他们一起成长的过程中也迅速提升了我们的进口业务规模和质量,弥补了亚马逊中国退出带来的影响,并有很大增量。

(4) 坚守政审底线不放松。进口图书审核一直是我们工作中的重中之重。站在国家文化进口的第一线,我们从来不敢放松对进口图书的监管。我们严格遵守、执行三审制,每批到货都有审核及备案。通过参加政府政审方面的培训及公司内部培训不断完善进口图书三审制管理方法和国际学校及图书馆、新闻出版局报备及诚品等进口图书审核细则。在实际工作中,我们以审核为基础,团结友商,分享关键词,力争杜绝违规图书流入。每年的上海书展前,上海市新闻出版局都会对每家销售港台版图书的单位进行全面检查,我们每次都通过检验。

(5) 做好客户维护工作。一年来,我们对公司重点客户进行了梳理,有条件的逐一上门拜访,了解客户的边际需求和痛点,并有针对性地进行改变,提高客户服务质量,保持我们的优良传统。

3. 努力做好出口业务工作

目前对公司来说中文图书的出口业务是比较艰巨的任务。在中国大陆进口图书销售、期刊数据库销售等连年大幅增长的背景下,各图书进出口公司更加关注出口工作,竞争也因此异常激烈。为此,我们也做了大量工作:

(1) 为积极响应国家关于中华文化走出去的重要精神,促进文化交流,推介海派之源文化,2019 年 6 月,我们在中国台湾地区举办了第十届古籍与艺术展。2010 年以来,公司已经在台湾地区连续举办了九年书展,大陆古籍艺术类图书展已然成为岛内的品牌书展。该书展活动在台湾地区多次被各大媒体相继报道,拥有良好的品牌效应,深受当地出版业界及读者的青睐。2019 年,我们还首次与政府机构合作,与徐汇区文化局联手推出了“灿烂的徐家汇文明”推介展,为文化走出去进行了有益的尝试。此次书展实现了十年对台书展完美收官。

(2) 通过台湾地区书展,结识了大批岛内出版行业的同行和图书销售的友商,建立了获得第一手出版信息的渠道。这使得我们今后的出口业务有机会由原来的补贴出口、补贴台湾地区书展,向依托优势产品和服务资源塑造出口品牌转变,注重销售质量、资金安全、也不再强调出口数量。我们也将尝试以海外青年群体为主要目标对象,大力开展交流活动,为寻找出口业务项目合适机会的同时也履行好对外宣传展示祖国改革开放成果、增加海峡两岸统一共识的社会责任。

4. 上海书展再创佳绩

2019 上海书展,我们实现销售码洋 159 万元、实洋 126 万元的业绩,比 2018 年同比增加了 19%,再次刷新了自 2005 年参加上海书展以来的销售纪录。这一成绩来之不易,主要依靠沪港三联自身品牌的影响力以及我们书展团队所有干部员工的辛勤工作。销售主要来自我们的优势类别三联版,社科类、港台版、文学类、艺术类图书以及文创产品。

5. 管理精细化

管理单位要从常规化、规范化向精细化管理迈进,按照精细化思路,找准风险问题、薄弱环节,落实管理责任、用好激励杠杆,在尽可能防范各种风险的同时实现有效激励,引导公司快速稳妥地实现战略规划。

(1) 在员工薪酬分配上不追求平均主义、不搞大水漫灌,我们的配合部门、管理和后勤部门的收入增长按公司总体增长的基数延时享受。

(2) 通过办公会议制度,在重大事项上按审议流程进行民主决策;财务方面根据集团要求完善了财务报销、现金管理、招待费使用、风险内控等制度;进出口业务方面对业务、客户合同梳理、制定了主要业务格式合同和风险内控制度;上线了钉钉办公系统,实现线上考勤及办公,分步实现业务在线审批归档机制。

第八节　博库书城上海有限公司

博库书城上海有限公司是由浙江省新华书店集团有限公司投资设立,为国有独资企业,注册资本 5 000 万元,投资规模 1 亿元,是中宣部文化体制改革试点单位、国家新闻出版署连锁经营、企业信息化建设试点单位,为首家跨省连锁经营的大型书城。

2005 年 5 月 1 日,上海博库书城宜山路店正式开业,书城一共四层,营业面积达 1 万平方米,成为集社科文艺、科学技术、文教少儿、音像制品等门类的综合类出版物大卖场,常备品种 20 余万种,周转品种每年达到 30 万种。开业 15 年以来,上海博库书城始终坚持与时俱进、积极探索。随着读者从过去的需求型消费转变至如今的休闲型消费,上海博库书城也顺应书店发展趋势,对书城结构布局进行不断重新调整规划,先后引入《新民晚报》小记者训练营、琴行、晨光生活馆和能力风暴机器人活动中心等,成为一个以图书为主线,穿插了休闲、购物、培训等个性化产品的大型文化休闲场所。2016 年 4 月上海博库书城引进漫书咖城市生活馆,“漫书咖”以图书＋餐饮＋文创策划为主要经营方向。除了为读者提供一个安静休闲的阅读地外,还不定期推出各种讲座沙龙和文化活动,满足了读者多样化的需求。

上海博库书城一直致力于文化事业建设,为提升文化氛围和促进社会主义精神文明建设做出了一定的贡献。先后获得徐汇区文明单位、上海市新闻出版行业文明单位、上海市平安示范单位、劳动关系和谐企业等称号。2019 上海书展期间被评为“优秀上海分会场”。

2019 年上海应用技术大学明学悦读体验中心校园书店 4 月 2 日正式开业,上海海事大学湖畔学舍大学校园书店 4 月 23 日正式开业,上海海关学院荣阶书苑 9 月 10 日正式开业。从销售来看,三家校园书店的销售还不够理想,为了能提升人气,需要不断创新经营模式,积极拓展多元化经营。通过与学校开展各类的活动,让校园书店能成为深化与学校沟通、连接的纽带,服务师生的桥梁,使之成为校园公共文化服务平台。

2019 年全年实现销售码洋 6 406.65 万元,实洋 4 970.4 万元。其中,门市零售 1 507.77 万元,占总销售的 23.53%;小连锁销售 300.65 万元,占总销售的 4.69%;线上销售 325.26 万元,占总销售的 5.08%;团购销售 4 270.97 万元,占总销售 66.66%。2019 年同比 2018 年码洋减少 386.68 万元,下降 5.69%。

截至 2019 年 12 月 31 日,公司在职员工 77 人,员工平均年龄 36 岁。

第九节　上海钟书实业有限公司

上海钟书实业有限公司(以下简称“公司”)创立于 1995 年 5 月,是一家民营图书发行单位。公司目前主营业务是图书的出版、发行和零售,并以开设连锁书店的形式为推广全民阅读服务、为读者服务。目前在上海地区共有 8 家钟书阁、7 家钟书书店,在全国共拥有 22 家钟书阁,员工近 500 余人。

二十五年来,公司弘扬“用心做事、用情做人、追求卓越、追求完美”的企业精神,坚持“以诚待人、以信处事、以德为基、以善为本、以和为贵、以义取利”的管理理念和“为读者找好书、为好书找读者”的服务理念，公司得到了健康发展，树立了良好的企业形象。

2013 年 4 月，公司被评为上海市文明单位；2013 年 10 月，公司升级为“五星级诚信创建企业”；公司还连续两届评为上海市新闻出版系统文明单位、松江区文明单位、全国文明店堂等多项荣誉；2015 至 2019 年公司连续五年荣获民营书业“最具魅力书店”和“最具影响力机构”；2017 年 5 月，公司荣获第四届中国出版政府奖先进出版单位奖、钟书阁泰晤士店被命名为“全国工人先锋号”；2018 年公司荣获上海市五一劳动奖状；2019 年荣获改革开放 40 年民营书业四十佳零售企业、入围 2019 年度“未来书店”评选、荣获全国优秀中小学馆配商。董事长金浩身为“最美书店”钟书阁创始人也是荣誉满载，曾任教师、校长的他被评为上海市优秀青年校长、2014 年荣获第三届中国出版政府奖优秀出版人物奖、2016 年被评为上海市十大文化产业创业人物、2017 年荣获上海市五一劳动奖章、2018 年荣获全国民营书业创新人物、全国“最美家庭”、2019 年 12 月光荣入选中央文明办推荐评议的 2019 年 4 月“中国好人榜”、感动松江道德模范先进个人等荣誉。

2019 年，公司主营业务收入 2.27 亿元，净利润 154 万元，纳税 87.59 万元。2012 年 12 月在湖北设立的占地 88 亩钟书物流基地，现成为公司图书全国配送中心。

钟书阁是公司 2013 年创立的特色书店，短短几年内成为申城的文化地标。它用“美”重新将读者唤回书店，成为大家的“精神驿站”。截至 2019 年 12 月，钟书阁到访了首都北京、水乡古城杭州、扬州、苏州、无锡，涉足了巴蜀川渝，踏上了云贵高原之巅，又与十三朝古都西安不期而遇，在全国正式营业的钟书阁已经有 22 家。秉承着“连锁不复制”的经营理念，钟书阁将不同地区的人文风情和历史脉络梳理进空间规划中，展现出中华文明不同的侧面，成为各座城市的文化地标。

除了空间美学上的经验创新，钟书阁更不断延伸和拓展着书店功能的边界，让书店所承载意义更为深远。作为新型实体书店的代表，钟书阁被赋予了以书籍为载体的综合性文化休闲概念书店，为读者提供休闲、阅读、交友、探索、交流的文化平台。阅读也不再是一个人的休闲，而是成为一种全新的生活方式，为心灵与精神提供休憩之处，中央宣传部副部长、国务院新闻办公室主任徐麟和中央财政部文化司司长兼文资办主任王家新分别为钟书阁的题词“涵养天堂”“心灵所楼”。

钟书阁还与各地街道、社区、学校、机关、企事业单位等建立共建关系，与各级党组织、工会、共青团、妇联等紧密合作，配送文化资源，在书香空间里融入党建、团建、修身等基地作为活动阵地，组织开展党的建设、青年建设、巾帼风采、家风建设、市民修身等各类主题文化活动。钟书阁泰晤士店被上海市委宣传部、市文明办命名为市民修身基地示范点，钟书阁静安店、闵行店是上海市 5A 级青年中心。

据不完全统计，2019 年钟书阁上海 8 家门店共举办各类大小活动约 1 000 场；全国 22 家钟书阁举办活动约 2 000 多场活动。活动内容涵盖了历史、文学、艺术、儿童阅读、科普、亲子活动等多个方面。

对读者而言，钟书阁作为一家书店的本质定义，仍然是人与书在此间的相遇。钟书阁代表着一种历久弥新的情怀，也寄托着太多人深藏在心底的情感。在未来的日子里，钟书公司将继续努力，深入学习与践行习近平新时代中国特色社会主义思想，成为文化潮流的引领者，全民阅读的承载者，公共文化服务的提供者，更好地满足大众日益增长的各类文化需求。

第十节 上海大隐书局有限公司

2019 年是大隐书局品牌的转型之年。这一年，公司全员不畏困难，迎难而上，不断突破自我，为实体书店的生存不断探索新模式。截至 2019 年 12 月底,大隐书局各门店、业务部门以及旗下各公司,累计实现销售额 3 424.18 万元,其中新开门店 2 家,门店零售业务 1 613.36 万元,非零售业务 1 810.82 万元,完成政府项目 3 项,累计得到扶持资金 240 万元。现将具体经营情况报告如下:

一、绩效管理初见成效,零售业务稳步提升

2019 年 3 月,公司正式推行了门店绩效管理制度,确定了以店长为门店的考核主体与责任主体,将门店业绩与员工工资挂钩,充分激发各门店的自主经营意识,形成"店面零售+场地租赁+企业团购"的业务体系。

制度实行以来,各门店业绩稳步提升,对市场的敏锐度与判断力不断提高,门店团队日益稳定。截至 2019 年底,各门店累计实现销售额 1 613.36 万元,比上一年度增加 29%。

二、供应商体系不断扩大,精细化管理有待提高

经统计,截至 2019 年底,大隐书局共有零售供应商 135 家,其中图书 55 家,文创 80 家,2019 年新增图书供应商 14 家,文创供应商 50 家,初步完成了年初制定的供应商体系拓展目标。同时,在来年工作中将进一步对上架管理、折扣体系、系统监督做精细化管理调整。

三、图书馆馆配初建体系,团购业务初见增长

在 2019 年初确定的工作计划中,明确开辟各区级、街镇图书馆馆配、团购业务,并对上海现有区县、街镇图书馆资源进行梳理、整合,着力打通上下游渠道,积极推进馆配业务的开展。2019 年上半年,集中拜访区级图书馆 12 家,街镇图书馆 8 家,洽谈合作馆配商 3 家,并组织员工参加相关专业技术培训并按国家要求获取相关资质证照。初步建立了馆配渠道网络与配送服务体系。

截至 2019 年底,已为崇明、虹口 2 家区级图书馆;打浦桥、湖南、长桥等 5 家街道图书馆;海洋大学 1 家高校图书馆;以及东宫书房、临港人才公寓、蓝湾书房、尚书房等 10 家机构图书馆或阅读空间提供了图书馆配和团购业务。累计实现馆配团购图书 2 万余册,实现收入约 134.38 万元。

四、活动输出稳步提高,原创内容占据主导

2019 年,大隐书局累计开展各类文化活动 728 场,实现销售收入 359.85 万元,其中,全年为各门店提供公益性文化活动 260 场,公共文化资源配送 176 场,其他项目内容输出 292 场。2019 年新增客户 15 家,新增文化配送原创内容 17 项,包含儿童剧 2 项、室内音乐演出 1 项、摄影展览 1 项、特色活动 13 项,超额完成年初制定的不少于 10 家输出主体,不少于 3 项原创内容的既定目标。

五、委托运营正式开启,管理团队日渐成熟

2019 年陆续开设傅雷图书馆、长桥街道图书馆、天平街道邻里汇 3 个委托项目,正式开始大隐书局委托运营业务,其中傅雷图书馆项目的示范性在上海乃至全国都有着一定的引领作用。同时,

项目管理团队日趋专业，在业界也得到广泛认可。截至 2019 年底，托管业务共实现销售额 391.01 万元。

2020 年已与老西门、田林、湖南等 3 家街道图书馆达成托管意向，同时与香港置地集团、洋泾街道联合打造“彩虹图书馆”项目将于 2019 年 4 月正式开启。

第十一节　上海大众书局文化有限公司

2005 年，大众书局品牌由江苏进入上海，至今在上海共有 10 家实体连锁门店在运营，总经营面积近 8 000 平方米。

作为国内综合连锁书店的代表之一，大众书局以“创造书店发展模式，提升全民阅读指数，传播中华传统文化，帮助员工实现梦想”为使命，一路探寻创新。在全国最早提出“文化百货”的经营模式，从践行“生活＋”的书店经营思想，到“会员共享阅读”的书店经营模式，大众书局期冀打造全新的生活美学＋书店孕育城市文化新生态，将轻奢的设计与体验式阅读场景一起融入我们每一天的生活之中，营造温馨、自然、书香的城市氛围，将“精选、格调、私享、生活＋”的文化空间带给每一位爱书之人。

大众书局致力于实体书店经营，积极探索实体书店转型升级的新模式。

2019 年初，经过充分的调研与论证，大众书局牵手上海爱彼此公司，将家居生活用品引入书店，增加亲子阅读空间，让读书真正成为生活的一部分。在原有实体书店“图书＋文创＋咖吧”经营模式的基础上，再创“图书＋家居生活＋亲子阅读＋文创＋咖吧”实体书店经营新模式——大众书局生活＋融合店（以下简称大众书局融合店）。利用近半年的时间对众多商业体的比较、筛选和谈判，最终选定与上海虹口区曲阳广场合作，开设上海首家大众书局生活＋融合店，经过 40 多天的抢工装修，于 2019 年 10 月 26 日顺利开业。该店的开业也填补了大众书局品牌在上海虹口区的网点空白。

在消费不断升级的当下，“生活”两个字其实被越来越多的人所重新思考。

大众书局曲阳融合店所倡导的生活方式正是一种被艺术、设计、文化包裹的生活体验，一本书一个物件都能因为精神力和设计力带给生活无限的仪式感，做消费者指向型书店，同时不偏离文化传播核心。

澎湃新闻对大众书局“生活＋”的模式给予肯定：实体书店新一轮发展中，本土品牌深耕的同时，继续向外扩张，新型实体书店突显“融合”特质，“书店＋”模式成为特色发展的主基调。

1. 人员编制

区域经理、店长、值班经理、储备干部、收银领班、收银员、2 星营业员、营业员、吧台主管、咖啡师。

2. 活动大事件

2019 年，上海大众书局连锁所有门店通过全年度共计 100 多场文化活动共同创造了给读者的惊喜。其中名人签售 12 场，文化主题活动 20 场，会员体验活动 60 场。

4 月 20 日，大众书局上海禹州店举行李光凯签售会《后来我们交换了青春》。

8 月 16 日，大众书局上海美罗店、合生店、世博源店举办绘本故事会《蚂蚁和西瓜》。

8 月 18 日，大众书局上海禹州店、松江店举办绘本故事会《吃书的狐狸》。

10 月 13 日，大众书局上海维璟店举办木朵爸爸签售会《自从有了你们俩》。

11 月 6 日,大众书局世博源店举行图书分享会《植物的奋斗》。

11 月 24 日,大众书局上海曲阳店举办李光凯签售会《后来我们交换了青春》。

3. 经营情况

2019 年上海全区域总体收入比上一年增长 6%,整体经营结果是盈利的,部分门店还处于亏损状态。

第十二节 言几又书店

2019 年,这一年里,言几又书店华东共计落地活动 330 场。华东全年共完成精品活动 61 场,其中上海 49 场,通过活动转化近 4 000 人次新增会员,成功举办作家签售、文化沙龙分享、国内外知名 IP 引进等。各类型文化活动,无数文艺爱好者受益其中。

2019 年言几又在上海新开业了一家门店——"言几又 · 今日阅读"上海九亭金地店。以"时空无尽"为主题,为上海的文艺爱好者们提供了又一个诗意世界的栖居地,一个集实体书店、文创产品、文艺生活、咖啡文化、儿童乐园为一体的城市文化空间。让阅读者具有沉浸式体验,置若一片混沌之中,专注于阅读本身,体验阅读的美好。

截至 2019 年,上海共计开业 11 家门店。

"言几又"取义"設"字拆分,是一个以实体文化运营为载体,集实体书店、咖啡文化、文创产品、文艺沙龙、特色体验空间为一体的文化生活体验空间。秉持"传达 · 生活 · 可能"的品牌理念,"言几又"旨在探索介于家与写字楼之间的第三种可能。打造人与文化、人与生活、人与人连接的未来空间的品牌愿景,致力于打造一个涵盖多元化功能的"城市文化空间"。

2019 年,文化输出力、人气能量场、网红聚集地、多元创意空间等消费者赋予的热门词汇,同样成为领跑品牌的代表词。

这一年,言几又秉持着有颜、有趣、多元、自我的创新精神,凭借着品牌发展、创新潜力、优质的产品,获得了行业的认可和消费者的信赖,同时也在诸多领域荣获了众多奖项。

言几又企业 2019 年获奖情况如下:

2019 年 1 月　中国出版协会　2018 年度民营书业影响力书店

2019 年 1 月　中国书刊发行业协会、中国出版协会　改革开放 40 年民营书业四十家零售企业

2019 年 1 月　中国新文娱年度盛典　第四届中国新文娱年度盛典"年度最佳新消费品牌"大奖

2019 年 1 月　成都高新区互联网文化协会、四川日报　2018 行业品牌价值奖

2019 年 1 月　接力出版社 2019 年重点图书项目创意营销方案大赛铜奖

2019 年 1 月　上海译文出版社　2018 年度优秀经销商

2019 年 1 月　社会科学文献出版社　最佳图书卖场

2019 年 1 月　中信出版集团　书童金牌推手

2019 年 1 月　中信出版集团　助推奖

2019 年 1 月　中国书刊发行业协会、百道网　"2018 年度最美书店"、2018 年度书店品牌(连锁)

2019 年 3 月　中国新商业研究院　2018 年度智慧零售(服务)领军企业

2019 年 4 月　赢商网　2019 年度榜样力量领导品牌

2019 年 5 月　成都零售商协会　成都零售业十大风云人物

2019 年 7 月 西安市委宣传部 西安市最美书店·十大明星书店

2019 年 11 月 国际零售营销广告协会 荣获 CHINASHOP 视觉营销/场景营销/橱窗装饰(永久)金奖、CHINASHOP 跨界零售品牌银奖

2019 年 11 月 北京市委宣传部 北京最美书店称号、北京特色书店

2019 年 11 月 天津市委宣传部 言几又·今日阅读和平大悦城店荣获天津"最美书店"称号

2019 年 12 月 成都创意设计周执委会 言几又·成都 IFS 旗舰店荣获成都"绿道文化旅游创意地标"

2019 年 12 月 第四届中国西部财经论坛 2019 年度最具价值品牌

言几又一直以文化创新为动力,不断探寻更多生活可能性,创造出一个又一个富有创意的城市文化生活体验空间,也为都市人群提供了更多的生活方式选择。

在未来的十年里,言几又仍将以守望者的身份陪伴读者成长,并在回望、传承与重塑中为读者带来更多"有灵且美"的文艺观照,与读者共享流动的文化盛宴。

第十三节 西 西 弗 书 店

上海惜福文化传播有限公司,成立于 2015 年,属于有限责任公司,主要从事出版物零售。整体由西西弗书店、矢量咖啡、不二生活文创、七十二阅听课儿童阅读体验空间构成。

公司销售的出版物主要是以大众的最新需求、最新资讯的发布为依据,进行出版物的销售,秉承一贯宗旨:参与构成本地精神生活,引导推动大众精品阅读。

截至 2019 年 12 月 31 日上海一共十七家书店,其中在 2019 年新开 7 家分店,分别是:

8 月 23 日开业的上海惜福文化传播有限公司耀体路店(晶耀前滩店)面积 462.4 平方米,经营地址:中国(上海)自由贸易体验区耀体路 308 号 2 层 L241A 单元商铺,人员编制 12 人。

12 月 20 日开业两家门店分别是上海惜福文化传播有限公司剑川路店(闵行天街店)面积 664.07 平方米,经营地址:上海市闵行区颛桥镇剑川路 1000 弄 1 号 A-1F-4 室,人员编制 12 人;上海惜福文化传播有限公司沪南路店(复地万科活力城店)面积 373.14 平方米,经营地址上海市浦东新区沪南路 2229 号 L3047-2 号商铺,人员编制 12 人。

12 月 22 日开业的上海惜福文化传播有限公司同济路店(宝杨路宝龙店)面积 481.7 平方米,经营地址:上海市宝山区同济路 669 弄宝杨宝龙广场 2 层 MF2-003-1,人员编制 12 人。

12 月 24 日开业两家门店分别是上海惜福文化传播有限公司陆家嘴西路店(正大广场店)面积 463.45 平方米,经营地址:中国(上海)自由贸易试验区陆家嘴西路 168 号正大广场 1 幢二层 2F40C 号,人员编制 14 人;上海惜福文化传播有限公司张杨路店(华润时代广场店)面积 841 平方米,经营地址:上海市浦东新区张杨路 500 号华润时代广场 5 层 L509A、L509B,人员编制 13 人。

12 月 30 日开业的上海惜福文化传播有限公司吴中路店(万象城店)面积 515 平方米,经营地址:上海市闵行区虹桥镇吴中路 1599 号万象城三楼 L333,人员编制 12 人。

2019 年全年西西弗书店一共举行了 13 场文化活动,其中:

静安大悦城店:

3 月 2 日,《我与父辈》分享签售会,分享人:阎连科、陆庆屹。

4 月 22 日,《初瞳》分享签售会,分享人:初雯雯、王昱珩。

5 月 19 日,《黑色小说》分享签售会,分享人:杨好。

6 月 22 日,《我是猫》读书分享会,分享人: 陈子善、孙甘露。

6 月 29 日,《气场从哪里来》分享签售会,分享人: 李筱懿。

8 月 17 日,《饭饭和七饺　谢谢你做我的朋友》分享签售会,分享人: 大象 ROV。

9 月 22 日,《人人都能梦的解析》分享签售会,分享人: 高铭。

11 月 24 日,“80 后戏精回忆录”主题脱口秀,分享人: 丁丁。

月星环球港店:

4 月 27 日,飞乐鸟艺术绘画沙龙,分享人: 飞乐鸟绘画老师。

上海浦东嘉里城店:

3 月 3 日和 4 月 7 日,爱丽丝亲子绘本故事会,分享人: 爱丽丝故事姐姐。

长风大悦城店:

9 月 27 日,《漫画汽车史》分享签售会,分享人: 李老鼠。

6 月 12 日,《爱丽丝 Where Are We Going?》音乐分享会,分享人: 谢震廷。

10 月 23 日,《山谷的呼唤》音乐分享签售会,分享人: 胡德夫。

世茂广场店:

1 月 19 日,《无尽光芒》音乐分享签售会,分享人: 许巍。

3 月 30 日,《愿你永远是少年》分享签售会,分享人: 王旭东。

5 月 24 日,《历史的温度》分享签售会,分享人: 张玮。

6 月 13 日,《爱丽丝 Where Are We Going?》音乐分享会,分享人: 谢震廷。

8 月 18 日,《樗下随笔》《如面谈》分享签售会,分享人: 止庵。

9 月 7 日,《两姐妹》分享签售会,分享人: 两姐妹。

11 月 10 日,《台上见》分享签售会,分享人: 王珮瑜。

凯德晶萃广场店:

2 月 23 日,《行动派手账指南》分享签售会,分享人: 阿润、小七。

4 月 13 日,《小兔汤姆》分享签售会,分享人: 玛丽·阿利娜·巴文。

4 月 21 日,《沙发海》音乐分享签售会,分享人: 陈绮贞。

5 月 18 日,《一个人》分享签售会,分享人: 饭太稀。

7 月 20 日,《北京女子图鉴》分享签售会,分享人: 王欣。

8 月 16 日,《你好灯塔》分享签售会,分享人: 苏菲·布莱克尔。

11 月 23 日,《小顾聊绘画》分享签售会,分享人: 顾爷。

晶耀前滩店:

9 月 1 日,《晚风枕酒》分享签售会,分享人: 七堇年。

三林印象城店:

3 月 30 日,飞乐鸟艺术绘画沙龙,分享人: 飞乐鸟绘画老师。

华润时代广场店:

12 月 29 日,《我读书少,你可别骗我》分享签售会,分享人: 马伯庸。

公司在经营过程中,严格按照《出版物管理规定》《出版物市场管理规定》等法律法规,制定了规范的进货渠道,做到不销售各种非法出版物,包括侵犯他人著作权或者专有出版权的出版物和新闻出版行政部门明令禁止出版、印刷或者复制、发行的出版物,以及一切反动、暴力、黄色、淫秽出版物。同时,公司还根据新闻出版行业的各项规定,制定了内部管理办法,实行自我约束,依法经营,诚信于社会。公司在经营过程中注重社会效益，以法律法规为准绳，严格自律；在以后的业务中，继续努力维护、提升行业形象，力争做维护、净化上海文化市场的好标兵。

公司在 2019 年度销售环节统计数据为：营业收入 4 156.77 万元、资产总额 3 783.53 万元。

公司在 2019 年度内没有市级以上获奖情况，没有违反国家法律法规及各项发行管理规定的行为，没有被处罚的不良记录。

第十四节　上海三联书店（实体书店）

一、一家叫作“书店”的出版社

上海三联书店是一家历史悠久的出版机构，自邹韬奋先生等人创立至今，栉风沐雨八十余载，被誉为“中国知识分子的精神家园”。在国人心中，她更代表着一种人文精神、一种新生活的向导。在人们的阅读生活中，三联书店有着其特殊的地位，而“上海三联”作为三联品牌的承继者之一，不仅是一家品牌出版社，而且还承载着一种人文精神，力图忠实地记录时代，努力成为一种新生活的向导。

二、从无到有开书店

位于青浦朱家角放生桥畔的“旅行者的书房”是上海三联书店首家实体书店，这里也是国内首个提供图书定制、按需印刷的体验空间。上海三联书店给朱家角的定位是“旅行者的书房”，让游客除了游览之外，还多了一种全新的文化体验，为古镇增添了浓浓的文艺气息。朱家角店荣获中国书刊发行业协会 2018 年度社办书店大奖。

上海三联书店金山城市沙滩店是上海第一家海滩书店。书店位于城市沙滩入口处不远，150 平方米的书店是融合了阅读、休闲、信息咨询等多种功能于一体的文化消费场所。店内还陈列了不少充满金山农民画元素的创意产品，凸显当地特色。

上海三联书店“山脚下的书店”是上海三联书店与上海临港文化产业发展有限公司合作打造的体验式书店。书店位于松江区泗陈公路 3770 号，佘山文化绿洲（建设中）内。书店身处佘山国家级旅游度假区，倡导新中产、轻度假、慢生活的理念，专注提供小型、定制化服务，乐于探索并满足用户的深层文化需求。

2019 年 3 月，上海三联书店 READWAY 第四家店在淮海中路新天地广场正式启幕，这是当时上海三联书店开枝散叶的第十家书店。READWAY 作为上海三联的精致生活方式品牌，依托三联雄厚的文化积淀和 IP 版权，整合线上线下的内容和品牌资源，在内容生产和内容运营上，处于全国头部地位，具有核心优势。READWAY 聚焦 20～35 岁的青年和家庭人群，提供精准的文化内容和消费服务，以“大国青年的精神家园、都市潮流文化策源地”为担当，致力于成为有中国文化特质、有鲜明态度和价值观的青年消费品牌。2019 年，新天地店在中国出版传媒商报评选的全国书业榜样阅读空间中荣获“新锐品牌”。

2019 年，上海三联书店以“稻田里的书店”为主题亮相上海书展，预告上海三联书店与光明集团合作，以大米、蘑菇、绿豆苗、薄荷叶为元素的新型书店将在 2021 年落户崇明岛。2019 年 8 月 28 日，上海三联书店与光明地产在上海三联书店 READWAY 新天地店正式签署战略合作协议，双方主导的“光明稻田里的书店”将落地崇明东平光明特色小镇，打造文化跨界合作平台，开发戏剧演艺、沉浸式展演、文化民宿、研学旅行、大型文化展会等特色文旅书店业态。

除上海以外，上海三联书店还将书店开到宁波、西安、北京等地，并计划在未来进一步向全国一二线城市拓展。

三、书店空间特色

新天地店空间设计的最大特色是旋转式乳白色楼梯，它连接起四层和五层，倚着栏杆从上往下看，楼梯两边原木色的书架和整齐的书，像一条时光长廊，又像一只动人的眼眸。引起各路潮人竞相前来打卡的同时，也成为地标式的存在。书店区域分区合理，四楼包含艺术类图书、文创潮玩、餐饮区域，艺术图书有专业配套设计的陈列书架，可以让读者戴上手套细心翻阅。书店五楼以文艺、社科和重点产品展示为主，精巧的设计构造细节，在书店之中构筑出一个个宁静的港湾，让读者可以安心在书架前选择，自然在阅读区落座品读精选的图书产品。

四、文化活动、美学展览——内容输出

新天地店每周至少三场线下活动，邀请到了羽戈、阮仪三、陈子善、钱乃荣、周立民等知名作者，从社会到生活，从文化到美学，从科学到哲理，思想的火花不断在书店中碰撞升华，为读者和作者都带来了诸多惊喜和收获。书店利用四楼至五楼之间的旋转楼梯，每天不间断地进行艺术展览，包括颜梅华、戴敦邦等经典作品，洪健、鲍莺等得意之作，还展出 Domenica Regazzoni(意大利)、PATRIK BUBNA-LITIC(奥地利)、ISTAN SHIDAROV(俄罗斯)等海外知名艺术家限量版画作品、张大千诞辰 120 周年展、中日瓷器展览、天猫 Sisely 跨界实验室、日本现当代潮流艺术展览。老寿上海弄堂摄影展、集素花艺展、美国城市印象摄影展、《博尔赫斯：最后的访谈》展览、树蛙部落自然展等等数十余场活动，为文化艺术提供了一个可以让读者们近距离接触的立体展示空间。

2018 年 1 月，山脚下的书店来了一支乐队，他们带着录音设备和乐器，搬进了书店的三楼。不是驻唱，也不是演出，而是创作，他们在此特别搭建了录音棚，驻店时间为 14 天。在这里，他们将完成一张全新的跨界新专辑《门户大开》。音乐元素的加入，也令新型实体书店走出一条特色经营之道。这种复合式阅读体验，让不少现场读者感受到文本阅读与“听觉阅读”叠加带来的双重乐趣。

在书店，艺术作品展览、书籍作品展示活动，结合读书会、讲座、沙龙、生活美学类的课程等各类文化活动，在传播知识、传递价值的同时，也和读者建立起了默契的情感桥梁。

五、咖啡、潮玩——青年吸引力

2019 年在新天地店，READWAY 将诞生于巴黎的 ELLE CAFé 第一次带入上海，试营业期间就颇受欢迎。ELLE CAFé 的吧台位于店堂中央，时尚杂志 ELLE 多年来的经典封面作为装饰元素，成为店内一道风景线。

店内还举办了多场沪上首发的潮玩品牌展，BBAP、末将、ipluso 意索、镰田光司一、Farmer BOB、AngryBaby 等品牌，带来文创及潮玩一线的新品在本项目中作为沪上首发，吸引大量年轻客

群汇聚交流，为青年文化发声。

六、专业团队助力

上海三联书店设计师团队将新天地店打造成为包含图书、文创、展览、潮玩，餐饮的复合业态跨界平台。该团队曾经参与上海三联书店・筑蹊生活、上海三联书店 READWAY 朝阳大悦城店、2018 上海书展等的空间设计，荣获过最美书店、最佳书店设计等奖项。

书店的专业选书团队，选品以三联特色——人文社科为主，优中选优，将书籍细分为“三联荐读”“生活美学”“经济观察”“历史新知”“匠心创意”“艺术设计”“大师书房”“青年思潮”等品类，沪版图书新品更迭迅速。同时，上海三联书店携手上海出版界同仁，在店内搭建起多个沪版新品、重点品的专架，为读者第一时间带来同仁们的精彩图书。

上海三联书店持续探索实体书店领域，发挥上海三联书店的内容优势，为读者精准提供优质内容和增值服务，拓展实体书店＋模式，承担了多种公共文化服务的功能，带动了全民阅读的提升。

第十五节　百新书局

2016 年，上海百新文化用品有限公司开启图书零售业务，以图书＋文创＋文化空间的模式，形成复合文化空间——百新书局。

作为“新文化生活方式”的中华老字号企业，百新提倡向都市人群提供文创＋图书＋文化空间的经营商业模式，将文化创意产品和图书融合，在实体书店行业独树一帜的商品呈现方式，让消费者在学习图书带来知识的同时更好的发现和体会文创文具的美。产品方面整合世界各地优质的文创文具品，让中国的孩子用上世界(含中国)的好文具，是百新人的使命感。在自创开发文创商品时，百新也为不同消费群体研发相对应的产品定位，又注册创立了 BOKU、TOPDOG 两个适用学生文创的品牌。以健康安全人文为核心价值观，不断提升各类文创用品的产品品质、科技含量以及文化价值，不断研发自有品牌，让消费者从文创文具商品中享受新文化生活的乐趣。

2019 年初，百新书局先就文创产品的开发上下功夫。百新文创产品分为两个方向，一个是美学产品方向，多款手账类产品的上市，让手账发烧友过足了瘾。另一个是科技文具方向，类似于 AR 智能地球仪的产品，让现代科技为学生学习提供便利。

百新书局的各类文化活动也精心安排、络绎不绝。读书会、撤书帮、绘本朗读会、折纸启蒙会等等，为百新的会员提供更丰富的文化活动。百新自行组织了多场的各种图书主题展，文化衍生品展也在几店巡展了多场。手账集市是一直是百新书局的拳头产品。书店里的集市，百新可谓是鼻祖了。当年举办了两场。另外，百新作为文化空间提供方，也为梵・高音乐剧等发布会提供了空间。2019 年 10 月 1 日举办“百里挑艺・张占占跨界艺术展”艺术展，著名艺术家作品展落地社区。免费参观人次达上万人次。

2019 年，百新书局在线上也下起了功夫。除了微信、微博公众号外，百新开启了抖音、小红书，B 站账号。用不同的媒体渠道宣传图书、推广阅读方式、讲解安全健康的学习理念。此外，百新员工开始尝试的直播，有了好几位百新自己的推广网红。2019 年百新抖音号一上线，当年就积累了 3 万多个粉丝。

作为中华老字企业的百新,也牢记自己的责任。在市、区商务委的组织下,百新成为学生的实习基地,同时,也把自创的英文花体字的课程带进课堂,成为学校学生课外学习内容。作为文化综合经营体,2019 年百新继续参加了上海书展,为读者朋友带去高端文化用品。此外,百新还参加了当年的文具展和中华老字号展,为市民服务和业界朋友服务。

2019 年下半年,百新继续探索复合式文化空间的深度。在积累多年实体书店经营的经验下,着手策划百新书局 2.0 版本。即百新"美学书店在社区"实体书店项目。当年 9 月底,引进美上美学形成资本战略伙伴。落户南方商城打造以书为媒的美好生活方式平台。从人文美学、艺术美学、生活美学出发,提供图书,文创,教育、交流、品鉴的艺术居心地。

2.0 版的百新书局,将东西方美学文化生活艺术与书店相结合,是一家以艺术美学教育落户社区化为主导的,集"人文美,艺术美,生活美"为一体的"美学书店"。通过与社区商业中心合作,将高端艺术免费落地,让普通百姓不出国门、不进艺术馆,就能感受艺术之美,形成社区型艺术文化圈。

2019 年,百新书局实现总销售为 1 800 多万元。

百新书局上海直营店:

浦东新区:银城路 66 号尚悦湾广场 L303 - 307 室

长宁区:天山路 345 号缤谷广场东座 2 楼 207 - 208 室

闵行区:沪闵路 7250 号友谊商城 4 楼

第十六节　上海悦悦图书有限公司

上海悦悦图书有限公司(以下简称"悦悦图书")成立于 2001 年,历经 19 年的稳健发展,已发展成为一家综合性的文化服务提供商,致力于打造服务读书人的融媒体"文化生态"平台。

悦悦图书现有员工近 300 名,团队拥有图书发行师、高级发行员、资深编辑、专业采购、IT 技术团队、优秀运营团队、客服团队和仓储配发团队等专业人才。悦悦图书致力于线上、线下协同发展,结合新技术及新媒体,优化供应链,锁定目标市场,深度服务消费者。业务覆盖图书发行、图书出版、知识服务、实体书店等板块,开展内容出版、跨界营销、渠道建设、品牌连锁书店、读者服务、内容策划、在线课程、文化沙龙和文创衍生品等全线业务。

一、整合优质图书产品和文化内容资源,助力"全民阅读"的推广和"上海文化"品牌的建设

悦悦图书是图书行业"互联网+"领域的领先企业,经过 19 年稳健发展,2020 年销售额过 4 亿元,读者粉丝数量超过百万,网络店铺平均每天用户访问量 25 万次,2020 年销售超过 2 000 万册图书,日益成为读者心中颇具影响力的文化品牌。在网络经济的时代,运用互联网技术打造了以图书网络营销为核心的发行体系,整合国内 300 家优质的出版社和出版机构,为广大读者提供优质的图书产品和内容服务。技术创新是悦悦图书得以发展的核心竞争力,文化是悦悦图书赖以生存的土壤,利用互联网和大数据的优势另辟蹊径,实现阅读传播和文化分享,让读者享受高品质、多品类的图书产品和阅读文化服务,满足人民群众对美好生活的需求,助力上海文化建设,积极在全社会营造奋发向上、书香浓郁的文化氛围。

二、创新网络营销模式，引领行业风向

"科技和创新"推动悦悦图书不断实现技术升级和销售转型，通过大数据和新媒体的融合运用，打造出卓越的网络营销生态，服务全行业合作伙伴，惠及读者。作为各电商平台的核心商家之一，悦悦图书积极参加4·23读书日、春秋开学季、寒暑假、6·18年中促、双十一、双十二等平台大促活动，在流量高峰来临时积极对接上游供应商和下游用户，实现精准营销，每年双十一，悦悦图书都凭借销售实力连年稳居"天猫十大优秀店铺"。2020年因受疫情影响，为促进销售，推动产业链上下游通过协同合作实现共赢，悦悦图书利用线上平台，在行业内开创性地策划"云游出版社""品牌赶集日""抖音达人图书专场"等促销活动，联动公众号、平台直播、朋友圈等自媒体，开展全网促销，增加供应商品牌曝光，并带给读者全新的购物体验。与此同时，悦悦图书不断策划事件营销，不断制造销售爆款。2017年石黑一雄荣获诺贝尔文学奖，悦悦图书第一时间抓住热点事件与上海译文出版社紧密配合，联动全国150家主流公众号社群、天猫、唯品会等全渠道分节奏推广，引爆社群热点，最终实现超7 000万次曝光量，过千万元销售码洋的佳绩。2020年结合故宫建成600年，成功在全网进行热点营销，实现《打开故宫》单品3个月销售码洋过5 000万元。

三、重构读者的阅读体验，共享文化盛宴

悦悦图书旗下的志达书店是2012年首批获得上海市新闻出版专项资金资助的书店之一。该店于2018年与阿里合作联手打造了国内首家智慧型未来书店，成为天猫无人技术方案首个行业合作案例，并被业内主流媒体《中国图书商报》评为最美书店。2019年，在新媒体业态高速发展及高校校园实体书店的大力建设下，志达书店完成了线上线下融合、打造立体化阅读服务平台的创新实验。结合线上新媒体及校园实体书店自身优势，挖掘书店育人内涵，借助高校优质教育和文化资源，融合线上线下服务为读者及用户提供高品质文化服务和建设。志达书店多次与出版社合作，邀请作者、编辑、阅读推广人举行各类阅读沙龙，并联合复旦大学、同济大学、上海交通大学、上海财经大学等众多高校名师共同开展通识讲坛。到目前为止，已经举办通识讲坛超过300场，学术论坛数10场，志愿者实践活动近50场。在传播先进文化、推动全民阅读、建设书香校园、促进学生全面成长成才等方面做出积极有效的贡献，让实体书店成为文化育人的重要载体。同时，作为上海的知名图书企业，悦悦图书积极参与上海市委宣传部组织的各类阅读推广活动。为了弥补疫情常态下很多读者不能亲临上海书展的遗憾，悦悦图书特地在书展现场开设了"上海书展·悦悦直播厅"，以7×12小时直播带货图书销售的创新模式，并结合近百场生动的阅读分享活动，线上累计观看数量超13万人次，累计观看次数近23万，累计点赞数超216万，赢得了线上线下读者的喜爱与赞赏。中国国际电视台(CGTN)也在全球予以重点报道，悦悦图书被本次书展主办方评为"最有创新力的'十佳'跨界合作机构"。

悦悦图书根植于图书行业，努力将科技与文化完美融合，在不断构建新的营销模式的同时，积极开发具有行业特性的文化内容，随时随地向下游的读者提供多元化的线上优质内容和产品，帮助上游供应商推广品牌，提供需求信息和创意服务，不断实现商业模式创新的同时努力获得企业自身的持续发展。

第十七节 建投书店

2019年,建投书店作为中国建投在文化消费板块的重要组成部分,坚持市场化导向、优化产品供给,着眼全融合转变,提升建投书店竞争能力。建投书店积极调整文化空间业务定位,继续探索具有自身特色的发展模式,大力拓展机构客户,零售运营能力有效提高,自身优势进一步强化。文化产品服务业务的探索和创新力度进一步加大,开发了针对不同城市文化、不同人群、不同需求的文化空间产品,书店的文化空间功能显著加强,形成了新的盈利增长点。优质图书的产出和盈利能力进一步提高。截至年末,建投书店员工规模89人。

一、品牌运营能力进一步提升,品牌影响力和美誉度继续提高

2019年,建投书店举办多项优质活动,行业影响力和社会认知度继续扩大,建投书店品牌陆续获得各类优质奖项认可,品牌价值继续提升。

加强行业交流,行业影响力持续提升。2019年,建投书店共获得各类具有公信力的行业奖项认可8项,包括"上海企业创新文化优秀品牌"称号,上海浦江店获"2019时尚先锋大赏·年度时尚空间"2019上海书展暨"书香上海"上海周"优秀上海分会场""2019年度虹口区公共文化供给优秀资源单位",北京国贸店获得"2019年北京最美书店""第四届北京十月文学月特别支持单位",永安里店获得"2019年北京特色书店",南京店获得"2019年江苏最美书店"等多项优质奖项。在北京市委宣传部代表北京市参加德国法兰克福书展的展位中,北京国贸店被选中作为特色书店之一进行展示和介绍。

建投书店通过参加"第九届书香中国·北京阅读季·阅读盛典""2019时尚先锋大赏·颁奖典礼"等活动,加强了与京、沪两地政府的沟通、交流,并进一步确立了建投书店作为城市文化集聚、文化传播枢纽的重要地位和作用。2019年,建投书店共参与行业内外企业交流活动16次,行业影响力进一步提高。

开发优质活动内容,品牌认知度持续提高。建投书店全年共举办包括"JIC讲堂""建投读书会""从书店出发·阅读城市计划""书局有戏"在内的各项活动超过150场,并积极参与上海书展和北京国际图书节活动,不断扩大品牌辐射人群。

继续探索新媒体传播渠道,新媒体传播矩阵初步形成。2019年,建投书店已形成以微信公众号"JIC书局客"为前沿,微博账号"建投书局"和同名抖音账号为辅助的新媒体品牌传播群,有效提高了自有渠道的品牌传播力度。建投书店在活动中积极引入直播平台,收获良好的传播效果。

二、各条线板块业绩整体实现进一步增长,着力提升发展质量

1. 文化空间销售稳步开展,门店管理逐步完善

拓展机构客户,丰富服务内容。门店积极开展机构客户服务,深入挖掘周边机构客户,探索机构客户营销模式,实现多笔机构订单,机构客户资源进一步扩大;加强会员营销力度,大力拓展会员规模,提高用户黏性;通过为企业工会阅读空间提供针对性选品、产品配送及图书借阅管理服务,以及企业商务礼品选品订制服务,丰富机构客户合作模式。

拓宽线上线下销售渠道,实现"0"的突破。自有线上平台(小程序)于2019年4月初正式上线,

与平安口袋银行服务提供商合作顺利。此外，建投书店积极创新业务模式，探索与公共图书馆的合作，北京国贸店挂牌成为朝阳区城市书屋，在实现业务收入的同时，也为门店引流创造条件。

2. 文化产品服务收入大幅增长，产品线初步成形

2019年建投书店认真研判行业发展趋势，分析自身资源禀赋，以聚合文化资源、打造文化阵地、策划文化事件为己任，重点打造文化产品研发与推广业务，为政府、机构、个人客户提供全套城市文化创意解决方案。2019年，建投书店北京及华东地区双轮驱动，使得文化产品业务快速发展。

文化产品业务在内容与营收平衡的兼顾努力上有了新的突破。上海书展经过前两年的积淀，建投书店在2019年推出“潮！北外滩”主题，在继续推广建投书局上海城市传记主题空间品牌的同时，首次获得政府采购收入；“书局有戏”系列也迎来市场化运营的实践，“上海·香港 双城艺术季”在为读者带来五场香港重磅演艺节目延伸活动的同时，全程负责此系列活动发布会的媒体宣传、场地服务、视频内容拍摄制作等工作并顺利完成，市场化运营初见成效。

通过不断积累活动经验，深挖客户需求，依托党支部、党小组，与机构客户开展共建活动、提供党建服务方案，探索活动产品与党建工作的有效结合。活动策划贴紧时事，在建投书店党委牵头组织下，成功举办“大国脊梁”系列主题人物展览，庆祝新中国成立70周年，该产品成功入选上海市级政府采购名单和虹口区、杨浦区、闵行区区级政府采购名单，实现经营与党建工作的深入交流。

第十八节 作 家 书 店

上海市作家协会在20世纪90年代末，本着“服务文学、服务作家、服务文学读者”的宗旨创办了作家书店，当时主要的功能是为了上海作家协会的会员提供一个作品展示和内部服务的交流空间。书店因为拥有众多稀少的图书和珍贵的签名本，吸引了不少文学爱好者前来。由于上海市作家协会与很多国家和地区都有着比较密切的交流，很多国家的驻上海的领事馆工作人员也都因为各种各样的原因来到书店参观。泰国公主诗琳通来书店参观时还特地在书店留下“书写我写”四个字的墨宝。作协的会员们更是喜爱这个当时不足100平方米的小书店，除了捐赠他们自己的藏书外，还经常在书店举办作家之间的交流会，媒体采访等活动。养在深闺人未识，是当时书店的状况。

随着全民阅读工作的持续推进，上海市作家协会经过前期的仔细调研和向各方征求意见，决定将作家书店重新装修，并将其打造成一处知名的文化阅读地标。经过为期半年的装修，作家书店在2018年4月23日当天重新开业。

经过重新装修后的书店焕然一新，独占一幢沿街小楼，上下两层共有300平方米，共有6名员工，图书以文艺类为主，共有5 000多种品类，书店最具有特色的是作家签名本，这个全上海唯一一家出售大量签名本的实体书店。书店全年营业额在60万元码洋左右。书店以服务大众为主，所有签名本都按原价销售，在书展期间还会有折扣提供。书店二楼还有以作家书名命名的特色咖啡提供，由内而外都洋溢着浓浓的文学气氛。

作家书店自开业以来，已为作家和文学爱好者组织和提供各种文学活动，承办了“上海国际文学周”“上海写作计划”“中国网络作家写作交流会”等有一定影响力的大型文学活动。2019年元月，在作家协会的支持下，作家书店创办了文化阅读品牌“爱神文学沙龙”。在这些活动中曾邀请瑞典文学院院士，诺贝尔文学奖评委皮特恩格伦，美国著名汉学家葛浩文，美国魔幻文学的代表人物杰夫惠勒，我国香港著名文学评论家许子东，境内作家何建明、刘震云、梁鸿、孟繁华、陈丹燕、毛尖等知名人士。

在新的经营空间里，作家书店继续秉承“服务文学、服务作家、服务文学读者”的经营宗旨，努力将更多作家、更多优秀作品宣传和推广出去。作为一家文学主题书店，作家书店力求它的文学专业性，无论是中外大众文学，还是专业写作评论，抑或与文学相关的其他类别图书，作家书店都力求能最快最新地提供给读者，将社会效益的服务性摆在比经济效益的功能性更重要的位置。为此书店还更加突出了人文精神，为老年读者特地加装了公益性无障碍升降梯。书店的角角落落处处传达着“因为文学，因为阅读，而生活更美好”的情感。

随着作家书店的活动越来越多，许多街道社区主动联系书店，希望和书店一起策划和组织公益性的阅读活动，书店针对每个街道社区的不同情况，设计和提供了更为周到和细致的“让文学走进社区”的公益性服务。有的街道社区与作家书店一起组织全年性公益性阅读活动；有的街道社区则策划更加年轻化的针对商务区白领的文学活动，并将这些活动举办在商场或白领驿站；还有的街道社区在他们的图书馆里定期组织“上海风情”和“红色记忆”等主题专场活动。这些活动真正意义上实现了让作家走进社区，也让社区居民零距离接触文学、接触阅读。

书店励志于成为上海文化新地标，推进精神文学建设，把社会效益放在首位，服务于人民大众，让读者感受文学之美是书店的宗旨。

第十九节　读者(上海)文化创意有限公司

2019 年是读者(上海)上海文化创意有限公司(以下简称“上海公司”)正式运营的第一个完整年，在各级领导的正确领导下，上海公司认真贯彻落实党和国家的方针、政策、法律和各项管理规定，坚持正确的意识形态导向，开拓经营思路，优化经营模式。主要围绕读者书店空间产品，在传统出版领域的基础上，以“文化＋”的平台性思维、“读者＋”的品牌性思维和“互联网＋”的业务性思维为基础，打造以新型文化空间、品牌文化活动和新零售文化业态为核心的创新型跨界文化消费平台，是将文化内容力、品牌影响力进行市场化、产业化变现的勇敢探索与有益实践。定位综合性文化空间，以读者品牌深厚的文化积淀为依托，将读者品牌形象及内容等 IP 具象化、氛围化、场景化。结合线下营销渠道的不断拓展，充分利用微信、微博、各类头条号等线上新媒体手段，一方面开设和强化读者书店微博、微信公众号等自有新媒体平台，另一方面积极与各类新媒体平台建立合作，打造有影响力的营销渠道和宣传阵地，面向全国用户开展线上零售，以自媒体＋电商的运营模式直达终端用户，实现产品销售。

上海公司 2019 年的工作主要分为以下几个方面：

一、2019 年销售情况

2019 年读者书店线下门店营业收入 436 万元。其中，图书营业收入为 161.29 万元，占比 37%；文创产品营业收入为 114.77 万元，占比 26%；饮品收入 83.42 万元，占比 19%；活动收入 76.52 万元，占比 18%。

二、2019 年工作亮点

1. 2019 年，上海公司深挖读者品牌资源，策划了“读者文化周”“敦煌文化周”“70 年，70 书，上海市市民修身书店发布”“70 年，上海的 70 个瞬间——庆祝中华人民共和国成立 70 周年主题图片展”“外滩 YUE 读者项目”等活动，受到广泛好评，共计带来政企购买服务费 76.52 万元。

2. 2019 年先后有中共上海市委常委、宣传部部长周慧琳，上海市委办公厅领导，黄浦区宣传部相关领导，黄浦区人大常委会主任等前来书店视察指导工作，并给予了读者书店很高的评价。

3. 深耕上海市场，利用读者书店空间优势，成为上海市首批演艺新空间授牌单位，首批上海市共计授牌 10 家单位，我们编号为 007，是所有空间里唯一以书店为载体的空间。

4. 2019 年，为更快地实现空间盈利，先后对藏经洞、沙龙区、休闲区卡座进行了升级，将藏经洞打造为敦煌茶室，沙龙区实现了活动室作为场地使用，空闲时作为可供读者阅读消费的场所，实现一个空间的多种功能化。

获奖情况：

(1) 2019 年 1 月成为上海市黄浦区“青年中心”授牌单位。

(2) 2019 年 2 月获得了“上海市市民修身行动市级示范点”。

(3) 2019 年 5 月成为上海市首批“演艺新空间”授牌单位。

(4) 2019 年 9 月获“老凤祥杯”第十四届上海旅游商品设计大赛设计类优秀设计奖。

(5) 2019 年 10 月荣获由上海市书刊发行行业协会颁发的“庆祝新中国成立 70 周年 2019 年主题出版物联合展销活动”优胜奖。

(6) 2019 年 10 月荣获由上海书展暨“书香中国”上海周组委会颁发的 2019 上海书展暨“书香中国”上海周“优秀上海分会场”。

三、文化活动

活动方面，在上海市有关政府部门和行业机构的支持下，与《读者》杂志社、敦煌研究院、上海市作家协会、上海市精神文明办、黄浦区属政企机构、上海人民出版社等各类文化机构开展合作，举办各类活动 240 余场，实现引流逾万人次。通过新华社、人民网、《文汇报》、《新民晚报》、搜狐网、新浪网等媒体传播覆盖人数过百万。

上海公司 2019 年三场重大活动数据分析如下：

(1) 敦煌文化周。

2019 年 1 月 5—11 日推出了不同形式的与敦煌相关的文化活动，围绕“人在上海，心在敦煌”“科技＋艺术：如果爱，请深爱”“守望敦煌不是交接棒，而是永动机”“动态阅读：与读者一同触摸敦煌”“畅聊你我心中的敦煌序曲：九色鹿的启蒙”“您与敦煌只差半小时——《半小时漫画说敦煌》新书发布会”“声音作者的茶话会”等主题，邀请了时任敦煌研究院副院长的赵声良、上海交通大学党委副书记顾锋、携程联合创始人范敏、上海交通大学媒体与传播学院教授姚君喜、敦煌文化发展基金会理事杨秀清、《九色鹿》动画创作人冯健男、沪上艺术脱口秀创始人罗伊尔、读者晋林工作室创意总监徐晋林、敦煌文化守望者代表等参与了主题分享。

通过持续发酵和高质量的内容分享，受到读者朋友的一致好评，也为读者书店中的一块内容“敦煌文化在沪的城市会客厅”打好了基础。

(2) 读者文化周。

2019 年 8 月 10—18 日，举办了品牌系列活动“2019 读者文化周”，其中包括读者·北站阅读空间的揭幕仪式。

本次活动策划紧密围绕读者上海公司的业务方向，从“青年·志(文学与杂志)”“青年·潮(文化与创意)”“青年·梦(书店+演艺)”三个方向，向大众展示了“读者”品牌的新面貌、“读者潮牌”文创产品、“演艺新空间”文化活动，形式多样、内容丰富、品质优良，在用户群体中好评如潮，积累了良好口碑。

活动传播效果：

媒体露出：“读者文化周”系列活动获得全国性媒体(新华社、新华网、今日头条、《青年报》、澎湃新闻等)，上海地区媒体(《新闻晨报》、《新民晚报》、《解放日报》、腾讯大申网、网易上海等)，行业媒体(文学报、《文汇报》)，上海电视台，“上海书展”相关公众号，静安区相关公众号，图书出版类公众号，生活类公众号共计 41 家媒体，共 54 次活动报道和品牌露出，可统计的阅读量约为 7 1106 次(门户网站、纸媒、电视台的阅读量无法统计，但这类媒体影响力大，且能帮助优化搜索)。

“读者书店”官方微信公众号：在读者文化周期间共发布相关推文共计 20 篇，可统计的阅读量约为 13 721 次。

“读者书店”官方微博：在读者文化周期间共发布相关推文共计 23 篇，可统计的阅读量约为 38 974 次。

(3) 上海设计之都活动周读者展位效果评估。

2019 年 8 月 30 日—9 月 1 日，上海公司参加了上海一年一度的设计盛会——上海设计之都活动周，旨在实现品牌与产品宣传。上海设计之都活动周，搭建了全球设计新理念、新产品、新应用和新模式的创造舞台和发布平台，掀起设计与文化、艺术、科技和商业碰撞的跨界盛会。

在这个充满活力且全渠道高度曝光的设计盛会，上海公司实现了 5 万精准人群品牌与产品曝光、商务拓展、产品销售的目的。

同时设计周展览期间获得中国新闻网、央广网、东方头条、《经济日报》、看看新闻、澎湃新闻等媒体；上海地区地铁中心站广告屏幕、腾讯大申网、网易上海、上海电视台等在沪媒体、公众号媒体共计 43 家，进行了 48 次活动报道和品牌露出，可统计的阅读量约为 125 351 次。

第二十节　衡山·和集

衡山·和集 The Mix Place(以下简称“衡山·和集”)坐落于徐家汇大隐于市的衡山坊，毗邻传奇小红楼、“花园影院”衡山电影院，承载着上海音乐与光影中的一代集体回忆。旧梦已醒，声光传奇下的徐家汇一派现代喧嚣繁华，衡山坊便是犹存往昔的隐秘后花园。

Dr. White 主题书店，精致洋楼营造的和集情调里穿透着优雅的张力，试图用悄无声息的氛围让你沉浸在积淀已久的文化场景中。

和集 The Mix Place 的“MIX”释义“混合”，引申为古意的“和集”。“和则亲睦而不离，集则团聚而不散”，在此意蕴下，“PLACE”中每个字母都被赋予了特定的指代：

P—Philosophy 哲学思维

L—Lifestyle 生活美学

A—Art 艺术观念

C—Culture 文化创意

E—Edition 高级定制

衡山和集寓意独具一格的中国当代生活方式混合实验空间，一个饱含灵感与风格的文化商业社区，一座上海的精神后花园——在此，中国原创新都市美好生活理念都将缓缓地全面呈现。

一、图书：文化乌托邦，杂志梦超市

白色为文化乌托邦，以梦为马，启发着当代艺文。这里是一家影像主题专业书店，也是一座杂志博物馆，更有海派外版经典，1 万种、2.5 万册图书，500 种国际杂志的种类和数量：Dr. White 总让人目不暇接，满心欣喜。

二、空间：电影的世界，声光，灵感

- 1F

电影文学书店与咖啡文化的混搭开辟出有情调的主题影像咖啡空间，定期举办时尚独立人文摄影展。在巧具匠心的书架结构中辗转，在老家具的斑驳中嗅到时间的味道，剥离与镶嵌，装饰与文学，书籍与音像制品共同构筑了属于混合生活记忆与声光美学的悠闲空间。

- 2F

“蛋屋”Pop-Up Store，在拱状世界里的阅读有如在航海途中巧拾星辉，心境悠扬肆恣。袖珍的创意市集，创意人的归属地，半敞开的阅读空间让陌生人的造访也显得亲密而又充满惊喜。这里是艺术工作者的休憩之地，转换之境。

- 3F

名副其实的杂志博物馆，在 500 余种国内外杂志的排列里还有停刊与过刊的珍品。从 Gestalten 的排布里读到坚持，新锐亦在此发声。慢中的“喧哗”是为追寻心灵的宁静。

三、展览：精致里游走深邃

让人驻足不光是创意家的构思，展览在诉说中自有穿透力。来到和集不只为消费与自我定位间的匹配——在不经意间开始了用心找寻。如果说廊外层层书列宛若小家碧玉，每场艺术展即是让主题荡漾，与书绑定，奏出流水高山。

四、销售情况

衡山·和集全年销售额近 500 万元，累计接待消费者 12 万人次，成交率 40%，结伴而行的顾客至少都会带一份“随手礼”离开。4 万多种图书杂志，经典文学诗歌类书籍是最受消费者关注的一类，生活时尚类杂志受到专业人士的追捧，工作人员也得有丰富的知识储备。1 万多种的文创美学，涵盖了居家用品、文具创意等，九口山笔记本、上海人画册、李知弥周边等等都受到消费者喜爱，尤其是外国客人热衷于中国本土的文化产品，往往一买就是一大堆。

第七章　年度期刊名录

序号	期刊名称	国内统一连续出版	刊期	主办单位	主管单位	刊社地址
1	音乐艺术(上海音乐学院学报)	CN31—1004/J	季刊	上海音乐学院	上海市教委	上海市汾阳路20号
2	上海体育学院学报	CN31-1005/G8	双月刊	上海体育学院	上海市教委	上海市清源环路650号
3	化学教学	CN31-1006/G4	月刊	华东师范大学	教育部	上海市中山北路3663号干训楼414室
4	华东师范大学学报(教育科学版)	CN31-1007/G4	双月刊	华东师范大学	教育部	上海市中山北路3663号干训楼6楼
5	生物学教学	CN31-1009/G4	月刊	华东师范大学	教育部	上海市东川路500号华东师范大学生命科学学院
6	华东师范大学学报(哲学社会科学版)	CN31-1010/C	双月刊	华东师范大学	教育部	上海市中山北路3663号干训楼6楼
7	上海企业	CN31-1011/F	月刊	上海市企业联合会	上海市经济和信息化委员会	上海市共和新路2623号413室
8	财经研究	CN31-1012/F	月刊	上海财经大学	教育部	上海市国定路777号科研实验中心12楼
9	历史教学问题	CN31-1016/G4	双月刊	华东师范大学	教育部	上海市中山北路3663号华东师范大学内
10	科学生活	CN31-1020/N	月刊	上海科学普及出版社	上海市科学技术协会	上海市中山北路832号
11	中文自修	CN31-1021/G4	半月刊	华东师范大学	教育部	上海市中山北路3663号理科楼A1610室
12	地理教学	CN31-1022/G4	半月刊	华东师范大学	教育部	上海市中山北路3663号地理馆
13	数学教学	CN31-1024/G4	月刊	华东师范大学	教育部	上海市中山北路3663号干训楼108室
14	中华信鸽	CN31-1025/G8	双月刊	中国信鸽协会	上海市体育局	上海市江宁路1220弄路11号104室
15	为了孩子	CN31-1026/C	月刊	上海市妇女联合会	上海市妇女联合会	上海市顺义路18号绿地同创大厦27楼
16	现代家庭	CN31-1027/C	半月刊	上海市妇女联合会	上海市妇女联合会	上海市顺义路18号绿地同创大厦27楼

（续表一）

序号	期刊名称	国内统一连续出版	刊 期	主办单位	主管单位	刊社地址
17	物理教学	CN31-1033/G4	月刊	中国物理学会	中国科学技术协会	上海市中山北路3663号华东师范大学物理与电子科学学院
18	中国海员	CN31-1034/C	双月刊	中远海运船员管理有限公司	中国远洋海运集团有限公司	上海市源深路158号5号楼201室
19	外语电化教学	CN31-1036/G4	双月刊	上海外国语大学	教育部	上海市大连西路550号8号楼
20	外国中小学教育	CN31-1037/G4	月刊	上海师范大学	上海市教委	上海市桂林路100号
21	外国语（上海外国语大学学报）	CN31-1038/H	双月刊	上海外国语大学	教育部	上海市大连西路558号
22	上海集邮	CN31-1039/G8	月刊	上海市集邮协会	上海市邮政公司	上海市北苏州路288号
23	外语界	CN31-1040/H	双月刊	上海外国语大学	教育部	上海市大连西路558号《外语界》编辑部
24	国际展望	CN31-1041/D	双月刊	上海国际问题研究院	上海市人民政府外事办公室	上海市田林路195弄15号上海国际问题研究院
25	上海经济	CN31-1042/F	双月刊	上海社会科学院应用经济研究所	上海社会科学院	上海市淮海中路622弄路7号409室
26	化工高等教育	CN31-1043/G4	双月刊	华东理工大学	教育部	上海市梅陇路130号华东理工大学343信箱
27	沪港经济	CN31-1046/F	月刊	上海市工商业联合会	上海市工商业联合会	上海市中山南一路500号1号楼3107室
28	电影故事	CN31-1047/J	半月刊	上海电影（集团）有限公司	上海文化广播影视集团	上海市漕溪北路595号上影广场B座12层
29	世界经济研究	CN31-1048/F	月刊	上海社会科学院世界经济研究所	上海社会科学院	上海市淮海中路622弄7号
30	国际商务研究	CN31-1049/F	双月刊	上海对外经贸大学	上海市教委	上海市古北路620号贸源楼512室
31	法学	CN31-1050/D	月刊	华东政法大学	上海市教委	上海市万航渡路1575号
32	上海教育科研	CN31-1059/G4	月刊	上海市教育科学研究院普通教育研究所	上海市教委	上海市茶陵北路21号
33	上海质量	CN31-1061/F	月刊	上海质量管理科学研究院、上海市质量协会	上海市经济和信息化委员会	上海市泰安路74号
34	秘书	CN31-1062/C	双月刊	上海大学	上海市教委	上海市上大路99号
35	外国经济与管理	CN31-1063/F	月刊	上海财经大学	教育部	上海市国定路777号科研实验中心12楼

(续表二)

序号	期刊名称	国内统一连续出版	刊 期	主办单位	主管单位	刊社地址
36	上海服饰	CN31－1064/TS	月刊	上海科学技术出版社有限公司	上海世纪出版(集团)有限公司	上海市钦州南路 71 号
37	书与画	CN31－1066/J	月刊	上海书画出版社	上海文艺出版总社	上海市延安西路 593 号 2 号楼
38	书法	CN31－1067/J	月刊	上海书画出版社	上海文艺出版总社	上海市延安西路 593 号 2 号楼
39	语文学习	CN31－1070/H	月刊	上海教育出版社有限公司	上海世纪出版(集团)有限公司	上海市永福路 123 号
40	小学数学教师	CN31－1071/G4	月刊	上海教育出版社有限公司	上海世纪出版(集团)有限公司	上海市永福路 123 号
41	小学语文教师	CN31－1072/G4	月刊	上海教育出版社有限公司	上海世纪出版(集团)有限公司	上海市永福路 123 号
42	动画大王	CN31－1074/J	半月刊	上海人民美术出版社	上海文艺出版总社	上海市长乐路 672 弄 33 号 D 座
43	萌芽	CN31－1078/I	月刊	上海市作家协会	上海市作家协会	上海市巨鹿路 675 号 203 室
44	娃娃画报	CN31－1081/C	半月刊	上海少年儿童出版社有限公司	上海世纪出版(集团)有限公司	上海市延安西路 1538 号
45	故事大王	CN31－1084/C	月刊	上海少年儿童出版社有限公司	上海世纪出版(集团)有限公司	上海市延安西路 1538 号《故事大王》编辑部
46	小朋友	CN31－1089/C	半月刊	上海少年儿童出版社有限公司	上海世纪出版(集团)有限公司	上海市延安西路 1538 号《小朋友》编辑部
47	科学画报	CN31－1093/N	半月刊	上海科学技术出版社有限公司	上海世纪出版(集团)有限公司	上海市钦州南路 71 号 1404 室
48	上海文学	CN31－1095/I	月刊	上海市作家协会	上海市作家协会	上海市巨鹿路 675 号
49	学术月刊	CN31－1096/C	月刊	上海市社会科学界联合会	上海市社会科学界联合会	上海市淮海中路 622 弄 7 号
50	少先队活动	CN31－1097/C	月刊	中国中福会出版社有限公司	中国福利会	上海市常熟路 157 号
51	上海画报	CN31－1102/Z	双月刊	上海锦绣文章出版社	上海文艺出版总社	上海市长乐路 672 弄 33 号
52	史林	CN31－1105/K	双月刊	上海社会科学院历史研究所	上海社会科学院	上海市中山西路 1610 号 836 室
53	政治与法律	CN31－1106/D	月刊	上海社会科学院法学研究所	上海社会科学院	上海市淮海中路 622 弄 7 号 489 室
54	图书馆杂志	CN31－1108/G2	月刊	上海图书馆上海科学技术情报研究所、上海市图书馆学会	上海图书馆上海科学技术情报研究所	上海市长乐路 746 号

（续表三）

序号	期刊名称	国内统一连续出版	刊 期	主办单位	主管单位	刊社地址
55	大江南北	CN31－1111/K	月刊	上海市新四军暨华中抗日根据地历史研究会	上海市社会科学界联合会	上海市中山南二路777弄1号1504室
56	社会科学	CN31－1112/Z	月刊	上海社会科学院	上海社会科学院	上海市淮海中路622弄7号337室
57	儿童时代	CN31－1113/C	旬刊	中国中福会出版社有限公司	中国福利会	上海市常熟路157号
58	看图说话	CN31－1114/C	月刊	上海教育出版社有限公司	上海世纪出版(集团)有限公司	上海市永福路123号
59	编辑学刊	CN31－1116/G2	双月刊	上海市编辑学会、上海文艺出版(集团)有限公司	上海市新闻出版局	上海市绍兴路7号2楼
60	外国文艺	CN31－1117/J	双月刊	上海译文出版社有限公司	上海世纪出版(集团)有限公司	上海市福建中路193号1607室
61	园林	CN31－1118/S	月刊	上海市园林科学研究所、中国风景园林学会	上海市绿化和市容管理局	上海市龙吴路899号
62	上海师范大学学报(哲学社会科学版)	CN31－1120/C	双月刊	上海师范大学	上海市教委	上海市桂林路100号
63	航海	CN31－1121/U	双月刊	上海市航海学会	上海市科学技术协会(学术部)	上海市高阳路147号405室
64	中小学英语教学与研究	CN31－1122/G4	月刊	华东师范大学	教育部	上海市中山北路3663号华师大干训楼403室
65	社会	CN31－1123/C	双月刊	上海大学	上海市教委	上海市上大路99号上海大学出版大楼215室
66	天风	CN31－1124/B	月刊	中国基督教三自爱国运动委员会、中国基督教协会	国家宗教事务局	上海市九江路219号4楼
67	全国报刊索引(哲社版)	CN31－1125/C	月刊	上海图书馆上海科学技术情报研究所	上海图书馆上海科学技术情报研究所	上海市淮海中路1555号
68	全国报刊索引(自然科技版)	CN31－1126/N	月刊	上海图书馆上海科学技术情报研究所	上海图书馆上海科学技术情报研究所	上海市淮海中路1555号
69	故事会	CN31－1127/I	半月刊	上海文艺出版总社	上海文艺出版总社	上海市绍兴路74号

（续表四）

序号	期刊名称	国内统一连续出版	刊 期	主办单位	主管单位	刊社地址
70	艺术世界	CN31－1128/J	月刊	上海文艺出版总社	上海文艺出版总社	上海市绍兴路7号
71	旅游天地	CN31－1129/K	月刊	上海文艺出版总社	上海文艺出版总社	上海市绍兴路74号
72	小说界	CN31－1130/I	双月刊	上海文艺出版社	上海文艺出版总社	上海市绍兴路7号
73	音乐爱好者	CN31－1132/J	月刊	上海音乐出版社	上海文艺出版总社	上海市打浦路443号15－17楼
74	上海电视	CN31－1135/J	周刊	上海东方传媒集团有限公司	上海文化广播影视集团	上海市康定路211号
75	世界经济文汇	CN31－1139/F	双月刊	复旦大学	教育部	上海市国权路600号复旦大学经济学院
76	戏剧艺术(上海戏剧学院学报)	CN31－1140/J	双月刊	上海戏剧学院	上海市教委	上海市华山路630号上海戏剧学院《戏剧艺术》编辑部
77	复旦学报(社会科学版)	CN31－1142/C	双月刊	复旦大学	教育部	上海市邯郸路220号
78	电影新作	CN31－1145/J	双月刊	上海电影艺术研究所、上海电影家协会	上海文化广播影视集团	上海市漕溪北路595号B座12楼
79	上海滩	CN31－1147/K	月刊	上海通志馆	上海市地方志办公室	上海市斜土路2567号A2座4楼
80	收获	CN31－1148/I	双月刊	上海市作家协会	上海市作家协会	上海市巨鹿路675号
81	文艺理论研究	CN31－1152/I	双月刊	中国文艺理论学会、华东师范大学	教育部	上海市中山北路3663号《文艺理论研究》编辑部
82	上海戏剧	CN31－1154/J	双月刊	上海市文艺期刊中心	上海市文学艺术界联合会	上海市延安西路238号
83	新闻大学	CN31－1157/G2	月刊	复旦大学	教育部	上海市国定路400号复旦大学新闻学院
84	上海故事	CN31－1159/I	月刊	上海市群众艺术馆	上海市文化和旅游局	上海市中山西路1551号
85	上海金融	CN31－1160/F	月刊	上海市金融学会	中国人民银行上海分行	上海市陆家嘴东路181号
86	上海经济研究	CN31－1163/F	月刊	上海社会科学院经济研究所	上海社会科学院	上海市淮海中路622号504室
87	上海宣传通讯	CN31－1168/D	半月刊	上海报业集团	上海报业集团	上海市威海路755号4204室

(续表五)

序号	期刊名称	国内统一连续出版	刊 期	主办单位	主管单位	刊社地址
88	上海支部生活	CN31－1169/D	半月刊	上海报业集团	上海报业集团	上海市威海路755号4202室
89	新闻记者	CN31－1171/G2	月刊	上海报业集团、上海社会科学院新闻研究所	上海报业集团	上海市威海路755号4406室
90	中国广告	CN31－1174/F	月刊	东方出版中心有限公司、上海百联集团资产经营管理有限公司、上海市广告协会	中国出版传媒股份有限公司	上海市宁海东路200号1805室
91	少年文艺	CN31－1179/I	月刊	上海少年儿童出版社有限公司	上海世纪出版(集团)有限公司	上海市延安西路1538号
92	上海百货	CN31－1187/F	月刊	百联集团有限公司	百联集团有限公司	上海市福州路355号707室
93	上海房地	CN31－1188/F	月刊	上海市房产经济学会	上海市住房保障和房屋管理局	上海市四川南路29号405室
94	青少年犯罪问题	CN31－1193/D	双月刊	华东政法大学	上海市教委	上海市万航渡路1575号东风楼113室
95	体育科研	CN31－1194/G8	双月刊	上海体育科学研究所	上海市体育局	上海市吴兴路87号上海市体育科学研究所
96	上海工艺美术	CN31－1198/J	季刊	上海工艺美术有限公司	上海工艺美术有限公司	上海市汾阳路79号
97	党政论坛	CN31－1203/D	月刊	中国共产党上海市委员会党校	中国共产党上海市委员会党校	上海市虹漕南路123号
98	上海包装	CN31－1207/TB	月刊	上海市包装技术协会	上海市科学技术协会	上海市真南路1111号5号楼12楼
99	探索与争鸣	CN31－1208/C	月刊	上海市社会科学界联合会	上海市社会科学界联合会	上海市淮海中路622弄路7号社联大楼
100	汽车与配件	CN31－1219/U	半月刊	上海百联汽车服务贸易有限公司	百联集团有限公司	上海市仙霞路319号A座2311室
101	思想理论教育	CN31－1220/G4	月刊	上海市高等学校思想理论教育研究会、上海市教育科学研究院	上海市教委	上海市茶陵北路21号1号楼109室
102	当代青年研究	CN31－1221/C	双月刊	上海社会科学院社会学研究所	上海社会科学院	上海市淮海中路622弄路7号550室
103	上海大学学报(社会科学版)	CN31－1223/C	双月刊	上海大学	上海市教委	上海市上大路99号
104	上海农村经济	CN31－1224/F	月刊	上海市农村经济学会	上海市农业委员会	上海市仙霞西路779号1号楼附2楼

(续表六)

序号	期刊名称	国内统一连续出版	刊 期	主办单位	主管单位	刊社地址
105	上海保险	CN31－1226/F	月刊	上海《上海保险》杂志社	上海市保险学会	上海市中山南路1228号8楼
106	大众心理学	CN31－1228/G3	月刊	华东师范大学	教育部	上海市中山北路3663号
107	中国港口	CN31－1232/U	月刊	中国港口协会	交通运输部	上海市吴淞路308号耀江国际广场402室
108	水运管理	CN31－1233/U	月刊	上海海事大学	上海海事大学	上海市海港大道路1550号
109	粮食与油脂	CN31－1235/TS	月刊	上海市粮食科学研究所	上海良友(集团)有限公司	上海市府村路445号1幢
110	上海农业科技	CN31－1240/S	双月刊	上海市农学会、上海市农业科学院	上海市农业委员会	上海市金齐路1000号
111	中国医药工业杂志	CN31－1243/R	月刊	上海医药工业研究院、中国药学会、中国化学制药工业协会	上海医药工业研究院	上海市北京西路1320号3号楼216室
112	印染	CN31－1245/TS	半月刊	上海市纺织科学研究院、全国印染科技信息中心	上海纺织控股(集团)公司	上海市平凉路988号9号楼406室
113	造船技术	CN31－1247/U	双月刊	中国船舶工业集团公司第十一研究所	中国船舶工业集团有限公司	上海市中山南二路851号
114	中国寄生虫学与寄生虫病杂志	CN31－1248/R	双月刊	中华预防医学会、中国疾病预防控制中心寄生虫病预防控制所	国家卫生健康委员会	上海市瑞金二路207号
115	水产科技情报	CN31－1250/S	双月刊	上海市水产研究所、上海市水产学会	上海市农业委员会	上海市佳木斯路265号
116	航海技术	CN31－1251/U	双月刊	中国航海学会、上海海事大学	中国科学技术协会	上海市海港大道路1550号上海海事大学图书馆B5楼
117	光学学报	CN31－1252/O4	月刊	中国科学院上海光学精密机械研究所、中国光学学会	中国科学技术协会	上海市清河路390号
118	内燃机工程	CN31－1255/TK	双月刊	中国内燃机学会	中国科学技术协会	上海市华宁路3111号中国内燃机学会
119	应用概率统计	CN31－1256/O1	双月刊	中国数学会概率统计学会	中国科学技术协会	上海市中山北路3663号华东师范大学统计学院

（续表七）

序号	期刊名称	国内统一连续出版	刊 期	主办单位	主管单位	刊社地址
120	食用菌	CN31－1257/S	双月刊	上海市农业科学院	上海市农业委员会	上海市金齐路1000号
121	辐射研究与辐射工艺学报	CN31－1258/TL	双月刊	中国科学院上海应用物理研究所	中国科学院	上海市嘉罗公路2019号
122	计算机应用与软件	CN31－1260/TP	月刊	上海市计算技术研究所、上海计算机软件技术开发中心	上海科学院	上海市愚园路546号
123	柴油机	CN31－1261/TK	双月刊	中国船舶重工集团公司七一一研究所	中国船舶重工集团有限公司	上海市华宁路3111号711所编辑部
124	仪表技术	CN31－1266/TH	月刊	上海仪器仪表研究所、上海市仪器仪表学会	上海科学院	上海市龙江路214号5楼
125	同济大学学报(自然科学版)	CN31－1267/N	月刊	同济大学	教育部	上海市四平路1239号衷和楼605室
126	上海纺织科技	CN31－1272/TS	月刊	上海市纺织科学研究院	上海纺织控股(集团)公司	上海市平凉路988号
127	电信快报	CN31－1273/TN	月刊	电信科学技术第一研究所有限公司、上海市互联网协会	电信科学技术研究院有限公司	上海市平江路48号3楼
128	化学世界	CN31－1274/TQ	月刊	上海市化学化工学会	上海华谊(集团)公司	上海市南昌路203号
129	上海中医药杂志	CN31－1276/R	月刊	上海中医药大学、上海市中医药学会	上海市教委	上海市蔡伦路1200号上海中医药大学
130	国外畜牧学—猪与禽	CN31－1277/S	月刊	上海市农业科学院畜牧兽医研究所、上海申丰畜牧兽医科技有限公司	中国农业科学院农业信息研究所	上海市北翟路2901号上海市农业科学院
131	上海畜牧兽医通讯	CN31－1278/S	双月刊	上海市农业科学院畜牧兽医研究所	上海市农业科学院	上海市北翟路2901号
132	船舶工程	CN31－1281/U	月刊	中国造船工程学会	中国船舶重工集团有限公司	上海市中山南二路851号
133	中华内分泌代谢杂志	CN31－1282/R	月刊	中华医学会	中国科学技术协会	上海市瑞金二路197号瑞金医院33号楼216室
134	水产学报	CN31－1283/S	月刊	中国水产学会	中国科学技术协会	上海市沪城环路999号图文楼70室

(续表八)

序号	期刊名称	国内统一连续出版	刊期	主办单位	主管单位	刊社地址
135	解剖学杂志	CN31－1285/R	双月刊	中国解剖学会	中国科学技术协会	上海市国定东路 200 号 5 楼
136	玩具世界	CN31－1287/TS	月刊	中国工艺美术学会玩具专业委员会	中国轻工业联合会	上海市中兴路 1055 号 2 楼 601—602 室
137	电机技术	CN31－1288/TM	双月刊	上海电气(集团)总公司	上海电气(集团)总公司	上海市江川路 555 号
138	计算机工程	CN31－1289/TP	月刊	华东计算技术研究所、上海市计算机学会	中国电子科技集团公司	上海市澄浏公路 63 号
139	家具	CN31－1295/TS	双月刊	中国家具工业信息中心、中国家具协会	中国轻工业联合会	上海市南京东路石潭弄 89 号
140	玻璃与搪瓷	CN31－1296/TQ	双月刊	东华大学、中国日用玻璃协会、中国搪瓷工业协会	教育部	上海市人民北路 2999 号材料大楼 C228 室
141	模具技术	CN31－1297/TG	双月刊	上海交通大学	教育部	上海市华山路 1954 号《模具技术》编辑部
142	华东师范大学学报(自然科学版)	CN31－1298/N	双月刊	华东师范大学	教育部	上海市中山北路 3663 号干训楼 6 楼
143	红外	CN31－1304/TN	月刊	中国科学院上海技术物理研究所、中国遥感应用协会	中国科学院	上海市玉田路 500 号
144	振动与冲击	CN31－1316/TU	半月刊	中国振动工程学会、上海交通大学、上海市振动工程学会	中国科学技术协会	上海市华山路 1954 号机械与动力楼 310 室
145	上海针灸杂志	CN31－1317/R	月刊	上海市针灸学会、上海市中医药研究院	上海市卫生和计划生育委员会	上海市宛平南路 650 号 1 号楼 301 室
146	中国医疗器械杂志	CN31－1319/R	双月刊	上海市医疗器械检测所	上海市食品药品监督管理局	上海市金银花路 1 号
147	化学学报	CN31－1320/O6	月刊	中国科学院上海有机化学研究所、中国化学会	中国科学院	上海市零陵路 345 号
148	有机化学	CN31－1321/O6	月刊	中国化学会、中国科学院上海有机化学研究所	中国科学院	上海市零陵路 345 号《有机化学》编辑部

（续表九）

序号	期刊名称	国内统一连续出版	刊 期	主办单位	主管单位	刊社地址
149	电子技术	CN31－1323/TN	月刊	上海市电子学会、上海市通信学会	上海市科学技术协会	上海市南昌路47号3—3215室
150	集成电路应用	CN31－1325/TN	月刊	上海贝岭股份有限公司	中国电子信息产业集团有限公司	上海市宜山路810号17楼
151	电世界	CN31－1327/TM	月刊	上海电机学院、上海市电机工程学会	上海电机学院	上海市水华路300号图书馆726室
152	数学年刊A辑	CN31－1328/O1	季刊	复旦大学	教育部	上海市邯郸路220号《数学年刊》编辑部
153	数学年刊B辑(英文)(*Chinese Annals of Mathematics*)	CN31－1329/O1	双月刊	复旦大学	教育部	上海市邯郸路220号《数学年刊》编辑部
154	复旦学报(自然科学版)	CN31－1330/N	双月刊	复旦大学	教育部	上海市邯郸路220号
155	建筑施工	CN31－1334/TU	月刊	上海建工(集团)总公司	上海市国有资产监督管理委员会	上海市新骏环路700号
156	无损检测	CN31－1335/TG	月刊	中国机械工程学会、上海材料研究所	中国科学技术协会	上海市邯郸路99号上海材料研究所
157	机械工程材料	CN31－1336/TB	月刊	上海材料研究所	上海科学院	上海市邯郸路99号
158	理化检验－化学分册	CN31－1337/TB	月刊	上海材料研究所	上海科学院	上海市邯郸路99号
159	理化检验－物理分册	CN31－1338/TB	月刊	上海材料研究所	上海科学院	上海市邯郸路99号
160	中国激光	CN31－1339/TN	月刊	中国科学院上海光学精密机械研究所、中国光学学会	中国科学院	上海市清河路390号
161	天文学进展	CN31－1340/P	季刊	中国科学院上海天文台、中国天文学会	中国科学院	上海市南丹路80号708室
162	海洋渔业	CN31－1341/S	双月刊	中国水产学会、中国水产科学研究院东海水产研究所、中国科技出版传媒股份有限公司	中国科学技术协会	上海市军工路300号东海所内

（续表一〇）

序号	期刊名称	国内统一连续出版	刊 期	主办单位	主管单位	刊社地址
163	核技术	CN31－1342/TL	月刊	中国科学院上海应用物理研究所,中国核学会	中国科学院	上海市嘉罗公路2019号
164	噪声与振动控制	CN31－1346/TB	双月刊	中国声学学会	中国科学技术协会	上海市华山路1954号机械与动力楼308室
165	中国药理学报(英文)(*Acta Pharmacologica Sinica*)	CN31－1347/R	月刊	中国药理学会、中国科学院上海药物研究所	中国科学技术协会	上海市太原路294号16号楼303室
166	生理学报(英文)(*Acta Physiologica Sinica*)	CN31－1352/Q	双月刊	中国科学院上海生命科学研究院、中国生理学会	中国科学院	上海市岳阳路319号31B楼405室
167	中学科技	CN31－1354/N	月刊	上海科技教育出版社有限公司	上海世纪出版(集团)有限公司	上海市柳州路218号
168	结构工程师	CN31－1358/TU	双月刊	同济大学	教育部	上海市四平路1239号土木楼B213室
169	时代建筑	CN31－1359/TU	双月刊	同济大学	教育部	上海市四平路1239号
170	合成纤维	CN31－1361/TQ	月刊	上海市合成纤维研究所	上海纺织控股(集团)公司	上海市平凉路988号9号楼402室
171	无机材料学报	CN31－1363/TQ	月刊	中国科学院上海硅酸盐研究所	中国科学院	上海市定西路1295号
172	中华传染病杂志	CN31－1365/R	月刊	中华医学会	中国科学技术协会	上海市北京西路1623号
173	上海医学	CN31－1366/R	月刊	上海市医学会	上海市卫生和计划生育委员会	上海市北京西路1623号
174	中华消化杂志	CN31－1367/R	月刊	中华医学会	中国科学技术协会	上海市北京西路1623号
175	中成药	CN31－1368/R	月刊	国家药品监督管理局信息中心中成药信息站、上海中药行业协会	上海市卫生和计划生育委员会	上海市福州路107号206室
176	大众医学	CN31－1369/R	月刊	上海科学技术出版社有限公司	上海世纪出版(集团)有限公司	上海市钦州南路71号
177	肿瘤	CN31－1372/R	月刊	上海交通大学医学院附属仁济医院、上海市肿瘤研究所	教育部	上海市斜土路2200弄25号
178	制导与引信	CN31－1373/TN	季刊	上海航天技术研究院第802研究所	中国航天科技集团有限公司	上海市中春路1555号802所1号楼409室

(续表一一)

序号	期刊名称	国内统一连续出版	刊 期	主办单位	主管单位	刊社地址
179	应用激光	CN31-1375/T	双月刊	上海市激光技术研究所	上海科学院	上海市宜山路770号
180	电气自动化	CN31-1376/TM	双月刊	上海电气自动化设计研究所有限公司、上海市自动化学会	上海电气(集团)总公司	上海市蒙自路360号
181	临床儿科杂志	CN31-1377/R	月刊	上海市儿科医学研究所、上海交通大学医学院附属新华医院	上海市卫生和计划生育委员会	上海市控江路1665号
182	机械制造	CN31-1378/TH	月刊	上海市机械工程学会	上海电气(集团)总公司	上海市中兴路960号
183	康复	CN31-1380/R	旬刊	上海教育报刊总社	上海教育报刊总社	上海市中山南二路151号7楼
184	航空电子技术	CN31-1381/TN	季刊	中国航空无线电电子研究所	中国航空工业集团公司	上海市紫月路432号
185	机械设计与研究	CN31-1382/TH	双月刊	上海交通大学	教育部	上海市华山路1954号上海交通大学MED-X楼455室
186	生命的化学	CN31-1384/Q	双月刊	中国生物化学与分子生物学会	中国科学技术协会	上海市岳阳路319号31室
187	科学	CN31-1385/N	双月刊	上海科学技术出版社有限公司	上海世纪出版(集团)有限公司	上海市钦州南路71号
188	中国航海	CN31-1388/U	季刊	中国航海学会	中国科学技术协会	上海市民生路600号19号楼
189	发电设备	CN31-1391/TN	双月刊	上海上发院发电成套设备工程有限公司	上海发电设备成套设计研究院有限责任公司	上海市剑川路1115号319室
190	电线电缆	CN31-1392/TM	双月刊	上海电缆研究所有限公司	上海市国有资产监督管理委员会	上海市军工路1000号
191	中国生物学文摘	CN31-1394/Q	月刊	中国科学院上海生命科学研究院、中国科学院文献情报中心、中国科学院生物学文献情报网	中国科学院	上海市岳阳路319号31号楼A座311室
192	船舶设计通讯	CN31-1397/U	半年刊	上海船舶研究设计院	中国船舶工业集团公司	上海市祖冲之路2633号
193	水动力学研究与进展	CN31-1399/TK	双月刊	中国船舶科学研究中心	中国船舶重工集团有限公司	上海市高雄路185号316室

(续表一二)

序号	期刊名称	国内统一连续出版	刊期	主办单位	主管单位	刊社地址
194	工业锅炉	CN31-1400/TK	双月刊	上海工业锅炉研究所有限公司	中国机械工业集团有限公司	上海市新骏环路138号4—101室
195	印刷杂志	CN31-1402/TS	双月刊	上海印刷技术研究所	上海文艺出版总社	上海市新闸路1209弄60号
196	世界科学	CN31-1403/N	月刊	上海市科学学研究所、上海社会科学院哲学研究所	上海科学院	上海市淮海中路1634号3号楼409室
197	应用科学学报	CN31-1404/N	双月刊	上海大学、中国科学院上海技术物理研究所	上海市教委	上海市上大路99号出版大楼205室
198	上海农业学报	CN31-1405/S	双月刊	上海市农业科学院、上海市农学会	上海市农业委员会	上海市金齐路1000号上海市农业科学院
199	住宅科技	CN31-1407/TU	月刊	住房和城乡建设部住宅产业化促进中心、上海市房地产科学研究院	住房和城乡建设部	上海市复兴西路193号
200	能源研究与信息	CN31-1410/TK	季刊	上海理工大学、上海市能源研究会、上海电气(集团)总公司	上海市教委	上海市军工路516号
201	上海师范大学学报(自然科学版)	CN31-1416/N	双月刊	上海师范大学	上海市教委	上海市桂林路100号
202	自然杂志	CN31-1418/N	双月刊	上海大学	上海市教委	上海市南陈路333号3号楼225室
203	机电设备	CN31-1420/TM	双月刊	上海船舶设备研究所(704所)	中国船舶重工集团有限公司	上海市中山南二路851号1号楼
204	上海计量测试	CN31-1424/TB	双月刊	上海市计量测试技术研究院、上海市计量测试学会、上海市计量协会	上海市质量技术监督局	上海市宜山路716号
205	微特电机	CN31-1428/TM	月刊	中国电子科技集团公司第二十一研究所	中国电子科技集团公司	上海市虹漕路30号《微特电机》编辑部
206	柴油机设计与制造	CN31-1430/TH	季刊	上海柴油机股份有限公司	上海汽车工业(集团)总公司	上海市军工路2636号
207	电动工具	CN31-1433/TM	双月刊	上海电动工具研究所(集团)有限公司	上海市国有资产监督管理委员会	上海市桂箐路19号

（续表一三）

序号	期刊名称	国内统一连续出版	刊 期	主办单位	主管单位	刊社地址
208	工业微生物	CN31－1438/Q	双月刊	全国工业微生物信息中心、上海市工业微生物研究所	中国轻工业联合会	上海市桂平路353号G座3楼
209	上海轻工业	CN31－1439/TS	双月刊	上海轻工控股（集团）公司	上海轻工控股（集团）公司	上海市肇嘉浜路376号7楼708室
210	声学技术	CN31－1449/TB	双月刊	中国科学院声学研究所东海研究站、同济大学声学研究所、上海市声学学会、中国船舶重工集团公司第726研究所	中国科学院	上海市新徕路399号
211	腐蚀与防护	CN31－1456/TQ	月刊	上海市腐蚀科学技术学会、上海材料研究所	上海市科学技术协会	上海市邯郸路99号603室
212	上海交通大学学报	CN31－1466/U	月刊	上海交通大学	教育部	上海市华山路1954号上海交通大学
213	供用电	CN31－1467/TM	月刊	英大传媒（上海）有限公司、上海市电力公司	国家电网公司	上海市光华路2118号第3幢6层B649室
214	香料香精化妆品	CN31－1470/TQ	双月刊	上海香料研究所	中国轻工业联合会	上海市南宁路480号1216室
215	法医学杂志	CN31－1472/R	双月刊	司法鉴定科学研究院	中华人民共和国司法部	上海市光复西路1347号
216	交通与运输	CN31－1476/U	双月刊	上海市交通工程学会	上海市交通委员会	上海市曹杨路1040弄号2号楼2402室
217	光纤与电缆及其应用技术	CN31－1480/TN	双月刊	中国电子科技集团公司第二十三研究所	中国电子科技集团公司	上海市铁山路230号
218	上海航天（中英文）（*Aerospace Shanghai*）	CN31－1481/V	双月刊	上海航天技术研究院	中国航天科技集团有限公司	上海市元江路3888号
219	上海化工	CN31－1487/TQ	月刊	上海市化工科学技术情报研究所、上海市化工行业协会	上海华谊（集团）公司（科技部，吕蔚18918700131）	上海市斜土路2421号2号楼
220	上海染料	CN31－1490/TQ	双月刊	上海涂料染料行业协会	上海华谊（集团）公司	上海市共和新路966号1704室

(续表一四)

序号	期刊名称	国内统一连续出版	刊 期	主办单位	主管单位	刊社地址
221	制冷技术	CN31-1492/TB	双月刊	上海市制冷学会、中国制冷学会	上海市科学技术协会	上海市南昌路47号3313室
222	上海第二工业大学学报	CN31-1496/T	季刊	上海第二工业大学	上海市教委	上海市金海路2360号综合楼1311室
223	中国造船	CN31-1497/U	季刊	中国造船工程学会	中国船舶重工集团有限公司	上海市高雄路185号
224	上海建材	CN31-1498/TU	双月刊	上海市建材科技情报研究所	上海建筑材料(集团)总公司	上海市大木桥路588号5楼
225	宝钢技术	CN31-1499/TF	双月刊	宝钢集团有限公司	中国宝武钢铁集团有限公司	上海市富锦路655号宝钢研究院
226	上海节能	CN31-1500/TK	月刊	上海市节能协会、上海市节能监察中心	上海市经济和信息化委员会	上海市中山北一路121号A1楼718室
227	自动化仪表	CN31-1501/TH	月刊	中国仪器仪表学会、上海工业自动化仪表研究院有限公司	中国科学技术协会	上海市漕宝路103号
228	光学仪器	CN31-1504/TH	双月刊	中国仪器仪表学会、上海光学仪器研究所、中国光学学会工程光学专业委员会	中国科学技术协会	上海市军工路516号
229	电站辅机	CN31-1505/TM	季刊	上海电站辅机厂有限公司	上海电气(集团)总公司	上海市隆昌路621号
230	电镀与环保	CN31-1507/X	双月刊	上海市轻工业科技情报研究所	中国轻工业联合会	上海市余姚路607弄19号
231	锅炉技术	CN31-1508/TK	双月刊	上海锅炉厂有限公司	上海电气(集团)总公司	上海市华宁路250号
232	煤矿机电	CN31-1509/TD	双月刊	中煤科工集团上海研究院有限公司	中国煤炭科工集团有限公司	上海市天钥桥路1号煤科大厦
233	净水技术	CN31-1513/TQ	月刊	上海市净水技术学会、上海城市水资源开发利用国家工程中心有限公司	上海市科学技术协会	上海市杨树浦路855号
234	上海管理科学	CN31-1515/C	双月刊	上海市管理科学学会	上海市科学技术协会	上海市南昌路47号3119室

（续表一五）

序号	期刊名称	国内统一连续出版	刊 期	主办单位	主管单位	刊社地址
235	上海电力学院学报	CN31－1518/TM	双月刊	上海电力学院	上海市教委	上海市平凉路 2103 号
236	光源与照明	CN31－1519/TB	季刊	上海市照明学会	上海市科学技术协会	上海市邯郸路 220 号复旦大学电光源楼 112 室
237	中国市政工程	CN31－1523/TU	双月刊	上海市城市建设设计研究总院（集团）有限公司	上海城建（集团）公司	上海市东方路 3447 号
238	美化生活	CN31－1530/G0	双月刊	上海纺织控股（集团）公司	上海纺织控股（集团）公司	上海市中山南二路 777 弄 1 号 5 层
239	食品工业	CN31－1532/TS	月刊	上海市食品工业研究所	光明食品（集团）有限公司	上海市中兴路 1286 号 4 楼 402 室
240	上海建设科技	CN31－1541/TU	双月刊	上海市城乡建设和管理委员会科学技术委员会办公室、上海市建筑科学研究院（集团）有限公司	上海市住房和城乡建设管理委员会	上海市宛平南路 75 号 13 楼
241	哈哈画报	CN31－1543/C	月刊	中国中福会出版社有限公司	中国福利会	上海市常熟路 157 号
242	中国海洋平台	CN31－1546/TE	双月刊	中国船舶工业集团公司第十一研究所	中国船舶工业集团有限公司	上海市中山南二路 851 号
243	中国化学	CN31－1547/O6	月刊	中国化学会、中国科学院上海有机化学研究所	中国科学技术协会	上海市零陵路 345 号
244	中国自行车	CN31－1548/TS	双月刊	全国自行车工业信息中心、中国自行车协会、上海市自行车行业协会	中国轻工业联合会	上海市金沙江路 1678 号 21 楼
245	国际市场	CN31－1550/F	双月刊	上海市电子商务促进中心（联合国贸易网络上海中心）	上海市商务委员会	上海市中山南路 1088 号 4 楼
246	上海工运	CN31－1553/C	月刊	劳动报社	上海市总工会	上海市昌平路 700 号
247	中外书摘	CN31－1554/Z	月刊	上海人民出版社有限责任公司	上海世纪出版（集团）有限公司	上海市福建中路 193 号 2015 室
248	远东经济画报	CN31－1557/F	月刊	上海世纪出版（集团）有限公司	上海世纪出版（集团）有限公司	上海市福建中路 193 号 25 室

（续表一六）

序号	期刊名称	国内统一连续出版	刊 期	主办单位	主管单位	刊社地址
249	上海金属	CN31－1558/TF	双月刊	上海市金属学会	上海市科学技术协会	上海市南陈路 333 号 8 号楼 413 室
250	核技术（英文）(*Nuclear Science and Techniques*)	CN31－1559/TL	月刊	中国科学院上海应用物理研究所、中国核学会	中国科学院	上海市嘉罗公路 2019 号
251	新金融	CN31－1560/F	月刊	交通银行股份有限公司	交通银行股份有限公司	上海市仙霞路 18 号
252	船舶	CN31－1561/U	双月刊	中国船舶及海洋工程设计研究院	中国船舶工业集团有限公司	上海市西藏南路 168 号
253	水动力学研究与进展 B 辑	CN31－1563/T	双月刊	中国船舶科学研究中心	中国船舶重工集团有限公司	上海市高雄路 185 号 316 室
254	中国木材	CN31－1565/T	双月刊	上海森联木业发展有限公司、中国木材总公司	百联集团有限公司	上海市唐山路 923 号 3 楼
255	上海商业	CN31－1567/F	月刊	上海市商业经济学会	上海市商务委员会	上海市新闸路 945 号 311 室
256	细胞研究(英文)(*Cell Research*)	CN31－1568/Q	月刊	中国科学院上海生命科学研究院生物化学与细胞生物学研究所、中国细胞生物学学会	中国科学院	上海市岳阳路 319 号 31B 楼 401 室
257	上海中学数学	CN31－1572/G4	月刊	上海师范大学	上海市教委	上海市桂林路 100 号上海师范大学数学系
258	中国制笔	CN31－1574/T	季刊	全国制笔工业信息中心、中国制笔协会	中国轻工业联合会	上海市研展路 455 号 1201 室
259	东方航空	CN31－1576/F	月刊	东方航空传媒股份有限公司	东方航空传媒股份有限公司	上海市空港一路 280 号
260	红外与毫米波学报	CN31－1577/O4	双月刊	中国科学院上海技术物理研究所、中国光学学会	中国科学院	上海市玉田路 500 号
261	心理科学	CN31－1582/B	双月刊	中国心理学会	中国科学技术协会	上海市中山北路 3663 号
262	世界时装之苑	CN31－1586/TS	月刊	上海译文出版社有限公司	上海世纪出版(集团)有限公司	上海市福建中路 193 号
263	化工装备技术	CN31－1587/T	双月刊	上海市化工科学技术情报研究所	上海华谊(集团)公司	上海市斜土路 2421 号 2 号楼

（续表一七）

序号	期刊名称	国内统一连续出版	刊 期	主办单位	主管单位	刊社地址
264	上海蔬菜	CN31－1588/S	双月刊	上海市农业科学院、上海蔬菜经济研究会	上海市农业委员会	上海市金齐路1000号3号楼309室
265	上海人大月刊	CN31－1590/D	月刊	上海市人民代表大会常务委员会	上海市人民代表大会常务委员会	上海市人民大道路200号
266	产业用纺织品	CN31－1595/TS	月刊	东华大学、全国产业用纺织品科技情报站	教育部	上海市延安西路1882号3教15楼
267	传动技术	CN31－1596/TP	季刊	上海交通大学	教育部	上海市华山路1954号
268	航空港	CN31－1597/U	双月刊	上海机场(集团)有限公司	上海机场(集团)有限公司	上海市虹桥机场迎宾二路200号
269	上海工程技术大学学报	CN31－1598/T	季刊	上海工程技术大学	上海市教委	上海市龙腾路333号行政楼205室
270	研究与发展管理	CN31－1599/G3	双月刊	复旦大学	教育部	上海市邯郸路220号
271	生命科学	CN31－1600/Q	月刊	中国科学院上海生命科学研究院、国家自然科学基金委员会生命科学部、中国科学院生命科学与生物技术局	中国科学院	上海市岳阳路319号31B座403室
272	中国胶粘剂	CN31－1601/TQ	月刊	上海市合成树脂研究所、中国胶粘剂和胶粘带工业协会、全国粘合剂信息站	上海华谊(集团)公司	上海市诸陆西路1251号
273	城市道桥与防洪	CN31－1602/U	月刊	上海市政工程设计研究总院(集团)有限公司	住房和城乡建设部	上海市中山北二路901号1号楼10楼
274	市政设施管理	CN31－1604/TU	季刊	上海市路政局	中华人民共和国住房和城乡建设部	上海市广中路411号402室
275	上海航空	CN31－1607/F	月刊	上海航空传播有限公司	东方航空传媒股份有限公司	上海市延平路69号1001室
276	上海经济年鉴	CN31－1609/F	年刊	上海市人民政府发展研究中心	上海市人民政府发展研究中心	上海市永嘉路35号8楼北座
277	上海文化年鉴	CN31－1610/G0	年刊	上海图书馆上海科学技术情报研究所	上海图书馆上海科学技术情报研究所	上海市长乐路746号

(续表一八)

序号	期刊名称	国内统一连续出版	刊 期	主办单位	主管单位	刊社地址
278	民用飞机设计与研究	CN31－1614/V	季刊	中国商用飞机有限责任公司上海飞机设计研究院	中国商用飞机有限责任公司	上海市金科路 5188 号上海飞机设计研究院
279	食品与生活	CN31－1616/TS	月刊	上海市食品研究所	上海市国有资产监督管理委员会	上海市吴中东路 513 号
280	上海供销合作经济	CN31－1620/F	双月刊	上海市供销合作总社、上海市供销合作经济研究会	上海市供销合作总社	上海市大木桥路 247 号 2 楼
281	现代工商	CN31－1621/F	月刊	上海市工商业联合会	上海市工商业联合会	上海市延安东路 55 号 17 楼
282	医用生物力学	CN31－1624/R	双月刊	上海交通大学	教育部	上海市制造局路 639 号 8 号楼 418 室
283	世界地理研究	CN31－1626/P	双月刊	中国地理学会	中国科学技术协会	上海市中山北路 3663 号华东师范大学内
284	有机氟工业	CN31－1631/TQ	季刊	上海市有机氟材料研究所、化工部有机氟材料技术开发中心、中国氟硅有机材料工业协会	上海华谊(集团)公司	上海市龙吴路 4600 号
285	功能高分子学报	CN31－1633/O6	双月刊	华东理工大学	教育部	上海市梅陇路 130 号华东理工大学
286	微型电脑应用	CN31－1634/TP	月刊	上海市微型电脑应用学会	上海市科学技术协会	上海市华山路 1954 号铸锻楼 314 室
287	上海预防医学	CN31－1635/R	月刊	上海市预防医学会	上海市卫生和计划生育委员会	上海市延安西路 1326 号 2210 室
288	东方剑	CN31－1638/I	月刊	上海文艺出版社	上海文艺出版总社	上海市局门路 459 号
289	卡通王	CN31－1641/J	半年刊	上海美术电影制片厂	上海电影(集团)有限公司	上海市万航渡路 618 号
290	国际观察	CN31－1642/D	双月刊	上海外国语大学	教育部	上海市大连西路 550 号 6 号楼 711 室
291	出版与印刷	CN31－1643/TS	季刊	上海出版印刷高等专科学校	上海市教委	上海市营口路 101 号
292	中国体育教练员	CN31－1644/G8	季刊	上海体育学院、中华全国体育总会科教部	上海市教委	上海市清源环路 650 号《中国体育教练员》编辑部
293	应用数学和力学(英文)(*Applied Mathematics and Mechanics*)	CN31－1650/O1	月刊	上海大学、中国力学学会	上海市教委	上海市上大路 99 号 122 信箱

（续表一九）

序号	期刊名称	国内统一连续出版	刊 期	主办单位	主管单位	刊社地址
294	文物保护与考古科学	CN31－1652/K	双月刊	上海博物馆	上海市文化广播影视管理局（上海市文物局）	上海市龙吴路1118号412室
295	中华手外科杂志	CN31－1653/R	双月刊	中华医学会	中国科学技术协会	上海市江苏路796号
296	世纪	CN31－1654/K	双月刊	上海市文史研究馆、中央文史研究馆	上海市文史研究馆	上海市思南路41号
297	上海文化	CN31－1655/G0	月刊	上海市作家协会、上海社会科学院文学研究所、上海教育出版社	上海市作家协会	上海市巨鹿路675号
298	建设监理	CN31－1656/TU	月刊	上海市建筑科学研究院（集团）有限公司	上海市住房和城乡建设管理委员会	上海市宛平南路75号2号楼208室
299	检察风云	CN31－1658/D	半月刊	上海市人民检察院、中国检察出版社有限公司	上海市人民检察院	上海市天钥桥路325号A幢17楼
300	书城杂志	CN31－1662/G2	月刊	上海三联书店有限公司、上海市出版协会	上海报业集团	上海市漕溪北路331号中金A座10楼1006室
301	上海医药	CN31－1663/R	半月刊	上海医药行业协会、上海市医药股份有限公司	上海市经济和信息化委员会	上海市凤阳路250号3楼
302	抗癌	CN31－1664/R	季刊	上海市抗癌协会	上海市科学技术协会	上海市东安路270号上海《抗癌》杂志社
303	集装箱化	CN31－1665/U	月刊	上海海事大学	上海海事大学	上海市海港大道路1550号图书馆B510室
304	口腔颌面外科杂志	CN31－1671/R	双月刊	同济大学	教育部	上海市延长中路399号3号楼
305	毛泽东邓小平理论研究	CN31－1672/A	月刊	上海社会科学院	上海社会科学院	上海市淮海中路622弄7号
306	上海教育	CN31－1676/G4	旬刊	上海教育报刊总社	上海教育报刊总社	上海市中山南二路151号
307	当代学生	CN31－1677/G4	半月刊	上海教育报刊总社	上海教育报刊总社	上海市中山南二路151号
308	计算机辅助工程	CN31－1679/TP	季刊	上海海事大学	上海海事大学	上海市海港大道路1550号图书馆B5楼

(续表二〇)

序号	期刊名称	国内统一连续出版	刊 期	主办单位	主管单位	刊社地址
309	中医文献杂志	CN31-1682/R	双月刊	上海市中医文献馆，中华中医药学会	上海市卫生和计划生育委员会	上海市瑞金二路156号
310	食用菌学报	CN31-1683/Q	季刊	上海市农业科学院、中国农学会	上海市农业委员会	上海市金齐路1000号12号楼
311	上海汽车	CN31-1684/U	月刊	上海汽车集团股份有限公司	上海汽车工业(集团)总公司	上海市威海路489号1802室
312	激光与光电子学进展	CN31-1690/TN	半月刊	中国科学院上海光学精密机械研究所	中国科学院	上海市清河路390号
313	华东理工大学学报(自然科学版)	CN31-1691/TQ	双月刊	华东理工大学	教育部	上海市梅陇路130号华东理工大学
314	旅游科学(上海旅游高等专科学校学报)	CN31-1693/K	双月刊	上海旅游高等专科学校	上海市教委	上海市桂林路100号12号楼211
315	中国比较文学	CN31-1694/I	季刊	上海外国语大学、中国比较文学学会	教育部	上海市大连西路558号
316	好儿童画报	CN31-1697/C	半月刊	上海教育报刊总社	上海教育报刊总社	上海市中山南二路151号10楼
317	中国医学计算机成像杂志	CN31-1700/TH	双月刊	复旦大学附属华山医院	教育部	上海市乌鲁木齐中路12号
318	上海口腔医学	CN31-1705/R	双月刊	上海交通大学医学院附属第九人民医院	上海交通大学	上海市制造局路639号
319	上海城市规划	CN31-1706/TU	双月刊	上海市城市规划设计研究院	上海市规划和国土资源管理局	上海市铜仁路331号
320	实验室研究与探索	CN31-1707/T	月刊	上海交通大学	教育部	上海市华山路1954号上海交通大学教学三楼457室
321	功能材料与器件学报	CN31-1708/TB	双月刊	中国科学院上海微系统与信息技术研究所、中国材料研究学会	中国科学院	上海市长宁路865号5号楼
322	华东科技	CN31-1709/N	月刊	上海市科技创业中心	上海市科学技术委员会	上海市钦州路100号2号楼212室
323	上海公路	CN31-1712/U	季刊	上海市路政局、上海市公路学会	上海市交通委员会	上海市曹杨路1040弄2号25楼

（续表二一）

序号	期刊名称	国内统一连续出版	刊 期	主办单位	主管单位	刊社地址
324	轿车情报	CN31-1713/U	双月刊	上海百联汽车服务贸易有限公司、上海市工业系统科技情报中心	百联集团有限公司	上海市仙霞路319号A座2306室
325	机电一体化	CN31-1714/TM	双月刊	上海科学技术文献出版社	上海图书馆上海科学技术情报研究所	上海市长乐路746号
326	上海大学学报（自然科学版）	CN31-1718/N	双月刊	上海大学	上海市教委	上海市上大路99号上海大学出版大楼203室
327	职业卫生与应急救援	CN31-1719/R	双月刊	上海市化工职业病防治院、上海市职业安全健康研究院	上海市安全生产监督管理局	上海市成都北路369号
328	开放教育研究	CN31-1724/G4	双月刊	上海开放大学	上海市教委	上海市国顺路288号301室
329	中国肿瘤生物治疗杂志	CN31-1725/R	月刊	中国免疫学会、中国抗癌协会	中国科学技术协会	上海市翔殷路165号9幢5层
330	中国临床药学杂志	CN31-1726/R	双月刊	中国药学会	中国科学技术协会	上海市医学院路138号
331	中国癌症杂志	CN31-1727/R	月刊	复旦大学附属肿瘤医院	教育部	上海市东安路270号4号楼415室
332	现代音响技术	CN31-1728/TN	季刊	世界图书出版有限公司、中国电子音响工业协会	中国出版传媒股份有限公司	上海市广中路88号9—10楼
333	运筹学学报	CN31-1732/O1	季刊	中国运筹学会	中国科学技术协会	上海市上大路99号上海大学出版大楼217室
334	渔业现代化	CN31-1737/S	双月刊	中国水产科学研究院渔业机械仪器研究所	农业农村部	上海市赤峰路63号
335	工业工程与管理	CN31-1738/T	双月刊	上海交通大学	教育部	上海市华山路1954号教三楼450室
336	上海理工大学学报	CN31-1739/T	双月刊	上海理工大学	上海市教委	上海市军工路516号
337	世界橡胶工业	CN31-1740/TQ	月刊	上海橡胶制品研究所	上海华谊（集团）公司	上海市诸陆西路1251号
338	国际纺织导报	CN31-1743/TS	月刊	东华大学	教育部	上海市延安西路1882号3教15楼

(续表二二)

序号	期刊名称	国内统一连续出版	刊 期	主办单位	主管单位	刊社地址
339	极地研究	CN31－1744/P	季刊	中国极地研究中心、国家海洋局极地考察办公室	自然资源部	上海市金桥路451号
340	中国新药与临床杂志	CN31－1746/R	月刊	中国药学会、上海市食品药品监督管理局科技情报研究所	中国科学技术协会	上海市愚园路532弄50号211室
341	大都市	CN31－1748/G2	月刊	东方出版中心有限公司	中国出版传媒股份有限公司	上海市仙霞路345号5楼
342	城市轨道交通研究	CN31－1749/U	月刊	同济大学	教育部	上海市真南路500号同济大学沪西校区
343	中国卫生资源	CN31－1751/R	双月刊	中国卫生经济学会、《中国卫生资源》杂志社	国家卫生健康委员会	上海市延安西路1326号22楼
344	中国临床神经科学	CN31－1752/R	双月刊	复旦大学附属华山医院、复旦大学神经病学研究所	教育部	上海市乌鲁木齐中路12号6号楼2楼
345	自我保健	CN31－1753/R	月刊	上海市医学会	上海市卫生和计划生育委员会	上海市西康路600号1603室
346	国际商业技术	CN31－1756/N	双月刊	上海市商业联合会、上海市商务发展研究中心	上海市商务委员会	上海市新闸路945号314室
347	外科理论与实践	CN31－1758/R	双月刊	上海交通大学医学院附属瑞金医院	上海交通大学	上海市瑞金二路197号11号楼14楼期刊编辑部
348	经济展望	CN31－1759/F	双月刊	上海市信息中心	上海市发展和改革委员会	上海市华山路1076号3号楼
349	海洋石油	CN31－1760/TE	季刊	中国石油化工股份有限公司上海海洋油气分公司	中国石油化工集团公司	上海市商城路1225号
350	中国男科学杂志	CN31－1762/R	双月刊	上海交通大学医学院附属仁济医院	教育部	上海市江西中路452号306室
351	中外缝制设备	CN31－1763/TS	月刊	全国缝制设备工业信息中心	中国轻工业联合会	上海市中山南一路210号
352	建筑材料学报	CN31－1764/TU	双月刊	同济大学	教育部	上海市四平路1239号
353	国际服装动态	CN31－1766/TS	月刊	上海纺织控股(集团)公司、文汇新民联合报业集团	上海纺织控股(集团)公司	上海市虹桥路1488号

(续表二三)

序号	期刊名称	国内统一连续出版	刊 期	主办单位	主管单位	刊社地址
354	热处理	CN31－1768/TG	双月刊	上海市机械制造工艺研究所有限公司	上海电气(集团)总公司	上海市芷江西(街)中兴路960号
355	上海塑料	CN31－1770/TQ	季刊	上海市塑料工程技术学会、上海化工研究院有限公司	上海市科学技术协会	上海市云岭东路345号
356	思想政治课研究	CN31－1771/G4	双月刊	华东师范大学	教育部	上海市东川路500号华东师范大学法商北楼2楼马院办公室
357	教育发展研究	CN31－1772/G4	半月刊	上海市教育科学研究院、上海市高等教育学会	上海市教委	上海市茶陵北路21号
358	肝脏	CN31－1775/R	月刊	上海市医学会	上海市卫生和计划生育委员会	上海市沪闵路9585号
359	同济大学学报(社会科学版)	CN31－1777/C	双月刊	同济大学	教育部	上海市四平路1239号
360	上海交通大学学报(哲学社会科学版)	CN31－1778/C	双月刊	上海交通大学	教育部	上海市1954路1000号452室
361	华东理工大学学报(社会科学版)	CN31－1779/C	双月刊	华东理工大学	教育部	上海市梅陇路130号团结楼
362	上海国资	CN31－1786/F	月刊	上海世纪出版(集团)有限公司	上海世纪出版(集团)有限公司	上海市福建中路193号
363	上海中医药大学学报	CN31－1788/R	双月刊	上海中医药大学、上海市中医药研究院	上海市教委	上海市蔡伦路1200号上海中医药大学
364	印制电路信息	CN31－1791/TN	月刊	上海印制电路行业协会	上海市经济和信息化委员会	上海市都会路2338号95号2楼
365	上海涂料	CN31－1792/TQ	双月刊	上海华谊精细化工有限公司、上海市涂料研究所有限公司	上海华谊(集团)公司	上海市光复西路345号2号楼320室
366	中国临床医学	CN31－1794/R	双月刊	复旦大学附属中山医院	教育部	上海市枫林路175号中山医院18号楼517室
367	亚洲男性学杂志(英文)(*Asian Journal of Andrology*)	CN31－1795/R	双月刊	中国科学院上海药物研究所、上海交通大学	中国科学院	上海市太原路294号16号楼
368	介入放射学杂志	CN31－1796/R	月刊	上海市医学会	上海市卫生和计划生育委员会	上海市长宁区华山路1336号

(续表二四)

序号	期刊名称	国内统一连续出版	刊期	主办单位	主管单位	刊社地址
369	胃肠病学	CN31－1797/R	月刊	上海交通大学医学院附属仁济医院	教育部	上海市山东中路145号
370	老年医学与保健	CN31－1798/R	双月刊	华东医院	上海市卫生和计划生育委员会	上海市延安西路221号
371	上海托幼	CN31－1800/G4	半月刊	上海教育报刊总社	上海教育报刊总社	上海市中山南二路151号12楼
372	咬文嚼字	CN31－1801/H	月刊	上海文化出版社	上海文艺出版总社	上海市绍兴路7号2楼
373	新民周刊	CN31－1802/D	周刊	上海报业集团	上海报业集团	上海市威海路755号38楼
374	犯罪研究	CN31－1809/D	双月刊	上海市犯罪学学会	上海市社会科学界联合会	上海市万航渡路1575号六三楼
375	车迷	CN31－1810/Z	月刊	上海科学技术出版社有限公司	上海世纪出版(集团)有限公司	上海市钦州南路71号
376	上海城市发展	CN31－1812/TU	双月刊	上海市城乡建设和交通发展研究院、上海市城市建设投资开发总公司、上海市城市经济学会	上海市城乡建设和交通委员会	上海市宛平南路75号15楼1501室
377	上海行政学院学报	CN31－1815/G4	双月刊	上海行政学院	上海行政学院	上海市虹漕南路123号
378	上海财经大学学报	CN31－1817/C	双月刊	上海财经大学	教育部	上海市国定路777号科研实验中心12层
379	航运交易公报	CN31－1818/C	周刊	上海航运交易所	中华人民共和国交通运输部	上海市杨树浦路18号1805室
380	浦东年鉴	CN31－1819/Z	年刊	上海市浦东新区史志编纂委员会办公室	中共上海市浦东新区委员会办公室	上海市迎春路520号902室
381	上海年鉴	CN31－1820/Z	年刊	上海市地方志办公室	上海市地方志办公室	上海市斜土路2567号A2座5楼
382	上海经济年鉴(英文)(*Shanghai Economy Almanac*)	CN31－1821/F	年刊	上海市人民政府发展研究中心	上海市人民政府发展研究中心	上海市永嘉路35号8楼北座
383	浦东年鉴(英文)(*Pudong Yearbook*)	CN31－1822/Z	年刊	上海市浦东新区史志编纂委员会办公室	中共上海市浦东新区委员会办公室	上海市迎春路520号902室
384	力学季刊	CN31－1829/O3	季刊	上海市力学学会、同济大学、上海交通大学、中国力学学会	上海市科学技术协会	上海市四平路1239号

（续表二五）

序号	期刊名称	国内统一连续出版	刊 期	主办单位	主管单位	刊社地址
385	化工设备与管道	CN31－1833/TQ	双月刊	中石化上海工程有限公司	中国石油化工集团有限公司	上海市南京西路1910号
386	上海煤气	CN31－1834/TE	双月刊	上海市燃气管理处、上海市燃气协会	上海市城乡建设和交通委员会	上海市西藏中路656号11楼
387	上海交通大学学报(农业科学版)	CN31－1837/S	双月刊	上海交通大学	教育部	上海市东川路800号上海交通大学农生学院农生大楼408室
388	成才与就业	CN31－1839/G4	月刊	上海教育报刊总社	上海教育报刊总社	上海市中山南二路151号11楼
389	名车志	CN31－1840/U	月刊	上海译文出版社有限公司	上海世纪出版(集团)有限公司	上海市福建中路193号
390	全球教育展望	CN31－1842/G4	月刊	华东师范大学	教育部	上海市中山北路3663号
391	俄罗斯研究	CN31－1843/D	双月刊	华东师范大学	教育部	上海市中山北路3663号华东师大理科大楼A403
392	家庭用药	CN31－1845/R	月刊	中国科学院上海药物研究所、上海市药理学会	中国科学院	上海市太原路294号16号楼308室
393	上海护理	CN31－1846/R	月刊	上海市护理学会	上海市卫生和计划生育委员会	上海市胶州路358弄1号606室
394	中华航海医学与高气压医学杂志	CN31－1847/R	双月刊	中华医学会	中国科学技术协会	上海市翔殷路880号
395	东华大学学报(社科版)	CN31－1848/C	季刊	东华大学	教育部	上海市延安西路1882号
396	理财周刊	CN31－1849/F	周刊	上海世纪出版(集团)有限公司	上海世纪出版(集团)有限公司	上海市钦州南路71号5楼
397	上海理工大学学报(社科版)	CN31－1853/C	季刊	上海理工大学	上海市教委	上海市军工路516号108室
398	上海市人民政府公报	CN31－1854/D	半月刊	上海市人民政府办公厅	上海市人民政府办公厅	上海市人民大道路200号
399	上海市人民代表大会常务委员会公报	CN31－1855/D	月刊	上海市人大常委会办公厅	上海市人大常委会办公厅	上海市人民大道路200号
400	上海党史与党建	CN31－1856/K	月刊	上海党史报刊社	中共上海市委党史研究室	上海市康平路141号
401	精密制造与自动化	CN31－1858/TP	季刊	上海磨床研究所	上海电气(集团)总公司	上海市军工路1146号

(续表二六)

序号	期刊名称	国内统一连续出版	刊 期	主办单位	主管单位	刊社地址
402	信息网络安全	CN31－1859/TN	月刊	公安部第三研究所、中国计算机学会	公安部	上海市岳阳路76号公安部第三研究所
403	家居主张	CN31－1860/G0	双月刊	上海辞书出版社有限公司	上海世纪出版(集团)有限公司	上海市陕西北路457号
404	中国司法鉴定	CN31－1863/N	双月刊	司法鉴定科学研究院	司法部	上海市光复西路1347号
405	东华大学学报(自然科学版)	CN31－1865/N	双月刊	东华大学	教育部	上海市延安西路1882号
406	上海大中型电机	CN31－1868/TM	季刊	上海电气集团上海电机厂有限公司	上海电气(集团)总公司	上海市江川路555号二号门
407	出色	CN31－1870/G0	月刊	上海辞书出版社有限公司	上海世纪出版(集团)有限公司	上海市陕西北路457号
408	你	CN31－1871/G0	月刊	《现代家庭》杂志社	上海市妇女联合会	上海市顺义路18号绿地同创大厦27层2701、2704、2705室
409	中国货币市场	CN31－1873/F	月刊	中国外汇交易中心(全国银行间同业拆借中心)	中国人民银行	上海市张东路1387号28幢
410	中国眼耳鼻喉科杂志	CN31－1875/R	双月刊	复旦大学附属眼耳鼻喉科医院	教育部	上海市汾阳路83号复旦大学附属眼耳鼻喉科医院内
411	诊断学理论与实践	CN31－1876/R	双月刊	上海交通大学医学院附属瑞金医院	上海交通大学	上海市瑞金二路197号瑞金医院科技楼14楼
412	环境与职业医学	CN31－1879/R	月刊	上海市疾病预防控制中心、中华预防医学会	上海市卫生和计划生育委员会	上海市延安西路1326号2207室
413	乳业科学与技术	CN31－1881/S	双月刊	光明乳业股份有限公司	光明食品(集团)有限公司	上海市江场西路1550号2号楼
414	复旦学报(医学版)	CN31－1885/R	双月刊	复旦大学	教育部	上海市医学院路138号285信箱
415	高等学校文科学术文摘	CN31－1889/C	双月刊	上海师范大学	上海市教委	上海市桂林路100号
416	中国光学快报	CN31－1890/O4	月刊	中国科学院上海光学精密机械研究所、中国光学学会	中国科学院	上海市清河路390号

(续表二七)

序号	期刊名称	国内统一连续出版	刊 期	主办单位	主管单位	刊社地址
417	复旦教育论坛	CN31-1891/G4	双月刊	复旦大学	教育部	上海市邯郸路220号
418	装备机械	CN31-1892/TH	季刊	上海电气(集团)总公司	上海电气(集团)总公司	上海市中兴路960号
419	建筑钢结构进展	CN31-1893/TU	双月刊	同济大学	教育部	上海市四平路1239号土木大楼A613室
420	水上消防	CN31-1897/U	双月刊	上海航运交易所、中国水上消防协会	上海航运交易所	上海市周家嘴路2110号4楼
421	现代免疫学	CN31-1899/R	双月刊	上海市免疫学研究所、上海市免疫学会	上海市教委	上海市重庆南路280号图书馆1楼西南部
422	上海安全生产	CN31-1900/T	月刊	上海市安全生产科学研究所	上海市应急管理局	上海市田林路191号
423	同济大学学报(医学版)	CN31-1901/R	双月刊	同济大学	教育部	上海市四平路1239号
424	上海市社会主义学院学报	CN31-1903/C	双月刊	上海市社会主义学院	中共上海市委统战部	上海市天等路469号
425	脊柱外科杂志	CN31-1907/R	双月刊	中华医学会上海分会	上海市卫生和计划生育委员会	上海市成都北路500号峻岭广场
426	针灸推拿医学	CN31-1908/R	双月刊	上海市针灸经络研究所	上海市卫生和计划生育委员会	上海市宛平南路650号1号楼301室
427	新读写	CN31-1909/G4	月刊	上海报业集团	上海报业集团	上海市威海路755号
428	今日风采	CN31-1910/G0	双月刊	上海人民美术出版社	上海文艺出版总社	上海市长乐路672弄33号
429	上海市经济管理干部学院学报	CN31-1913/Z	双月刊	上海市经济管理干部学院	中国共产党上海市委员会党校	上海市虹漕南路123号
430	基础教育	CN31-1914/G4	双月刊	华东师范大学	教育部	上海市中山北路3663号文科大楼1127室
431	检验医学	CN31-1915/R	月刊	上海市临床检验中心	上海市卫生和计划生育委员会	上海市洪山路528号
432	歌剧	CN31-1917/J	月刊	上海歌剧院	上海大剧院艺术中心	上海市常熟路100—10号上海歌剧院
433	艺术当代	CN31-1918/J	双月刊	上海书画出版社	上海文艺出版总社	上海市延安西路593号2号楼
434	家居廊	CN31-1919/G0	月刊	上海译文出版社有限公司	上海世纪出版(集团)有限公司	上海市福建中路193号

(续表二八)

序号	期刊名称	国内统一连续出版	刊期	主办单位	主管单位	刊社地址
435	东华大学学报(英文)(*Journal of Donghua University*)	CN31－1920/TS	双月刊	东华大学	教育部	上海市延安西路1882号
436	流体传动与控制	CN31－1921/TH	双月刊	上海液压气动总公司	上海电气(集团)总公司	上海市宛平南路210号
437	热力透平	CN31－1922/TH	季刊	上海汽轮机厂有限公司	上海电气(集团)总公司	上海市江川路333号
438	中国工程机械学报	CN31－1926/TH	双月刊	中国工程机械学会	中国科学技术协会	上海市四平路1239号同济大学
439	神经病学与神经康复学杂志	CN31－1927/R	季刊	上海市中西医结合学会、上海交通大学医学院附属仁济医院	上海市卫生和计划生育委员会	上海市斜土路2200弄25号
440	上海年鉴(英文)(*Shanghai Almanac*)	CN31－1928/Z	年刊	上海市地方志办公室	上海市地方志办公室	上海市斜土路2567号A2座
441	漫动作	CN31－1929/J	月刊	上海世纪出版(集团)有限公司	上海世纪出版(集团)有限公司	上海市钦州南路71号5楼
442	旅行者	CN31－1930/G0	月刊	上海人民美术出版社	上海文艺出版总社	上海市淮海中路1670号23室
443	上海信息化	CN31－1934/TP	月刊	上海市经济和信息化发展研究中心	上海市经济和信息化委员会	上海市复兴中路593号21—22楼
444	上海采风	CN31－1935/I	双月刊	上海市文艺期刊中心	上海市文学艺术界联合会	上海市静安区延安西路200号238室
445	金卡生活	CN31－1936/F	月刊	中国银联股份有限公司	中国银联股份有限公司	上海市中山北一路1200号712室
446	上海翻译	CN31－1937/H	双月刊	上海市科技翻译学会	上海市教委	上海市上大路99号
447	城市规划学刊	CN31－1938/TU	双月刊	同济大学	教育部	上海市四平路1239号同济大学建筑与城市规划学院C楼702室
448	世界临床药物	CN31－1939/R	月刊	上海医药工业研究院、中国药学会	上海医药工业研究院	上海市北京西路1320号3号楼216室
449	生物化学与生物物理学报	CN31－1940/Q	月刊	中国科学院上海生命科学研究院生物化学与细胞生物学研究所	中国科学院	上海市岳阳路31号B407

（续表二九）

序号	期刊名称	国内统一连续出版	刊 期	主办单位	主管单位	刊社地址
450	档案春秋	CN31－1942/K	月刊	上海市档案馆	上海市档案局	上海市仙霞路 326 号
451	上海交通大学学报（自然科学版）（英文）［*Journal of Shanghai Jiaotong University (Science)*］	CN31－1943/U	双月刊	上海交通大学	教育部	上海市华山路 1954 号上海交通大学
452	系统仿真技术	CN31－1945/TP	季刊	同济大学	教育部	上海市赤峰路 67 号档案馆 301 室
453	组织工程与重建外科	CN31－1946/R	双月刊	上海交通大学医学院附属第九人民医院	上海交通大学	上海市制造局路 639 号 1 号楼 1913 室
454	国际心血管病杂志	CN31－1951/R	双月刊	上海市卫生和健康发展研究中心（上海市医学科学技术情报研究所）	上海市卫生和计划生育委员会	上海市建国西路 602 号
455	国际骨科学杂志	CN31－1952/R	双月刊	上海市卫生和健康发展研究中心（上海市医学科学技术情报研究所）	上海市卫生和计划生育委员会	上海市建国西路 602 号
456	国际消化病杂志	CN31－1953/R	双月刊	上海市卫生和健康发展研究中心（上海市医学科学技术情报研究所）	上海市卫生和计划生育委员会	上海市建国西路 602 号
457	实验动物与比较医学	CN31－1954/Q	双月刊	上海市实验动物学会、上海市实验动物研究中心	上海科学院	上海市金科路 3577 号 1210 室
458	上海商学院学报	CN31－1957/F	双月刊	上海商学院	上海市教委	上海市中山西路 2271 号
459	电机与控制应用	CN31－1959/TM	月刊	上海电器科学研究所（集团）有限公司	上海市经济和信息化委员会	上海市武宁路 505 号
460	国际生物制品学杂志	CN31－1962/R	双月刊	中华医学会、上海生物制品研究所有限责任公司	国家卫生健康委员会	上海市安顺路 350 号
461	新发现	CN31－1963/Z	月刊	上海科技教育出版社有限公司	上海世纪出版（集团）有限公司	上海市柳州路 218 号
462	外语教学理论与实践	CN31－1964/H	季刊	华东师范大学	教育部	上海市东川路 500 号华东师范大学外语学院 523 室

(续表三〇)

序号	期刊名称	国内统一连续出版	刊 期	主办单位	主管单位	刊社地址
463	中国感染与化疗杂志	CN31-1965/R	双月刊	复旦大学附属华山医院	教育部	上海市乌鲁木齐中路12号
464	微生物与感染	CN31-1966/R	双月刊	复旦大学	教育部	上海市医学院路138号
465	租售情报	CN31-1967/F	周刊	上海市物流学会	百联集团有限公司	上海市中山东二路(外滩)201号
466	上海海事大学学报	CN31-1968/U	季刊	上海海事大学	上海市教委	上海市海港大道路1550号图书馆B512室
467	中国循证儿科杂志	CN31-1969/R	双月刊	复旦大学	教育部	上海市万源路399号
468	私家地理	CN31-1970/K	月刊	上海报业集团	上海报业集团	上海市余姚路14号401室
469	中医药文化	CN31-1971/R	双月刊	上海中医药大学、中华中医药学会	上海市教委	上海市蔡伦路1200号图书馆811室
470	阿拉伯世界研究	CN31-1973/C	双月刊	上海外国语大学	教育部	上海市大连西路550号中东研究所
471	健康教育与健康促进	CN31-1974/R	双月刊	上海市健康促进中心	上海市卫生和计划生育委员会	上海市陕西南路122号6楼
472	神经科学通报(英文)(*Neuroscience Bulletin*)	CN31-1975/R	双月刊	中国科学院上海生命科学研究院、中国神经科学学会、中国人民解放军第二军医大学	中国科学院	上海市岳阳路319号31B楼405室
473	系统管理学报	CN31-1977/N	双月刊	上海交通大学	教育部	上海市华山路1954号安泰经管学院
474	内科理论与实践	CN31-1978/R	双月刊	上海交通大学医学院附属瑞金医院	教育部	上海市瑞金二路197号科技大楼1503室
475	船舶标准化工程师	CN31-1981/U	双月刊	中国船舶重工集团公司第七〇四研究所	中国船舶重工集团有限公司	上海市中山南二路851号1号楼
476	至爱	CN31-1982/C	月刊	上海文艺出版总社	上海文艺出版总社	上海市长乐路672弄33号
477	中华文史论丛	CN31-1984/K	季刊	上海古籍出版社有限公司	上海世纪出版(集团)有限公司	上海市瑞金二路272号上海古籍出版社内
478	港口科技	CN31-1986/U	月刊	中国港口协会	中国港口协会	上海市吴淞路308号403室
479	普知	CN31-1987/Z	月刊	上海新闻出版发展公司	上海市新闻出版局	上海市东湖路7号F座1楼

(续表三一)

序号	期刊名称	国内统一连续出版	刊 期	主办单位	主管单位	刊社地址
480	中国服饰	CN31-1988/TS	月刊	东华大学、中国纺织出版社有限公司	教育部	上海市延安西路1882号
481	上海电气技术	CN31-1989/TM	季刊	上海电气(集团)总公司	上海电气(集团)总公司	上海市中兴路960号
482	上海铁道	CN31-1990/U	月刊	上海铁路文化广告发展有限公司	中国铁路上海局集团有限公司	上海市虬江路1258号408室
483	现代教学	CN31-1991/G4	半月刊	上海教育报刊总社	上海教育报刊总社	上海市中山南二路151号11楼
484	晨刊	CN31-1993/N	双月刊	上海报业集团	上海报业集团	上海市龙华路1887号203室
485	金色年代	CN31-1994/C	月刊	上海文艺出版总社	上海文艺出版总社	上海市绍兴路74号
486	上海电机学院学报	CN31-1996/Z	双月刊	上海电机学院	上海市教委	上海市水华路300号图书馆726室
487	辞书研究	CN31-1997/G2	双月刊	上海辞书出版社有限公司	上海世纪出版(集团)有限公司	上海市静安区静宁路457号
488	中国浦东干部学院学报	CN31-1998/C	双月刊	中国浦东干部学院	中共中央组织部	上海市前程路99号
489	生物医学工程学进展	CN31-1999/R	季刊	上海市生物医学工程学会	上海市科学技术协会	上海市金银花路1号
490	复旦人文社会科学论丛(英文)(*Fudan Journal of the Humanities and Social Sciences*)	CN31-2000/C	季刊	复旦大学	教育部	上海市邯郸路220号
491	宝钢技术研究(英文)(*Baosteel Technical Research*)	CN31-2001/TF	季刊	宝钢集团有限公司	中国宝武钢铁集团有限公司	上海市富锦路655号
492	分子细胞生物学报	CN31-2002/Q	月刊	中国科学院上海生命科学研究院生物化学与细胞生物学研究所、中国细胞生物学学会	中国科学院	上海市岳阳路319号31B楼408室
493	石油化工技术与经济	CN31-2004/TE	双月刊	中国石化上海石油化工股份有限公司	中国石化上海石油化工股份有限公司	上海市金一路49号229室
494	华东政法大学学报	CN31-2005/D	双月刊	华东政法大学	上海市教委	上海市万航渡路1575号六三楼203室

(续表三二)

序号	期刊名称	国内统一连续出版	刊 期	主办单位	主管单位	刊社地址
495	东方法学	CN31-2008/D	双月刊	上海人民出版社有限责任公司、上海市法学会.	上海世纪出版(集团)有限公司	上海市昭化路490号
496	上海政法学院学报	CN31-2011/D	双月刊	上海政法学院	上海市教委	上海市外青松公路7989号
497	分子植物(英文)(*Molecular Plant*)	CN31-2013/Q	月刊	中国科学院上海生命科学研究院植物生理生态研究所、中国植物生理与植物分子生物学学会	中国科学院	上海市岳阳路319号31B楼410室
498	伊周	CN31-2014/Z	双月刊	上海世纪出版(集团)有限公司	上海世纪出版(集团)有限公司	上海市福建中路193号
499	科学发展	CN31-2017/C	月刊	上海市人民政府发展研究中心	上海市人民政府发展研究中心	上海市医学院路69号301室
500	倡廉文摘	CN31-2018/D	月刊	上海报业集团	上海报业集团	上海市威海路755号4202室
501	复杂油气藏	CN31-2019/TQ	季刊	中国石油化工股份有限公司上海海洋油气分公司、中国石油化工股份有限公司江苏油田分公司	中国石油化工集团有限公司	上海市商城路1225号
502	中欧商业评论	CN31-2020/F	月刊	上海世纪出版(集团)有限公司远东出版社	上海世纪出版(集团)有限公司	上海市钦州南路81号10层
503	创意设计源	CN31-2021/TS	双月刊	上海工艺美术职业学院	上海国盛(集团)有限公司	上海市嘉行公路851号
504	新会计	CN31-2022/F	月刊	上海科技教育出版社有限公司	上海世纪出版(集团)有限公司	上海市中山西路2230号
505	上海船舶运输科学研究所学报	CN31-2023/U	季刊	上海船舶运输科学研究所	上海船舶运输科学研究所	上海市民生路600号19号楼南门213室
506	上海海洋大学学报	CN31-2024/S	双月刊	上海海洋大学	上海市教委	上海市沪城环路999号图文信息中心703室
507	东方翻译	CN31-2025/H	双月刊	上海市文艺期刊中心	上海市文学艺术界联合会	上海市延安西路238号
508	现代中文学刊	CN31-2026/G4	双月刊	全国高等教育自学考试指导委员会中文专业委员会、华东师范大学	教育部	上海市中山北路3663号华东师范大学

（续表三三）

序号	期刊名称	国内统一连续出版	刊　期	主办单位	主管单位	刊社地址
509	生命与灾害	CN31－2029/X	月刊	上海市民防科学研究所	上海市民防办公室	上海市复兴中路593号
510	中国动物传染病学报	CN31－2031/S	双月刊	中国农业科学院上海兽医研究所	农业农村部	上海市紫月路518号A115室
511	德国研究	CN31－2032/C	季刊	同济大学	教育部	上海市四平路1239号同济大学德国问题研究所
512	公共艺术	CN31－2033/J	双月刊	上海书画出版社	上海文艺出版总社	上海市延安西路593号2号楼
513	华东纸业	CN31－2034/TS	双月刊	上海市造纸学会	上海市科学技术协会	上海市武宁路1500号
514	中国细胞生物学学报	CN31－2035/Q	月刊	中国科学院上海生命科学研究院生物化学与细胞生物学研究所、中国细胞生物学学会	中国科学院	上海市岳阳路319号31号楼A303室
515	现代建筑电气	CN31－2037/TM	月刊	上海电器科学研究所(集团)有限公司	上海市经济和信息化委员会	上海市武宁路505号
516	财富堂	CN31－2038/F	双月刊	上海电气(集团)总公司	上海电气(集团)总公司	上海市医学院路69号8层A/B座
517	当代外语研究	CN31－2039/H	双月刊	上海交通大学	教育部	上海市东川路800号上海交通大学
518	绿色建筑	CN31－2040/TU	双月刊	上海市建筑科学研究院(集团)有限公司	上海市建筑科学研究院(集团)有限公司	上海市宛平南路75号2号楼206室
519	动力工程学报	CN31－2041/TK	月刊	上海上发院发电成套设备工程有限公司、中国动力工程学会	上海发电设备成套设计研究院有限责任公司	上海市剑川路1115号319室
520	当代修辞学	CN31－2043/H	双月刊	复旦大学	教育部	上海市邯郸路220号复旦大学光华楼西主楼1012室
521	上海城市管理	CN31－2044/Z	双月刊	上海城建职业学院	上海市教委	上海市军工路2360号
522	上海交通大学学报(医学版)	CN31－2045/R	月刊	上海交通大学	上海交通大学	上海市重庆南路280号
523	外语测试与教学	CN31－2047/G4	季刊	上海外国语大学	教育部	上海市大连西路558号《外语测试与教学》期刊部

(续表三四)

序号	期刊名称	国内统一连续出版	刊期	主办单位	主管单位	刊社地址
524	工会理论研究	CN31-2048/D	双月刊	上海工会管理职业学院	上海市总工会	上海市吉林路2号
525	东方电影	CN31-2049/J	月刊	上海电影(集团)有限公司	上海文化广播影视集团	上海市漕溪北路595号B楼12F
526	极地科学进展(英文)(*Advances in Polar Science*)	CN31-2050/P	季刊	中国极地研究中心、中国海洋学会	自然资源部	上海市金桥路451号
527	电力与能源	CN31-2051/TK	双月刊	上海市能源研究所、上海市电力公司、上海市工程热物理学会	上海科学院	上海市邯郸路177号518室
528	建行财富	CN31-2052/F	月刊	上海市投资学会	中国建设银行股份有限公司上海市分行	上海市淮海中路200号806室
529	儿童文学选刊	CN31-2053/I	月刊	上海少年儿童出版社有限公司	上海世纪出版(集团)有限公司	上海市延安西路1538号
530	哲学分析	CN31-2054/C	双月刊	上海人民出版社有限责任公司	上海世纪出版(集团)有限公司	上海市顺昌路622弄503室
531	植物生理学报	CN31-2055/Q	月刊	中国植物生理与植物分子生物学学会、中国科学院上海生命科学研究院植物生理生态研究所	中国科学技术协会	上海市岳阳路319号31B楼406室
532	质量与标准化	CN31-2058/G3	月刊	上海市质量和标准化研究院、上海市标准化协会、上海市质量检测行业协会	上海市质量技术监督局	上海市长乐路1227号
533	小主人报	CN31-2059/C	半月刊	上海文化出版社	上海文艺出版(集团)有限公司	上海市绍兴路7号
534	大飞机	CN31-2060/U	月刊	中国商用飞机有限责任公司	中国商用飞机有限责任公司	上海市世博大道路1919号中国商飞公司
535	上海国土资源	CN31-2062/P	季刊	上海市地质调查研究院、上海市地质学会	上海市规划和国土资源管理局	上海市灵石路930号地质大厦10楼
536	浦江纵横	CN31-2063/D	月刊	上海市政协文史资料委员会	上海市政协办公厅	上海市北京西路860号
537	科技视界	CN31-2065/N	旬刊	上海市科普作家协会	上海市科学技术协会	上海市中山南一路500弄1号丽都大厦

（续表三五）

序号	期刊名称	国内统一连续出版	刊 期	主办单位	主管单位	刊社地址
538	运动与健康科学(英文)(*Journal of Sport and Health Science*)	CN31－2066/G8	双月刊	上海体育学院	上海市教委	上海市清源环路 650 号
539	小福尔摩斯	CN31－2068/I	半月刊	上海少年儿童出版社有限公司	上海世纪出版(集团)有限公司	上海市延安西路 1538 号
540	先进制造进展(英文)(*Advances in Manufacturing*)	CN31－2069/TB	季刊	上海大学	上海市教委	上海市上大路 99 号出版大楼 207 室
541	上海教育评估研究	CN31－2070/G4	双月刊	上海市教育评估院	上海市教委	上海市陕西南路 202 号
542	讲刊	CN31－2071/C	月刊	上海报业集团	上海报业集团	上海市都市路 4855 号
543	渔业信息与战略	CN31－2072/S	季刊	中国水产科学研究院东海水产研究所	农业农村部	上海市军工路 300 号 2 号楼 202 室
544	外科研究与新技术	CN31－2073/R	季刊	同济大学	教育部	上海市新村路 389 号
545	会计与经济研究	CN31－2074/F	双月刊	上海立信会计金融学院	上海市教委	上海市中山西路 2230 号 1 号楼 801 室
546	交大法学	CN31－2075/D	季刊	上海交通大学	上海交通大学	上海市华山路 1954 号上海交通大学凯原法学院
547	船舶与海洋工程	CN31－2076/U	双月刊	上海市船舶与海洋工程学会	上海市科学技术协会	上海市江宁路 495 号 2103 信箱
548	纺织服装教育	CN31－2077/G4	双月刊	东华大学、中国纺织服装教育学会	教育部	上海市延安西路 1882 号东华大学期刊中心
549	高功率激光科学与工程(英文)(*High Power Laser Science and Engineering*)	CN31－2078/O4	季刊	中国科学院上海光学精密机械研究所、中国光学学会	中国科学院	上海市清河路 390 号
550	教育生物学杂志	CN31－2079/R	季刊	上海交通大学医学院附属新华医院	上海交通大学	上海市控江路 1665 号科教楼 227 室
551	陆家嘴	CN31－2080/F	月刊	上海人民美术出版社、上海东方传媒集团有限公司	上海文艺出版总社	上海市浦东大道路 1200 号 108 室
552	结合医学学报(英文)(*Journal of Integrative Medicine*)	CN31－2083/R	双月刊	上海市中西医结合学会、上海长海医院	上海市卫生和计划生育委员会	上海市翔殷路 800 号 205 室

(续表三六)

序号	期刊名称	国内统一连续出版	刊 期	主办单位	主管单位	刊社地址
553	国际关系研究	CN31-2085/D	双月刊	上海社会科学院国际关系研究所、上海社会科学院出版社有限公司	上海社会科学院	上海市淮海中路622弄7号
554	台海研究	CN31-2086/D	季刊	上海台湾研究所、上海社会科学院出版社有限公司	中共上海市委台湾工作办公室	上海市乌鲁木齐南路147号
555	肿瘤影像学	CN31-2087/R	双月刊	复旦大学附属肿瘤医院	复旦大学	上海市东安路270号10号楼415室
556	海洋工程装备与技术	CN31-2088/P	双月刊	上海交通大学出版社有限公司	上海交通大学	上海市番禺路951号
557	上海对外经贸大学学报	CN31-2089/F	双月刊	上海对外经贸大学	上海市教委	上海市古北路620号贸源楼510室
558	教育参考	CN31-2091/G4	双月刊	上海教育出版社有限公司	上海世纪出版(集团)有限公司	上海市永福路123号
559	青年学报	CN31-2092/D	季刊	上海青年管理干部学院	共青团上海市委员会	上海市西江湾路574号2号楼6楼
560	海关与经贸研究	CN31-2093/F	双月刊	上海海关学院	海关总署	上海市华夏西路5677号
561	漫旅	CN31-2095/F	月刊	上海科技教育出版社有限公司	上海世纪出版(集团)有限公司	上海市柳州路218号
562	交通与港航	CN31-2096/TU	双月刊	上海市交通发展研究中心	上海市交通委员会	上海市衡山路706号
563	东方藏品	CN31-2097/J	月刊	上海锦绣文章出版社有限公司	上海世纪出版(集团)有限公司	上海市长乐路672弄33号
564	红蔓	CN31-2098/J	双月刊	上海人民美术出版社有限公司	上海世纪出版(集团)有限公司	上海市长乐路672弄33号
565	电器与能效管理技术	CN31-2099/TM	半月刊	上海电器科学研究所(集团)有限公司	上海市经济和信息化委员会	上海市武宁路505号
566	化工与医药工程	CN31-2101/TQ	双月刊	中石化上海工程有限公司	中国石油化工集团公司	上海市南京西路1910号307室
567	纳微快报(英文)(*Nano-Micro Letters*)	CN31-2103/TB	季刊	上海交通大学	教育部	上海市番禺路951号
568	金融客	CN31-2105/F	月刊	上海世纪出版(集团)有限公司远东出版社	上海世纪出版(集团)有限公司	上海市钦州南路81号10楼
569	漫画会	CN31-2106/J	月刊	上海文艺出版总社	上海文艺出版总社	上海市绍兴路74号

（续表三七）

序号	期刊名称	国内统一连续出版	刊 期	主办单位	主管单位	刊社地址
570	竞争情报	CN31－2107/G3	双月刊	上海图书馆（上海科学技术情报研究所）、上海科学技术文献出版社有限公司	上海图书馆（上海科学技术情报研究所）	上海市永福路265号8303室
571	十万个为什么	CN31－2108/N	旬刊	上海少年儿童出版社有限公司	上海世纪出版（集团）有限公司	上海市延安西路1538号
572	项目管理评论	CN31－2110/F	双月刊	国网上海市电力公司、英大传媒投资集团有限公司	国家电网公司	上海市源深路1122号
573	科学教育与博物馆	CN31－2111/N	双月刊	上海科技馆	上海市科学技术委员会	上海市世纪大道路2000号
574	上海课程教学研究	CN31－2112/G4	月刊	上海科技教育出版社有限公司、上海市教委教学研究室	上海世纪出版（集团）有限公司	上海市柳州路218号
575	中西医结合护理（中英文）（*Nursing of Integrated Traditional Chinese and Western Medicine*）	CN31－2114/R	月刊	上海交通大学	上海交通大学	上海市番禺路951号
576	书法研究	CN31－2115/J	季刊	上海中西书局有限公司	上海世纪出版（集团）有限公司	上海市延安西路593号2号楼
577	法庭科学研究（英文）（*Forensic Sciences Research*）	CN31－2116/D	季刊	司法鉴定科学研究院、上海科学技术文献出版社有限公司	司法部	上海市光复西路1347号
578	纺织检测与标准	CN31－2117/TQ	双月刊	上海市纺织科学研究院	上海纺织控股（集团）公司	上海市平凉路988号9号楼4楼
579	信息与管理研究	CN31－2118/G2	双月刊	上海科学技术文献出版社有限公司	上海图书馆上海科学技术情报研究所	上海市长乐路746号
580	上海艺术评论	CN31－2119/J	双月刊	上海艺术研究所	上海市文化广播影视管理局	上海市汾阳路112弄2号
581	社会科学文摘	CN31－2120/C	月刊	上海社会科学院	上海社会科学院	上海市淮海中路622弄7号326室
582	少先队研究	CN31－2121/D	双月刊	上海人民出版社有限责任公司上海市少年儿童研究中心	上海世纪出版（集团）有限公司	上海市福建中路193号

(续表三八)

序号	期刊名称	国内统一连续出版	刊 期	主办单位	主管单位	刊社地址
583	上海地方志	CN31－2122/K	季刊	上海市地方志办公室	上海市地方志办公室	上海市斜土路 2567 号 A2 座 5 楼
584	建成遗产(英文)(*Built Heritage*)	CN31－2123/G0	季刊	同济大学	教育部	上海市赤峰路 2 号同济大学出版社
585	亚洲泌尿外科杂志(英文)(*Asion Journal of Urology*)	CN31－2124/R	季刊	上海市科学技术协会、中国人民解放军第二军医大学	上海市科学技术协会	上海市翔殷路 800 号第二军医大学出版社
586	有色金属材料与工程	CN31－2125/TF	双月刊	上海市有色金属学会、上海理工大学	上海市科学技术协会	上海市军工路 516 号
587	光子学研究(英文)	CN31－2126/O4	月刊	中国科学院上海光学精密机械研究所	中国科学院	上海市清河路 390 号 2 号楼
588	上海广播电视研究	CN31－2127/G2	季刊	星尚传媒有限公司	上海广播电视台	上海市威海路 298 号 26 楼
589	城乡规划	CN31－2128/TU	双月刊	上海文化出版社有限公司、复旦大学	上海文艺出版总社	上海市绍兴路 7 号 3 楼
590	时尚设计与工程	CN31－2129/TS	双月刊	上海市纺织科学研究院、上海工程技术大学	上海纺织控股(集团)公司	上海市平凉路 988 号
591	地下空间(英文)(*Underground Space*)	CN31－2130/TU	季刊	同济大学	教育部	上海市赤峰路 2 号
592	当代舞蹈艺术研究(中英文)(*Journal of Contemporary Research in Dance*)	CN31－2131/J	季刊	上海戏剧学院、上海大学	上海市教委	上海市虹桥路 1650 号 D 栋
593	旅游导刊	CN31－2132/K	双月刊	上海世纪出版(集团)有限公司	上海世纪出版(集团)有限公司	上海市福建中路 193 号
594	应用技术学报	CN31－2133/N	季刊	上海应用技术大学	上海市教委	上海市漕宝路 120 号 56 号楼
595	青春上海	CN31－2134/C	月刊	共青团上海市委员会	共青团上海市委员会	上海市梅园路 77 号 17 楼
596	建筑科技	CN31－2135/TU	双月刊	上海市建筑科学研究院(集团)有限公司	上海市建筑科学研究院(集团)有限公司	上海市宛平南路 75 号 210 室
597	思南文学选刊	CN31－2136/I	双月刊	上海市作家协会	上海市作家协会	上海市巨鹿路 675 号 206 室
598	氮肥与合成气	CN31－2137/TQ	月刊	上海化工研究院	上海市国有资产监督管理委员会	上海市云岭东路 345 号上化院行政楼 608 室

（续表三九）

序号	期刊名称	国内统一连续出版	刊期	主办单位	主管单位	刊社地址
599	介入医学杂志(英文)(*Journal of Interventional Medicine*)	CN31－2138/R	季刊	同济大学出版社有限公司、同济大学附属同济医院	同济大学	上海市华山路1336号玉嘉大厦16G座
600	教育传播与技术	CN31－2139/G4	季刊	上海教育出版社有限公司、上海市电化教育馆	上海世纪出版(集团)有限公司	上海市永福路123号
601	中国远洋海运	CN31－2140/U	月刊	中国远洋海运集团有限公司	中国远洋海运集团有限公司	上海市滨江大道路5299号901室
602	中小学班主任	CN31－2141/G4	月刊	上海科技教育出版社有限公司	上海世纪出版(集团)有限公司	上海市柳州路218号
603	金融发展	CN31－2142/F	月刊	上海社会科学院出版社有限公司	上海社会科学院	上海市淮海中路622弄7号
604	上海立信会计金融学院学报	CN31－2143/F	双月刊	上海立信会计金融学院	上海市教委	上海市中山西路2230号1号楼811室
605	张江科技评论	CN31－2144/F	双月刊	上海科学技术出版社有限公司	上海世纪出版(集团)有限公司	上海市钦州南路71号1408室
606	隧道与轨道交通	CN31－2145/U	季刊	上海市隧道工程轨道交通设计研究院	上海市住房和城乡建设管理委员会	上海市中山西路1999号申隧设计大厦
607	汽车与新动力	CN31－2146/TK	双月刊	上汽大通汽车有限公司、上海内燃机研究所	上海汽车集团股份有限公司	上海市军工路2500号
608	空天防御	CN31－2147/E	季刊	上海机电工程研究所	中国航天科技集团有限公司	上海市元江路3888号
609	国际比较文学(中英文)(*International Comparative Literature*)	CN31－2148/I	季刊	上海师范大学	上海市教委	上海市桂林路100号
610	计算机材料学(英文)(*NPJ Computational Materials*)	CN31－2149/TQ	双月刊	中国科学院上海硅酸盐研究所	中国科学院	上海市定西路1295号
611	华东师范大学教育评论(英文)(*ECNU Review of Education*)	CN31－2150/G4	季刊	华东师范大学	教育部	上海市中山北路3663号
612	心理学通讯	CN31－2151/B	季刊	上海市精神卫生中心	上海申康医院发展中心	上海市宛平南路600号5号楼423室
613	综合精神医学(英文)(*General Psychiatry*)	CN31－2152/R	双月刊	上海市精神卫生中心	上海市卫生和计划生育委员会	上海市宛平南路600号

(续表四〇)

序号	期刊名称	国内统一连续出版	刊 期	主办单位	主管单位	刊社地址
614	东方学刊	CN31－2153/C	季刊	上海市社会科学界联合会、复旦大学	上海市社会科学界联合会	上海市邯郸路220号光华楼东主楼7楼
615	艺术管理(中英文)(*Journal of Arts Management*)	CN31－2155/J	季刊	上海人民美术出版社有限公司	上海世纪出版(集团)有限公司	上海市长乐路672弄33号D座
616	应用数学与计算数学学报(英文)(*Communication on Applied Mathematics and Computation*)	CN31－2156/O1	季刊	上海大学	上海市教委	上海市上大路99号
617	历史地理研究	CN31－2157/K	季刊	复旦大学	教育部	上海市邯郸路220号《历史地理研究》编辑部
618	中国铁路上海局集团有限公司年鉴	CN31－2158/U	年刊	中国铁路上海局集团有限公司	中国国家铁路集团有限公司	上海市天目东路80号
619	转化神经变性病(英文)(*Translational Neurodegeneration*)	CN31－2159/R	季刊	上海交通大学医学院附属瑞金医院	上海交通大学	上海市瑞金二路197号爱菊楼203室
620	世界历史评论	CN31－2160/K	季刊	上海人民出版社有限责任公司	上海世纪出版(集团)有限公司	上海市福建中路193号世纪出版大楼2307室
621	国外社会科学前沿	CN31－2161/C	月刊	上海社会科学院信息研究所	上海社会科学院	上海市中山西路1610号2号楼819室
622	海洋工程与科学(英文)(*Journal of Ocean Engineering and Science*)	CN31－2162/P	季刊	上海交通大学	教育部	上海市番禺路951号
623	第一财经	CN31－2163/F	月刊	上海第一财经传媒有限公司	上海文化广播影视集团有限公司	上海市南京西路651号广电大厦东临楼
624	语文新读写	CN31－2164/G4	半月刊	上海少年儿童出版社有限公司	上海世纪出版(集团)有限公司	上海市延安西路1538号
625	先进光子学(英文)(*Advanced Photonics*)	CN31－2165/O4	双月刊	中国科学院上海光学精密机械研究所	中国科学院	上海市清河路390号
626	电化学能源评论(英文)(*Chemical Abstracts Service*)	CN31－2166/O6	季刊	上海大学	上海市教委	上海市上大路99号上海大学出版大楼212室
627	肥料与健康	CN31－2167/TQ	双月刊	上海化工研究院有限公司	上海市国有资产监督管理委员会	上海市云岭东路345号4号楼605室

（续表四一）

序号	期刊名称	国内统一连续出版	刊　期	主办单位	主管单位	刊社地址
628	上海公安学院学报	CN31－2168/D	双月刊	上海公安学院	上海市公安局	上海市崇景路100号
629	出土文献	CN31－2170/K	季刊	上海中西书局有限公司	上海世纪出版（集团）有限公司	上海市陕西北路457号
630	电影理论研究（中英文）（*Journal of Film Studies*）	CN31－2171/J	季刊	上海大学	上海市教委	上海市上大路99号
631	全球城市研究（中英文）（*Global Cities Research*）	CN31－2174/C	季刊	上海人民出版社有限责任公司	上海世纪出版（集团）有限公司	上海市福建中路193号2307室

第八章　年度最美的书

2019 年度“最美的书”（原“中国最美的书”）评选结果 11 月 11 日在上海揭晓。经过海内外顶尖书籍设计师评委的多轮专业评选，最终 25 种图书从来自全国各地 106 家出版社的 342 份参赛作品中脱颖而出，荣获年度“最美的书”称号，并代表中国参加在德国莱比锡举行的 2020 年度“世界最美的书”评选，这是饱含中国气质的“最美的书”连续第 17 次在世界舞台上与各国同行的作品同场竞艳。

“最美的书”始创于 2003 年，是上海市新闻出版局主办的书籍设计年度评选活动。

十多年来，已有 16 批 346 种来自中国的“最美的书”亮相德国莱比锡，其中有 20 种书籍获得“世界最美的书”奖项，更有两次摘得金奖。

翻开这 25 种“最美的书”，能在方寸中感受设计师的巧思，于毫厘上触摸非凡者的匠心。书之美，在于对中国传统文化的传承，其所承载的美学与文学精粹既奠基于丰富厚重的历史文化渊源，又启智于时代不断变化的需求，这便是对中华民族文化自信的集中展现。

“最美的书”，体现在“各美其美，美美与共”。“最美的书”评选为中国优质的书籍走向世界搭建了新的平台，让中国优秀书籍设计师在世界的舞台上展现中国传统文化积淀出的智慧与情怀，以书之名，与世界对话，促进中外设计艺术互学互鉴、相容并包，使中国现代书籍设计水平接轨世界，并鼓励着中国一代又一代年轻书籍设计师提升自我、崭露锋芒。

《陈从周造园三章》

封面的圆形拱门突显出该书的独特之处。因主题是园林，开启封面有一种邀请大家进入一探究竟的感觉。全书图文经营有致，营造出园林的景观。文字排版格式给人一种时尚的现代感，但仍不时流露出传统意味。设计将章节划分做在书口上，新颖而便于检索。照片设计采用不同尺寸，调度别开生面，空间感强，突出园林空间营造特质，有体会园林漫步之感。装订技术问题有待解决，可使阅读更加舒适。

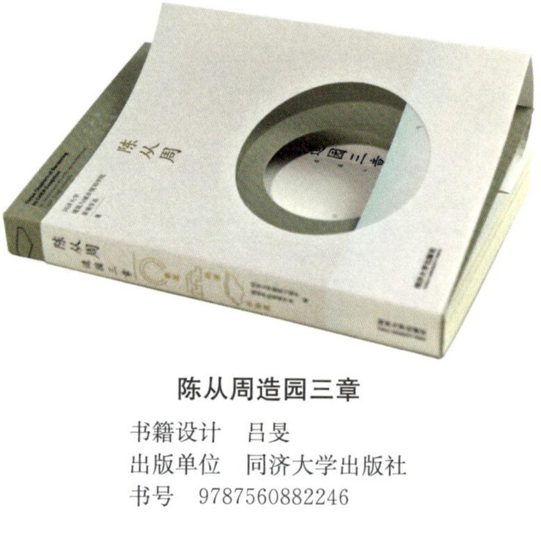

陈从周造园三章

书籍设计　吕旻
出版单位　同济大学出版社
书号　9787560882246

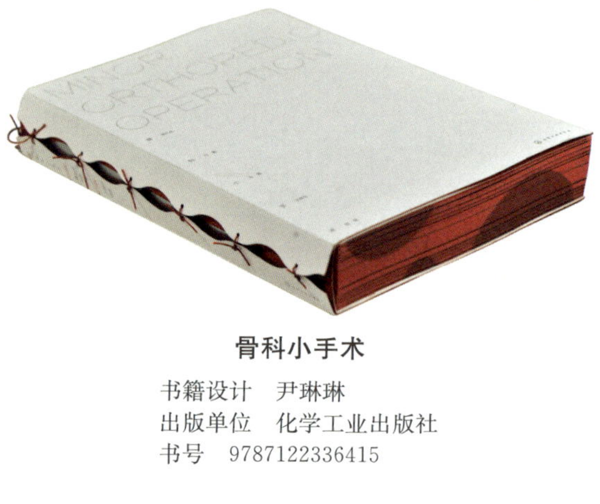

骨科小手术

书籍设计　尹琳琳
出版单位　化学工业出版社
书号　9787122336415

《骨科小手术》

一本医学类的书设计得如此感性。设计师的才能真如手术台前的主刀，心思缜密而又无限关怀。版面图像文字、色彩的精心运筹独具匠心，X 光片给阅读带来现场感，照片与线性素描图解读清晰，宜于理解又显现出书的实用功能。字体大小、文本体例的设定，与图一一对应，可操作性强，一本实用医科教材也能成为一本富有艺术性的图书，十分难得。书脊设计很用心，建议可做减法，但瑕不掩瑜。

《漫长的告别》

可以倾听集邮者心声的一本笔记本。全书设计紧扣邮票收集者文本故事的线索，延展出全书图文叙述架构的特征，封面的造型、书口的形态，以及全书的基本色调，内页邮票的配置，时代把握的分寸感都恰到好处。精心设定的纸材使翻阅十分轻松愉悦，体现整体设计的理念。开篇部分的一枚邮票，也是该书的亮点。

漫长的告别

书籍设计　王俊
出版单位　南京出版社
书号　9787553326559

乌鸦

书籍设计　周伟伟
出版单位　南京大学出版社
书号　9787305212758

《乌鸦》

全书设计指向明确，书壳、书封、内文全部选用黑色基调，以银色油墨印刷图文。图像版反制，印在黑纸上，视觉感受独特。小开本的设定，纸材的应用，宋体与楷体的设定以及文本段首鸟的符号运用，使阅读具有节奏感，整体设计烘托了该书的主题。

《金圣叹选批唐诗六百首》

一本轻盈简朴的古诗集，摆脱过去此类书籍的设计模式，带来别有洞天的阅读感受。从形态、编排、颜色到手感都非常到位，二色印刷分清主次文本的归属，字体级数的合理应用便于分出不同体例。封面图形如卦象般神秘且现代，传统的内容在设计师的激活下，平静且高级。素色书匣带有庄重的仪式感，信笺分册及诗序书签设计独有意趣。

《古希腊钱币史》

这是一本信息量巨大的钱币史，设计者很好把握年代线索的编辑方式，建立全书的信息系统，通过全方位的统筹将设计、工艺、用纸、印刷等进行整体的完美结合。虽然使用了大量的印制手段，但成本却控制得当。

部分页面恰如其分地使用金银色呈现钱币的质感，并用辅助图形进行数据梳理，便于读者理解。书的天头部分设计独特，并在天头斜口上设置文字形成可阅读的主题辅助信息，在褶皱的纸材上进行印刷，是一种大胆尝试，全书分量尽管较重，但与钱币的主题非常吻合。页码设计在书的一侧，与图像文字相呼应。工艺性与艺术性两个关系协调完美，是此类书的上乘之作。

金圣叹选批唐诗六百首

书籍设计 白凤鹍
出版单位 北京联合出版公司
书号 9787559608529

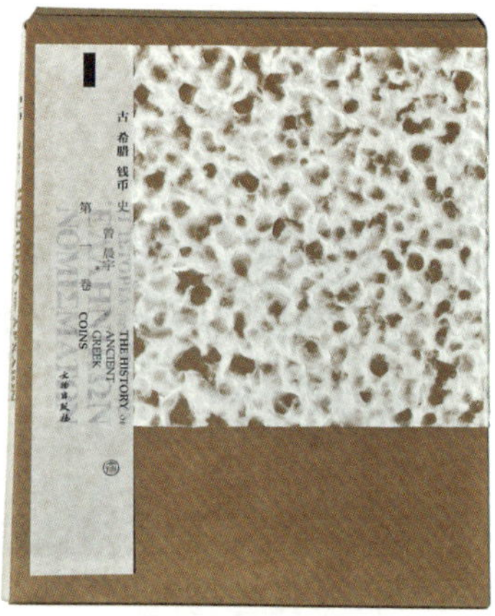

古希腊钱币史

书籍设计 吴勇
出版单位 文物出版社
书号 9787501056118

《大桥记忆》

一座大桥的信息，代表了时代的跨越。全书给人以历史年代的怀旧感，但设计师有着当代设计的视角。编排采用现代手法，不是照片的简单罗列，强调历史和现代的变换和对比。黑白照片和纸张处理达到一种老旧感及还原历史的逼真度。通过泛黄旧书的形态给读者一种过去时光的代入感。

全书中刻意设计的个别缺页和撕页，给人丰富想象的空间。有意拥挤的文字排版，图页的留白处理，形成历史浓缩的对比，感受强烈。封套使用富有年代感的红塑料皮质，使当代读者对这种有历史感的书籍深感惊讶，并保持浓厚的兴趣。这是关于南京大桥的主题展的一本图录。很多的信息通过书籍的形式可以永久保存，实现超越展览内容的价值体现。

大桥记忆

书籍设计 曲闵民、蒋茜
出版单位 江苏凤凰美术出版社
书号 9787558050947

《汉字日历 2020》

一本每天一读的学习汉字来龙去脉的趣味日历书，365 天，学习 365 个汉字。设计对象形文字进行了再创作，有利于小读者了解和学习汉字的字源。精心设计每一个汉字的字形，赋以便于识别的色彩。

让枯燥的日历变身为孩子们童趣盎然的识字绘本，每天撕下的日历页还可作为识字卡片继续使用，函盒的功能设计十分巧妙，通过折叠可以便于观看和使用，与书的本体结合紧密。虽是一本小书，但编辑设计的用心是下了一番功夫的，是一本让人感动的袖珍读物。

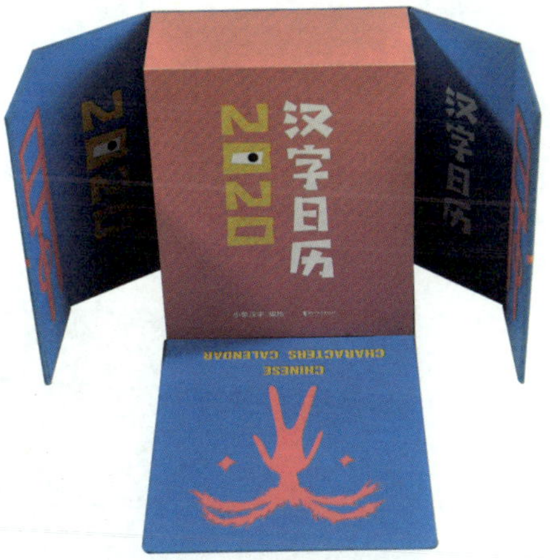

汉字日历 2020

书籍设计 谈天
出版单位 浙江文艺出版社
书号 9787533957933

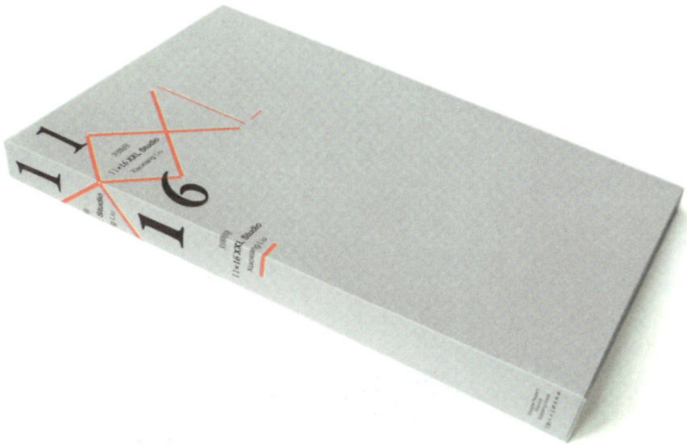

11×16 XXL Studio

书籍设计 XXL Studio、刘晓翔
出版单位 上海人民美术出版社
书号 9787558608834

《11×16 XXL Studio》

一本表述形式独特的设计师作品集，对十一部作品从封面到内页进行了 1：1 的展现和分析。用多种形式语言表述每一本书籍设计的概念及方法论，阐述清晰，深入浅出进行分析叙述。往往这些设计背后的信息人们是不容易看到的，体现了设计师做书的极大热情和自信。

全书开本独特，整体和每一本分册浑然一体，又各具个性，内容陈述逻辑性和互动性强，在每一本原书中抽出一部分进行原汁原味的复制和展现，很有视觉感染力。通过由表及里的设计解构，让读者一目了然，兼具设计教材的功能。这种特别类型的书是首次出现，大概一位设计师一生中仅此一本吧。

上海图话——百年插画艺术档案

书籍设计 姜庆共
出版单位 上海人民美术出版社
书号 9787558609541

《上海图话——百年插画艺术档案》

这是《上海字记》的续集，将百年上海自近代印刷术出现后，各个领域中最具代表性的图像进行有条理的编辑梳理，附以重要信息说明。同时，设计者刻意选择多位专业人士进行回顾，丰富了图像的内涵。

有意褶皱的封面，让人忆起上海往事。百年画面以时间为轴演绎，呈现中国近代插画发展的轨迹，有历史感。质朴的纸张上承载的图像具有历史感，最后设计便于检索的年表，为阅读留下精彩一笔。著作者亦是设计者，情怀与温度让记忆定格为永恒。

《欧阳春：凡夫俗子》

全书的纸张采用不规则裁剪，像截取了某个章节的片段。外形结构复杂且貌似不规则，内文简洁到极致。作为档案资料的老物件的照片保持了原汁原味，又很好地融入书中。纸张采用可回收的新闻纸，体现了老物件的本质和对档案资料的记录。

全书没有出现页码，把章节散落到书中，打破了传统的编目形式。虽然看上去很无序，但是给人以寻找老物件的无尽头感，留下以往生活的痕迹。编辑思路独特，阅读整本书如同观看一个展览，先展示每个物件局部的点，最后再聚合。这个过程很好地将日常生活空间转换到艺术展示的空间，符合我们观赏艺术品的感觉。封面采用切割的手法，不能一眼看到书名，留有一丝悬念。

欧阳春：凡夫俗子

书籍设计　赖虹宇
出版单位　上海人民美术出版社
书号　9787558612442

莱比锡的选择——世界最美的书 2019—2004

书籍设计　赵清、朱涛
出版单位　江苏凤凰美术出版社
书号　9787558064883

《莱比锡的选择——世界最美的书 2019—2004》

令人感动的一本书。在有限的篇幅中将大量的资料集合在一起，是一场巨大的挑战。按照内容来说，原本可能需要 4 倍于目前的篇幅。相对内涵丰富的内容来说，虽选择的材料简单，整体给人精致的感觉。书中介绍的每本书都有自己的特色和体系，并对收录书籍进行了集中的展现和介绍，其中对获得金字符奖的作品进行了详尽的剖析和解读，以点盖面，把控要害，点评翔实。

设计手法丰富，采用中、英、德三种语言编排，不同语言的页码呈现方式不同，字体大小各异，对每个国家获奖的书目进行了汇总。书中分别按照不同类型获奖的比例用色彩进行了分割，对不同国家和设计师的获奖情况进行了大量的数据统计和梳理，并制作了一批有条理的信息图表，有利理解，便于阅读。全书贯穿编辑设计的思路，系统性强，形成自己的体系和表达语言。只有深入研究后才能跟上设计师的节奏，了解设计师的意图。这是一本解密世界最美图书的“百科”全书。

《品梅——朱松发梅花百图》

凹凸印刷的封面引入主题，凸显梅花的质感，整本书采用水墨的黑色调贯穿，简洁，给人以舒适感。整本书采用现代的表现方式演绎传递传统内容，设计风格内敛。

内文采用中西式结合的文字进行设计，丰富而具有音乐感。书中配画印制精致，还原度好。天头、切口、地脚处理微妙，工艺结构完美，开启度舒适。全书采用了三种不同纸张，黑白间隔节奏清晰，光面纸印制四色，黑色纸张上印刷银色字体，白色纸张上印刷黑色字体。排版安静，留白得当，空间展示中潜伏着律动感。

品梅——朱松发梅花百图

书籍设计　姜嵩
出版单位　商务印书馆
书号　9787100162593

云自在——高云作品集

书籍设计　曲闵民、蒋茜
出版单位　江苏凤凰美术出版社
书号　9787558059834

《云自在——高云作品集》

全方位介绍一位画家艺术生涯的书。设计定位于南方江南意趣浓厚的编辑思路，利用不一般的图文结构语言，用心于作品本色的完美还原和水墨气韵。刻意在非常柔软的宣纸上印刷中国绘画，虽有一定难度，但还是得到完美的图像呈现，总体格调十分优雅而淡泊。全书文字、印章、图像与纸材巧妙融合，浑然一体。书中的文字页和图像页采用了截然不同的纸张，有机地区分了信息传达的功能，便于多层次内容的理解，又丰富了阅读体验。

《苏联人镜头中的新中国》

这本历史摄影图集采用大开本平装形式，素朴庄重，强调历史感。全书重在照片的编排设计，内容丰满，手法简练，没有多余的设计语言，重在时代气息的还原。

图片设计由小尺寸画面延续到右侧的大尺寸图像的再现，很好把握了从小到大、从虚到实模拟对焦的镜头感，与两图之间大胆的空白处理相得益彰，全书使用红色渲染年代氛围，突出了时代特

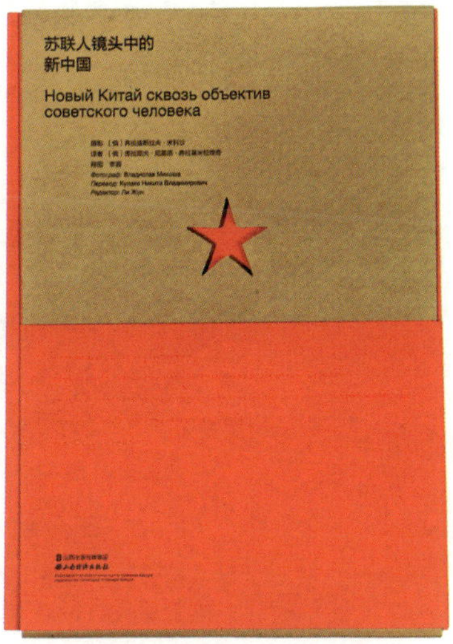

苏联人镜头中的新中国

书籍设计　张志奇工作室
出版单位　山西经济出版社
书号　9787557705749

征，留下深深的历史记忆。每一章节的照片数量通过五星图标进行矢量化递增表达，在庄重而富有仪式感的设计框架下不放弃细节的处理，直观而别致。

《观照——栖居的哲学》

一本展示中国哲学概念而创意设计的现代家具——椅子艺术的书，平实且不失动人之处，设计赏心悦目。全书设计摆脱一般性的图片罗列，而采用分镜头分割的手法，构图奇巧，尽善尽美呈现古家具的每一个细节和工艺特点的关节处，图像截取恰到好处。

本书另一特点是运用准确的矢量化图形对椅子进行解构剖析，精致准确的分解图增加了对椅子结构的理解，使宏观与微观图像形成对比，层级分明又十分协调。书中还大胆地在黑色纸张上进行黑色印刷，沉稳厚重的效果与紫檀家具的木色相近，对页中还不时插入小幅画页，趣味横生，使椅子主题得到了很好的渲染。

观照——栖居的哲学

书籍设计　潘焰荣
出版单位　上海古籍出版社
书号　9787532593637

《三分院》

全书内容主要围绕家具设计和用途展开，色彩轻松，赋予阅读愉悦感。分类按照家具的使用情况来编辑设计。护封及正文用材讲究，文本页和家具图例分别采用不同纸张，感受阅读的物质性体验。家具构成以不同视角处理，从整体到局部，与实际尺寸相对应。

物件和人的关系在书中巧妙体现，不同的内容选择使用了不同的字体和颜色，将一般描述和故事性进行区分。设计风格不烦琐，简洁有序，开本的设定显现全书的形式美感及功能性，阅读的舒适度把握很好。

三分院

书籍设计　赵格、曹群
出版单位　同济大学出版社
书号　9787560885780

草叶手帖

书籍设计　苗倩
出版单位　广西师范大学出版社
书号　9787559811240

《草叶手帖》

一本与大自然相逢而留下感悟的轻松有趣的随笔集。全书将最普通的树叶拍摄成一幅幅优秀的艺术作品，黑白的图像显得十分纯粹，形成阅读的主体，令人浮想联翩。开本符合体裁，简约的文字编排，充分的留白，可以看出设计师尽量在做减法，使全书显得优雅而内敛。弱化处理的页码，不给画面制造负担，完整、空灵。

选择的纸张略带亚白色有草叶的味道，与内容契合，衬托了主题，富有诗情画意。全书阅读时有韵律之感，疏朗简洁之余能让人静下心来慢慢品味并产生丰富联想。

《许茂和他的女儿们》

设计师把握好原作的特性，用带着毛口的粗麻布做的封面设计立刻把读者带到那个并不富裕时代的中国农村生活的语境之中，封面老鼠图形耐人寻味，很好把握住勾线淡彩的绘画特征，把全书图与文分列左右页，左页文字排在顶格上方，从而留出更大的空间与右页呈朦胧感的画面相得益彰。

文本线框和页码处理十分奇巧，既限定了文字阅读方位，又很好地衬托出画面的主视觉。全书如一股清风穿过，读来赏心悦目。不可忽略的是除主题图形之外的辅助信息的设计非常出彩，如序言、目录题要、总览图式及最后的照片都一一细致经营，不是一般化的处理。该设计跳脱连环画出版物的固有模式，耐人寻味。

许茂和他的女儿们

书籍设计 XXL Studio、刘晓翔、郑坤
出版单位 上海人民美术出版社
书号 9787558611841

梦影红楼

书籍设计 潘焰荣
出版单位 上海古籍出版社
书号 9787532590575

《梦影红楼》

博物馆收藏的红楼梦题材经典绘本，此内容在国内曾有多种版本出版，设计者不爱约束，重新开辟新的阅读形制，采用传统经折装，开本小巧雅致，得古韵而出新意，画面与文字分列设计，字体字号设定适中，利于阅读。封面工艺精细，纸张材料富有质感。

中国古代门窗

书籍设计 张悟静
出版单位 中国建筑工业出版社
书号 9787112240234

《中国古代门窗》

中国古建筑的门窗之大集成，繁密的信息经过设计呈现有趣且不枯燥的感觉，张弛有致，富有节奏感。全书印制非常精美，体量感得以充分展现。用材强调纸张的柔软度，手感舒适，富有东方书品气韵。

从封面到章隔页，使用门窗的木质色彩贯穿全书，既烘托了主题，又带来古建筑温馨的居所舒适调性。M 形折页的使用，将大画幅充分舒展，带来通透的阅读体验。遗憾之处：竖排版与左翻方式的结合，对于多页文本的阅读造成了一定困难。

《天生是个审美的人》

一位画家经历的记录，信息量繁杂而巨大，不同类型的画种和自述、访谈、评论互为穿插，经设计师编辑梳理构建十分清晰的叙述架构，读来繁而不杂，纷乱却严整。洁白的画布，浪漫的画家签名，让人具有诗意的向往，美有多重要，尽在不言中。不同材质，不同形态的内页交相辉映。

玻璃卡、亚光铜、白牛皮、宣纸分别承载四色印刷而产生生动多变的视觉效果。连环画部分中文本局部折页和画幅对折的处理，使阅读的参与感极为丰富。建议绑书的橡皮绷带可以舍去。

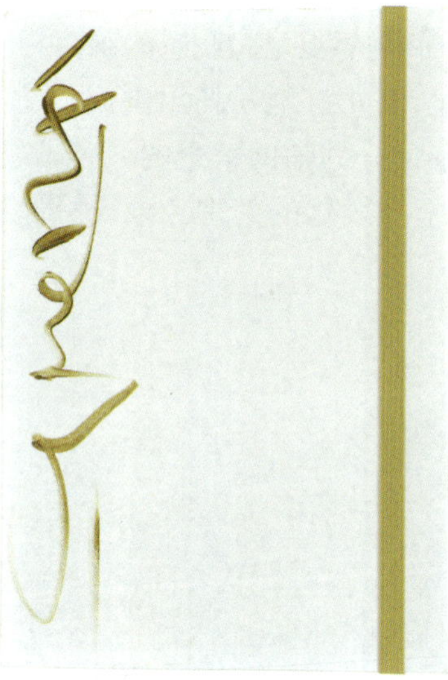

天生是个审美的人

书籍设计　白凤鹍
出版单位　文化发展出版社
书号　9787514227024

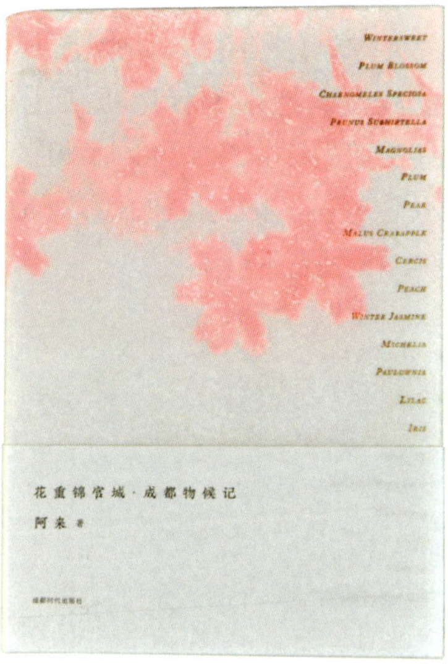

花重锦官城·成都物候记

书籍设计　许天琪
出版单位　成都时代出版社
书号　9787546422411

《花重锦官城·成都物候记》

全书通过不同花卉意境的展示，巧妙地与文字融合在一起，抒发女性设计师所独有的诗性和情调。从封面到内页，从图形到字体设定都成功制造了与主题相吻合的朦胧美感，纸张内侧反印隐透可阅读的文字，包背筒子页内部印刷的抽象图形反衬烘托正面文字的气氛……

每一个筒子页的内侧均有与文字相呼应的视觉处理，内外贯通，气息相连的花之世界加强了主题的表现力和设计的感染力。诗词与文本的字体设定进行了有机分割，章隔页的文本处理独具特色，既方便了阅读，也显现文本编排的设计用心。

《里昂的汉字》

这本由作者自编、自绘、自行设计的书籍。用汉字贯穿了故事的始末，讲述一个跨年代、跨国界的奇妙故事，汉字连接了不同的时间和空间，一百多年的中国历史呈现其中，而汉字维系着海外游子与中华文化的血浓于水的关系，意味深长。综合运用剪纸、绘画、拼贴手段进行创作，艺术风格独特，具有较强的视觉冲击力。

《中国园林：诗意审美与四季》

一本整体设计极为简约和克制的书。全书采用统一的色调，素雅而明快。一段与二段式的文本编排严谨，规矩又不失细微的变化，留白得当，阅读感舒适。全书用两色印刷，图像层次饱和，页码处理得当,不干扰文字的阅读,又富有设计感。封面图像符号来自于中国园林的门窗外形元素,与主题契合,若能贯穿于文本设计则整体感更为统一。

里昂的汉字

书籍设计 “Studio 無”设计工作室
出版单位 浙江少年儿童出版社
书号 9787559710871

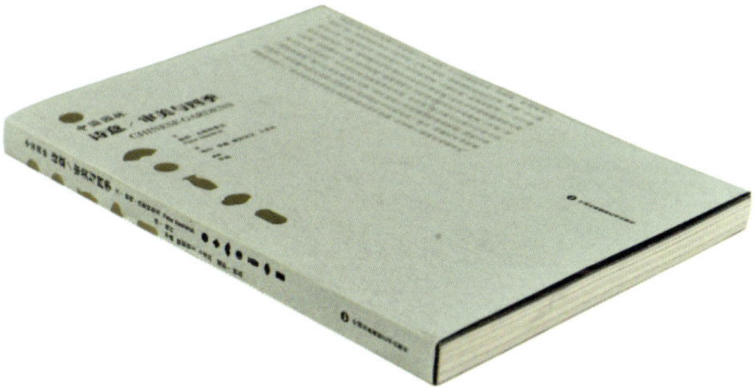

中国园林:诗意审美与四季

书籍设计 郭萌
出版单位 中国民族摄影艺术出版社
书号 9787512210134

第三篇

新店图册

上海三联书店·READWAY

经营理念：READWAY 寓意阅读之道和成长之路，秉承上海三联书店“竭诚为读者服务”的店训，兼顾青年和家庭的精神、物质生活、文化社交、家庭亲子、休闲健康需求，为读者精准提供优质内容和增值服务

经营地址：上海市黄浦区淮海中路新天地广场 4 楼

开业时间：2019 年 3 月 28 日

店铺面积：600 平方米

营业时间：9:00～20:00

设计机构：Kokaistudios

贝 页 书 店

经营理念：致力搭建优秀的线下文化场景和社交服务平台，聚焦“成长性”——受众成长，自我成长

经营地址：上海市松江区松江大学城文汇路258号2楼

开业时间：2019年4月17日

店铺面积：698平方米

营业时间：9:00～21:00

设计机构：上海阅薇图书有限公司

立信书局

经营理念：秉承潘序伦“信以立志”精神理念，打造会计、金融特色鲜明的专业书店
经营地址：上海市徐汇区中山西路 2330 号 2 号楼
开业时间：2019 年 5 月 4 日
店铺面积：360 平方米
营业时间：9:00～17:00
设计机构：杭州大隅建筑装饰设计有限公司

钟书阁嘉定店

经营理念：为读者找好书，为好书找读者
经营地址：上海市嘉定区博乐路70号C栋
开业时间：2019年6月6日
店铺面积：1 668平方米
营业时间：9:00～20:00
设计机构：唯想建筑设计(上海)有限公司

玻璃宫艺术书局

经营理念：力求打造成一个集合茗香书海、文创、创意小品、艺术、商业、轻食、培训为一体的跨界综效性城市文化艺术共享空间，让人们充满激情地彼此连接、分享、体验和追寻一种全新的生活方式

经营地址：上海市闵行区泰虹路68弄地下一层B1

开业时间：2019年6月19日

店铺面积：1 500平方米

营业时间：10:00～20:00

设计机构：上海泊西建筑装饰设计有限公司

玛德琳童书馆青浦万达店

经营理念：这里是给孩子们讲故事的地方，在这里小朋友触摸书、阅读书和故事里的主人公一起经历一段迷人的探险，相信一粒粒阅读的小种子能从此在孩子们的心里慢慢生根发芽

经营地址：上海市青浦区淀山湖大道 1059 弄 1—45 号 A 区 3019、3020、3021

开业时间：2019 年 6 月 22 日

店铺面积：300 平方米

营业时间：10:00～22:00

设计机构：上海圣亚设计制作有限公司

大隐书局傅雷图书馆

经营理念：围绕“读懂傅雷，感悟艺术”，从傅雷的艺术成就和研究方向出发，聚焦文学、艺术、音乐、教育等主要领域，全年打造“傅雷读书会”“艺术沙龙”“亲子沙龙”三大系列品牌活动

经营地址：上海市浦东新区周浦镇沈梅东路800号1楼图书馆内

开业时间：2019年7月6日

店铺面积：360平方米

营业时间：9:00～20:00

设计机构：上海大隐书局有限公司

新华书店南村映雪店

经营理念：这是一家一直在等雪的书店，带着江南玲珑的美，静静地等待着每一位喜欢她的人
经营地址：上海市松江区泗泾镇开江中路 377 号
开业时间：2019 年 7 月 24 日
店铺面积：200 平方米
营业时间：10:00～17:30
设计机构：上海萌怡建筑设计顾问事务所

中信书店上海都市路店

经营理念：以优良选品“提高每一位阅读者的单位时间价值”

经营地址：上海市闵行区都市路 5001 号仲盛世界商城 2 层 260A

开业时间：2019 年 8 月 5 日

店铺面积：1 092 平方米

营业时间：10:00～22:00

设计机构：中信书店

朵云书院旗舰店

经营理念：以“抬头看云、低头看书”的独特文化体验，融合豆瓣高分书房、伦敦书评书店专区、“上海之巅”读书会等书香元素，集书籍展示、艺术展览、文化活动、休闲服务于一体，已成为上海文化新地标

经营地址：上海市浦东新区银城中路501号上海中心大厦52层

开业时间：2019年8月12日

店铺面积：2 200平方米

营业时间：周一至周四 11:00～18:00，周五至周日 11:00～19:00

设计机构：非作建筑设计(上海)有限公司

中版书房长宁店

经营理念：中版品质、东方气质、以书为本、文创平台
经营地址：长宁区仙霞路 345 号东方世纪大厦 1 楼
开业时间：2019 年 8 月 14 日
店铺面积：400 平方米
营业时间：9:00～21:00
设计机构：昱景设计

读者·北站阅读空间

经营理念：这是读者品牌和上海市静安区北站街道合力打造的“书香北站”，在北站建设阅读新阵地、培育阅读新势力、引领阅读新风尚，是集阅读、休闲、文化为一体，以服务社区居民为主的社区公共文化空间

经营地址：上海市静安区西藏北路 79 号

开业时间：2019 年 8 月 14 日

店铺面积：300 平方米

营业时间：10:30～21:30

设计机构：读者(上海)文化创意有限公司

上海惜福文化传播有限公司耀体路店

经营理念：参与构成本地精神生活，引导推动大众精品阅读

经营地址：中国（上海）自由贸易体验区耀体路 308 号 2 层 L241A 单元商铺

开业时间：2019 年 8 月 23 日

店铺面积：462.4 平方米

营业时间：10:00～22:00

设计机构：重庆西西弗文化传播有限公司

大隐书局白玉兰广场店

经营理念：聚焦北外滩区域白领、游客、家庭人群，围绕“体验阅读与生活之趣”，打造午后“弦时光”音乐导赏会、“乐听悦动听”音乐分享会，并联合上海各大国有民营院团、音乐制作人开展面对面交流与分享

经营地址：上海市虹口区东大名 501 号白玉兰广场地下二楼

开业时间：2019 年 9 月 13 日

店铺面积：600 平方米

营业时间：10:00～22:00

设计机构：上海大隐书局有限公司

百新书局南方商城店

经营理念：美育在书店，美学在社区，美好生活在百新。宗旨是为顾客提供安全、健康、环保、创意的商品

经营地址：上海市闵行区沪闵路7250号南方商城二区四楼

开业时间：2019年9月13日

店铺面积：645平方米

营业时间：9:30～21:30

设计机构：上海百新文化用品有限公司

上海元龙音乐书店武康大楼店

经营理念：在科技技术不断更新变换的时代，为实体音乐书店拓展围绕音乐主题的经营模式；为新老顾客们提供舒适美好的浏览书籍和健康的消费环境；继续着为专业音乐工作者和广大爱乐者们提供有温度的音乐港湾

经营地址：上海市徐汇区淮海中路1852号(武康大楼内)

开业时间：2019年10月18日

店铺面积：67平方米

营业时间：10:30～18:30

设计机构：上海衡复投资发展有限公司(衡复公司)

大众书局曲阳店

经营理念：秉承精选、格调、私享、生活＋的宗旨，倡导全民阅读理念，再创“图书＋家居生活＋亲子阅读＋文创＋咖吧”实体书店经营新模式

经营地址：上海市虹口区中山北二路1818号百联曲阳购物中心6楼

开业时间：2019年10月26日

店铺面积：528平方米

营业时间：10:00～22:00

设计机构：上海大众书局文化有限公司

言几又·今日阅读　上海九亭金地店

经营理念：以“时空无尽”为主题，为上海的文艺爱好者们提供了又一个诗意世界的栖居地，一个集实体书店、文创产品、文艺生活、咖啡文化、儿童乐园为一体的城市文化空间。让阅读者具有沉浸式体验，专注于阅读本身，体验阅读的美好

经营地址：上海市松江区九亭镇沪亭北路99弄3号九亭金地广场L3

开业时间：2019年11月17日

店铺面积：432平方米

营业时间：10:00～22:00

设计机构：言几又

新华书店传悦坊店

经营理念：融合人文、创意、艺术、生活，以自由开放的格局创造无障碍交流空间
经营地址：上海市奉贤区南奉公路 7888 弄 8 号近望园南路
开业时间：2019 年 11 月 21 日（售楼处内体验区）
店铺面积：150 平方米
营业时间：9：00～18：00
设计机构：上海报业集团

绿瓦体育书店

经营理念：打造以体育为主题的书店，涵盖书店、阅读、文创、展览、休闲、体验等功能，精选各类体育类图书、期刊、文创产品、数字产品、科技产品等进行销售、展示、体验、传播，为顾客营造极富体育元素的场景体验和文化享受

经营地址：上海市杨浦区清源环路 588 号

开业时间：2019 年 12 月 12 日

店铺面积：600 余平方米

营业时间：10:00～21:00

设计机构：上海致同建设工程科技有限公司

云 编 书 店

经营理念:“立足专业、依托行业”打造融阅读分享、文创孵化、生活服务以及专业实践、行业资源聚集与共享等功能于一体的校园文化空间

经营地址：上海市杨浦区水丰路 100 号(上海出版印刷高等专科学校)综合楼二楼

开业时间：2019 年 12 月 20 日

店铺面积：240 平方米

营业时间：8:00～21:00

设计机构：上海出版印刷高等专科学校

上海惜福文化传播有限公司剑川路店

经营理念：参与构成本地精神生活，引导推动大众精品阅读
经营地址：上海市闵行区颛桥镇剑川路 1000 弄 1 号 A－1F－4 室
开业时间：2019 年 12 月 20 日
店铺面积：664 余平方米
营业时间：10:00～22:00
设计机构：重庆西西弗文化传播有限公司

上海惜福文化传播有限公司沪南路店

经营理念：参与构成本地精神生活，引导推动大众精品阅读
经营地址：上海市浦东新区沪南路 2229 号 L3047 - 2 号商铺
开业时间：2019 年 12 月 20 日
店铺面积：373 余平方米
营业时间：10:00～22:00
设计机构：重庆西西弗文化传播有限公司

上海惜福文化传播有限公司同济路店

经营理念：参与构成本地精神生活，引导推动大众精品阅读
经营地址：上海市宝山区同济路669弄宝杨宝龙广场2层MF2-003-1西西弗书店
开业时间：2019年12月22日
店铺面积：481余平方米
营业时间：10:00～22:00
设计机构：重庆西西弗文化传播有限公司

上海惜福文化传播有限公司张杨路店

经营理念：参与构成本地精神生活，引导推动大众精品阅读
经营地址：上海市浦东新区张杨路 500 号华润时代广场 5 层 L509A、L509B
开业时间：2019 年 12 月 24 日
店铺面积：841 平方米
营业时间：10:00～22:00
设计机构：重庆西西弗文化传播有限公司

上海惜福文化传播有限公司陆家嘴西路店

经营理念：参与构成本地精神生活，引导推动大众精品阅读
经营地址：中国(上海)自由贸易试验区陆家嘴西路 168 号正大广场 1 幢二层 2F40C 号
开业时间：2019 年 12 月 24 日
店铺面积：463 余平方米
营业时间：10:00～22:00
设计机构：重庆西西弗文化传播有限公司

思南书局·诗歌店

经营理念：以“诗歌”为主题，是世纪朵云系列新型实体书店中第一家垂直领域主题书店。它面向诗歌和阅读爱好者，是一个集阅读分享、讲座培训、社交休闲等多功能于一体的公共文化空间

经营地址：上海市黄浦区皋兰路 16 号

开业时间：2019 年 12 月 28 日

店铺面积：460 平方米

营业时间：周一至周四 11:00～18:00，周五至周日 11:00～19:00

设计机构：上瑞元筑（上海）装饰设计工程有限公司

上海惜福文化传播有限公司吴中路店

经营理念：参与构成本地精神生活，引导推动大众精品阅读
经营地址：上海市闵行区虹桥镇吴中路1599号万象城三楼L333西西弗书店
开业时间：2019年12月30日
店铺面积：515平方米
营业时间：10:00～22:00
设计机构：重庆西西弗文化传播有限公司

第四篇

论点选刊

第一章　本 埠 期 刊

本章选自上海出版的《编辑学刊》《出版与印刷》《印刷杂志》等 3 种期刊在 2019 年度发表的部分文章摘要(排名不分先后)。

第一节　《编辑学刊》

期刊介绍

1986 年 2 月创刊。由上海市编辑学会、上海文艺出版(集团)有限公司主办。双月刊。办刊宗旨是反映中国出版科学研究成果,探讨编辑理论,宣传编辑经验,表彰编辑人才,提高编辑水平和地位,沟通编者、作者、读者感情,加强彼此了解,以做好编辑出版工作为已任,贴近时代、贴近生活、贴近读者。主要栏目有深度思考、传播前沿、书林短笛、编海拾贝、中外书案、议犹未尽等。

主编：孙欢、王敏

执行主编：姚丹红

地址：上海市黄浦区绍兴路 7 号

邮编：200020

2019 年重点文章推荐

2019 年第 1 期

《打造主题出版的时代特色与文化品格——上海人民出版社的出版实践与思考》

王为松(上海人民出版社)

摘要：在改革开放再出发的历史节点,如何把握好新时代的鲜明主题,总结好历史的经验和启示,以新的时代主题、新的思维方式和新的传播手段来做好主题出版工作,是文章思考的起点。文章提出：以专业学术打造品牌,夯实主题出版实力;以社会责任引领阅读,通过书展和读书会,进一步倡导全民阅读,同时创新传播渠道,激发主题出版活力;坚定开放信念,讲好中国故事,完善工作方式,深化平台合作。上海出版人应该在主题出版实践中,努力形成"开放、创新、包容"的上海出版特色和品格。

《机器人新闻著作权保护研究》

周勇(华东政法大学马克思主义学院)

摘要：人工智能时代,机器人新闻在获得快速发展的同时也引起了业界和学界对其是否能获得著作权保护的研究。文章从智力投入和独创性要素分析了机器人新闻获得著作权保护的合理性,再梳理保护机器人新闻著作权所遇到的权利归属困境,最终提出技术导向型保护模式。

2019 年第 2 期

《走向高质量发展之路——2019 年中国出版业展望》

魏玉山(中国新闻出版研究院)

摘要：展望 2019 年中国出版业发展的重点,特别是对传统出版与新型出版融合发展、高质量发展、全面深化出版业改革、主题出版及出版走出去等重点工作进行论述。

《后加菲尔德时代的期刊评价风云》

江晓原(上海交通大学科学史与科学文化研究院)

摘要：文章在简要回顾影响因子统治国际期刊评价的历程基础上，重点分析了试图取代影响因子的指标中呼声较高的三种，并分析了 Nature 杂志在对待影响因子态度上剧烈转变的深层原因。

2019 年第 3 期

《全民阅读立法的价值理性与工具理性》

张大伟、周月如(复旦大学新闻学院)

摘要：文章通过对国家层面全民阅读立法的历史进程及现状的分析，指出全民阅读一直存在着“工具理性”和“价值理性”的论争，以“工具理性”考量“价值理性”，对全民阅读立法来讲并不合理。文章在梳理现有阅读立法相关建议的基础上，设计了立法规划路线图，以期为全民阅读立法工作提供思路上的参考。

《“新文艺复兴”时代下童书出版的危与机》

岳海菁(浙江文艺出版社)

摘要：伴随着实现中华民族伟大复兴的“中国梦”的展开，中华文化的传承、发展成为重要话题，一场新时代的文艺复兴呼之欲出。在新时代背景下，我国的童书出版业依旧存在着对引进版权依赖性较强、国内原创作品不足、重复出版现象严重等问题。文章围绕着敢不敢做原创、做什么样的原创以及怎样做出高质量的原创三点，详细阐述了在“新文艺复兴”时代下，童书出版业应如何扭转原创出版能力不足的现状，从而实现高质量、创新性的发展。

2019 年第 4 期

《主题出版是主业发展和内容生产的重要“生命线”》

王岚(上海世纪出版集团)

摘要：上海世纪出版集团历来高度重视主题出版工作，每年都会推出一批“双效”俱佳的优秀主题出版物。强化定位站位，以主题出版为深化改革和主业发展集聚新动能；强化机制保障，以制度政策为主题出版与品牌建设增添新活力；强化内容特色，以创新探索为主题出版与精品生产打开新格局。文章从这三个方面对主题出版是主业发展和内容生产的重要“生命线”进行了探索和实践。

《图书产品复合权利的保护与利用分析》

罗晓敏(同济大学人文学院)

摘要：明确图书产品的知识产权中的多种权利交叠，是对其加以保护和利用的前提。首先，需要厘清图书产品知识产权的两大形式，包括作为知识财产形式的著作权和作为商品生产流通的工业产权的基本内容及表现形式。其次，要分别从创作者和出版者的不同角度，分析图书产品知识产权的司法保护和风险规避手段。最后，多层次探讨基于图书产品知识产权的价值开发的当代路径，在全球一体化进程中，让优秀的图书及其衍生产品更好地放大其文化价值和经济价值。

2019 年第 5 期

《5G 时代的数字出版变革与创新》

陈洁、蒋三军(浙江大学人文学院)

摘要：随着 5G 的商用，它所搭建的移动信息高速公路将使得与之相关的前沿技术的广泛运用成为现实，并在社会层面引发人与器物的万物皆媒、人与空间的泛在阅读、人与人的恒常在线，从而影响到数字出版变革与创新。读者的分众化加剧推动内容的个性化创新，数字呈现技术实现视听说阅读的跨媒介演绎，物联网推动出版的精准化印发。这都要求出版商在出版大数据的精细化管理、高质量视听说内容的开发、小众化内容的发掘和为城市阅读空间的布局等方面，做出业务拓展，以应对 5G 时代的变革。

《再论出版本质与出版人价值》

王国伟(同济大学)

摘要：经过市场化和互联网的轮番冲击后，图书出版一直在不断被重构和定义中，出版人都将面临一个同样的问题：什么才是出版的本质？重新确认出版本质，是当代中国出版人需要正视的大命题，而与这个命题息息相关的是出版人该有怎样的出版行为。由此，我们再次回到管理大师彼得·杜拉克数十年前的一个经典问句："你从事什么事业?"彼得·杜拉克的"事业"提问，显然隐含着多义性，恰好对应了当代中国出版业的现状，如何在事业与产业双重诉求的矛盾冲突中，寻求新的平衡发展，将给当代出版人构成新的挑战。

2019 年第 6 期

《构建上海出版新格局——在上海市编辑学会第六届会员大会上的讲话》

徐炯(上海市委宣传部)

摘要：随着时代变迁，出版业呈现了若干特点，比如碎片化阅读的普遍性，内容的选择与编排的多元化，以及文创开发的雷同性等，这都需要编辑去思考和探讨。希望编辑可以牢记职责与使命，用精品力作去满足人民对美好生活的需求，加快编辑学术理论的建设，注重编辑队伍人才建设，为出版事业做出更大的贡献。

《传统纸媒融合转型的六个核心问题》

王欣之(文汇报社)

摘要：当前，面对互联网带来的挑战，中国纸媒正积极进行融合转型发展的探索，许多媒体走出了各具特色的融合之路。传统纸媒与那些新兴的互联网公司不同，在人员管理、考核办法、运营方式等方面无法直接照搬，而且其承担着繁重的宣传报道任务。因此研究纸媒融合转型的规律特点，可以发现有些核心关键问题，决定了纸媒能否顺利推进融合转型工作，提升在互联网上的传播力和影响力。

第二节　《出版与印刷》

期刊介绍

《出版与印刷》于 1990 年创刊，由上海市教育委员会主管、上海出版印刷高等专科学校主办，经国家出版主管部门批准的学术性期刊。全文收录于中国知网、万方数据、中文科技期刊数据库、《中国人文社会科学期刊评价报告(AMI)》引文数据库等,《中国学术期刊影响因子年报》统计源期刊。期刊专注现代出版与印刷专业人才培养,服务出版与印刷产业转型发展,促进出版与印刷领域的产教研深度融合。读者对象主要为出版与印刷领域科研人员和出版与印刷行业从业人员,主要栏目有本期聚焦、研究与观察、编辑实践、印刷与包装、媒介融合、专业人才培养、出版史话、公开课堂、职业发展、圆桌讨论等,内容注重学术性、专业性、实用性和可读性。

《出版与印刷》为季刊。

主编:陈斌

副主编:曾忠

执行主编:许春辉　靳琼

地址:上海市杨浦区营口路101号

邮编:200093

2019年重点文章推荐

2019年第1期

《知识服务向何处去——新闻出版业五种知识服务模式分析》

张新新(地质出版社)

摘要:随着我国新闻出版业的转型升级,媒体融合步入深度融合发展阶段,知识服务的发展呈现多层次、全方位、立体化的特征。文章以动力源泉为划分标准,对政策驱动型知识服务、信息驱动型知识服务、产品驱动型知识服务、技术驱动型知识服务和智慧驱动型知识服务五种知识服务模式的发展方向及主要路径进行探讨。文章提出,在发挥政府配置资源作用的同时,要让市场配置资源在知识服务发展中发挥决定性作用,构建"政府引导、企业主体、市场主导、创新驱动、质效并重"的知识服务发展格局;强调智慧驱动型知识服务将成为知识服务的发展方向和重要模式,同时这也是数字出版单位提高发展质量和效益、推进媒体融合的必然选择。

《〈辞海〉的创新之路》

张敏(上海辞书出版社)

摘要:《辞海》是大型综合性词典,自1936年《辞海》(第一版)面世,已经历六次修订,第七版将于2020上海书展期间发行。皇皇巨著、传世精品,《辞海》的创新之路,体现了时代的要求,在与时俱进中不断开拓。作者条分缕析,将《辞海》的创新之路分为三个阶段:第一阶段,从第一版到第四版,为内容创新阶段;第二阶段,从第五版开始,进入内容创新与形式创新相辅相成阶段;第三阶段,第七版和网络版,开启"互联网+"创新模式。《辞海》的每一次创新,都与国家和世界的时代背景相契合,反映了鲜明的时代特色。"为传承而创新,因创新而恒久",《辞海》当之无愧成为中国和世界历史的档案馆、大事记和里程碑。新一代辞海人,亦将顺应时代潮流,秉承创新精神,继续开拓《辞海》创新之路。

2019年第2期

《主阵地与主导力:主题出版的文化传播与阅读推广》

阚宁辉(上海世纪出版集团)

摘要：文章以首届主题出版学术研讨会的主题报告为基础，作了补充、修改。上海世纪出版集团(简称“集团”)坚持做强做优主题出版，不断提升优秀主题出版物的文化影响和社会效益。文章从建设主阵地和发挥主导力两个方面总结了集团在做好主题出版的文化传播和阅读推广方面的探索。第一，建设主阵地。通过创办主题出版读书会，搭建面向大众的常态化新型传播平台；利用新媒体、多媒体手段放大优秀主题出版物价值，加强跨界合作。集团主动求新求变，大力拓展主题出版物的宣传载体和文化空间。第二，发挥主导力。精心策划富有新时代特点的主题出版物，组织形式多样的文化活动，打造新型阅读文化空间。集团充分发挥主题出版的价值引领作用，形成强大的主导力。作者强调要以“坚定文化自信，坚持改革创新，打造传世精品”为根本遵循，强化做好新时代主题出版工作的政治站位和文化自觉。

《我国主题出版研究现状和趋势浅析》

韩建民、李婷(杭州电子科技大学融媒体与主题出版研究院)

摘要：主题出版在实践层面不断推陈出新的同时，在理论层面的思考与建设也有序推进。文章从主题出版概念内涵的扩展、主题出版选题策划与营销研究，以及主题出版发展对策研究，总结了我国主题出版研究现状。文章提出主题出版研究的两个趋势：其一，基于主题出版和学术出版二者关系的理论层面的思考和建设；其二，基于主题出版传播力的理论层面的思考与建设。文章指出主题出版的实践和理论建设取得了丰硕的成果，同时也存在若干需要破解的难题。研究者需要在党和国家的政策引领下，深入研究主题出版的普遍规律，为我国的主题出版提供理论支撑和实践指导，使主题出版更好地为我国社会主义文化建设贡献力量。

2019年第3期

《“敦煌古藏文文献出版工程”述略》

曾晓红(上海古籍出版社)

摘要：“敦煌古藏文文献出版工程”是上海古籍出版社经典出版工程之一，其主体部分《法国国家图书馆藏敦煌藏文文献》《英国国家图书馆藏敦煌西域藏文文献》《甘肃藏敦煌藏文文献》先后被列为“2011—2020年国家古籍出版规划”“十三五国家重点图书出版规划”项目，分获国家古籍整理出版专项经费资助、国家出版基金资助。文章回顾了“敦煌古藏文文献出版工程”项目实施的来龙去脉，梳理了这项文化出版精品工程的顶层设计、出版历程，并总结了这项工程的深远意义及其中极具价值的编辑经验。条分缕析，深入浅出，全面呈现几代藏学专家和出版人的筚路蓝缕之功。文章被中国人民大学复印报刊资料《出版业》(2020年2月)全文转载。

《中国柔性版印刷行业现状与发展前景》

乔俊伟、罗尧成(上海出版印刷高等专科学校)

摘要：文章在对我国柔性版印刷行业2018年和2019年连续两年进行广泛调研的基础上，对柔性版印刷企业和制版企业的发展状况以及行业的环保现状进行深入分析，表明我国柔性版印刷行业整体发展趋势向好，柔性版印刷在软包装、日化用品包装、书刊等方面具有广泛的应用领域。研究结果表明，柔性版印刷全流程的环保特性符合我国印刷业绿色化转型的发展方向，新技术和新工艺的普及促进了我国柔性版印刷行业的快速发展，但成本、质量、人才和效率仍是制约行业发展的主要因素。文章系国家新闻出版署柔版印刷绿色制版与标准化实验室研究成果；上海市科学技术协会2019年学科、行业与社会事业发展项目“柔性版印刷行业发展调研报告”研究成果。

2019年第4期

《与时俱进　结合实际　稳中求新——全国出版专业技术人员职业资格考试的探索、发展历程》

陆嘉琦(上海出版印刷高等专科学校)

摘要：2001年8月，原国家人事部和原新闻出版总署联合发布了《出版专业技术人员职业资格考试暂行规定》。2002年，我国开始举行全国出版专业技术人员职业资格考试(简称“出版专业资格考试”)，对推动行业健康有序发展、提高从业人员的专业素质起到了重要的作用。作者长期参与出版专业资格考试工作，并担任考试工作的主要负责人。文章简要回顾2002—2019年出版专业资格考试的状况，介绍了考试用书、各门科目试卷结构、综合题题型、考试组织技术工作等方面的调整、发展、沿革，探讨这项考试工作在实践中不断探索发展的情况，归纳出该考试发展的主要特点是紧跟时代步伐、努力结合出版业实际、稳定中求发展，对今后的考试工作极具指导意义。文章收录于《中国期刊年鉴》(2020年卷)。

《知识关联在知识服务中的应用价值初探》

赵宏源(上海数字世纪网络有限公司)

摘要：文章研究知识关联在知识服务中的应用及其价值。知识关联对于知识体系的构建、知识发现、知识挖掘以及知识管理等都具有非常重要的作用。文章从企业和用户两个视角对知识关联的作用进行分析，探究其在知识服务中的具体应用。在知识服务产品中，知识关联可提供知识标引、增强内容聚合、实现知识分类、挖掘知识发现；在知识服务营销中，知识关联可扩展流量入口、提高知识分享、实现智能搜索和精准推荐；在知识服务交付中，知识关联有助于对用户进行精准分析，并对知识进行多维度、多层次的发掘，提供多样化的交付形式，帮助用户提高知识转化效率，构建自己的知识体系。因此，在知识服务项目的开发和运营中，须高度重视知识关联，通过有效的关联设计，提高知识服务平台的竞争力。

第三节　《印刷杂志》

期刊介绍

《印刷杂志》创刊于1972年，双月刊，由上海印刷技术研究所主办，前身是《印刷技术动态》，1978年更名为《印刷杂志》。《印刷杂志》交流国内外最新的印刷相关科研成果，刊载行业生产一线的实践经验，介绍国内外印刷相关的新技术、新工艺、新材料，经营、管理、科研、生产实践以及最新的行业信息，开设栏目有行业瞭望、印艺技术、经营与管理、本刊专访、设备材料、研究与探索、教育培训等。

社长：沈剑毅

主编：孟玫

地址：上海市静安区新闸路1209弄60号

邮编：200041

2019 年重点文章推荐

2019 年第 1 期

《中国印刷业智能化发展报告(2018)解读》

张羽玲(中国新闻出版研究院)

摘要：智能化是印刷企业转型升级发展的重要途径，对行业未来的发展格局有显著影响。本文从《中国印刷业智能化发展报告(2018)》的编制背景和印刷业发展现状入手，通过对印刷业产值和利润等调查数据进行分析，指出印刷业迎来新的窗口机遇期，同时也处于克服阵痛、调整蓄能、谋划新机压力较大的时期，并重点解析了报告中涉及的“24 字方针”、一个发展目标、3 种推进路径和 8 项重点任务，为深入了解处于新时期印刷业的整体形势、行业顶层设计规划和印刷企业的智能化发展提供了参考。

《印刷智能制造之路》

刘琳琳、詹德佺、尚晏莹、欧珊、刘玉佳、邵云龙(西安理工大学)

摘要：在印刷行业推进智能制造有利于促进印刷制造向中高端迈进、引领印刷业高质量发展，但目前对行业智能制造的理论依据、发展模式和解决方案等缺乏系统性的研究。本文认为印刷智能制造势在必行，要从满足市场需求和企业内生产动力出发，在不同的发展阶段提出适当的具体发展目标，提出了分阶段并行推进印刷智能制造的三种基本范式，强调数字化是基础，网络化是关键，智能化是方向。分享了智能印厂建设的三种模式，即出版物印刷企业以满足多元化需求为目标，包装印刷企业以拓展印刷品价值空间为目标，商业印刷企业以实现印刷生产全过程管控为目标。

2019 年第 2 期

《印刷企业精益管理工作要领：一个消除两个关注》

刘峰源(上海耕航企业管理有限公司)

摘要：国内印刷业虽然经历了多年的高速增长，但是依旧呈现粗放型发展态势，实行精益管理模式有利于印刷企业提高生产效率和经济效益，提升市场竞争力。针对精益生产中的难点和重点，本文总结了印刷企业精益生产的工作要领，即消除生产过剩、在现场等候的时间和存货过剩等浪费问题，提出要从时间维度关注整个生产过程的各个环节，要明确每个环节所占用的时间并努力将之缩短，同时关注材料使用，做好与材料相关的流程管控，有助于企业深入实践，提升精细化管理水平。

《激光技术在印刷工业的应用》

韩晓良

摘要：本文以激光加工制造技术的特性和应用现状为切入点，详细梳理了激光照排、激光打印、激光制版、激光雕刻网纹辊、激光切割、激光打标、激光淬火和激光 3D 打印等技术的工作原理和业内代表性制造商，以及这些技术对印刷行业的变革和创新带来的重大影响，指出激光技术对提高产品质量、提高劳动生产率、提升自动化水平、保护环境、减少材料消耗等起着愈来愈重要的作用，对印刷包装领域的数字化、智能化和制版革命带来了深远的影响。

2019年第3期

《2018年度全国报纸印刷量调查统计报告》

中国报业协会印刷工作委员会

摘要：受新媒体冲击，报纸印刷单位的合并停产等并不鲜见。基于2018年对全国154家报纸印刷单位的调查，本文对全国主要报纸印刷量进行分档比较，对全国各地区报纸印刷量和全国报纸印刷厂报纸年印刷量进行统计，并作同期对比分析，反映了报纸印刷单位的真实发展状况。根据实际调查情况测算，2018年度全国报纸印刷总印刷量为781亿对开印张，较2017年的855亿对开印张减少74亿对开印张，下降幅度为8.64%。从总体趋势看，2018年报纸印刷总量加速下滑的态势已有所遏制，党报和时政类报纸印刷总量继续保持稳定，都市类报纸仍在减量、减版甚至停刊。

《印刷业正在发生的变化(一)》

潘晓东(上海数字印刷行业协会)

摘要：大数据、人工智能、工业4.0，这些热词不断提醒印刷企业要认清行业发展形势，及时做出改变，只有顺势而变才能避免被淘汰，保持旺盛的发展活力。本文围绕时代的变化和市场的变化两个方面，引导印刷企业在全球进入第四次工业革命时代的大背景下去重新认识印刷，推进印刷业的发展；在生活水平提高和市场个性化需求的拉动下，鼓励印刷企业探索新的经营模式，充分发挥数字印刷在满足个性需求方面的作用并提供意料之外的服务，为企业带来更多的利润。

2019年第4期

《北京印刷业壮丽70年》

任玉成(北京印刷协会)

摘要：本文详细展现了北京印刷业70年的发展全貌，回顾了北京印刷业在出版、精品印刷、商标包装、安全印务、报业印发、特种印刷、个性印刷、文创和绿色发展等领域取得的成果和亮点，在疏解整治环保治理、企业多元化发展、技术设备更新改进、整合资产提质增效和技能人才培养等方面取得的实效，分析指出北京印刷业基本实现了与世界印刷水平的接轨，体制和结构的变化使北京印刷业增强了活力，北京印刷业已经成为服务首都的重要文化产业之一。

《70年，我眼中的印刷——写在新中国成立70周年之际》

潘晓东(上海数字印刷行业协会)

摘要：新中国成立70年来，印刷业取得巨大成就，不过也要理性看待发展中存在环保治理、技术引进等问题，辨析印刷大国与印刷强国之间的差距。本文依据印刷业发展的背景和调查报告，客观反映了国内印刷业的发展脉络和现实状况，进而鼓励印刷企业自主创新，不断改进。其核心观点包括：泥活字印刷发明于中国，印刷技术的进步主要发生在德、日等发达国家；我国印刷业的快速发展主要在1983年起引进国外的先进设备后；现在的印刷生产过程中有废水、废气、固废产生，但不至于是有毒有害行业；凭借着大规模引进，我国在印刷设备上并不落后于人，但在员工素质上还有很大差距；中国只能算是印刷大国还远不是印刷强国，有更多的自主发明才是真正走在世界前列的标志。

2019年第5期

《喷墨印刷开启王者征途》

陈鸿亮

摘要：基于工业喷头技术的飞速发展，喷墨技术的应用领域不断扩展，在标签、瓦楞和卷筒书刊领域取得突破。由于数字印刷工厂的崛起，印前流程逐步完善，再加上黑白印刷需求的盲点以及卷裁后道一体化，喷墨技术在书刊卷筒式黑白印刷领域率先破局，这也为喷墨印刷技术突破现有市场僵局，打开潜在市场提供了借鉴。在个性化生产和最终用户需求的引领下，喷墨印刷技术带来的不仅仅是技术变革，还涉及批量生产到柔性微库存甚至零库存的转变以及全供应生态链的整合。

《刘晓凯：从全产业链价值体系推动上海印刷业带动长三角乃至全国印刷业的发展》

沈剑毅(上海印刷集团)

摘要：《长三角区域印刷业一体化发展升级指南》的发布，必将推动长三角区域印刷业实现更高质量的一体化融合发展。作为长三角区域核心城市，上海将在印刷业一体化发展中起到怎样的作用，值得进一步关注和讨论。本文指出，编制《升级指南》旨在更好发挥长三角印刷业“增长极”“带动者”“火车头”的关键性作用；上海印刷业要以领先的科技带动能力、创新发展能力、制度创新能力，带动长三角乃至全国印刷业发展；上海印刷业具备完整产业链，应从全产业链的价值体系来推动印刷业的发展。

2019年第6期

《标签胶转柔经验对软包装凹转柔的启示》

蔡成基(中国印刷技术协会柔性版印刷分会顾问)

摘要：柔印工艺不仅能为印刷企业节省成本，也符合行业绿色发展需要，具有环保政策支撑。将标签行业取得的胶转柔经验推广到软包装领域，有利于推动柔印技术提升和未来发展，对于印刷业的可持续发展具有启发和借鉴意义。本文基于对标签胶转柔工艺成功特征的分析，详细阐述了网点结构和墨色深浅在工艺替换中的作用，凹转柔所需的硬件技术和工艺标准化的建立条件，同时指出印刷企业在工艺转换中必须思考自身定位，按照用户的需求不断调整技术与服务。

《智能化印厂建设探讨》

《印刷杂志》编辑部

摘要：建设智能化印厂所要考虑的不仅是设备，还要考虑信息化建设和精益化管理等各个方面。只有不断加深对智能化认识的深度和广度，才能更好地探索智能化印厂的具体实施路径。本文汇集了来自典型印刷企业、业内系统提供商和咨询公司等多位行业资深专家的观点，探讨了什么是智能化，智能化的核心，智能化的具体实践措施，智能化带来流程改造、组织扁平化、内部创业和中层创新，花钱买得到与花钱买不到的智能化建设等业界普遍关心的话题，为站在智能化转型路口的印刷企业提出了切实可行的建议。

第二章　各 地 期 刊

本章选自《中国科技期刊研究》《编辑学报》《编辑之友》《科技与出版》《出版科学》《中国出版》《出版发行研究》《现代出版》《中国编辑》《出版广角》等 10 种期刊在 2019 年度发表的上海作者或者主题为上海出版的论文摘要(排列不分先后)。

第一节　《中国科技期刊研究》

2019 年第 1 期

《第三方审稿平台及其在国内科技期刊领域实施的可行性》

黄历(《上海海洋大学学报》编辑部)

摘要:借鉴国际科技期刊同行评议的经验,进一步推动中文科技期刊同行评议方式的研究、改革和实践。通过文献综述和网站调研的方法,介绍国际上第三方审稿平台的运行模式和发展状况,提出创新国内科技期刊审稿方式的建议。独立于期刊的第三方审稿服务颠覆了传统模式中审稿人、作者、编辑之间的关系,具有公开、公平和公正的特点,既可以加快期刊内容的传播速度,又能提高审稿人的积极性,还能提高稿源质量和期刊质量。由期刊集群建立第三方审稿服务平台,可规范服务流程,在我国科技期刊领域中具有可行性。

2019 年第 2 期

《面向期刊评价的 s 指数构造及实例研究》

朱雯、陈荣、刘颖(华东理工大学科技信息研究所)

摘要:探讨基于被引频次的 s_c 指数和基于下载频次的 s_d 指数在多学科期刊评价中的应用情况。利用中国知网数据库,以 2011—2015 年理、工、农、医、社会科学五大学科期刊的下载频次和被引频次为基础,构造期刊 s_d 指数与 s_c 指数,比较 2011—2015 年不同学科样本期刊的 s_d 指数、s_c 指数的相关性变化情况以及与其他期刊评价指标的关系。与 h 指数相比,s 指数更适合综合评价期刊的影响力;2011—2015 年理、工、农、医学科样本期刊的 s_d 指数、s_c 指数相关性高于社会科学,各学科在 2013 年和 2014 年相关系数波动较大;除社会科学学科外,2011—2015 年其余学科样本期刊的 s_d 指数、s_c 指数与其他期刊评价指标的相关性相差不大。s 指数作为期刊评价指标具有一定的合理性;在期刊评价中需要考虑不同时间、不同学科期刊的下载频次和被引频次的关系。

2019 年第 4 期

《科技期刊微信公众号运营与其学术影响力关系的实证分析——基于医学期刊数据的研究》

程海燕、田艳妮(上海理工大学)

摘要:以医学期刊为例,实证分析科技期刊微信公众号运营情况与其学术影响力之间的关系,并对微信公众号运营提出建议。选择清博数据大平台 2018 年 7 月科技期刊微信公众号榜单中的医学类公众号,统计其微信传播指数、文章阅读量和点赞数、相关论文的被引频次、期刊影响因子,通过相关性分析等方法进行实证分析。医学期刊微信公众号的微信传播指数与其影响因子之间无明显相关关系，且被推送论文的被引频次与未被推送论文的被引频次之间不存在统计学差异。目前，科技期刊微信公众号的运营对提升期刊学术影响力的作用有限，可以从重视研究者的需求、增加文章的易读性等方面进行改进。

2019 年第 5 期

《高水平高校自然科学学报的发文现状及主要特征分析》

蒋霞(《上海交通大学学报》编辑部)

摘要：调查高校自然科学学报的发文现状，分析其主要特征。根据期刊影响力排名，通过中国知网统计 7 种代表性高校学报 2006—2017 年的发文数据，从发文量、篇均被引频次和篇均下载量 3 个维度来调查发文地区、发文机构和发文作者等基础信息，分析其载文特征，探讨高校学报质量提升的方向。7 种高校学报的载文作者均主要来自于所属高校和所属地区，主要是本校学者，但高关注度的文章则多来源于其他高校或地区。高校学报与区域学术发展关系极为密切。高校学报应留住所在地区及所属高校的高质量文章，重视与所在高校重点学科有关的外校高质量稿件，通过校际合作支持主办高校的学科建设，并提升自身学术影响力。

2019 年第 6 期

《基于中国科学家投稿的中国近代科技期刊研究(1910—1949)》

鲍国海(上海大学图书馆)

摘要：研究中国近代科技期刊的发展历程，坚定中华民族的文化自信，为中国当代科技期刊的可持续发展提供借鉴和启示。通过文献及网络调查法和书目信息分析法，以 656 位中国科学家投稿的中国近代科技期刊为样本，利用中国国家图书馆的书目系统检索期刊的书目信息，对期刊所属学科、创刊年、出版者、刊龄和出版频次等进行计量研究。79.9%的中国科学家选择中国近代科技期刊发表科技成果。1930 年和 1936 年创办的中国科技期刊数量最多。一些中国科学家是中国近代科技期刊的创刊者，在中国近代中文科技期刊中，农业科学、天文学、地球科学类期刊数量最多；英文期刊中，生物科学、自然科学总论、农业科学类期刊的数量分列前三位。大学、科研机构和科技学会是中国近代科技期刊的主要主办者。中国近代科技期刊出版地主要集中于北京市、上海市和江苏省。绝大多数近代中国科技期刊为季刊和月刊，刊龄为 1～5 年。中国近代科技期刊的发展表明：期刊学科分布已经初具规模，是中国科学家发表科研成果的首选，稳定的国力和科技人员的客观需要是中国科技期刊可持续发展的必要条件。

2019 年第 9 期

《我国英文科技期刊编辑人才队伍现状及对策》

程磊、徐佳珺、姜姝姝(中国科学院生物化学与细胞生物学研究所)

杨瑾、丁小燕(中国细胞生物学学会)

摘要：对我国英文科技期刊的编辑队伍进行摸底调研，为相关部门决策提供可靠的参考信息。通过发放调查问卷、实地走访及举行座谈会等方式，对我国英文科技期刊编辑的年龄和学历构成、培训情况、待遇水平、职业发展等因素进行归纳总结。对于待遇水平、职业发展及队伍稳定性等要素的调研反馈不容乐观，主要表现在对编辑职业缺乏足够的职业认可和尊重；对编辑岗位所需要的专业背景及专业分工缺乏足够的认识。战略层面上必须将编辑人才和科研人才同等对待;战术层面上必须落实政策真正调动编辑人才的积极性,这样才能吸引优秀人才,推动中国英文科技期刊的可持续性发展。

2019年第11期

《学术期刊影响力新修正指数的研究与实证分析》

楼文高(上海商学院信息与计算机学院,上海理工大学出版印刷与艺术设计学院)
王莹莹(上海理工大学出版印刷与艺术设计学院)
张博(上海理工大学出版印刷与艺术设计学院)

摘要:针对《中国学术期刊影响因子年报》中学术期刊影响力指数(以下简称"《年报》CI")计算方法和俞立平等提出的CI修正方法(以下简称"YCI")存在的不足,提出一种新的CI修正方法(以下简称"NCI")。针对图情类期刊的复合数据和他引数据分别进行实证研究,达到简化CI计算过程、改善数据分布规律和得到更有效结果的目的。根据复合(或他引)总被引频次(Total Cites,TC)和影响因子(Impact Factor,IF)数据的实际分布规律,提出对IF和TC分别采取开平方根和3次方根预处理,求得图情类期刊的NCI值,并与YCI值、《年报》CI值及其排序结果、CSSCI来源期刊以及排序结果进行对比分析。经预处理后的数据既近似服从正态分布规律,又具有较高的区分度,还可以消除个别期刊因TC很大而IF很小对CI的不利影响,并可舍去调整系数K,计算过程更精简。实证研究结果表明,NCI能比YCI从IF和TC中挖掘出更多有效信息,比《年报》CI更好地平衡IF和TC的作用,并且NCI值及其排序结果更合理,区分度和适用性也更好。

第二节 《编辑学报》

2019年第4期

《把论文刻在祖国现代化建设的丰碑上——以〈计算机辅助工程〉及其主编钟万勰院士为例》

于杰(上海海事大学杂志总社)

摘要:回顾《计算机辅助工程》创刊以来坚持推动我国计算机辅助系统自主创新发展、应用和交流的历程,介绍与中国科学院院士钟万勰等志同道合的专家学者合作以来的主要工作。认为科技期刊人应不忘办刊是为了推动我国科技发展、建设科技强国、服务经济建设的初心,以家国情怀肩负起责任担当,努力让广大科技工作者把优秀论文发表在祖国的期刊上,把论文刻在我国现代化建设的丰碑上。

2019年第5期

《关于中文学术期刊开放获取的再思考》

徐文娟(中国科学院上海硅酸盐研究所《无机材料学报》编辑部)

摘要:S计划的提出将开放获取(Open Access,OA)提升到一个新的高度,对于中文学术期刊的OA必须深入思考。在OA2020的推进过程中,学术出版不同环节经历着长期的博弈和努力,而绝大多数中文学术期刊由于存在着主观和客观上的障碍,只在自建网站上实施了OA。为了推进高质量中文学术期刊金色OA并达到知识普惠社会发展的要求,笔者认为应该允许相关期刊收取合理的文章处理费，充分利用现有的OA平台，并探索在期刊集成平台上的OA。

2019年S2期

《科技期刊产业集群的动因及路径分析》

杨红、杜辉、李俊、陶雪娟（上海市农业科学院农业科技信息研究所）

摘要：科技期刊产业集群发展，是科技期刊突破“多而不强”的发展瓶颈，实现期刊跨越式发展的重要选择。通过对科技期刊产业集群的概念及其模式进行论述，并从结构、市场、科技、效益等不同视角对科技期刊产业集群的动因进行分析，在此基础上提出了相关实现路径，包括：合理人员配置，编营分离，提高工作效率；信息共享，建立期刊集群化服务平台，开拓期刊增值产品；跨区域打造一流科技期刊产业集群，助推科技强国建设。

《技术类期刊编辑的学术素养提升实践》

田萦、钟莺（《红外技术》编辑部）

陈旭（《中国食用菌》编辑部）

罗顺芝、郑云峰、郭冰江（《红外技术》编辑部）

摘要：科技期刊编辑的主要工作包括约稿、组稿、初审、组织同行评议等。为做好上述工作，编辑必须持续了解期刊所涉及学科的发展现状、该领域的研究学者、团队及其研究课题。本文介绍了作者在《红外技术》的编辑工作实践：运用分类图表在初审时与稿件关键信息对比初判稿件，在外审环节细化分类小同行专家，并提出如何在审稿和组稿过程中提升编辑的学术能力和素养。

第三节 《编辑之友》

2019年第1期

《火车通行与民国报业的发展》

陈李龙（上海大学新闻传播学院）

摘要：历史上，交通运输与信息传播密不可分，火车曾对报业产生过重要影响。火车提供的便捷，不仅让记者在采访、写作、传稿等方面受益，还为报纸的印刷、发行、零售提供了原料、空间和渠道，是报业现代化不可或缺的一部分。文章通过对民国新闻史料的发掘，从信息的采集与传递两个角度，考察了火车给报业带来的影响，进而确证了传播（communication）与运输（transportation）密不可分的关系。

2019年第2期

《产业调整期的稳定发展：2018年童书出版观察》

谭旭东（上海大学文学院）

摘要：2018年，正值改革开放40周年，图书出版产业迎来了新的调整期。受到儿童阅读和语文教育升温的支持，童书出版本年度依然处于升温状态。幼儿图书、原创儿童文学图书、引进版童书在整个童书中处于热闹状态。无论从出版机制、营销方式，还是从原创儿童文学、引进版儿童文学、绘本和知识性读物的出版来看，童书出版还存在原创力不足、出版合作机制不成熟、创作观念落后和推广过度商业化等问题。

2019年第3期

《书店"去实体化"的学术脉络研究》

佟亚洲(华东师范大学政治学系)
郝宇青(华东师范大学公共管理学院)

摘要：20世纪90年代末开始，全球范围内出现了集中的实体书店倒闭潮，由此引发学界不同角度和不同程度的关注。新媒体技术的迭代革新及对社会各层面和领域的渗透，是实体书店倒闭的原因之一。同时，实体书店倒闭还引发了一系列"去实体化"问题。综合梳理，学界对此问题的研究脉络与实体书店网络化发展路径都呈现出起、承、转、合的特征。文章在借鉴学界对实体书店的研究基础上，提出对"去实体化"机理的学术关注。

《互联网时代实体书店的文化转型——以上海特色书店为例》

崔英超(上海大学新闻传播学院)

摘要：互联网时代，实体书店受到数字出版的冲击、网上书店的挤压、多媒体娱乐的竞争，处境日益艰难。2015年后稍有回暖，并逐渐在全民阅读的国家政策扶助和出版行业的努力下出现复兴，从单一的售书文化模式创新出多种特色的经营模式。文章对上海26家实体书店进行考察，总结发现了"书＋"形式、主题经营形式、文化空间形式、粉丝营销形式、O2O形式五种特色经营模式。通过对这五种特色经营模式进行分析，给正在转型期的中国实体书店业以启示和借鉴。

《从文化政治到文化贸易——20世纪中国书籍装帧艺术海外传播的转型研究》

张磊(同济大学设计创新学院)
杨志(清华大学美术学院)

摘要：文章尝试从文化研究视角分析中国书籍装帧艺术的海外传播问题。中国书籍装帧艺术在20世纪经历了从文化政治到文化贸易的转型。在海外传播中，文化政治通过书籍装帧构建"民族—国家"的文化身份和国家形象；文化贸易则将"民族—世界"的文化传播逻辑运用于书籍装帧，从而推动了书籍这一文化商品的国际化、市场化和多元化。

2019年第10期

《民国编辑学的缘起、内容和历史价值》

王龙珺(上海大学新闻传播学院)

摘要：现代中国编辑学的开端可追溯至民国。民国时期编辑工作已实现独立化、职业化，民国学者对编辑活动展开研究，产生了一批以编辑活动为研究对象的论著。由此，编辑学萌发。民国编辑学由新闻编辑学、副刊编辑学、教材编辑学组成，以编辑实务的经验总结和归纳为主要内容。民国编辑学奠定了编辑学理论的研究基础，确立了重技能实践的学科方向，在学科内容和研究范式上，构成了现代中国编辑学的基本底色，成为编辑学学科发展不可忽视的组成部分。

第四节　《科技与出版》

2019 年第 2 期

《电商环境下图书包装存在的问题与对策研究》

李雅(上海工程技术大学)

李光安(同济大学设计创新学院)

摘要：本文针对国内主要电商的图书包装现状，分别从图书的包装、用户体验等角度出发通过使用者调查、访谈以及数据分析的方法提出问题，提出通过改善电商环境下的图书包装来改善用户体验不佳的状况，并增加消费者黏性等，以此改善目前电商图书包装的现状，并提升电商品牌形象。

《智能时代的国家战略与科技出版——“智能制造”主题图书出版(2015—2018)分析》

冯妮(上海交通大学中国海洋装备工程科技发展战略研究院)

李本乾(上海交通大学媒体与传播学院)

摘要：依托国家图书馆馆藏数据，统计分析国内“智能制造”主题图书出版时序演进、关键作者、学科类属等情况，绘制该主题图书语义网络，凝练出“智能制造”主题图书以德国“工业 4.0”为最大参照探讨“中国制造 2025”理论与实践问题，探求中国制造业数字化和智能化转型路径，提出构建加大技术类图书出版力度等增强科技出版、服务制造强国发展战略的对策建议。

2019 年第 3 期

《新时代学术出版编辑培养的若干思考与实践》

周永斌(华东理工大学出版社)

摘要：学术出版日益繁荣的当下，学术出版编辑队伍亟待补充与迭代，在“学术立社，品牌兴社”战略指引下，按照“人才强社”思想，对于学术出版编辑的队伍建设进行深入思考，提炼若干措施并付诸实施。

2019 年第 8 期

《“一带一路”主题出版的回顾与反思》

王大可(上海交通大学媒体与传播学院)

摘要：近年来，“一带一路”图书出版数量不断增加，质量不断提升，但也存在经济类图书一支独大、科技图书出版能力不足等问题。出版机构应采取加大文化与传播类“一带一路”图书出版力度、加强科技创新类“一带一路”图书选题策划等措施，以更好地服务国家倡议。

2019 年第 10 期

《科技出版“走出去”背景下专业编辑能力培养》

楼玲玲(上海科学技术出版社)

摘要：随着我国科技水平的不断提高和文化“走出去”战略的大力支持，科技图书“走出去”的数量不断增加，质量不断提升。文章结合科技出版“走出去”的现状和出版实践，概述了作为科技图书“走出去”核心要素之一的专业编辑所面临的挑战和需要培养的能力。

2019 年第 11 期

《基于区块链技术的学术期刊出版优化创新》

郝烨（上海交通大学媒体与传播学院）
于文（浙江大学人文学院）

摘要：传统学术期刊出版长期受限于由诚信问题、垄断、版权混乱等造成的学术信息交流桎梏。区块链技术独特的点对点分布式网络结构，可以无缝整合学术期刊出版生态链的各协作方，从而削弱学术期刊出版商的垄断地位。研究团队能够在区块链上处理、验证、传播、出版和永久储存研究成果。区块链的四个技术特征——仅添加不可篡改、分布式结构、兼备匿名性和透明度、可内置智能合约可能——是解决传统学术期刊出版行业科研诚信困境和协作效率低下这两大痛点的钥匙。区块链技术通过智能合约、代币经济和去中心化存储解决方案可以为传统的学术期刊出版产业注入新活力，为学术交流开启透明、高效和无缝对接的新时代。

第五节 《出版科学》

2019 年第 4 期

《出版史研究的现状与趋势——基于近 20 年出版史博士学位论文的统计与分析》

王立平（西北政法大学新闻传播学院）
谌磊（上海理工大学出版印刷与艺术设计学院）

摘要：本文以 1990 年代以来发表的 171 篇以出版史为主题的博士学位论文为例，就其所涉及的学科和专业，学位授予单位、研究方向等进行全面的归纳和分析。研究表明，研究者主要来自历史、文学和文献情报学等多个学科，主要关注清代、民国和新中国成立后三个时期的出版历史；民国出版史研究成果最多，研究主要集中于出版机构、出版人物和出版期刊；出版史研究呈现出多学科交叉、融合的特征。研究者从多学科、多专业等不同视角展开研究，拓展了出版史研究的范围，丰富了出版史研究的成果，但出版史研究也存在新中国时期的研究远远不够，民国时期的研究过于集中于大机构、核心人物研究，阅读史和国外出版史研究尚未引起足够重视等诸多不足。

2019 年第 5 期

《论实体书店空间的文化治理性》

江凌（上海交通大学媒体与传播学院）

摘要：本文将福柯的治理性理论和托尼·本尼特的文化治理性理论应用于实体书店空间的文化治理实践分析中，探讨实体书店空间的文化治理性及其治理效果，对于扶持实体书店发展、促进城市文化市场繁荣、推动全民阅读、建设书香社会、提高全民文化素质，具有一定的理论和现实意义。

《钱学森的出版科学思想及价值：基于钱学森手稿的分析》

吕成冬（上海交通大学钱学森图书馆暨钱学森研究中心）

摘要：中国在 20 世纪最后 30 年全面进入改革开放的历史进程，同时是马克思主义新闻出版观中国化的重要发展期。鲜为人知的是，著名科学家钱学森在此过程中以总结自身丰富的编辑出版经验为基础，并基于系统工程思想提出作为整体概念的“出版科学”：以马克思主义为指导，从社会价值、基本原则、主要过程和队伍建设四个方面对出版科学的内涵进行探索和丰富，形成体系化的出版科学思想。钱学森的出版科学思想具有鲜明的系统工程思想特征，同时融政治性、科学性和实践性于一体，为当代中国马克思主义新闻出版观的体系化建构做出积极理论贡献。研究钱学森的出版科学思想，对当下的出版工作有积极的启示价值。

2019 年第 6 期

《浅析当前我国高校大学生自主购买教材的途径、问题及对策》

伊静波（上海外语教育出版社）

摘要：教材是高等学校实施教育的重要资源，鉴于政府文件规定和环保意识提升等原因，很多高校采取大学生自主购买教材的形式，但在具体实践中出现不少问题，影响教材供应、教育质量等诸多方面，立足我国高等教育实际情况，借鉴国外大学教材获取模式，提出规范和完善我国高校大学生自主购买教材的办法。

第六节　《中国出版》

2019 年第 2 期

《从文字到视频：纸媒视频生产机制研究》

窦锋昌、程彤辉（复旦大学新闻学院）

摘要：数字技术的不断发展以及视频用户的不断增加，使处于媒介融合中的传统纸媒近年来启动了从文字到视频的生产迁移。文章综合运用深度访谈、文献研究、比较研究等方法，从组织架构、内容定位、素材来源、分发渠道等方面对国内纸媒当下的视频生产机制进行概括，认为国内纸媒当下的视频生产在采访资源、信息挖掘等方面具有先天优势，视频产品也较为多样化，但存在产品定位不科学、分发策略待改善等问题，总体来说仍处于探索阶段。

《侵犯著作权罪实证研究——以上海市近 5 年的裁判文书为分析样本》

徐宏（华东政法大学）

陈颖（上海市闵行区人民检察院）

摘要：当今网络社会，著作权领域犯罪高发，新型案件不断涌现，给刑事司法带来挑战。文章以上海市近五年来侵犯著作权罪的裁判文书为分析样本，直观展现当前司法现状。目前，刑事司法理念存在偏差，立法较为滞后，被害人权利处于边缘化地位，均影响了侵犯著作权犯罪的实际规制效果。对此，建议应当进一步提高刑事立法的前瞻性与统一性，建立多元化的事实查明机制，完善刑罚结构体系，重视被害人的权利保护，并加强对著作权保护的社会培育。

2019 年第 3 期

《网络社群下专业期刊融合运营研究》

程海燕、王臻平（上海理工大学出版印刷与艺术设计学院）

摘要：互联网时代，消费者圈层化、社群化倾向越来越明显。专业期刊的市场和产品特点尤其适合社群化运营。基于网络社群时代的商业属性和特征，论证专业期刊社群化运营的必要性，并以《创业家》杂志作为社群化运营转型的成功案例，分析其运营成功的关键要素后认为，专业期刊进行社群化运营时应采用社群价值、社群服务、社群经济的路径。

2019年第5期

《短视频对版权法律制度的挑战及应对》

陈绍玲(华东政法大学)

摘要：随着网络短视频的兴起,短视频的独创性、合理使用认定以及传播平台的法律责任承担等问题随之突显。原创型短视频如果在“质”上具备编剧、导演、摄影和剪辑等作者的创造性劳动,在“量”上这些作者的劳动达到了一定的高度,即属于电影作品。非原创型短视频尽管利用了他人的在先作品,但只要属于转换性使用,就有构成合理使用的可能。原创型短视频不属于“热门影视作品”,除非视频制作者发出侵权投诉通知,否则视频传播平台无法知悉其存在。包含他人在先作品的非原创型短视频,在先作品权利人发出侵权投诉通知之前,应考虑短视频制作者利用其作品的行为是否有构成合理使用的可能性,否则传播平台可以拒绝删除被投诉的短视频。

2019年第8期

《改革开放40年图书出版与思想史的逻辑进展——以哲学图书为例》

刘佩英(中国出版集团东方出版中心)

刘旭(武汉大学哲学学院)

摘要：文章试以历史与逻辑相统一的观念,并以哲学图书为例探讨改革开放40年来的图书出版与思想史的逻辑进展。文章表明,40年来哲学图书出版所展开的逻辑进程代表了该阶段中国出版史甚至中国思想史的进程,即由20世纪80年代的启蒙到90年代的反思,再到21世纪第一个10年的重审自身传统,到近十年来的主体性重建,最终是与西方平等对话,重新回归自身。同时,40年来的思想史与出版史进程也揭示了出版未来的走向——即建立出版作为创造的主体,与思想界相互激荡与超越,共同推动学术、社会与文化的繁荣发展。

《从文化身份危机到文化自信——对近年来我国创意写作教材出版热的思考》

刘轶(上海社会科学院文学所)

张大伟(复旦大学新闻学院)

摘要：经济全球化背景下的文化交流和文化对抗,凸显了文化身份认同和文化自信在当下文化语境中的重要性。置身于经济全球化背景下的创意写作及其教学,离不开这一话语背景。创意写作进入我国高校只有短短10年,但相关教材的编撰和出版发展迅速,呈现了从引进到本土、从单一到多元的趋势。这种趋势背后,体现了文化身份认同和文化自信的不断建构和深化。

2019年第9期

《科普图书如何助力国民科学素养提升》

杨迎春(上海交通大学出版社)

摘要：科普图书对于国民科学素养的提高具有新媒体无法替代的关键作用。新时代科普图书应抓住机遇,通过人文渗透、学科交叉、融媒体等手段创新内容与表达,借助专业平台推广、科技成果宣传、学校通识教育等方式创新图书科普模式,从而实现科普图书的有效传播,全方位再造国民科学素养。

2019年第12期

《中国图书出版业消费函数实证分析(1978—2016)》

肖洋、任艺霏(华东师范大学传播学院)

摘要：消费函数是消费行为及其决定因素间对应关系的量化表述。文章根据凯恩斯的绝对收入假说，建立1978—2016年中国图书出版业消费函数模型，指出图书消费支出在国民总可支配收入中的水平偏低，图书消费的可替代性较强。国民总可支配收入增加1万元，则会有6元用于图书消费支出。刺激图书消费的核心动力来源于读者的自发消费，即通过提振图书出版业的通货膨胀预期，以消费替代降低读者的价格敏感度，发挥图书消费的非经济因素功能，适应与数字阅读、知识服务互补共生的细分市场格局发展要求。

《数字阅读媒介理论与认知理论研究综述与趋势预测》

曹建(上海远东出版社)

许杜瑶(同济大学艺术与传媒学院)

摘要：通过对现有国内外研究文献的梳理，将数字阅读理论研究中所涉及的媒介理论和认知理论研究进行归类和比较，结合数字阅读产业发展总结研究趋势，对比分析国内外数字阅读理论研究的思路、方法、路径和特点，对数字阅读理论研究做出趋势预测。

2019年第21期

《"黑洞照片侵权事件"背景下我国网络图片著作权保护研究》

徐峰(上海海事大学法学院)

摘要："黑洞照片侵权事件"涉及《著作权法》中如何合理使用网络图片的问题，需要加强相关的普法教育与执法活动；图片版权侵权涉及了经济损失的认定，应在立法上予以明确，考虑引入惩罚性赔偿制度；鉴于互联网图片的广泛传播性与高度扩散性，应完善与健全网络图片著作权许可制及登记制。

2019年第23期

《影响图书出版产业效益的版权保护关键要素研究》

徐立萍(上海理工大学)

摘要：版权保护强度对图书出版产业效益具有明显的正向推动作用。基于版权保护量化测评方法，采集2000—2017年版权保护和图书出版产业效益相关数据，测评我国31个省、自治区、直辖市的版权保护强度，定量表征各地区版权保护水平差异后发现，优劣差距长达15年；根据测评结果利用SPSS软件进行版权保护相关因素与图书出版产业效益的因子相关分析，得出司法保护水平是对图书出版产业效益影响最大的版权保护因素，提高版权保护执法水平是增加图书销售册数的有效途径。

第七节　《出版发行研究》

2019年第1期

《社群化阅读视域下读书会转型探究》

何映霏(上海交通大学媒体与传播学院)

摘要：读书会作为现代阅读的重要形式，为打造书香社会，倡导全民阅读发挥了关键作用。本文以线上线下联动模式的读书会为切入点，探讨分享交互式“社群化阅读”赋予读书会新的阅读机制和新特征。“社群化阅读”不仅仅塑造了新的社会交往关系，重构了读书会参与者互动的循环生态，而且还推动了读书会转型及促进图书出版行业健康发展。

《马克思主义经典阅读推广：难点、问题与对策》

吴才唤(中共上海市委党校上海行政学院)

摘要：文章指出在马克思主义阅读推广过程中存在文本理解困难、难以“碎片”阅读以及容易受到西方意识形态的干扰等难点。指出存在阅读推广主体单一、缺乏科学系统方法、缺乏生动故事题材和缺乏有效导读形式等问题。从经典主题出版、图书销售排行、编制推荐书目、开展真人阅读、理论讲授、现场教学、环境渲染和实境模拟等八个方面提出马克思主义经典阅读推广的应对策略。

2019年第3期

《翻译说服论视角下〈论语〉英译本接受效果分析——以Google Scholar被引统计为依据》

张晓雪(华东师范大学外语学院)

摘要：文章以翻译说服论作为研究的理论基础，通过统计《论语》各英译本在Google Scholar中的被引频次，来了解当前这些译本在学界的受关注度和影响力，进而探讨《论语》英译过程中译者、环境、译本、受者这些要素以及反馈环节对译作接受效果的影响。在重点研究高被引频次译本的基础上，揭示了典籍外译取得成功的途径与手段，为推动中华传统文化对外传播提供建议与参考。

2019年第4期

《“细腻革命”：延安时期通讯员运动的动员技术分析》

李海波(华东师范大学传播学院)

摘要：通讯员运动是延安时期最具特色的新闻实践，过往研究侧重宏观政策的梳理，本文借鉴政治社会学领域新兴的微观技术分析的研究视角，描述和分析通讯员运动中宣传教化、组织调控、典型示范、通讯竞赛等动员策略，呈现通讯员运动具体而繁复的动员过程。对于这场工农群众的文化革命，党组织及其领导下的党报进行了艰苦周密的教育、组织和动员，造成了一场普遍而深入的运动，可称为“细腻革命”。

2019年第7期

《我国当代少数民族文学出版现状及扶持举措》

杨一(上海交通大学人文学院)

摘要：作为社会主义文学事业的重要组成部分，少数民族文学在新中国成立后取得了长足进步，但仍面临出版难等一系列问题。党的十八大以来，少数民族文学出版事业在国家的政策扶植下，迎来了全面繁荣发展的新时期。除了相关系列丛书的整理、编撰，地方政府和各级出版机构的专项支持外，互联网的发展还为少数民族文学进一步突破传统出版的格局提供了新路径。推动少数民族文学未来的出版健康发展，多方面、多手段强化对少数民族文化资源的搜集、整理及保护，对于弘扬中华文化有着重要的意义。

《从嫁接到独立：行为理念下 VR 出版未来发展的核心与样态》

王睿、姜进章(上海交通大学媒体与传播学院；上海交通大学上海交大—南加州大学文化创意产业学院)

摘要：当前出版领域对 VR 技术有许多尝试，但这些尝试所推出的出版物几乎都是嫁接于传统出版之上，理念仍旧是传统出版的理念。这样简单叠加的出版方式并不是真正的 VR，也很难适应未来深入的 VR 出版变革。VR 出版更需要从 VR 技术的本质特性入手，认识到这一出版方式应提供的是由交互而产生的行为，进而走向行为式平台的独立发展模式。平台出售的是限定模式和框架的行为环境，用户购买的是在 VR 虚拟环境中的存在方式，内容蕴含在行为之中。出版者身处其中应具有复合型身份，在融合式平台内完成资源的选择、调配、整合和增益。

2019 年第 10 期

《民国时期文献编校出版的历史分期与现状评述》

蔡颖(上海师范大学图书馆)

摘要：以编校加工形式整理出版的民国时期文献，具有深入发掘专题史料、消除读者阅读障碍等优点，是研究中国近代史的重要资料。本文在详细统计新中国成立后民国编校文献出版品种的基础上，将编校文献的整理出版分成三个时期，阐述了各个时期的出版状况和特征，从出版的规模、类型、选题等角度对出版现状进行评述，总结存在的问题，同时提出了进一步开展民国文献编校出版的建议。

第八节　《现代出版》

2019 年第 1 期

《新时代编辑出版人才继续教育的新要求和新方略》

曹建(上海远东出版社)

董芸芸(同济大学艺术与传媒学院)

摘要：新时代编辑出版人才继续教育应有新要求，包括准确把握总要求、工匠精神和合作精神、编辑需要“走出去”和编辑能力的升级等。新时代编辑出版人才继续教育应有新方略，包括规划好顶层设计、模仿先进模式、加强机构建设、多种方式结合、合理安排时间和定制“产学研”内容等。

2019 年第 2 期

《融合+体验：新阅读时代图书营销策略探析——以〈刺杀骑士团长〉为例》

公文(中国海洋大学文学与新闻传播学院)

姚东敏(上海译文出版社)

摘要：新阅读时代要求图书营销模式和策略进行根本性的变革。从《刺杀骑士团长》的成功营销策略来看，出版社需要通过融合营销的方式调动一切有利资源，以提升读者体验作为出发点和落脚点，同时，还需要提升装帧设计，重视社群与文创的融合。

2019 年第 3 期

《论教辅出版的精细化管理》

舒刊、倪明(华东师范大学出版社)

摘要：本文论述了教辅出版中精细化管理的重要性，阐述了精细化在进度管理、成本核算、印数决策、营销工作等方面的一些具体体现，以及对品牌形成的影响，进而探讨了精细化管理对任务分解到位、部门业绩提升、企业文化建设的重要作用。

2019 年第 5 期

《关于媒介融合时代图书分成模式的几点思考》

顾晓清(华东师范大学出版社)

摘要：融合成为看待当下图书出版业的合理视角。基于图书内容进行解读和延展的多媒体形式，可以从音频分成、视频分成、服务分成三个方面，对收益的路径加以考量。

第九节　《中国编辑》

2019 年第 4 期

《媒体融合时代学术期刊编辑能力探析》

施清波(上海外语教育出版社)

摘要：学术期刊的媒体融合须向纵深推进，期刊编辑能力在学术期刊深化媒体融合中起着决定性作用。学术期刊编辑应从内容建设与技术应用出发，构建包含创新发展思维、内容把关能力、媒体技术素养、工匠职业精神等能力要素体系，推动新时代学术期刊的新融合和新发展。

2019 年第 7 期

《胡乔木的编辑出版思想探析》

王大可、李本乾(上海交通大学媒体与传播学院)

摘要：胡乔木是中国共产党思想文化宣传战线的重要领导人物，他在编辑出版工作实践中形成的重视出版工作真理与知识传播的功能、强调出版工作坚持党性与人民性原则、凸显出版工作宣传马克思主义的职责等出版思想，对新时代编辑出版工作的创新发展有重要启示价值。

2019 年第 8 期

《智媒时代公益广告传播方式路径再创新》

郝雨、李夕冉(上海大学新闻传播学院)

摘要：传统的公益广告主要由传统媒体主导，其话语形式和宣传力度都较为受限，同时面临新媒体挑战和传统媒体本身的生存困境而制作乏力。智媒时代的来临，一方面为公益广告发展带来挑战，另一方面也赋予其新的生长活力。公益广告未来的发展可向智能化、全民化、平台化方向拓展，发展多元主体，有效整合媒介资源。同时，公益广告的投放主体泛化，新媒体介入公益广告的制作发行也存在诸多实际问题，需要自律与法律的双重规制，为公益广告提供良好的发展生态。

2019年第11期

《中国编辑基本素质演进的厘清与界定》

陈伟(暨南大学中国文学文化外译研究中心)

摘要：长久以来，中国编辑素质演进史似乎一直没有得到厘清与界定。笔者认为，中国现当代出版业受国内与国际环境的影响，编辑基本素质事实上经历了一个迭代更新的过程：在市场经济潮流冲击下，从1.0时代升级到1.5时代，然后在全球化的政治、经济与文化语境中，在提升国家文化软实力与构建人类命运共同体的时代背景中进入了2.0时代。编辑基本素质2.0具有特殊的时代背景、时代规约与表现方法论。

2019年第12期

《全媒体时代出版企业的新媒体传播测评指标体系构建研究——以华东师范大学出版社为例》

邓香莲、闫玲玲(华东师范大学传播学院)

摘要：在建设全媒体的过程中，与新兴媒体融合发展已经成为出版业发展的重要战略目标。对当下出版企业的新媒体传播实践进行效果评估具有重要的指导意义和参考价值。本文以主流新媒体数据为基础，尝试构建全媒体时代出版企业的新媒体传播测评指标体系，并以华东师范大学出版社为例，测算其新媒体传播指数，最后就案例的新媒体传播效果进行了讨论，以期为全媒体时代出版企业的新媒体建设实践提供参考，进一步推进出版企业的媒体融合发展。

第十节 《出版广角》

2019年第1期

《日本电子出版的发展历程及启示》

王俊(上海外语教育出版社)

摘要：文章主要基于电子辞典、电子书、电子漫画等日本发展较为成熟的电子出版市场，分三个阶段介绍日本电子出版近30年来的发展情况，总结其经验教训。文章认为，参照日本电子出版的发展历程，为促进我国电子出版的发展，需要尽快建立行业标准，积极利用新媒体，主动应对全球化，并更多借助非传统出版及个人出版的力量。

2019年第4期

《新时代主题出版的发展思考》

韩建民(杭州电子科技大学)

熊小明(上海交通大学出版社)

王卉(杭州电子科技大学)

摘要：主题出版工程实施以来，尤其是党的十八大以来，迎来了黄金发展期，选题数量和质量显著提高，成为我国出版业的核心内涵和重要使命。众多出版单位纷纷将主题出版作为头等大事来抓，精品力作频出，主题出版日益成为出版单位实现社会效益和经济效益相统一的有力抓手。进入新时代，主题出版呈现了若干积极求变、不断更新的迹象，同时，我们需要清醒地看到当前主题出版存在若干问题，影响了其更好更快发展。

2019 年第 8 期

《出版社参与城市公共阅读空间建设的研究》

张宏(上海外语教育出版社)

摘要:在我国城市公共阅读空间构建中,相比许多政府部门及城市图书馆和文化企业,目前大多数出版社处于比较疏离的位置,这与出版社作为内容和阅读产品的生产者、供应者及阅读推广的国家队地位角色不相匹配。出版社积极参与城市公共阅读空间构建,需要从城市公共阅读空间的特点、出版社的出版特色、社会效益和经济效益的关系以及数字融合出版发展几个方面,明晰其参与策略,并选择有效的参与模式。在此过程中,出版社还需处理好参与城市公共阅读空间构建中几方面的关系。

2019 年第 9 期

《新时代背景下的知识付费模式探析》

王沛(上海外语教育出版社)

摘要:知识付费与内容变现是新时代背景下互联网经济进化的必然形态,目前针对知识付费的产品形态已有诸多研究案例,但对付费模式却缺乏归纳与梳理。文章以众多熟知的知识付费产品为例,从付费对象、购买对象与付费时机三个维度进行分类阐述,以期把握新型知识付费模式的本质,开拓知识付费盈利模式的探索思路。

2019 年第 13 期

《关于进一步加强国家出版基金项目质量管理的思考》

善读书、冯晓霞(上海韬奋纪念馆)

摘要:作为出版业最重要的政府基金,国家出版基金日益成为出版界增强文化自信、实现文化强国的重要力量。文章坚持问题导向,结合实践经验,从加强质量管理的角度,对如何进一步提升国家出版基金项目质量水平进行深入思考,并提出了参考建议。

2019 年第 15 期

《“后阅读”环境下的多品级出版策略》

郝雨(上海大学新闻传播学院)

摘要:文章基于“后阅读”环境,提出多品级出版战略。面对读者严重分化、受众多元化细分的市场现状,传统出版业必须要有精品化、规模化策略,在文化自信理论指导下,注重精品建设和大众阅读市场的多层次开拓。传统文化经典是取之不尽、用之不竭的内容再生产富矿,多品级出版策略要始终围绕中国文化、中国智慧、中国经典、中国故事来开展和推动。文化形态的多元,媒介渠道的多样,受众需求的分化,决定了出版的多品级定位和多层级化生产模式。

2019 年第 22 期

《力求版权“走出去”有实效,提升我国文化软实力和国际影响力》

汤家芳(上海译文出版社)

摘要:在全球格局重构的大环境下,出版企业要以更大的努力,应对新情况、新要求,展现新面貌、新作为;要向做得好的出版企业学习,结合自身实际,统筹布局,进一步向国际社会讲好中国故事,提高国际传播力,为提升我国文化软实力和国际影响力做出更大的贡献。

第五篇

行业视点

第一章　上海市出版协会

一、组织上海部分出版单位领导赴苏浙两省学习考察

为响应市委、市政府关于打响上海红色文化、海派文化和江南文化品牌的《关于全力打响“上海文化”品牌　加快建成国际文化大都市三年行动计划(2018—2020年)》,深入开展增强“四力”教育实践活动,按照市委宣传部出版处领导意见,上海市出版协会(简称“市版协”)、市书刊发行行业协会(简称“市发协”)组织上海部分出版、发行单位领导赴浙江、江苏学习考察。学习考察分两期举行。4月9日至12日到浙江杭州、绍兴、宁波,4月24日至26日到江苏南京、苏州。出发前,两省一市版协、发协商量了学习考察的重点内容,即机构改革后出版管理遇到的新情况、开展增强“四力”教育实践活动的思考和举措,互联网背景下的图书发行及实体书店的发展和转型等,做了比较充分的准备。在两省一市出版、发行同行的座谈中,大家畅所欲言。上海同志坦言,两省出版、发行的很多好的做法值得上海学习借鉴,在加快长三角一体化发展的大背景下,这种交流应该常态化。要虚心向两省同行学习,在习近平新时代中国特色社会主义思想指引下,为打造上海文化品牌、繁荣上海出版多做贡献。

二、组织学术研讨和专题交流

1. 参与举办上海改革开放40年优秀文史类图书研讨会

2月21日,上海市政协文史委、市版协和上海文史资料研究会以总结过去、开创未来为题,在市政协举行了上海改革开放40年优秀文史类图书研讨会。市政协副主席徐逸波出席研讨会并表示祝贺。沪上出版界、文史界100多人出席会议。

改革开放40年四十种优秀文史类图书评选结果公布后,在出版界及社会上引起了较大反响。上海出版人孙瑜、曹勇庆、刘佩英、张天蔚、王卫东和郑晓方等作为获奖出版社代表在研讨会上发言。上海市政协文史资料委员会主任马建勋在会上讲话,希望上海出版人珍惜重视已取得的成就,运用好上海“江南文化、海派文化、红色文化”资源,反映好上海的历史文脉,保持上海文史图书出版高地的优势。

2. 参与主办黎鲁新书发布会

由市版协、上海三联书店主办,上海文化发展基金会长青基金会承办的“走出碎片化——黎鲁新书发布会”3月2日举行,上海文化界、出版界380余人出席活动。

3. 参与组织出版改革成果宣讲报告会

4月23日,由中国出版协会和上海市出版协会联合主办的上海出版改革宣讲报告会在上海张江国际创新港举行。宣讲报告会以深化出版改革、推进融合发展为主题,开展了宣讲、研讨、路演等活动。中国出版协会常务副理事长兼秘书长刘建国和上海市出版协会理事长胡国强致辞。宣讲团成员、中国编辑学会副会长、中国大百科全书出版社原社长龚莉和韬奋基金会副秘书长、解放军文艺出版社原副社长黄国荣分别做了“在改革中创建大百科品牌”和“发行体制改革的探索与突破”的宣讲报告。上海地区各出版单位部门负责人及相关业界青年出版人共100余人参加报告会。

4. 参与主办钱君匋艺术文献展

以“艺兼众美”为主题的钱君匋艺术文献展 4 月 25 日在上海城市创艺空间开幕。文献展由上海市出版协会、普陀区文化和旅游局、桐乡市文化和广电旅游体育局、海宁市文学艺术界联合会主办,普陀区文化馆、君匋艺术院、钱君匋艺术研究馆、上海杰讯文化传媒有限公司承办。

5. 主办首届长青出版新人奖颁奖活动

4 月 20 日,由市版协和上海文化发展基金会长青文化基金发起的长青出版新人奖颁奖仪式在上海诺・艺站文化空间举行。王剑、王晓峰、史立丽、邹斌、张淑萍、郑名川、费屹立、奚彤云、秦志华和龚海燕(按姓氏笔画排序)获首届长青出版新人奖。长青文化专项基金是上海文化发展基金会下属的专项基金,由北美爱国华侨、长青书局创办人刘冰先生等人捐资设立,宗旨为资助中华文化的研究、创作、出版、展览、演出以及人才培养。

6. 参与主办《风眼》与出版改革研讨会

8 月 8 日,上海市政协文史委、市版协在市政协联合举办《风眼》与出版改革研讨会。中国作协原党组书记金炳华,中宣部原副部长龚心瀚,上海市政协文史委主任马建勋,常务副主任周蔚中,上海市作家协会党组书记王伟,上海市文史研究馆副馆长沈飞德,上海文化发展基金会理事长陈东等出席。市版协理事长胡国强主持研讨会。

7. 参与主办第八届上海期刊论坛举行

9 月 19 日,由上海大学、上海市出版协会、上海市期刊协会联合主办,上海大学期刊社承办的第八届上海期刊论坛在上海大学举办。论坛以“不忘初心,牢记使命,推进一流学术期刊建设”为主题,国内期刊界、出版界 200 余人出席。上海现有期刊 600 多种,品种、数量、行业规模、期刊质量等在全国居于先进水平。近年来,在上海新闻出版专项资金和文教结合政策支持下,上海期刊得到进一步发展,影响力不断提高,入选中国出版政府奖、中国科技期刊国际影响力提升计划、全国百强期刊以及 SCI 等国际国内知名数据库等,名列全国前茅。

8. 配合上海市委宣传部,协办马克思主义新闻出版观培训活动

10 月 31 日—11 月 2 日,由上海市委宣传部主办的 2019 年出版行业马克思主义新闻出版观培训在上海市委党校举办。市版协参与培训班的筹备等工作。上海出版单位领导 100 余人参加培训班。

三、加强与外省市的行业交流,参加第二十一届闽浙赣鄂苏沪出版理论研讨会

11 月 4 日至 7 日,第二十一届闽浙赣鄂苏沪五省一市出版理论研讨会在江西赣州举行。研讨会聚焦与高质量出版有关的文化影响力、市场、经济、产业、思维观念、改革、创新、人才等维度,探讨如何有效提升出版质量,推进出版机制、业态、商业模式创新和出版转型升级、融合发展,以推动出版业持续繁荣健康发展。上海选送 9 篇论文参加研讨会,其中夏一鸣的《传统媒体融合发展的三个维度——以〈故事会〉杂志为中心》、黄乐的《试论系统理论在图书出版中的指导与实践》、姚欢远的《融媒体时代出版传媒发展的一点思考》被评为优秀论文。

四、组织上海青年编辑、发行人员考察全国书博会

7 月 27 日至 29 日,第二十九届全国图书交易博览会在陕西西安举行。上海市委宣传部和市版

协、市发协组织 27 名青年编辑、发行人员专程前往参观考察。行前，上海市委宣传部、市版协等组织专题培训。2005 年以来，市新闻出版局和市版协已连续 15 年组织青年编辑参观考察全国书博会。近年来培训扩大到青年发行人员，取得较好效果。

五、配合上海书展，举办 2019“书香・上海之夏”名家新作讲座系列活动

上海书展期间，“书香・上海之夏”名家新作讲座以庆祝新中国成立 70 年为主题，以凸显出版文化领域 70 年发展变化为主线，贴近让百姓喜闻乐见的经典作品和他们的读书生活，力求彰显上海城市文化品质，打造聚焦上海、辐射长三角的阅读文化品牌。在各出版单位支持下，20 场讲座先后在上海图书馆亮相，30 余位嘉宾到场演讲，主题涉及历史人文、文学科普、音乐艺术、青少年阅读等，其中英语讲座两场，保持“书香・上海之夏”名家新作讲座的鲜明特色。“书香・上海之夏”名家新作系列讲座达 20 场，听众近 6 200 人次，均为历年之最。

六、承办第七届韬奋杯全国图书编校大赛初赛暨全市图书编校培训及竞赛

8 月下旬，根据国家新闻出版署要求，上海成立以上海市委宣传部副部长、市新闻出版局局长徐炯为主任的组委会，确定编校培训及竞赛由上海市新闻出版局主办，市版协、上海新闻出版教育培训中心承办。编校培训及竞赛组委会办公室设在市版协。编校培训及竞赛于 9 月 16 日、20 日分两天进行，设置时事政治、出版导向、编校实务等课程，四位专家授课，全市 21 家出版单位 90 名青年编辑参加。20 日下午竞赛选拔，青年编辑组成 28 个团队，参加全国初赛和上海编校竞赛，评出一等奖 3 个(团体 1 个、编辑 1 个、校对 1 个)，二等奖 4 个(团体 1 个、编辑 2 个、校对 1 个)，三等奖 7 个(团体 1 个、编辑 4 个、校对 2 个)。

第二章 上海市书刊发行行业协会

一、参与北京图书订货会、全国书博会、上海书展

1月10日至12日，上海市书刊发行行业协会参与北京图书订货会上海展馆的组织协调工作，共有34家会员单位在展馆设立78个展位，展示上海精品力作。

7月27日至30日，第二十九届全国图书交易博览会在西安举行，市发协参与、30家会员单位共设展位80个，为各省代表团之首。上海展馆提供近7 000种精品、新品图书参展，全面展示"书香上海，品质生活"的海派出版文化，受到中宣部、全国各地出版界掌门人和广大读者的欣赏。与上海市出版协会联合举办了青年编辑和发行人员参观考察第二十九届全国书博会培训班。青年编辑、发行骨干学习考察培训班已连续举办了九届(2011年至2019年)，多年来，本会共组织约90名青年发行骨干参加培训班，已有部分学员被企业提拔到不同层级的管理岗位。

8月，根据市委、市政府领导提出的"书香满城"的要求，市发协继续将实体书店、图书馆、农家书屋等公共阅读文化空间纳入书展分会场体系，设立100个遍布本市城乡的实体分会场。首次实现实体书店分会场"走出去"，在26个省市的中心城市的50家门店，设立书展分会场，进一步延展上海书展辐射半径、强化全国影响力。遴选了博库书城、上海钟书实业有限公司、杭州晓风图书有限公司等10多家品牌实体书店进驻上海书展设立品牌实体书店馆，为读者提供了专业化、特色化、人性化的服务，展示了品牌实体书店的风采。

承办上海书展"双十佳"评选工作，编辑制作《2019上海书展暨"书香中国"上海周读者手册·指南》、《2019上海书展暨"书香中国"上海周读者手册·会刊》(系列)，免费发放给工作人员和读者。

市发协在书展期间推广书香满城、全民阅读不遗余力，获得了上海市委宣传部颁发的"2019上海书展暨'书香中国'上海周优秀组织奖"。

二、创建上海图书销售行业文明行业

市发协持续、深入、扎实地推进上海市第十届文明行业创建活动，促进行业服务质量和服务水平的不断提高，进一步增强图书销售行业的凝聚力，提升行业文明程度。1月23日，上海市委宣传部印刷发行处处长忻愈代表图书销售行业在上海市第十届文明行业集中考评会上汇报了2017—2018年创建文明行业工作。4月10日，2019年上海市精神文明建设工作会议召开，上海图书销售行业荣获"2017—2018年度(第十届)上海市文明行业"称号。

5月31日，举行上海市图书销售行业创建新一轮上海市文明行业座谈会，新华传媒、外文图书公司、上海图书公司、沪港三联书店等重点窗口单位负责人出席，会议特邀市文明办洪菲菲同志介绍了全市新一轮争创文明行业的要求和进程。上海市委宣传部印刷发行处孟政同志建议，书香满城与创文明行业是一个共建共赢的格局，需要大家积极争先创优。

11月1日，举办了服务"进博会"动员大会，会上发布了《关于进博会期间在全市图书销售行业推出"开展规范服务、提升服务水平、展示行业形象、打造服务品牌"的文明窗口示范活动的通知》，

深入开展推动全民阅读活动、企业诚信创建、行业文明创建等工作。

三、推进行业文化导读活动

市发协积极协调品牌实体书店、读书会在世界读书日期间推出一系列阅读文化活动，在全市掀起阅读高潮。

4月17日—5月5日，组织行业开展“2019.4.23书香上海·书香满城文化导读活动”，6月27日召开了“2019.4.23书香上海·书香满城文化导读活动”优胜单位座谈会。会上，10家优胜单位获奖者或代表分别发言，交流分享了参加本次活动的体会。

9月20日—10月10日，在上海书城·福州路店、光的空间·新华书店等全市16个区30家实体书店举行了“庆祝新中国成立70周年2019年主题出版物联合展销”活动，经过督察、抽查、数据统计、店长评选、读者网上投票、专业人士终审等环节，从组织、布展、销售、活动等四个方面评选出获得优胜奖的10家书店、鼓励奖的2家书店。同期，市发协发起并与江苏省、浙江省和安徽省书刊发行协会联合上海书城福州路店、江苏凤凰南京新街口店、杭州市新华书店庆春路购书中心、安徽图书城等长三角四大书城推出“庆祝新中国成立70周年长三角四大书城主题出版物联合展销”活动，通过在主要区域搭建造型、营造场景，集中展示展销主题出版物。《文汇报》《浙江日报》《钱江晚报》《中国新闻出版广电报》等纸媒和多家网络媒体发布了相关消息。

四、组织新书发布，推出《上海出版·每月书单》

7月22日，市发协在上海交通大学出版社张元济讲堂举办2019年(夏季)上海新书发布会，上海本地40家出版社发行人员、80家上海书展书店分会场店长等约130人参加。自9月起，组织上海所有出版社共同推出《上海出版·每月书单》。截至2019年底，发布8月书单、9月书单、10月书单、11月书单，共发布微信条约150条。此举加强了上海出版、发行、零售，渠道与终端，线上与线下等环节的信息交流，促进书业生态系统日益完善。

五、组织开展市场督察、法规培训工作

市发协与上海市出版物管理事务中心共同组建了上海市出版物市场督察员队伍，对本市16个行政区域开展出版物市场督察。两年累计走访2 145家经营单位，发现599家因动迁等原因不在原址经营的单位。举行三次出版物市场督察员研讨会。以“如何判断违法出版物”为主题，就违法出版物的定义，违禁出版物，非法出版物，盗版出版物的表现形式及鉴别，违法出版物判别实例等内容进行了培训。

受上海市委宣传部委托，根据各区文广局对申办出版物发行的企业进行法规培训的要求，每月对全市范围的新开书店法人代表进行开业前的集中法规培训。全年参加法规培训的法人代表共有237人次。

六、开展行业调研、考察活动

4月29日，召开上海市出版社发行部主任专题研讨会。上海世纪出版集团印刷发行部、上海人

民出版社、复旦大学出版社、世界图书出版上海有限公司等37家出版社;衡山·和集、建投书局等5家实体书店约60位代表出席。就加强搭建出版社与书店阅读营销平台,建立社店交流机制,促进上海的出版社打好立体战等议题,与会代表包括传统实体书店、电商、新媒体等,共谋发展,为书香满城探索新的路径。

9月2日,邀请上海书城福州路店、闵行区新华书店、百新书局等多家书店文具销售“大户”,以及百新文具、晨光、双帆等品牌文具供应商共同交流文具在书店销售的行情。根据文具销售情况,开展了供应商、零售商的问卷调查,结合针对一些家长、学生进行的微调查结果,公布了一份上海学生“开学必用20种文具清单”,为家长提供了一份不可或缺的清单。

维护上海市高校校园暨周边地区书店阅读空间平台,发布调查报告,对高校实体书店的经营模式进行了一系列的探讨,对一些实体书店的经营情况进行了追踪。

11月11日,在上海书城召开“2019教辅行情研讨会”,上海新华传媒连锁有限公司、亚光教材书店、上海教育出版社、上海科技教育出版社、华东师范大学出版社、上海交通大学出版社、华东理工大学出版社、上海大学出版社、上海钟书书店等相关教辅负责人对上海教辅市场做了分析。上海教辅书市场每年有4亿～6亿元的销售,实体书店销售日益下降,网上销售大比例增加,加之外地教辅书供货商的进入,加剧了市场的竞争。

4月9日至12日、24日至26日分两次组织出版、发行界的同行赴浙江、江苏考察,就机构改革后出版管理遇到的新情况、开展“四力”教育实践活动的思考和举措、实体书店发展的价值动力及转型升级、互联网背景下图书发行的创新与开拓等议题与浙江省、江苏省版协进行座谈交流,学习浙江、江苏出版和发行同行的先进经验。

4月,发协联合江苏、浙江和安徽省书刊发行协会推出“最美书海报——2019上海优秀书业海报”征集评选活动。9月23日至27日,在浙江金华联合举办了2019年长三角地区书店店长培训班,60位学员从各自书店经营及管理出发进行了探讨、学习、交流。

10月29日至11月2日,市发协参与上海外文图书有限公司、联经出版事业股份有限公司共同主办的“旅读·书·城——行书中之城,阅书外之人”活动,20位中国台湾地区出版人及书店从业人员和对书店有兴趣的书友,来沪参访上海特色书店,交流书店经营之道。

七、《上书简报》为会员单位提供信息服务

《上书简报》每月一期,2019年刊出12期,截至2019年底出版397期,及时发布本会的重点工作,宣传报道行业要闻、行业热点、行业政策法规等,全年采访了大夏书店、现代书店外滩金融中心店、新华书店平高世茂店等12家书店,为会员单位提供更多的信息,成为“上传下达”、彼此交流的载体。

第三章　上海市印刷行业协会

一、聚焦转型，引领产业高质量发展

1. 上海市印刷行业协会（简称“市印协”）大力宣传优秀印刷企业在科研创新、智能制造、文化创意、互联网＋、资本市场等领域的成功案例，发挥示范和引领的作用。通过编辑制作系列视频新闻片对紫丹印务、翔港印务率先实施智能制造，扬盛印务的精益管理，瑞时创展公司创意设计，西口文化公司跨界融合等创新典型进行推介宣传，启引行业转型升级。

2. 助力企业树立国际品牌，开拓国际市场，提升印制工艺，在 2019 年美国印刷大奖上，市印协选送的 77 件参评作品，摘得金奖 5 项、银奖 25 项、铜奖 27 项。参评印品获奖率 74%，参评单位获奖率达到 75%。上海出版印刷高等专科学校、上海新闻出版职业技术学校学生选送的 19 件作品，并最终获得 2 个金奖、6 个银奖、7 个铜奖。

3. 为贯彻“长三角印刷业一体化发展升级指南”，上海市、江苏省、浙江省、安徽省印刷行业协会共同发起的首届长三角区域印艺精品奖评选活动于 7 月开始启动。本届赛事，上海共选送 79 件作品参赛，共获金奖 5 项，银奖 5 项，铜奖 8 项，由上海雅昌艺术印刷有限公司选送的《江苏老行当百业写真》获全场唯一大奖，上海地区获奖总数为区域首位。

4. 鼓励、指导会员单位积极申报政府扶持项目，为扬盛印务、界龙永发、久诚包装、安全印务、雅昌艺术等单位在申报市级“专精特企业”“市级品牌企业”“市文创资金”等项目上提供资质认定、评价。

5. 注重开展优秀印刷企业交流互动，并制定了专项制度。11 月，组织近 20 家会员单位对绿色印刷材料自主研发取得优异成果的江苏康普印刷科技有限公司进行参观考察和交流，拓宽视野，也达成了合作意愿。

二、持续推进绿色印刷，助力企业践行绿色创新

1. 在行业主管部门的大力指导支持下，从 10 月起，市印协组织开展“环保印刷认证—自我申明”实施方案研究，期间，多次组织市印协专家库专家、各行业协会的代表、部分重要企业的领导和专家对自我申明实施细则、技术标准规范、标识使用管理等体系的内容进行充分讨论，严谨科学研判，初步形成上海市实施绿色印刷自我申明认证实施细则框架体系，并已完成政府扶持资金项目申报。

2. 大力支持企业立项研发绿色柔性版新材料；推动柔印教材从实验阶段进入规模化生产取得了实质性的进展，并从教材领域向少儿读物领域延伸；组团考察美国柔性版印刷发展情况，学习和借鉴柔印技术发展及市场应用推广经验，与美国柔印协会及相关专业机构达成柔印技术推广交流、人才培养方面的合作意向。

3. 为更好地总结推广本市印刷包装企业实施 VOCs 治理的阶段性成效和经验做法，10 月起，市印协和市印刷品质检站组织专家对本市数十家印刷包装企业实施环保治理情况进行了为时两个

多月的现场评测、调研分析,编制了《上海印刷企业 VOCs 治理案例研究》课题调研报告。本报告得到项目委托单位的高度肯定,报告为本市印刷包装企业更好地实施环保治理和政府部门出台相关环保新政提供了示范和依据。

4. 组织行业专家对紫丹印务、紫丹食品、紫丹科技、世霸印务、墨传油墨等企业申报“上海市污染物排放源头替代示范单位”进行现场验收评审。专家组高度肯定了这些企业源头替代项目所产生的综合效益,并要求在行业推广。全市申报市级源头替代示范项目单位近五十家。市级源头替代示范项目将获所投入成本 20%左右的经费补贴。

三、注重人才培育,表彰行业楷模,传承印刷精神

1. 在第十五届毕昇印刷技术奖评选中,由市印协推荐选送的上海出版印刷高等专科学校校长陈斌荣获毕昇印刷杰出成就奖;上海烟草包装印刷有限公司凹印事业部主任于殿友荣获毕昇印刷优秀新人奖。市印协通过多种方式大力宣传他们的先进事迹。

2. 经市印协评估推荐上海出版印刷高等专科学校、上海新闻出版职业技术学校和高斯图文印刷系统(中国)有限公司等三家单位入选首批中国印刷业高技能人才教育培训基地。授牌仪式于 11 月 19 日在上海印刷出版高等专科学校举行。

3. 为了总结 70 年来印刷业发展的巨大成就,中国印刷技术协会发起“献礼新中国 70 年”系列活动,编辑出版了《奋进新时代——致敬新中国 70 周年印刷业时代先锋》。经市印协推荐上海界龙实业股份有限公司董事长费均德等人列选杰出人物,上海印刷集团有限公司等本市优秀企业列选先锋企业,市印协、浦东新区印协、松江区印协列选优秀协会,上海出版印刷高等专科学校、上海新闻出版职业技术学校列选优秀专业院校。12 月 19 日,致敬新中国 70 周年印刷业时代先锋学习交流大会在北京召开,向列选的杰出个人、先锋企业院校、优秀协会进行授牌表彰。

4. 市印协在嘉定区委宣传部的大力支持下,涵盖印前、印刷、印后等 57 个印刷环节的高技能培训系统的“印刷微课堂”视频课件 2019 年底在嘉定区印刷包装企业试运转,实现了 1 300 多名职工上线学习。

5. 顺利完成年度印刷工程专业中级职称评审有关工作。有 6 位申报者通过市印协初审,上报至中国印刷技术协会复审。

四、注重调研,协调维权,充分发挥桥梁纽带作用

1. 12 月,市印协启动印刷企业需求调研活动,本次调研采用调查问卷形式通过移动终端进行,由市印协主办,各区印协、《印刷杂志》协办。经组织发动,有近 300 家印刷企业进行填报,并加紧汇总分析,形成的产业发展报告。

2. 市印协就本市相关印刷服务类政府采购工作,多次积极主动和市政采购主管部门协商沟通,反映行业、企业经营、经济现状,提出科学合理建议。一些意见和建议在年度印刷服务集市采购、专项印刷服务政采项目中得到采纳,有效规避恶性竞争、维护合理利益、确保规范有序。

3. 多次组织行业专家参与《上海工业(包装印刷)低 VOCs 排放生产工艺筛评及应用标准(征求意见稿)》等涉及本行业的环保政策的研讨,并就工艺规范描述、标准参数设定科学性、可实施性等提出了诸多修改意见,被标委会采纳。与会的市相关委办局领导对此进行了高度评价,并表示要

加强和行业协会合作，在编制和出台有关涉及行业政策时要前置听取行业协会意见和建议，有些项目可以直接委托给行业协会。

4. 7月19日，市印协第四届会员代表大会第一次会议在上海科学会堂召开。会议通过投票，选举上海印刷（集团）有限公司总经理沈剑毅为新一届上海市印刷行业协会会长、上海新华印刷有限公司董事长陆有海为常务副会长、上海安全印务有限公司总经理张月明为监事长、傅勇为秘书长，并选出王虹等27位副会长和101家理事单位。

第四章　上海市期刊协会

一、围绕大局,持续完善管理体制

截至 11 月,上海市期刊协会(本章简称“协会”)有会员期刊单位 504 家(公开出版的期刊 403 家,内刊 101 家),其中副会长单位 16 家,常务理事单位 37 家,理事单位 85 家。

协会坚决贯彻执行党的方针政策和上级部门指示,持续完善各项管理体系,每年定期召开理事大会和会员大会,同时建立了会长办公季例会、秘书处周例会等制度,确保各项工作高效落实。全年共召开理事大会 1 次,会员大会 1 次,会长办公会 3 次。

协会借助数字化平台、新媒体技术,在协会官方网站、官方微信号同步更新各项活动信息与通知文件,拓宽渠道以增进会员单位及业内同行的信息互通。在运用新技术的同时,严控信息发布机制,发挥上通下达的沟通纽带与桥梁作用。

二、凝心聚力,服务会员,扩大影响

协会在调研会员单位情况和需求的基础上,尽心尽力为会员服务:

1. 开展内容丰富的培训课程,提升期刊人才综合素质

围绕“上海红色文化、江南文化、海派文化”“深化改革　建设一流科技期刊”“期刊出版政策法规”等主题,协会组织举办累计 8 场次培训,1 200 余人次参与,增进行业互动交流,拓宽学员知识格局,受到学员的积极反馈与高度评价。

2. 组织编校技能初赛,助力上海队出征决赛

根据国家新闻出版署《关于举办第二届全国报刊编校技能大赛的通知》要求,上海赛区初赛由上海市新闻出版局主办,上海市期刊协会承办。初赛方式为团体赛,每支参赛队由 3 名选手组成,全市 29 家报社期刊单位及互联网新媒体平台的 32 支团队、共 96 名选手参加。第一财经日报社获得初赛团队总成绩第一名,新民晚报社获第二名,文汇报社获第三名。

赛后协会组织个人成绩前 15 名选手参加为期两天的选拔培训,邀请专家围绕时事政治、编校技能与政策法规三方面进行集中强化训练,通过考试选取综合成绩前 6 名选手组成上海代表队一队:新民晚报社李京林、刘艳青,第一财经日报社申江波;代表队二队:文汇报社张剑,上海大学期刊社冯莹莹,《亚洲泌尿外科杂志(英文)》编辑部惠朝阳。两队选手在决赛前进行模拟训练,熟悉决赛赛制与题型操练。一队和二队代表共赴北京参加决赛,与全国各省市参赛选手激烈角逐,最终获得二等奖。

3. 致敬三十年期刊工作者,发扬光荣传统

3 月 19 日,由协会主办、《学术月刊》杂志社承办召开的“从事期刊出版工作 30 年”座谈会是向入选的 27 位上海期刊出版工作者的一次致敬与学习交流,此次座谈会邀请协会历届会长与上海市委宣传部相关领导参加,总结、传承和发扬老一辈期刊工作者的光荣传统,为上海的期刊业书写新的篇章。

4. 助力年轻新一代成长,促进行业新发展

8 月 20 日,协会继续邀请上海市委宣传部干部处领导,为期刊工作者举办了上海市出版系列(期刊)专业技术职称评审政策解读暨咨询会。这次会议无论是对期刊工作者个人,还是对期刊行业的发展,都有着积极的影响,为推动上海期刊业攀登新高峰做出了一份贡献。

三、砥砺奋进,努力推动行业发展

协会继续紧密团结各期刊出版单位和期刊工作者,完成了以下几项工作:

1. 把握行业发展脉络,撰写出版行业发展报告

自 2018 年发布国内首本区域性期刊行业发展报告《上海学术期刊发展报告 2018》取得业界高度关注后,协会在上海市委宣传部的指导下,组织团队、撰写出版《上海期刊发展报告 2019》。

协会组织各学科期刊专家组成编委会,与上一年度报告所涵盖的 420 种学术期刊相比,对全市 618 种公开发行的期刊进行梳理,采集国内外重要数据库数据,历时八个月完成并撰写出内容翔实的 2019 年的报告。

本书在第八届上海期刊论坛一经发布,即得到了业界的高度评价,为文化出版的研究者和期刊工作者提供了第一手的研究资料和实践的借鉴。

2. 加强区域合作交流,组织优秀论文评选

上海市期刊协会作为年度华东地区期刊协会联盟轮值主席,召集华东地区兄弟协会负责人于 4 月召开年会,组织开展华东地区期刊出版研究优秀论文评选活动。经华东地区各省(市)期刊协会初评,7 月中旬,联盟终评会在上海举行。评审委员会严格按照通知要求,最终共评选出一等奖 31 篇,二等奖 42 篇,三等奖 79 篇,其中上海地区论文获得一等奖 9 篇,二等奖 12 篇,三等奖 20 篇。

3. 科学严谨、公平公正,开展编校质量检查

在市委宣传部的指导下,协会成立编校质量工作检查审读专家组,按照科学严谨的审读流程,社科类期刊和科技类期刊分组同步实施进行,对 600 余种本市登记、具有国内统一连续出版物号的期刊进行编校质量检查。本着公平、公正原则,坚持引导正确舆论导向,强化质量精品意识,提高期刊编校质量。

4. 以评促优,提升质量

协会与上海市教育评估院共同组织实施上海市期刊出版质量综合评估工作。根据国家新闻出版署关于报纸期刊出版质量综合评估指标体系的要求,采用科学的定性、定量标准,对本市所有公开发行期刊进行评估,以评促优提升上海期刊的整体质量。

附录　上海市科技期刊学会

一、上海市科技期刊学会八届五次理事会

1 月 10 日上午，上海市科技期刊学会(本章简称“学会”)举行了八届五次理事会。学会理事长李党生，常务副理事长王汉栋，副理事长兼秘书长杨蕾，副理事长袁林新、周庆辉，以及上海市科技期刊学会 40 余位理事参加会议。王汉栋常务副理事长作学会年度财务报告和党建工作报告。杨蕾秘书长作学会年度工作报告，并就学会理事会换届提出了计划和时间表，并得到理事的一致通过。

二、2018 年上海市科技期刊学会会员大会暨学术年会

1 月 10 日下午，学会举行了年度全体会员大会，共有 360 多位会员参加。会议由李党生理事长主持，杨蕾秘书长汇报了全年工作，常务副理事长王汉栋汇报了学会的党建工作。

学会授予 5 位老专家“特殊贡献奖”，向为学会做出突出贡献的个人授予年度“先进个人奖”并举行了第三届上海市科技期刊编辑技能大赛颁奖仪式。

在学术会议部分，分别邀请了《中国激光》杂志社总编辑王晓峰博士作了《大科学装置与科技期刊》，上海大学期刊社张芳英博士作了《上海市科技类学术期刊发展报告(2018)》，《同济大学学报(医学版)》编辑部主任李锋博士作了《科技论文中作者署名的规范化探讨》，《结合医学学报(英文)》编辑部陈红云作了《预印本发展现状及学术期刊对其看法》，上海海洋大学《渔业学报(英文)》编辑部黄历作了《人工智能在科技期刊中的应用现状和发展趋势》等报告。

三、第 20 期科技期刊编辑业务培训

9 月 23—25 日，学会和上海新闻出版教育培训中心联合组织了第 20 期科技期刊编辑业务培训班。培训形式为特邀讲师课堂授课，学员现场互动。通过对突出案例分析，传递最新出版政策、科技发展、出版业态与发展模式。

本次培训共吸引约 150 人参加。培训合格的学员获得由上海市新闻出版局和上海新闻教育培训中心统一颁发的出版专业技术人员职业资格继续教育培训证书，并计入编辑从业人员继续教育 24 学时(面授)。

四、第十六届长三角科技千刊论坛暨第二十四届京津沪渝科技期刊主编研讨会

10 月 17 日至 19 日在常州举行第十六届长三角科技千刊论坛暨第二十四届京津沪渝科技期刊主编研讨会由江浙沪皖四地学会和京津沪渝四地学会联合主办，江苏省科技期刊学会承办，全国各地同行约 300 人出席了会议。会议以“培育一流期刊，建设科技强国——科技期刊助力长三角一体

化高质量发展与京津沪渝协同发展”为题，进行了热烈的讨论，同期还举行了首届全国肿瘤医药期刊生态圈会议，会后组织了常州科教城等地参观调研（聚焦区域“科创”，助力产业“整合”，推动长三角一体化发展）。

五、学会换届工作

换届工作是学会工作的重中之重，为此成立了换届领导小组，任命学会秘书长担任组长，下设工作小组。分别就选举工作方案，换届时间，会员登记和注册，理事会工作报告，财务收支审计，新一届理事会产生办法，章程修改等工作进行了细致的分工，并整理了一份详尽的时间表，各项工作有序推进。

11 月 28 日，召开学会第九届会员代表大会，选举出由 77 位理事，其中常务理事 25 人组成了第九届理事会。李党生再次当选为理事长，杨蕾、王汉栋、赵惠祥、刘志强、吴民淑、吴坚、支文军、李天天当选为副理事长，杨蕾兼任秘书长。会议还选举了新一届的监事会，由袁林新担任监事长，王琴峰、王黎茜担任监事。

六、第九届理事会第一、二次理事长会议

11 月 28 日，学会第九届理事会召开第一次理事长会议，一致同意第九届理事会组织架构设置及学会下属各委员会主任人选，并委托秘书长征询主任人选的个人意见。

12 月 16 日，学会第九届理事会召开第二次理事长会议，通过以下议题：(1) 在监事会的监督下，讨论如何贯彻民主办会原则，切实加强理事会工作；(2) 商议确定第九届理事会组织架构设置及相关负责人人选办法；(3) 确定学会下属各委员会分工及相关负责人职责；(4) 其他工作讨论。

当年出版《会讯》2 期，完成学会证书登记。

第五章　上海市版权保护协会

一、作品著作权登记工作

上海市版权协会(本章简称“协会”)受上海市版权局委托承担上海地区范围内的作品著作权全部线上、线下登记任务(咨询、受理、审核、制证、颁证、查档等)及作品版权登记保护应用平台的使用和管理。全年完成各类作品登记总办理量为 291 803 件,同比增长 11.53%,其中登记量前三位的作品分别是美术、摄影和录音制品作品,分别占总量的 51.87%、20.32%和 10.46%。对比 2018 年,美术作品和摄影作品登记量分别增长了 35.6%和 3.4%,录音制品同比增加了 553.7%,前些年登记量较大的文字作品的登记数量呈现进一步下降趋势,同比减少 54.6%。其他各类作品登记量各有涨跌,其中较为明显的是音乐作品、产品设计图作品分别增长 255%和 651.9%,影视和录像制品减少 40.5%和 63.5%。

二、自贸区版权作品快速登记服务项目

协会通过投标成功获得了由上海市浦东新区知识产权局发起的“自贸区版权作品快速登记服务项目”,承担该项目的服务内容包括:1. 在国家版权局、上海市版权局支持下,由具备专业能力的人员开展作品登记服务工作,包括文字、口述、音乐、戏剧、曲艺、舞蹈、杂技、美术、摄影、建筑、影视、电影、录音、录像等作品。每年快速登记量不少于 20 000 件;2. 配合上海自贸区版权服务中心建设法律公共服务平台,为创新主体和权利人提供法律咨询,接受权利人委托开展纠纷化解工作,降低企业维权成本;3. 举办论坛、培训、交流研讨,加强版权保护、运营、管理等方面的培训和指导。

三、发起并参与上海自贸区版权服务中心项目工作

协会根据自贸区版权作品快速登记服务项目要求,自 9 月起每天最少委派 2 位工作人员按照服务中心的工作要求参与办理大厅窗口工作,为自贸区入驻企业提供作品登记及其他相关咨询服务。

四、浦东新区版权类企业数据统计服务

随着作品版权登记工作的持续开展,作品登记数量稳定增长。为进一步提升服务质量,为浦东新区相关机构提供该区域内个人和企业的作品版权登记相关统计分析,协会秘书处依托作品登记平台为浦东新区各类企业、相关机构提供了数据统计服务。

五、版权综合服务平台建设(一期)平台技术搭建

协会成功完成该项目的招标任务。在市版权局的指导下,组织了对平台设计方案的专家评估

会，在经过大量的需求分析和调研工作后，新平台建设完成度已达80%。

六、合作协办多场版权专业论坛

协会与多家机构联合发起组织举办了版权专业论坛，为推动版权保护、普及版权知识、促进版权产业做出了积极的努力。

1. 2019网络视听版权论坛

4月15日，协会与上海紫竹高新技术产业开发区一起主办了“2019网络视听版权论坛”。本次论坛旨在探讨新一轮改革进程中版权工作面临的问题与机遇，为更好地交流我国网络视听版权保护与发展提供了平台。

2. “视觉中国”黑洞图片事件及企业图片字体合规研讨会

4月24日，由市版权协会主办，上海段和段律师事务所、南方都市报大数据研究院、CCA公司法联盟承办。邀请多位专家对该事件进行主讲分析，共计五十余家企业代表列席本次会议。

3. 版权保护与发展论坛

12月5日，协会与上海浦东自贸区版权服务中心主办举行了“版权保护与发展论坛”，该活动对中共中央、国务院下发的《关于强化知识产权保护的意见》进行详细解读。为今后能更好地贯彻《关于强化知识产权保护的意见》精神，不断促进知识产权保护能力有效提升、保护体系更加完善，也为牢固树立保护知识产权就是保护创新的理念提供了学习机会。

4. “IP守护人”巡讲

“IP守护人”项目由上海市协力律师事务所、上海知识产权研究所主办，上海市创意产业协会知识产权专业委员会、上海市版权协会合作举办。“IP守护人”巡讲紧密贴合中小微企业的实践需要，依托专业的知识产权服务团队，深入动漫游戏、网络文化、创意设计、影视、演艺等重点领域，为中、小微文化创意企业提供专业的知识产权资讯、培训、咨询、争议解决服务，满足中、小微文化创意企业认识知识产权、保护知识产权、运用知识产权的现实需要。

5. “区块链与知识产权保护”主题研讨会

在上海市社会科学界联合会第十三届(2019)学会学术活动月，上海市版权协会作为协办方就区块链与知识产权保护的结合，未来在确权和维权方面的应用开展了主题研讨会。

七、与兄弟省市版权协会的业务交流

协会先后与江苏省版权协会、四川省版权协会、山西省版权协会开展了相关业务工作交流活动，对今后版权工作如何能够更加扎实地推进、做好版权规范服务、宣传全面进步进行了探讨沟通，并多次接受了湖南省版权局版权处领导为该省版权协会工作顺利开展向协会进行的电话、微信咨询。

八、社团年度审查

按照上海市社会团体管理局的要求，协会完成了每年一度的社团年检工作并顺利通过了社团局的年度审查。

九、宣传工作

1. 完成了十二期《上海版权》的编辑工作。协会秘书处在市版权局和市版权处的指导下，按照每月一期的频率编辑了十二期《上海版权》。以数字版形式向各版权工作站、会员单位推送，部分内容通过协会微信公众号发布。对比业界同类版权刊物，《上海版权》无论从内容还是版面形式都处于较高水准。

2. 重建了“上海版权综合信息网”。因该网站建设多年，至2019年初时出现较多比较难修复的网络安全漏洞问题。在重新建设后网络安全问题基本消除。在新建设的网站中，每月固定发布最新版权新闻和相关文章。今后它作为协会版权宣传的重要平台之一，结合市版权局的工作动态，可以在版权工作上发挥出更大、更积极的作用。

十、软件著作权登记代理工作

完成计算机软件著作权登记代理工作300余件。软件著作权登记代理工作因有一定的市场竞争性，协会在客户维护和服务上保持了一贯的积极性，对于客户发来的材料尽量做到当天完成审核修改。

十一、协会人力资源工作

协会秘书处在进一步做好人力资源基础性工作的同时，加强了定岗定员、内部人员培训开发、管理信息化和各项管理制度建设。根据工作项目的要求和特点，在2019年下半年吸纳2位新成员，截至12月末，协会秘书处有员工8位。为不断增强协会的竞争实力，提高员工业务能力。在5月听取主管单位领导对于作品版权登记开展的工作会议后，于6月组织开展了作品版权登记的内部培训，完成作品版权登记工作办理的全员学习，为2020年新平台使用后，全员投入作品版权登记工作打下良好基础。

秘书处日常工作——

1. 关注由社团局组建的协会工作群、主管单位的工作任务发布和完成。在经过主管处室同意后，作为协会代表参加本市兄弟协会组织的各类会议、培训。

2. 负责和主管单位的工作对接。

3. 协会年检工作、各类对公名义事务。

4. 负责协会考勤，监督、执行考勤制度。

5. 协助协会领导进行各类培训工作。

6. 配合协会、主管单位领导，做好各项目的经费预算使用，并实施执行。对经费的使用严格把关。

协会工作总体较为平稳，并不断应对新要求新形势，较为有效地开展并完成了各项业务工作。

第六章　上海出版社经营管理协会

一、加强党建工作，促进协会健康发展

上海出版社经营管理协会（本章简称“协会”）根据中办《关于加强社会组织党的建设工作意见（试行）》的相关要求，建立协会临时党支部。参加上海市委宣传部、市思想政治工作研究会组织的党建、时事讲座活动。思想上、行动上与党中央保持一致，促进协会健康发展。

二、圆满完成年度“上海图书全国推广计划”项目及“天府书展”组团参展工作

协会在会员单位积极配合和支持下，先后在山东济南、四川成都等城市举办了“书香上海全国行”活动。在首届天府书展期间组织上海世纪出版集团、上海的高校出版社和社科文出版社联合体等35家主要出版单位精选了近两年出版的近万种精品图书进行展销，举办了五场文化讲座、作品分享、作家签售活动。活动受到了读者的欢迎，同时也进一步加强了两地出版文化交流与合作。中共四川省委常委、宣传部部长甘霖，中国出版协会常务副理事长邬书林，中国印刷技术协会理事长王岩镔，上海市委宣传部副部长、市新闻出版局局长徐炯，以及山东新华书店集团有限公司、新华文轩出版传媒股份有限公司等出版发行单位领导出席了相关活动。齐鲁网、《成都商报》、《华西都市报》、上海发布、东方网等媒体对展销图书和活动作了专题报道，在活动举办之地产生了积极影响，展示了“书香上海、品质生活”的海派出版文化，取得了显著的社会效益。

协会举办的2019中国书业馆配年会暨图书馆与出版社高层论坛吸引全国300余家图书馆、230多家出版机构的近千名代表出席。上海40余家出版单位、中国出版集团、经济类出版社发行联合体、全国人民出版社市场联盟、全国教育出版社联合体、全国古籍出版社联合体、全国美术出版社联合体、全国地方科学技术出版社联合体、全国城市出版社联合体等出版社展销近两年出版的12万余种精品、新品图书，以“出版高质量发展与馆藏服务”为主题的高层论坛及卷藏中文图书馆藏分析数据发布，在全国出版行业内产生了积极影响。

三、顺利完成协会换届改选

协会在上级主管单位的指导下，根据章程规定，于7月成立协会换届改选领导小组，着手酝酿、制定协会新一届理事名额产生方式、理事及监事选举办法、总监票人名单及章程修改、会费标准调整等议案；审议了上一届理事会的工作报告、财务收支情况及监事会的工作报告；在会员单位的支持下选举产生了新一届理事、监事，并于七届一次理事会和监事会上分别选举产生理事长和监事长，根据理事长提名聘任秘书长，顺利完成协会换届改选各项工作。

四、召开三次理事会，审议通过相关议项

协会根据章程要求和业务发展需要，对上届理事会制定的《上海出版社经营管理协会岗位薪酬

制度》《上海出版社经营管理协会经费管理、费用支付与报销管理制度》的部分条款作了修改;试行《稿费、设计费、培训讲课费等支付细则》;审议通过了副秘书长及三个工作部正、副主任的人选;充实、完善秘书处工作人员。审议通过高等教育出版社(上海)教材服务有限责任公司、北京世纪文景文化传播有限责任公司两家单位的入会申请。

五、完成换届改选网上登记手续及其他案头工作

协会在市委宣传部干部处、发改办的指导和帮助下完成协会换届改选所需材料的审核,通过上海市社会组织网上办事平台,提交了协会换届改选涉及法人变更、章程修改、有效期延续等履行登记手续工作,并获得了市民政局核准;按要求委托会计师事务所对协会上一届法人进行经济责任的审计;配合国家审计署上海专员办对政府拨款项目的专项审计;完成新一届协会会员单位、理事、工作部等人员名单信息收集,完成新一届协会通讯录的编制、印刷工作。

六、分别召开出版、发行、财务工作部例会并开展相关培训

协会分别在10月24日、11月7日及11月13日召开了出版、发行、财务工作部例会,通报协会换届改选、相关副秘书长、工作部主任人选的情况。完成新老秘书长及工作部新、老主任工作交接;启动了常规的业务培训和业务交流工作。理事长从顺应行业发展需要、聚焦行业高质量发展、内部实施精细化管理的角度,在出版工作部、发行工作部、财务工作部例会上分别作了“担负起制作精良的责任”“发扬四千精神”“守住底线、不做假账”的主题发言。理事长讲话高瞻远瞩,紧贴地气,引起了与会者共鸣,也为新一届理事会三个工作部的工作指明了方向。

七、编写《出版经营通讯》及时向会员传递相关信息

协会自8月份换届改选以来,编发了3期《出版经营通讯》。通过此平台及时将协会换届改选情况、主管部门近期的管理要求、行业发展的动态、会员呼声等信息和要求传递给各会员单位,起到政府与企业、会员之间的桥梁作用。

第七章　上海市编辑学会

一、坚持党建引领，加强理论学习

上海市编辑学会（本章简称“学会”）党的工作小组和学会负责人坚持理论学习，深入学习贯彻习近平新时代中国特色社会主义思想和党的十九大精神，贯彻党和国家关于建设中国特色哲学与社会科学话语体系、加快文化事业发展的要求，坚持正确政治方向、出版导向和价值取向，及时传达有关文件精神，落实上海市委宣传部、市社联和中国编辑学会布置的有关工作，为推动社会主义文化繁荣兴盛，为提升上海编辑出版工作质量和效益而努力。参加市委宣传部学习、调研、座谈和工作会议；参加社联学术团体负责人、党建工作会议和学术论坛等活动；参加中国编辑学会年会和会长工作会议等。学会全年组织党的工作小组和学会负责人集体学习活动 4 次。

二、精心筹备，规范操作，顺利完成学会换届

9 月 25 日，学会在朵云轩艺术中心召开第六届会员大会，完成理事会换届。上海市委宣传部副部长、市新闻出版局局长徐炯出席并讲话。他高度肯定了学会第五届理事会坚持服务党和国家工作大局，坚持服务上海文化事业发展与繁荣，高举学术旗帜，紧紧围绕编辑工作核心任务所开展的卓有成效的工作。他希望学会第六届理事会、上海各出版单位、学术机构和编辑工作者，不忘初心，牢记编辑工作的职责和使命，继承和发扬优良作风，继承和发扬韬奋精神，不断提高政治素质，不断提升业务水平，大力提倡创新创造风气，打造出版精品，弘扬时代主旋律，为新时代和新上海画像、立传、明德。

大会审议通过了学会第五届理事会工作报告、财务工作报告和修订学会章程的说明，选举产生了学会第六届理事会和学会新一届领导，上海外语教育出版社庄智象连任会长。

三、开展学术活动，组织研讨交流

学术活动是学会生命力的源泉，是学会联系专家、学者资源，联系和服务会员，联系和服务编辑出版单位，促进业务交流，助力出版主业挺拔的重要手段。学会围绕“编辑”与“编辑工作”，结合行业热点问题，组织理论和实践研讨与交流。4 月，举办了第四届上海图书出版单位总编辑论坛，以“文化自信与编辑的文化定力”为题，邀请上海社会科学院研究员、华东师范大学兼职教授、博士生导师周武，全国政协委员、上海译文出版社总编辑史领空做主题报告。6 月，与中国辞书学会、上海市辞书学会合作举办“融媒体时代的辞书编纂与出版”研讨活动，邀请广东外语外贸大学文科基地/词典学研究中心章宜华教授和武汉大学词典编纂与翻译研究中心耿云冬教授及来自全国各地的近 60 位辞书学者及语言学者交流互动。8 月，联合上海市辞书学会举办上海书展系列活动之“辞书：汇聚文化精华　推动国家进步——新中国成立 70 周年辞书成就展”系列讲座的第三场。11 月，由学会牵头，联合上海市语文学会、上海市辞书学会、上海市外文学会和上海时代教育出版研究中心，

在华东师范大学出版社举办教育改革与编辑出版工作研讨会，从不同层面、不同角度探讨教育改革与编辑出版工作的关系。论坛提出，出版首先要服务和支撑教育发展，出版还要力争通过科研与创新引领和影响教育发展，从而形成“教育—出版”良性发展与互动。会议认为，面对教育改革、教材研究、教材评估与管理、学习习惯、技术创新，教育出版的机遇大于挑战，未来会有更好的发展前景。12 月，举办第四届上海图书出版单位青年编辑论坛，聚焦编辑的职业自信，邀请资深编辑和青年编辑代表畅谈编辑职业的苦与乐。

四、聚焦编辑业务，组织培训评优

“举旗帜、聚民心、育新人、兴文化、展形象”，编辑出版工作责任重大。学会继续发挥指导编辑业务的职能，根据编辑业务开展和职业发展需要，继续支持举办咬文嚼字讲习所，维护好这一品牌活动，不断提升编辑从业人员的文化素养和业务能力；组织会员单位相关编辑集体参加“上海国际书籍设计研讨会”和培训交流活动。开展第二届上海优秀编辑评选，完成复评、终评和入选公示，树立行业先进典型。受上海市新闻出版局委托，承办第二届全国新闻出版行业平面设计大赛上海赛区初赛工作，经评审并报市新闻出版局审核，向全国组委会报送优秀作品 18 件。

五、搭建学术平台，开展项目研究

根据学术和专家资源特点，学会通过学术期刊、学术出版和学术研究项目，搭建学术平台，为编辑人才培养和队伍建设提供支持。学会会刊《编辑学刊》是全国创办最早的出版类刊物之一，在业界有着很高的关注度和美誉度。以“编辑”为核心读者，以“学术”为刊物特色，以强调深入思考、案例研究和思想火花为特点，是名副其实的编辑学、出版学研究的理论高地。2019 年，学刊编辑部继续做好专题策划和约稿、审稿工作，使学刊更有效地承担起编辑理论研究、学术研讨、实务交流、成果宣传的阵地的职能，为编辑发挥才能和发表观点提供更宽阔的平台，更好地发挥促进编辑成长和人才培养的作用。开展学术课题研究项目《2019 年上海市民阅读状况调查报告》。启动策划《口述历史：上海编辑出版 100 年》策划工作。受中国编辑学会委托，完成出版单位编辑职业素养调研试点工作。

六、坚持守正创新，提升学会管理

为更有实效地开展学会业务，根据工作需要，学会于 1 月、3 月、7 月和 10 月召开了 5 次会长工作会议，于 4 月和 9 月召开理事会会议，策群力，商议、布置和落实学会各项工作。根据学会章程，在市社联和市民政局领导下，完成学会换届工作，为学会新一轮发展奠定组织和制度基础。新一届学会调整和完善学会领导分工，设党建工作、学术交流、学术项目、培训评奖和日常管理五个工作小组，各司其职，开展业务和管理工作。为了更好地服务会员，让会员进一步了解学会工作，积极参与学会活动，有效分享学会学术活动信息和资源，学会健全会员单位联系机制，通过学会通讯和工作群，增加信息发布和交流。

第六篇

推荐书单

第一章 解放书单

2014 年 7 月，上海市新闻出版局和解放日报社联合出品“解放书单”，以“高度、前沿、价值”为选书标准，邀请一流专家、学者等撰写书评，每季度刊发一期，每年三期。上海主要实体书店据此进行重点推荐和陈列。

第一节 第 14 期

《平易近人：习近平的语言力量(外交卷)》

苏格主编

上海交通大学出版社

《浦东史诗》

何建明著

上海文艺出版社

《今日简史：人类命运大议题》

[以色列] 尤瓦尔·赫拉利著

林俊宏译

中信出版集团

《大国税改：中国如何应对美国减税》

贾康　梁季　刘薇　孙维著

中信出版集团

《捡垃圾的人类学家：纽约清洁工纪实》

［美］罗宾·内葛著
张弼衎译
华东师范大学出版社

《水下巴黎：光明之城如何经历1910年大洪水》

［美］杰弗里·H. 杰克逊著
姜智芹译
江苏人民出版社

《南宋行暮：宋光宗宋宁宗时代》

虞云国著
世纪文景/上海人民出版社

《超人类革命：生物科技将如何改变我们的未来?》

［法］吕克·费希著
周行译
湖南科学技术出版社

《会饮记》

李敬泽著

北京十月文艺出版社

《名画在左　科学在右》

林凤生著

上海科技教育出版社

（2019 年 2 月 1 日《解放日报》）

第二节　第 15 期

《习近平在正定》

中央党校采访实录编辑室著

中共中央党校出版社

《战上海》

刘统著

上海人民出版社/学林出版社

《上海人解析》

熊月之著

上海教育出版社

《中国经济立法史》

郭建著

新华出版社

《十问：霍金沉思录》

［英］史蒂芬·霍金著

吴忠超译

湖南科学技术出版社

《北上》

徐则臣著

北京十月文艺出版社

《变量：看见中国社会小趋势》

何帆著

中信出版集团

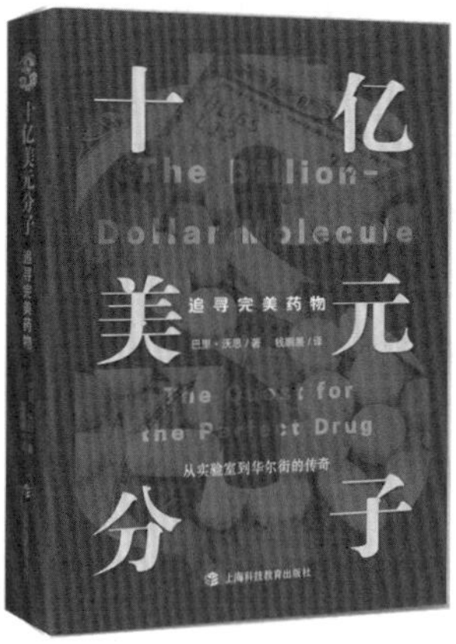

《十亿美元分子：追寻完美药物》

［美］巴里·沃思著

钱鹏展译

上海科技教育出版社

《人行道王国》

［美］米切尔·邓奈尔著
奥维·卡特摄
马景超　王一凡　刘冉译
华东师范大学出版社

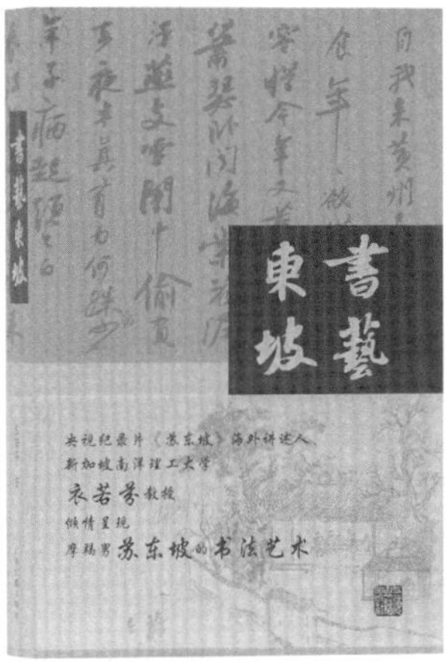

《书艺东坡》

衣若芬著
上海古籍出版社

（2019 年 5 月 11 日《解放日报》）

第三节　第 16 期

《诞生：共和国孕育的十个月》

董伟著
东方出版社

《上海相册：70 年 70 个瞬间》

中共上海市委党史研究室编
黄金平　张励主编
上海人民出版社

《中国古代机械复原研究》

陆敬严著

上海科学技术出版社

《苏轼十讲》

朱刚著

上海三联书店

《智能城市》

[美]卡洛·拉蒂马修·克劳德尔著

赵磊译

中信出版集团

《中国的近代：大国的历史转身》

罗志田著

商务印书馆

《何故为敌》

［德］卡罗琳·艾姆克著
郭力译
社会科学文献出版社

《海派绘画史》

卢甫圣著
上海书画出版社

《风眼》

孙甂著
上海文艺出版社

《美国陷阱》

［法］弗雷德里克·皮耶鲁齐
［法］马修·阿伦著
法意译
中信出版集团

（2019年8月10日《解放日报》）

第二章　推 荐 书 目

第一节　上海人民出版社

《宁静无价》
程虹著
定价：65.00 元　2019 年 11 月出版

《这就是中国：走向世界的中国力量》
张维为著
定价：45.00 元　2019 年 8 月出版

《改变中国：经济学家的改革记述》
张军著
定价：69.00 元　2019 年 11 月出版

《稽古至治：司马光与〈资治通鉴〉》
姜鹏著
定价：49.00 元　2019 年 11 月出版

《成语里的中国通史》
郭志坤、陈雪良著
定价：158.00 元　2019 年 8 月出版

《大幻想：自由主义之梦与国际现实》
[美] 约翰·米尔斯海默著　李泽译　刘丰校
定价：72.00 元　2019 年 12 月出版

《中国纪行：从旧世界到新世界》
[英] 阿诺德·汤因比著　司佳译
定价：88.00 元　2019 年 8 月出版

《批判区块链》
[英] 罗伯特·赫里安著　王延川　郭明龙译
定价：68.00 元　2019 年 8 月出版

《附录和补遗》(第1卷)
[德]阿图尔·叔本华著　韦启昌译
定价：158.00元　2019年4月出版

《电竞简史：从游戏到体育》
戴焱淼著
定价：68.00元　2019年4月出版

第二节　上海教育出版社

《上海教育史》(四卷本)
杜成宪总主编　王伦信等著
定价：498.00元　2019年9月出版

《吴孟超》
方鸿辉著
定价：280.00元　2019年5月出版

“江晓原科学读本”
江晓原主编
1.**《科学反思：两种文化》**
2.**《科学人文：新的科学理念》**
3.**《科学发现：揪住自然的尾巴尖》**
4.**《科学验证：那些天空及世间的证明》**
5.**《科学哲学：有一种追问没有尽头》**
6.**《科学建构：从几何模型到物理世界》**
定价：288.00元　2019年7月出版

《为了更好的学习：教育评价的国际新视野》
经济合作与发展组织编　窦卫霖等译
定价：298.00元　2019年5月出版

《足迹：上海教育故事》
“上海教育丛书”编委会主编
定价：198.00元　2019年12月出版

《杨雨说词》
杨雨著
定价：198.00元　2019年7月出版

《大哉数学之为用：华罗庚科普著作选集》
华罗庚著
定价：88.00 元　2018 年 12 月出版

《成长解码：特级教师开课啦》
上海市特级教师特级校长联谊会、上海图书馆、《解放日报》主编
定价：69.00 元　2019 年 8 月出版

“人工智能科普绘本”丛书
1. **《别把老鼠带回家》**　辛月文　陈晨图
2. **《小智的诞生》**　范凌文　脑机比工作室图
3. **《神奇的模仿》**　范凌文　脑机比工作室图
4. **《小智的难题》**　范凌文　脑机比工作室图
5. **《智能藏在大脑里》**　危辉、宋伟群文　小小发明家工作室图
6. **《计算机是怎么工作的》**　危辉、宋伟群文　小小发明家工作室图
7. **《人工智能研究什么》**　危辉、宋伟群文　小小发明家工作室图
8. **《围棋高手阿尔法狗》**　危辉、宋伟群文　小小发明家工作室图
9. **《各种各样的机器人》**　危辉、宋伟群文　小小发明家工作室图
定价：40 元/本　2019 年 11 月出版

“中国红色经典绘本”
1. **《帽子上戴星的人》**赵文婷改编　张晔绘
2. **《草原英雄小姐妹》**黄华旗改编　苏卡绘画
定价：35.00 元/本　2019 年 8 月出版

第三节　上海译文出版社

《布罗茨基诗歌全集　第一卷(上)》
[美] 布罗茨基著　娄自良译
定价：98.00 元　2019 年 4 月出版

《海明威文集》
[美] 海明威著　吴劳等译
定价：998.00 元　2019 年 8 月出版

《聊天记录》
[爱尔兰] 萨莉・鲁尼著　钟娜译
定价：49.80 元　2019 年 7 月出版

"桑贝"系列

《桑贝在纽约》

[法] 让-雅克・桑贝、[法] 马克・勒卡尔庞蒂著　任凌云译

定价：158.00 元　2019 年 5 月出版

《猫头鹰在黄昏起飞》

[日] 川上未映子问　[日] 村上春树答　林少华译

定价：48.00 元　2019 年 6 月出版

"译文纪实"

《朱鹮的遗言》 [日] 小林照幸著　王新译

定价：49.00 元　2019 年 10 月出版

《纳博科夫精选集 I（全五册）》

[美] 弗拉基米尔・纳博科夫著　主万、梅绍武、王家湘、龚文庠译

定价：299.00 元　2019 年 6 月出版

《大梦无疆：勇气、想象和现代以色列的建立》

[以色列] 西蒙・佩雷斯著　吴越、刘洪译

定价：65.00 元　2019 年 9 月出版

《告别的仪式》

[法] 西蒙娜・德・波伏瓦著　孙凯译

定价：75.00 元　2019 年 9 月出版

《至暗时刻：力挽狂澜的丘吉尔》

[新西兰] 安东尼・麦卡滕著　陈恒仕译

定价：58.00 元　2019 年 7 月出版

第四节　格致出版社

《制度及其演化：方法与概念》

李建德著

定价：258.00 元　2019 年 5 月出版

《资本主义的本质：制度、演化和未来》

[英] 杰弗里・霍奇森著　张林译

定价：89.00 元　2019 年 5 月出版

《精通计量：从原因到结果的探寻之旅》
［美］乔舒亚·安格里斯特、［美］约恩-斯特芬·皮施克著　郎金焕译
定价：58.00元　2019年5月出版

《居民自治指导手册》(第二册)
刘建军著
定价：68.00元　2019年9月出版

《卓越的全球城市：国家使命与上海雄心》
周振华著
定价：58.00元　2019年5月出版

《大转型：中国经济改革的过去、现在与未来》
张军、王永钦主编
定价：118.00元　2019年1月出版

《爱、金钱和孩子：育儿经济学》
［美］马赛厄斯·德普克、［美］法布里奇奥·齐利博蒂著　吴娴、鲁敏儿译
定价：65.00元　2019年6月出版

《制度变迁与美国经济增长》
［美］兰斯·E.戴维斯、［美］道格拉斯·C.诺思著　张志华译
定价：65.00元　2019年3月出版

《国家建构——聚合与崩溃》
［瑞士］安德烈亚斯·威默著　叶江译
定价：85.00元　2019年10月出版

《盖娅：地球生命的新视野》
［英］詹姆斯·拉伍洛克著　肖显静、范祥东译
定价：38.00元　2019年8月出版

第五节　上海书店出版社

"江南文化研究丛书"
1.**《边缘缔造中心：历史视域中的上海与江南》**　周武著
2.**《明清时期的江南望族》**　吴仁安著
3.**《近代上海与江南：传统经济、文化的变迁》**　戴鞍钢著
4.**《海派映照下的江南人物》**　熊月之著

5.**《江南文化诗学》**　胡晓明著
定价：58.00～98.00元/册　2018年11月—2019年3月出版

“鲁迅在上海资料丛书”
1.**《鲁迅与电影：鲁迅观影资料简编(1927.10.7～1936.10.10)》**　李浩、丁佳园著
2.**《鲁迅与左翼美术运动资料选编》**　乔丽华著
3.**《鲁迅在上海的居住与饮食》**　施晓燕著
定价：38.00～40.00元/册　2019年5月出版

《上海党史资料汇编》(全9册)
中共上海市委党史研究室编
定价：3 980.00元　2018年10月出版

《明经世文编》(全11册)
(明)陈子龙、徐孚远、宋徵璧等选辑　虞万里、李伟国整理、主编
定价：6 280.00元　2019年10月出版

《汉唐礼制因革谱》
顾涛著
定价：390.00元　2018年10月出版

《七朝石经研究新论》
虞万里主编
定价：198.00元　2019年1月出版

《中华一万年》
郭志坤、陈雪良著
定价：138.00元　2019年5月出版

《凌听》
冷冰川、凌子编著
定价：268.00元　2019年8月出版

《天津砖刻艺术：手稿珍藏本》
冯骥才著
定价：118.00元　2019年5月出版

《说徐志摩》
陈子善著

定价：66.00 元　2019 年 8 月出版

第六节　上海古籍出版社

《清诗话全编·顺治康熙雍正期》
张寅彭编纂　杨焄点校
定价：1 580.00 元　2018 年 11 月出版

《唐文治文集》
唐文治撰　邓国光等编年校释
定价：780.00 元　2019 年 1 月出版

《辛弃疾词校笺》
(宋)辛弃疾撰　吴企明校笺
定价：288.00 元　2019 年 1 月出版

《杨维祯全集校笺》
(元)杨维祯著　孙小力校笺
定价：1 200.00 元　2019 年 9 月出版

《陈献章全集》
(明)陈献章撰　黎业明编校
定价：298.00 元　2019 年 3 月出版

《萧绎集校注》
(南北朝)萧绎著　陈志平、熊清元校注
定价：258.00 元　2018 年 12 月出版

《清代西部皮影艺术图录》
丁克西编著
定价：980.00 元　2019 年 3 月出版

《中国古代纪时考》
张衍田著
定价：48.00 元　2019 年 4 月出版

《国家与文明的起源：文化演进的过程》
[美] 埃尔曼·塞维斯著　龚辛、郭璐莎、陈力子译　陈淳审校
定价：98.00 元　2019 年 5 月出版

《中国少数民族家谱总目》
上海图书馆编　陈建华主编
定价：480.00元　2018年11月出版

第七节　少年儿童出版社

《世界上的每一秒》
[法]布律诺·吉贝尔著　陈祎译
定价：46.00元　2019年11月出版

“仙人掌原创成长书系”
《再见，咕嘟》　冯与蓝著
定价：28.00元　2019年10月出版

“麦田精选图画书”丛书
1.**《还有100个夜晚》**　[荷]普拉格曼编绘　蒋佳惠译
定价：32.80元　2019年10月出版
2.**《小小国王》**　[日]三浦太郎文图　郭佳川译
定价：36.00元　2019年8月出版
3.**《大大公主》**　[日]三浦太郎文图　郭佳川译
定价：36.00元　2019年8月出版

“小巨人原创”丛书
《打春鸡》　连城著
定价：21.00元　2019年8月出版

“绘心寓意·中国古代寓言典藏图画书”丛书
1.**《滥竽充数》**　郑马文　叶露盈图
2.**《叶公好龙》**　郑马文　符文征图
3.**《吴人放猿》**　郑马文　周翔图
4.**《一点不假》**　郑马文　缪惟图
5.**《愚公移山》**　郑马文　贺友直图
6.**《拔苗助长》**　郑马文　朱成梁图
7.**《秦西巴放鹿》**　郑马文　蔡皋图
8.**《曾子不撒谎》**　郑马文　韩硕图
9.**《死里逃生》**　郑马文　速泰熙图
10.**《齐宣王的弓》**　郑马文　张培成图
定价：150.00元　2019年6月出版

《布罗镇的邮递员(爱藏版)》
郭姜燕著
定价：33.00 元　2019 年 3 月出版

《科幻里的科学事儿》
[英] 奥利・杜希格著　丁丁虫等译
定价：70.00 元　2019 年 10 月出版

《电影里的科学事儿》
许益镌、冉浩著
定价：58.00 元　2019 年 1 月出版

第八节　上海科学技术出版社

《中国古代机械复原研究》
陆敬严著
定价：198.00 元　2019 年 6 月出版

"现代数学丛书 第 3 辑"
《高维定常可压缩 Navier-Stokes 方程的适定性理论》　江松、江飞、周春晖著
定价：138.00 元　2019 年 1 月出版

《皮瓣外科学》(第三版)
侯春林、顾玉东主编
定价：398.00 元　2019 年 6 月出版

《哈里森感染病学》
[美] 丹尼斯・L. 卡斯珀、[美] 安东尼・S. 福西主编　胡必杰、潘珏、高晓东主译
定价：268.00 元　2019 年 5 月出版

《云南民族药大辞典》
郑进、张超、钱子刚主编
定价：1 280.00 元　2019 年 1 月出版

"中国中药资源大典"
《新资源的发现及功效研究》　黄璐琦、江维克、周涛主编
定价：158.00 元　2019 年 11 月出版

"复杂地质与环境条件下隧道建设关键技术丛书"

1.**《隧道突涌水监测方法与预警技术》**　李术才、李利平、石少帅著

2.**《地面出入式盾构法》**　吴惠明、周文波著

3.**《暗挖异形断面隧道技术》**　杨志豪、朱雁飞、曹文宏主编

4.**《盾构隧道刀具更换技术》**　陈健、闵凡路编著

5.**《大直径水下盾构隧道施工技术》**　陈健、闵凡路、王守慧编著

6.**《城市地铁盾构隧道病害快速检测与工程实践》**　黄宏伟等著

定价：78.00～160.00 元　2019 年 1—7 月出版

"高海拔高寒地区高速公路建设关键技术"丛书

1.**《高海拔高寒地区高速公路建设技术》**　汪双杰、陈建兵、王佐编著

2.**《青藏高原多年冻土地区高速公路布局及其冻土环境耦合作用》**　汪双杰、王佐、陈建兵编著

3.**《多年冻土公路隧道设计与施工》**　韩常领、夏才初、纳启财著

4.**《多年冻土区公路工程施工关键技术》**　汪双杰、刘戈、纳启财编著

5.**《多年冻土区公路建设环境保护关键技术》**　吴明先、单永体、胡林编著

定价：98.00～248.00 元　2019 年 7 月出版

《中国棉花栽培学》

中国农业科学院棉花研究所主编

定价：300.00 元　2019 年 11 月出版

《西学中，创中国新医学：西医院士的中西医结合观》

汤钊猷著

定价：68.00 元　2019 年 1 月出版

第九节　上海辞书出版社

《汉语大词典》（第一册）

汉语大词典编辑委员会、汉语大词典编纂处编纂

定价：380.00 元　2018 年 12 月出版

《上海市测绘院藏近代上海地图文化价值研究》

顾建祥、安介生主编

定价：880.00 元　2019 年 8 月出版

《中英对照梁思成林徽因影像与手稿珍集》

上海艺术品博物馆编　胡木清主编

定价：98.00 元　2019 年 7 月出版

《王云五评传：多重历史镜像中的文化人》
周荐著
定价：48.00 元　2019 年 9 月出版

《明清传奇鉴赏辞典》(新一版)
上海辞书出版社文学鉴赏辞典编纂中心编
定价：168.00 元　2019 年 6 月出版

《中国近代中小学教科书汇编·清末卷：美术　手工　家事》
胡知凡主编
定价：1 840.00 元　2018 年 12 月出版

《民俗掌故日历 2.0 版(2020)》
仲富兰主编　杨荫深编著　康桥改编　潘方尔绘
定价：88.00 元　2019 年 9 月出版

《中国历代服饰文物图典》
高春明编著　2018 年 10 月出版
定价：3 980.00 元

《东亚千字文萃编》
王平主编
定价：1680.00 元　2019 年 8 月出版

《名联鉴赏辞典》(新一版)
苏渊雷主编
定价：98.00 元　2019 年 11 月出版

第十节　学 林 出 版 社

《细节的力量：新中国的伟大实践》
李颖著
定价：78.00 元　2019 年 9 月出版

《1949：上海解放日志》
中共上海市委党史研究室编　董奇、吴海勇编著
定价：70.00 元　2019 年 5 月出版

《俞秀松画传》
李瑊主编　王娟、俞敏副主编
定价：80.00元　2019年6月出版

“70年70个瞬间”丛书
1.**《徐汇相册：70年70个瞬间》**　中共上海市徐汇区委党史研究室编
2.**《长宁相册：70年70个瞬间》**　中共上海市长宁区委党史研究室编
3.**《普陀相册：70年70个瞬间》**　中共上海市普陀区委党史研究室编
4.**《静安相册：70年70个瞬间》**　中共上海市静安区委党史研究室编
5.**《虹口相册：70年70个瞬间》**　中共上海市虹口区委党史办公室编
6.**《黄浦相册：70年70个瞬间》**　中共上海市黄浦区委党史研究室编
7.**《闵行相册：70年70个瞬间》**　中共上海市闵行区委党史研究室、上海市闵行区档案局(馆)编
8.**《松江：70年70个瞬间》**　中共上海市松江区委党史研究室编
9.**《崇明相册：70年70个瞬间》**　中共上海市崇明区委党史研究室编
定价：910.00元　2019年12月出版

“何兆武思想文化随笔”丛书
何兆武著
1.**《必然与偶然：何兆武谈历史》**
2.**《触摸时代的灵魂：何兆武谈读书》**
3.**《冲击与反响：何兆武谈文化》**
4.**《从身份到契约：何兆武谈哲学》**
定价：189.00元　2019年12月出版

“郦波诗词书系”
郦波著
1.**《宋词简史》**　定价：68.00元　2019年3月出版
2.**《最是人间留不住》**　定价：36.00元　2019年6月出版
3.**《一天·一生》**　定价：68.00元　2019年7月出版

“上海地情普及系列丛书”
上海市地方志办公室主编
1.**《海纳百川上海源》**　葛剑雄著
2.**《浪奔浪涌黄浦江》**　傅林祥著
3.**《潮起潮落苏州河》**　薛理勇著
4.**《亦中亦西老城厢》**　张雪敏著
5.**《海韵江南古名镇》**　田兆元著
定价：317.00元　2019年8月出版

《方志上海微故事：变迁与更新的印象》
上海市地方志办公室编　沈思睿主编
定价：60.00 元　2019 年 5 月出版

“语言学热点问题研究丛书(第二辑)”
沈家煊主编
1.**《汉语长距离反身代词》**　夏登山、郭洁著
2.**《说把字句》**　张伯江著
3.**《“都”字的句法、语义和语用研究》**　周韧著
4.**《“之”“者”“而”新解》**　吴怀成、完权、许立群著
定价：129.00 元　2019 年 11 月出版

《汉语跨层结构的词汇化研究》
刘红妮著
定价：88.00 元　2019 年 5 月出版

第十一节　上海远东出版社

《绿色金融》
牛淑珍、齐安甜著
定价：98.00 元　2019 年 5 月出版

《天地之中：嵩山历史建筑群》
任伟、贺艳编著
定价：98.00 元　2019 年 6 月出版

《美军驻延安观察组成员文件集》
吕彤邻、杨冬权主编　孙晨旭编
定价：378.00 元　2019 年 6 月出版

《美国眼中的中共宣传资料(1940—1946)》
吕彤邻主编　蔺晓林编
定价：328.00 元　2019 年 6 月出版

《美国与中共的心理战合作》
吕彤邻主编
定价：418.00 元　2019 年 7 月出版

《冈特生态童书》(第六辑)

[比] 冈特·鲍利著　[哥伦] 凯瑟琳娜·巴赫绘　何家振等译

定价:468.00 元　2019 年 10 月出版

《好的教育》

史文杰著

定价:58.00 元　2019 年 5 月出版

《叶自成〈老子〉全解:今帛简综合版》

叶自成著

定价:49.00 元　2019 年 8 月出版

《浦东中医史略》

许芳编著

定价:188.00 元　2019 年 4 月出版

《中国印花税票图志:〈印花交流〉精粹选编》

李德元、焦继承编

定价:580.00 元　2019 年 9 月出版

第十二节　上海科技教育出版社

《更遥远的海岸:卡森传》

[美] 威廉·苏德著　张大川译

定价:75.00 元　2019 年 7 月出版

《诗话数学》

梁进著

定价:45.00 元　2019 年 7 月出版

《中微子振荡之谜》

邢志忠著

定价:35.00 元　2019 年 8 月出版

《同舟共济南海梦:中国大洋钻探科学家手记》

中国大洋发现计划办公室编

定价:68.00 元　2019 年 8 月出版

《中国野生大豆图志》
董英山、刘晓冬、杨光宇、齐广勋主编
定价：130.00元　2019年12月出版

《技术的阴暗面：人类文明的潜在危机》
［英］彼得·汤森著　郭长宇、都志亮译　姜振寰校
定价：65.00元　2019年12月出版

《美狄亚假说：地球生命会自我毁灭吗?》
［美］彼得·沃德著　赵佳媛译
定价：42.00元　2019年12月出版

《如果有外星人，他们在哪：费米悖论的75种解答》
［英］斯蒂芬·韦伯著　刘炎、萧耐园译
定价：98.00元　2019年12月出版

“青少年AI学习之路：从思维到创造”丛书
1.**《从人脑到人工智能：带你探索AI的过去和未来》**　龙婷、张伟楠编著
2.**《人工智能应用：炫酷的AI让你脑洞大开》**　任侃、张伟楠编著
3.**《人工智能技术入门：让你也看懂的AI“内幕”》**　沈键、张伟楠编著
4.**《人工智能实践：动手做你自己的AI》**　张惠楚、张伟楠编著
定价：60.00～96.00元　2019年9月出版

《医学传播学：从理论模型到实践探索》
王韬、牟怡、徐仲卿著
定价：98.00元　2019年8月出版

第十三节　上海文艺出版社

《草婴译著全集》
草婴译/著
定价：1 900.00元　2019年2月出版

“九说中国”系列丛书(第一辑)
1.**《九个汉字里的中国》**　郭永秉著
2.**《玉石里的中国》**　叶舒宪著
3.**《民间传说里的中国》**　段怀清著
4.**《道观可道的中国》**　张晓虹著
5.**《寓言里的中国》**　夏德元著

6.**《发明里的中国》**　江晓原著
7.**《九首古诗里的中国》**　胡晓明著
8.**《寺院映现的中国》**　张伟然著
9.**《节日里的中国》**　仲富兰著
定价：25.00～30.00元/册　2019年7月出版

《风眼》
孙颙著
定价：49.00元　2019年5月出版

《锦瑟》
范迁著
定价：55.00元　2019年3月出版

《蛋镇电影院》
朱山坡著
定价：59.00元　2019年6月出版

《紫罗兰的魅影：周瘦鹃与上海文学文化，1911—1949》
陈建华著
定价：128.00元　2019年1月出版

《觅经记》
韦力著
定价：360.00元　2019年6月出版

《T. S. 艾略特传》
［英］林德尔·戈登著　许小凡译
定价：85.00元　2019年1月出版

“波斯尼亚三部曲”丛书
1.**《德里纳河上的桥》**　［塞尔维亚］伊沃·安德里奇著　高韧译
2.**《萨拉热窝女人》**　［塞尔维亚］伊沃·安德里奇著　高韧译
3.**《特拉夫尼克纪事》**　［塞尔维亚］伊沃·安德里奇著　郑泽生、吴克礼译
定价：145.00元　2019年3月出版

《魔术师时代：哲学的黄金十年 1919—1929》
［德］沃尔夫拉姆·艾伦伯格著　林灵娜译

定价：78.00 元　2019 年 8 月出版

第十四节　上海文化出版社

《四十二年，我的“恶邻”李敖大师》
林丽蘋口述　林恒范著
定价：40.00 元　2019 年 6 月出版

《星河界里星河转：丰子恺和他的朋友们》
杨子耘、马永飞、宋雪君主编
定价：68.00 元　2019 年 8 月出版

《劫掠三千年：世界史上的海盗传奇》
[英] 安格斯·康斯塔姆、[英] 罗杰·迈克尔·基恩著　郭威译
定价：128.00 元　2019 年 8 月出版

《当铁比黄金贵：60 个故事背后的世界贸易》
[意] 亚历山德罗·吉劳多著　原冰玉、牛月译
定价：49.80 元　2019 年 8 月出版

《创意的利器：会议》
[日] 加藤昌治著　曲铭译
定价：35.00 元　2019 年 1 月出版

《DK 人类探险史：关于毅力与探索的伟大故事》
英国皇家地理学会、DK 公司编著　徐菊译
定价：238.00 元　2019 年 8 月出版

《褒曼走了，薄荷茶很甜》
沈嘉禄著
定价：48.00 元　2019 年 8 月出版

《风物志：毛丹青与日本 47 个都道府县的见闻趣事》
毛丹青著
定价：49.80 元　2019 年 7 月出版

《古人的餐桌：邀您共赏来自历代笔记的美味》
芮新林著
定价：30.00 元　2019 年 8 月出版

《国歌：欧洲民族国家在音乐中的形成》
［法］迪迪埃·法兰克福著　郭昌京译
定价：68.00 元　2019 年 7 月出版

《搭车上路，一个人的八万公里》
金一诺著
定价：49.80 元　2019 年 11 月出版

第十五节　上海音乐出版社

《中国小提琴作品百年经典》（套装版）
丁芷诺主编
定价：900.00 元　2019 年 4 月出版

《中国交响 70 年》（典藏版）
上海音乐出版社、上海文艺音像电子出版社编
定价：1 298.00 元　2019 年 9 月出版

《我和我的祖国：中华人民共和国成立七十周年歌曲精选》
刘书先编
定价：128.00 元　2019 年 6 月出版

《中国合唱歌曲百年经典》（五线谱版）
徐武冠主编
定价：495.00 元　2019 年 6 月出版

《陕西民歌金曲 30 首》（五线谱版与简谱版）
赵季平、冯健雪、黎琦编著
定价：188.00 元　2019 年 7 月出版

《钢琴协奏曲——我的祖国》（套装版）
储望华改编
定价：228.00 元　2019 年 10 月出版

《来自中国的声音·中国传统音乐概览》（汉英）
郭树荟著　李明月译
定价：168.00 元　2019 年 8 月出版

《世界小提琴名家：从帕格尼尼时代到 21 世纪》
［美］亨利·罗思著　顾连理、高小山译
定价：98.00 元　2019 年 7 月出版

《音腔论》
沈洽著
定价：118.00 元　2019 年 3 月出版

《礼俗之间：中国音乐文化史研究》
项阳总主编
定价：798.00 元　2019 年 8 月出版

第十六节　上海人民美术出版社

《金印中国著名碑帖》(第一集)
孙宝文编
定价：2 090.00 元　2019 年 1 月出版

《中国馆藏国家珍宝——中国陶瓷大系》(15 卷)
上海人民美术出版社编
定价：3 280.00 元　2019 年 3 月出版

《书画巨匠艺库·书法卷》
吴昌硕、沈尹默、邓散木著　吴超等编
定价：880.00 元　2019 年 1 月出版

《顾洛阜原藏中国历代书画名迹考释》
翁万戈编著
定价：980.00 元　2019 年 1 月出版

《仰潼而观：程十发国画册页精品》
汪大文编
定价：2 880.00 元　2019 年 8 月出版

“中国工业设计研究文集”
1. **《事理学方法论：一本讲设计方法论、设计思维的书》**　柳冠中著
2. **《1949—1979 中国工业设计珍藏档案》(增订版)**　沈榆、魏劭农著
3. **《从“告知”到“说服”：中国广告设计百年档案》**　陈澜著　魏劭农主编

定价：118.00～198.00 元　2019 年 1—6 月出版

《时代之眼：18—20 世纪美国艺术大师》
上海博物馆编
定价：128.00 元　2019 年 1 月出版

“影响力艺术丛书”
1. **《梵・高：我心如葵》**［英］马丁・贝利著　韩子仲译
2. **《弗兰克・奥尔巴赫：质朴的真实》**［英］凯瑟琳・兰珀特著　马洁译
3. **《卢西安・弗洛伊德：蓝围巾男人》**［英］马丁・盖福特原著　赵琦译
4. **《埃德加・德加：纸上的舞者》**［英］克里斯托弗・劳埃德著　朱一凡、王莹、邢煜婧译
5. **《保罗・塞尚：真实世界的革新者》**［英］克里斯托弗・劳埃德著　韩子仲、吴悦译
定价：88.00～98.00 元　2019 年 8 月出版

“设计新经典系列：去日本上设计课”
1. **《版式设计原理》**［日］甲谷一著　景瑞琴译
2. **《配色设计原理》**［日］柘植 hiropon 著　木兰花译
3. **《信息图表设计》**［日］樱田润著　施梦洁译
定价：78.00～88.00 元　2019 年 4 月出版

“和爸爸妈妈一起玩艺术”
1. **《插画手作实验室》**［英］弗洛拉・维科特等著　周长宇祎译
2. **《儿童创意黏土实验室》**［美］卡西亚・斯蒂夫妮著　何积惠译
定价：68.00 元　2019 年 8 月出版

第十七节　上海书画出版社

“中国绘画名品”丛书
上海书画出版社编
1. **《萧照中兴瑞应图》**
2. **《倪瓒六君子图　渔庄秋霁图》**
3. **《黄公望九珠峰翠图　九峰雪霁图》**
4. **《吴镇洞庭渔隐图　双桧平远图》**
5. **《李公麟五马图》**
6. **《夏圭溪山清远图》**
7. **《刘松年罗汉图》**
8. **《苏轼怪木竹石图》**
9. **《王蒙青卞隐居图　葛稚川移居图》**
10. **《许道宁渔父图　翟院深雪山归猎图》**

11.《赵孟頫秋郊饮马图　幼舆丘壑图》
12.《夏圭西湖柳艇图　雪堂客话图》
13.《许道宁渔父图　翟院深雪山归猎图》
定价：488.00元　2019年8月出版

《山鸣谷应：中国山水画和观众的历史》
石守谦著
定价：158.00元　2019年11月出版

《海派绘画史》
卢甫圣著
定价：188.00元　2019年12月出版

《中国古代印论史》(修订本)
黄惇著
定价：150.00元　2019年7月出版

《莲与龙：中国纹饰》
[英]杰西卡·罗森著　张平译
定价：98.00元　2019年4月出版

《与天久长：周秦汉唐文化与艺术》
清华大学艺术博物馆、陕西历史博物馆编　谈晟广主编
定价：780.00元　2019年12月出版

"珍本印谱丛刊"
上海书画出版社编
1.《赵之谦二金蝶堂印谱两种》
2.《晚清四大家印谱》
3.《慈溪张氏鲁盦印选》
4.《二十三举斋印摭》
5.《传朴堂藏印菁华》
定价：628.00元　2019年6月出版

"朵云琳琅丛刊·巾箱帖馆"
上海书画出版社编
1.《王羲之行书五种》
2.《隋墓志三种》
3.《欧阳询楷书四种》

4.《颜真卿楷书二种》
5.《晋唐小楷十种》
6.《褚遂良楷书二种》
7.《柳公权楷书二种》
8.《秦汉篆书三种》
9.《北魏墓志五种》
10.《汉隶二种》
定价：238.00 元　2019 年 8 月出版

《五彩彰施：民国织物彩绘图案》
李胜菊、月月编著
定价：160.00 元　2019 年 5 月出版

《陶瓷修补术的文化史》
谢明良著
定价：120.00 元　2019 年 8 月出版

第十八节　中 西 书 局

《安徽大学藏战国竹简(一)》
安徽大学汉字发展与应用研究中心编　黄德宽、徐在国主编
定价：1 080.00 元　2019 年 8 月出版

《清华大学藏战国竹简(玖)》
黄德宽主编　清华大学出土文献研究与保护中心编
定价：1 300.00 元　2019 年 11 月出版

《明嘉靖刻本研究》
李开升著
定价：258.00 元　2019 年 5 月出版

《异类：狐狸与中华帝国晚期的叙事》
[美] 韩瑞亚著　籍萌萌译
定价：88.00 元　2018 年 7 月出版

《今尘集：秦汉时代的简牍、画像与文化流播》
邢义田著
定价：180.00 元　2019 年 11 月出版

《佛教文献学十讲：佛教研究的文献学途径》

［英］肯尼斯·罗伊·诺曼著　陈世峰、纪赟译

定价：62.00 元　2019 年 4 月出版

《西域历史与考古研究》

侯灿著

定价：160.00 元　2019 年 10 月出版

《悬泉汉简(壹)》

甘肃简牍博物馆、甘肃省文物考古研究所、陕西师范大学人文社会科学高等研究院、清华大学出土文献研究与保护中心编

定价：1 500.00 元　2019 年 11 月出版

《玉门关汉简》

张德芳、石明秀主编　敦煌市博物馆、甘肃简牍博物馆、陕西师范大学人文社会科学高等研究院编

定价：900.00 元　2019 年 11 月出版

《宋代法制研究丛稿》

戴建国著

定价：118.00 元　2019 年 11 月出版

第十九节　上海外语教育出版社

《中国概况》(英文版)

程爱民主编　［澳］陈杨国生等译

定价：65.00 元　2019 年 1 月出版

《新编中国文化史》

郭尚兴著

定价：99.00 元　2019 年 4 月出版

《〈论语〉翻译与阐释》

史志康译著

定价：85.00 元　2019 年 4 月出版

《往事历历 40 年回眸：知名外语学者与改革开放》

庄智象主编

定价：268.00 元　2019 年 5 月出版

《姜椿芳校长传》
谭琦著
定价：88.00 元　2019 年 11 月出版

“俄罗斯诗歌通史”
1.**《俄罗斯诗歌通史(古代—19 世纪)》**　郑体武、马卫红著
2.**《俄罗斯诗歌通史(20—21 世纪)》**　郑体武、马卫红著
定价：85.00～108.00 元　2019 年 9 月出版

《法国文学批评史》
冯寿农编著
定价：100.00 元　2019 年 5 月出版

《欧盟及其成员国移民与难民问题研究》
曹德明主编
定价：118.00 元　2019 年 10 月出版

《波兰文学史》
张振辉著
定价：80.00 元/册　2019 年 4—5 月出版

“世界思想宝库钥匙丛书”
1.**《解析罗兰·巴特〈神话学〉》**　约翰·M·戈麦斯著　王一林译
2.**《解析约翰·罗尔斯〈正义论〉》**　菲利波·迪奥尼基、杰里米·克莱多斯蒂著　高伟、高英淇译
3.**《解析亚里士多德〈政治学〉》**　凯瑟琳·贝里斯福德,莱利·奎恩著　杨乐译
4.**《解析马克思·韦伯〈新教伦理与资本主义精神〉》**　塞巴斯蒂安·古兹曼、詹姆斯·希尔著　杨静译
5.**《解析威廉·詹姆斯〈心理学原理〉》**　英国 Macat 出版社团队著　叶娟译
6.**《解析弗朗兹·博厄斯〈种族、语言与文化〉》**　安娜·塞费尔-瓦伦西尔著　吴梦宇译
7.**《解析高尔登·奥尔波特〈偏见的本质〉》**　亚历山大·奥康纳著　麻桑译
8.**《解析阿布-卢格霍德〈欧洲霸权之前：公元 1250—1350 的世界体系〉》**　小威廉·戴著　李枫译
9.**《解析 C. 赖特·米尔斯〈社会学的想象力〉》**　伊斯梅尔·普加、罗伯特·伊索普著　施慧敏,杨晓玲译
10.**《解析道格拉斯·麦格雷戈〈企业的人性面〉》**　斯托杨·斯托扬诺夫、莫妮卡·狄德瑞奇著　童妍译
11.**《解析亚里士多德〈尼各马可伦理学〉》**　乔瓦尼·盖勒、乔恩·汤普森著　韩晓龙译
12.**《解析张夏准〈富国陷阱：发达国家为何踢开梯子〉》**　苏莱曼·哈克米著　梁瀚杰、李桦译

13. **《解析贝蒂·弗里丹〈女性的奥秘〉》** 伊丽莎白·惠特克著 周伟、王坤译

14. **《解析金伟灿和勒妮·莫博涅〈蓝海战略〉》** 安德烈亚斯·梅伯特、斯蒂芬妮·洛威著 张宏达,于连江译

15. **《解析阿马蒂亚·森〈以自由看待发展〉》** 珍娜·米莱茨基、尼克·布罗顿著 丁婕译

16. **《解析约翰·斯图亚特·穆勒〈功利主义〉》** 帕特里克·汤姆、桑德尔·韦尔克霍芬著 陈琦译

17. **《解析伯顿·G·马尔基尔〈漫步华尔街〉》** 尼克·伯顿著 刘积慧译

18. **《解析菲力浦·阿利埃斯〈儿童的世纪:旧制度下的儿童和家庭生活〉》** 伊娃-玛丽·布拉格,约瑟夫·滕德勒著 闻琛译

19. **《解析大卫·休谟〈人类理解研究〉》** 迈克·奥沙利文著 王弋璇译

20. **《解析托马斯·皮凯蒂〈21世纪资本论〉》** 尼克·布罗顿著 刘露译

定价:30元/册 2019年出版

第二十节 华东师范大学出版社

《70件文物里的中国》

上海博物馆编

定价:128.00元 2019年11月出版

《秦汉六朝字形谱》

臧克和、郭瑞主编

定价:3 300.00元 2019年12月出版

《中国好故事=Tales of China:英文》

[美]梅琳达·莉莉·汤普森主编

定价:399.00元 2019年8月出版

《科尔曼报告:教育机会公平》

[美]詹姆斯·S.科尔曼著 汪幼枫译

定价:238.00元 2019年3月出版

《杜威在华学谱》

顾红亮编著

定价:68.00元 2019年6月出版

《共和国教育公平之路》

袁振国、翟博、杨银付主编

定价:98.00元 2019年9月出版

"基于核心素养的学校变革系列"
1.**《课程的逻辑》** 钟启泉著
2.**《学校的变革》** 钟启泉著
3.**《教育的挑战》** 钟启泉著
定价：48.00 元/本　2019 年 8 月出版

《穿行于基础教育森林：教育实践沉思对话录》
于漪、黄音著
定价：58.00 元　2019 年 6 月出版

《人行道王国》
[美] 米切尔·邓奈尔 著　[美] 奥维·卡特 摄影　马景超、刘冉、王一凡译
定价：79.80 元　2019 年 3 月出版

"政治观念史稿"丛书
1.**《危机和人的启示》** [美] 沃格林著　刘景联译
2.**《中世纪：至阿奎那》** [美] 沃格林著　叶颖译
3.**《中世纪晚期》** [美] 沃格林著　段保良译
4.**《希腊化、罗马和早期基督教》** [美] 沃格林著　谢华育译
5.**《革命与新科学》** [美] 沃格林著　谢华育译
6.**《宗教与现代性的兴起》** [美] 沃格林著　霍伟岸译
7.**《文艺复兴与宗教改革》** [美] 沃格林著　孔新峰译
8.**《希腊化、罗马和早期基督教》** [美] 沃格林著　段保良译
定价：624.00 元　2019 年 10 月出版

第二十一节　复旦大学出版社

《中国学术名著提要》(合订本)
《中国学术名著提要》编委会编
定价：1 800.00 元　2019 年 2 月出版

"近代学术集林"丛书
傅杰主编
1.**《卢弼著作集(全 11 册)》** 卢弼著
2.**《徐昂著作集(全 5 册)》** 徐昂著
3.**《章钰著作集(全 8 册)》** 章钰著
4.**《吴士鉴著作集(全 27 册)》** 吴士鉴著
5.**《夏敬观著作集(全 9 册)》** 夏敬观著
定价：3 100.00～18 000.00 元　2019 年 6 月出版

"财政政治学文丛"
刘守刚、刘志广 主编
1.**《中国古代治国理财经典阐释》** 刘守刚、林矗、宋浩天编著
2.**《县治的财政基础：基于县级基本公共服务提供的视角》** 陶勇著
3.**《参与式治理的兴起：地方人大公共预算监督问责的模式与实践》** 王逸帅著
定价：59.00～69.00元 2019年10月—2020年4月出版

"名家专题精讲"丛书
1.**《徽学研究十讲》** 王振忠著
2.**《胡适研究十论》** 耿云志著
3.**《中国历史地理十讲》** 邹逸麟著
4.**《中国近代金融史十讲》** 吴景平著
5.**《中国近现代美术文献十讲》** 李超著
定价：65.00～75.00元 2019年7—12月出版

《肿瘤医学》
邵志敏、沈镇宙、郭小毛主编
定价：980.00元 2019年7月出版

"汪堂家文集"
1.**《生命的关怀：汪堂家伦理学文集》** 汪堂家著
2.**《哲学的追问：哲学概念清淤录》** 汪堂家著
3.**《现象学的展开：〈自我的觉悟〉及其他》** 汪堂家著
定价：48.00～65.00元 2019年6月出版

《四极日记》
葛剑雄著
定价：98.00元 2019年7月出版

《瓷器店里的熊猫：知识社会学视野下的中国》
林曦著
定价：48.00元 2019年10月出版

《冯·卡门：航空航天时代的科学奇才》
[美]冯·卡门、[美]李·埃德森著 曹开成译
定价：58.00元 2019年4月出版

"唐诗宋词全解(典藏版)"丛书
1.**《唐诗三百首全解》(典藏版)** 蘅塘退士编 赵昌平解

2.**《宋词三百首全解》**(典藏版)　上彊村民编　蔡义江解
定价:98.00元/册　2019年6月出版

第二十二节　上海交通大学出版社

"全球视野下的中国文学"丛书
陈思和、王升远主编
1.**《全球视野下的莫言》**　周蕾、张清华主编
2.**《全球视野下的贾平凹》**　陈晓明、张晓琴主编
3.**《全球视野下的巴金》**　陈昶、刘天艺、陈思和主编
4.**《全球视野下的沈从文》**　周刚、陈思和、张新颖主编
5.**《全球视野下的余华》**　高玉主编
定价:98.00~138.00元　2019年8—12月出版

《中国廊桥:水上的建筑》
[美]那仲良、[美]米泰瑞、刘杰著　[菲]王行富、[美]米泰瑞、[美]那仲良等摄影
定价:248.00元　2019年7月出版

《东京审判征战记:中国检察官向哲濬团队》
向隆万编著
定价:68.00元　2019年1月出版

《钱学森精神读本》
钱永刚主编
定价:48.00元　2019年9月出版

《大国坚守:中国外交在十字路口的历史抉择》
贾庆国等撰文　文汇讲堂主编
定价:68.00元　2019年4月出版

《冰心年谱长编》
王炳根编著
定价:600.00元　2019年10月出版

《工业人工智能》
[美]李杰著
定价:68.00元　2019年6月出版

《超声引导下的神经阻滞技术》
王爱忠、范坤、赵达强主编　江伟审阅

定价：298.00 元　2019 年 9 月出版

《肿瘤核医学：分子影像与靶向治疗(英文)》
黄钢等编著
定价：280.00 元　2019 年 12 月出版

《近场动力学理论及其应用》
[美] 埃尔多安·马德西、[英] 额尔坎·奥特库斯著　余音、胡祎乐译
定价：150.00 元　2019 年 7 月出版

第二十三节　同济大学出版社

《中国建筑口述史文库(第二辑)：建筑记忆与多元化历史》
陈志宏、陈芬芳主编
定价：84.00 元　2019 年 5 月出版

《汽车运动百年史话》
姚启明著
定价：148.00 元　2019 年 7 月出版

《历史街道精细化规划研究：上海城市有机更新的探索与实践》
伍江、沙永杰著
定价：99.00 元　2019 年 3 月出版

《上海纪事：社会空间的视角》
于海著
定价：68.00 元　2019 年 3 月出版

《上海·1949》
陈立群编
定价：70.00 元　2019 年 8 月出版

《1949·影像上海》
中共黄浦区委党史研究室组编
定价：280.00 元　2019 年 8 月出版

《上海张爱玲文学地图：汉英对照》
淳子等著　须勤译
定价：62.00 元　2019 年 5 月出版

《东京城市更新经验：城市再开发重大案例研究》
同济大学建筑与城市空间研究所、株式会社日本设计著
定价：128.00元 2019年6月出版

《骑行上海：关于骑行规划的思考》(汉、英)
王卓尔著
定价：128.00元 2019年6月出版

《胰腺整合介入治疗学》
李茂全主编
定价：268.00元 2019年12月出版

第二十四节 上海浦江教育出版社

《中国共产党海洋强国战略思想研究》
魏青松著
定价：168.00元 2019年1月出版

《自动化集装箱码头设计与实践》
程泽坤、何继红、刘广红编著
定价：200.00元 2019年9月出版

《师道初心》
中共上海中医药大学委员会编
定价：80.00元 2019年12月出版

《徐谦光推拿全集》
(清)徐谦光编纂 李乃奇、赵毅校注
定价：45.00元 2019年10月出版

《中医药寻根之旅》
邵蔚连著
定价：35.00元 2019年12月出版

《医路心悟：李良学术经验选编》
李良上海市基层名中医工作室编著
定价：45.00元 2019年9月出版

《中医眼耳鼻咽喉科学：英汉对照》
黄平、缪晚虹、张治军主编

定价：128.00 元　2019 年 4 月出版

《中医内科学：英汉对照》
余小萍主编
定价：108.00 元　2019 年 5 月出版

《中医骨伤科学：英汉对照》
詹红生、张琥、石瑛主编
定价：128.00 元　2019 年 9 月出版

《韩天雍大篆・大克鼎》
韩天雍编著
定价：58.00 元　2019 年 12 月出版

第二十五节　立信会计出版社

《风雨兼程：中国注册会计师之路》(逐梦卷)
丁平准著
定价：158.00 元　2019 年 5 月出版

《作业基础成本管理：知行合一论》
吴安妮著
定价：56.00 元　2019 年 5 月出版

《数字联通“一带一路”:“走出去”企业会计数字化问题研究》
李扣庆等编著
定价：49.00 元　2019 年 6 月出版

《终极增信：资产证券化奥秘》
王祚君著
定价：108.00 元　2019 年 7 月出版

《全球数字贸易促进指数报告》(2019)
国际贸易投资新规则与自贸试验区建设团队著
定价：63.00 元　2019 年 9 月出版

《会计口述历史》(第一辑)
上海国家会计学院会计口述历史项目工作组编

定价：39.00 元　2019 年 8 月出版

《中国上市公司投资价值动态比较分析研究》(三)
赵惠芳等著
定价：108.00 元　2019 年 10 月出版

《财务共享——财务数字化案例精选》
付建华等著
定价：98.00 元　2019 年 12 月出版

《中小学校执行新政府会计准则制度的实务解析》
杜莉编著
定价：89.00 元　2019 年 9 月出版

《管理会计信息化发展的理论与实务》
刘勤等著
定价：58.00 元　2019 年 9 月出版

第二十六节　华东理工大学出版社

《页岩气发展模式与启示》
蒋恕主编
定价：168.00 元　2019 年 1 月出版

《化工原理(少学时)》
陈敏恒主编
定价：48.00 元　2019 年 6 月出版

“社会工作流派译库(第三期)”
1. **《解析社会政策(上)：重要概念与主要理论》**　彭华民著
2. **《解析社会政策(下)：福利提供与福利治理》**　彭华民著
3. **《长久热烈的婚姻之路——认知行为视角下的社会工作介入》**　黄霄柠著
4. **《精通社会工作沟通——从理解到实操》**　梁昆著
5. **《精通社会工作价值观与伦理》**　李筱著
6. **《精通社会工作中家庭整体评估——平衡儿童、成人及家庭需求》**　陈婉珍著
7. **《精通社会工作多样性的方法》**　侯利文著
8. **《社会工作政治学》**　徐选国著
9. **《系统介入——社会工作实务模式》**　杨旭著

10.**《拯救社会工作：挑战新自由主义与促进社会正义》** 黄锐著
定价：1 116.00 元 2019 年 11 月出版

“玛丽·埃伦·里士满社会工作全集”
1.**《求索的一生：里士满社会工作专业化历程》**［美］玛丽·埃伦·里士满著 郑国锋主译
2.**《童婚》**［美］玛丽·埃伦·里士满,［美］弗雷德·S. 霍尔著 洪佩主译
3.**《女性丧偶者研究：基于 1910 年某慈善组织会社所知的 985 人》**［美］玛丽·埃伦·里士满、［美］弗雷德·S. 霍尔著 汪颖霞主译
4.**《贫民中的友善探访：慈善工作者手册》**［美］玛丽·埃伦·里士满著 康姣主译
5.**《婚姻与国家：基于美国婚姻法实施的田野调查》**［美］玛丽·埃伦·里士满、［美］弗雷德·S. 霍尔著 朱姝主译
6.**《社会诊断》**［美］玛丽·埃伦·里士满著 刘振主译
7.**《个案社会工作导论》**［美］玛丽·埃伦·里士满著 刘丹主译
8.**《现代城市里的好邻居》**［美］玛丽·埃伦·里士满著 朱志伟主译
定价：680.00 元 2019 年 11 月出版

《马缨花下的扶贫记忆：从脱贫到振兴的红土地群像》
储琰著
定价：78.00 元 2019 年 8 月出版

《培生初级英语语法》
［美］艾萨、［美］哈根著
定价：80.00 元 2019 年 8 月出版

“迪士尼漫威丛书”
1.**《英文原版 漫威超级英雄故事·复仇者联盟》** 美国漫威公司著
2.**《英文原版 漫威超级英雄故事·钢铁侠》** 美国漫威公司著
3.**《英文原版 漫威超级英雄故事·黑豹》** 美国漫威公司著
4.**《英文原版 漫威超级英雄故事·猎鹰》** 美国漫威公司著
5.**《英文原版 漫威超级英雄故事·美国队长》** 美国漫威公司著
6.**《英文原版 漫威超级英雄故事·星爵》** 美国漫威公司著
7.**《英文原版 漫威超级英雄故事·蚁人》** 美国漫威公司著
8.**《英文原版 漫威超级英雄故事·银河护卫队》** 美国漫威公司著
9.**《英文原版 漫威超级英雄故事·蜘蛛侠》** 美国漫威公司著
10.**《英文原版 漫威超级英雄故事·奇异博士》** 美国漫威公司著
定价：350 元 2019 年 5 月出版

“极简西方艺术史”丛书
1.**《马蒂斯：色彩明亮的野兽派创始》(英汉对照)**［英］安东尼·梅森著 李慕炜译

2.**《达·芬奇：文艺复兴的一盏明灯》(英汉对照)** ［英］安东尼·梅森著　［美］但孟新、柏梅译

3.**《莫奈：光与影的守望者》(英汉对照)** ［英］安东尼·梅森著　颜静兰、初琪祺译

4.**《梵·高：向日葵的生命》(英汉对照)** ［英］安德鲁·休斯著　付远山译

5.**《米罗：像孩子一样绘画的大师》(英汉对照)** ［英］尼古拉斯·罗斯著　李慕炜译

6.**《塞尚：绘画是超越眼睛的艺术》(英汉对照)** ［英］安东尼·梅森著　初琪祺、颜静兰译

7.**《毕加索：一个天才的诞生》(英汉对照)** ［英］安东尼·梅森著　［美］但孟新、朱林芳译

8.**《米开朗琪罗：艺术家的锤子》(英汉对照)** ［英］金·格林著　黎智林译

定价：294.40 元　2019 年 12 月出版

《日本文化 99 元素：有声版》(日汉对照)

［日］白幡洋三郎著　蔡敦达译

定价：42.80 元　2019 年 7 月出版

《漫画图解：超好记超好用小学英语语法》

炎文主编

定价：35.00 元　2019 年 7 月出版

第二十七节　东华大学出版社

《清代服饰制度与传世实物考·女装卷》

李雨来、李晓君、李晓建著

定价：398.00 元　2019 年 11 月出版

《清代服饰制度与传世实物考·男装卷》

李雨来、李晓君、李晓建著

定价：398.00 元　2019 年 11 月出版

《美国费城艺术博物馆藏丝绸经面研究》

赵丰主编　徐峥著

定价：398.00 元　2019 年 1 月出版

《从田园到城市：四百年的西方时装》

包铭新主编

定价：198.00 元　2019 年 6 月出版

《海派时尚流行趋势理论与实践研究》

刘晓刚、顾雯著

定价：98.00 元　2019 年 9 月出版

《静电纺纳米纤维与组织再生》
莫秀梅主编
定价：69.00 元　2019 年 6 月出版

《纳尺度纺织纤维科学工程》
覃小红主编
定价：49.00 元　2019 年 1 月出版

《可持续性时装设计》
[英] 凯特・弗莱彻、[美] 林达・格罗斯著　陶辉译
定价：68.00 元　2019 年 1 月出版

“百年时尚”系列
《百年时尚裙装设计》　[英] 玛尼・弗格著　何韵姿、何清颖译
《百年时尚珠宝设计》　[英] 卡罗琳・柯克斯著　王陶均译
《百年时尚婚纱设计》　[英] 玛尼・弗格著　王凯译
定价：298.00 元/本　2019 年 5 月出版

“福尔摩斯探案全集”
1. **《巴斯克维尔的猎犬：汉英对照》**　[英] 阿瑟・柯南・道尔著　青闰译注
2. **《四签名：汉英对照》**　[英] 阿瑟・柯南・道尔著　青闰译注
3. **《血字的研究：汉英对照》**　[英] 阿瑟・柯南・道尔著　青闰译注
4. **《恐怖谷：汉英对照》**　[英] 阿瑟・柯南・道尔著　青闰译注
定价：29.00～33.00 元　2019 年 1 月出版

第二十八节　上海财经大学出版社

《中国的民族资本主义(1927—1937)》
杜恂诚著
定价：98.00 元　2019 年 8 月出版

《中国经济发展史(公元前 16 世纪—1840)》
《中国经济发展史》编写组编著
定价：800.00 元　2019 年 7 月出版

《中外旧约章汇编》
王铁崖编

定价：1 280.00 元 2019 年 7 月出版

《大衰退年代：宏观经济学的另一半与全球化的宿命》
［美］辜朝明著 杨培雷译
定价：78.00 元 2019 年 5 月出版

《货币起源》
周洛华著
定价：68.00 元 2019 年 4 月出版

《产业组织导论：第二版》
［美］刘易斯·M. B. 卡布罗著 刘勇译
定价：98.00 元 2019 年 4 月出版

《关于投资、关于家国：格隆投资廿年研究札记》
格隆著
定价：138.00 元 2019 年 8 月出版

《市场如何运行》
［英］伊斯雷尔·M. 柯兹纳著 沈国华译
定价：58.00 元 2019 年 8 月出版

《信任利维坦：不列颠的税收政治学》
［英］马丁·唐顿著 刘守刚译
定价：89.00 元 2019 年 6 月出版

《新供给经济学：用改革的办法推动结构转型》
滕泰著
定价：68.00 元 2019 年 12 月出版

第二十九节 上海大学出版社

《五月黎明：纪念上海解放 70 周年》
上海通志馆、《上海滩》杂志编辑部编
定价：45.00 元 2019 年 4 月出版

《大国外交："人类命运共同体"解读》
何英著
定价：50.00 元 2019 年 5 月出版

《上海故事：走近远去的城市记忆》
上海音像资料馆编
定价：48.00 元　2019 年 8 月出版

《矛盾的愉悦：张爱玲上海关键十年揭秘》
杨曼芬著
定价：48.00 元　2019 年 8 月出版

《光荣啊！铁道兵》
朱瑞华主编
定价：88.00 元　2019 年 7 月出版

《文献与口头》
董晓萍等著
定价：168.00 元　2019 年 10 月出版

《开放发展：国际发展中的网络化创新》
[加] 马修・L. 史密斯、[加] 凯瑟琳・M. A. 赖利主编　吴红敏译
定价：39.00 元　2019 年 7 月出版

"海派名物典藏"丛书
张伟主编
1. **《老唱片经典撷英荟萃》**　钱乃荣著
2. **《近代电影海报探幽》**　刘钢著
3. **《近代日记书信丛考》**　张伟著
4. **《近代影剧说明书探幽》**　张伟著
5. **《书画名物忆旧》**　郑有慧著
定价：75.00～98.00 元　2018 年 9 月—2019 年 9 月出版

"纪念改革开放 40 年法律社会学研究"丛书
1. **《法治思想在文学作品中的推进》**　李瑜青等著
2. **《法治思想在影视作品中的推进》**　李瑜青等著
3. **《当代中国法治文明建设若干问题研究》**　李瑜青著
定价：58.00～68.00 元　2019 年 5 月出版

"上海大学创意写作丛书"(第二辑)
许道军主编
1. **《创意写作基本理论问题》**　刘卫东著
2. **《创意写作十五堂课》**　许道军著

3.《**作为学术科目的创意写作研究**》［美］黛安娜·唐纳利著　许道军、汪雨萌译
定价：40.00～43.00元　2019年11—12月出版

第三十节　上海音乐学院出版社

《钢琴考级曲集(2020版)指导纲要》
钟听、谢佳编
定价：75.00元　2019年7月出版

《我和我的祖国：经典红歌钢琴改编曲集》
刘天礼、范雪琳、孙鹏编配
定价：30.00元　2019年5月出版

《力量之声》
"力量之声"主编
定价：79.80元　2019年5月出版

《Ethnomusicology理论与方法英文文献导读：汉英对照》
曹本冶、洛秦编著
定价：198.00元　2019年1月出版

《兰苑芳鳌：中国昆曲六百年》
国家大剧院著
定价：320.00元　2019年4月出版

《音乐学百年文选导读》
刘再生、司冰琳编
定价：186.00元　2019年9月出版

《竹笛五线谱视奏训练》
詹永明编著
定价：35.00元　2019年10月出版

《琵琶五线谱视奏训练》
舒银著
定价：30.00元　2019年10月出版

《二胡五线谱视奏训练》
霍永刚著

定价：35.00 元　2019 年 10 月出版

《古筝五线谱视奏训练》
祈瑶著
定价：30.00 元　2019 年 10 月出版

第三十一节　上海科学技术文献出版社

《70 年邮票看中国》
李近朱著
定价：168.00 元　2019 年 9 月出版

“红色视域下的上海：中共中央早期机关报上海新闻整理汇编”丛书
贾翠玲主编
1. **《〈红色中华〉上海新闻整理汇编：1931.12—1937.1》**
2. **《〈解放日报〉上海新闻整理汇编：1941.5—1947.3》**
3. **《〈新中华报〉上海新闻整理汇编：1937.2—1941.5》**
定价：3 600.00 元　2019 年 5 月出版

“中国高铁”丛书
孙章主编
1. **《中国高铁发展战略》**　刘涟清、蒲琪、孙章著
2. **《高铁经济》**　姚诗煌著
3. **《高速列车》**　梁建英、杨中平、张济民著
4. **《走近中国高铁》**　钱桂枫等著
5. **《高铁信号与控制》**　陈永生等著
6. **《高铁线路工程》**　郑健等著
7. **《高铁车站》**　郑健、贾坚、魏崴著
8. **《高铁牵引供电系统》**　张明锐等著
9. **《高铁运营组织与管理》**　徐行方、蒲琪、汤莲花著
定价：888.00 元　2019 年 1 月出版

“新知图书馆 · 第一辑”
1. **《探索的魅力》**　[美] 丽莎 · 杨特、[美] 哈里 · 亨德森著　王正科等译
2. **《天才数学家》**　[美] 迈克尔 · J. 布拉德利著　王潇、蒲实译
3. **《人工智能之路》**　[美] 哈里 · 亨德森著　王华等译
4. **《数学的奠基者》**　[美] 迈克尔 · J. 布拉德利著　陈松等译
5. **《上天下海的探索》**　[美] 丽莎 · 杨特著　刘彭、郭红霞译
6. **《起源与进化》**　美国迪亚格雷集团著　胡煜成等译

7.**《繁盛与更迭》**　美国迪亚格雷集团著　王中华等译
8.**《触不到的化学》**　[美]大卫·E.牛顿著　陈松等译
9.**《触得到的化学》**　[美]大卫·E.牛顿著　杨延涛等译
定价：417.00元　2019年1月出版

“中国科技史话”丛书
1.**《建筑史话》**　张邻编著
2.**《天文史话》**　邓可卉编著
3.**《航海史话》**　陶培培编著
4.**《地理史话》**　张邻编著
5.**《农业史话》**　杨常伟编著
6.**《医学史话》**　陈丽云编著
7.**《数学史话》**　王渝生著
8.**《物理史话》**　陈敬全编著
9.**《化学史话》**　容志毅编著
10.**《插图本极简中国科技史》**　王渝生著
定价：566.00元　2019年4月出版

“江南文化”丛书
胡晓明主编
1.**《江南词》**　彭国忠编著
2.**《江南赋》**　陈引驰编著
3.**《江南文》**　沈喜阳、胡晓明编著
4.**《江南诗》**　胡晓明编著
定价：174.00元　2019年8月出版

“中国古代文明探源·插图本”丛书
李学勤主编　丁季华等编著
1.**《文化起源》**
2.**《氏族寻踪》**
3.**《原始创新》**
4.**《洪荒岁月》**
定价：128.00元　2019年1月出版

《上海图书馆藏中医稿抄本丛刊》
段逸山主编
定价：32 000.00元　2019年9月出版

《上海图书馆藏珍稀家谱丛刊·第三辑》
上海图书馆编

定价：33 600.00 元　2019 年 9 月出版

《中国书院文献丛刊・第二辑》
邓洪波编
定价：70 000.00 元　2019 年 3 月出版

第三十二节　上海社会科学院出版社

《中东史：上、中、下》
哈全安著
定价：380.00 元　2019 年 11 月出版

《枫丹白露宫：法国千年史》
[法] 让・弗朗索瓦・埃贝尔、[法] 蒂埃里・萨尔芒著　程水英译
定价：68.00 元　2019 年 3 月出版

《民国的“失传”——清末民初中国革命再阐释》
沈洁著
定价：98.00 元　2019 年 5 月出版

《从工部局大楼到上海市人民政府大厦：一幢大楼与一座城市的变迁》
马学强、朱亦锋主编
定价：118.00 元　2019 年 4 月出版

“绘本中的炮舰外交”丛书
姚开阳著
1. **《近现代中国与大航海时代》**
2. **《列强派驻中国舰船》**
3. **《内河航行权与轮船公司》**
定价：168.00 元/册　2019 年 4 月出版

《明代学术思潮与文学流变》
夏咸淳著
定价：88.00 元　2019 年 5 月出版

《小趋势：决定未来大变革的潜藏力量》
[美] 马克・佩恩、[美] E. 金尼・扎莱纳著　刘庸安、贺和风、周艳辉译
定价：68.80 元　2019 年 2 月出版

《法律的颜色：一段被遗忘的美国政府种族隔离史》
[美] 理查德·罗斯坦著　王志欣译
定价：75.00 元　2019 年 9 月出版

《先进制造：美国的新创新政策》
[美] 威廉姆·邦维利安、[美] 彼得·辛格著　沈开艳等译
定价：78.00 元　2019 年 3 月出版

《重塑民族主义：特贾斯维莉·尼南贾纳读本》
张颂仁、陈光兴、高士明主编
定价：68.00 元　2019 年 9 月出版

第三十三节　文汇出版社

《小球大乾坤》
朱国顺、李宁主编
定价：98.00 元　2019 年 8 月出版

《巨浪下的小学》
[英] 理查德·劳埃德·帕里著　尹楠译
定价：68.00 元　2019 年 9 月出版

《德国人：一个民族的双重历史》
[德] 埃米尔·路德维希著　杨成绪、潘琪译
定价：108.00 元　2019 年 9 月出版

《中国父子》
张旻著
定价：40.00 元　2019 年 7 月出版

《寂寞光影：导演费穆》
曹俊主编
定价：188.00 元　2019 年 10 月出版

《穿越神秘屋：这是一本必须画完的书》
[捷克] 埃丝特·斯塔拉著　[捷克] 米兰·斯达里绘　许照人译
定价：49.80 元　2019 年 9 月出版

《顾文彬日记》
(清)顾文彬著

苏州市档案馆、苏州市过云楼文化研究会编
定价：398.00 元　2019 年 11 月出版

《春之恋》
周天籁著
定价：45.00 元　2019 年 11 月出版

《浮生有爱》
郦波著
定价：46.00 元　2019 年 8 月出版

《维克多·雨果：天才的内心》
李丹丹主编
定价：58.00 元　2019 年 11 月出版

第三十四节　上海三联书店

《苏轼十讲》
朱刚著
定价：58.00 元　2019 年 7 月出版

“中国民间崇拜文化”丛书
《佛界百佛》　徐彻、李淼著
《道界百仙》　徐彻、李淼著
《冥界百鬼》　徐彻著
《民间百神》　徐彻、陈泰云著
定价：208.00 元　2019 年 3 月出版

《当柏拉图遇到卢米埃尔：电影中的哲学思辨》
郁喆隽著
定价：37.00 元　2019 年 6 月出版

《谁在你家：中国“个体家庭”的选择》
沈奕斐著
定价：68.00 元　2019 年 6 月出版

《打开：周濂的 100 堂西方哲学课》
周濂著
定价：118.00 元　2019 年 4 月出版

《〈初恋〉：手稿本》
［俄］屠格涅夫著　萧珊译　巴金故居编
定价：398.00 元　2019 年 6 月出版

“贝克知识”丛书
1.**《罗马史：从开端到古典时代晚期》**［德］克劳斯・布林格曼著　周锐译
2.**《苏格兰史》**［德］伯恩哈德・迈尔著　佟文斌、王舒惠、陈璐译
3.**《法国大革命》**［德］汉斯-乌尔里希・塔默著　经轶、吕馥含译
4.**《伯罗奔尼撒战争史》**［德］布鲁诺・布勒克曼著　武诗韵译
定价：29.80～36.80 元　2019 年 8—12 月出版

《人类真的是耶胡吗？欧洲文学十四讲》
戴从容著
定价：58.00 元　2019 年 4 月出版

《伊斯坦布尔三城记》
［英］贝塔妮・休斯著　黄煜文译
定价：138.00 元　2019 年 10 月出版

《有所不为的反叛者：批判、怀疑与想象力》
罗新著
定价：51.96 元　2019 年 5 月出版

第三十五节　上海科学普及出版社

“老年健康生活”丛书
陈积芳主编
《阳光心态》　胡光玉编著
《经络养生》　陈春艳编著
《健康管理》　柯浦编著
《老少同乐》　张文华等编著
《智能生活》　张威编著
《家庭园艺》　王建华编著
《法律维权》　张学森编著
《旅游英语》　王道英编著
《科普新知》　荆帅编著
《智慧理财》　方慧编著
定价：409.00 元　2019 年 6 月出版

"少年的科创"丛书
1.**《3D 打印：造出万物的"魔法棒"》** 黄蔚编著
2.**《人工智能：开启智能时代的聪明机器》** 黄蔚编著
3.**《干细胞：藏在身体里的器官宝库》** 王慧编著
4.**《石墨烯：神通广大的材料明星》** 黄蔚编著
5.**《智能电网：无处不在的"电力界天网"》** 李琦芬等编著
定价：110.00 元　2019 年 8 月出版

《群星闪耀 璀璨绽放：上海市科技精英评选 30 周年纪念专辑》
上海市科学技术协会组编
定价：398.00 元　2019 年 7 月出版

《我们的昆虫朋友：昆虫科普 100 问》
胡名正主编
定价：98.00 元　2019 年 5 月出版

《肝胆胰脾疾病超声造影》
徐辉雄、张一峰主编
定价：198.00 元　2019 年 11 月出版

《你也看得懂化验单新编》
熊旭东主编
定价：38.00 元　2019 年 8 月出版

《"胰"路有医》
沈柏用、王伟主编
定价：75.00 元　2019 年 8 月出版

《新编英语自然拼读入门》
康志峰编
定价：28.00 元　2019 年 6 月出版

《高中数学核心解题技巧 120 讲》
李正兴著
定价：78.00 元　2019 年 8 月出版

第三十六节　中国中福会出版社

"带回家的自然博物馆系列"
1.**《秋天到，鸣虫在歌唱：鸣虫观察》** 金杏宝著　龙珩绘

2.**《异形记，叶片也疯狂：常见植物的奇妙叶片观察》**　米亚王著　龙珩绘
3.**《早上好，小鸟做邻居：常见鸟观察》**　郑旭振著　王书音绘
4.**《天黑黑，我们去看蛙：蛙类观察》**　岑建强著　李达绘
5.**《起风了，鸟儿去远方：迁徙鸟观察》**　王军馥著　王书音绘
定价：32.80元/本　2019年8月出版

“美丽中国・乡村四季系列绘本”
1.**《春。至》**　陈裕华著　方一琨绘
2.**《夏。至》**　蔡冬青著　蒋玉娟绘
3.**《秋。至》**　陆亚军著　弥弥绘
4.**《冬。至》**　吴亮著　周虹珉绘
定价：39.80元/本　2019年10月出版

“小学新课标语文拓展读本”丛书
《左手成语　右手百科(全八册)》
李业琼、陆惠忠编著
定价：25.00元/本　2019年5月出版

《问问科学》
陈磊著　李巧巧绘
定价：39.80元/本　2019年5月出版

“儿童新话本”原创文丛・精灵卷
王一梅著
1.**《王一梅趣味童话：蓝狐狸的七棵树》(注音美绘版)**
2.**《王一梅趣味童话：袋鼠进城》(注音美绘版)**
3.**《王一梅趣味童话：屎壳郎喜欢圆形》(注音美绘版)**
4.**《王一梅趣味童话：与众不同的鼹鼠》(注音美绘版)**
5.**《王一梅趣味童话：冒冒失失的花精灵》(注音美绘版)**
定价：24.80元/本　2019年4月出版

“中国原创图画书・科学乐园”丛书
《种子去哪儿》　徐小森著　弥弥绘
定价：32.80元　2019年11月出版

“爱我中华红色探险之旅(第二辑)・小脚走申城”
徐建刚主编
1.**《上海速度大飞跃》**　周奕韵著　陆旻绘
2.**《上海智造大不同》**　赵菲著　陆旻绘

3.**《城市建筑大发现》** 马婉著　陆旻绘
4.**《城市精神大冒险》** 刘捷著　陆旻绘
定价：12.80元/本　2019年1月出版

《小小演说家》
夏磊著
定价：38.00元　2019年4月出版

“天使在人间”丛书
[意]洛伦扎·托纳尼著　安雨帆译
1.**《奥黛丽·赫本》** [意]罗伯塔·泽塔绘
2.**《弗里达·卡罗》** [意]萨拉·奇普兰迪绘
3.**《弗吉尼亚·伍尔夫》** [意]柳克丽丝绘
4.**《玛丽亚·卡拉斯》** [意]阿马利娅绘
定价：49.00元/本　2019年5月出版

第三十七节　中华地图学社

《江西省工作用图》
江西省测绘成果资料档案馆编制
定价：200.00元　2019年1月出版

《上海道路交通指南(2019版)》
上海市测绘院编制
定价：150.00元　2019年3月出版

《绿水青山看江西》
江西省自然资源厅、江西省自然资源档案馆编制
定价：420.00元　2019年12月出版

《余杭改革开放40年图说》
杭州市勘测设计研究院编制
定价：280.00元　2019年2月出版

《浙江舟山群岛新区地图集》
舟山市民政局、浙江省第一测绘院编制
定价：220.00元　2019年4月出版

《上海市行政区划与地名图集》
上海市测绘院编制

定价：260.00 元　2019 年 7 月出版

《上海市行政区划变迁图集：1949—2019》
上海市测绘院编
定价：780.00 元　2019 年 9 月出版

《益智地理：世界气候》
中华地图学社编
定价：20.00 元　2019 年 8 月出版

《益智地理：认知中国》
中华地图学社编
定价：20.00 元　2019 年 8 月出版

《美丽江苏》
江苏省基础地理信息中心编制
定价：580.00 元　2019 年 9 月出版

第三十八节　东方出版中心

《气候赌场：全球变暖的风险、不确定性与经济学》
[美] 威廉・诺德豪斯著　梁小民译
定价：78.00 元　2019 年 9 月出版

《法国文明史》
[法] 乔治・杜比、[法] 罗贝尔・芒德鲁著　傅先俊译
定价：108.00 元　2019 年 3 月出版

《希姆博尔斯卡全集》
[波兰]维斯瓦娃・希姆博尔斯卡著　林洪亮等译
定价：318.00 元　2019 年 4 月出版

《财政学通论》
贾康等著
定价：150.00 元　2019 年 11 月出版

“中欧前沿观点”丛书
1.**《活用宏观经济学》**　许斌著
2.**《中国式增长》**　朱天著

3.**《数字化领导力》** 方跃著
4.**《高管薪酬激励：从理论到实际》** 黄钰昌著
5.**《财富管理：改变从认知开始》** 芮萌著
6.**《家族财富的灵魂》** 李秀娟著
总定价：346.00 元 2019 年 10 月出版

“新知史”丛书
1.**《细数恒河沙：印度通史》** ［美］斯坦利·沃尔波特著 李建欣、张锦东译
2.**《独立之路：爱尔兰史》** ［英］罗伯特·基著 潘兴明译
3.**《在亚非欧之间：地中海史》** ［英］约翰·朱利叶斯·诺威奇著 殷亚平等译
4.**《透视水半球：太平洋史》** ［加拿大］唐纳德·B. 弗里曼著 王成至译
5.**《不可能的帝国：西班牙史》** ［英］雷蒙德·卡尔著 潘诚译
6.**《中东史》** ［美］小阿瑟·戈尔德施密特、［美］劳伦斯·戴维森著 哈全安、刘志华译
7.**《欧洲一万年》** ［英］J. M. 罗伯茨著 李腾、史悦译
总定价：478.00 元 2019 年 5—12 月出版

《窥视中国：美国情报机构眼中的红色对手》
沈志华、梁志主编
定价：68.00 元 2019 年 8 月出版

“海外现行版权法译丛”
张大伟主编
《英国版权法》
《美国版权法》
《世界版权条约》
《欧盟版权法》
总定价：494.00 元 2019 年 6 月出版

《元代文学通论》
查洪德著
定价：258.00 元 2019 年 12 月出版

《微观金融史：一个银行职员的档案寻踪（1921—1942）》
刘平著
定价：99.80 元 2019 年 1 月出版

第三十九节 世界图书出版上海有限公司

《当代药用植物典》
赵中振、肖培根主编

全套定价：2792.00 元　2018 年 9 月出版

《新生儿外科学》
施诚仁、蔡威、吴晔明、王俊主编
定价：980.00 元　2019 年 8 月出版

《药物与母乳喂养》
[美] 托马斯・W. 黑尔、[美] 希拉里・E. 罗主编　辛华雯、杨勇主译
定价：390.00 元　2019 年 1 月出版

《整骨技术图谱》
[美] 亚历山大・S. 尼古拉斯、[美] 伊万・A. 尼古拉斯著　张宏主译
定价：380.00 元　2019 年 7 月出版

《术前评估》
[美] 德布拉・多米诺・普利、[美] 德博拉・C. 里奇曼主编　[美] 李・A. 弗莱舍审订　麻伟青、李娜主译
定价：150.00 元　2019 年 6 月出版

《三叉神经损伤》
[美] 迈克尔・米罗若主编　陈敏洁主译
定价：260.00 元　2019 年 9 月出版

《早产儿家庭精细化护理指导手册：从住院到家庭的过渡》
曹云、胡晓静主编
定价：39.80 元　2019 年 11 月出版

《母乳不足全解答》
喻琼主编
定价：48.00 元　2019 年 10 月出版

《来日方长：日汉对照・精读版》
毛丹青著
定价：48.00 元　2019 年 5 月出版

《猫咪心理学：让你更懂猫咪的 89 个秘诀》
[日]壹岐田鹤子著　张丹蓉译
定价：49.80 元　2018 年 9 月出版

第三章　新 刊 推 荐

一、《历史地理研究》

2019年8月正式创刊，是由教育部主管，复旦大学、中国地理学会主办的学术性期刊。期刊以“坚持正确舆论导向和办刊方向，刊载历史地理研究领域学术成果，促进该领域学术交流，提高我国在该领域的学术研究水平和国际影响力”为办刊宗旨。期刊前身系1981年创办的由中国地理学会历史地理专业委员会主办的《历史地理》辑刊，曾连续出版38辑，该辑刊自2007年以来连续入选中文社会科学引文索引(CSSCI)来源集刊。2019年4月21日，在复旦大学举办的“《历史地理研究》期刊建设暨学科发展研讨会”上，《历史地理研究》编辑部正式揭牌。《历史地理研究》为中文季刊，英文名称“The Chinese Historical Geography”沿用了20世纪30年代由“禹贡学会”所办的历史地理研究第一份学术刊物——《禹贡》半月刊的英文名称。以坚持正确舆论导向和办刊方向、刊载历史地理研究领域学术成果、促进该领域学术交流、提高我国在该领域的学术研究水平和国际影响力为办刊宗旨，设有栏目：学术史、札记、考察研究、启示、地理学史等。主要刊载历史地理学理论与方法、历史自然地理、历史人文地理、地理学史、地图学史、人口史、边疆史地、环境史与生态史、历史地理信息系统(HGIS)、地名与方志研究等相关领域的学术论文，也刊登书评、译稿、综述等。

二、《艺术管理(中英文)》

2019年3月15日正式出版首期创刊号，是由上海戏剧学院主办的国际化综合类学术性期刊。遵循“前沿、原创、品牌”的宗旨，主要关注国内外剧院团、美术馆、博物馆、影视与传媒等艺术和文化企业的战略运营与持续发展，特别聚焦中国文化艺术管理思想、原则与方法体系建设，着力推进艺术管理领域政府咨询、行业发展、专业教育以及学科体系研究，系统汇集具有原创性、前瞻性的艺术管理商业思想、经营理论及实物操作方面的文章，力图整体反映艺术管理专业建设、学术研究与实践推进的最新情况。

出版周期为季刊，每年逢3、6、9、12月的15日出版，2019年3月15日正式出版首期创刊号。刊物目标是成为国内第一份专门研究艺术管理的学术刊物，也是目前艺术学理论一级学科下仅有的一本学术期刊。设有栏目：历史、理论与方法，访谈与对话，艺术发展与文化建设，动态・综述・书评，学科建设与专业发展，艺术机构运营、管理与发展，艺术产业、市场与法律等。

三、《世界历史评论》

创刊于2019年3月，季刊，由上海人民出版社有限责任公司主办，陈恒、洪庆明主编。《世界历史评论》试刊五年，共计出版十辑，刊物建立了良好的学术声誉，编辑部积累了丰富的办刊经验。2019年，《世界历史评论》正式发刊，站在了一个新的历史节点：由每年出版两期的集刊，升级为每年出版四期的季刊，在保持原有封面、开本与装帧风格的基础上，以更大的力度倡导创新性研究、跨学科研究、跨国跨地区研究，服务于新时代的中国世界史研究。

本刊旨在追踪世界历史研究发展大势，全面展现史学新发展、新研究、新资料，以扎实的材料为基础，通过新颖适恰的方法路径，探索人类文明史中的一切现象；希图突破学科的藩篱，促进跨学科的交流碰撞，多视角更全面地呈现世界历史图景；同时也期待透过人类悠远深邃的历史经历，观照当下，启迪将来。本刊常设专论、光启论坛、访谈、书评、文献与史料等栏目。

四、《应用数学与计算数学学报(英文)》

前身为《应用数学与计算数学学报》中文版(1987 年由郭本瑜教授创刊)，2019 年，中文版改成英文刊。《应用数学与计算数学学报(英文)》是由上海市教育委员会主管、上海大学主办的专业性学术期刊，主编为舒其望教授，由施普林格全球发行。编委团队中，有 8 位院士和各相关领域的杰出学者，有来自美国、英国、加拿大、新加坡、瑞士、荷兰、俄罗斯等多个国家知名专家，国际编委比例达到 40%。期刊主要刊登应用分析、数学建模、数值分析、科学计算等方向的高质量学术论文和综述，创刊第一年即被美国《数学评论》和德国《数学文摘》收录，对应用数学与计算数学领域的学术交流起了很好的促进作用。

五、《电影理论研究(中英文)》

创刊于 2019 年 12 月，由上海市教育委员会主管，上海大学主办，出版单位为上海大学期刊社《电影理论研究(中英文)》编辑部。该刊是上海高校迄今为止第一本电影类学术期刊。顺应 2017 年 12 月上海市发布的《关于加快本市文化创意产业创新发展的若干意见》，该刊旨在打造集中国电影研究、创作、产业、传播于一体的综合性交流平台。《电影理论研究(中英文)》正是在这一时代语境和地区文化建设中助力上海电影学派的文化输出。自创刊伊始，该刊坚持正确的舆论导向和办刊方向，刊载电影学理论研究学术成果，构建中国电影理论话语体系，促进学术交流，传播中国故事，助力中国电影事业发展。设有栏目：圆桌论坛、学术前沿、学者工坊、叙事分析、人物对话。《电影理论研究(中英文)》着力打造双语刊物，即中英文电影理论的研究以更加原汁原味的形态与世界进行交流，以平等的姿态输出中国电影文化。

六、《第一财经》

2019 年，《第一财经周刊》转型升级为月刊——《第一财经》杂志(*YiMagazine*)。本刊由上海东方传媒有限公司主办，延续了一贯的精美内容与视觉表达，但比书籍更丰富，比杂志更有深度——可以说原创了一种新型的阅读产品，解决因为互联网资讯繁荣给出版物带来的时效性桎梏，沉淀下那些真正需要探讨的大问题，放松了阅读任务，让读者自主掌握思考节奏。

七、《国外社会科学前沿》

2019 年 3 月，经国家新闻出版署批准，原《国外社会科学文摘》与《国外社会科学前沿》合并为现在的《国外社会科学前沿》。由上海社会科学院信息研究所主办。《国外社会科学前沿》为综合类社科学术期刊，主要刊载国内学者反映国外社会科学理论热点和发展趋势的研究论文，同时刊载部分国外大家名篇译介，力求打造国家高端智库学术品牌。办刊宗旨：坚持正确的舆论导向和办刊方向，追踪国外社会科学发展动态，特别是最新的研究动态和焦点问题，突出学术性、综合性、前沿性，展示原创成果，激发学术争鸣，助力中国特色哲学社会科学学科建设和话语体系建设。设有栏目：马克思主义、哲学、政治学、经济学、社会学、学术动态、专家特稿和学术前沿等。转型一年多来，本刊多篇文章被《新华文摘》《世界社会主义研究》《学术交流》以及“人大复印报刊资料”等二次文献转载，同时也被中国社会科学网等多个平台转载，在学界获得了良好的声誉。目前，刊物已被中国知网、超星等数据库收录，并运营微信公众号“国外社会科学前沿”。

八、《先进光子学》(*Advanced Photonics*)

2019 年 1 月 29 日第一期正式出版，由中国科学院上海光学精密机械研究所主办，是《中国激光》杂志社和国际光学工程学会(SPIE)联合出版的高影响力期刊。《先进光子学》专注于发表光子学领域基础与应用研究的重大突破，同时聚焦光子学与材料学、生物学、化学等方向的交叉研究。*Advanced Photonics* 由伦敦国王学院(King's College London)的 Anatoly Zayats 教授和深圳大学的袁小聪教授担任主编，编委由 13 位世界知名光学与光子学领域的专家组成。《先进光子学》第一期发表了来自帝国理工学院、澳大利亚国立大学、南洋理工大学、清华大学、浙江大学等国际著名高校和研究机构的 7 篇高水平论文。

第七篇

2019年上海出版行业主要获奖情况一览

第一章　获奖人物与获奖企业

第一节　韬奋出版奖

“韬奋出版奖”，由中国出版工作者协会（中国出版协会）于1987年设立并主持评选，韬奋基金会协办，每两年评选一次，是为纪念杰出的出版家和新闻工作者邹韬奋同志而设立。“韬奋出版奖”系我国出版界高层次、高荣誉的奖励，目的是鼓励广大出版工作者发扬敬业、创业精神，在本职工作岗位上创造优异成绩，促进出版界多出精品、多出人才。至2019年共评选了十三届。

届　别	姓　名	单　位
第十三届 （2019年）	王　焰	华东师范大学出版社

第二节　全国宣传文化系统“四个一批”人才

全国宣传文化系统“四个一批”人才，由中央组织部、中央宣传部和人事部为适应宣传文化事业发展需要，在全国宣传文化系统实施的人才工程，于2003年启动。选拔有过硬的思想政治素质、较大的专业成就、本科以上文化程度、年龄在50周岁以下的一批全面掌握邓小平理论和“三个代表”重要思想、学贯中西、联系实际的理论家；一批坚持正确导向、深入反映生活、受到群众喜爱的名记者、名编辑、名主持人；一批熟悉党和国家方针政策、社会责任感强、精通业务知识的出版家；一批紧跟时代步伐、热爱祖国和人民、艺术水平精湛的作家、艺术家。

年　度	姓　名	单　位
2019年	王为松	上海人民出版社
	王立翔	上海书画出版社
	王　焰	华东师范大学出版社
	杨　蕾	中国科学院上海光学精密机械研究所《中国激光》杂志社

第三节　上海优秀编辑

上海优秀编辑是上海市编辑学会于2017年起组织的评选活动，为引导和鼓励上海广大编辑人员在新时代出版业的改革和发展中建功立业、发挥更大的作用，向先进个人授予“上海优秀编辑”称号。评选对象为上海市编辑学会理事单位中从事编辑工作的在职在岗人员。2019年举行的第二届评选表彰了十位优秀编辑。

届　别	姓　名	单　位
第二届（2019 年）	包惠芳	上海科学技术出版社
	潘丹榕	上海人民出版社
	孙　静	上海外语教育出版社
	谢　锦	上海文艺出版社
	忻雁翔	格致出版社
	杨海虹	上海音乐出版社
	殷晓岚	上海科技教育出版社
	张　敏	上海辞书出版社
	周　冉	上海译文出版社
	朱艳琴	少年儿童出版社

第四节　出版系列高级技术职称

2019 年机构改革后，原由市新闻出版局负责的上海市出版系列高级专业技术职务任职资格评审，改由市委宣传部出版处组织评审工作。7 月 22 日，发布《关于开展 2019 年度上海市出版系列高级专业技术职务任职资格评审工作的通知》。9 月 17 日至 20 日，进行材料受理和审核工作。11 月 21、22、25、26 日分别进行了四个学科组的评审，12 月 4 日召开 2019 年度出版高评委评审会议进行终审，12 月 5 日起在市新闻出版局、市人社局网站公示 2019 年度上海市出版系列高级专业技术职务任职资格评审通过人员名单。2019 年共有 78 人申报出版系列高级技术职称，13 人获得编审资格、37 人获得副编审资格。

正编审：

年　度	姓　名	单　位
2019 年	曹瑞锋	上海书画出版社
	胡春丽	复旦大学出版社
	沈　敏	上海市社会科学界联合会(《学术月刊》)
	黄　勇	文汇出版社
	刘　芳	上海教育出版社
	屠又新	上海教育出版社
	楼玲玲	上海科学技术出版社
	侯培东	上海科学技术出版社
	姚丹红	上海咬文嚼字文化传播有限公司(《编辑学刊》)
	鲍　芳	上海体育学院[《运动与健康科学(英文)》]

（续表）

年　度	姓　名	单　位
2019 年	郑小芳	中国中福会出版社
	许春辉	上海出版印刷高等专科学校（《出版与印刷》）
	朱艳琴	少年儿童出版社

副编审：

年　度	姓　名	单　位
2019 年	伍慧玲	上海科技教育出版社
	乔　亮	上海文艺出版社
	肖海鸥	上海文艺出版社
	李　阳	上海交通大学出版社
	易文娟	上海交通大学出版社
	孙　敏	上海交通大学出版社
	凌春蓉	中国中福会出版社
	应向阳	华东师范大学出版社
	舒　刊	华东师范大学出版社
	施清波	上海外语教育出版社
	储德天	上海教育出版社
	林　妍	上海教育出版社
	张少杰	上海教育出版社
	胡凌虹	上海市文艺期刊中心
	张旭东	上海古籍出版社
	曾晓红	上海古籍出版社
	吕瑞锋	上海古籍出版社
	于笑天	司法鉴定科学研究院（《法医学杂志》）
	罗秋香	上海人民美术出版社
	忻　雁	上海人民美术出版社
	肇　晖	上海中西三维药业有限公司（《上海医药》）
	郎晶晶	辞海编纂处
	来颖燕	《上海文学》杂志社
	徐雁华	上海大学出版社
	王　芳	上海财经大学出版社
	赵　锋	上海教育报刊总社

(续表)

年　度	姓　名	单　位
2019年	吴永安	上海教育报刊总社
	张恒烟	上海书画出版社
	冯　磊	上海书画出版社
	吴　蔚	上海书画出版社
	冯　征	上海三联书店
	张毅颖	上海科学技术出版社
	董祥富	上海科学普及出版社
	龚　蓓	上海音乐出版社
	朱　佳	上海阅文信息技术有限公司
	许　悦	第二军医大学出版社
	张伟群	少年儿童出版社

第五节　全国巾帼文明岗

全国巾帼文明岗是全国妇女“巾帼建功”活动专设岗，自1991年起在全国城镇妇女中广泛开展。由全国妇联、中宣部等25家全国妇女“巾帼建功”活动领导小组成员单位共同评选，为表彰以妇女为主体，在生产、经营、管理和服务等工作岗位上创建的体现高度职业文明，创造一流工作业绩的城乡一线妇女集体。

年　度	单　位	所获奖项
2019年	上海人民出版社政治与理论读物编辑中心	全国巾帼文明岗

第二章　获奖出版物

第一节　精神文明建设“五个一工程”奖

精神文明建设“五个一工程”奖，由中宣部组织，1992 年开始举办。“五个一”指一部好的戏剧作品，一部好的电视剧作品，一部好的电影作品，一本好的图书(限社会科学方面)，一篇好的理论文章(限社会科学方面)。1995 年后，一首好歌和一部好的广播剧等也列入评选范围，但“五个一工程”奖名称不变，至 2019 年已举办十五届。

届　别	奖　项	出版物/项目名称	单　位
第十五届(2019 年)	特别奖	战上海	学林出版社

第二节　中华优秀出版物奖

中华优秀出版物奖由中国出版工作者协会主办，2006 年起每两年举办一次，设图书奖、音像电子与游戏出版物奖及全国优秀出版科研论文奖三个子项，至 2019 年已举办七届。

届　别	奖　项	出版物/项目名称	单　位
第七届(2019 年)	图书奖	大战略：论中国的和平崛起与两岸关系	上海远东出版社
	图书奖	新常态时期的粮食安全战略	上海远东出版社
	图书奖	1917—1919：马克思主义经济学在中国的传播启蒙(3 册)	上海财经大学出版社
	图书奖	肩水金关汉简(壹—伍)(15 册)	中西书局
	图书奖	上海城市地图集成(3 册)	上海书画出版社
	图书奖	新疆图志(附索引)(5 册)	上海古籍出版社
	图书奖	章太炎全集(20 册)	上海人民出版社
	图书奖	中国现代设计观念史	上海人民美术出版社
	图书奖	“华乐大典”系列(第一期，6 卷 18 册)	上海音乐出版社
	图书奖	火星科学概论	上海科技教育出版社
	图书奖	中国能源新战略：页岩气出版工程(15 册)	华东理工大学出版社
	图书提名奖	中国经济发展史(1840—1949)(3 卷)	上海财经大学出版社
	图书提名奖	财政制度国际比较	立信会计出版社
	图书提名奖	藏族服饰研究(2 册)	东华大学出版社

(续表)

届　别	奖　项	出版物/项目名称	单　位
第七届(2019年)	图书提名奖	中国古代玻璃技术发展史	上海科学技术出版社
	图书提名奖	三磅宇宙与神奇心智	上海科技教育出版社
	图书提名奖	生物力学研究前沿系列(10册)	上海交通大学出版社
	图书提名奖	精准医学出版工程·精准医学基础系列(10册)	上海交通大学出版社
	图书提名奖	中国工程师史	同济大学出版社
	图书提名奖	梦想是生命里的光	少年儿童出版社
	音像电子游戏出版物奖	中国乐器	上海文艺音像电子出版社
	音像电子游戏出版物提名奖	古韵——中国古琴名家珍品	中国唱片(上海)有限公司
	音像电子游戏出版物提名奖	中央乐团四十年(1956—1996)代表录音作品集(古典音乐部分+中国音乐部分)	中国唱片(上海)有限公司
	音像电子游戏出版物提名奖	中国民族民间舞传习	上海文艺音像电子出版社
	出版科研论文奖	电子阅读的文化忧思:技术现象学视角(王颖吉)	同济大学

第三节　中国好书

“中国好书”评选活动由中国图书评论学会自2013年起每年组织评选,以“为好书寻找读者、为读者发现好书”为宗旨,2019年共有37种图书入选。

年　度	出　版　物	单　位
2019年	70年邮票看中国	上海科学技术文献出版社
	细节的力量:新中国的伟大实践	学林出版社
	中国古代纪时考	上海古籍出版社

第四节　上海市科学技术奖

上海市科学技术奖由上海市人民政府设立,1985年起每年评审一次,包括七个类别:(一)科技功臣奖;(二)青年科技杰出贡献奖;(三)自然科学奖;(四)技术发明奖;(五)科技进步奖;(六)科学技术普及奖;(七)国际科技合作奖。上海市科学技术奖贯彻尊重劳动、尊重知识、尊重人才、尊重创造的方针,2019年为第三十五届。

年　度	奖　项	出版物/项目名称	单　位
2019年	科学技术普及奖二等奖	《自然趣玩屋》动手做类科普丛书	上海科技馆、上海教育出版社

第五节　主题出版重点出版物

主题出版重点出版物由中宣部每年组织评审工作，明确选题重点，入选重点出版物经国家出版基金规划管理办公室评审通过后予以资助。2019 年共有 77 种图书入选。

年　度	出　版　物	单　　位
2019 年	细节的力量：新中国的伟大实践	学林出版社
	70 年邮票看中国	上海科学技术文献出版社

第六节　国家出版基金项目

国家出版基金 2007 年经国务院批准设立，主要资助优秀公益性出版物的出版，坚持“体现国家意志，传承优秀文化，推动繁荣发展，增强文化软实力”的基本宗旨，重点资助坚持党的出版方针、政策，坚持社会主义先进文化前进方向，服务党和国家工作大局，代表我国出版业发展水平，代表我国哲学社会科学、文学艺术、自然科学和工程技术发展水平，对推进社会主义文化强国建设、推动科学技术进步、实现“两个一百年”奋斗目标和中华民族伟大复兴中国梦具有重要意义的优秀出版项目。2019 年共有 760 个项目入选。

年　度	出版物/项目名称	单　　位
2019 年	中国不简单系列(英文版)	上海译文出版社
	《少年文艺》金榜名家书系	少年儿童出版社
	“科学的力量”丛书(第三辑)	上海教育出版社
	中国改革开放 40 年研究丛书	格致出版社
	上海改革开放 40 年大事研究系列	格致出版社
	上海改革开放四十年研究丛书	上海人民出版社
	中国传奇：从特区到自贸区	上海人民出版社
	匠新(第 1 辑)	上海同济大学电子音像出版社
	“外国观察者眼中的中共抗战：美军观察组延安机密档案”丛书(第 4、5、6 卷)	上海远东出版社
	中国对日战犯审判文献集成	上海交通大学出版社
	当代经济学文库(2019—2020 年度)	格致出版社
	上海通史	上海辞书出版社
	新出公文纸本古籍纸背文献整理与研究	上海书店出版社
	近代以来中外史学交流史	复旦大学出版社
	城市风险管理出版工程(第 1 期)	同济大学出版社
	近代中国经济转型历史与思想研究文库	上海财经大学出版社

(续表一)

年　度	出版物/项目名称	单　　位
2019 年	新中国法制建设与法治推动丛书(第一辑)	上海人民出版社
	雅斯贝尔斯著作集(第一辑)	华东师范大学出版社
	教育神经科学译丛	上海教育出版社
	东盟国家通史	上海社会科学院出版社
	城市史译丛(第二辑)	上海三联书店
	七至十三世纪汉藏与多民族文明关系史	上海古籍出版社
	明代学术思潮与文学流变	上海社会科学院出版社
	上海三联人文经典书库(第七辑)	上海三联书店
	牛津历史著作史	上海三联书店
	战略前沿新材料——石墨烯出版工程	华东理工大学出版社
	深远海工程装备与高技术丛书(二期)	上海科学技术出版社
	大飞机出版工程·民机先进航电系统及应用系列	上海交通大学出版社
	脑计划出版工程：类脑计算与类脑智能研究前沿系列	上海交通大学出版社
	精准医学出版工程·精准医学药物研发系列	上海交通大学出版社
	液态金属物质科学与技术研究丛书	上海科学技术出版社
	化学品毒性全书	上海科学技术文献出版社
	海洋医学丛书	第二军医大学出版社
	海洋生物医用材料大系	上海科学技术出版社
	胰腺整合介入治疗学	同济大学出版社
	中国野生大豆图志	上海科技教育出版社
	个性化药物——新药研发的未来	上海科学技术文献出版社
	医学传播学：从理论模型到实践探索	上海科技教育出版社
	中国原创文学系列(第三辑)	上海文艺出版社
	元代多民族文学整体研究	东方出版中心
	复旦宋代文学研究书系(第二辑)	复旦大学出版社
	波兰文学史(上、下卷)	上海外语教育出版社
	上海市档案馆藏近代中国金融变迁档案史料汇编	上海远东出版社
	中国音乐文化史研究丛书	上海音乐出版社
	日本中国绘画研究译丛	上海书画出版社
	新丝路文库(第二辑)	上海文艺出版社

（续表二）

年　度	出版物/项目名称	单　　位
2019年	明清以来蔚县庄堡寺庙调查与研究	上海古籍出版社
	龟兹石窟题记	中西书局
	国家图书馆藏金石全形珍拓丛刊	上海书画出版社
	秦汉六朝字形谱	华东师范大学出版社
	中国国家图书馆善本碑帖综录	上海书画出版社
	语海	上海辞书出版社
	“京剧大戏考”之一“老生部”	中国唱片（上海）有限公司

第七节　国家古籍整理出版专项经费资助项目

国家古籍整理出版专项经费资助项目由全国古籍整理出版规划领导小组主管，中央财政拨款，用于鼓励和支持优秀古籍整理成果的出版。古籍整理出版专项经费的资助对象是具有较高版本价值和重要文化传承价值，整理方法有所创新、整理成果有所突破的古籍整理出版项目。获得资助的出版物须在其封面或其他显著位置标注“国家古籍整理出版专项经费资助项目”。2019 年共有 87 个项目入选。

年　度	出版物/项目名称	单　　位
2019年	楚辞要籍丛刊（第四辑）	上海古籍出版社
	宋文遗录	上海书店出版社
	潜徽录	上海古籍出版社
	新定杜工部草堂诗笺斠证	上海古籍出版社
	张元幹诗文集笺注	上海古籍出版社
	周必大全集	上海古籍出版社
	陈继儒全集	上海人民出版社
	甲骨文字新编	中西书局
	珍本《玉篇》音义集成	上海人民出版社
	东亚千字文汇编	上海辞书出版社
	大观录	上海书画出版社
	汪世清辑录明清珍稀艺术史料汇编	上海古籍出版社
	晋会要	上海古籍出版社
	碑传集三编	上海人民出版社
	善斋全集	上海古籍出版社

(续表)

年　度	出版物/项目名称	单　位
2019年	中国社会科学院历史所藏甲骨墨拓珍本丛编(第二辑)	上海古籍出版社
	清华大学藏战国竹简(玖)	中西书局
	岳麓书院藏秦简(陆)	上海辞书出版社
	长沙五一广场东汉简牍(叁、肆)	中西书局
	法国国家图书馆藏敦煌藏文文献(24、25、26)	上海古籍出版社
	中国书院文献丛刊(第二辑)	上海科学技术文献出版社、国家图书馆出版社
	蜀中广记	上海古籍出版社
	出土数字卦文献辑释	中西书局
	俄藏黑水城文献·西夏文佛教部分(28、29)	上海古籍出版社
	近代针灸名著校注丛刊(第一辑)	复旦大学出版社

第八节　中国图书对外推广计划立项名单

“中国图书对外推广计划”由国务院新闻办公室与新闻出版总署在2004年启动。2006年成立“中国图书对外推广计划”工作小组,通过资助出版中国的图书和向国外图书馆赠送图书,向世界说明中国,让世界各国人民更完整、更真实地了解中国。

国内出版单位每年两次自推,被选入《“中国图书对外推广计划”推荐书目》并与国外出版机构或版权代理机构谈妥版权转让事宜后,将获得资助。

年　度	出　版　物	项目申请单位	资助文版
2019	平易近人:习近平的语言力量	上海交通大学出版社	蒙古文
	平易近人:习近平的语言力量(外交卷)	上海交通大学出版社	阿尔巴尼亚文
	平易近人:习近平的语言力量(外交卷)	上海交通大学出版社	吉尔吉斯文
	平易近人:习近平的语言力量(外交卷)	上海交通大学出版社	蒙古文
	平易近人:习近平的语言力量(外交卷)	上海交通大学出版社	希伯来文
	中国传奇:浦东开发史	上海人民出版社	英文
	东京审判征战记:中国检察官向哲濬团队	上海交通大学出版社	英文
	我是小小中国通:十万零一个为什么	上海教育出版社	希伯来文
	布罗镇的邮递员(爱藏版)	少年儿童出版社	俄文
	风雪那年	少年儿童出版社	阿拉伯文
	超快光学研究前沿	上海交通大学出版社	哈萨克文
	临床生物样本库的探索与实践	上海交通大学出版社	英文

第九节　上海翻译出版促进计划入选项目

上海翻译出版促进计划由上海市新闻出版局、上海市版权局设立，委托上海长江出版交流基金会负责实施。目的是推动上海国际文化大都市建设，促进优秀出版物在世界范围内的传播，扩大中华文化的国际影响力，推动上海出版走出去。至 2019 年共有 24 种图书获得资助。

年　度	出　版　物	单　　位
2019 年	《繁花》法语版	上海群韬文化传媒有限公司 法国伽利玛出版社
	《男生贾里全传》保加利亚版	少年儿童出版社 保加利亚出版社
	《丰子恺漫画古诗词》韩语版	上海社会科学院出版社 韩国一潮阁出版社
	《中华文化之旅》哈萨克语版	同济大学出版社 哈萨克斯坦碧卡出版社

第十节　上海市促进文化创意产业发展财政扶持资金

上海市促进文化创意产业发展财政扶持资金由上海市文化创意产业推进领导小组办公室会同相关部门展开评审工作，服务打响上海"四大品牌"，支持国际文化大都市及"设计之都""时尚之都""品牌之都"发展，聚焦各类文化创意产业重大、关键和基础性问题。

年　度	出　版　物	单　　位
2019 年	"时尚智库"信息服务平台	东华大学出版社
	《儿童时代》全媒体数据库	中国中福会出版社
	书香社区网络运营模式文化服务 UA 平台	上海中版图书有限公司
	现实主义题材网络文学系列展示活动	上海阅文信息技术有限公司
	网络文学会客厅深圳文博会场	阅霆信息技术(上海)有限公司
	基于优质出版资源的中医方药数据库开发与应用	上海科学技术出版社
	华理日语基于新媒体知识付费平台的融媒体出版及运营	华东理工大学出版社
	"智爱"花园——培智学校心理健康辅导数字媒体资源建设	上海教育出版社
	中国国际数字娱乐产业大会	上海汉威信恒文化发展有限公司
	中国国际智能娱乐硬件展览会"eSmart Expo"	上海汉威信恒展览有限公司

(续表一)

年　度	出　版　物	单　　位
2019年	九城教育教学资源管理系统(V1.0)	上海九育教育科技有限公司
	上海张江国家数字出版基地服务功能建设	上海张江文化控股有限公司
	指尖上的非遗慕课(第一期)	上海复旦大学电子音像出版社有限公司
	2018上海网络游戏女性用户市场研究精英峰会暨上海电子竞技产业发展评估报告发布会	上海伽马匠慧科技有限公司
	培育“书城大家”品牌,扩大《书城》文化影响力	上海书城杂志社有限公司
	萌芽＋	上海萌芽杂志社有限公司
	百年期刊《小朋友》历史资料数字化及品牌维护推广	少年儿童出版社
	面向海外市场的外文版“文化中国”丛书2018年出版物	上海新闻出版发展有限公司
	2018年大陆图书海外销售渠道拓展及文化交流系列活动	上海香港三联书店有限公司
	以“阅读上海”为品牌的海外书展、专柜及发行渠道拓展项目	上海外文图书有限公司
	交锋	上海玄霆娱乐信息科技有限公司
	超媒体数字教育资源服务平台	上海睿泰数字科技有限公司
	AR中国经典故事系列——花木兰	上海人民美术出版社
	釉彩:以游戏为载体,传承中国古代工艺	上海韵文博鉴信息科技有限公司
	《外语界》期刊国际影响力提升计划	上海外语教育出版社
	《音乐爱好者》期刊全媒体转型	上海音乐出版社
	《看图说话》“小眼睛”AR技术交互使用	上海教育出版社
	外国文学进校园——中学生阅读习惯养成	上海译文出版社
	打造国产优秀英文期刊《中国光学快报(英文)》	《中国激光》杂志社
	同济原创英文图书的国际发行(2018)	同济大学出版社
	“爱听外语”有声融合出版平台	上海外语教育出版社
	基于“教育出版生态圈”的融合出版系列产品	华东师范大学出版社
	“科学素养类融合出版”数字化教材开发与应用(一期:生命科学)	上海远东出版社
	基础理科互动式数字教育资源研制与应用(一期)	上海科学技术出版社
	《计算材料(英)》创办	中国科学院上海硅酸盐研究所
	儿童互动式数字动画书内容开发与商业探索	华东理工大学出版社
	《超快光学研究前沿》英文版版权输出	上海交通大学出版社
	《纳米光子学研究前沿》英文版版权输出	上海交通大学出版社

（续表二）

年　度	出　版　物	单　　位
2019年	《三毛流浪记》意大利语版	少年儿童出版社
	鸠摩罗什传	上海古籍出版社
	《航空燃气轮机涡轮气体动力学》英文版版权输出	上海交通大学出版社
	《平易近人：习近平的语言力量》日文版版权输出	上海交通大学出版社
	《非市场经济待遇》（英文版）	上海人民出版社
	《文明型国家》（韩文版）	上海人民出版社
	元意识艺术IP矩阵	上海悠畔众创空间管理有限公司
	《汤显祖戏剧全集》英文版版权输出	上海外语教育出版社
	《我是小小中国通》对外推介和翻译出版项目	上海教育出版社
	按需印刷与智能化品检生产系统	上海新洲包装印刷有限公司
	印刷行业柔性生产管理系统	上海盛通时代印刷有限公司
	面向智能工厂的绿色包装研发与设计项目	奉其奉印刷科技（上海）有限公司
	基于柔版印刷技术的绿色印刷数字化改造项目	上海超级标贴系统有限公司
	智能柔性化绿色制版项目	上海运城制版有限公司
	全国新书发布厅	上海新华传媒连锁有限公司
	“上海·故事”读书会	上海新华传媒连锁有限公司
	第六届超级书店论坛	上海新华传媒连锁有限公司
	聚焦原创开阔视野丰富亲子共读——现代书店“魔法学堂”	上海中图图书连锁经营有限公司
	2019沪版图书全国推广活动	上海出版社经营管理协会
	上海书展暨“书香中国”上海周	上海联合书业会展有限公司
	打响上海本土品牌，建立精品文化地标——思南书局	上海世纪朵云文化发展有限公司
	打造以海派文化、江南文化书香根脉为特色的多元文化空间——朵云书院广富林店	上海世纪朵云文化发展有限公司
	思南公馆—思南读书会系列活动	上海思南公馆商务管理有限公司
	上海文理商超便民书店升级改造项目	上海文理图书有限公司
	2019中国上海国际童书展	上海融博会展有限公司
	志达书店：打造新零售背景下的文化服务平台	上海志达图书有限公司
	上海图书有限公司阅读推广创新服务模式申报项目	上海图书有限公司
	新华·知本读书会	上海书城杂志社有限公司

(续表三)

年　度	出　版　物	单　　位
2019年	创建"书香满城",提升城市书店能级	上海市书刊发行行业协会
	建投书局上海城市传记主题空间项目	建投书店投资有限公司
	基于互联网+实体书店的图书融合发行平台	上海一条网络科技有限公司
	《产业聚集的经济学分析》英文版版权输出	上海交通大学出版社
	《商业趋势与科技创新案例集》英文版版权输出	上海交通大学出版社
	书刊水墨柔印应用推广	上海新华印刷有限公司
	构筑7 405万人次的浦东机场旅途阅读体验场	上海空港文化传播有限公司
	上海自然博物馆开普书店多元化少儿科普文化服务平台	上海树实文化传播有限公司
	红色起点	上海人民出版社
	书画文献稿钞本集成(初编)	上海书画出版社
	可爱的共和国人	上海文艺出版社
	上海地情普及系列丛书	学林出版社
	中华家训导读译注丛书	上海古籍出版社
	教育大辞典(第三版)	上海教育出版社
	明经世文编	上海书店出版社
	红色视域下的上海——中共中央早期机关报上海新闻整理汇编	上海科学技术文献出版社
	上海绒绣研究	东华大学出版社
	"与爱同行·汉藏双语绘本系列"出版项目	中国中福会出版社
	新中国会计制度发展演变研究	立信会计出版社
	台湾族谱续编	上海古籍出版社
	上海人名大辞典	上海辞书出版社
	邓家栋临床血液学	上海科学技术出版社
	来自中国的音乐——中国传统音乐短篇叙事	上海音乐出版社
	新时代社会工作与创新社会治理丛书	华东理工大学出版社
	新中国小三线建设档案文献整理汇编(第一辑)	上海科学技术文献出版社
	哲人石丛书(5种)	上海科技教育出版社
	精准医学出版工程·精准治疗系列	上海交通大学出版社
	中国棉花栽培学	上海科学技术出版社
	全球城市系列	格致出版社
	中国经济发展史(1949—2019)	上海财经大学出版社
	新世纪儿童文学新论	少年儿童出版社

（续表四）

年　度	出　版　物	单　　位
2019年	《龟兹石窟题记》	中西书局
	1850—1950上海方言英法日三语实录（第一辑）	上海译文出版社
	走进中国战舰丛书	华东理工大学出版社
	清华大学藏战国竹简（捌）	中西书局
	页岩气原理与技术（中英文视频电子出版物）	华东理工大学出版社
	改革开放中的治理之“钥”	东方出版中心
	中国国家博物馆馆藏文物研究丛书	上海古籍出版社
	马克思恩格斯箴言、列宁箴言	中西书局
	外教社意汉—汉意词典	上海外语教育出版社
	中国民歌钢琴教程（扫码听音乐）	上海音乐出版社
	元代纺织品纹样研究	东华大学出版社
	九成宫醴泉铭	上海人民出版社
	旅行杂志：1927—1954（全71册）	上海书店出版社
	宇宙大百科（太空科普艺术立体式课程）	中国中福会出版社
	中国收入分配改革40年：经验、理论与展望	上海交通大学出版社
	国家治理中的中国方案：以政党为中心的考察	上海社会科学院出版社
	天衡五艺	上海书画出版社
	吴语方言学	上海教育出版社
	中央档案馆藏美军观察组档案汇编（影印版，排印版）	上海远东出版社
	西周金文字编	上海古籍出版社
	中国中西医汇通丛书（4册）	上海科学技术出版社
	战上海	学林出版社
	当代经济学系列丛书（11种）	格致出版社
	陈振濂学术著作集（7种）	上海书画出版社
	“陈从周图说古典园林与住宅”系列丛书：《苏州园林》《苏州旧住宅》《扬州园林与住宅》《中国名园》	同济大学出版社
	长沙五一广场东汉简牍（壹）（贰）	中西书局
	米沃什诗集（总四卷）	上海译文出版社
	宁夏珍稀方志丛刊	上海古籍出版社
	往事历历40年回眸：知名外语学者与改革开放	上海外语教育出版社

(续表五)

年　度	出　版　物	单　　位
2019年	不远万里	上海文艺出版社
	城市治理理论与实践丛书·中国城市治理研究系列	上海交通大学出版社
	复合材料设计	东华大学出版社
	中国教会新报(全10册)	上海书店出版社
	上海党史资料汇编(全九册)	上海书店出版社
	长篇小说《铿然有声》	上海文艺出版社
	飞马拉雅	少年儿童出版社
	章学研究论丛	上海人民出版社
	童声合唱中外经典作品集	上海音乐出版社
	复杂地质与环境条件下隧道建设关键技术丛书	上海科学技术出版社
	抽象以来：中国抽象艺术研究展巡展	上海人民美术出版社
	青少年创新思维培养丛书(3册)	上海科技教育出版社
	中华国乐·经典文献库(第一辑)	上海三联书店
	中国传统文化的特质	上海教育出版社
	上海话大词典(第二版)	上海辞书出版社
	名画在左　科学在右	上海科技教育出版社
	翁贝托·埃科作品系列	上海译文出版社
	上海六千年	上海人民出版社
	大洋钻探五十年	同济大学出版社
	当代化学化工学术精品译库	华东理工大学出版社
	从“思想云端”走向“现实深处”：1978—2017年《解放日报》理论传播梳理与思考	上海社会科学院出版社
	娱乐法	上海财经大学出版社
	中国思想的创造性转化	上海教育出版社
	中国居民收入分配通论：由贫穷迈向共同富裕的中国道路与经验	格致出版社
	改变中国人的十四个观念：改革开放40年经济哲学范畴诠释	上海财经大学出版社
	日本明治时代汉文辞书汇刊(玉篇卷)	上海交通大学出版社
	高级金融学译丛(3种)	格致出版社
	序伦财经文库	立信会计出版社

（续表六）

年　度	出　版　物	单　　位
2019 年	文化观念流变中的英国文学典籍研究	上海外语教育出版社
	香港中文大学藏盛宣怀档案全编	上海人民出版社
	社区治理指导手册系列（第一辑）	格致出版社
	城市安全风险管理丛书（第 2 期）	同济大学出版社
	麦克尤恩文集	上海译文出版社
	斑马鱼组织细胞学彩色图谱	上海科学技术出版社
	《资本论》学习丛书	上海科学技术文献出版社
	可持续性时装设计	东华大学出版社
	爱的逢生：艾滋病病毒感染者的故事	华东理工大学出版社
	构建“面向企业发展全生命周期”的综合服务体系	上海中图文化发展有限公司
	让深刻“活”起来——《新民周刊》移动端影像化项目	上海新民周刊文化传播有限公司
	一流学术刊群品牌化建设成果	上海大学
	《东方法学》网络和新媒体传播项目	上海市法学会
	《法庭科学研究（英文）》国际化发展探索	司法鉴定科学研究院
	虹口数字出版协同创新体系建设	上海市虹口区科技创业中心

第十一节　上海文化发展基金会资助项目

上海文化发展基金会创建于 1986 年，受上海市委宣传部和市财政局委托，面向全社会接受本市文化艺术项目的资助申报，并由基金会组织专家评审、实施资助资金的监管和绩效评估。为繁荣发展文化、支持文艺院团改革、推动文艺人才培养和鼓励优秀著作出版，基金会还设有相应的专项基金：上海文艺人才基金、上海图书出版专项基金、上海大剧院艺术中心艺术发展基金、上海戏曲艺术中心艺术发展基金。各专项基金对相关项目和相关单位接受资助申报。

年　度	奖　　项	出版物/项目名称	单　　位
2019 年第一期	上海市重大文艺创作资助项目	长篇小说《风眼》（孙颙）	上海文艺出版社
		长篇小说《浦东人家》（陶玲芬）	上海文艺出版社
		长篇儿童小说《再见，咕嘟》（冯迎春）	少年儿童出版社
		纪实文学《革命者》（何建明）	上海文艺出版社
		长篇小说《十六岁少女》（瑞典语版）翻译推介	少年儿童出版社

(续表一)

年　度	奖　项	出版物/项目名称	单　位
2019年第一期	上海市重大文艺创作资助项目	短篇小说集《我胆小如鼠》(印尼语版)翻译推介	上海文艺出版社
		短篇小说集《我胆小如鼠》(马来语版)翻译推介	上海文艺出版社
	上海文化艺术资助项目	长篇小说《神空驱动4：学院计划》(徐秉欣)	少年儿童出版社
		长篇小说《飞往中国》(詹东新)	上海文艺出版社
		中篇小说集《当世界不认识我》(管新生)	上海文化出版社
		长篇纪实文学《百年沪杭线纪事》(朱力勤)	上海文化出版社
		诗歌集《未竟之旅》(崖丽娟)	上海文艺出版社
		散文集《追寻生命中的红色脚印》(袁念琪)	上海文化出版社
		《江曾培六十年杂文选》(江曾培)	上海文艺出版社
		文艺评论《一生体味诗美——刘士杰论诗》(刘士杰)	上海文化出版社
		文艺评论《上海文学的“都市性”(1990—2015)》(靳路遥)	上海文艺出版社
2019年第二期	上海市重大文艺创作资助项目	“少年读中国”系列图书：《科技之光》《国之重器》《人民卫士》(郑蔚)	少年儿童出版社
	上海文化艺术资助项目	短篇小说集《守书人》(王若虚)	上海文艺出版社
		短篇小说集《隐》(赵松)	上海人民出版社
		人物传记《循迹——蒋玄佁传》(曹亚男)	上海文化出版社
		人物传记《播种者的足迹——丁景唐传》(丁言昭)	上海文艺出版社
		诗集《三行集》(张新颖)	上海文艺出版社
		散文集《钱事今说》(袁念琪)	上海文化出版社
		文艺评论《爱、死亡与后人类：“后电影时代”重铸电影哲学》(吴冠军)	上海文艺出版社
		长篇小说《小熊包子》系列：《奇怪的礼物》《有尾巴的同桌》(韩语版)翻译推介	少年儿童出版社
		长篇小说《男生贾里全传》(马来西亚语版)翻译推介	少年儿童出版社
	上海图书出版专项基金资助项目	陆深全集	复旦大学出版社
		陈望道手稿集	复旦大学出版社
		近代学术集林(上海学术名家特刊)	复旦大学出版社
		海派文学研究书系	复旦大学出版社
		江南历史名人年谱丛刊(第一辑)	复旦大学出版社

（续表二）

年　度	奖　项	出版物/项目名称	单　位
2019年第二期	上海图书出版专项基金资助项目	上海历代著述总目	复旦大学出版社
		近代针灸名著校注丛刊·海派名家卷	复旦大学出版社
		陈继儒全集	上海人民出版社
		“党的诞生地”之人物传记	上海人民出版社
		建党精神系列丛书	上海人民出版社
		建党早期档案系列丛书	上海人民出版社
		上海抗战论著目录	上海人民出版社
		浦江名人文丛（第一辑）	上海文艺出版社
		江南诗性文化	上海文艺出版社
		上海城市民俗史	上海文艺出版社
		靳以日记书信集	上海辞书出版社
		叶恭绰往来尺牍	上海辞书出版社
		舒新城全集（第一辑）	上海辞书出版社
		朵云轩藏碑帖购售录	上海书画出版社
		方介堪藏吉金文字	上海书画出版社
		吴湖帆的书画鉴藏研究	上海书画出版社
		朱瑞熙文集	上海古籍出版社
		民国闺秀集	上海古籍出版社
		解放·城市底片丛书	上海三联书店
		上海良渚文化书系（3种）	上海三联书店
		老艺术家口述历史丛书（6种）	上海大学出版社
		上海文学海外译介传播研究	上海大学出版社
		陈古虞文存	文汇出版社
		洪汛涛文集（第一辑）	东方出版中心
		任溶溶译文集	上海译文出版社
		上海市档案馆藏近代中国金融变迁档案史料续编（4卷8册）	远东出版社
		英雄壮歌——龙华烈士纪念馆馆藏精品文物集萃画册	上海教育出版社
		炉火正红——上海社会科学院历史研究所“工运史研究三杰”丛书	上海书店出版社

(续表三)

年　度	奖　项	出版物/项目名称	单　位
2019年第二期	上海图书出版专项基金资助项目	江南视域下及明清以来的医疗社会文化史研究	上海科学技术出版社
		上海地情普及系列丛书(第二辑)	学林出版社
		周氏丝竹传谱	上海音乐出版社
		上海市行政区划变迁图集(1949—2019)	中华地图学社
		从土山湾到诸巷会——近代上海印刷出版的起点	中西书局
		沈尹默批《冬暄草堂师友笺存》	上海人民美术出版社

第八篇

人物

本篇收入2019年逝世的编审(教授、研究员等),在业界享有较高声誉的老出版工作者;获中国出版政府奖优秀出版人物奖、韬奋出版奖、上海出版人奖,或被评为新中国60年百名优秀出版人物、百名优秀出版企业家、百名有突出贡献的新闻出版专业技术人员及全国新闻出版行业领军人物的出版工作者;曾在上海和中央在沪出版机构工作的副局级以上领导干部。

陆正华(1942.4.1—2019.7.30)

籍贯江苏太仓。1968年4月毕业于南京气象学院农业气象系。1968年5月进入上海科学技术出版社工作,先后在《科学画报》编辑部、科普编辑室和农业编辑部工作。负责和参与编辑的科普图书有《星空奇观——哈雷彗星》《天文知识》《人怎样影响天气》《热带天气预告手册》《气象知识》等。编著的图书《漫话气候变迁》获"全国气象科普作品三等奖""江苏省科普作品二等奖",《气象学基础知识》获"全国优秀科普作品鼓励奖"。撰写的科普文章《一本富有特色的科普书——评〈天体是怎样演化的〉》在《人民日报》发表,《太阳中微子失踪奇案》《世界天气监视网》《天气预报新技术》在中央人民广播电台广播。曾担任《自然科学年鉴》特约编辑等,获"上海市优秀科普编辑记者""上海市优秀科普作家"等荣誉。2000年被评为编审。

王桂华(1952.4.20—2019.5.1),女

籍贯山东宁津。曾在内蒙古生产建设兵团工作,1986年12月加入中国共产党。1976年进入河南省科学院化学研究所,参与建成河南省科学院化学研究所磁粉研制实验室、河南省汤阴磁性材料厂和河南省科学院磁粉厂。参与的$\gamma-Fe_2O_3$新工艺研究获河南省科学技术进步奖二等奖,LC-8701包钴粉研究获全国火炬金牌项目奖。

1993年毕业于中国科学院物理研究所,获理学博士学位。1993年进入上海师范大学化学系任教师,讲授应用无机化学、专业英语、高等无机化学等课程。负责和参与"纳米陶瓷粒子的制备及其超微结构与韧性关系的研究""铁电薄膜组分尺寸应力效应的显微Raman光谱研究""磁性纳米粒子表面异相生长机理研究"等科研项目。参与上海市教委批准设立的"电化学测量新技术"开放实验室中拉曼光谱实验室的筹建工作。

2002年进入上海科学技术出版社从事理科图书和《科学》杂志的编辑工作,编辑的科学著作有《团簇物理学》《涌现:从混沌到有序》《粒子物理和场论》等,其中《团簇物理学》获上海图书奖二等奖。2000年被评为研究员。

郝盛潮(1932.8—2019.4.21)

籍贯安徽萧县。1954年9月加入中国共产党,1959年9月东北人民大学(现吉林大学)政治经济学专业毕业,并进入上海人民出版社工作,先后担任编辑、政法编辑部主任。1979年主编《党史资料丛刊》深受党史学界和老干部的欢迎,并为国外研究中国革命史的人士所推崇。1986年为适应大学政治理论课教学改革的需要《党史资料丛刊》改为《革命史资料》。

郝盛潮有丰富的编辑经验,有较高的政治水平和理论水平,知识面广,在党史和现代革命史专业上有较深的造诣。他组织出版和编辑了一批有影响的政治理论读物,其中《浅谈毛泽东思想》《陈独秀传》等10种书获全国和省市级优秀图书奖。1989年,他领导的政治编辑部被评为上海市先进集体。著有《中华民国史事件人物录》《中共党史事件人物录》《抗日战争事件人物录》《国际共运史事件人物录》《旧上海风云人物》《孙中山集外集》等。1993年起享受国务院特殊津贴,1990年被评为编审。

唐　丘(1920.11—2019.5.7),原名李耆卿

籍贯浙江嵊县(现为嵊州市)。1945年5月参加工作,1946年12月加入中国共产党。

1945年5月至1948年8月,先后在新四军一师苏中军区苏中报社印刷厂、华中新华日报社印刷厂、山东大众日报社第三印刷厂等单位做校对工作。1948年9月至1949年4月,在华东新华书店编辑部做资料工作。1949年5月至1950年12月,在新华书店华东总分店编辑部先后担任资料科副科长、编辑部一般读物组组长等职。1951年1月至1954年12月,在华东人民出版社先后担任文字编辑部第二科科长、基本理论编辑室主任等职。1955年1月至1966年8月,在上海人民出版社先后担任哲学编辑室主任、副总编辑、编委等职。1966年秋至1970年5月,下放干校劳动。1970年5月至1972年3月,在上海出版革命组做编审工作。1972年3月至1978年5月,在辞海编辑所做编审工作。1978年5月至1982年5月,上海人民出版社副总编辑。1989年被评为编审。

石蔚春(1944.10.26—2019.1.30)

籍贯江西乐平。出生于云南昆明。1967年7月毕业于江西师院中文系。1967年9月至1973年3月在江西省东乡县南辽中小学任教师,1973年3月至1979年7月在南昌市八一学校任教师,1979年进中国大百科全书出版社上海分社工作(1996年中国大百科全书出版社上海分社更名并重新组建为东方出版中心)。先后担任年鉴编辑部编辑、《中国百科年鉴》副主编、中国百科年鉴社社长、审读室主任。在从事《中国百科年鉴》编辑工作时,对年鉴的编纂理论进行了较为系统的研究,熟练掌握了年鉴的编撰业务和技巧。为提高《中国百科年鉴》的质量,提出了不少改进意见,撰写的论文《中国百科年鉴的框架结构与检索系统》入选全国第二届年鉴学术研讨会,并在全国年鉴编纂研讨班上讲授年鉴的编纂理论和方法,受到与会者好评。先后为《扬州年鉴》《南京建邺区年鉴》《辽河油田年鉴》《上海科技年鉴》《上海文化年鉴》《哈尔滨铁路局年鉴》等单位的年鉴编纂提供咨询。著有长篇历史小说《州官、名妓与刺客》,与他人合著《方志敏传》。1999年被评为编审。

王　岳(1953.1.10—2019.5.21)

籍贯上海嘉定。1979年2月至1985年1月,在上海辞书出版社史地室、校对科、综合业务科、哲社室担任助理编辑、编辑,1985年4月至1986年4月担任人事科副科长,1986年5月至1992年11月担任上海辞书出版社社长助理兼人事科科长,1992年11月至1999年7月担任党委副书记、副社长,1999年7月至2006年7月担任副社长。

长期从事《辞海》等大型工具书和其他图书的编辑工作,如《辞海》(1989年版)、《辞海》(1999年版)、《军事大辞典》、《行云流水六十秋》、《罗竹风纪念文集》、《基督教大辞典》等。具有相当的文字表达能力,撰写的辞书词条涉及宗教、军事、中外作家等多个学科,释义准确,表达恰当,有一定的深度。撰写《上海辞书学会专科辞典组学术讨论综述》等学术性、专业性都比较强的辞书学论文。曾任上海市辞书学会会员、上海市编辑学会会员,中国画报协会理事等。2007年被评为编审。

阮智富(1936.10.26—2019.1.21)

籍贯浙江慈溪。1974年9月至1977年12月在上海人民出版社辞海编辑室工作,1978年1月至1992年9月在上海辞书出版社语词室任主任,1992年10月至退休在汉语大词典出版社任总编辑。

长期从事汉语工具书的编纂工作。如《辞海》(1989年版)语词、语言部分,《辞海》语词分册繁体字版,《语言学百科辞典》,《古汉语字典》等大型工具书的编辑工作。1992年到汉语大词典出版社任总编辑后,为《汉语大词典》的顺利出版,《汉语大词典》的缩印本、简编本、普及本,《现代汉语大词典》的推出做出了突出贡献。曾任上海市辞书学会理事。1993年起享受国务院特殊津贴。1991年被评为编审。

张建平(1955.5.31—2019.3.28)

籍贯上海市。1977年2月至1977年12月任上海人民出版社编译室编辑;1978年1月至1993年8月任上海译文出版社外国文学编辑室编辑。1993年9月至2009年2月任上海译文出版社外国文学编辑室主任。2009年3月为培养年轻干部,主动让出主任职位,担任文学编辑室副主任,2015年5月到龄退休。

责编"毛姆文集"中的《刀锋》《人生的枷锁》(该文集获全国优秀外国文学图书奖一等奖)、"海明威文集"中的《伊甸园》《春潮·老人与海》《有钱人和没钱人》(该文集获全国优秀外国文学图书奖二等奖、社级优秀图书奖)、《近代文学批评史》(上海图书奖一等奖),参与的"狄更斯文集"获"国家图书奖"提名奖及全国优秀外国文学图书奖一等奖,"外国文学名著丛书""二十世纪外国文学丛书"等获全国优秀外国文学图书奖特别奖。

1994年获全国首届优秀中青年图书编辑称号,2011年获上海翻译家协会"翻译成就奖"。译著有《非洲的青山》、《秘密花园》、《曼哈顿幽灵》、《永恒的价值——投资天才沃伦·巴菲特的故事》、《卡尔·弗莱什回忆录》、《诱拐》、《三小姐:〈理智与情感〉续集》(合译)、《良心向导——市场规范的黄金法则》、《露丝》、《断枪残简》等。2003年被评为编审。

赵　坚(1924.11.15—2019.11.18)

籍贯江苏江都。1940年6月在苏北泰州加入新四军,1941年5月加入中国共产党。在新四军长期从事宣教工作,并在淮海战役、渡江战役中,两次立功。1950年至1958年间,曾在二十三军先后担任科长、政治处主任、秘书、文化处处长等职,1955年授衔少校。

1958年3月进入上海画片出版社担任总编辑,主要负责出版以年画为主的各种画片。1958年9月进入上海教育出版社担任副总编辑,负责教育图片、出版物的美术装帧插图。1961年11月调入上海人民美术出版社担任副总编辑,负责连环画、年画以及美术画册、书籍的编审工作。1977年12月调入上海书画出版社担任副社长、副总编辑。主持创办了《书法》《书法研究》《书与画》三本杂志,并任《书法》杂志主编。主持了数十本书法理论书籍的出版,如《历代书法论文选》、"书法自学丛帖"系列等书籍。1988年被评为编审。

附录

出版法规

附录 1　国家新闻出版署等印发《关于推进印刷业绿色化发展的意见》的通知

国新出发〔2019〕29 号

各省、自治区、直辖市和新疆生产建设兵团新闻出版局、发展改革委、工业和信息化厅（局）、生态环境厅（局）、市场监管局：

现将《关于推进印刷业绿色化发展的意见》印发给你们，请认真贯彻执行。

国家新闻出版署
国家发展改革委
工业和信息化部
生态环境部
国家市场监督管理监管总局
2019 年 9 月 19 日

关于推进印刷业绿色化发展的意见

印刷业是我国出版业的重要组成部分，是社会主义文化繁荣兴盛的重要推动力量，是国民经济的重要服务支撑。为深入学习宣传贯彻习近平新时代中国特色社会主义思想和党的十九大精神，加快推进印刷业绿色化发展，现提出如下意见。

一、指导思想

以习近平新时代中国特色社会主义思想为指导，全面贯彻党的十九大和十九届二中、三中全会精神，紧紧围绕统筹推进“五位一体”总体布局和协调推进“四个全面”战略布局，牢牢把握意识形态工作主导权，坚持正确的政治导向，突出问题导向和效果导向，深化印刷业供给侧结构性改革，加强印刷业绿色化发展制度系统设计，推动印刷业绿色化发展全面升级，守正创新推动印刷业高质量发展。

二、目标原则

（一）发展目标

建立完善印刷业绿色化发展制度体系，调整优化产业布局、生产体系和能源结构，推进资源全面节约和循环利用，解决突出环境问题，落实印刷业风险防控要求，为党和国家重要出版物出版、社会主义文化繁荣兴盛和经济社会发展提供有力支撑，为人民群众提供更多优质生态印刷产品和服务，推动印刷业实现绿色化高质量发展。

（二）基本原则

1. 坚持正确发展方向。加强党对印刷工作的全面领导，强化协调指导，加快印刷强国建设步伐，更好承担举旗帜、聚民心、育新人、兴文化、展形象的使命任务。

2. 坚持顶层制度设计。全面贯彻创新、协调、绿色、开放、共享的发展理念，综合设计制度政策，推动形成产业升级扩容和生态环境改善的良性循环。

3. 坚持创新协同突破。深化印刷业供给侧结构性改革，加强全产业链上下游信息交流和分工协作，推动形成印刷业绿色化升级发展的合力。

4. 坚持新旧动能转换。加快印刷业传统领域绿色化改造，淘汰落后技术、工艺、装备，运用互联网、大数据、人工智能等新技术，培育壮大新兴印刷业态发展。

三、工作任务

（一）推动完善印刷业绿色化发展的体制机制

完善《印刷业管理条例》等法规规章，加强质量管理，支持绿色发展。推行印刷业绿色产品合格评定制度，以第三方认证、自我声明等方式促进印刷业绿色化发展，按照《绿色产品标识使用管理办法》使用相关标识。

（二）推动建设京津冀印刷业协同发展先行区

贯彻落实《京津冀协同发展规划纲要》，按照《北京市出版物印刷服务首都核心功能建设升级指南》具体要求，建设京津冀印刷业协同发展先行区。统一京津冀三地印刷企业的审批条件和流程；京津冀三地已获批印刷企业实现印刷资质互认，在有效期内搬迁的不再另行审批；提升京津冀三地印刷监管信息化水平。

（三）推动建设长三角区域印刷业一体化发展创新高地和粤港澳大湾区珠三角印刷业对外开放连接平台

贯彻落实《长江三角洲区域一体化发展规划纲要》，按照《长三角区域印刷业一体化发展升级指南》有关要求，加快建设长三角区域印刷业一体化发展创新高地。贯彻落实《粤港澳大湾区发展规划纲要》，编制出台《粤港澳大湾区珠三角印刷业发展升级指南》，推动建设粤港澳大湾区珠三角印刷业对外开放连接平台。

（四）推动数字印刷新动能加快发展

建设扩容印刷智能制造测试线。支持数字印刷企业和互联网印刷服务平台发展。在按需印刷出版领域，选择一批印刷企业和出版单位开展印刷委托书、版权页和样本缴送管理等改革试点；在个性化包装领域，推广个性化定制、可变数据标签、场景化解决方案等应用。

（五）推动完善印刷业绿色化发展的标准和技术支撑

完善印刷业绿色化发展的标准体系，加快印刷智能制造标准制定采信工作。推广使用绿色环保低碳的新技术新工艺新材料。出版物印刷企业采用低 VOCs 含量的油墨、胶黏剂、清洗剂等，排放浓度稳定达标且排放速率满足规定要求的，可不要求建设末端治理设施。推进包装装潢印刷，尤其是塑料软包装和印铁印刷企业的 VOCs 综合治理。

（六）推动印刷业绿色化发展重大项目实施

培育遴选公布印刷业绿色化发展重大项目，加大对重大项目的支持力度。发挥项目带动作用，围绕印刷业绿色化发展的重点和难点，在印刷设备改造、加工工艺改进、原辅材料研发、环保设施建设等方面，加快建立以企业为主体、市场需求为导向、产学研用金相结合的自主创新协同体系。

（七）推动成立中国印刷业创新基金

建立常态化、稳定的资金投入机制，推动成立中国印刷业创新基金。发挥基金的杠杆作用，对涉及印刷业发展的全局性、转折性、先导性重大项目进行战略投资，加快培育龙头骨干企业和优势产业集群，提高集约化发展水平。

四、保障措施

（一）加强组织领导。贯彻落实意识形态工作责任制，牢牢掌握印刷工作领导权。对导向性问题要旗帜鲜明、敢抓敢管，确保印刷工作始终坚持正确方向。各地区要切实履行好指导协调和监督管理职责，及时研判处置重要问题。

（二）落实重点任务。各地区要依据本意见通知要求，研究制定具体工作安排，协同推动重点任务落实。对重点任务要建立工作台账，在落实过程中，遇到的困难和问题要及时协调和反映。要总结工作经验，扩大工作成果。

（三）营造良好环境。各地区要加强统筹协调，将印刷业绿色化发展纳入相关规划安排，加大政策资金扶持力度。要加强事中事后监管，提高全流程监管能力，及时公开披露违法违规信息，营造公平市场环境。

（四）加强人才建设。加强印刷业思想政治和职业道德建设，培育创新精神和工匠精神，培养印刷企业家和专业技能人才。加强资源整合，充分发挥高等院校、行业协会、科研机构、传媒平台、骨干企业的作用。

附录 2　国家新闻出版署关于防止未成年人沉迷网络游戏的通知

国新出发〔2019〕34 号

各省、自治区、直辖市新闻出版局，各网络游戏企业，有关行业组织：

近年来，网络游戏行业在满足群众休闲娱乐需要、丰富人民精神文化生活的同时，也出现一些值得高度关注的问题，特别是未成年人沉迷网络游戏、过度消费等现象，对未成年人身心健康和正常学习生活造成不良影响，社会反映强烈。规范网络游戏服务，引导网络游戏企业切实把社会效益放在首位，有效遏制未成年人沉迷网络游戏、过度消费等行为，保护未成年人身心健康成长，是贯彻落实习近平总书记关于青少年工作重要指示精神、促进网络游戏繁荣健康有序发展的有效举措。现就有关工作事项通知如下。

一、实行网络游戏用户账号实名注册制度。所有网络游戏用户均须使用有效身份信息方可进行游戏账号注册。自本通知施行之日起，网络游戏企业应建立并实施用户实名注册系统，不得以任何形式为未实名注册的新增用户提供游戏服务。自本通知施行之日起 2 个月内，网络游戏企业须要求已有用户全部完成实名注册，对未完成实名注册的用户停止提供游戏服务。对用户提供的实名注册信息，网络游戏企业必须严格按照有关法律法规妥善保存、保护，不得用作其他用途。

网络游戏企业可以对其游戏服务设置不超过 1 小时的游客体验模式。在游客体验模式下，用户无须实名注册，不能充值和付费消费。对使用同一硬件设备的用户，网络游戏企业在 15 天内不得重复提供游客体验模式。

二、严格控制未成年人使用网络游戏时段、时长。每日 22 时至次日 8 时，网络游戏企业不得以任何形式为未成年人提供游戏服务。网络游戏企业向未成年人提供游戏服务的时长，法定节假日每日累计不得超过 3 小时，其他时间每日累计不得超过 1.5 小时。

三、规范向未成年人提供付费服务。网络游戏企业须采取有效措施，限制未成年人使用与其民事行为能力不符的付费服务。网络游戏企业不得为未满 8 周岁的用户提供游戏付费服务。同一网络游戏企业所提供的游戏付费服务，8 周岁以上未满 16 周岁的用户，单次充值金额不得超过 50 元人民币，每月充值金额累计不得超过 200 元人民币；16 周岁以上未满 18 周岁的用户，单次充值金额不得超过 100 元人民币，每月充值金额累计不得超过 400 元人民币。

四、切实加强行业监管。本通知前述各项要求，均为网络游戏上网出版运营的必要条件。各地出版管理部门要切实履行属地监管职责，严格按照本通知要求做好属地网络游戏企业及其网络游戏服务的监督管理工作。对未落实本通知要求的网络游戏企业，各地出版管理部门应责令限期改正；情节严重的，依法依规予以处理，直至吊销相关许可。各地出版管理部门协调有关执法机构做好监管执法工作。

五、探索实施适龄提示制度。网络游戏企业应从游戏内容和功能的心理接受程度、对抗激烈程度、可能引起认知混淆程度、可能导致危险模仿程度、付费消费程度等多维度综合衡量，探索对上网出版运营的网络游戏作出适合不同年龄段用户的提示，并在用户下载、注册、登录页面等位置显著标明。有关行业组织要探索实施适龄提示具体标准规范，督促网络游戏企业落实适龄提示制度。

网络游戏企业应注意分析未成年人沉迷的成因，并及时对造成沉迷的游戏内容、功能或者规则进行修改。

六、积极引导家长、学校等社会各界力量履行未成年人监护守护责任，加强对未成年人健康合理使用网络游戏的教导，帮助未成年人树立正确的网络游戏消费观念和行为习惯。

七、本通知所称未成年人是指未满 18 周岁的公民，所称网络游戏企业含提供网络游戏服务的平台。

本通知自 2019 年 11 月 1 日起施行。

国家新闻出版署

2019 年 10 月 25 日

附录3　国家新闻出版署关于印发《图书、期刊、音像制品、电子出版物重大选题备案办法》的通知

国新出发〔2019〕35 号

各省、自治区、直辖市新闻出版局，中央和国家机关各部委、各人民团体出版单位主管部门，中央军委政治工作部宣传局，中央各重点出版集团：

现将修订后的《图书、期刊、音像制品、电子出版物重大选题备案办法》印发给你们，请认真贯彻执行。

国家新闻出版署

2019 年 10 月 25 日

图书、期刊、音像制品、电子出版物重大选题备案办法

第一条　为加强和改进出版物重大选题备案工作，根据中央有关精神和《出版管理条例》相关规定，制定本办法。

第二条　列入备案范围内的重大选题，图书、期刊、音像制品、电子出版物出版单位在出版之前，应当依照本办法报国家新闻出版署备案。未经备案批准的，不得出版发行。

第三条　本办法所称重大选题，指涉及国家安全、社会稳定等方面内容选题，具体包括：

（一）有关党和国家重要文件、文献选题。

（二）有关现任、曾任党和国家领导人讲话、著作、文章及其工作和生活情况的选题，有关现任党和国家主要领导人重要讲话学习读物类选题。

（三）涉及中国共产党历史、中华人民共和国历史上重大事件、重大决策过程、重要人物选题。

（四）涉及国防和军队建设及我军各个历史时期重大决策部署、重要战役战斗、重要工作、重要人物选题。

（五）集中介绍党政机构设置和领导干部情况选题。

（六）专门或集中反映、评价“文化大革命”等历史和重要事件、重要人物选题。

（七）专门反映国民党重要人物和其他上层统战对象的选题。

（八）涉及民族宗教问题选题。

（九）涉及中国国界地图选题。

（十）反映香港特别行政区、澳门特别行政区和台湾地区经济、政治、历史、文化、重要社会事务等选题。

（十一）涉及苏联、东欧等社会主义时期重大事件和主要领导人选题。

（十二）涉及外交方面重要工作选题。

有关重大选题范围,国家新闻出版署根据情况适时予以调整并另行公布。

第四条 编辑制作出版反映党和国家领导人生平、业绩、工作和生活经历的重大题材作品,实行统筹规划、归口审批,按照中央和国家有关文件要求办理立项手续。经批准立项的选题,出版前按规定履行重大选题备案程序。

第五条 图书、音像制品和电子出版物重大选题备案中有以下情况的,由相关单位出具选题审核意见报国家新闻出版署,国家新闻出版署根据审核意见直接核批。

(一) 中央和国家机关有关部门组织编写的主要涉及本部门工作领域的选题,由本部门出具审核意见。

(二) 中央统战部、中央党史和文献研究院、外交部、国家民委等部门所属出版单位出版的只涉及本部门工作领域的选题,由本部门出具审核意见。

(三) 解放军和武警部队出版单位出版的只涉及军事军史内容的选题,由中央军委政治工作部出具审核意见。

(四) 各地编写的只涉及本地区党史事件、人物和本地区民族问题的选题,不涉及敏感、复杂内容和全局工作的,由所在地省级出版管理部门组织审读把关,出具审核意见。

(五) 涉及中国国界地图选题,不涉及其他应备案内容的,由出版单位在报备时出具国务院测绘地理信息行政主管部门的审核意见。

第六条 期刊重大选题备案中有以下情况的,按本条相关要求执行。

(一) 期刊首发涉及本办法第三条第二、三、四项内容的文章,经期刊主管主办单位审核同意,报国家新闻出版署备案。转载或摘要刊发已正式出版的图书、期刊以及《人民日报》、新华社刊发播发的涉及上述内容的文章,经期刊主管单位审核同意后出版。

(二) 中央各部门各单位主管的期刊刊发涉及重大选题备案范围的文章,主要反映本领域工作,不涉及敏感、复杂内容的,经本部门审核同意后出版。

(三) 中央党史和文献研究院、人民日报社、求是杂志社、新华社主管的期刊,刊发涉及重大选题备案范围的文章,经主管单位审核同意后出版。

(四) 解放军和武警部队期刊刊发涉及重大选题备案范围的文章,经所在大单位或中央军委机关部门审核同意后出版。

(五) 地方期刊刊发文章涉及本办法第五条第四项内容的文章,由所在地省级出版管理部门组织审读把关,审核同意后出版。

由期刊主管单位或有关部门审核同意出版的,审核意见应存档备查。

第七条 出版单位申报重大选题备案,应当通过所在地省级出版管理部门或主管单位进行。

(一) 地方出版单位申报材料经主管主办单位审核同意后报所在地省级出版管理部门,非在京的中央各部门各单位出版单位申报材料经主办单位审核同意后报所在地省级出版管理部门,由所在地省级出版管理部门报国家新闻出版署。

(二) 在京的中央各部门各单位出版单位申报材料经主管主办单位审核同意后,由主管单位报国家新闻出版署。

(三) 解放军和武警部队出版单位申报材料经中央军委政治工作部审核同意后报国家新闻出版署。

第八条 申报重大选题备案时,应当如实、完整、规范填报并提交如下材料:

(一) 省级出版管理部门或主管单位的备案申请报告。报告应当对申报备案的重大选题有明确审核意见。

（二）重大选题备案申报表。应当清楚填写涉及重大选题备案范围，需审核问题，需审核的具体章节、页码和待审核的人物、事件、文献、图片等内容。

（三）书稿、文章、图片或者样片、样盘、样带。书稿应当“齐清定”、经过编辑排版并装订成册，文字符合国家语言文字规范，引文注明出处。

（四）出版物“三审”意见复印件。

（五）备案需要的其他材料。包括有关部门同意立项的材料，送审照片（图片）样稿，相关部门保密审核意见等。

第九条 国家新闻出版署对申报备案的重大选题进行审核，必要时转请有关部门或组织专家协助审核。

第十条 国家新闻出版署自备案受理之日起20日内（不含有关部门或专家协助审核时间），对备案申请予以答复或提出意见。

第十一条 国家新闻出版署审核同意的备案批复文件，两年内有效；备案批复文件超出有效期及出版物修订再版的，应当重新履行备案程序。

第十二条 出版单位应当按照出版专业分工安排重大选题出版计划，对不具备相关出版资质和编辑能力的选题，不得报备和出版；应当严格履行出版物内容把关主体责任，坚持优化结构、提高质量，严格执行选题论证、“三审三校”制度，确保政治方向、出版导向、价值取向正确。

第十三条 各地出版管理部门和主管主办单位是落实重大选题备案制度的前置把关部门，应当严格落实属地管理和主管主办责任。主要职责是：负责审核所属出版单位申请备案选题的内容导向质量及出版单位出版资质，对不符合备案条件的不予受理，对思想倾向不好、内容平庸、题材重复、超业务范围等不具备出版要求的选题予以撤销；对由地方出版管理部门和主管单位审核把关的选题，组织相关单位认真做好内容审核和保密审查，提出具体审核意见；对审核部门提出的意见，督促出版单位认真修改并做好复核工作；对应履行重大选题备案程序但未按要求备案的出版单位进行处理、追责问责。

第十四条 出版单位违反本办法，未经备案出版涉及重大选题范围出版物的，由国家新闻出版署或省级出版管理部门责成其主管单位对出版单位的主要负责人员给予行政处分；停止出版、发行该出版物；违反《出版管理条例》和有关规定的，依照有关规定处罚。

第十五条 国家新闻出版署对重大选题备案执行情况开展年度检查和考核评估，视情况予以奖惩。

第十六条 本办法由国家新闻出版署负责解释。

第十七条 本办法自印发之日起施行。《图书、期刊、音像制品、电子出版物重大选题备案办法》（新出图〔1997〕860号）同时废止。

附录 4　上海市版权局关于印发《上海版权示范单位和示范园区（基地）认定办法》的通知

沪版权规〔2019〕1 号

各区知识产权联席会议办公室、各版权工作站、各产业园区（基地）、各有关单位：

为深入实施国家和上海知识产权战略纲要，进一步提升上海版权创造、运用、保护和管理水平，规范版权示范单位和园区（基地）的认定工作，推动版权工作更好地服务于地方经济和文化建设，上海市版权局修订了《上海版权示范单位和示范园区（基地）认定办法》。现予以印发，请遵照执行。

附件：上海版权示范单位和示范园区（基地）认定办法

上海市版权局

2019 年 9 月 3 日

附件

上海版权示范单位和示范园区（基地）认定办法

第一条（目的和依据）

为深入实施国家和上海知识产权战略纲要，进一步提升上海版权创造、运用、保护和管理水平，规范版权示范单位和园区（基地）的认定工作，推动版权工作更好地服务于地方经济、文化建设，根据《全国版权示范城市、示范单位和示范园区（基地）管理办法》，制订本办法。

第二条（定义）

上海版权示范单位，是指在作品的创作、推广运用和保护方面产生重大影响或做出突出贡献，并在上海具有示范效应的企事业单位。

上海版权示范园区（基地），是指在集聚版权要素，在版权保护与推动产业发展等方面产生重大影响或做出突出贡献，并在上海具有示范效应的园区（基地）。

第三条（工作部门和认定原则）

上海版权示范单位和示范园区（基地）的认定工作，由上海市版权局负责组织实施。认定工作遵循公开、公平、公正的原则，实行自愿申报和动态管理。

第四条（示范单位申请条件）

本市行政区域内的单位，具备以下条件的，可向上海市版权局提出申请认定：

（一）重视版权工作，积极开展版权宣传和培训，员工具有良好的版权意识；

（二）建立版权管理规章制度，设立版权管理机构，配备专兼职版权管理人员；

（三）形成激励创作、有效运用、依法保护和科学管理的长效工作机制，在本行业版权工作成效突出，版权对本单位的发展有明显推动作用，在全市同行业中具有引领示范效应；

(四)实际运营时间在三年以上,经营状况良好,有较好发展前景;

(五)近三年无恶意侵犯他人版权的行为。

第五条(示范园区申请条件)

本市行政区域内的园区(基地),具备以下条件的,可向上海市版权局提出申请。

(一)具有版权管理机构和园区(基地)版权产业发展规划,经营状况良好;

(二)与版权有实质性关联的企业相对集中,具有一定的规模,园区(基地)企业创作、运用版权的数量在同行业中居领先地位;

(三)建立较完善的版权服务体系,积极营造激励创新的氛围,为企业创造了良好的产业发展条件;

(四)有较完善的版权保护宣传和教育机制,近三年园区(基地)无恶意侵犯他人版权的行为。

第六条(申报材料)

申报上海版权示范单位和示范园区(基地),需提交以下材料:

(一)《上海版权示范单位和示范园区(基地)申报表》;

(二)版权工作总结,包括单位情况、版权制度建设情况,版权拥有和实施情况及产生的社会、经济效益、开展版权工作的措施、特色等;

(三)申报人身份证明文件、会计师事务所出具的上个年度财务审计报告;

(四)作品、计算机软件著作权登记清单及相关证明材料;

(五)近三年无恶意侵犯他人版权行为的声明;

(六)关于申报材料内容真实性的声明。

第七条(申报程序)

申报上海版权示范单位和示范园区(基地)按隶属关系向所在地的区知识产权联席会议办公室或上级主管部门提出申请。区知识产权联席会议办公室或上级主管部门对申报材料进行初步审核后报上海市版权局。

第八条(认定程序)

上海市版权局根据申报情况,采取书面审查申报材料、组织专家评审和实地考察申报单位、园区(基地)相结合的方式进行综合评价。必要时可要求申报单位、园区(基地)在专家评审会上进行陈述和答辩。

在综合评议基础上,上海市版权局拟定上海市版权示范单位和示范园区(基地)候选名单,在政务网站上予以公示。公示期为自候选名单公布之日起的7个工作日。

公示期满无异议,上海市版权局授予上海市版权示范单位和示范园区(基地)称号,颁发牌匾并公告。

第九条(扶持措施)

对获得上海版权示范称号的单位和园区(基地)的,享受以下扶持措施:

(一)优先推荐上海版权示范单位和示范园区(基地)参加"世界知识产权组织版权金奖""国家版权示范单位、示范园区(基地)""国家版权创新基地""上海市知识产权创新奖"等国家级、市级评选;

(二)为上海版权示范单位和示范园区(基地)办理作品登记、著作权许可使用合同备案等事项提供便利条件;

(三)对上海版权示范单位和示范园区(基地)开展版权工作进行重点指导;

（四）为上海版权示范单位和示范园区（基地）处理版权纠纷案件提供法律咨询指导；

（五）适时组织上海版权示范单位和示范园区（基地）参加版权交流合作、业务培训和考察活动。

第十条（示范义务）

上海版权示范单位和示范园区（基地）应当承担以下义务：

（一）深化版权工作，继续完善版权制度和推进机制建设；

（二）每年度做好总结工作，于当年12月30日前报送上海市版权局；

（三）配合上海市版权局做好版权统计、调研、宣传、培训等活动。

第十一条（监管）

上海市版权局和区知识产权联席会议办公室或上级主管部门应加强对上海版权示范单位和示范园区（基地）的监督和指导，不定期对上海版权示范单位和示范园区（基地）进行抽查。对不符合示范单位和示范园区条件的，撤销称号并向社会公告。

第十二条（更名）

上海版权示范单位和示范园区（基地）更名的，应对原作品、计算机软件著作权登记证书作相应变更，并报上海市版权局备案。

第十三条（法律责任）

对虚假申报骗取上海版权示范单位和示范园区（基地）的，取消认定资格，三年内不得再申请认定。

第十四条（解释权和生效日期）

本办法由上海市版权局负责解释，自发布之日起施行，有效期5年。2014年9月9日起施行的《上海版权示范单位和示范园区（基地）认定办法》同时废止。